国家社科基金项目“海洋强国背景下船员劳动权益保护问题实证研究”[18BFX196]最终成果

# 海洋强国背景下
# 船员劳动权益保护问题
# 实证研究

Empirical Research on
the Protection of Seafarers' Labour Rights and Interests
Under the Context of a Strong Maritime Nation

曹艳春　著

法律出版社
LAW PRESS·CHINA
北京

**图书在版编目(CIP)数据**

海洋强国背景下船员劳动权益保护问题实证研究 / 曹艳春著. -- 北京 : 法律出版社, 2024
ISBN 978-7-5197-9147-6

Ⅰ. ①海… Ⅱ. ①曹… Ⅲ. ①船员-劳动法-研究-中国 Ⅳ. ①D922.504

中国国家版本馆 CIP 数据核字(2024)第 098211 号

**海洋强国背景下船员劳动权益保护问题实证研究**
HAIYANG QIANGGUO BEIJING XIA CHUANYUAN LAODONG QUANYI BAOHU WENTI SHIZHENG YANJIU

曹艳春 著

责任编辑 韩满春
装帧设计 李 瞻

**出版发行** 法律出版社
**编辑统筹** 学术·对外出版分社
**责任校对** 王 丰
**责任印制** 胡晓雅 宋万春
**经 销** 新华书店

**开本** 710 毫米×1000 毫米 1/16
**印张** 34 **字数** 634 千
**版本** 2024 年 6 月第 1 版
**印次** 2024 年 6 月第 1 次印刷
**印刷** 北京建宏印刷有限公司

地址:北京市丰台区莲花池西里 7 号(100073)
网址:www.lawpress.com.cn
投稿邮箱:info@lawpress.com.cn
举报盗版邮箱:jbwq@lawpress.com.cn

销售电话:010-83938349
客服电话:010-83938350
咨询电话:010-63939796


**书号**:ISBN 978-7-5197-9147-6
**定价**:168.00 元
凡购买本社图书,如有印装错误,我社负责退换。电话:010-83938349

# 序言一[①]

党的二十大擘画了全面建设社会主义现代化国家、全面推进中华民族伟大复兴的宏伟蓝图，而建设海洋强国是推进中国式现代化的一项重大战略任务。习近平总书记高度重视海洋强国建设，党的二十大报告作出“加快建设海洋强国”重大部署。海员队伍是建设海洋强国以及推进“一带一路”建设的基础力量，船员是海上运输的专门劳动者，肩负着推动我国对外贸易及航运事业发展、弘扬中华优秀文化的重任，是展示我国经济发展水平和国际形象的代表。因此，曹艳春教授的《海洋强国背景下船员劳动权益保护问题实证研究》一书，对船员的劳动情况进行研究，从法律层面保障船员的劳动权益，具有理论价值和现实意义。

船舶依靠船员，才能进行安全高效的运作，而船员的能力、素质和态度，则是船舶安全与航行安全的保障。同时，保障船员劳动权益也是实施好《民法典》人格权编的必然要求，也彰显了保护人格权和人格尊严的理念。劳动合同具有公私兼具的性质，而人格尊严具有至高无上性，当劳动合同私法自治与劳动者的人格尊严发生冲突时，人格尊严的价值应当优先于私法自治价值。因此，在私法自治不利于或者否定人格尊严时，应当通过保障人格尊严来适当限制私法自治、避免权利滥用。在船员保护方面，这就要求我们以法律的形式对船员的生命权、健康权及其他人格权利进行全面保护，保证船员在有尊严的条件下工作，得以体面劳动。

船员劳动权益保障的实证研究，是特殊劳动者研究体系的重要组成部分。长期以来，我国劳动法学界的研究对象主要集中于一般劳动者和新兴劳动者，对船员等小众劳动者的特殊劳

---

① 序言按照作者的姓氏笔画排序。

动权益和法律需求研究尚有所不足，学界对船员劳动权益保障的研究起步较晚、进程较慢，专门从事船员研究的学者数量较少，学者普遍对船员劳动的实际情况也不够熟悉，因此尚未形成体系化、规模化的研究成果。因此，本书对船员劳动权益保障的实证研究，在一定程度上填补了我国以社会法基础理论研究船员劳动的空白，拓宽了我国劳动法研究领域。

本书以"海洋强国"的宏观战略为背景，聚焦船员这一小众劳动者群体，立足于当代船员用工的法律实践对我国船员劳动的特殊性进行调研、分析，对船员劳动权益保护基本理论、船员就业与合同法律制度、船员集体劳动关系法律制度、船员劳动基准法律制度、船员劳动社会保障、船员劳动权益法律救济等问题的法律实践与理论进行了系统而翔实的分析，具有以下几方面的特点：

第一，本书紧扣习近平新时代中国特色社会主义思想，以党的二十大"坚持陆海统筹，加快建设海洋强国"的要求为基点，以"海洋强国必定是经济强国、航运强国"的目标为抓手，从"海洋强国、航运强国"的软实力之船员人才队伍培养出发，以实证研究为基础，围绕船员权益保护，多维度研究船员劳动权益保护的相关理论与实践问题。

第二，从体系化视角分析船员劳动权益保障的法律制度。从理论到实践对船员劳动权益保障的问题进行了全方位、系统性的研究，拓展了劳动与社会保障法的研究范畴，发展了劳动与社会保障法的一般法与特别法的理论关系，在理论上深化与发展了特殊劳动与社会保障法的研究，为特别劳动与社会保障法的研究提供了范式，为我国特殊劳动立法——"船员法"提供了坚实的理论支撑。

第三，部门法交叉研究方法的应用。本书是站在劳动与社会保障法、海商法、民法、国际私法及涉外民事法律关系适用法等多维度来交叉研究复杂的船员劳动法律关系，并且充分运用法原理、法技术、法效果等方法论工具提出有力的对策，进而助推相关问题的破解，为未来"船员法"的顺利出台夯实了理论基础。

第四，注重理论结合实际，为"船员法"的制定提供了可行性的论证。本书大量运用实证研究方法，通过实地调研、问卷、访谈、案例统计分析等实证研究方法，对实践中的问题展开了有针对性的研究，解决船员在劳动实际中的问题。

第五，注重域外比较研究。船员劳动法律的完善和船员劳动权益的保障路径是海洋国家普遍遇到的问题，本书的作者通过对比域外船员权益保护模式，认为从法律体系健全和具体权益内容完善的角度出发，单独立法能从根本上解决我国船员劳动权益保障法律缺位的问题。"船员法"属于特殊的劳动立法，已被列入交通运输部的立法规划，船员劳动权益保障的比较研究为"船员法"的制定工作积累了域外经验并提供立法例准备。为将来"船员法"的出台提供可行的具体制度设计。

本书的作者曹艳春教授毕业于中国人民大学，硕士博士阶段分别研究劳动法与民法，擅长研究劳动法与民法交叉领域的问题。船员问题不仅涉及海商法，也涉及民法，更是属于劳动与社会保障法中的问题。作者充分发挥交叉研究的专业优势，在船员劳动权益保障领域潜心研究，深耕十余年，本成果是她在船员劳动权益保障领域笔耕不辍的重要结晶，也是我国以劳动法视角研究船员劳动权益问题的第一步，为后续研究奠定了基础，希望未来能有更多关于船员权益保护的著作问世。

是为序。

中国人民大学一级教授

中国法学会民法学研究会会长

2024 年 1 月 8 日

# 序言二

海洋环境和海洋活动的特殊性造就了特殊的劳动群体——船员。中华人民共和国成立以来,直到20世纪90年代末,中国船员职业经历过短暂的黄金期,尤其是远洋船员,是一门深受年轻人尊崇的职业。随着人民生活水平的不断提高,海员这一职业渐渐淡出了人们的视野。如今,从上到下,人们越来越不了解船员,越来越不了解现代船舶上船员的真实工作状况,对这一职业的印象还普遍停留在“工作危险、环境恶劣”的误区之中。中国的船员队伍建设面临着前所未有的困境与挑战。

在立法方面,中国现有法律体系中,仅有一般劳动权益保障立法或者层级较低的船员劳动权益保障行政法规,缺少位阶较高的船员权益保障专门立法。在学术研究方面,专门研究船员劳动权益保障的学者不多,相关的知识体系、理论支撑缺失,在法律保护船员权益方面系统性研究比较薄弱。

本著作填补了船员权益保障领域的空白,是我国首部以社会法的基本理论为指导,以劳动与社会保障法为体系,结合海商法的特点研究船员劳动问题的专著。作者克服种种困难,对船员的工作、劳动情况进行了比较全面的调研、访谈、问卷调查等;系统、全面地对我国船员劳动权益的问题进行了梳理;采用多视角多维度的研究方法,运用司法案例进行分析,是一部反映船员职业特殊诉求的现实之作。

本书共分为二十四章,作者以劳动与社会保障法理论与体系作为研究脉络,将内容划分为七篇,涉及实体法上船员权益保护和程序法上船员权利的救济。

本著作作为课题研究成果,亮点多多,值得称道:

第一,提出船员遣返权是海上劳动法特有的权利类型,属于船员的特殊劳动基准,应该给予法定的劳动基准保护;明晰了船员不同用工类型中所涉及各种法律关系的性质,为船员权利保障类型化的研究提供了理论支撑。

第二，提出船员劳动合同的解除应该建立与航运特性相一致的特殊规则，保护各方利益。

第三，提出我国海上三方协调机制应当提升跨国集体协商职能，应提升海员工会的立法层级，建立在中华全国总工会之下的单独序列的海员工会，增加自由船员进入工会组织。

第四，提出将船员的心理健康问题分情况纳入法律救济之中；从船员职业的特殊性出发，大声疾呼高级船员更新医护知识，发挥岸上医疗救助的职能。

第五，船员职业特殊福利方面，建议在政策与法律上给予船员从业群体特殊优待举措。

第六，船员纠纷解决方面，提出建设一支同时具备劳动与社会保障以及海事海商专业知识的综合型的裁审队伍，打造专业化权威纠纷解决队伍。

为了回应我国现有立法无法全面保障船员权益的难题，作者在“船员劳动权益保障立法篇”探讨了我国船员劳动权益保障的法制路径选择，提出应针对船员权益保障进行专门立法。同时，作者还注意到船舶智能化趋势对船员发展的影响，需要相应的法律予以调整，具有一定的前瞻性。

作者在船员劳动权益保障研究领域潜心钻研十余年，并负责交通运输部修改《海商法》课题第三章“船员章”的修改工作。相信本著作的出版定会为我国的船员立法和《海商法》的修改工作提供有价值的参考与借鉴。

感谢曹艳春教授的辛勤劳动，祝贺《海洋强国背景下船员劳动权益保护问题实证研究》一书出版！

司玉琢

大连海事大学原校长，教授，博士生导师
最高人民法院国际商事专家委员会成员
中国海事仲裁委员会顾问
2024 年 1 月 9 日

# 序言三

习近平总书记强调，要积极发展涉外法律服务。要深化执法司法国际合作，加强领事保护与协助，加强保护我国海外利益的法治安全链。要强化合规意识，引导我国公民、企业在“走出去”过程中自觉遵守当地法律法规和风俗习惯，运用法治和规则维护自身合法权益。虽然船员是相对小众的劳动者从业群体，但是在实现海洋强国的战略目标和“走出去”过程中，船员队伍发挥着重要的作用。他们的合规意识和自身合法权益自然也成为我们涉外法治建设要关注的重点和焦点之一。曹艳春教授的《海洋强国背景下船员劳动权益保护问题实证研究》一书便在这些方面体现出了亮点和价值。

## 一、弥补我国涉外劳动者依法维权研究之不足

船员是我国近年来走出国门劳动者中的重要组成部分，当前我国已经成为名副其实的船员大国和船员输出国。我国在从“船员大国”转为“船员强国”的进程中需要充分的法律保障供给。2021 年，交通运输部就联合教育部、财政部、人力资源和社会保障部、退役军人事务部、中华全国总工会印发了《关于加强高素质船员队伍建设的指导意见》，强调要完善船员权益保障制度，加强船员队伍建设。完善船员权益的法律保障需要通过调查研究，了解把握相关国家的法律制度和风俗习惯、船员权益维护中重点等问题，进行理论剖析，提出依法维权的意见建议等等。相对于涉外立法、执法及法律服务等方面的研究，维护劳动者涉外权益的研究是一弱项短板，而关于海员权益保障的研究更是少之又少。因为一些客观原因，开展这方面的研究有很大难度，但这也正是我们加强这方面研究的意义。本书的出版，对于我们加强涉外劳动者依法维权研究具有增强弱项、拉长短板的重要意义。实属难能可贵。

## 二、为推进涉外劳动立法提供借鉴

推进全面依法治国,必须坚持科学立法。习近平总书记强调,要坚持立法先行,立改废释并举,形成系统完备的涉外法律法规体系。本书采用多种实证研究方式,对我国船员劳动权益保护的现状与问题进行了梳理与实证分析。厚实的实证调研,真实反映出船员职业发展以及船员权益保障存在的现实问题,并从中提炼法律问题,科学把握船员劳动权益保护重点,为推进我国船员立法提供了具有实际意义的研究方向与有价值的建议。

## 三、促进完善我国劳动法学学术体系建设

我国自1995年1月1日实施《中华人民共和国劳动法》,正式开启了劳动法治化时代,经历了近30年的劳动法治现代化历程,劳动法不断得到完善。与之相伴相随的我国劳动法治研究也有了长足进步,进入新的发展阶段,但对特殊行业劳动者特殊保障等的精细研究还较欠缺,相对薄弱。在国际上,船员一直被认为是特殊的职业群体进行单独立法,而我国这方面的立法及研究长期处于比较不足的状态。这也使得我国船员权益保障与国际公约的要求存在一定差距。直至我国加入《2006年海事劳工公约》,这一情况得以改善。但是由于当前船员权益立法层级较低,我国船员权益保障仍处于有待提高的状态。本书按照传统劳动法律体系结合船员劳动的特殊性对船员职业进行全方位系统研究,促进我国劳动法治研究向精细化发展。研究范围从传统航运中船员存在的问题延伸到智能船舶发展背景下的船员权益保障问题,为未来船员劳动权益单独立法或者将船员劳动的特殊性嵌入劳动法典中奠定理论和实践基础。

## 四、助力提升我国涉外法治工作水平

当前,涉外法治工作水平与我国国际经济政治地位还不够匹配,涉外法治工作还存在不少薄弱环节,一些法律法规比较原则、笼统,域外适用的法律体系还不够健全,涉外执法司法水平还有待提高。国际海事劳工法作为国际海事法的一个组成部分,以及在社会政治和经济方面的重要性,多年来一直得到国际海事组织的认可,而我国对这方面研究却较为匮乏。《2006年海事劳工公约》是船员权益保障的权利法典,被称为国际海运业的"四大支柱"之一,我国已经批准通过,同时我国也参与其修正案的制定,国内相关船员权益保障法律体系应当相应进行完善。深入船员权益保障的研究,以建设性态度积极参与国际规则制定有助于在公约修订过程中加强我国的话语权,推动国际法律朝着更加公正合理方向发展,有助于促进我国船员融入世界航运事业,提升我国航运大国的国际形象。

在共建共治共享"一带一路"倡议过程中,提升劳动者权利保护标准,实现我国

劳务输出的优化发展，强化政府劳动治理和国家间劳动合作，是我们面临的重要任务。船员可以说是真正的国际劳动力市场上的第一批工人，是劳动力市场全球化的先行者。将船员这一具有代表性的国际劳动力作为研究样本，采取开展权益保障国际合作、建立船员权益财务担保体系计划、积极参与海外劳工的全球治理等措施，经过实践可以逐步扩大适用范围以有效化解我国“一带一路”海外劳工面临的社会保障风险，助力“一带一路”建设高质量发展。

曹艳春教授是国内目前为数不多的专攻船员权益保障的研究者之一，并且作为上海市法学会劳动法研究会的会长，带领研究会长期关注船员的劳动保护问题。上海作为国际航运中心，“一带一路”的桥头堡，应该在船员劳动权利保护上展现更多作为。在完成本著作的过程中，曹艳春教授通过举办学术研讨会的方式，吸引更多的学者来研究船员劳动权利问题，形成上海市法学会劳动法研究会的研究特色。我国海洋强国建设是一个长期的战略目标，希望更多劳动法学者加入船员劳动权益的研究之中，为我国海洋强国战略的实现作出更多贡献。

是为序。

張鳴起

中国法学会副会长兼秘书长

中国社会法学研究会会长

海峡两岸关系法学研究会会长

2024 年 1 月 16 日

# 目　录

## 第三篇 船员集体劳动关系法律制度篇

# 引　言

## 一、研究背景与研究意义

纵览华夏及世界发展历史，海洋兴则国强，海洋衰则国弱。海洋在政治、经济、科技、能源等领域发挥着不可或缺的作用。现在世界各国对陆域资源和空间的开采与使用日益扩展，资源和空间问题成为限制各国经济发展的重要因素，美国、日本、韩国、澳大利亚等国家相继提出了建设21世纪海洋经济强国的战略，海洋成为各国竞争的重要领域。在我国，党的十八大报告提出的“提高海洋资源开发能力，发展海洋经济，保护海洋生态环境，坚决维护国家海洋权益，建设海洋强国”的战略任务已成为中华民族的共识。党的十九大报告则进一步指出：坚持陆海统筹，加快建设海洋强国，并进一步提出建设交通强国的战略。2022年的党的二十大报告又提出加快建设交通强国，发展海洋经济，保护海洋生态环境。

我国作为海洋大国，海洋是经济社会发展的重要依托和载体，加快建设海洋强国更是成为面向未来的发展目标，习近平总书记强调，建设海洋强国是中国特色社会主义事业的重要组成部分，对实现全面建成小康社会目标、进而实现中华民族伟大复兴都具有重大而深远的意义。目前，我国正与世界各国共建“丝绸之路经济带和21世纪海上丝绸之路”（以下简称“一带一路”），“21世纪海上丝绸之路”的重点方向便是从中国沿海港口经过南海到印度洋，延伸至欧洲；从中国沿海港口经过南海到南太平洋。素质精良的船员队伍是航运产业之基础，也是“海洋强国”之人才基础，无论是“海洋强国”建设还是“一带一路”建设都离不开海上运输，高素质船员队伍是发展海上运输的关键所在。如今，全球贸易中90%的货物运输依靠海洋运输，世界贸易的发展离不开高素质船员队伍。正如国际海事组织

(International Maritime Organization,IMO)前秘书长米乔普勒斯所言,没有海员的贡献,世界上一半的人会受冻,另一半的人会挨饿。

在我国国家层面,船员队伍的优劣与国家海洋经济发展和海上主权安全息息相关,在巩固国防力量上发挥着不可或缺的作用。作为船舶航行的主要人员,船员在和平时期既要履行雇佣合同约定的私法义务,又要承担《海上交通安全法》《海商法》规定的保护船舶航行安全、保护海洋环境的公法责任;在战争时期,他们可以作为国家的"第二海军"与海军并肩作战,共同维护国家的国防安全,因此高素质的船员还是一个国家的战略储备人才资源。建设海洋强国、航运强国必然离不开一支强大的船员队伍,吸引高素质人才进入船员队伍尤为重要。

截至2020年底,我国共有注册船员1,716,866人,①他们承担了国家水路货物运输的全部任务,作为对航运业发展做出重要贡献的特殊劳动者,船员理应受到较为全面的法律保护,但我国有关船员权益保障等方面的立法却呈现出滞后性,船员劳动权益保障性法律缺失、现有法律与船员工作不适应与不协调的问题依然存在。我国已经建立起船员劳动权益保障的基本法律框架,如《海商法》《海上交通安全法》《船员条例》《海员外派管理规定》等,但调整船员权利义务关系的主要规范性法律文件存在立法层次低、效力不高,立法形式分散、缺乏统一协调等问题。《海商法》《海上交通安全法》有着各自的立法定位与属性,在性质上并非保障船员权益的专门立法,涉及船员劳动权益的条文极少。此外,《2006年海事劳工公约》(Maritime Labour Convention, 2006, MLC)被称为"海员权利的大宪章",对船员的最低工资、工作和休息的时间、带薪休假、医疗保健、饮食起居等方面作出规定,旨在保障船员体面的工作与生活并建立全球统一的海员劳工标准,该公约如今已经成为国际社会公认的船员权益执行标准。但我国的船员立法还不完善,船员相关的法律与该公约要求存在较大差距,亟待加强与《2006年海事劳工公约》的衔接,跟上全球航运业的发展步伐。

2018年9月7日,第十三届全国人大常委会立法规划公布,《海商法》修改已经纳入二类立法项目名录中,属于需要抓紧工作、条件成熟时提请审议的修法项目。《海商法》第三章的标题为"船员",如何修改第三章以维护多方利益平衡是值得研究的命题。2020年交通运输部印发《关于完善综合交通法规体系的意见》(交法发〔2020〕109号),该文件围绕加快建设交通强国,提出完善综合交通法规体系,并将"船员法"纳入了2035年前制定的综合交通法规体系中。在"海洋强国战略"的背景下,在《2006年海事劳工公约》全面履约要求下,全面研究船员劳动权利的法律保障问题,为将来的修法、立法做准备,这将具有重要的理论意义及现实价值,也是很急迫的研究课题。

---

① 参见交通运输部海事局:《2020年中国船员发展报告》,载中华人民共和国交通运输部官网,http://www.gov.cn/xinwen/2021-06/25/5620861/files/a1c49282205f4e18a6b5026 bd8813abc.pdf。

## 二、本书研究的理论价值和应用价值

（一）理论价值

船员劳动权益保护一直是国际劳工组织（International Labour Organization，ILO）与船员大国关注的重点问题，也是航运大国、强国的专家学者研究的重要领域。我国学界研究特殊劳动者船员权利保障的广度、深度远远小于对普通劳动者的研究。通过梳理现有文献，我们发现国内学者对船员劳动权益保护的研究主要集中于船员劳务纠纷解决、船员外派关系、船员工资、船员的社会保障等方面，但理论深度及制度建设的理论支撑远远达不到对特殊劳动者船员的保护要求。船员劳动权利保障涉及的法律比较多，主要有劳动与社会保障法、海商法、民法、国际私法及涉外民事法律关系适用法等，船员用工涉及的法律关系也比较复杂，而我国学界对涉及船员法律关系的这些跨部门法的基础理论研究远远不够，关注度也不高。本书研究将从基础理论着手，为我国船员劳动权利保障的研究提供坚实的理论支撑。并在国内劳动法律体系的框架下，结合《海商法》《民法典》等法律以及《2006年海事劳工公约》等国际公约的规定，为《海商法》修改“船员章”提供理论依据，为将来“船员法”的出台提供理论基础准备，为海洋强国建设储备一支高素质的船员队伍提供法制的保障。

（二）应用价值

我国是拥有约172万船员的航运大国和船员大国，但在船员权益保护方面仍存在明显不足，这与我国目前的国际地位很不相称，也不利于我国海洋强国战略及航运强国的建设与发展。目前，我国已经加入《2006年海事劳工公约》，亟待修改国内法与公约内容衔接。我们应当尽量满足公约的履约要求，在国内劳动法规体系的框架下制定全面覆盖船员职业保障的法律法规。

本书结合《2006年海事劳工公约》及国外有关船员权益保障的法律实践，立足我国船员劳动权益保障的现状，为我国船员劳动相关政策或法律法规的制定与完善提供现实指引，为我国《海商法》修改以及将来“船员法”的出台提供本土化、具体化、可操作性的立法建议，也为船员劳动权益保护纠纷解决的司法实践提供参考。

## 三、研究方法

本书的研究涉及劳动与社会保障法、民法、海商法、国际私法、海上安全法等多个部门法及《2006年海事劳工公约》和其他相关国际公约，具有跨部门法、国际性、涉外性等多种因素，同时由于涉及的法律关系比较复杂，部门法交叉研究的方法将贯穿始终，此外，我们还采用了多种研究方法相结合的方式进行综合研究。

（一）文献研究法

查阅涉及船员劳动权益保护的国内外相关理论文献，相关法律、法规、政策文献以及案例文献，对船员劳动权益保护相关文献资料作系统的梳理与研究。

（二）多种实证研究与统计方法并用

1. 案例统计分析方法。在中国裁判文书网上检索和收集船员劳动关系（劳务关系）纠纷案件，重点统计纠纷的类型、案由、法院的判决结果及判决考量。通过对我国船员劳动权益司法保护的现状进行分析，找出在司法保护中存在的问题并探究其根源。

2. 通过问卷调查、与海事参与主体访谈、实地考察船务公司等方式搜集第一手资料，了解船员对保护自身利益的认识和不同主体的利益考量与选择，从现实问题中提炼法律问题，丰富课题研究内容。

3. 通过阅读、分析国际劳工组织、国际海事组织等国际组织的调研报告，把握国际船员劳动权益保护重点、研究方向，为我国持续融入全球航运业提供方向。

（三）比较研究法

比较研究英国、美国、日本、新加坡等航运发达的国家在船员劳动权益保护方面的法律、法规、政策和经验，博采众家之长以完善我国船员权益保护立法。

（四）归纳总结法

通过归纳总结的方法对船员劳动权利保障中的具体理论与实践的问题进行归纳与分析，使之系统化、理论化，为船员保护制度提供理论支撑与具体对策建议。

# 第一篇　船员劳动者权益保障基础理论

# 第一章　船员劳动权益保护渊源考究

一国的航运发展离不开优秀的船员队伍,建设与发展素质精良的船员队伍,为其提供充分的劳动权益保障是题中应有之义,同时也能为我国实现海洋强国战略目标提供专业辅助与人才储备。自船员这一群体诞生以来,各国在不同历史时期针对船员劳动权益保障出台了不同的法律法规与政策,这些规范以各个时期船员群体的工作实际为基础,能够充分反映特定历史时期下船员的利益诉求与航运发展的需求。掌握各国船员劳动权益保障发展历史的基础,有助于揭示未来我国对船员劳动权益保护的方向与着力点。

## 第一节　我国船员群体及其权益保障发展历史

2018 年,我国的船员总量就已位居世界第一,每年外派海员超过 14 万人。[①] 根据我国交通运输部发布的《2020 年中国船员发展报告》,中国全国注册船员总数 1,716,866 人,同比增长 3.5%,[②]我国是当之无愧的航运大国、船员大国。在与船员相关的立法实践中,我国在批准加入《2006 年海事劳工公约》的基础上陆续出台《船员条例》《海员外派管理规定》等相关法律法规,但对于船员劳动权益的特别保障关注不够,目前主要是通过面向普通劳动者的《劳动法》《社会保险法》《劳动合同法》等一般

① 参见中远海运船员管理有限公司:《世界海员日:中国海员数量世界第一》,载中远海运船员管理有限公司官网,http://seafarer.coscoshipping.com/art/2019/6/25/art_10978_109725.html。

② 参见交通运输部海事局:《2020 年中国船员发展报告》,载中华人民共和国交通运输部官网,http://www.gov.cn/xinwen/2021-06/25/5620861/files/a1c49282205f4e18a6b5026bd8813abc.pdf。

劳动法进行调整。回顾历史,对于船员权益保障的重视,是船员群体发展壮大的重要标志,从侧面反映了一个国家航运产业的发展水平。

## 一、我国古代船员职业的初现(约 10,000 年前至公元前 221 年)

早在新石器时代,我国便已经有原始先民借助船舶进行航行。2002 年 11 月,杭州市萧山区跨湖桥遗址出土独木舟一艘,经鉴定,该独木舟距今约八千年,是我国迄今为止发现的年代最早的独木舟。[①] 驾驶这种简易船舶的人员,便是现代意义的"船员"。之后,造船技术在漫长的岁月里发展、革新,并在春秋战国时期(公元前 770 年至公元前 221 年)得到大规模运用:船舶成为当时部分诸侯国发展经济的重要工具,"船员"已经作为一种专门的职业登上历史的舞台。公元前 322 年,楚怀王将作为运输货物的免税通行凭证"金制舟节"颁发给鄂君启,舟节上的铭文记载:鄂君最多能够使用 150 艘船舶,以一艘船配备 10 名船员计算,鄂君的私人船队约有 1500 名船员。[②] 在航运业发展的起步阶段,各诸侯国的"变法"旨在富国强兵,提升本国的经济与军事实力,船舶也主要作为军事用途使用,贵族们为了利用封地内外的水路运输粮草、军队,挑选掌握船舶驾驶技术的人员组建成为私人的船员队伍。当时,中国正处于从奴隶制社会向封建社会过渡的时期,船员是诸侯们的奴隶或士兵,毫无劳动权益可言。

## 二、我国船员权益保障的发展阶段(公元前 221 年至 1368 年)

在中国古代的航运业发展阶段,经历汉、唐的大一统局面后,古代中国作为一个统一的帝国对航运贸易有着大量的需求,这使航运成为一项产业,并得到了迅速发展。这一时期,中国古代的船员群体经历了从无到有、从私人雇佣到政府管理的过程,统治者已经开始关注船员的劳动权益,并把目光集中于船员的基本生活保障。

秦汉两朝(公元前 221 年至公元 220 年)与隋唐两代(589 年至 960 年)都是古代中国大一统发展的时代,经济的高速发展也推动着航运业的变迁,杜笃的《论都赋》这样描述秦汉时期漕运的壮丽场面:"大船万艘,转漕相过。"这时,船员的分工更加明确,发展方向更加专业化,不少船员已经具备驾驶船舶进行远洋航行的能力,分别在船舶航行中发挥不同的作用。宋元时期(960 年至 1368 年),政府实行自由宽松的海上贸易政策,海外贸易的兴盛使船员队伍迅速壮大。发达的漕运需要更加完备的管理制度,宋朝政府设立管理漕运的纲运人员,并将其分成了三级:

---

① 参见杭州市萧山区人民政府:《国内最早的独木舟遗迹——跨湖桥遗址》,载杭州市萧山区人民政府官网,http://www.xiaoshan.gov.cn/art/2015/4/15/art_1302878_6345471.html。

② 参见安徽博物院:《鄂君启金节》,载安徽博物院官网,https://www.ahm.cn/Collection/Details/qtq?nid=144。

一级为发运使、转运使；二级为催纲、排岸、巡辖、巡检等官员，主要负责往来货物的催督和防护；三级为具体的搬运人员，包括管押纲人吏、使臣、殿侍、大将等，此外还有一些搬运夫卒，如梢工、梯工、火手。政府通过对各级人员进行奖惩，实现管理控制各个航运环节的目的。在"刚性手段"之余，管理者还通过保障船员工资权益的"软性手段"管理船员队伍，增加船员职业的稳定性。宋元时期的海船规模庞大，需要几百或上千船员通过集体协作实现远洋航行，抵御海上风险。然而，数量如此庞大的船员无法完全依靠舶商发放佣金，只有少数核心船员能够从舶商处领到工资。宋元时期政府实施"以货代薪"的工资制度来保证船员的劳动报酬收入，船员可以根据在船上的职级随船携带不同数量的私人货物，用买卖所得的盈利充作雇钱。① 由此可见，尽管船员和水手受雇于船主、海商，听从船主、海商的管理安排，但多数人并不从雇主那里直接领取佣金，而是通过直接参与贸易的方式获取利润。这种手段不仅保证船员能够获得一定的劳动收益，还能提高船员职业的吸引力，为宋元时期的航运业发展注入活力。

### 三、我国船员权益保障的成熟阶段（1368 年至 1949 年）

宋元时期，航运业已经成为古代中国不可或缺的重要产业，随之而来的是统治者对船员群体的重视，通过法令形式保障船员获得报酬的权益，这与船员在远洋航行时遭遇海上风险的可能性较大有关。

明清时期（1368 年至 1912 年），中国古代航运业已发展到巅峰。郑和下西洋的壮举标志着中国古代的造船技术、船员素质、航海能力已经位居世界前列。尽管在 1662 年至 1722 年清朝统治者颁布了全面海禁政策，中国船员依旧活跃于与日本等东南亚各国的贸易往来中，据统计，在贸易发展的鼎盛时期，有 500 艘以上的中国商船穿梭于东南亚各地。② 这一时期，我国船员在参与内河、沿海以及远洋贸易运输的同时，还作为水军接受由政府组织的军事教育并参与训练，体现出"军民融合"的特点。至此，"一个自我完备、独具特色的中国古代海员体系最终大功告成了"。③ 经历了一个多世纪的闭关锁国，清政府因鸦片战争失败被迫于 1842 年开放五个沿海通商口岸，外国航运企业进入中国市场。为应对外来冲击，清政府于 1872 年成立轮船招商局，这是中国近代第一家航运企业，雇佣者以外国船员为主，由于近代中国航运业的起步晚，所以中国船员极少，对船员权益的保障也是仿照西方各国的法律规定。此时，西方列强将商品、技术以及法律制度带入中国，中国也开始在艰难中求变，汲取着西方法律制度的精华。近代中国的船员保障体系遭受

---

① 参见王娟、许瑞雪、韩庆：《宋元时期船员的职业发展及管理制度》，载《大连海事大学学报（社会科学版）》2014 年第 2 期。

② 参见韩庆、逄文昱：《中国古代海员史图说》，大连海事大学出版社 2016 年版，第 79 页。

③ 参见王杰：《中国古代船员职务略考》，载《中国航海》1993 年第 2 期。

冲击，失去了自己的特点，同时又吸纳了西方的法治思想与实践，在曲折中前行。

1912年，在经历资产阶级民主革命斗争后，中华民国成立，《中华民国临时约法》等一系列促进资本主义发展的法律、规章出台，加速了航运产业的发展，1911年至1925年的15年间，中国船舶的数量和吨位均增加近4倍。① 不断壮大的船员队伍需要一个稳定的组织领导与管理，1914年，海员吴渭池等在船上召开了海员大会，建议在船上建立福利组织，得到大多数海员们的认同，于是香港海员最早的合法组织"海员慈善会"正式成立，在很短的时间内，发展会员达3000多人，中国海员走上了探索保障自身权益的道路。② 1921年，中华海员工会联合总会正式宣布成立，这是中国近代最早成立的产业工会之一。受国内外政局变动影响，中国劳动者的权益往往得不到保障，为争取船员权益，中华海员工会先后在1921年的香港海员罢工、1925年的省港大罢工中，带领广大船员以罢工的方式维护自身权益。1929年，《中华民国海商法》颁布，受当时"联俄、联共、扶助农工"政策的影响，该法对于船员的权益保障作出了特别规定。在形式上，规定船员权利的法条多达10条，而为船员设定义务的法条仅有3条；在内容上，规定了船员获得薪资、治疗费用、抚恤金、遣散费以及在港外雇佣关系终止而享受送回雇入港的权利等。③

## 四、中华人民共和国成立后我国船员权益保障的新时期（1949年至今）

20世纪60年代是新中国航运业发展的黄金时期，海员管理体制初步建立，航海教育事业初步发展，中、高等航海院校为新中国培养了大量的航海技术人才，各航运企业自办船员培训也极大提升了船员的专业技能和文化素质，④保障船员权益的法律性文件也从这个时期开始产生。由于自古以来我国的历史文化植根于农耕文明，我国缺乏船员立法的文化根基，有关船员的法律规定以管理性规定为主，对权益保障的内容较少，且大多转介至一般劳动法的条款。目前，我国船员劳动权益保护主要按照劳动法律的规定，船员劳动权益保障的法律法规及规章主要有《海商法》《海上交通安全法》《海事诉讼特别程序法》《船员条例》《海员船上工作和生活条件管理办法》等。然而，部分法律文件效力层级低，内容以船员的管理性规定为主，有关保护船员劳动权益的内容不多，与一些船员法律制度较为完善的国家相

---

① 参见韩庆、逄文昱：《中国古代海员史图说》，大连海事大学出版社2016年版，第124页。

② 参见中华全国总工会：《中国海员工会百年发展简史》，载中华全国总工会官网，https://www.acftu.org/wjzl/gysl/gysyj/202104/t20210401_777966.html? 7OkeOa4k=qAqaqGcZBhnZBhnZBmgF9mbSj8DSySaHjlske5AcVfGqqqqqqqqqqqqqBq。

③ 参见李建江：《1929年〈中华民国海商法〉船员制度研究》，载《长江大学学报（社会科学版）》2012年第1期。

④ 参见中华全国总工会：《中国海员工会百年发展简史》，载中华全国总工会官网，https://www.acftu.org/wjzl/gysl/gysyj/202104/t20210401_777966.html? 7OkeOa4k=qAqaqGcZBhnZBhnZBmgF9mbSj8DSySaHjlske5AcVfGqqqqqqqqqqqqqBq。

比，我国建立起成熟的船员劳动权益保障体系还有很长的路要走。

## 第二节　域外各国船员权益保障发展历史

回顾全球船员法律保障的发展历史，在我国探索建立船员劳动权益保障法律框架的时期，世界上有许多国家已经建立了相对成熟的船员劳动权益保障机制，其中有一些成功经验值得我们借鉴，但是在这之前，我们还应当明白一些法律、政策如何在特定的社会历史背景下被制定、应用。因此，我们选取了日本、英国、美国、菲律宾与马来西亚五国作为研究对象，并以时间顺序梳理五国船员劳动权益保障发展历史。

### 一、各国对船员权益保障的初期探索

在15世纪中叶，英国的商船航运伴随着全球性棉花贸易而兴起。15世纪末，作为马来西亚的前身之一，马六甲王国是当时南中国海最为发达的国家，以港口及经贸中心闻名于世。受地理位置影响，马六甲王国的立法致力于维护其繁荣海港的地位，据研究，当时马六甲王国的正规法律教科书中就包括了《马六甲海商法》(Undang-undangLautMelaka)，①该法是已发现的最古老、综合性最强的穆斯林海洋法之一。

一个世纪后，英国商船船队的运力呈现颓势，逐渐落后于西班牙、葡萄牙、荷兰等国。16世纪中叶，英国女王伊丽莎白一世即位后，通过颁布一系列促进航运的政策，帮助英国商船船队打破了一度落后于西班牙、葡萄牙等国船队的落后局面。远在东南亚的马来西亚则先后被葡萄牙、荷兰、英国殖民，在长达数百年的殖民期间，上述欧洲国家为便于管理殖民地事务，引入本国法律调整包括海上运输在内的各类法律关系。例如，在1842年，为恢复当地秩序，沙捞越州(现马来西亚面积最大的州)总督詹姆斯·布鲁克颁布八项法令，其中规定在贸易及其所有相关行业中，“任何人不能被强迫工作，任何人工作后均应获得合理报酬”。② 我们可以由此推断，在这一时期，马来西亚的船员已经有自主选择是否劳动与获得合理报酬的基本权益保障。

英国船员队伍的迅速发展主要源于频繁的对外战争，至18世纪晚期，1200万的英国人口中涌现出30万海员。③ 拿破仑战争时期(1803年至1815年)，英国船员队伍也增势迅猛。在同一个世纪的1870年，日本政府正在创办国营性质的回漕

---

① 参见[澳]吴明安：《马来西亚司法制度》，张卫译，法律出版社2011年版，第23页。

② 参见[澳]吴明安：《马来西亚司法制度》，张卫译，法律出版社2011年版，第43页。

③ 参见单德赛：《英国航运与海员政策回顾》，载《世界海运》2017年第7期。

会社，回漕会社共拥有轮船 11 艘，主要运营东京至大阪的航线，经过几年发展，该公司业务量增加，相继开辟东京至函馆、石卷等日本国内城市的航线。1875 年，日本国邮便蒸汽船会社与三菱商会合并，改组成立邮便汽船三菱会社，此时的三菱会社共拥有 28 艘汽船、2 艘帆船。[①] 同年，日本政府开始着手针对船员的立法工作，首先颁布了《西洋型商船船长、驾驶员、轮机员考试发证规则》，以此为基础，日本政府于 1899 年颁布第一部《船员法》，该法主要包括日本《商法》关于船员的规定以及船员违反《船员法》惩治方式，有关船员雇佣、伙食、工资的权益保障内容则仍保留在《商法》中。

受英国等欧洲国家殖民的影响，美国一贯重视航运业与船员发展，同样被严格遵守的还有保障船员权益法律制度。1790 年，美国制定了有关船员与逃兵的法律，该法规定了船员最基础的三项权利，即获得供养、医疗救助以及报酬的权利，除此之外，船员原则上不可能获得其他福利或救济。[②] 此后，弥补船员权益保障的不足成为美国船员法发展的主要方向。譬如 1872 年颁布的《航运专员法》旨在保障船员获得报酬的权利以及船员对所签劳动合同的知情权；1895 年《马奎尔法案》废除了监禁从船舶上逃走的船员的规定，赋予了船员在生命、健康权遭受威胁时离开船舶的权利；1898 年《修正与美国海员相关、保护海员和促进商业法案》（又称《怀特法案》）禁止了对船员的体罚行为。[③]

## 二、各国船员权益保障法律制度日趋完善

20 世纪初至 20 世纪 40 年代，美国取代了西班牙对菲律宾的殖民统治，延续着对菲律宾的奴役和压迫，菲律宾沦为美国的原料供应地、销售市场和外籍劳工的主力输出地，其中的外籍劳工就包括大量菲律宾船员。为保护海外船员权益，菲律宾政府于 1915 年颁布 2486 号法令，根据该法令，菲律宾政府有权对包括船员输出在内的劳工输出事务进行监督、管理，招聘部门应当保证海外劳工由于身体原因返回国内的交通安全事宜，审查海外劳工的最低年龄限制等，[④]但具体事务仍由接受劳务的外国机构负责安排。

经过一百余年的发展，美国在第一次世界大战结束后进入少数群体积极争取权利的时期。在进步领袖罗伯特·马里昂·拉福莱特的努力下，美国国会于 1915

---

① 参见韩庆、王娟、逄文昱：《明治时期日本政府的航运扶持政策探究》，载《大连海事大学学报（社会科学版）》2014 年第 1 期。

② 参见靳匡宇、李晓晴：《美国海事管辖权下的船员保护及其对我国的启示》，载《浙江海洋大学学报（人文科学版）》2020 年第 3 期。

③ See Bauer & K. Jack, *A Maritime History of the United States: The Role of America's Seas and Waterways*, University of South Carolina Press, 1988.

④ 参见何平：《菲律宾劳务输出概述》，载《东南亚纵横》1994 年第 1 期。

年通过了《促进美国商船船员福利法》①,为商船船员提供类似于工厂工人所获得的权利,被称为“船员权利的大宪章”。《促进美国商船船员福利法》规定了多项船员福利与权利,主要包括:废除对船员的监禁;减少对船员不服从命令的惩罚;船员每周 56 小时的有限工作时间(每天 9 小时);确立船员对船东过失行为提起损害赔偿的权利;制定为船员提供补给的最低标准;确立船员在港口领取半薪的权利;承认船员的组织权;保证最低标准的清洁和安全等。② 1920 年,美国国会又通过 1920 年《商船法》(又称《琼斯法案》),该法案为船员因其雇主的过失所遭受的人身伤害提供救济,也为船员因这些伤害导致的死亡提供救济,且无任何地域限制。

1919 年,根据《凡尔赛和约》(Treaty of Versailles),国际劳工组织作为国际联盟的附属机构成立。次年,国际劳工组织通过了《1920 年(海上)最低年龄公约》[Minimum Age (Sea) Convention, 1920]、《1920 年(海难)失业赔偿公约》[Unemployment Indemnity (Shipwreck) Convention, 1920]、《1920 年海员安置公约》(Placing of Seamen Convention, 1920)等,并在其后陆续通过 40 余部与船员权益有关的国际公约。1937 年,日本政府对《船员法》进行了修改,吸收了国际公约的规定。例如《1930 年强迫劳动公约》(Forced Labour Convention, 1930)。此次修改将船员劳动权益保护的内容从日本《商法》中分离出来,并将其纳入日本《船员法》的调整范围中。③ 航运业是英国近现代发展历程中不可忽视的重要产业,英国船员队伍的规模也与本国航运业发展情况息息相关,数次海上战争的爆发刺激着英国船员数量的显著增长。1939 年,第二次世界大战爆发,此时英国共有 159,000 名海员供职于英国商船,其中上万名船员被英国皇家海军征召,协助英国士兵撤离敦刻尔克、登陆诺曼底。④

1947 年,为铭记船员为和平作出的贡献,提升船员的社会地位,英国 1947 年《商船航运法》应运而生。英国 1947 年《商船航运法》第 12 条是保护船员基本劳动权益的法律条款,内容与船员的福利和就业条件有关:“部长可通过条例制定其认为适当的规定,以促进爱尔兰船舶或州内港口海员的福利,或在爱尔兰船舶上维持海员的适当就业条件,并可在任何此类条例中纳入其认为适当的任何补充或辅助规定。”⑤同年,日本颁布《日本国宪法》,第 27 条规定,全体国民都有劳动的权利

---

① 这项法律是因 1912 年泰坦尼克号沉没引起制定的,这场灾难表明当时主要的航运公司缺乏关注和规制。

② See U-S-History, *Seamen's Act: Rights for Merchant Mariners*, U-S-History. com, https://www. u-s-history. com/pages/h990. html.

③ 参见黄纯辉、李罗明:《国际船员立法趋势及对我国船员立法的思考》,载《世界海运》2005 年第 3 期。

④ 参见单德赛:《英国航运与海员政策回顾》,载《世界海运》2017 年第 7 期。

⑤ 参见英国《1947 年商船航运法》第 12 条第 1 款。

与义务。[①] 根据宪法精神,日本政府又于同年颁布了《职业保障法》。1948 年,日本《船员职业保障法》出台,根据第 1 条第 1 款的规定,该法旨在根据其能力和资格给予人们公平有效的从事船员职业的机会。同时,政府以外的海上企业的社会目的是适当的补充劳动力,为经济和社会的发展做出贡献。[②]《船员职业保障法》基于船员工作的特殊性,详细规定了关于船员派遣、船员培训、船员就业的内容。例如,在船员派遣方面,该法要求派遣单位应当通过书面形式告知被派遣船员工作的具体内容,包括基准劳动时间、休息时间、投诉事项与渠道、解除派遣合同后的稳定措施等。[③] 日本的船员派遣制度在保障被派遣船员基本权益的同时,也充分促进了航运业的效益增长。总体而言,日本《船员职业保障法》体制健全、机制完善,对船员在培训至工作阶段的劳动权益保障与纠纷解决作出详细规定,可操作性强,在日本的船员权益保障法发展史上具有重要的里程碑意义。在日本开始完善国内的船员保护立法,为日后进入全球航运业蓄积力量时,曾经辉煌的英国试图再次通过对外战争攫取利益。

1945 年,经历了两次世界大战的英国“伤痕累累”,急于振兴经济,重拾往日的“荣光”。但是,在短暂的休整后,1956 年英国又陷入了“第二次中东战争”(又称“苏伊士运河危机”)。英国试图通过此次战争维护本国公司在苏伊士运河享有的利益,但这一目的最终却在以美国、苏联两国为代表的国际政治压力下落空。[④] 此后,英国复苏经济的计划受阻,航运业明显衰退。

此时,位于东半球的东南亚正在经历前所未有的民族独立浪潮,菲律宾、越南等国相继独立,走上对外输出劳工的发展之路。在 1946 年往后的 20 年里,菲律宾国内新型行业的劳工也开始涌入国际劳动力市场。为规范本国劳动者出境工作程序、保护菲律宾境外劳工的劳动权益,菲律宾政府于 1974 年颁布《劳动法》,规定劳务输出是菲律宾社会经济发展战略的重要组成部分。值得关注的是,《劳动法》第 13 条第 7 款规定,“船员”是指受雇于从事海上航行的船舶上的任何人。[⑤] 第 13 条第 8 款则规定,“海外就业”指在菲律宾境外就业的工人。[⑥] 显然,船员也属于菲律宾劳动者海外就业的类型之一。《劳动法》对海外劳工的健康、安全与社会福利等方面制定了详尽的规定。例如,该法要求每个雇主都有责任为其在任何地方的雇员提供免费的医疗和牙科护理服务;[⑦]为确保海外劳工安全作业,该法规定劳动就业部门全权负责劳工所在单位和工作场所的职业安全卫生法律、法规和标准之管

---

① 参见《日本国宪法》第 27 条。
② 参见日本《船员职业保障法》第 1 条第 1 款。
③ 参见日本《船员职业保障法》第 66 条。
④ 参见史莹:《杜勒斯与第二次中东战争时的英美关系》,载《大庆师范学院学报》2007 年第 3 期。
⑤ 参见菲律宾《劳动法》第 13 条第 7 款。
⑥ 参见菲律宾《劳动法》第 13 条第 8 款。
⑦ 参见菲律宾《劳动法》第 157 条。

理和实施。[①] 同时,《劳动法》通过设立国家保险基金构建面向海外劳工的社会保障体系,强制不超过60岁的雇员参加国家保险基金。[②]

## 本章小结

回顾世界航运发展史,保障船员劳动权益的法律历史源远流长。无论是东方还是西方,各国都认识到欲要发展航运业,就必须重视船员在其中起到的关键作用。因此,各国政府在航运业发展初期便开始关注并改善船员的生存环境,维护船员的劳动权益。我们可以发现,在不同历史阶段、不同的文化背景中,首先得以保障的便是船员的薪资报酬,这是直接影响船员生存与发展的关键要素,其后诸国才逐步制定其他涉及船员劳动利益的法律、政策。通过研究东西方船员权益保障的历史,我们也发现在不同的社会经济条件下,船员劳动权益的内容是变化的、发展的、与时俱进的,我国应当在博采众家之长时注意与其他国家的发展差异,建立与当下经济发展水平、社会发展阶段相适应的船员劳动权益法律保障机制。

---

① 参见菲律宾《劳动法》第165条。

② 参见菲律宾《劳动法》第168条。

# 第二章　船员基本概念及类型的法理诠释

厘清船员的概念与类型是研究船员权益保障的基础问题，也是进行后续科学研究的必经环节，既能避免后续讨论的问题的范围模糊不清，又能避免后续法律适用的保护范围不明确而导致社会实质公平难以实现。对船员基本概念及类型的厘清，这不仅是学术研究中的重要问题，更对立法或修法具有重要的意义。

## 第一节　船员概念的界定

### 一、法学词典中船员的概念

（一）*《布莱克法律词典》*

《布莱克法律词典》对“Seaman”的定义源自美国的两部法律，即《琼斯法案》[①]和《海岸和港口劳工补偿法》[②]。根据《布莱克法律词典》，海员（Seaman，Crew Member，Sailor，Mariner，Member of a Crew）是指附属于航行船舶的雇员，其等级低于船长，并有助于实现船舶的功能或帮助其完成航行任务。如海员

---

① 1920年6月，美国众议员 Wesley Jones 提出的《商船法》经过国会批准后生效，成为著名的《琼斯法案》，是美国船员法的主要表现形式。

② 《海岸和港口劳工补偿法》是美国1927年制定的一部联邦法律，在1972年进行了实质性修改。它规定了对受雇从事装卸货物和修建船舶的工人的补偿方案，为此，海岸和港口工人必须是在美国海域从事海上工作。该法的制定源于美国最高法院的一份声明，这份声明认为此前各州对海上工作所适用的州劳工补偿法是对联邦海事管辖权的一种违宪性干涉。参见律言翻译：《法律词汇翻译：*Longshoremen's and Harbor Workers' Compensation Act*》，载律言翻译官网，https://legal-lingo.cn/Longshoremens-and-Harbor-Workers-Compensation-Act/。

受到伤害，则由《琼斯法案》和一般的海事法律保护。①

《琼斯法案》指出，人身损害赔偿案件的原告必须是在工作期间受伤（或被杀害）的“Seaman”。这里的“Seaman”要求至少排除乘客、客人、侵入者、海盗（当然除海盗起诉自己的雇主除外）等。至于其他人是否包括在这里的“Seaman”的范围之内，法律在初步创立时期未曾明确规定，至今这个问题也依然有待解释。联邦最高法院为“海员”这一术语交替赋予了两种解释方式，即广义与狭义，因对“海员”范畴未予明确界定，除非原告明显具有海员的身份，法院都鼓励被告积极辩称原告不是《琼斯法案》承认的海员，并将诉讼驳回。综上所述，“海员”的外延不甚明确的问题一直存在。

（二）《元照英美法词典》

在西方国家与航海相关的语境中，水手（Sailor）往往和船员（Crew）混为一谈，这是帆船时代遗留下的语言习惯。如今，“船员”是一个广义概念，外延范围较广，水手仅是其中的一部分，即在甲板部工作的一部分船员。② 根据英国1894年《海运法》的规定，海员（Seaman）指航行于公海的船舶的船员，不包括船东、飞行员和正式签约注册的学徒；在美国，海员是指对航海船舶的航行和驾驶起协助作用的人，其人身损害由《琼斯法案》规定。③

（三）中国《海事法律词典》

《海事法律词典》对船员的定义以资质要求为主导，即船长、驾驶员、轮机长、轮机员、电机员、报务员须经国家交通主管部门考试合格，取得中华人民共和国轮船船员适用证书后，方可担任船上的相应职务。④ 值得一提的是，《海事法律词典》对水手、海员、船员的定义进行了区分，但它们相互之间也存在交叉。水手是指在甲板部从事操舵、系缆、维修保养等项工作的船员的统称，包括一级水手和二级水手。⑤ 而海员原指海船上的工作人员，即对海船驾驶人员、水手、轮机人员、客货运输人员等的通称。现泛指从事水上运输的船员（包括海员、河船船员）。有时还兼指港口的某些工作人员。⑥ 船员亦称海员，是持有船员证书，为船舶所有人任用或雇佣，在船上任职的人员，由高级船员和普通船员组成。高级船员指船长、驾驶员（大副、二副、三副）、轮机长、轮机员（大管轮、二管轮、三管轮）、电机员、报务员、话务员、事务长和船医等。普通船员指除上述人员以外的船员，如水手、木匠、电工、

---

① See Bryan A. Garner: *Black's Law Dictionary*(10th ed. 2014), seaman, https://1.next.westlaw.com/Document/I03662a0b808511e4b391a0bc737b01f9/View/FullText.html? transitionType=SearchItem&contextData=(sc.Search).

② 参见薛波主编：《元照英美法词典》，北京大学出版社2014年版，第1219页。

③ 参见薛波主编：《元照英美法词典》，北京大学出版社2014年版，第1230页。

④ 参见陈明、王献枢主编：《海事法律词典》，武汉大学出版社1992年版，第85页。

⑤ 参见陈明、王献枢主编：《海事法律词典》，武汉大学出版社1992年版，第81页。

⑥ 参见陈明、王献枢主编：《海事法律词典》，武汉大学出版社1992年版，第83页。

负责加油和生火的人员等。

依工作岗位及其职务的不同,可以把船员划分为驾驶部(甲板部)船员、轮机部船员、事务部船员和报务部船员。驾驶部船员以船长为首,包括大副、二副、三副、水手长、水手。轮机部船员以轮机长为首,包括大管轮、二管轮、三管轮、电工、加油等。事务部船员以事务长为首,包括大厨、二厨、服务员、船医等。报务员船员较少,一般船只有一个至二个报务员,吨位较大的远洋船舶才设有报务主任。中国籍船舶的船长、驾驶员、轮机长、轮机员、电机员、报务员应当由中国公民担任,其他普通船员,确实需要外国公民担任的,应当经国家交通主管部门批准。从事国际航行船舶的船员,必须持有中华人民共和国港务监督局颁发的海员证。①

(四)《法律辞典》(2003 年版)对船员的定义

《法律辞典》(2003 年版)指出,根据 1965 年政府间海事协商组织(现为国际海事组织)制定的《国际便利海上运输公约》(Convention on Facilitation of International Maritime Taffic)之附件,"船员"系指某一航次在船上为船舶工作或服务尽职的、在船员名单上列有其名字的任何实际雇佣的人员。《海商法》规定,船员是指包括船长在内的船上一切任职人员。按照职务划分,船员可分为高级船员和一般船员,高级船员是指船长、驾驶员、轮机长、轮机员、电机员和报务员;一般船员是指水手、机匠等船上一般工作人员。高级船员需要通过专业考试获得上岗资格,而一般船员只需在上岗前进行必要的专业培训即可。船员与水手的概念不完全一样,水手是一个从帆船时代遗留下来的词语,相当于今日的普通船工。②

(五)《韦氏法律词典》对海员的定义

《韦氏法律词典》指出,"Seafarer"指"Mariner",指航行或辅助航行船舶的人,与"Seaman""Sailor"同义。③ "Seafarer"与"Sailor"类似,是对海员的统称,而"Seaman"有两重含义:(1)属于海军或海岸警卫队中士以下三个级别的人员;(2)海军或海岸警卫队的士兵,等级高于海员学徒,低于士官。④ 由此可见,"Seaman"强调海员的级别属性。此外,《韦氏法律词典》还收录了"Deckman""Navigator",二者以工作内容作为划分依据,前者指执行体力任务的船员,后者指操作或驾驶海船的人,与"Shipman"同义。"Crew"具有群体指向性,指隶属于一艘船的整个团队,有

---

① 参见陈明、王献枢主编:《海事法律词典》,武汉大学出版社 1992 年版,第 85 页。

② 参见中国社会科学院法学研究所《法律辞典》编委会编:《法律辞典》,法律出版社 2003 年版,第 167 页。

③ See *Merriam-Webster. com Dictionary*, Merriam-Webster(Feb. 18, 2023), https://www. merriam-webster. com/dictionary/seafarer.

④ See *Merriam-Webster. com Dictionary*, Merriam-Webster(Feb. 18, 2023), https://www. merriam-webster. com/dictionary/seaman.

时包括高级船员和船长。①

整体而言，上述词典都把“在船舶（或甲板）上工作”作为定义“船员”的主导因素，虽不能明确“船员”概念的内涵，但是对“船员”概念的外延作出了限定。《现代汉语词典》把船员、船长、船夫、船户、船家、船老大等词收入其中。船员是指在轮船上工作的人员；船长是指轮船上的总负责人；船夫指在木船上工作的人；船户是指以船为家的水上住户；船家是指旧时靠驾驶自己的木船维持生活的人；船老大指木船上的主要的船夫，也泛指船夫。我国现代汉语词典中的船员与船长的概念就是现在《海商法》中船员的概念，而船夫、船户、船家、船老大此类较为生活化、口语化的称呼则多指各类未成规模的小船的船员。

**表 2-1　词典中船员（海员）含义比较**

| 用词/词典 | 《布莱克法律词典》 | 《元照英美法词典》 | 中国《海事法律词典》 | 《韦氏法律词典》 |
|---|---|---|---|---|
| Crew | See “seaman” | 一般意义上的船员（包含水手） | 亦称海员，概念内涵与 seaman 一致 | 指隶属于一艘船的整个团队，有时包括高级船员和船长 |
| Seaman | 附属于航行船舶的船员，等级低于船长，帮助实现船舶功能 | 在公海上航行的船舶上工作的人员（不包括船东、飞行员和正式签约注册的学徒） | 原指海船上工作的船员，现泛指从事水上运输的一切工作人员，有时包含港口工作人员 | 两层含义：<br>a：属于海军或海岸警卫队中士以下三个级别的人员<br>b：海军或海岸警卫队的士兵，等级高于海员学徒，低于士官 |
| Sailor | See “seaman” | 在甲板部工作的部分船员 | 从事甲板部各项工作的船员的通称 | 指船员 |
| Seafarer | — | — | — | 指水手或海员 |
| Mariner | 指受雇于海上航行船舶的人员；水手 | 指船员；水手；海员 | — | 指航行或辅助航行船舶的人：海员、水手 |
| Deckman | — | — | — | 指执行体力任务的船员 |
| Navigator | — | — | — | 操作或驾驶海船的人，与 shipman 同义 |

① See *Merriam-Webster. com Dictionary*, Merriam-Webster（Feb. 18, 2023）, https://www.merriam-webster.com/dictionary/crew.

由表2-1可见,就各法律词典的区别而言,在《布莱克法律词典》中,海员的范围更加广泛,存在外延模糊的问题,中国《海事法律词典》与《布莱克法律词典》对海员的定义基本相同,但在以海员功能作用为划分标准的基础上,引入等级划分及促进船舶各部分机能实现的标准,并强调船员须取得相应证书。《元照英美法词典》对 Sailor, Crew, Seaman 的区分更加侧重工作范围与航行范围两因素。《韦氏法律词典》中“Seafarer”一词现在应用得更多,其概念含义也符合现代船舶上关于船员的含义。这些不同的表述折射出不同国家、地区的文化传统和对船员认知的差异,进而对各国法律关于船员(海员)概念的理念、划分标准及范围产生作用。

分解船员一词,船员由“船”和“员”组成,从字面意义上看,船员是与船绑定在一起的,二者缺一不可,说明船员的存在离不开船,船也离不开船员,否则船舶的运输功能无法实现,船员的价值也就无法体现。可以这样认为,“船员+船舶”构成了船舶“命运共同体”,这也是“同舟共济”成语含义的来源。同舟是指船员都在同一条船上,共济即互相协助、共同救助、共伸援手,直观体现了船员齐心协力一起工作的特征。

## 二、法律关于“船员”概念的表达

目前,各国法律对船员的概念主要有两种界定方式,一种是以中国、日本、德国为首的“概括式”方法,认为船长属于船员概念的组成部分;另一种是以英国为首的“分离式”方法,把船长排除在船员的概念之外。

### (一)概括式的船员概念

日本《船员法》第1条规定:“本法所称的船员,是指在日本船舶上或依国土交通省令规定的日本船舶以外的船舶上服务的船长、船员(除船长以外的船员)及预备船员。”德国《海事劳工法》规定:“本法所指的海员应系在船上工作的所有人员。”①韩国《船员法》指出:“‘海员’系指受雇在本法适用的船舶上提供工作的人。”②美国1984年《商船船员保护和救济法》规定,船员是具有相应资格并受雇或工作于船上的人员,但不含科研人员、航海院校的教员和航海院校的实习生。在这里,《商船船员保护和救济法》并没有明确说明船长是否包含在“船员”内,我们可以通过1934年沃纳诉高尔特拉(Warner v. Goltra)案发现司法者的态度,美国联邦最高法院在该案判决中指出,船长也是船员,在船员人身伤亡案件中,船长也被视为船员,适用《琼斯法案》进行救济。与美国不同,我国《海商法》明确采用概括式方法,将船长纳入“船员”的概念中,并排除了一些特殊人员:船员,是指包括船长在内的船上一切任职人员,但在军事的、政府公务的船舶和20总吨以下的小型船

① 参见德国《海事劳工法》第3条第1项。

② 参见韩国《船员法》第2条第1项。

艇上任职的人员除外。①

除一些国家与地区外，一些国际公约也采用概括式方法进行规定，如《1920 年（海难）失业赔偿公约》（已废除）[Unemployment Indemnity (Shipwreck) Convention, 1920]第 1 条、《1946 年海员养老金公约》（Seafarers' Pensions Convention）第 1 条、《1946 社会保障（海员）公约》[Social Security (Seafarers) Convention, 1946]第 1 条、《1987 年海员遣返公约（修正本）》[Repatriation Of Seafarers Convention (Revised), 1987]第 1 条、《1987 年社会保障（海员）公约（修正本）》[Social Security (Seafarers) Convention (Revised), 1987]第 1 条、《1970 年防止事故（海员）公约》[Prevention of Accidents (Seafarers) Convention, 1970]第 1 条、《1987 年海员福利公约》（Seafarers' Welfare Convention, 1987）第 1 条、《1976 年（海员）连续就业公约》（已废除）[Continuity of Employment (Seafarers) Convention, 1976]第 2 条和《2006 年海事劳工公约》第 2 条。这些规定均没有区分船长和其他海员。《2006 年海事劳工公约》第 2 条第 1 款（f）项将“海员”定义为该公约所指的船舶上以任何职务受雇或从业或工作的任何人员。

（二）分离式的船员概念

采用分离式的国家及国际公约对船长与船员的概念分开进行定义。英国法律是少数将船长与船员概念分开定义的国家，根据英国 1894 年《商船法》，船员指被雇佣在船上服务并服从船长命令的人员。② 从中可以推测，英国法律中的“船员”并不包括船长。除英国以外，一些国际公约同样采取分离式规定。《1926 年海员遣返公约》（Repatriation of Seamen Convention, 1926）第 2 条规定，“海员”一词，包括以任何资格受雇用或从事在任何船舶上工作并参与船舶协议条款的任何人员。但船长、引航员、培训船上的学生、订有适当契约的学徒、海军人员以及担任政府永久职务的其他人员，均予除外；“船长”一词，包括指挥及主持一船舶的任何人员，但引航员除外。《1926 年海员协议条款公约》（Seamen's Articles of Agreement Convention）第 2 条规定，“海员”一词，包括以任何资格受雇用或从事在任何船舶上工作并参与船舶协议条款的任何人员。但船长领港、培训船上的学生、订有适当契约的学徒、海军人员以及担任政府永久职务的其他人员，均予除外；“船长”一词，包括指挥及主持一船舶的任何人员，但领港除外。

船长与船员区分定义受到权力结构划分方式的影响。处于航行阶段的船舶远离大陆的文明社会，其权力结构与公司的权力结构形式较为相似，级别分明，船东或船舶经营人、管理人任命的船长负责管理船上的一切事务，船长与其他船员不同，权力范围大且集中，有权作出处理船上违法犯罪行为、救助人命、弃船等重大决

---

① 参见《海商法》第 3 条、第 31 条。

② 参见英国 1894 年的《商船法》第 742 条。

定,还有权对船上的其他问题进行监督、管理,故负责指挥和主持船舶上所有人员的船长没有包含在船员之列。

### 三、船长与船员的关系界定

船长是否包含在船员的概念中?大陆法系与英美法系对这一问题有着不同的规定。多数大陆法系国家把船长纳入船员的概念中,如日本1947年《船员法》(1995年修订)第1条规定:本法所称船员,是指在日本船舶上或依命令规定的日本船舶以外的船舶上服务的船长、海员及预备船员。韩国1984年《船员法》(1995年修订)第3条第1款规定:船员是指在船上为了取得工资而提供劳务的人,包括船长、船员和预备船员。俄罗斯1999年《商船航运法典》第52条第1款规定:船员由船长、其他高级船员和普通船员组成。德国《商法》第478条规定:"船员应由船长、船舶高级职员、船员和参与船舶操作的所有其他人员组成,他们受雇于船东或供应商,或由第三方委托船东或供应商执行船舶操作,并服从船长的指示。"意大利1993年《航海法典》第316条规定:海船的船员包括船长、高级船员和其他于船上工作的人员,内河航行船舶的船员包括船长、高级船员和其他所有记录在登记簿中,本人在船上工作的人员。

另外,引航员在船上履行职务期间是船员的一部分。在英美法系国家的立法中,船员和船长是分别定义的,分为两个概念进行分析和立法。例如,1984年美国国会通过的《商船船员保护和救济法》将船长、船员分别定义,船长是指指挥船舶的人;船员是指具有相应的资格并受雇或工作于船上的人员(科研人员、航海学校指导员和航海学校学生除外)。[①] 我国《海商法》存在较多法律移植的痕迹,相比于英美法系,我国有关船员概念的立法更倾向于大陆法系。例如,我国《海商法》第31条规定:"船员指的是包括船长在内的一切任职人员。"2007年颁布的《船员条例》第4条第1款规定:"本条例所称船员,是指依照本条例的规定经船员注册取得船员服务簿的人员,包括船长、高级船员、普通船员。"可以从以下层面分析我国采用大陆法系中船员概念的合理性和必要性。

#### (一)船长包含在船员范畴中的合理性

1. 船长具有船员的一般特征

船员作为海上或水上劳动的第一线工作者,其工作场所就是航行在海上或其他水域上的船舶,与其他行业尤其是陆地上的工作相比有其特殊性,具体包括:未知的海上风险、工作场所的流动与局限、职业的涉外性与国际性等,这是海上运输工作的天然属性。船长作为船舶的指挥和管理人员,与普通船员共同在船上工作、生活,他们都在航行的船舶内,身处同样的航运环境,船长必然会与船员面临一样

---

① See 46 U. S. C. A § 10101, *Definitions*, (ParnPh. 2003).

的职业风险。同时,作为船舶的管理和指挥者,船长不仅要对船舶负责,还要对全体船员负责,当面临紧急情况时,船长肩上的责任和承担的风险也比普通船员更重、更大。从这方面考虑,船长也是船员,只是要承担更多的岗位责任,故理应包含在船员的概念之中,享受法律赋予船员的权利。

2. 资格的取得程序表明船长属于船员范畴

多个国家的法律均规定,船长是船舶的管理者和指挥者。同时,国际公约也对船长的地位和责任予以明确。《国际船舶安全营运和防止污染管理规则》(International Management Code for the Safety Operation of Ships and for Pollution Prevention,以下简称 ISM 规则)规定了国际公认的关于船舶安全管理和营运及防污染的国际标准,其核心是建立安全管理体系,以明确的安全与环境保护方针确保船舶营运符合有关国际立法。在安全管理体系的运行中,船长处于特殊地位,他是船舶的"最高行政长官",对船员的操作和管理负全面责任,对于保证船舶安全营运,防止海洋环境污染等具有绝对权利和责任。因此,船长不但要具备丰富的专业知识和较高的专业技能,还必须具备丰富的海上航行工作经验,以便处理船舶在航行和停泊期间可能发生的紧急事故和其他危险情况。船员的船上工作经历对船员适任能力的影响重大是国际航运业的共识,《1978 年海员培训、发证和值班标准国际公约》(International Convention on Standards of Training, Certification and Watchkeeping for Seafarers, 1978, 以下简称 STCW 公约)要求适任证书申请人必须具备申请证书所要求的船上服务资历,且任职表现和安全记录良好。《海船船员适任考试和发证规则》和《内河船舶船员考试、评估和发证规则》规定,申请各类别、等级、职务之适任证书的海船船员和内河船员应在最近 5 年内有相应的船上任职时间,且任职表现和安全记录良好。简而言之,每个船长都要从普通船员干起,一步步积累经验、提升驾驶水平,船员时期是任何一位船长必须经历的阶段。例如,根据我国《海船船员适任考试和发证规则》,申请适用于客船船长适任证书者,应持有客船大副适任证书并在相应航区、船舶等级的海船上担任大副不少于 18 个月。[①] 由此可见,在船员的晋升渠道中,具备相应时间的船员资历是晋升至更高岗位的法定要件,每个经验丰富的船长曾经一定是一位船员,因此船长理应包含在船员的概念之中。

3. 与《2006 年海事劳工公约》衔接

根据《2006 年海事劳工公约》第 2 条的规定,"海员"一词系指在本公约所适用的船舶上以任何职务受雇或从业或工作的任何人员。这里强调的是特定主体的受雇状态,即受雇并在特定(公约规定)的船上工作的人员。对"任职"则做了较宽松的要求,没有根据在船上担任的职务区分船员与非船员,而是通过使用"任何人员"一词扩大了船员的范围,将那些在海上工作但并非从事传统上被认为是航海工

① 参见《海船船员适任考试和发证规则》第 26 条第 1 款第 4 项。

作的人员也纳入进来。在《2006年海事劳工公约》文本的修改过程中，“如何定义海员”这个问题得到了长时间的讨论，国际劳工组织海事技术预备会议采用的基本方法是“提供包含性或广义的定义”，本意是通过提供宽泛的定义，尽可能将所有的船上人员予以涵盖。考虑到各国有各自的利益考量，《2006年海事劳工公约》允许各国在三方协调的基础上，通过设置工作时间、船舶吨位等条件限缩海员的范围。因此，船长包含在“船员”概念之中是《2006年海事劳工公约》相应条款的应有之义。

（二）船长包含在船员范畴的必要性

1. 立法的必要性

立法讲究的是简约、精准，把船长纳入船员的范畴之中符合立法的这一要义。如果像英美法系国家那样分别定义船长和船员的概念，势必会造成语言文字上的繁琐和法律语言描述上的重叠，不利于人们对于法律概念的理解。同时，如果对船长和船员进行立法上的区分保护，势必要对船员和船长二者之间的区别和差异进行详细的对比研究。额外制定法律对于本来可以适用相同法律保护的同类人员进行区分保护，不仅是对立法资源的浪费，还容易因这种区分而对某一主体权益保护不周全，从而造成利益分配上的不公，不利于保持船员队伍的和谐、稳定。因此，未来出台的“船员法”应当把船长和船员合并在一起进行定义。

2. 司法的必要性

“以事实为依据，以法律为准绳”是贯彻我国司法过程的至理名言。在司法实践中要做到有法必依。如果区分定义船长和船员，审判机关在遇到涉及这两类主体的案件时，适用的法律条文可能会出现不同，对船长和船员劳动权益的保护也会出现差异。如果把船员和船长合并定义，在司法实践中所产生的效果截然不同。一方面，这使得司法适用更加准确，避免了法律适用上的重叠，减少了司法资源的浪费；另一方面，有助于明确保护船长的合法权益。大多数国家的船员法律只是规定了船员的权益保护，或者在法律语言表述上只把“船员”作为主体，如日本《船员法》、韩国《船员法》和意大利《航海法典》等。此外，即便是在英美法系中区分定义船长和船员概念的国家，也开始在司法实践中把船员与船长合并起来定义，如美国联邦最高法院在1934年沃纳诉高尔特拉案中曾经指出，船长也是船员，即在船员人身伤亡案件中，船长也被视为船员，适用《琼斯法案》进行救济。① 该案判决的核心在于把船长纳入船员权利的法律保护下，维护船长的劳动权益。

3. 法律全球化的趋同性

伴随着网络科技全球化、经济贸易全球化和跨国公司的飞速发展，人们在越来越多的层面寻求全球的趋同性。航运法律是伴随着经济贸易全球化不断发展的产

① See Warner *v.* Goltra, 293 U.S, 155(1934).

物，也要顺应全球化趋势。我国批准加入《2006年海事劳工公约》后，相关的国内法规应当与该公约衔接，尤其是对海员的定义，这是满足后续公约要求的基础，也是我国航运法律对航运全球化的积极回应。《2006年海事劳工公约》第2条规定，"海员"一词系指在本公约所适用的船舶上以任何职务受雇或从业或工作的任何人员。显而易见，这是一个广义的、宽泛的概念，是一个包含船长在内的合并定义。这是国际社会协商的结果，更是市场经济、航运全球发展的必要，同时也是法律全球趋同的体现。因此，把船长纳入船员概念外延之中是合理的、必要的。

## 四、船员的内涵特性

结合船员工作的基本特征与劳动属性，我们可以发现船员的内涵包含"在特定的船舶上工作""存在雇佣关系""具备相应的任职资质"三种属性。

### （一）在特定的船舶上工作

并非在所有类型的船舶上工作的人员都是《海商法》第31条所指的船员。《海商法》第3条第1款规定："本法所称船舶，是指海船和其他海上移动式装置，但是用于军事的、政府公务的船舶和20总吨以下的小型船艇除外。"由此可见，在用于军事的、政府公务的船舶和20总吨以下的小型船艇上工作的人员不是《海商法》承认的船员。以船舶的用途为划分依据，可以把船舶分为商船、渔船、海军军舰、政府公务船、体育运动船等，对应存在商船船员、渔业船员、海军军舰船员、政府公务船员等；以船舶航行区域为划分依据，船舶可划分为海船、内河船，相应区分海船船员、内河船员。海军军舰船员、政府公务船员属于军人或国家公务员，适用《军人地位和权益保障法》和《公务员法》，并非《海商法》及未来出台的"船员法"的适格主体，故不在我们的讨论范围之内。其他商船的船舶种类、吨位、航行区域决定着船员的工作强度、面临的风险程度，若不对船舶的吨位作出限定，将使得享有船员权益的主体范围不恰当地扩大。因此，在《海商法》或未来出台的"船员法"中，应当在"船员"的定义中对其工作地点，即船舶的类型予以明确，进而确定"船员"的范围。

### （二）存在雇佣关系

《海商法》第31条规定，船员是船上的任职人员。有的学者认为，"任职"一词体现了雇佣关系的内涵，强调的是船员与船舶所有人（雇主）职务具有劳动关系（雇佣关系）[①]。船员在船上提供劳动与服务的前提是经由船东、船舶经营人雇佣，并订立劳动合同或雇佣合同，形成雇佣关系。相对于船员，船东或船舶经营人处于支配和控制地位。因此，船员应当是在船上工作并取得相应报酬的人员，这一点强调船员与船东雇主的经济从属性，也是船东雇主指挥、监督与管理船员的权利来源

---

① 参见曹艳春：《雇主替代责任研究》，法律出版社2008年版，第23-28页。

与依据。

(三)具备相应的任职资格

目前,双燃料动力船舶、智能船舶等将大量应用于全球航运业。现代化驾船技术对船员专业能力、技术水平提出更高的要求。为保证船舶的航行安全,多数国家、地区都要求船员应当参与培训、考试,取得相应的资格证书,后续还要做好资质备案,接受审查。《海商法》第32条规定:"船长、驾驶员、轮机长、轮机员、电机员、报务员,必须由持有相应适任证书的人担任。"《海船船员适任考试和发证规则》第10条规定,适任证书持有人应当在适任证书适用范围内担任职务或者担任低于适任证书适用范围的职务。我国台湾地区"船员法"第7条也规定,船员应向航政机关提出申请,并经主管机关核发适任证书,始得执业。若船员不持有相应的证件或雇主明知船员不具有法定资质而上船的,应当承担法律责任。之所以把任职资格写入船员的定义中,是因为与航海相关的操作岗位对技术技能的要求较高,直接关系着船舶航行安全与船员人身和财产安全,这是船员职业的特殊性所在,对船舶航行安全具有重要意义。

## 五、科学重构《海商法》或"船员法"中船员的概念

(一)现有立法对船员定义的影响:两种进路的选择

目前,《船员条例》与《海商法》分别对船员作出定义,二者各有侧重点。前者从行政管理的角度出发,强调船员的主体适格性:"本条例所称船员,是指依照本条例的规定取得船员适任证书的人员,包括船长、高级船员、普通船员。本条例所称船长,是指依照本条例的规定取得船长任职资格,负责管理和指挥船舶的人员。本条例所称高级船员,是指依照本条例的规定取得相应任职资格的大副、二副、三副、轮机长、大管轮、二管轮、三管轮、通信人员以及其他在船舶上任职的高级技术或者管理人员。本条例所称普通船员,是指除船长、高级船员外的其他船员。"[①]《海商法》第31条规定:"船员,是指包括船长在内的船上一切任职人员。"《海商法》对船员的定义强调船员与船东、船舶经营人的关系,要求船员在船舶"任职",与雇主存在雇佣关系。那么,在《船员条例》与《海商法》已经规定"船员"概念的前提下,未来出台的"船员法"应该如何定义"船员"?首先,《船员条例》基于行政管理的考虑,强调船员的适任性,要求适格船员应当持有我国政府承认的资格证书,虽然《船员条例》也有少许条文规定了船员权益,但该定义没有突出船员的实质,即劳动者的身份属性,因此,"船员法"不应当沿用《船员条例》中船员的概念。

《海商法》对船员的定义抓住了船员的身份属性,强调船员与船东、船舶管理人的雇佣关系,这是值得肯定的。在国际公约的层面,《2006年海事劳工公约》也

① 《船员条例》第4条。

指出“船员”是一个广义概念，强调船员的“受雇”状态，规定船员是该公约所指的船舶上以任何职务受雇或从业或工作的任何人员。参考国际船员立法经验，我们可以发现船员的外延范围呈现扩张趋势。英国 1894 年《商船法》第 742 条规定，“Seaman”指除船长及引航员之外的任何受雇于或者在船上从事工作的人员，其中包括厨师、管理员、医生、木匠、事务长、仓库保管员、吧台收银员、水手长、在英国籍船舶上工作的印度船工以及码头工人。随后，修正案进一步把学徒纳入船员的范围之中。由此看来，我国《海商法》第 31 条的规定顺应了国际趋势，这也有利于完善对船员劳动权益的保护。我国的船员立法可以沿用这一定义，把《海商法》第 33 条及其他涉及船员权益的条文作为指引。结合世界主要航运国家、国际组织对“船员”概念的定义，我们认为应当强调船员的内涵，使船员的定义能够反映其工作特性，同时考虑我国对于船员的行政管理需求和《海商法》对于船舶的规定。因此，宜把船员定义为“在船舶上任职，具备相应资质的人员，但是在军事的、政府公务的船舶和 20 总吨以下的小型船艇上工作的人员除外”。

此外，船舶上还有少量海事院校的学员上船实习，实习生是否应列入未来出台的“船员法”中的“船员”之列，是值得思考的问题。梳理各国与地区的法律，我们发现它们要么规定模糊，要么不把实习生纳入“船员”之列。例如，日本《船员法》第 1 条规定：“本法所称的船员，是指登上国土交通省条例规定的船舶的船长、海员和后备海员。”没有提及船员是否包括实习生。又如，美国 1984 年《商船船员保护和救济法》直接指出船员不包含科研人员、航海院校的教员和航海院校的实习生。我国现有法律法规未说明船上之实习生是否属于船员，根据《船员条例》关于船员的定义，如果实习生持有船员证书，那么他们就是《船员条例》承认的船员。但是，未来出台的“船员法”与《船员条例》的立法目的不同，基于行政管理的需要，《船员条例》把经过法定程序取得船员证书的人员都纳入了船员之列，而未来出台的“船员法”应着眼于船员的职务功能和受雇状态，再加上各国、地区的立法先例，不宜参考《船员条例》的做法，而是应把所有船员实习生排除在船员之列，单独为船员实习生规定不同于船员的劳动权益保障内容。

### （二）《海商法》关于“船员”概念的矛盾与冲突

值得注意的是，《海商法》第 22 条与第 31 条对船员的外延的认定存在矛盾。船员有广义和狭义之分，广义的船员是指受船舶所有人聘用或雇佣的，包括船长在内的船上一切任职人员；狭义的船员则是指受船舶所有人聘用或雇佣的，除船长之外的其他服务于船上的人员。[①]《海商法》第 31 条采用概括式的广义船员的概念，规定本法所称的船员包含船长。《海商法》第 22 条规定，船长、船员和在船上工作的其他在编人员享有船舶优先权，这一表述把船长与船员并列。显然，《海商法》

---

① 参见司玉琢主编：《海商法》（第 4 版），法律出版社 2018 年版，第 64 页。

第22条采用狭义的船员概念,认为“船员”并不包含船长,而是指《船员条例》第4条所规定的“高级船员”与“普通船员”,“在船上工作的其他在编人员”也同样不属于《海商法》承认的船员范畴。由此可以推断,享有船舶优先权的主体有三类人员:即船长、船员和在船上工作且不属于船员的其他工作人员,是否应当将“在船上工作的其他在编人员”作为一项单独列出存在较大争议。

学界一般认为,船员应当具备三个条件:(1)取得船员资格;(2)受承运人聘用或雇佣;(3)服务于船上。① 如果《海商法》第22条“在船上工作的其他在编人员”是指不满足船员基本条件的其他工作人员,那么根据上述条件可知,这种工作人员有三类:一是没有船员资格的工作人员,二是未经由承运人聘用或雇佣的工作人员,三是不在船上服务的工作人员。首先,我国强制要求上船工作的船员持有相应的船员证书,因此第一种情况在实践中不会发生。其次,根据《2006年海事劳工公约》标准A2.1的规定,船东或者船东代表应当与上船工作或者实习、见习的船员订立书面上船协议,因此,不会出现未由承运人聘用或雇佣而上船工作的船员。最后,如果相关人员不在船上工作,便不具备享有船舶优先权的前提,此时,相关人员是否属于船员也就不具备讨论价值。综上所述,享有船舶优先权的工作人员一定具有船员身份,换言之,船上不会出现“在船上工作的其他在编人员”。

为什么《海商法》第22条与第31条会出现如此明显的矛盾?究其原因,还是在于学界对船员的分类有着不同的观点。王秀芬教授对船员的外延做了较为细致的研究,她认为,船员的外延存在一般意义、民商法意义及海上交通安全法意义、船员法意义,三者的外延与内涵不同。例如,《海商法》第31条规定的“船员”即是商法及海上交通安全法意义上的船员。该条文中的“一切任职人员”传统上被理解为是对船舶运行不可缺少的人员,此处所指的“船员”范围相对较小,只包括处于驾驶舱或轮机舱的与航行有关的技术人员。② 而傅廷中教授对此有着相反的看法:在船上,船员不仅指与航行有关的技术人员,船上的所有工作人员都具有船员身份,如持有船员证书的邮轮服务人员、厨师等。因此享有船舶优先权的主体只有船员,而船员的外延为船长、高级船员和普通船员。③ 显而易见,只有在船员概念属于第一种观点的情况下,《海商法》第22条关于权利主体的规定才合乎逻辑。然而,我国采用概括式方法进行定义,使得《海商法》第22条与第31条产生冲突。这一冲突不利于法的稳定性,在同一部法律中,法律概念的不统一极易引发歧义,造成法律适用层面的困惑。因此,《海商法》第22条的表述有待商榷。

---

① 参见司玉琢主编:《海商法》(第4版),法律出版社2018年版,第64页。

② 参见王秀芬:《船员之法律概念辨析》,载《社会科学家》2010年第11期。

③ 参见傅廷中:《论船舶优先权制度建构下的船员权益保护》,载《环球法律评论》2010年第3期。

## 第二节　船员的类型

本节以船员为研究对象，以船舶用途、航行区域以及船员与船舶所有人之间的雇佣关系为划分依据，通过域外法研究，明确不同划分标准下船员的范围，合理划分船员的类型，进一步厘清各类船员的关系。

### 一、以船舶航行区域为划分依据

(一)海船船员

海船船员也即海员，顾名思义，海员就是航行在海洋(或与海相连的水域)中的船只上的工作人员，统称为海员。

1. 国际公约对海船船员的规定

《1920年海员安置公约》(已废除)把高级海员排除在"海员"之外，后又在《1926年海员协议条款公约》中把主要适用群体确定为高级海员和普通海员。《1976年海员连续就业公约》(已废除)限定了船舶的种类，进而圈定海员的范围。《1987年海员遣返公约》把海员扩大到船舶上以任何职务受雇或从业或工作的任何人员。如今《2006年海事劳工公约》已经取代了前几个公约，成为统一、权威的海员公约。《2006年海事劳工公约》规定，"海员"一词系指在本公约所适用的船舶上以任何职务受雇或从业或工作的任何人员；"船舶"一词系指除专门在内河或在遮蔽水域之内或其紧邻水域或适用港口规定的区域航行的船舶以外的船舶。《2006年海事劳工公约》将内河船舶排除在公约规定的船舶之外，实际上亦将内河船员划定为国内管理事务的范畴，对海员的涵盖范围最广，影响最大。① 回顾与海员有关的国际公约发展史，可以发现"海员"的范围逐渐扩大，反映出国际社会越加重视海员的权益，对海员职业越发肯定，整体而言，海员的定义呈现出以下三种特征：一是在海上航行；二是受雇佣即在船上任职；三是排除特殊船舶种类的船员。

2. 各国与地区对海船船员的规定

在"海船船员"的概念界定方面，不同的国家、地区存在差异，但也有共同之处，它们均重视海员的基本属性，即有雇佣关系、工作在船舶上并航行在海洋及与海相联的水域、排除政府军事及小吨位的船舶。区别在于，美国法律强调海员在船工作的时长，要求海员已经在船上工作的时间至少占其职业生涯的30%；我国香港以附表形式排除了不属于海员范围的群体；我国内地则强调船员应当取得资格适任证书，要求船员通过海事管理机构组织的官方考试并取得相应的资格证书。

① 参见《2006年海事劳工公约》第2条。

（1）美国法综合多种因素界定海员身份

《琼斯法案》没有对海员[①]的概念作出严格的定义，它的定义是从其他判例法中推断出来的。1997 年，联邦最高法院在 Harbor Tug and Barge Company v. Papai[②]和 Chandris v. Latsis（1995）[③]中指出：海员身份的基本要求是双重的。首先，员工的职责必须有助于实现船舶的功能或完成其使命。其次，从目的性需求出发，关键在于海员必须与航行中的船舶（或可识别的这类船舶组）有关，船舶航行持续时间和性质都很重要。[④] 简而言之，海员是一名符合以下条件的水手：（a）海员在通航水域的船舶上工作。一般而言，通航水域是指船舶可以到达海洋或美国的另一个州。（b）海员在非永久性附着在通航水域的船上工作。这些船只包括驳船，石油轮，石油钻探船，货船，拖船，游轮和河船。《琼斯法案》还保护了在这些船上服务和工作的海员。（c）将海员分配给特定的船舶或船队。（d）海员已经在这些船上工作时间至少占其职业生涯的 30%。[⑤]

（2）德国法律排除其他船上工作人员

德国《海事劳工法》与中国香港的规定类似，明确指出非本法规定的海员，包括飞行员、在船上为乘客娱乐而工作不超过 72 小时的艺术家、临时在船上工作的科学家、根据联邦州法律的规定在船上实习的学生、基尔运河上的舵手等。[⑥] 需要注意的是，德国《海事劳工法》并未排除适用于渔业船员，而其后"就业协议"部分也包括"海洋渔船的船员就业协议"[⑦]，这与前文关于海员的定义相一致。

（3）中国香港特别行政区法律排除其他船上工作人员

中国香港特别行政区《商船（海员）条例》规定，海员指在船舶上担任任何工作

---

① See The Law Firm of Barnett, Lerner, Karsen, Frankel & Castro, Who is a Seaman Under the Jones Act?, https://injuredoverseas. com/who-is-a-seaman-under-the-jones-act/.

② 拖船的运营商（Petitioner Harbor Tug & Barge Co.）公司雇佣 Papai 为拖轮的房屋涂油漆这项工作，预计工作将持续一天，不会涉及和这艘船一起航行。Papai 在最近的一次工作中受伤了。在受伤前的两个半月内，Papai 曾在 Harbor Tug 受雇过 12 次，通过内陆船员联盟（IBU）招聘大厅接受这些工作。他通过招聘大厅获得短期工作 2—4 年。其中大多数是甲板上的工作，Papai 说这涉及在船舶停靠或停靠时对船上和船外的线路进行管理。在发现 Papai 根据《琼斯法案》不享有海员身份后，地区法院批准 Harbor Tug 案适用简易判决程序，后来确认裁决。第九巡回法院撤销并重新审判，其中包括 Papai 的海员身份及其相应的《琼斯法案》。法院裁定，即 Papai 应满足工作条件，因为如果海事工人通常执行的工作类型如果为单一雇主执行，则使他有权获得海员身份。他不能仅因为非永久性的就业工作制度就被剥夺海员资格。See Harbor Tug & Barge Co. *v.* Papai Et Ux.（95-1621），520 U.S. 548（1997）.

③ 原告 Latsis 作为被告 Chandris 公司的主管工程师，工作任务是 Chandris 的船上进行航行。他在其中一次航行中因突发的状况未经船上医生治疗后，Latsis 失去了一只眼睛的实质性视力。在康复之后，他乘坐 SS Galileo 航行到德国，并在干船坞进行整修时留在船上。随后，他根据《琼斯法案》起诉 Chandris 公司因眼睛受伤而获得赔偿。See Chandris, Inc. *v.* Latsis（94-325），515 U.S. 347（1995）.

④ 515 U.S.C.A. § 368.

⑤ See South Chicago Coal & Dock Co. v. Bassett, 309 U.S. 251（1940）.

⑥ 参见德国《海事劳工法》第 3 条第 3 项

⑦ 参见德国《海事劳工法》第 28 条第 3 项。

职务以处理该船上事务的人,但不包括附表 1A 指明的人。[①] 运输及房屋局局长可在征询咨询委员会意见后,藉宪报公告修订附表 1A。[②] 附表 1A 指明以下在船舶上工作的人不是船员:(a)以领港员身份在该船上工作的人;(b)该船的船东;(c)已从该船的船东接收营运该船的责任人(负责人),包括该船的管理人或租用人;(d)在该船上代表船东或负责人的人(该船的船长除外);(e)在该船上履行执法职责的执法机关人员;(f)只在港口或港口设施范围内在该船上工作的人;(g)从事符合以下说明的工作的人:(i)只关乎该船或其机械或设备的建造、改建、修缮或测试,但(ii)在任何方面,均不关乎该船的甲板部、机房部或管事部内的正常操作。由此可见,除上述附表载明的人员以外,其他在船上工作的人都属于我国香港《商船(海员)条例》承认的海员。

(4)中国船员发展报告中的海船船员

《海商法》对船员的概念已经作出概括定义,但是没有进一步进行区分船员的类型。根据交通运输部公布的《2021 年中国船员发展报告》,[③]船员的类型分为三种:国际航行海船船员、沿海航行海船船员、内河船舶船员。其中前两种属于海员的范畴。从图 2-1 可见,海员的概念外延小于船员,船员的概念外延大于海员,船员包括海员。

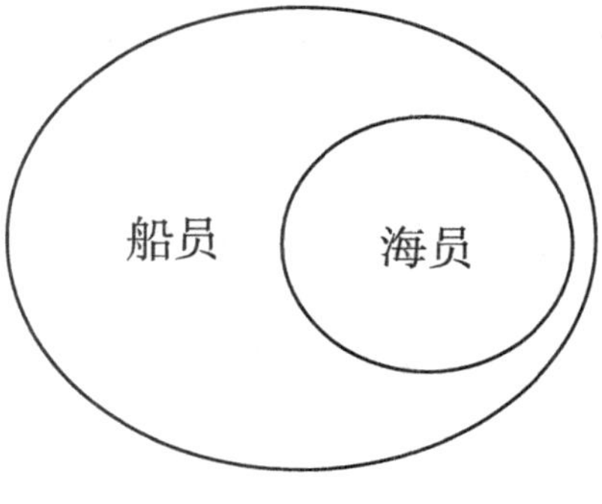


**图 2-1　船员与海员的关系**

目前,海员应当事先取得相应资格证书,才能参与海上服务的工作。海员海上服务资历包括国际航行海船服务资历和沿海航行海船服务资历。鉴于海员的工作需要,这类船员以海员的身份出入国境或在国外船舶处工作前,应当向海事管理机

---

① 参见我国香港《商船(海员)条例》第 I 部 2A 谁是海员,载 https://www.elegislation.gov.hk/hk/cap478。

② 香港的所有条例及附属法例,都要在宪报刊登(通称"刊宪")之后,才开始生效。第一份《香港宪报》出版于 1841 年 5 月 1 日,内容是拍卖香港土地的详情。

③ 参见交通运输部:《2020 年中国船员发展报告》,载中国政府网,http://www.gov.cn/xinwen/2021-06/25/content_5620861.htm。

构申请中华人民共和国海员证。[1] 然而,从工种性质上看,与内河船员、其他类别的工人相比,海员的日常生活和工作条件较为艰苦,他们在工作结束后只能回到舱室进行休息,无法如陆上劳动者一般下班后能回到家里与亲朋相聚,在大型船舶上工作的风险也比在内河船舶上工作的风险高。迄今为止,船舶仍然属于最危险的工作场所之一,发生意外事件致人伤亡的可能性远远高于一般工作场所。此外,海员职业的国际性和流动性导致保护船员劳动权利的法律难以执行,而工作标准的执行不力容易使海员遭受虐待、剥削和不公平劳动行为的影响。[2]

综上所述,船舶的航行区域是区分海员与内陆船员的关键标准。在沿海航行以及国际航行的船舶上任职的船员属于"海员",而仅仅在一国主权范围的河流、湖泊航行的船员属于内水船员。

(5)域外立法经验对我国的启示

受到英国立法模式的影响,美国法律没有明确规定船员的概念,而是通过判例指出认定他人具有船员身份的参考因素。具体而言,美国法官以通航水域为主导因素,认为海员是指在通航水域[3]的船舶上工作的人员。这种认定方式通过固定船舶的载体(通航水域)确定船员的范围,注重船员与航行中船舶的关系,强调航行的持续时间与性质,并以制定保护船员权益的法律(《琼斯法案》)为最终目的。我国以立法形式把船员的基本概念加以固定,但由于法律的制定具有滞后性、复杂性,使得学界对"船员"的界定具有一定的争议,主要表现为"船员"的概念以船舶类型为主导因素,兼受航行区域等因素的影响,由此产生了界定渔业船员、内河船员的难题,产生了是否统一适用《海商法》第三章的争议。

在划分船员的类型方面,可以借鉴域外国家、地区和国际公约的经验,以现有规定为基础,在强调船舶种类及航行区域的同时,辅以船员与航行中船舶的关系、航行持续时间等参考因素,同时把对船员权益的保护贯穿始终,针对不同类型的船员出台相应的保护措施。

### (二)内河船员

1. 航行区域与航行工具

《辞海》对"内河"的定义如下:处于一个国家之中的河流叫作该国家的内河。根据国内学者的观点,内河一般具备两个条件:第一,河源和河口必须同时处于一个国家领土之内;第二,在河源和河口之间的河段也必须同时处于一国领土范围之

---

① 参见《船员条例》第11条第1款:"以海员身份出入国境和在国外船舶上从事工作的中国籍船员,应当向国家海事管理机构指定的海事管理机构申请中华人民共和国海员证。"海员证是中国籍船员在境外执行任务时表明其具有中华人民共和国公民身份的从业证件。

② See International labor organization, Decent work for Seafarers, https://www.ilo.org/manila/areasofwork/WCMS_379393/lang-en/index.htm.

③ 一般而言,通航水域是指船舶可以到达的海洋或美国的另一个州。

内,即一条河流从河源到河口之间的河段都是在同一国家内。[①] 从航运角度出发,内河的定义应当参考《内河交通安全管理条例》第 91 条的规定,内河通航水域是指由海事管理机构认定的可供船舶航行的河、湖泊、江、水库、运河等水域。内河通航水域包括一部分是与海相通的可航水域。[②]

相应地,《辞海》对"内河船"的定义为:航行于内陆江、河、湖泊、水库的船。与海船相比,船体尺度小、吃水浅、设备简单。为适应内河航道特点,船型有多种,有的要求吃水浅、航速高、操纵性好,有的要求有较大的抗风能力。一些国内法规也是按照这个思路来定义内河船舶,如《内河交通安全管理条例》第 91 条第 1 款第 2 项规定:"船舶,是指各类排水或者非排水的船、艇、筏、水上飞行器、潜水器、移动式平台以及其他水上移动装置。"

2. 内河船员的概念

分析《海商法》对"船员"的定义,可以得知我国并没有明确把内河船员排除在《海商法》规定的"船员"之外,而《船员条例》的表述也没有对二者做出区分。

根据《海商法》第 3 条和第 31 条的规定,对于海船和其他海上移动装置(非水上移动装置)而言,一切在船上的任职人员皆属于船员。然而,《海商法》并没有对"长期服务于内河船舶的人员是否属于船员"这一问题予以回答,学界也暂无定论。《船员条例》第 4 条第 1 款规定:"本条例所称船员,是指依照本条例的规定取得船员适任证书的人员,包括船长、高级船员、普通船员。"可以发现,《船员条例》没有以船舶类型、船舶航行区域区分海员与内河船员,而是统一地把经过注册、取得船员服务簿的船员都纳入了《船员条例》的规制范围,这一行政法规把船员的范围界定得更为宽泛,在国内航行船舶、国际航行船舶、海船和内河船舶上工作的人员都属于船员,甚至包括从未在船上工作但持有船员资格证书的人员。

3. 内河船员的属性争议

在国际社会,内河船员不是国际组织关注的对象,国际公约也未有关于内河船

---

① 参见朱雨兰、王贞、陆春其:《江苏内河船员现状及发展对策研究》,载《航海技术》2013 年第 5 期。

② 韦之杰先生在对《海商法(修改建议稿)》的反馈意见中就认为,(1)赞成扩大适用于内河水域,因为:一是"与海相通的可航水域"的范围基本涵盖了中国内河绝大部分通航水域;二是这部分水域内的运输量是全国内河运输量的最主要部分,占全国内河运输量 90%以上;三是在这部分水域内的船舶是中国内河船舶主体,其吨位超过全国内河船舶吨位 95%以上;四是海船,包括外国籍海船和中国国际远洋船舶及国内沿海船舶进入内河运输,100%在这部分水域内;五是这部分水域内的运输活动,绝大多数或多或少,或直接或间接与国际贸易和国内海上运输有关联;六是这部分水域也把长江流域全部包含在内了,适应了长江航运发展的客观需要,更是长江经济带所依托的长江黄金水道建设发展的需求,是落实习近平主席"关于发挥好长江全流域黄金水道作用"的具体体现。(2)赞成扩大适用于内河船舶,因为:一是在这部分水域运输船舶艘数是中国登记船舶总艘数的绝大部分,超过 95%,远远多于海船艘数;二是在这部分水域运输船舶的总吨位也占中国登记船舶总吨位的一半以上;三是在这部分水域的运输船舶上的船员是中国内河船员的绝大部分,占 90%以上,也相当于中国所有海船船员(内河船员总数多于海船船员);四是在这部分水域的运输船舶的商务合同数量远远多于海船商务合同数量;五是在这部分水域的运输船舶所发生的船舶碰撞和污染等事故事件数量远远多于海船数量;六是在这部分水域的运输船舶和船员更需要法律去规范行为和保护权益。

员的书面规定,《2006 年海事劳工公约》更是明确把内河船舶排除在适用范围之外。内河的全部河段处于一国主权管辖范围内,内河运输、捕捞所涉及的法律关系属于国内事务,因此应由各国自行管理。少数域外国家以法律的形式对内河船员和海员作出较为详细的规定,也有一些国家对二者有着统一的规定。整体而言,世界各国对内河船员的规定和管理差异较大,国际社会亦认为内河船员不属于《2006 年海事劳工公约》的管辖范畴。

受制于地理环境,多数航海国家并没有较多适合发展内河航运的河流,他们的经济发展也大多依靠海洋运输实现。在日本、韩国、荷兰、英国的法律性文件中,法律意义上的"船员"均不包含"内河船员",只有少数国家,如俄罗斯、意大利等存在例外。此外,尽管美国没有以立法形式明确船员的概念,我们依旧可以得出结论:部分内河船员属于美国《琼斯法案》保护的对象。①

日本境内的河流短小,水流湍急,缺少开展内河航运的"土壤",由于有着绵长的海岸线,日本把"靠海吃海"的观念贯彻到底,致力于发展航运业和远洋渔业,因此催生出庞大的船员群体。根据日本《船员法》第 2 条第 2 款的规定,该法所称的船舶,不包括下列类型:(1)总吨不满 5 吨的船舶;(2)只在江、河、湖、港区航行的船舶;(3)政令规定的总吨不满 30 吨的渔船;(4)供体育、娱乐用的快艇、摩托艇等。② 与日本法的理念相同,韩国《船员法》③、荷兰《海商法》④以及英国 1995 年《商船航运法》⑤均把内河船员排除在外。俄罗斯《商船航运法典》直截了当地指出俄罗斯的船员包含内河船员,该法典第 3 条规定:(1)本法典规定适用于航行于海上或内水的海船,俄罗斯参加的国际条约或俄罗斯的法律另有规定的除外;在内水航行的船舶及多式航行(河—海之间)的船舶在海上及在内水航行和运输货物、旅客及行李停靠在外国港口时,与海船进行救助作业或与海船碰撞时。(2)除本法典直接具体规定的情形外,本法典不适用于军舰、海军辅助设施、其他国家所有或经营的和仅用于政府非商业服务的船舶;国家所有的非商业货物。在本法典直接规定的情况下,本法典规定适用于本款所列的船舶和货物,但该规定不能作为捕获、扣押或拘留此类船舶和货物的依据。俄罗斯的船员包括在内河航行的船员。⑥

---

① 在美国通航且能达到美国另一个州的船上的船员(包括内河船员)符合可根据《琼斯法案》提出索赔的要求。

② 参见日本《船员法》第 2 条第 2 款。

③ 韩国《船员法》第 2 条规定,下列情况不适用本法:A. 5 总吨以下的船舶;B. 在湖泊、江河、港口内航行的船舶;C. 根据交通部命令而适用本法以外的 30 总吨以下的渔船。

④ 参见荷兰《海商法》第一章第 310 条:"一、'海船'是指并包括用于或旨在从事海上航行的任何船舶;二、本章至四章(包括第四章)的'船舶'仅指海船。"同时,荷兰《海商法》第四章《船员章》规定,除了高级船员外,所有其他船员称为海员。

⑤ 参见英国 1995 年《商船航运法》第 24 条:"除了下述第二款规定的例外之外,本部分仅适用于海船(Sea-going Ships)和受雇于海船的船长和船员。"在英国,船员并不包括内河船员。

⑥ See the Merchant Shipping Code of the Russian Federation, Chapter 1 General Provisions.

意大利《航海法典》同样不予排除内河船员，但是对海船船员与内河船员的范围界定明显不同，该法第316条规定，海船的船员包括船长、高级船员和其他于船上工作的人员。内河航行船舶的船员包括船长、高级船员和所有记录在登记册中，本人在船上工作的人员。[①] 也就是说，内河船员的范围较海船船员更小，那些登记在册但是没有上船的人员和在船上工作但是没有登记在册的人员都不属于意大利法律承认的内河船员。

由此可见，船员是一个广义的概念，海船船员是船员职业的类型之一，而内河船员也属于船员群体。与海船船员相比，内河船员的工作场所与航行区域有一定的差别。但是，内河船员同样在水上作业，与传统的陆地劳动者相比，在工作环境、作息制度和工作风险方面也有不同，故内河船员的水上特殊劳动权益也理应受到重视和保护。结合国际立法趋势与我国内河船员数量较多的现状，保护内河船员的合法劳动权益是合理的，也是必要的。

## 二、以船舶用途为划分依据

以船舶用途作为划分标准，船舶可以被划分为商业船舶，渔业船舶，军用船舶，政府公务船舶，邮轮及教育、科考（如“雪龙号”科学考察船）、娱乐船舶，除此之外，还有其他用途的船舶，如游艇、家庭生活用船（房船[②]）等。商业船舶指从事商业活动的船舶，渔业船舶是指从事捕捞、鱼类加工的船舶，军用船舶是执行军事任务或辅助任务的船舶，政府公务船舶是由一国政府所有或经营并用于政务的船舶（如渔业行政执法船舶），教育、科考、娱乐船舶指用于教学研究、科学考察或娱乐的船舶。

与此相对应，我们可以把船员划分为商船船员、渔业船员、海军军舰船员、公务船船员、邮轮船员和游艇船员及其他类型的船员。

### （一）商船船员

商船船员是指在从事商业运输的船舶上工作的船员。如无特别规定，国际公约与世界主要航运国家、地区的船员立法所指的船舶大多为商业船舶，由此可以推断，该国际公约与国家立法所称的“船员”指商船船员。英国1894年《商船法》第742条规定，“Seaman”指除船长及引航员之外的任何受雇或者在船上从事工作的人员，其中包括厨师、管理员、医生、木匠、事务长、仓库保管员、吧台收银员、水手长、在英国籍船舶上工作的印度船工以及码头工人。美国1927年颁布的《沿岸与港口工人赔偿法》存在“消除美国商船的负担并鼓励美国对外运输贸易”的表述，[③]

---

① See the Italian Code of Navigation, Chapter v. Crew.

② 房船是根据船主需求所特定设计的船舶，设计基础是家庭生活与娱乐的共同需要。房船在固定地点停泊时，通常可以依靠陆地的供水供电设施来运行。在水上巡游的时候，房船自己的系统完全可以保障其正常的运作。

③ See 33 U. S. C. A. § 948-Laws inapplicable.

其航运立法也专门规定“商船高级船员与海员”“商船的装运和卸货”等章节，并对取得商船船员适任证书(Merchant Mariner Credential，MMC)的资格作出规定。[①]根据我国《海员船上工作和生活条件管理办法》第58条规定，“海员”指受雇于从事商业活动的中国籍海船上工作、实习和见习的任何人员。有的学者认为，我国“船员法”所指的“船员”应当是在航行于特定区域的商业船舶上工作的船员。船员配乘于其上的“特定船舶”首先是指商船，其次是指在一定吨位以上并在特定区域航行的船舶，通常是指远洋商船或海船。[②]

(二)渔业船员

渔业船员与商船船员存在共性，即从事长时间的乘务劳动，非固定性的劳动时间，劳动与生活具有危险性，居住和工作环境的状况由于各种各样的原因而明显劣于陆地工作者。但在以下领域，二者存在区别：

1. 工作地点

渔业船员的工作地点为渔船，内河渔业船员主要航行区域为内河流域，有些海船渔船在近海从事捕捞活动，也有海船渔船从事远洋或深水作业捕捞活动，为远洋渔业船员。商船船员工作地点为商船，主要进行沿海及远洋航行，少数商船会在内河流域从事运输工作。

2. 资格要求

海上商船应当符合远洋航海的要求，不同类型的商船需要在符合配员要求的前提下才能航行，智能船舶的发展更是对船员的专业能力和技术水平提出更高的要求。《海商法》《船员条例》《海船船员适任考试和发证规则》和STCW公约等规定了船员培训、考证的相关事项，要求船员应当取得与职位相匹配的资质证书。同时，商船船员队伍内部分工明确，船舶的驾驶、维护、通信、货物照料、货物装卸、港口监督以及后勤食膳等均由不同船员负责，各司其职。渔船以小型船舶为主，配员数量较少，主要参与渔业生产，从事水产品的捕捞、运输、加工和养殖等活动，一名渔业船员可能会承担多项工作。一些发达国家建有大型远洋渔船，船上配备先进的卫星导航、探鱼系统，船舶朝着大型化、自动化、信息化的方向发展，要求船员具备相应的技术水平。

3. 行政主管机关

传统产业经济理论认为，渔业属于第一产业，依靠自然力量进行生产，不需要经过深度加工，而运输业属于第三产业，本质为服务业。因此，渔业船员被划分为渔业工作者，商船船员则为运输业工作者。在我国，渔船及其船员由国务院渔业行政主管部门主管，即农业农村部及地方各级农业农村局负责渔船船员培训、考证的

① See 46 C. F. R. § 10. 101 § 10. 101-Purpose.

② 参见王秀芬：《船员之法律概念辨析》，载《社会科学家》2010年第11期。

相关事项，而商船及其船员由海事管理机构主管，即交通运输部及地方各级海事局负责船员注册、任职、培训、职业保障以及提供船员服务相关事项。两者分由不同的行政机关主管，各有一套行政管理制度。

4. 所涉国际公约

《2006 年海事劳工公约》规定了船员的基本权利和生活、工作条件，是船员权利的"大宪章"，但是该公约不适用于渔业船员。除此之外，《1978 年海员培训、发证和值班标准国际公约》《1974 年国际海上人命安全公约》（International Convention for the Safety of Life at Sea，1974，以下简称 SOLAS 公约）等也都把渔业船员排除在外。国际社会通常对渔业船员予以专门规定，2007 年，国际劳工组织通过了《2007 年关于渔业部门工作公约》（又称《2007 年渔业工作公约》）（Work in Fishing Convention，2007），对渔业船员在船上工作的最低要求、服务条件、住宿和膳食、职业安全和卫生保护、医疗、社会保障等作了规定。

（三）军舰船员

军用船舶及政府公务船舶并非我国《海商法》所指的船舶，军用船舶的船员及政府公务船员也分属军人与公务员的队列，工作规范分别由《军人地位和权益保障法》及《公务员法》调整，不具备《海商法》承认的船员身份，与我国相同，俄罗斯、美国也均将军舰上的工作人员、执法人员排除在船员立法之外。因此，这两类船员不在我们讨论的范围之列。

（四）政府公务船员

需要注意的是，《劳动合同法》第 2 条第 2 款规定："国家机关、事业单位、社会团体和与其建立劳动关系的劳动者，订立、履行、变更、解除或者终止劳动合同，依照本法执行。"根据 1995 年原劳动部发布的《关于贯彻执行〈中华人民共和国劳动法〉若干问题的意见》第 4 条规定，公务员和比照实行公务员制度的事业组织和社会团体的工作人员等不适用劳动法。这表明与国家机关、事业单位、社会团体签订劳动合同并派驻到政府公务船舶上的人员由《劳动合同法》予以规制，这些人员不是体制内在编人员，身份为"合同工"，而纳入国家行政编制的人员为体制内在编人员，由《公务员法》予以规制。对于前者而言，他们在政府公务船舶工作且与海事管理机构之间成立劳动关系，因此不具有公务员身份，只能作为一般劳动者由劳动法律加以保护；这一类人员是否具有商船船员的法律地位，由《海商法》或其他海事海商法律加以规制，是未来制定"船员法"时应当关注的问题。

（五）邮轮船员

大型邮轮需要上千人共同工作才得以运行，邮轮船员由两部分人员构成，前者是辅助邮轮航行的人员，属于海事部成员，大约占邮轮船员总数的 15%，高级职位较多；后者是从事酒店服务的人员，属于酒店部成员，包括酒吧、食品、厨房和客舱等,大约占比85%,高级职位较少且集中于宾客服务部。[①] 此外,还有一些在邮轮上从事其他娱乐和餐饮的服务人员。从工作属性的角度入手,辅助邮轮航行的人员是符合我国《海商法》规定的"船员",他们应当接受海事教育,掌握航海技术,学习课程包括航海英语、航海学、航海气象与海洋学、船舶结构与设备、船舶操纵、船舶值班与避碰、船舶货运、航海仪器、远洋运输业务与海商法、船舶安全与管理、全球海上遇险与安全系统(Global Maritime Distress and Safety System, GMDSS)设备及其通信业务等。而从事酒店服务的人员本质属于"邮轮乘务人员",由于工作地点是邮轮,他们必须满足在邮轮上工作的法定条件,持有船员的资格证书,即具有《船员条例》认可的"船员身份":他们必须熟知并严格履行相关海事公约,必须经过正规培训如海船船员基本安全培训、国际航线英语培训、保安意识培训、客船船员特殊培训等,取得《海船船员培训合格证书》和相关证件后方能登轮工作。在具备船员资质与证书的同时,一些邮轮乘务人员还应具备英语跨文化交际能力、全方位的邮轮岗位服务知识与技能。[②] 与从事辅助船舶运行的船员相比,邮轮乘务人员仅掌握基础的船员知识,在校内实训与校外实践时以本职工作为主要内容,如参与中餐厅、西餐厅、客房和吧台的实训课程,在星级酒店实习等。

(六)科考船舶船员

科考船舶船员一般是随船进行科考的人员,或科考船舶的驾驶人员,他们一般具有多重身份,故不会长期在船上工作,船员是其登船科考时的临时身份。

## 第三节 渔业船员法律地位研究

### 一、渔业船员的概念

《现代汉语词典》把渔船定义为"捕鱼的船"。[③] 1977年,多国缔结《1977年托列莫利诺斯国际渔船安全公约》(The Torremolinos International Convention for the Safety of Fishing Vessels, 1977),第2条第1款规定:"'渔船'或'船舶'系指用于商业性捕捉鱼类、鲸鱼、海豹、海象或其他海洋生物资源的船舶。"[④]这项定义与SOLAS公约一致,他们认可的渔船仅指在海洋区域行使的渔船,不包括内河渔船。

① See Bin Wu: *The World Cruise Industry: A Profile of the Global Labour Market* (March,2005), https://www.sirc.cf.ac.uk/uploads/publications/WorldCruiseIndustry.pdf.

② 参见黄梅、姜仕倩:《中国邮轮产业发展与人才培养研究——以青岛远洋船员职业学院为例》,载《青岛远洋船员职业学院学报》2017年第3期。

③ 参见中国社会科学院语言研究所词典编辑室编:《现代汉语词典》,商务印书出版社1983年版,第1410页。

④ 参见SOLAS公约总则第2条(i)款。

顾名思义，渔业船员便是在渔船上从事捕鱼工作的任职人员。国际劳工组织大会在制定《2007年关于渔业部门工作公约》时参考了《2003年海员身份证公约（修订版）》[Seafarers' Identity Documents Convention (Revised), 2003]，他们认为："'渔民'(Fisher)系指受雇在任何渔船上，或以任何身份或者为了从事一项职业而参与渔船上工作的所有人员，包括船上根据捕获物分成获取报酬的人，但不包括领航员、海军人员、长期为政府工作的其他人员，以及上渔船执行工作的陆上工作人员和渔场观测员。"①值得注意的是，国际劳工组织在描述从事渔业生产的人员时使用了"Fisher"这一英文称谓，即"渔民"，说明他们不认为渔民属于船员。我国台湾地区也明确否认渔业船员适用"船员法"的规定，但有关航行安全及海难处理的除外。②

## 二、渔业船员的特征

### （一）以渔业捕捞为主业

在我国，渔业属于第一产业，由农业农村部主管。渔业船员主要从事渔业捕捞工作，包括水产养殖、渔业捕捞、水产品加工等。《渔业船员管理办法》健全了渔业船员的培训管理机制，第26条规定，海洋渔业船员培训机构分为以下三级，应当具备的具体条件由农业农村部另行规定：一级渔业船员培训机构，可以承担海洋渔业船舶各类各级职务船员培训、远洋渔业专项培训和基本安全培训；二级渔业船员培训机构，可以承担海洋渔业船舶二级以下驾驶和轮机人员培训、机驾长培训和基本安全培训；三级渔业船员培训机构，可以承担海洋渔业船舶机驾长培训和基本安全培训。

### （二）不同工作区域的渔船船员差异显著

内河渔船与大型远洋渔船的工作区域、活动范围差异巨大。截至2020年年底，全国共有563,262艘渔船，24米以下的中小型渔船数量为526,911艘，占渔船总数的90%以上，其中，非机动渔船占渔船总数33.5%。③ 在内河水域及近海区域从事渔船作业的船舶通常体积小、吃水浅、产出低、装备简陋，以自有船舶为主，船东通常在捕捞季雇佣少量船员或以家庭为单位进行作业，具有"家庭作坊"的特征。远洋渔船主要在公海从事渔业捕捞活动，出海时间长，且船舶体积较大，工作风险更高。总体而言，我国的远洋渔业发展水平与渔业大国的地位不相符，距离远

---

① 《2007年关于渔业部门工作公约》第1条第5款。

② 参见我国台湾地区"船员法"第3条。

③ 参见农业农村部渔业渔政管理局、全国水产技术推广总站、中国水产学会主编：《2021中国渔业统计年鉴》，中国农业出版社2021年版，第63页。

洋渔业强国还有较大差距。① 其中,远洋渔船的科技含量远远落后于发达国家,存在高龄渔船占比大,现代化新装备装船率低,能耗高,国际竞争力不足等弊端,在近年来劳动力逐渐紧张的背景下,亟须进行更新换代。② 为促使渔民享有体面的工作条件,国际劳工组织通过《2007 年关于渔业部门工作公约》,这是第一部保障海洋渔业船员权益的国际公约。为达到履约标准,我国政府和远洋渔业企业亟待提高海洋渔业船员在船上工作的最低要求、医疗与膳食安全和劳动与社会保障。③

(三)行政管理具有特殊性

值得注意的是,我国《船员条例》所称的船员与渔业船员分属不同的主管部门及管理机关,二者应当持有的资格证件与考证管理方法也不同。我国《船员条例》第 4 条第 1 款规定了船员的范围及船员取得适任证书的法律依据。《船员条例》第 71 条第 2 款规定:"渔业船员的管理由国务院渔业行政主管部门负责,具体管理办法由国务院渔业行政主管部门参照本条例另行规定。"《渔业船员管理办法》第 3 条规定:"农业农村部负责全国渔业船员管理工作。县级以上地方人民政府渔业主管部门及其所属的渔政渔港监督管理机构,依照各自职责负责渔业船员管理工作。"由此可见,《船员条例》所称的船员由交通运输部主管,各海事管理机构管理;而渔业船员则由农业农村部主管,渔政主管部门管理。《渔业船员管理办法》第 7 条进一步说明,管理渔业船员发证的机关为渔政渔港监督管理机构。《船员条例》所称的船员则由海事管理机构(一般是各地海事局)组织资格考试、登记身份和管理证书发放。只有在渔业船员同时是海船船员时,才必须取得海员证,此时该船员受到海事管理机构与渔政主管部门的双重管理。

## 三、国际社会关于渔业船员的基本要求

(一)渔业船员的最低年龄

《1959 年(渔民)最低年龄公约》[Minimum Age (Fishermen) Convention, 1959]适用于在咸水从事海上捕捞作业的所有船舶和船只(无论性质、无论公有或私有),但不适用于在港口、海湾、江口或河口捕鱼,也不适用为运动或娱乐而捕鱼的个人。④ 该公约于 1961 年 11 月 7 日生效,主要对前述渔船上的渔业船员的就业最低年龄做了相关规定与限制。该公约曾对 29 个国家生效,因《1973 年最低年龄

① 参见任玉清、陈立新:《〈渔业劳工公约〉最新进展以及中国应对策略探讨》,载《中国海商法研究》2017 年第 2 期。

② 参见胡庆松、王曼、陈雷雷、李俊:《我国远洋渔船现状及发展策略》,载《渔业现代化》2016 年第 4 期。

③ 参见任玉清、陈立新:《〈渔业劳工公约〉最新进展以及中国应对策略探讨》,载《中国海商法研究》2017 年第 2 期。

④ See ILO, C112-Minimum Age (Fishermen) Convention, 1959 (No. 112), https://www.ilo.org/dyn/normlex/en/f?p=NORMLEXPUB:12100:0::NO::P12100_INSTRUMENT_ID:312257.

公约》(Minimum Age Convention, 1973)公布,有21个国家加入新公约,按照惯例自动退出前一公约。[①] 现该公约仅对7个国家生效,分别是澳大利亚、危地马拉、利比里亚、毛里塔尼亚、墨西哥、秘鲁、苏里南。[②] 我国虽未加入《1959年(渔民)最低年龄公约》,但加入了《1973年最低年龄公约》,并于1999年4月28日核准生效。[③]

(二)渔业船员的健康要求

《1959年(渔民)体格检查公约》[Medical Examination (Fishermen) Convention, 1959]适用于在咸水中从事海上捕捞作业的船舶和船只(无论性质、无论公有或私有)的船员,但不适用于在港口、海湾、江口、河口捕鱼的船员,也不适用于船舶作用在体育或娱乐性场所捕鱼的个人。[④] 如果前述"适格"船舶通常不在海上停留超过三天,经主管当局与有关的渔船船东和渔民组织协商后,这些船舶可以免除适用该公约。[⑤] 该公约于1961年11月7日生效,主要内容为受雇于前述"适格"渔船的渔业船员必须拥有权威机构的体检证明、体格检查的性质与内容、健康证明的有效期限等。[⑥] 该公约曾对30个国家生效,因《2007年关于渔业部门工作公约》公布,有3个国家加入这一公约,按照惯例自动退出《1959年(渔民)体格检查公约》。[⑦] 截至2018年10月5日,中国未加入该公约。

(三)渔业船员的雇佣合同

《1959年渔民协议条款公约》(Fishermen's Articles of Agreement Convention, 1959)适用于在咸水中从事海上捕捞作业的船舶和船只(无论性质、无论公有或私有)。主管当局在与有关的渔船船东和渔民组织磋商后可以确定某些型号和吨位的前述"适格"船舶免除适用该公约。[⑧] 如果主管当局认为该公约所涉及的问题已由以渔船船东组织或渔船船主为一方和渔民组织为另一方的集体协议妥善解决,

---

① See ILO, Ratifications of C112-Minimum Age (Fishermen) Convention, 1959 (No. 112), https://www.ilo.org/dyn/normlex/en/f?p=1000:11300:0::NO:11300:P11300_INSTRUMENT_ID:312257.

② See ILO, Ratifications of C112-Minimum Age (Fishermen) Convention, 1959 (No. 112), https://www.ilo.org/dyn/normlex/en/f?p=1000:11300:0::NO:11300:P11300_INSTRUMENT_ID:312257.

③ See ILO, Ratifications for China, https://www.ilo.org/dyn/normlex/en/f?p=1000:11200:0::NO:11200:P11200_COUNTRY_ID:103404.

④ See ILO, C113-Medical Examination (Fishermen) Convention, 1959 (No. 113), https://www.ilo.org/dyn/normlex/en/f?p=NORMLEXPUB:12100:0::NO:12100:P12100_INSTRUMENT_ID:312258:NO.

⑤ See ILO, C113-Medical Examination (Fishermen) Convention, 1959 (No. 113), https://www.ilo.org/dyn/normlex/en/f?p=NORMLEXPUB:12100:0::NO:12100:P12100_INSTRUMENT_ID:312258:NO.

⑥ See ILO, C113-Medical Examination (Fishermen) Convention, 1959 (No. 113), https://www.ilo.org/dyn/normlex/en/f?p=NORMLEXPUB:12100:0::NO:12100:P12100_INSTRUMENT_ID:312258:NO.

⑦ See ILO, Submission of C113-Medical Examination (Fishermen) Convention, 1959 (No. 113), https://www.ilo.org/dyn/normlex/en/f?p=NORMLEXPUB:12100:0::NO::P12100_ILO_CODE:C113.

⑧ See ILO, C114-Fishermen's Articles of Agreement Convention, 1959 (No. 114), https://www.ilo.org/dyn/normlex/en/f?p=NORMLEXPUB:12100:0::NO:12100:P12100_INSTRUMENT_ID:312259:NO.

它可对这些集体协议中所适用的船东和渔民不实施该公约关于个人雇佣合同的规定。[①] 该公约于 1961 年 11 月 7 日生效，主要内容为渔船船东应与渔业船员共同签署雇佣合同及雇佣合同的内容；国家法律或条例应进一步规定对雇佣合同的手续和保障措施，以保护渔船船主和渔民的利益，不排除运用仲裁程序等。[②] 该公约曾对 23 个国家生效。因《2007 年关于渔业部门工作公约》公布，有 2 个国家加入这一公约，按照惯例自动退出《1959 年渔民协议条款公约》。[③] 截至 2018 年 10 月 5 日，中国未加入该公约。

（四）渔业船员持有的合格证书

《1966 年渔民合格证书公约》（Fishermen's Competency Certificates Convention, 1966）适用于在咸水水域从事海上捕捞作业的船只，在该公约生效的地区注册的船舶和船只（无论其是公有还是私有的），但不适用于登记吨位低于 25 吨的船只、用于捕鲸或从事类似作业的船只、用于体育或娱乐性质捕鱼的船只、用于探索或保护渔场的船只。[④] 该公约于 1966 年 6 月 21 日生效，主要明确了渔业船员适任证书的相关问题，包括：各种渔船需要配备持有合格证书的最低限额、各类渔业船员持有合格证书的最低年龄以及从事某些职位需要的最低从业经历年限、主管当局对各类合格证书申请人的监督、考察以及考察的内容等。[⑤] 该公约仅对 10 个国家生效，分别是比利时、巴西、吉布提、法国、德国、巴拿马、塞内加尔、塞拉利昂、叙利亚、特立尼达和多巴哥。[⑥] 截至 2018 年 10 月 5 日，中国未加入该公约。

（五）渔业船员的船上生活、工作条件

1966 年签订的《船员（渔民）住宿公约》[Accommodation of Crews (Fishermen) Convention, 1966] 于 1968 年 11 月 6 日生效，适用于在咸水水域从事海上捕捞并在《公约》生效的领土内注册的所有船舶和船只（无论性质、无论公有或私有），但不适用于登记吨位低于 25 吨的船只、用于捕鲸或从事类似作业的船只、用

---

① See ILO, C114-Fishermen's Articles of Agreement Convention, 1959 (No. 114), https://www.ilo.org/dyn/normlex/en/f?p=NORMLEXPUB:12100:0::NO:12100:P12100_INSTRUMENT_ID:312259:NO.

② See ILO, C114-Fishermen's Articles of Agreement Convention, 1959 (No. 114), https://www.ilo.org/dyn/normlex/en/f?p=NORMLEXPUB:12100:0::NO:12100:P12100_INSTRUMENT_ID:312259:NO.

③ See ILO, C114-Fishermen's Articles of Agreement Convention, 1959 (No. 114), https://www.ilo.org/dyn/normlex/en/f?p=NORMLEXPUB:12100:0::NO:12100:P12100_INSTRUMENT_ID:312259:NO.

④ See ILO, C125-Fishermen's Competency Certificates Convention, 1966 (No. 125), https://www.ilo.org/dyn/normlex/en/f?p=NORMLEXPUB:12100:0::NO:12100:P12100_INSTRUMENT_ID:312270:NO.

⑤ See ILO, C125-Fishermen's Competency Certificates Convention, 1966 (No. 125), https://www.ilo.org/dyn/normlex/en/f?p=NORMLEXPUB:12100:0::NO:12100:P12100_INSTRUMENT_ID:312270:NO.

⑥ See ILO, Ratifications of C125-Fishermen's Competency Certificates Convention, 1966 (No. 125), https://www.ilo.org/dyn/normlex/en/f?p=1000:11300:0::NO:11300:P11300_INSTRUMENT_ID:312270.

于体育或娱乐性质捕鱼的船只、渔业研究和渔业保护的船只。[①] 该公约明确指出国家法律应确定船舶在何种情况下为海船，公约内容主要包括船员住舱的设计与监督（其中明确规定了船员住舱、宿舍、餐厅、照明、床铺及橱柜所占的面积等）、公约对现有渔船的实施等。[②] 公约曾对 23 个国家生效，因《2007 年关于渔业部门工作公约》公布，有 3 个国家加入此公约，按照惯例自动退出《船员（渔民）住宿公约》。[③] 截至 2018 年 10 月 5 日，中国未加入该公约。

《2007 年关于渔业部门工作公约》于 2007 年在国际劳工组织第九十六届国际劳工大会上获得通过。该公约适用于商业性捕鱼、无论其所有制形式的任何性质的船舶或船只，其中“商业捕鱼”系指所有捕鱼作业，包括在河流、湖泊或运河上的捕鱼业，但维持生计的捕鱼和娱乐性捕鱼除外。[④] 该公约考虑到需要修订国际劳工大会通过的专门针对渔业部门的下列国际公约（《1959 年（渔民）最低年龄公约》《1959 年（渔民）体格检查公约》《1959 年渔民协议条款公约》《船员（渔民）住宿公约》），以便更新这些公约文书并使其惠及世界上人数更多的渔民，尤其是那些在小型船舶上工作的渔民。该公约旨在确保渔民享有体面的船上工作条件，满足以下方面的最低要求：船上工作、服务环境、食宿、职业安全和健康保护、医疗卫生及社会保护。公约主要内容有：渔船船东、船长和渔民的责任；在渔船上工作的最低要求（如最低年龄、体格检查）；工作条件（如渔船配员和渔民休息时间、船员名册、渔民工作协议、渔民遣返、渔民招聘和安置、渔民的报酬支付）；住宿和膳食；医疗、健康保护和社会保障（如医疗、职业安全和卫生及事故预防、社会保障、因工患病、受伤或死亡情况下的保护）等。[⑤] 该公约于 2017 年 11 月 16 日，即 10 个成员国（其中 8 个为沿海国家）核准公约 12 个月后生效。截至 2018 年 10 月 5 日，已有 10 个国家［安哥拉、阿根廷、波黑、刚果（布）、爱沙尼亚、法国、立陶宛、摩洛哥、挪威和南非］加入了该公约。[⑥] 另有 2 个国家纳米比亚与塞内加尔分别于 2018 年 9 月

---

① See ILO, C126-Accommodation of Crews (Fishermen) Convention, 1966 (No. 126), https://www.ilo.org/dyn/normlex/en/f?p=NORMLEXPUB:12100:0::NO:12100:P12100_INSTRUMENT_ID:312271:NO.

② See ILO, C126-Accommodation of Crews (Fishermen) Convention, 1966 (No. 126), https://www.ilo.org/dyn/normlex/en/f?p=NORMLEXPUB:12100:0::NO:12100:P12100_INSTRUMENT_ID:312271:NO.

③ See ILO, Ratifications of C126-Accommodation of Crews (Fishermen) Convention, 1966 (No. 126), https://www.ilo.org/dyn/normlex/en/f?p=1000:11300:0::NO:11300:P11300_INSTRUMENT_ID:312271.

④ See ILO, C188-Work in Fishing Convention, 2007 (No. 188), https://www.ilo.org/dyn/normlex/en/f?p=NORMLEXPUB:12100:0::NO:12100:P12100_INSTRUMENT_ID:312333:NO.

⑤ See ILO, C188-Work in Fishing Convention, 2007 (No. 188), https://www.ilo.org/dyn/normlex/en/f?p=NORMLEXPUB:12100:0::NO:12100:P12100_INSTRUMENT_ID:312333:NO.

⑥ See ILO, Ratifications of C188-Work in Fishing Convention, 2007 (No. 188), https://www.ilo.org/dyn/normlex/en/f?p=1000:11300:0::NO:11300:P11300_INSTRUMENT_ID:312333.

20 日、21 日核准了《2007 年关于渔业部门工作公约》，并于 12 个月后生效①，中国并未加入该公约。

从内容角度分析，《2006 年海事劳工公约》与《2007 年关于渔业部门工作公约》具有异曲同工之妙，皆以保障工作人员体面就业的权利为宗旨，但是保护主体具有根本性的不同，一个是商船船员，另一个是渔业船员。因此，从国际公约的发展趋势和域外国家的立法经验来看，国际社会对渔业船员和商船船员持区分态度。

## 四、渔业船员的劳动权益保障不足

### （一）渔业船员的雇佣关系呈现多样化形态

在渔船上工作的船员共有以下三种。第一种是与船东具有雇佣关系，按照捕获量分成的渔民，他们通常受雇于船东，工资来源多样化，除基本工资外，还以渔获量为标准获得“绩效工资”。第二类是视季节变动或其他具体需要，长期或不定期受雇于渔船所有人并在渔船上工作的人员。第三类是在小型渔船或无动力船舶以捕鱼为生的渔民，他们可能是该渔船所有人或其家庭成员，属于自营者。由于船舶规模小，所以人员配备、设施等难以与大型渔船匹敌，有的船舶由夫妻二人驾驶、管理，被称为“夫妻船”。“夫妻船”通常以家庭为单位进行渔业生产，夫妻双方之间不存在劳动关系或劳务关系，属于个体经营者。对于私人雇佣的船员是否属于劳动者，双方是否成立劳动关系，仍需要谨慎认定。

### （二）《海商法》对渔船船员的限制适用

《海商法》所称的“船舶”具有条件限制，排除 20 吨以下的小型船舶与公务、军事船舶，对于 20 吨以上的渔船，法律没有明文规定排除适用《海商法》，因此属于《海商法》中定义的“船舶”，但是吨位在 20 吨以下的渔船却被《海商法》排除在外。② 由于是渔船，《海商法》很多章节对其不适用，如第四章、第五章、第十章，但第二章、第三章、第六章、第七章、第八章、第九章、第十一章仍然对其适用。第三章“船员”第一节和第二节对渔业船员仍然适用，至于渔船和非渔船的其他行政管理事项，《海商法》中没有规定。原因在于：第一，从《海商法》服务、调整的产业结构上分析，我国传统管理部门分类上，将渔业划分为第一产业，运输业为第三产业。③ 因此，渔业船员被划分为渔业工作者（故又称“渔民”），商船船员则为运输业工作者。我国《海商法》的立法目的为调整海上运输关系、船舶关系，促进海上运输和

---

① See ILO, Ratifications of C188-Work in Fishing Convention, 2007 (No. 188), https://www.ilo.org/dyn/normlex/en/f?p=1000:11300:0::NO:11300:P11300_INSTRUMENT_ID:312333.

② 参见《海商法》第 3 条、第 31 条。

③ 第一产业（primary sector），是传统产业经济理论中对产业划分中的一个种类，指以利用自然力为主，生产不必经过深度加工就可消费的产品或工业原料的部门。我国第一产业是指农、林、牧、渔业，第三产业包括：交通运输、仓储和邮政业，信息传输等。参见国家统计局关于印发《三次产业划分规定》的通知（国统字〔2003〕14 号）。

经济贸易的发展，这部法律是为调整第三产业的运输工作服务的。第二，从国内管理部门横向分析，《海商法》第6条明确规定了主管机构，即海上运输由国务院交通主管部门统一管理。然而，渔业和运输业分属不同产业，由此在我国渔船及其船员的管理由渔业渔政管理局负责，商船及其船员由海事管理机构主管。故此，很多规定并不适用于调整第一产业的渔业生产工作。

综上所述，渔船船员不应当属于《海商法》或未来出台的"船员法"规定的"船员"范畴，理由如下：(1)世界现存的船员立法对渔船船员排除适用已是共识；(2)虽然船员的工作性质具有共性特征，但渔船船员属于第一产业人员，其主业为水产养殖、捕捞及加工，辅助船舶航行并非其主要工作内容，水上作业和劳动工具升级并不改变渔船船员"渔业生产者"的本质属性；(3)根据我国现有行政职权的划分，商船船员由海事管理机构主管，而渔船船员则长期由农业农村部下属的渔业主管部门主管。若"船员法"把渔船船员纳入，则要求现有管理部门需要相互合作，主管部门还应当予以配合，极易出现削弱"船员法"实施效果的情况。

（三）缺乏保护渔业船员权益的专门规定

目前，我国未有专门规制渔业船员的中央法规，现行有效的仅有1部部门规章，2份部门规范性文件，7份部门工作文件；另有5份地方规范性文件，4份地方工作文件。① 2014年之前，有关渔业船员管理规定散见于部门规章，多种管理制度并行，虽然取得一定成效，但是存在法律规定散乱、对渔业船员定位不清和低于标准船舶配员要求、船员晋升路径不明确的问题。② 为建立统一的管理模式，规范渔业船员管理体制，原农业部于2014年5月23日公布《渔业船员管理办法》，宣布废止《内河渔业船舶船员考试发证规则》《渔业船舶普通船员专业基础训练考核发证办法》《海洋渔业船员发证规定》。该办法的效力位阶属于部门规章，适用于在中华人民共和国国籍渔业船舶上工作的渔业船员的管理。内容共分为八章，分别是第一章总则、第二章渔业船员任职和发证、第三章渔业船员配员和职责、第四章渔业船员培训和服务、第五章渔业船员职业管理与保障、第六章监督管理、第七章罚则、第八章附则。《渔业船员管理办法》在一定程度上缓解了当时渔业船员管理面临的困境，但是新办法与原有规定的对接程度、渔业船员的接受度和履行所面临的困难仍旧不可忽视。③ 除此之外，《渔业船员管理办法》对于渔业船员的职业保障作出了规定，但既不系统亦不全面，更没有涉及与渔业船员切身相关的社会保障等问题。

---

① 参见北大法宝法律数据库法条检索网页，载北大法宝法律数据库。

② 参见刘勤、陆亚男：《〈中华人民共和国渔业船员管理办法〉的出台背景、主要内容和效果预期》，载《渔业信息与战略》2015年第2期。

③ 参见刘勤、陆亚男：《〈中华人民共和国渔业船员管理办法〉的出台背景、主要内容和效果预期》，载《渔业信息与战略》2015年第2期。

在地方层面，湖南省、江苏省、山东省、浙江省等8个省及自治区根据前述《渔业船员管理办法》制定了地方规范性文件。① 这些地方规范文件亦多为管理性规定，适用面较窄，且多为对渔业船员的惩罚性规定，并未提及渔业船员的职业管理与保障。

综上，专门适用于渔业船员的法律文件甚少，渔业船员相较于商船船员法律地位比较悬殊，获得的社会关注度也较低，在法律上受到的关注就更少了。我国没有专门适用于渔业船员的法律法规，且部门规章及规范性文件也比较少，效力位阶低下。与渔业船员联系最密切的便是《渔业船员管理办法》，其是由原农业部公布，属于部门规章，位阶较低。因此，某地区或其部门对于渔业船员的行政管理及权利保护容易出现缺失及规避适用法律的情形。总体而言，现有针对渔业船员的规定多为程序管理方面之规定，无以人为本、体面工作及权利保护的实质性规定。在实际雇佣关系中，劳资双方地位强弱尤其突出，劳方显然处于弱势一方。故在双方强弱对比如此鲜明的情况下，前述办法只规定了渔业船舶所有人或经营人的义务，并未明确渔业船舶所有人或经营人未及时给予渔业船员保障时需要承担的后果。

## 本章小结

梳理词典、国际公约和各个国家、地区的法律文件，我们可以发现权威文献对船员的认识较为统一，普遍把"船员"或"海员"认定为在商船上驾驶及辅助船舶航行的工作人员，这与海商法的历史根源有关，也与船员在全球贸易中的重要作用有关。基于保护船上工作者的考量，国际社会逐渐扩大船员概念的范围，但普遍把渔船船员排除在"船员"的概念之外。我国在未来立法时应当注意商船船员与渔船船员的区别，厘清二者的关系。

① 参见湖南省农业委员会关于印发《湖南省渔业船员管理细则》的通知（湘农发〔2017〕5号）；江苏省海洋与渔业局关于印发《〈中华人民共和国渔业船员管理办法〉江苏省实施办法》的通知（苏海规〔2015〕2号）；山东省海洋与渔业厅关于印发《山东省渔业船员管理办法》的通知（鲁海渔函〔2015〕116号）；浙江省海洋与渔业局关于印发《浙江省渔业船员管理办法》的通知（浙海渔政〔2017〕8号）。

# 第三章　船员劳动者的重要性和特殊性

船员是海洋强国战略中的基础性人才，素质精良的船员队伍是航运产业之所依，也是“海洋强国”之所依。在科学技术不发达的过去，海上探险、海上贸易造就了船员，船员促进了人类的文明与进步。船员职业也日益被重视，其职业的特殊性以及船员劳动权益的特殊保护也被日益关注。完善船员立法，提升我国船员特殊劳动权益法律保障水平，与国际上认定船员为“关键工人”相接轨，增强船员的职业尊荣感，是我国实施海洋强国战略中亟待解决的重要问题之一。

## 第一节　船员职业的重要性

在科学技术日益发达的今天，世界贸易更是有超过 90% 的运输量依赖海上运输。[①]《船舶最低安全配员规则》规定，一艘 30 万吨的超大型油轮最低只需要配备 14 名船员，而船舶造价却高达 1.5 亿美元，装载的原油价值更是远远超过 1.5 亿美元。[②] 作为航运业的专业辅助人，船员在和平时期既要履行上船协议的私法义务，又要承担《海上交通安全法》《海商法》中保障船舶安全、环境安全等公法责任；战争时期则可以和海军并肩作战，共同维护国家的国防安全。2018 年 12 月，习近平主席访问巴拿马期间，与“玫瑰轮”船长通话，询问船上工作和生活条件，慰问全体船员，这充分体现了党中央对航运事业和船员队伍

---

① 参见李卫海：《中国海上航运的安保模式及其法律保障——以应对 21 世纪海上丝路的海盗为例》，载《中国社会科学》2015 年第 6 期。

② 《船舶最低安全配员规则》，2004 年 6 月 30 日交通部 2004 年第 7 号令发布，2014 年 9 月 5 日交通运输部 2014 年第 10 号令、2018 年 11 月 28 日交通运输部 2018 年第 43 号令修改。

发展的高度重视和深切关怀。[①] 船员队伍发展状况直接关系一个国家的经济发展与海上主权安全。

## 一、船员是建设海洋强国的基础力量

从2012年至2022年,中国共产党的工作报告都对建设“海洋强国”提出阶段性目标并作出战略性部署。2022年,习近平总书记在中国海洋大学三亚海洋研究院考察时强调:“建设海洋强国是实现中华民族伟大复兴的重大战略任务。”船员是与建设海洋强国这一目标直接关联的水上劳动者,是承载我国水上交通运输的基础性人力资源,不管是推进“一带一路”建设,还是贯彻落实其他水上发展目标,船员都在其中扮演着不可或缺的关键角色。我国对外贸易的货物运输依靠船员,保障海上供应链运输畅通、稳定水上交通安全需要船员。因此,船员是建设“海洋强国”的基础力量,没有稳定的船员队伍,建设“海洋强国”将成为一句空话。

## 二、船员队伍是实现海洋强国战略任务的重要国防力量

当前世界各国的海洋权益意识日趋强烈,海洋权益争夺日益加剧,海员在国家海防安全战略中的地位和作用应该予以充分重视。[②] 海员和海军的工作生活有很多相似之处,海军受服役期限制,出海时间相较于船员较短,大部分海军转业后,通过专业培训,才能成为合格海员。但资深海员一般都经过多年的海上历练,碰到战争稍加培训很快就能适应军舰上的工作,并成为航行岗位的专业技术能手。早在1911年7月吴淞商船学堂招生时,时任校长唐文治先生就曾指出:“诸生今日来校学习航海,日后,个个要到海上做事,看大浪,吹巨风……诸生应记得,商船驶到国外,其实是国家的势力所达之处……而国家一旦有事,诸生即是海军,故东西洋各国,均特别优待商船人才……愿诸生学成致用,不负厚望。”[③]而且事实上,在战争时期,军舰缺失,商船被征用,船员被征兵也是各国的常规做法。在美国独立战争期间,美国海军还十分弱小,根本无法与英国的皇家海军相抗衡。但是,美国船员改装了自己的商船,和海军并肩作战,他们凭借着专业经验,成功拦截2283艘英国船只。[④] 在第二次世界大战期间,英国商船队与海员也积极参战,不仅协助海军完成了历史上著名的“光荣撤退”,而且在诺曼底登陆之际,承担了对欧洲大陆最终

---

① 参见李小鹏:《致全国船员的一封信》,载中华人民共和国海事局2019年6月25日,https://www.msa.gov.cn/special/2019hyr/index.html。

② 郑和平:《海员队伍建设是实施海洋强国战略的重要保障》,载人民网,http://politics.people.com.cn/n/2014/0625/c1001-25198943.html。

③ 上海海事大学:《商船所至,海权所至》,载上海海事大学校史馆官网,https://museum.shmtu.edu.cn/2015/1209/c8137a72277/page.htm。

④ See Douglas T. Tastad, *Hobson's choice for the American Maritime Industry: The Navy or Nothing*. in Joint Force Quar-terly, No. 5, p. 18-23(2008).

战役的补给任务。因为战争中的贡献,战争胜利后,英国商船海员被乔治五世国王正式命名为"商船海军"。[①] 实践证明,一支素质优良的船员队伍,在和平时期可以为国家带来财富,战争时期就是国家的"第二海军"。

### 三、船员是国际社会公认的"关键工人"

对于海员的重要性,在新冠疫情时期,全社会有了更深刻的认识。自新冠疫情大流行开始以来,全球物流链面临着巨大的挑战,但船员仍继续工作,每天跨越国际边界的船只数量庞大。新冠疫情时期船员依然坚守岗位,运送重要防疫物资,发挥着保障全球物流供应链畅通和海洋交通安全的巨大作用,促进了世界经济社会的正常运转,是新冠疫情期间的"无名英雄"。2020 年 12 月 1 日,联合国大会通过了呼吁世界各国将海员认定为"关键工人"的决议,该决议由印度尼西亚代表钱宁提出,鼓励各国政府立即采取措施,允许更换船员,并确保所有海运人员都能获得医疗服务。[②] 国际海事组织发布的一项数据显示,全球已有 53 个国际海事组织会员国、地区将船员认定为"关键工人"。[③] 我国在新冠疫情期间也为切实维护船员合法权益做了相应的努力。2020 年,交通运输部印发了《关于妥善做好新冠肺炎疫情期间中国籍国际航行船舶在船船员换班安排的公告》《关于精准做好国际航行船舶船员疫情防控工作的通知》等文件,全力打通"堵点",实现中国籍船员境内港口换班"应上尽上、应换尽换",并根据疫情防控形势,不断更新《船舶船员新冠肺炎疫情防控操作指南》,指导船员做好疫情防控工作,保障身体健康和航运生产。[④]

### 四、船员发展关乎国家航运业的兴衰

航运在促进世界经济贸易发展、构建人类命运共同体的伟大事业中发挥着重要的桥梁和纽带作用,而船员则是航运高质量发展的基本保障。忽视船员队伍发展的国家对其航运业的损害是巨大的。以英国为例,海运承担了英国 95%以上的实体进出口贸易运输压力,作为传统海上强国,航运业对于英国国民经济的重要性不言而喻。自 20 世纪 90 年代起,航运人才危机显现,人才与技术的流失使得英国航运中心发展难以为继。1914 年,英国海员约有 25 万人,1982 年马岛战争之际,

---

① See Louise Butcher, *Shipping*: *UK Policy*. SN/BT/595. House of Commons Library(2010).

② 参见信德海事:《联合国决议:呼吁世界各国将海员认定为"关键工人"》,载搜狐网 2020 年 12 月 3 日,https://www.sohu.com/a/436030657_175033。

③ 参见沐凡:《海员"关键工人"认定有其迫切性》,载网易 2021 年 2 月 23 日,https://3g.163.com/dy/article/G3HJ93L50530KEJV.html。

④ 参见中国水运报:《优化船员队伍建设　为航运发展注入强劲动力——〈2020 年中国船员发展报告〉解读》,载池州市交通运输局 2021 年 7 月 23 日,http://jtysj.chizhou.gov.cn/Special/contentShow/21486.html。

登记海员降至 79,000 人,并此后逐步减少。如果人才缺口不能得到有效弥补,英国航运中心的竞争力将不存在,航运对其国民经济的贡献力也会逐渐消失。① 反之,建设高素质的船员队伍,有助于航运业高质量发展。海员是航运业持续发展不可或缺的重要资源,是航运业发展的重要因素之一。随着科学技术的发展,现代航海已进入高科技时代,并向智能化方向发展,这就需要船员不断地提高业务能力,适应不断变化的航海需求。

## 五、船员为我国外向型经济发展提供重要支撑

船员是国家重要战略人才资源,在国民经济和社会发展中具有重要作用。我国 1950 年进出口总额只有 11.3 亿美元,规模非常小,到 2018 年达到了 4.6 万亿美元,成为全球第一贸易大国。② 而船员在进出口贸易中发挥重要作用。船员还是海上运输和对外贸易的直接参与者,海上运输承担了 90%以上的外贸货物运输量以及 98%的进口铁矿石、91%的进口原油、92%的进口煤炭和 99%的进口粮食运输量,成为加快发展外向型经济的重要支撑。③ 外派船员是我国对外劳务输出的重要组成部分。新中国船员外派业务始于 20 世纪 70 年代末期,1979 年中国远洋运输(集团)总公司与日本饭野海运株式会社签订船员劳务合作协议,首次派出由大副、大管轮等 29 名船员组成的外派船员队伍到饭野海运株式会社所属油轮工作。④ 随着改革开放得到长足的发展,船员外派业务已经成为利用国内劳动力资源、开拓国际劳务市场的一条有效途径。大力发展船员外派业务对于我国这样的人口大国具有显著的经济效益和社会效益。通过船员外派不仅可以为国家赚取外汇收入,为企业增添效益,而且在一定程度上缓解了国内船员的就业压力,促进了外派船员较多地区的经济发展。

## 六、国际船员在一定程度上代表我国国际形象

船员特别是远洋船员是国际化程度较高的职业,随着经济全球化的发展,相对成熟的国际船员劳务市场已经成形,且市场中心向亚洲转移,我国船员正在逐渐走入国际船员市场的中心舞台。⑤ 我国深度参与国际海事船员管理事务,积极向国际海事组织和国际劳工组织提交中方提案,提升我国船员队伍国际竞争力。我国

---

① 参见单德赛:《英国航运与海员政回顾》,载《世界海运》2017 年第 7 期。

② 参见梁施婷:《商务部:中国已成为全球第一贸易大国》,载时代周报 2019 年 9 月 30 日,https://www.sohu.com/a/344332874_237556。

③ 参见廖琨、周国东:《从海洋大国到海洋强国,我们还有多远?》,载中国产业经济信息网 2017 年 3 月 23 日,http://www.cinic.org.cn/xw/cjfx/980.html。

④ 参见王慧、王威等:《我国船员外派市场状况分析》,载《武汉船舶职业技术学院学报》2013 年第 2 期。

⑤ 参见陈鹏、王涛等编著:《船员权益保障法律与维权实务》,江苏人民出版社 2020 年版,第 10 页。

已先后与27个世界主要海运国家和地区签署了船员证书认可协议，近年来年均外派海员超过13万人次，我国船员证书的“含金量”不断提高。[①] 2021年12月10日，国际海事组织第32届大会在英国伦敦举行了新一届理事会选举，中国再次顺利当选A类理事国。这是我国自1989年起第17次连任，彰显了我国在国际海运界的地位和影响力，体现了国际海运界希望中国在全球海运治理中发挥更加积极作用的认同和期待。[②]

远洋海员常年在世界各地奔波，擅长与国际接轨，有时靠港也会在当地政府和使领馆的安排下与当地民众开展文化娱乐的交流。文化传播和人文交流不仅可以使当地民众了解中国，而且也可以发挥中国软实力，[③]具有一定的民间外交作用。我国船员还通过自身品质赢得世界的尊重。2021年12月12日，中国船员许波只身跳入冰冷的大海中营救2名海上遇险者，获得国际海事组织颁发的“海上特别勇敢奖”，是该奖项2022年唯一的获奖者，代表了国际社会对中国海上搜救事业的肯定。

### 七、高素质船员是整个航运业高级人才发展的来源

当前业务精、能力强、视野开阔的高级航运人才不足，这也是制约航运业高质量发展的重要因素。航海技术是具有悠久历史、内容丰富且有较强实践性的综合性应用科学。高级船员不仅担负着商船操作和维护的重要任务，还是船舶管理、海事教育、航运服务等陆地航运管理人才的重要来源，是维系航运业可持续发展的重要力量。经过海上历练过的高级船员也是陆上涉海政府机关、海事管理部门、企事业单位的高级管理人才，成为陆上各类航运行业的高级管理与技术人才的来源。远洋船员具有国际先进航运公司的管理经验，是航运先进技术最直接的体验者和感受者。国际一流航运公司的船长和轮机长经过长期实践，在船上他们是技术和管理的权威，在世界各个航运组织中能够得到广泛的尊重，具有国际视野，是得到国际认可的专业复合型人才。从高级船员队伍中发展高层次的航运人才也是未来航运人才培养的重要措施。2022年中远海运制定印发了《中远海运船员管理有限公司海上管理培训生计划工作方案》，该方案的出台标志着“海上管培生计划”已经正式启动实施。中远海运的“海上管培生计划”致力于聚焦对海上人才的战略需求，从应届航海类专业毕业生中招募选拔优秀学生到船舶一线岗位及陆岸岗位交叉工作锻炼，规划6年至10年内快速培养为优秀航海人才，并择优调陆岸岗位

---

① 参见曹德胜：《加快建设高素质船员队伍　促进航运业高质量发展》，载中国船东网2021年6月18日，http://www.csoa.cn/doc/19647.jsp。

② 参见《中国连续第17次当选国际海事组织A类理事国》，载中国新闻网，https://www.chinanews.com.cn/gn/2021/12-11/9627332.shtml。

③ 参见邵帅：《保障船员权益的软法与硬法》，上海交通大学出版社2021年版，第13-17页。

工作，为培养复合型优秀年轻干部和管理人才的专属培养计划。① 由此可见，船员队伍逐步成为我国航运业的重要高级人才来源，认识船员人力资源的重要性、挖掘我国船员人力资源的潜力，是实现我国从航运大国转变为航运强国的关键。

总之，船员队伍建设与航运发展以及国家的“海洋强国”战略之间是一脉相承的关系。船员人力资源作为海运业重要的人力资源，其在我国航运经济发展中的作用是逐步被认识和证实的。船员作为走向海洋、建设海洋、保护海洋的先行者，是建设海洋强国、推进“一带一路”建设、服务长江经济带、促进水上交通运输发展的重要力量。

## 第二节　船员劳动权益法律保障的特殊性

受航运活动自身的国际性和特殊风险性等的影响，水上劳动具有有别于陆上劳动的特殊之处，船员职业具有较强的国际性、流动性和技术性等职业特点，其工作与生活局限在船舶内，也承受着极大的工作特殊风险，是唯一由国际劳工组织制定国际劳动标准的职业群体，其职业的特殊性不言而喻。

### 一、船员劳动的特殊性

#### （一）船员工作地点具有流动性

船员工作的流动性体现在工作地的流动性与工作单位的流动性。船员工作地的流动性与车辆、飞机司乘人员的流动性不同，船员流动时间较长，除了靠港作业，船员在船上工作大部分时间处于流动状态。一般来说，船员一旦上船有 8—12 个月处于持续流动的状态。船员流动的范围较广，船员的工作地点虽然固定在船舶上，但是船舶的位置随着航行不断变化，虽然船舶在一定时期内会有固定的航线及航行时间，但终究是在航行中不断变换位置，途经不同海域、不同的经纬度、不同气候带或者不同国度。

船员工作单位的流动性体现在船员与船公司之间的关系上。近年来自由船员数量较多，船员劳动市场具有流动性强的明显特征。自由船员的流动性很大，不同的航程中，船员可能受雇于不同的船公司，今年在这家企业，明年又换一家企业工作，甚至一年内先后服务于多家企业。船员的自由流动有助于优秀船员找到更好的发展平台，但是同时也对船员群体的管理与培训形成了挑战。个别船员没有服务意识和契约精神，给船东造成损失，这也是近几年船公司不断提出建设“船员征信体系”以加强船员社会化管理的主要原因。自由船员的流动性也给当前船员的

① 参见《中远海运船员：实施“海上管培生”计划打造复合型航海人才》，载中国海事服务网，https://www.cnss.com.cn/html/cydt/20220817/347174.html。

税收优惠政策、社保缴纳政策造成困境。

（二）船上工作环境具有封闭性

船上工作导致船员工作与下班后的生活都局限在有限的船舶空间之内，船员上船工作期间与家庭、社会相分离。一般情况下，陆地劳动者在晚上或者周末就能回到家中，无论是上班还是下班，他们都是处于社会关系中的人，可以参与社会交往，巩固家庭关系。船上劳动者的工作地点随船舶航行具有流动性的特征，船舶远离陆地，长期处于海上孤立航行状态，位于海洋中的船舶就是一个封闭的微型社会，船员没有机会建立并维持新的社会关系，也无法亲近与照料家庭。即使靠港停船，多数船员也只能在港口附近停留较短时间，无法与陆地生活有较多的接触和交流。

在漫长的航程中，船员工作与生活的所有时间都在船上，船上的活动范围有限、生活环境与人际关系单一，娱乐设施、通信设备等有限，船员的业余生活比较枯燥乏味。工作与生活环境的封闭性是造成船员心理健康问题的主要原因。此外，由于工作伙伴相对固定，船员的人际交往受限，加之换班频繁，船员在船上拥有知心朋友的机会较少，一旦同事间关系恶化，往往很难调整，进而影响情绪稳定。[①]封闭的工作环境和与世隔绝的孤独感会使船员感到压抑和痛苦，由于缺少倾诉对象，他们的抑郁情绪如果得不到排解，焦虑、暴躁等负面情绪在单一环境中会更容易滋生。

（三）海上工作风险的复杂多样性

相对于普通的陆地劳动者，船员劳动具有更多的危险性。虽然造船技术和航海技术的应用使得航海风险有所降低，但是人力无法消除突变的海上恶劣天气和海底复杂地形与海流，或海上其他突发情况带来的风险，船员依旧没有完全摆脱海上航行的危险性。

一是来自海上特殊风险的危险。船员在船舶上工作，船舶经常在海域航行，受到台风、雷暴等恶劣天气的影响，原本平静的海面有可能在瞬间发生滔天巨浪，给船舶航行及船员生命带来威胁。海底地形的复杂多变以及海底暗流的存在都是威胁船舶安全的潜在因素。二是来自船舶本身工作环境的危险。船舶本身钢铁坚硬的构造、空间的狭窄，使得在船上工作的人员很容易受到磕碰等伤害。从事现代化运输的船舶规模较大，船员根据工作需求攀爬软梯时存在高空坠落、绳索断裂的风险。在船舶上工作，也有不慎坠落大海的生命危险。三是来自海上航行的船舶碰撞导致损害的危险。一方面，因操作不当、疲劳驾驶、疏于管理等导致的船舶碰撞，火灾、爆炸等事故也会发生，这极有可能造成重大伤亡事故。另一方面，来自运输的危险货物的风险也会给船员带来起火、腐蚀、爆炸等危险。四是来自海盗、船舶

---

① 参见张晓、高玉德等：《中国远洋船员总体心理健康状况的研究》，载《中国航海》2005年第3期。

驶经战区、疫区的危险。当船舶驶往战区和疫区时，船员有可能遭遇流弹袭击或感染病毒，例如，2021 年 11 月俄乌冲突发生，船舶在黑海水域和乌克兰港口附近水域遭受火箭弹和水雷的袭击，发生人员伤亡事故。战争导致船舶无法前往其他水域，有时船员被困在船上，食物、淡水、药品等成为稀缺资源。途经海盗活动区，有可能遭遇海盗劫船、绑架等，而海盗活动也成为制约船员人身安全的因素之一。2021 年，国际海事局（International Maritime Bureau，IMB）海盗报告中心共收到 132 起海盗和持械抢劫船舶事件的报告，包括 115 艘船只登船、11 次袭击未遂、5 艘船只遭到开火和 1 艘船只被劫持。① 在与海盗搏斗的过程中或者被海盗劫持后都有可能发生生命健康的危险。

### （四）船员劳动与生活空间的混同性

船员劳动与下班后的休息生活场所混同，很难严格区分工作与生活时间。通常情况下，一名远洋船员需要在船上工作 6—12 个月，受到战争、公共卫生事件的影响，工作时间有可能还会延长。与陆地工作相比，船员在船舶的工作与生活很难区分，下班后的休息环境也是在船舶上，生活环境局限于船舶。在陆地工作具有明显的上下班的时间区分，一般情况下，陆上劳动者的工作地与业余生活地相分离，而船员劳动者的工作地点与休息地都在船舶上，具有不可分离性，导致船员的工作时间与休息时间难以严格划分清楚，如有靠港及其他紧急情况时，处于休息时间的船员有可能仍然要起来工作。一般情况下，船员的工作以轮班制度为主，例如：二副值班时间为 0 点到 4 点，大副值班时间为 4 点到 8 点，三副值班时间为 8 点到 12 点；除此之外，大副还要负责货物的装卸和配载积载，二副负责保持船上的仪器设备完好，三副负责船上的救生与消防工作，以上任务的期间不包含在值班时间内。出现紧急情况时，尤其是船舶进港、碰撞、救助、通过狭窄、繁忙水域时，船员会不顾白天和黑夜地去驾驶台值班、驻守，为了保证船舶的航行安全，需要正在休息的船员予以配合，船员很难在休息时间获得绝对的休息，做到与工作“绝缘”。因此，工作节奏、物理工作环境（如噪声、高温）和工作安排都会影响船员任务的负荷程度与休息情况，使船员产生疲劳与悲观情绪。②

### （五）船员劳动的国际性与涉外性

船员国际性表现的本质在于航运生产的国际性。③ 水上运输是我国对外开放的前沿，早在 20 世纪 80 年代，我国国际海运领域即率先对外资开放，经过多年努

---

① See ICC：*Caution Urged Despite Lowest Reported Maritime Piracy Incidents Since* 1994，Standard Club（Jan. 13，2022），https://www. standard - club. com/fileadmin/uploads/standardclub/Documents/Import/news/2022-news/2021_Annual_IMB_Piracy_Report_MEDIA_RELEASE. pdf.

② 参见贾宝柱、谢灯峰、林叶锦：《船员疲劳及其影响因素》，载《中国航海》2018 年第 4 期。

③ 参见邵帅：《保障船员权益的软法和硬法》，上海交通大学出版社 2021 年版，第 17 页。

力，水上运输已成为我国基础产业中开放程度最高的行业之一。[①] 船员劳动的国际性与涉外性体现在以下三方面：首先，船员雇佣主体的涉外性。我国有相当数量的船员成为外派船员，相当一部分船员工作在外籍船舶上，中国已经成为全球劳动力市场船员供应地，《2020 年中国船员发展报告》显示，2020 年我国外派海员共计 122,304 人次。[②] 与此同时，我国航运公司也可雇佣外籍船员。船员雇佣市场的国际性要求各国提供船员的劳动能力是等效的，进而影响我国船员发展水平。另外，为真正保护船员权益，船员雇佣主体的涉外性还影响船员权益保障制度设计。例如，为充分保护船员集体合法权益，海员工会的建设应当考虑与国外海员工会以及船东协会的对话与合作。其次，船员劳动工作地的国际性。除在本国内河、沿海区域活动的船员外，我国还有相当数量的船员奔波于国际航线。船员工作地的涉外性决定在船舶航行过程中，不仅要遵守国内法规，还要遵守有关国际条约、船旗国、港口国和沿岸国的相关法律规定，履行相应的法律责任和义务，[③]否则将会出现在其他港口国被扣留的情况，也会出现我国的海员滞留在国外或者其港口，需要协助海员遣返等问题。最后，船员管理与权益保护应遵循国际海事公约的相关规定，船员是有专门国际公约统一立法保障的行业职业群体，如《2006 年海事劳工公约》成为国际社会公认的“船员权利大宪章”。船员是全球贸易流通的关键，为了保护船员的权利，促进全球贸易和海洋运输业的发展，国际组织先后通过了多部关于船员的国际公约。为了协调不同国家关于船员的法律、政策和规定，国际组织就船员的资格认定、劳动保障、生活工作条件及特殊权利制定了统一标准。成员方不仅要按照公约要求制定、修改相应的国内法，还应当实施统一的船员资格认证标准，如 STCW 公约等。船员雇佣市场的国际化以及工作地的涉外性决定了船员管理涉及的任职标准，以及船员权益保障水平应当遵循国际通行的规则。这就要求我国船员法律规则应当与国际接轨，在制定船员管理与权益保障法律规则时应当参照国际公约、国际惯例，并在国际公约制定过程中争取我国的话语权。

## 二、船员劳动法律关系的特殊性

劳动法律关系是劳动法主体之间以劳动为纽带产生的，经由劳动法调整后形成的权利义务关系。[④] 船员劳动的特殊性导致船员劳动法律关系的特征、种类、构

---

① 参见《全国人大代表许立荣：加快船员劳动关系专属立法》，载中国船东网 2019 年 3 月 12 日，http://www.csoa.cn/doc/14886.jsp。

② 交通运输部：《2020 年中国船员发展报告》，载中华人民共和国浙江海事局 2021 年 6 月 25 日，https://www.zj.msa.gov.cn/ZJ/zwgk/gkml/flfg/202111/P020211122475011364967.pdf。

③ 参见陈鹏、王涛、王玉宝等编著：《船员权益保障法律与维权实务》，江苏人民出版社 2020 年版，第 10 页。

④ 参见《劳动与社会保障法学》编写组编：《劳动与社会保障法学》，高等教育出版社 2018 年版，第 27 页。

成要素，相对于当前我国劳动法律规制下的劳动法律关系存在较大差异。

### (一)船员劳动法律关系特点的特殊性

法律主体之间的从属性是劳动法律关系的一项重要特征，其主要表现是用人单位对劳动者存在控制与管理，劳动过程中劳动者处于弱势地位，因此，劳动法律遵循倾向保护劳动者的原则。在航运行业，企业对船员指挥监督存在不便性。船公司只能通过无线电通信等信息设备对在船船员进行有限的间接管理，主要是通过船长进行直接管理。随着自由船员的雇佣，航运企业对船员管理更加困难。船员在船上的作业构成复杂，难以将船员的作业时间、工作量进行标准化，这也给船公司的管理制度设置带来一定的难度。船员劳动立法应充分考虑船员管理的现实困境并进行相应的制度安排。

### (二)船员劳动法律关系种类的特殊性

与大多数职业不同，船员就业所涉法律关系复杂多样，包括船员为境内或境外船东提供劳动或劳务两种情形。在船员为境内船东提供劳动或劳务的情形下，具体又包括两种就业类型，一是船员直接与境内船东签订劳动合同并上船工作，二是通过劳务派遣的方式上船工作。[①] 船员为境外船东提供劳动或劳务即船员外派，在现行劳动法律框架下存在一定特殊性。《海员外派管理规定》(2023年修正)第12条规定，境外企业、机构在中国境内招收外派海员，应当委托海员外派机构进行。《海员外派管理规定》(2023年修正)第22条规定，海员外派机构为海员提供外派服务，应当与外派海员签订书面服务合同或者劳动合同。书面服务合同应当包括海员外派机构对外派海员工作期间的管理和服务责任、外派海员在境外发生紧急情况时的安置责任、违约责任等内容。劳动合同按照国家劳动合同相关法规执行。外派海员与我国的航运公司或者其他相关行业单位签订劳动合同的，海员外派机构在外派该海员时，应当事先经过外派海员用人单位同意。

### (三)船员集体法律关系的特殊性

船员工会在船员参与集体谈判、保护船员劳动权益、实现船员个体利益方面发挥重要作用。《2006年海事劳工公约》也在船员招募与安置、争议解决、健康安全、福利设施等多个方面提到船员组织的作用。由于海员职业具有流动性大、涉外性和国际性、工作区域不固定的特点，海员工会的组建、管理及维权等方面均存在特殊性。《工会法》的适用主体和范围具有一般性，是针对国内劳动者的工会，对于具有涉外性及国际性的海员，无法实现领域外的延伸保护，如果没有海员工会与国际上相应工会的联系与合作，我国海员在国外的权益很难保护。国际上有国际运输工人联盟(International Transport workers' Federation，ITF)，这是一个真正意义上

---

① 参见张程:《我国船员就业合同及劳务派遣法律问题解析》，载《中国远洋海运》2021年第3期。

的全球性组织。该组织由 154 个国家/地区中的 708 个运输工会组成,代表约 4,668,950 名工人。ITF 的一般性活动由其成员工会所交会费资助。ITF 利用这些资金组织活动以及向其附属工会提供支持。海事活动拥有自己的专项资金,用于支持方便旗(Flag of Convenience,FOC)运动以及向全球海员提供福利支持。① ITF 拥有比较强大的组织体系,对维护域外海员的权益具有重要作用。国内成立海员工会,可以根据我国国情与国际海员工会进行一定的交流与合作,保护我国海员在域外的权益。

为了规范船员集体法律关系、保护船员的集体利益,2009 年 12 月,我国根据《2006 年海事劳工公约》的要求建立了全国海上劳动关系三方协调机制,并在北京中华全国总工会举行了《中国船员集体协议》首签仪式。该机制是国家协调劳动关系三方机制框架的重要组成部分,由交通运输部、中国海员建设工会、中国船东协会三方组成,其目的在于加强涉船员用工法律关系的三方主体的联系与沟通,通过会议商讨、协调船员劳动关系、船员劳动基准、船员管理等重大问题,是保障船员实现"体面劳动"的特殊机制。

## 三、船员劳动基准的特殊性

劳动基准主要是关于工时、休息时间、工资、职业安全健康等劳动条件和劳动待遇的最低标准的规范。船员由于其职业的特殊性,一般劳动法的劳动基准难以囊括船员职业的特殊劳动基准。

### (一)船员劳动基准特殊性的概述

船员劳动权利的范围和内容与普通劳动者相比存在一定差异,当前普通劳动法律规定并没有考虑到船员劳动权利的特殊性。一般劳动基准不能包括船员特有的劳动基准,如由于船员职业的特殊性,船员享有遣返的权利,这是针对船员的特殊劳动权利,一般劳动者不涉及遣返权。由于船员劳动与生活空间的混同性,对其相应劳动基准有特别保障要求。例如,船员休息同一般劳动者存在差异,由于工作、生活场所合一以及船舶营运的特殊性,船员实际的工作时间、工作强度和作息时间弹性较大,难以适用一般劳动者的工时规定。实践中大量短期船员合同只约定船员上下船工作时间,忽视船员的休息时间,不利于对船员休息权的保护,因此,法律应当进行特别规定,保护船员的休息权。② 船员的工资求偿权也具有一定的行业特殊性,船员在船上的工资与船员下船后在家休息期间的工资差别比较大;船员的工资除具有一般债的清偿优先权外,还具有船舶优先权的优先顺序;另外海员

---

① 参见丁小岗:《完善船员投诉处理工作机制让船员工作无后顾之忧》,载腾讯网,https://new.qq.com/rain/a/20220312A07OOQ00。

② 汪洋:《"从契约到身份"——以船员劳务合同的特殊性及司法应对为视角》,载《中国海商法研究》2014 年第 3 期。

的工资支付及换汇也具有特殊性。

（二）船上职业卫生安全保障的特殊性

在劳动安全卫生方面，船员工作与生活浸同在一条船舶上，对安全卫生有特别要求。需要遵守《职业健康安全管理体系要求》（GB/T 28001）、《船员职业健康和安全保护及事故预防》（JT/T 1079－2016），必须建立船员职业健康管理制度。《船员职业健康和安全保护及事故预防》（JT/T 1079－2016）是由交通运输部海事局、浙江海事局、浙江交通职业技术学院起草的，2017 年 1 月 1 日实施的一项行业标准，该标准适用于船员职业健康和安全保护及事故预防。

船员的医疗具有特殊性，船员的工作与生活都在船舶上，远离陆地，船员无论因工受伤还是自身疾病都无法第一时间到医院就医，因此船上医疗保障非常重要。《2006 年海事劳工公约》规定，各成员国应当保证航程时间超过 3 天、船上船员 15 人以上的船舶设有独立的医务室，并且在严重疾病或受伤的情况下，船员应立即被送往岸上的诊所和医院，并在必要时为他们安排补充医疗设施，继续治疗。根据我国《海员船上工作和生活条件管理办法》第 22 条规定，载员 100 人及以上并且航程在 3 天以上的国际船舶应当配备医生。最新的《国际船舶医疗指南》也提出所有的船舶应当配备符合要求的医疗设施和药品。在病情严重、紧急或其他船员无救治伤病员时，船员可以通过远程医疗在最近的港口下船，由船东派遣直升机转运等方式获得救治。

（三）船员船上最低配员的限制

在海员国际研究中心（Seafarers International Research Center, SIRC）举办的安全与职业健康研讨会上，疲劳被描述为"急性疲劳和慢性疲劳，可因包括疲倦、抑郁、压力、睡眠质量、不安的昼夜节律造成"。其中急性疲劳可以通过一段时间的休息或睡眠缓解，这种疲劳通常是精神紧张或过度劳动的结果。慢性疲劳通常发生在睡眠时间内，短暂的休息不足以使个人恢复正常的工作水平。同为运输行业的国际民航组织（International Civil Aviation Organization, ICAO）发布的《疲劳管理做法监督手册》指出，疲劳会损坏人的警觉度以及履行与安全相关的运行职责的能力。[①] 为了降低运营成本，船东和管理人员一直在缩减船员团队的规模，给船员安排超过合理限度的任务，发生突发事件时，整体船员应对突发事件时力不从心。船舶工作昼夜进行，离泊作业、船舶装卸、设备维护保养、食物补给、备件供船以及配合相关部门检查等突发事件增加了船员的工作量，恶劣天气、泄漏抢险等特殊情况也扰乱船员的生活作息，船员往往带着疲劳投入下一轮工作。[②] 不固定与超长的

---

① 参见 ICAO：《疲劳管理做法监督手册》（DOC9966 号文件），https://www.icao.int/safety/fatiguemanagement/FRMS%20Tools/9966_cons_zh.pdf。

② 参见李亮宽：《谈船员心理疲劳对船舶的影响及解决措施》，载《船舶标准化工程师》2016 年第 5 期。

工作时间会加重疲劳与压力的累积，降低船员的警戒水平，增加反应时间和钝化肌肉反射，弱化船员的决策能力和协调能力，它可能是事故因果关系的主要因素。因此，为防止船员航行过程中因疲劳造成航海风险，《2006年海事劳工公约》《海上交通安全法》《船舶最低安全配员规则》对船舶最低配员做出要求，船舶必须有足够的船员数量来保障航行安全。

## 四、船员劳动权利保障体系的特殊性

船员权益保障体系包括船员的社会保障制度、政府部门的监管体系、司法部门的司法保护等内容。

### （一）船员社会保障的特殊性

当前船员社会保险管理制度基于我国陆岸职业特点制定，无法充分体现船员劳动特点和国际行业惯例，当前我国社保的内容项目、管理形式均不适于船员的职业特点。[①] 国际保赔协会集团（International Group of P&I Clubs, IG Clubs）为世界上大约90%的远洋船舶提供“保赔险”，[②]赔偿船东对船员的伤病或死亡支付赔偿金或补偿金的责任，以及因此项伤病或死亡所产生的必要的医药、住院、丧葬费及其他费用，包括船员的遣返费用和派遣替换船员的费用，反观我国社会保障制度，其并没有充分考虑到船员职业的特殊情况。另外，“保赔险”与国内的社保内容具有重合性，如何协调与国内社会保险的关系是船员社会保障制度特性的问题。与此同时，船员用工方式向劳务化、个体化、灵活化转变，船员用工方式多元侵蚀船员社会保障制度刚性。[③] 例如，我国社会保险缴费基数基于上年度的平均收入，而船员用工的个体化使得船员每个服务期可能服务于不同的船舶，当期服务的船东按照上一个船东的薪酬标准缴纳社会保险费用具有不合理性。另外，船员上船与下船期间工资差异较大，按照什么工资标准缴纳社保，都是非常值得研究的话题。

### （二）船员劳动监察的特殊性

我国《劳动法》《劳动合同法》《劳动保障监察条例》等明确规定了我国一般的劳动监察制度。劳动保障监察是指劳动保障行政部门代表国家对劳动和社会保障法律、法规的贯彻实施进行监督检查，及时发现和纠正违法行为，并对违法行为依法进行行政处理和行政处罚的一项具体行政行为。[④] 劳动监察以查处和纠正被监

---

① 参见傅勤勇：《对船员社会保险管理工作的思考》，载《中国远洋海运》2019年第6期。

② 参见航运界：《国际保赔集团有13家协会成员，正好还是太多?》，载腾讯网，https://new.qq.com/rain/a/20210907A0A7I600。

③ 参见黄莎：《海洋强国战略下船员社会保障研究：困境分析与路径突破》，载《现代管理科学》2022年第2期。

④ 参见剧宇宏编著：《劳动法概论》，上海交通大学出版社2012年版，第287-288页。

察主体违反劳动法的行为、督促被监察主体遵守劳动法为目的。① 船员职业劳动监察制度的特殊性在于从事远洋业务的船公司不仅应当满足国内一般劳动法律对劳动者的保护,还要满足《2006年海事劳工公约》等专门针对船员的劳动保护规定。《2006年海事劳工公约》为保障船员的体面劳动和生活条件,明确提出了符合船员职业特征的劳动监察制度,使得针对船员的劳动监察制度在监察主体、监察对象等方面均存在特殊性。监察主体的特殊性表现在船员劳动权益保障涉及交通运输部、人力资源和社会保障部两个部门。监察内容的特殊性表现在《劳动保障监察条例》规定的监察事项主要是针对所有劳动者的用人单位内部劳动保障规章制度、与劳动者订立劳动合同的情况、女职工和未成年工特殊劳动保护规定、工作时间和休息休假、工资和最低工资、社会保险缴纳情况等一般劳动法律的执行情况;而船员劳动监察存在诸多特殊的监察事项,如船员注册、任职资格、履行职责、安全记录,船员培训机构培训质量等。船员服务机构诚实守信以及船员用人单位保护船员合法权益等情况的监督检查,查验船员必须携带的证件的有效性,检查船员履行职责的情况,督促船员用人单位、船舶所有人以及相关的机构建立健全船员在船舶上的人身安全、卫生、健康和劳动安全保障制度,落实《2006年海事劳工公约》《船员条例》等规定的执行情况。

船员的劳动监察不仅涉及劳动与社会保障法的内容,还涉及海商法中的内容,监察的专业特殊性更加突出,需要的专业知识更加广泛。不仅涉及劳动与社会保障部门,还涉及海事部门管辖的事项范畴。

(三)船员纠纷争议解决的特殊性

船员海上劳动关系的特殊性,以及船舶的流动性、涉外性等特点,决定了以属地管辖为主的陆地劳动者权益保障制度与海上劳动领域不相适应,不能真正解决船员的需求。例如,船员特有的船上岸上投诉机制,为快速、简便解决船员纠纷提供了方便。再如,船员纠纷在确定地域管辖时,选择“劳动合同履行地”时存在困难,若是选择“用人单位所在地”申请仲裁,对于不熟悉船公司所在地情况的船员,存在困难甚至不现实。与一般劳动纠纷相比,船员劳动纠纷管辖问题更为复杂。对于普通劳动者而言,我国《劳动法》《劳动合同法》《劳动争议调解仲裁法》为其提供了明确的纠纷解决途径。申请劳动仲裁的前提是有劳动关系的存在,但实务中船员用工形式的多样性以及用工的不规范,出现大量未签订劳动合同的情形,使得船员依据劳动合同申请劳动仲裁变得困难。船员纠纷的解决不仅仅受劳动争议仲裁委的管辖,部分案件还受海事法院的直接管辖,合理区分管辖在司法实践中争议已久。

---

① 参见剧宇宏编著:《劳动法概论》,上海交通大学出版社2012年版,第290页。

## 本章小结

与普通的陆地劳动者相比,船员是一类特殊的劳动者,在海洋强国战略背景下,船员职业具有重要意义。船员工作的船舶往往在世界海域内流动,有时还需要经历海盗劫船、途经战争海域才能完成运输任务。基于船员劳动的特殊性,一般的劳动立法无法涵盖船员的特殊劳动权益,具体表现在特殊的劳动合同关系、船员特殊的劳动基准、职业安全卫生、集体劳动权益和劳动监察等方面。现有的劳动立法于20世纪90年代制定,享受劳动权益的劳动者主要为用人单位的固定职工。如何在现有法律的框架下对上述船员的劳动权益进行比较完善、全面的保护成为难题。在司法实践中,船员发生劳动纠纷向劳动争议仲裁委或海事法院提起诉讼,涉及管辖法院与法律适用的问题。尽管我国船员劳动权益保护的法律体系已经初步建立,随着时代变迁,其缺陷也逐渐显现,船员特别法“以管理性规定为主、缺乏权利保障的内容”已经成为学界的共识。回应现实需要,正视船员的特殊法律地位,探索制定属于中国的“船员法”应当成为立法进程的重要一环。

# 第二篇　船员就业与合同法律制度篇

# 第四章　我国船员服务机构法律问题研究

船员作为一种古老的职业，对全球航运与经济的发展发挥着不可替代的作用。船员服务机构作为为船员及船东提供信息与服务、连接船员与船东之间的纽带，在推动船员劳务市场发展过程中扮演着重要的角色。然而在实践中，船员服务机构运营不规范，侵害船员权益事件时有发生，无论是为应对日趋激烈的国际航运竞争还是贯彻我国的海洋强国战略，都应当重视规范我国船员服务机构，保护船员的劳动权益。

首先我们需要厘清比较容易混淆的一组概念：船员服务机构、船员中介机构以及海员外派机构。船员服务机构的业务范围和分类主要规定在2013年修正的《船员服务管理规定》（已失效）中，其中第2条第2款将"船员服务"界定为"代理船员办理申请培训、考试、申领证书（包括外国船员证书）等有关手续，代理船员用人单位管理船员事务，为船舶提供配员等相关活动"，第5条根据船舶的航行区域将其分为内河船舶船员服务机构和海船船员服务机构，后者进而分为国际和国内航行海船船员提供各项船员服务的甲级海船船员服务机构，以及为国内航行海船船员提供船员服务的乙级海船船员服务机构。由于《船员服务管理规定》第2条第1款规定"在中华人民共和国境内提供船员服务，适用本规定"；附则中第34条规定"为航行于香港特别行政区、澳门特别行政区和台湾地区的船舶提供船员服务的，按照为国际航行船舶提供船员服务管理，应当取得《甲级海船船员服务机构许可证》"。交通运输部于2011年公布了《海员外派管理规定》，其中"海员外派"定义为"为外国籍或者港澳台地区籍船舶提供配员的船员服务活动"，故可推知甲级海船船员服务机构主要是为中国籍国际航行和国内航行海船船员提供服务。虽然两部规定看似将船员服务机构、海员外派机构服务船舶的种类明确区分，但这并不意味两机构也同样是并列关系。一是《船员服务管理规定》第2条第2款、第22条能够涵盖海员外派机构的业务范围，意味着《船员服务管理规定》的适用对象范围能够周延至海员外派服务，但规制重点不及于此；二是《船员条例》作为专项规定船员管理事务的法律位阶最高的法规，在第五章“船员培训和船员服务”中仅涉及船员服务机构。因此，船员服务机构与海员外派机构应是包含与被包含的关系，前者包括了后者。船员相关法律法规中未能见到“船员中介机构”的表述，结合《民法典》关于“中介合同”的规定及对船员用工法律关系的梳理，可知当船员服务机构从事属于中介性质的服务时，可将其称为船员中介机构。

## 第一节 我国船员服务机构存在的法律问题

《船员条例》《海员外派管理规定》等法规虽然对规范船员活动、保障船员权益具有积极意义，却均忽略了船员服务机构的重要地位和作用。2015年我国批准加入《2006年海事劳工公约》以及海洋强国战略的深入推进，凸显了规范船员服务机构的必要性与急迫性。从理论与实践两个层面来看，目前我国船员服务机构主要存在以下法律问题。

### 一、船员服务机构可能成为隐形雇主

在实践中，船员服务机构在为船员提供中介和委托代理服务时，有时并非局限于民事主体的角色，而是借助自身的信息优势介入了劳动关系之中。船员对船员服务机构所签订的合同内容往往并不知晓，工作地点、时间以及报酬等事项均由服务机构告知。[①] 船员服务机构借助自身在双方信息获取上的优势，在不成为船员雇主的同时变相占有和控制船员劳动力。此时，船员服务机构所获取的报酬不仅包含提供船员服务的费用，还包括两份合同之间形成的船员劳动力的差价部分。这一情形在涉及船员外派的情况下更为严重，中国船员甚至无法完全自由地选择他们的外国雇主，而由船员服务机构控制了船员在外国船上的工作机会。[②]

在该法律关系中，船员服务机构已经不再简单扮演民事主体的角色，而是逐渐成为船员的隐形雇主。对于船员服务机构而言，它并不以使用船员劳动力为目的，却通过占有和让渡船员劳动力赚取差价，这与服务机构作为民事主体的法律依据

---

① 参见蒋跃川：《关于我国现行船员劳动中介制度的思考》，载《当代法学》2001年第6期。

② See Zhiwei Zhao, Jørgen Riis Jepsen & Lijun Tang, *The Reform of Chinese State-owned Ship Crewing Agencies and Implications for China's Seafaring Labour Export*, Maritime Policy & Management, Vol. 43:6, p. 737-747(2016).

以及法治社会的本质要求是违背的。[①] 例如，在“原告付某与被告中船海员管理有限公司、锦州市兴海船务有限公司船员劳务合同纠纷”一案中，被告中船海员管理有限公司与案外人天寿海运有限公司达成协议，由天寿海运有限公司向被告雇佣船员，船员工资及管理服务费等由天寿海运有限公司每月汇至被告银行账户，发放标准由被告制定好后通知天寿海运有限公司办理。同日被告与中介机构兴海船务公司签订船员配备服务协议，约定被告雇请兴海船务公司船员至被告签约的“天寿”轮工作，船员工资及管理服务费等由被告每月汇至其账户。而后，兴海船务公司与原告船员签订船员外派合同。关于被告中船海员管理有限公司的法律地位，其辩称与原告不存在劳动关系，而是处于介绍人的地位。法院认定，虽然被告没有与原告直接签订书面的劳动合同，但依据其与天寿海运有限公司间《船员雇佣协议书》的约定和《劳动合同法》的规定，二者之间因劳务派遣的存在已经形成事实劳动法律关系。[②] 该案中，中船海员管理有限公司便是试图规避劳动法律关系，以民事主体的身份控制并转移船员劳动力，凭借信息获取优势从中获取利润。再如，在“威海市海润船务有限公司、姜某某申请撤销仲裁裁决”案中，威海市海润船务有限公司称其仅是船员服务机构而并非船员用人单位或用工单位，与船员之间并未建立劳动关系，但经法院审理查明，根据双方间签订的船员就业协议以及海员派遣合同，双方之间符合劳动关系的法律特征。[③]

此外，我国作为航运大国，船员的数量庞大，数量可观的差价利润促使船员服务机构更加有欲望侵占船员的劳动力且无需承担用人单位责任，侵犯船员合法权益的同时，也在一定程度上导致了船员劳务市场的混乱。

## 二、船员服务机构建设未能完全对接公约的要求

《2006 年海事劳工公约》在维护船员权益、为船员争取更好的工作环境、促进船员职业发展等方面发挥着重要的作用，中国也已于 2015 年 8 月 29 日正式批准加入《2006 年海事劳工公约》。[④] 然而在批准加入《2006 年海事劳工公约》至今的时间内，在高位阶的法律上我国船员权益保障并没有比较详细地对《2006 年海事劳工公约》进行国内法转化，理论与实践层面有关船员服务机构不得因向船员提供就业机会而收费的内容未能及时跟进，使得船员劳务市场中船员服务机构问题仍然存在。

在《设立海员职业介绍所公约》与《1996 年海员招募和安置公约》基础上修订发展的《2006 年海事劳工公约》虽然认可了公益性海员招募和安置服务机构可以

① 参见蒋跃川：《关于我国现行船员劳动中介制度的思考》，载《当代法学》2001 年第 6 期。

② 参见大连海事法院民事判决书，(2014)大海商初字第 422 号。

③ 山东省威海市中级人民法院民事裁定书，(2018)鲁 10 民特 46 号。

④ 参见曹艳春、唐树源：《中国船员投诉机制研究》，载《中国海商法研究》2017 年第 2 期。

同营利性服务机构并存,但在规则 1.4 中仍要求确保所有海员享受免费的招募和安置服务,①并要求不应鼓励私营船员服务机构过度扩散。虽然我国《海员外派管理规定》(2023 年修正)第 29 条明确规定海员外派机构不得因提供就业机会而向外派海员收取费用。但法律位阶更高的《船员条例》第 37 条规定船员服务机构应"向社会公布服务项目和收费标准",意味着除外派机构外,我国并未明确禁止其他船员服务机构因提供就业机会而向船员收取费用,现有立法也未体现出不鼓励营利性的船员服务机构的过度扩散。实践中公益性船员服务机构的数量非常少,这与《2006 年海事劳工公约》的要求也不相符。上海海事局于 2011 年成立的"中国船员招募中心"②是我国目前为数不多的公益性船员职业介绍所之一,公益性船员职业介绍所的数量远低于其他国家。相比国外承担船员服务业务的大多为政府部门或社会团体设立的公益性船员职业介绍所③,我国船员服务机构对《2006 年海事劳工公约》的落实情况相对滞后。

## 三、船员服务机构监管体系不完善

在船员服务机构法律监管体系的问题上,克里斯蒂娜·德拉戈米尔(Cristina Dragomir)和乌图兰·西蒙娜(Utureanu Simona)认为,相比亚洲、东欧、非洲和世界其他地区的发展中国家的许多船员机构,西欧、北美和其他发达国家的船员服务机构的监管相对较好,这些国家的海员通常按规定的条款和条件受雇。④ 尽管我国的船员管理模式逐渐多样化,⑤法律监管也随着航运业的发展而不断进步,但船员服务机构法律监管体系显然并没有为新问题做好法律和社会保障上的准备,在审核与管理等方面存在僵化脱节现象,使得许多不法的船员服务机构有机可乘,借助法律监管层面的漏洞侵害船员的合法权益,规避法律的制裁。当前我国船员服务机构法律监管体系存在的问题主要表现在以下两个方面:

### (一)船员服务机构资质审核法律监管存在缺陷

一是由于《船员服务管理规定》已经失效,因此我国目前并没有单独针对为境内船舶船员提供船员服务的机构的资质审核标准。

---

① 参见《2006 年海事劳工公约》标准 A1.4:"要求海员招募或安置或者为海员提供就业的费用或其他收费不得直接或间接、全部或部分地由该海员承担,海员取得国家法定体检证书、国家海员服务簿、护照或其他类似个人旅行证件的费用除外,但除外的费用不包括签证费,签证费应由船东负担。"

② 参见夏亮:《公私法互动影响下海员外派机构的法律定位——以上海自贸区负面清单为视角》,载《国际经济合作》2014 年第 8 期。

③ 参见蒋跃川:《关于我国现行船员劳动中介制度的思考》,载《当代法学》2001 年第 6 期。

④ See Cristina Dragomir & Utureanu Simona, *Seafarers' Employment Procedures in Crewing Companies*, "Ovidius " University Annals, Economic Sciences Series, Vol. 12:2, p. 209-212(2012).

⑤ 参见黎明杰、汪倩、王连海:《〈2006 年海事劳工公约〉的实施对我国自由海员的影响》,载《航海技术》2016 年第 2 期。

二是从实践角度看，存在不少船员服务机构通过挂靠满足法定资质的公司的方式规避资质审核，利用监管的漏洞进入船员劳务市场的情形。① 例如，(2020) 辽 0603 刑初 387 号陶某某、邱某某敲诈勒索一案中，被告人陶某某和邱某某通过大连某中介公司招聘船员，依托某某旅店无证照经营船员中介业务。② 同时，部分不具备资质的私营船员公司借助国有船员机构下属企业的身份，在国有独立船员服务机构需要时帮助其招募船员，从而赚取船员外派业务的利润。③

从船员服务机构资质审核法律监管体系自身来说，现行法律监管体系的监管范围规定相对僵化。就海员外派机构而言，由于对其的资质审核设定了较高的门槛，一些服务机构由于资金、人员等方面的不足，无法通过监管部门的资质审核，便挂靠大型服务机构，借助其合法资质进入船员劳务市场。部分大型船员服务机构在提供船员服务的同时，也为这些无法满足法定资质要求的船员服务机构提供进入船员劳务市场的便利并收取费用。面对船员服务机构尝试各种渠道逃避法律监管的行为，船员服务机构法律监管体系却未能及时针对实践中出现的通过挂靠等形式规避资质审核的情形进行调整，而仍适用已有的规则进行监管，对符合资质审核标准的挂靠机构以及为其他服务机构进入船员劳务市场提供便利的航运公司未进行有效审核，导致船员服务机构的资质监管逐渐形同虚设，不具有法定资质的船员服务机构借机进入船员劳务市场，侵害船员权益，扰乱了对船员服务机构的正常监管秩序。《船员条例》《海员外派管理规定》自出台以来也经历了数次修订，但仍以管理性的内容为主，相较于其他国家法律监管体系仍存在差距。例如，日本《船员就业保障法》第 47 条明确禁止船员服务机构将招募船员的工作转委托给第三人，在一定程度上阻断了不具备法定资质的船员服务机构通过转委托获取招募船员权利的渠道。同时，在第六章罚则中规定对违反船员职业介绍禁止性规定的人员判处监禁或罚金。

### （二）船员服务机构扣减船员工资的现象存在

虽然《劳动法》第 50 条，《劳动合同法》第 30 条、第 85 条及《船员条例》第 25 条第 1 款都明令禁止任何单位和个人克扣劳动者工资，但部分服务机构仍利用地位与信息不对称的优势克扣船员部分工资，甚至还有少数船员服务机构压榨船员工资，侵害船员的劳动权益。尤其是在船员外派领域中，有船员表示，基于禁止国外船东直接在中国境内招募中国籍船员的规定，船员服务系统的存在使得他们必

---

① 参见邱思萍：《试论涉外船员劳务派遣法律制度的完善》，载《河南科技大学学报（社会科学版）》2011 年第 5 期。

② 参见辽宁省丹东市振兴区人民法院刑事判决书，(2020) 辽 0603 刑初 387 号。

③ See Zhiwei Zhao, *The Human Resource of Chinese State Crewing Agencies with Special Reference to Labour Exort and the Experience of Chinese Seafarers* (ph. D. diss, University of Cardiff, 2011), p. 57.

须向服务机构支付更多费用,因而降低了他们的工资待遇。[①] 船员工资作为船员劳动力交换价值的重要体现,事关船员劳务市场秩序的稳定。但是就现有的船员服务机构监管手段和实效来看,其并没有契合广大船员工资权益保障的实质需求,船员服务机构剥削、压榨船员的违法现象未能得到应有的处置。

## 第二节　我国船员服务机构法律问题分析

为缩小我国同航运发达国家船员服务机构发展间的差距、推动船员劳务市场的发展,规范我国船员服务机构,结合美国、日本、菲律宾等其他海洋强国船员服务机构建设的相关法规及制度设计,剖析我国船员服务机构的相关法律问题。

### 一、规范我国船员服务机构的必要性

(一)缩小同其他国家船员服务机构间差距的必然要求

各国法律实践中同样广泛存在着船员服务机构,虽然在名称及特征上存在一定差异,如《2006年海事劳工公约》中,主要以船员招募与安置机构来统称船员服务机构,在日本等大陆法系国家和地区,"船员职业介绍所"类似于我国的船员服务机构。然而,即使在名称及作用方面十分接近,通过对比仍可以直观地发现我国与其他国家船员服务机构之间的巨大差距。

1. 域外船员服务机构发展阶段的先进性

在船员职业保障法、船员服务机构相关法律尚未发达之阶段,国家缺乏对船员求职困境的保护,营利职业介绍所乃演变成劳动者出卖劳力时从中间榨取剥削之寄生者。[②] 在此之后,以营利与否为主要特征,世界范围内船员职业介绍所的发展依次经历了垄断原则时期、缓冲原则时期、并存原则时期和开放原则时期,[③]在立法层面上分别对应《1920年海员安置公约》《1996年海员招募和安置公约》《2006年海事劳工公约》三部国际公约。在垄断原则时期,以《1920年海员安置公约》为代表,鉴于私营船员职业介绍所对船员剥削压榨的历史,主张由国家或船员工会设立船员服务机构,为船员提供免费的职业介绍服务。[④] 缓冲原则时期,《1996年海员招募和安置公约》总结了公益性船员职业介绍所垄断市场所带来的弊端,默许了

---

① See Bin Wu, *Chinese Seafarers in Transition: Trends and Evidence*, in Seafarers International Research Centre (SIRC), Cardiff University ed., Proceedings of the Seafarers International Research Centre's Fourth International Symposium, Cardiff University Press, 2005, p. 60.

② 参见黄越钦:《劳动法新论》,中国政法大学出版社2003年版,第405页。

③ 参见黄越钦:《劳动法新论》,中国政法大学出版社2003年版,第405页。

④ See Convention No. 9 Convention for Establishing Facilities for Finding Employment for Seamen. Art. 2, sec. 1&2.

设立私营海员招募与安置机构的合理性,[①]公营与私营的船员职业介绍所可以实现共存。《2006年海事劳工公约》吸收了《1920年海员安置公约》《1996年海员招募和安置公约》的经验,在认可公益性船员职业介绍所与私营船员职业介绍所可以并存的同时,规则1.4中明确要求各成员国确保所有船员都有享受免费职业介绍服务的机会。

世界航运强国的"招募与安置机构"或"船员职业介绍所"出现较早,大多经历了由私营转公营再到公益性与营利性船员服务并存的发展过程,通过数次改革,在理论体系及制度上处于一个相对成熟的状态。目前日本的船员职业介绍业务多由国家出资设立的公益性船员职业介绍所负责,日本《船员职业保障法》虽然并未完全禁止私营机构涉足船员职业介绍领域,但私营船员职业介绍机构同样必须是公益性质的,同时还必须经过国土交通大臣的批准方可设立。日本早于1978年便在原财团法人日本船员福利协会的基础上设立了公益财团法人日本船员雇佣促进中心,为船员通过互联网查询在船员就业稳定服务柜台注册的各地区运输局及许可从事船员职业介绍组织发布的招聘信息提供便利。[②] 在韩国,在政府和受《海员法》规范的海员管理服务提供者的指导和监督下,由政府预算运营的海员福利与就业中心和在《船舶法》规定的船舶管理业务机构注册了的船员职业介绍所负责船员的就业介绍。[③] 新加坡作为海员雇用的中心,目前运行的注册和招募制度是在1958年《海员注册局条例》基础上通过的新《海员注册局条例》。根据该法令设立的海员登记委员会必须建立并保持足以满足需求和提供就业连续性的海员登记册,监督并确保船员在选择雇主和船舶方面具有合理的自由。[④] 同时,新加坡2014年颁布的《商船(海事劳工公约)(海员招募和安置服务)条例》第12条第1项明确要求海员招募和安置服务机构应制定程序以确保船员不受招募和安置处或特定公司、船舶的剥削。[⑤] 总的来说,无论是船员职业介绍所公益与营利并存的性质还是船员职业介绍所的监督制度,日本、新加坡等世界海运强国的船员服务机构都达到了一个比较完善的状态。

2. 我国船员服务机构发展阶段的滞后性

我国船员服务机构虽然产生时间较早,但严格来说并未完整经历船员服务机

---

① 参见夏亮:《公私法互动影响下海员外派机构的法律定位——以上海自贸区负面清单为视角》,载《国际经济合作》2014年第8期。

② 参见松澤芳春「船員の雇用促進及び技能向上の取組み-日本船員雇用促進センターの事業」日本マリンエンジニアリング学会誌52巻6号(2017年)747頁以下。

③ See Ho-Hyun JIN, *A Study on The Legal Status and Improvement of The Shipowner and Seafarers Management Company on The Seafarers Act*, Journal of Fisheries and Marine Sciences Education, Vol. 31:5, p. 1482-1492(2019).

④ See Enrico Argiroffo, *Recruitment of Seamen in Asia*, International labour Review, Vol. 95:3, p. 145-165(1967).

⑤ See Merchant Shipping(Maritime Labour Convention) Act. 12(2014).

构发展过程中“垄断原则时期——缓冲原则时期——并存原则和开放原则时期”的变革。我国船员服务机构长期以来主要呈现为营利性质，国内法律法规对船员权益保障不够完善，加上船员维权意识的普遍缺失，导致船员服务机构法律监管相对缺失。国家设立的公益性船员服务机构的出现，标志着我国船员服务机构实现了向“并存原则和开放原则时期”的跨越。然而，从船员服务机构的性质、法律监管和对船员权益的保障等层面来看，我国船员服务机构目前所处的是并存原则时期和开放原则时期的初级阶段。我国在批准加入《2006 年海事劳工公约》之后，现行的船员服务机构在理论与实践层面并未实现与《2006 年海事劳工公约》相关规定的有效对接，船员劳务市场中侵犯船员权益的服务机构也未得到有效的遏制，虽然《船员条例》《海员外派管理规定》等现有法规中规范船员服务机构的相关规定对监管船员服务机构发挥了一定的效果，但无法涵盖实践中可能出现的所有船员服务机构法律问题。我国船员服务机构法律监管体系相较于新加坡、日本、菲律宾等船员招募与安置机构法律规范相对完善的国家存在滞后性，缺乏针对性和足够的威慑力，也影响了船员劳务市场转型升级的速度。

法律监管体系构建及船员权益保障层面的滞后性所带来的诸多不足，也加剧了船员与船员服务机构之间的不信任，甚至演化为激烈的矛盾冲突。从国际角度来看，在全球航运人才竞争日趋激烈的大背景下，我国船员服务机构不具备同国外船员服务机构竞争的优势，甚至因费用收取不规范而在国内船员劳务市场中逐渐被船员排斥。以船员外派为例，据部分学者的调查研究，有超过 70% 的受访船员表示赞成外国公司或其在中国的代表直接进行招聘，国内现行的船员服务机构系统向船员收取佣金的行为，限制了他们的职业发展和与外国公司的关系建设。①

可见，若不及时解决目前我国船员服务机构存在的法律问题，船员服务机构的局限性将阻碍我国船员劳务市场的优化与发展，难以应对日趋激烈的国际化竞争和海洋强国战略推进所带来的挑战。世界范围内各航运强国的船员服务机构立法及制度也是经历了数个发展阶段才达到相对成熟和完善的程度，我国船员服务机构的发展与改革可以借鉴各海运强国的经验，积极规范和完善我国船员服务机构存在的法律问题。

### （二）推动船员劳务市场发展的必然要求

自我国船员劳务市场出现以来，船员代理机构经过长期发展逐步成为船员就业的主要渠道，②船员服务机构作为船员劳务市场中的一个重要组织机构，在为船

---

① See Bin Wu, Kee-hung Lai & T. C. Edwin Cheng, *Emergence of "New Professionalism" among Chinese Seafarers: Empirical Evidence and Policy Implications*, Maritime Policy & Management, Vol. 33:1, p. 35-48(2006).

② See Bin Wu, Guanbao Shen & Ling Li, *The Transformation of the Chinese Labour Market for Seafarers*, Cardiff University Press, 2007, p. 26.

员提供工作信息、促进船员劳动力在航运公司及市场中的高效流转方面发挥着不可替代的作用。

1. 满足船员寻找上船工作机会的需求

从船员利益的角度来看，进一步规范我国的船员服务机构能够为船员提供更好的服务和便利，满足广大船员特别是自由船员寻找上船工作机会、获取更高收入的需求。随着海事局简化了合格船员登记为自由船员的相应程序，①越来越多的船员为了增加收入和在船上工作的机会，离开原本的航运公司成为自由船员。在自由船员越来越多的情况下，船员服务机构的重要性越发凸显。对于自由船员而言，其不像国有企业的船员或船员服务机构自有船员一般具有固定的用人单位。在自行寻找上船工作机会的过程中，自由船员作为单独的个体在船员劳务市场中获取的信息十分有限，需要专业的组织机构来提供更为全面、详细的市场信息以寻求合适的工作机会，特别是寻求在国外船舶上工作的机会。

船员服务机构作为船员和船东之间的纽带，掌握着船员和船东双方丰富的信息，尽管由于部分船员服务机构欺诈、剥削船员而导致其在船员群体中名声不佳，但其在满足自由船员寻找上船工作机会需求方面的作用毋庸置疑。因此，有必要在进一步规范我国船员服务机构的基础上，促进船员服务机构作用最大化，实现船员利益与自身发展的双赢。

2. 满足船员劳务市场对劳动力高效流转的需求

从船员劳务市场发展的角度来看，规范船员服务机构是促进船员劳动力资源高效流转的必然要求。随着 20 世纪 90 年代国家经济及航运公司的改革以及《劳动法》的出台，中国船员从传统的终身雇佣状态中“解放”出来，变得更加灵活，正是在此基础上建立了数百个船员服务机构来分配劳动力资源，以满足船公司的需求。②

目前除了船员服务机构之外，船员劳务市场中并未建立起其他高效的招募船员的信息机构或平台，我国船员工会也并不具备完善的就业介绍功能，在职能范围上更偏向于行政管理。同时也不存在类似于菲律宾黎刹公园劳动力市场③的自发性船员劳动力自由交流市场。众多航运公司缺乏获取符合要求的船员信息渠道，无法与船员进行更多沟通交流以建立劳动关系。随着船员劳动力市场化程度不断提高，越来越多的航运公司或船员公司基于成本以及灵活用工等多方面的考虑，开始倾向于招募自由船员。因此，必须重视船员服务机构在船员劳动力的流通和船

---

① See Bin Wu, Kee-hung Lai & T. C. Edwin Cheng, *Emergence of "new professionalism" among Chinese seafarers: empirical evidence and policy implications*, Maritime Policy & Management, Vol. 33:1, p. 35-48(2006).

② See Zhiwei Zhao, Jørgen Riis Jepsen & Lijun Tang, *The Reform of Chinese State-owned Ship Crewing Agencies and Implications for China's Seafaring Labour Export*, Maritime Policy & Management, Vol. 43:6, p. 737-747(2016).

③ See Maragtas S. V. Amante, *Philippine Global Seafarers: A Profile*, Cardiff University Press, 2003, p. 56.

员劳动力资源分配中发挥的重要作用,[①]通过立法、执法等多个层面进一步规范我国船员服务机构的建设与发展,推动船员劳动力的高效流转,促进船员劳务市场的繁荣发展。

总而言之,无论是为了推动船员服务机构的发展,还是满足实践中国际竞争与国家战略对船员的需求,都有必要深入分析我国船员服务机构现存法律问题,从根源上探寻船员服务机构法律问题产生的本质原因,从而为推动我国船员服务机构向中高级阶段发展,缩小同航运发达国家船员职业介绍所之间的差距,更好地推动船员劳务市场向好发展提供强大助力。

## 二、我国船员服务机构法律问题的原因分析

### (一)船员服务机构隐蔽性雇佣的原因分析

随着改革开放之后航运业的变革与发展,我国已经逐渐成为全球船员人数最多的国家。广大船员对寻找上船工作机会需求的剧增以及船员服务业务可观的报酬催生了大量的船员服务机构,导致我国船员劳务市场良莠不齐,侵犯船员合法权益的情况频发。从我国船员服务机构发展的历程来看,造成我国船员服务机构成为隐形雇主的原因可以分为以下两个层面:

1. 船员服务机构缺乏自我约束力

从船员服务机构满足自身利益的这一动机来看,让渡船员劳动力的利润对船员服务机构无疑具有极大的吸引力,促使船员服务机构利用其信息优势变换其应然法律地位,在突破民事主体地位的同时规避成为实际用人单位所需要承担的法律责任。相比有限的服务费用,船员服务机构直接借助在信息获取和实际地位上的优势形成对船员劳动力的隐形支配,能够通过让渡船员劳动力获取可观的利润差价。就性质而言,我国的船员服务机构大多为营利法人,攫取利润乃企业之“天性”。即使是目前禁止设立营利性船员服务机构的国家,其船员服务机构发展历程中也多经历了漫长的营利阶段,从各国劳动法中有关就业服务相关内容的发展与完善中可见一斑。在工商业发达以后,营利职业介绍所于是变成劳动者出卖劳动力时从中间榨取利益的“寄生者”,直至20世纪初美国波士顿慈善家怜悯劳动者无业及失业之苦,于1908年创设职业局,[②]方出现公益性质的服务机构。《1920年海员安置公约》出台之后,营利性的船员职业介绍所才受到国际公约的限制。可见,在此之前,船员服务机构也多为船员劳动力带来的利润所吸引,不惜通过变换法律

---

① See Yi-wen Xia, Tian-ming DING & Wan-zheng AI, *Analysis and Countermeasure of Management Status of Chinese Seafarer Intermediary Company*, in E. Macioszek, S. Balakrishnan & A. Mathews eds., 2019 International Conference on Modeling, Analysis, Simulation Technologies and Applications (MASTA 2019), Atlantis Press, 2019, p. 424.

② 参见黄越钦:《劳动法新论》,中国政法大学出版社2003年版,第405页。

地位等途径来赚取差价。

2. 监管力度不足

对船员服务机构在民事主体与隐形雇主之间反复游走缺乏有力的监督和制约，致使船员服务机构肆意突破传统服务的地位变相控制船员劳动力，而不用承担相应的法律责任。在境内船员劳务输出和船员外派两个领域中，船员服务机构借助不同的合同性质游走于民事主体与用人单位之间，投机取巧侵害船员合法劳动权益的案件一直存在。在实践中，部分航运公司在办理船员手续时以为船员已经与船员服务机构建立了劳动关系，因此不再与船员签订相应的劳动合同，或者明知船员服务机构未与船员签订劳动合同，但利用船员自身对船员服务协议等合同的性质缺乏足够认知规避劳动法律责任，最终出现船员服务机构与航运公司均未与船员签订劳动合同的情形，导致船员的劳动权益难以得到保障。

船员服务机构攫取利润的动机，以及对船员服务机构的监管力度不足，共同导致了船员服务机构应然法律地位与实然法律地位的偏差。船员服务机构并非船员劳动力的所有者，也不以使用船员劳动力为目的，却借助自身的信息及地位优势成为劳动力交换关系构建过程中的主体并赚取劳动力差价，变相成为船员的隐形雇主，这同设立船员服务机构的初衷背道而驰，与维护船员及航运公司合法权益的立法目的也不相符合。因此，需要采取相应的措施规范船员服务机构在应然与实然法律地位上的不一致，避免其成为隐形雇主从而变相占有船员劳动力。

（二）国内外船员服务机构发展阶段和现实需求存在差异

自批准加入《2006 年海事劳工公约》以来，我国对其中涉及船员权益保障以及船员服务机构的相关内容尚未完全进行国内法的转化与适用，除了船员职业比普通陆上职业缺乏进入公众视野的机会、船员服务机构难以得到社会各界的关注之外，更深层次的原因在于我国船员服务机构发展过程与国外存在差异，短时间内无法填补差距，导致在国内法转化及适用层面难以有效落实。

1. 我国营利性船员服务机构存在的合理性

从性质上看，我国船员服务机构以营利性船员服务机构为主，仅存在数量较少的公益性船员服务机构。《船员条例》第 37 条也赋予了船员服务机构在公布收费标准的情形下收取费用的权利。由此可见，在我国船员服务机构法律体系中，船员服务机构有权利依据我国法律的相关规定收取服务费用。同时，对劳动有偿服务行为的认可符合企业逐利的天性，与市场经济的发展规律相契合。在缺乏过渡的情况下强行变更船员服务机构的营利性质，难免会对船员劳务市场的正常运行带来较大的影响，最终与公益性船员服务机构建设的初衷相悖。① 虽然船员服务机

① 参见夏亮：《公私法互动影响下海员外派机构的法律定位——以上海自贸区负面清单为视角》，载《国际经济合作》2014 年第 8 期。

构与部分船员之间产生的争议对船员劳务市场的稳定产生了一定的不利影响，但从总体来说，众多营利性船员服务机构的存在符合我国船员劳务市场发展和船员劳动力流转的需求，尤其是自由船员劳动力的流转需求。服务机构作为劳务市场中的重要主体，也有必要保障其获得合法的利益。在实践层面，我国也建立了一些公益性质的船员服务机构，如中国船员招募中心，但船员服务机构更多以营利性质的形态而存在。这也从侧面反映了我国船员劳务市场发展的现状，无法在短时间内摆脱对营利性船员服务机构的依赖。我国船员服务机构也正处在转型阶段，由于船员劳动力流转所带来的巨额利润以及船员维权意识缺乏等原因，使得船员服务机构的转型升级进展得十分缓慢。仅依靠船员服务机构自主转型升级无法契合《2006年海事劳工公约》对船员服务机构的相关要求，难以应对日益激烈的国际化竞争。强制实行公益性船员服务机构制度则会给船员服务机构带来巨大的波动，不利于船员劳务市场的持续稳定发展，因而陷入了自主缓慢转型的"怪圈"。

总之，我国目前更倾向于保留营利性质的船员服务机构，虽然近些年来围绕公益性船员服务机构的呼声越来越多，但船员劳务市场中仍是营利性船员服务机构占据主导地位。

2. 国内外公益性船员服务机构发展存异的原因

在船员服务机构公益性与营利性的问题上，我国船员服务机构的立法与国际公约以及欧美等国的体系存在较大不同，与菲律宾存在较多相似之处。菲律宾船员数量占全球船员的1/4，许多菲律宾船员依靠服务机构寻找工作机会，①船员劳务输出作为海外菲律宾工人(Overseas Filipino Worker, OFW)经济的重要组成部分，②对发展本国经济、解决就业问题具有不可替代的作用。因此，菲律宾更加注重船员服务机构在提供船员就业机会、船员劳务输出方面的作用，而相对忽略了其公益性与营利性方面的问题。菲律宾在2016年修订的《POEA关于海员招聘和雇用的规则和条例》第一部分的第1条中承认了私营部门参与为国家发展目标服务的菲律宾海员的招聘和安置，希望在私营部门的积极参与下，寻求有利于海外就业计划的环境，并在第二部分专设第1条规定私营部门参与海外就业计划，③从而最大程度地创造就业机会。

在海事国际公约中，船员职业介绍所由私营到公营垄断，最后转变为目前私营和公营并存的格局，美国、英国等国家船员服务机构也大部分经历了"营利——公益——公益为主，营利并存"的发展阶段，完成了性质上的转型升级，其船员服务机

---

① See Shaun Ruggunan, *Manufacturing Insecurity: Post Fordism and the Global Labour Market for Seafarers in the Merchant Navy*, Man In India, Vol. 94:3, p. 521-537(2014).

② See Maragtas S. V. Amante, *Philippine Global Seafarers: A Profile*, Cardiff University Press, 2003, p. 5.

③ See 2016 Revised Poea Rules and Regulations Governing the Recruitment and Employment of Seafarers, Part Ⅰ & Part Ⅱ.

构法律理论以及相应的社会保障相对成熟,船员具有强烈的维权意识,由政府在促进船员就业、保障航运稳定方面提供完善的服务、承担更重的责任。同时,由于欧美等国航运从业人员的日渐减少,在以本国船员为主的情况下仍需要招募外籍船员作为补充,更需要保障船员劳务市场的健康与稳定。由政府或社会团体法人设立的公益性船员职业介绍所在一定程度上能够避免服务费用可能带来的民事纠纷,其性质也使其更注重船员权益的保护,更能获得船员的信任与尊重。相比之下,私营船员职业介绍所丧失了其原有的优势地位和吸引力,随着船员劳务市场的发展或转型或淘汰,最终呈现为以公益性船员职业介绍所为主流的情形。我国和菲律宾与欧美国家的情况不同,更注重船员服务机构在提供船员就业机会、船员劳务输出方面的作用,依靠有限的公益性船员服务机构无法满足目前数量庞大的船员群体在就业服务上的需求。船员服务机构的建设处于较为初级的阶段,理论层面缺乏一套完整的、能形成广泛共识的公益性船员服务机构法律理论体系,实践层面也缺乏有效的制度和监管体系以保障公益性船员服务机构的落实,无法与国际公约中公益性船员服务机构的相应制度形成对接,导致我国无法及时对《2006 年海事劳工公约》进行国内法转化,陷于“批准了《2006 年海事劳工公约》却不能完全执行”的瓶颈。

## 第三节　完善我国船员服务机构法律制度的路径指引

在对我国船员服务机构法律问题进行深入分析的基础上,借鉴和学习国外船员服务机构发展的优秀经验,努力解决我国船员服务机构中存在的法律问题。

### 一、加强多方主体对隐蔽性雇佣的监督

由于船员服务机构突破民事主体法律地位、占有并控制船员劳动力的行为具有一定的隐蔽性,加之让渡劳动力能获取利润的吸引力,需要多方主体对隐蔽性雇佣行为开展联合监督,共同实现对船员权益的保障。

首先,建议以海事管理机构为核心,发挥海员工会、社会伙伴(social partners)①的监督作用。海事管理机构在日常监管过程中应加强对船员服务机构是否存在隐蔽性雇佣的注意和调查。并且,这里的社会伙伴主要包括第三方机构以及部分社会公益组织。我国海事管理机构承担了较多的行政及监管职责,发挥海员工会及船员公益组织对船员服务机构隐蔽性雇佣的监督,能够在一定程度上减轻海事管理机构监管的压力。此外,相对海事管理机构,海员工会及部分社会伙伴更贴近船

① See Eurofound, *Regulation of Labour Market Intermediaries and the Role of Social Partners in Preventing Trafficking of Labour*, Publications Office of European Union, 2016, p. 5.

员群体,在发现隐蔽让渡劳动力的行为时具有一定的优势。

其次,可以考虑由船员工会、社会伙伴为船员服务机构突破民事主体地位、占有并让渡船员劳动力、剥削劳动力的行为制定清晰、通俗易懂的定义,并在船员群体中间开展广泛宣传,使船员能够知晓这一行为的存在、本质和对自身劳动权益的侵害。船员在通过船员服务机构寻求上船工作机会的过程中,若发现服务机构存在隐蔽性雇佣的行为,也可以及时向海事管理机构、海员工会等组织举报,后者应当及时介入,就船员服务机构是否存在隐蔽性雇佣行为开展调查,维护船员的合法权益。

## 二、健全船员服务机构的收费制度

我国既然已经批准加入《2006 年海事劳工公约》,则应当针对《2006 年海事劳工公约》所规定的一系列内容,根据我国的国情进行国内法转化,以契合《2006 年海事劳工公约》的相应规定。批准加入《2006 年海事劳工公约》的目的之一正是希望通过适用公约中的部分规则对我国船员服务机构进行清理和整顿,清除船员劳务市场中普遍存在的层层盘剥现象。保障船员享有免费的职业介绍服务,是中国加入《2006 年海事劳工公约》所应履行的公约义务。[①] 对此,我国应在《船员条例》及今后的船员有关立法中禁止船员服务机构因仅仅提供就业机会而向船员收取费用,尽快履行公约规定的义务。

为了确保法律得到落实,强化对船员服务机构违法向船员收取费用行为的威慑力,还需明确对该类违法行为的行政处罚,设定相应的法律责任。对此可以借鉴域外有益经验。为了禁止船员服务机构和个人向船员收取佣金和防止中间剥削,美国《商船船员保护和救济法》第 10314 条(b)款规定对以介绍上船工作机会为由向船员收取费用的船员服务机构或个人处以 500 美元以内的罚款。这也是美国船员法中的一项基本原则。[②]

## 三、逐步扩大公益性船员服务机构的改造与建设

在船员服务机构公益性与营利性的选择方面,显而易见,私营性服务机构过度扩散易加剧船员劳务市场上的乱象,不利于船员权益的保障。虽然日本的《船员职业保障法》"原则上禁止政府以外的人进行船员职业介绍"在保障船员权益方面具有积极意义,但日本也面临着国内船员严重不足的危险,故计划通过建立求职信息

---

① 参见宋淑华:《船员外派机构法律性质及其在自贸区背景下的新变化》,载《中国海商法研究》2014 年第 1 期。

② See Robert Foree & Martin J Norris, *The Law of Seamen*, 5th Edition, Thomson West, 2003, p. 5-127.

数据库等电子系统提高船员服务机构的效率。① 因此,在防止私营船员服务机构过度扩散的基础上,允许公益性与营利性船员服务机构并存较为适宜,也较符合当下我国的国情。

在公益性船员服务机构建设方面,我国需要借鉴美国、日本、波兰等国的有益经验,加快推进公益性船员服务机构建设,可以考虑对满足一定法定条件的船员工会或船员服务协会授予服务机构的资质,将船员服务机构的职能转由我国的船员工会或给予公益补贴的船员服务协会行使,由船员参加并代表广大船员利益的公益性船员组织为船员提供免费的职业介绍服务,将其与营利性船员服务机构并存。②《就业促进法》第36条对公益性职业中介机构给予补贴的规定为船员服务协会的成立提供了良好的条件,在此基础上可以考虑以省为单位建立船员服务协会,联合船员工会为船员提供免费的职业介绍服务,形成全新的船员服务体系。③克罗地亚船舶配员协会就是一个由船员和管理机构组成,负责解决克罗地亚的海员就业问题及促进海上职业发展,并在克罗地亚海员和雇主之间建立良好联系的非营利性组织。④ 因此,可以选择部分东部沿海城市作为试点,成立由船员工会和船员服务协会组成的公益性船员职业介绍所,充分发挥各省市船员工会和船员行业各社会团体法人的作用,为我国公益性船员职业介绍所建设积累经验。也可以通过政府购买社会服务的形式进行船员职业介绍,现在很多非营利性的社会组织,他们有完整的组织架构与服务体系和能力,可以通过招标的形式进行船员中介服务的选择。

与之相应,我国应修订现有的《船员条例》等法规,明确公益性船员服务机构的定义及权利义务,并不断根据公益性船员服务机构在我国的实际建设情况对相关条款进行修改,为将来"船员法"出台时公益性船员服务机构条文的制定提供理论与实践的经验。

## 四、构建完善的船员服务机构监管体系

### (一)完善船员服务机构资质审查范围和法律标准

随着船员劳动力流动的加快,船员就业市场对船员服务机构的需求越来越高,海事管理部门需要进一步加强对船员服务机构资质和日常业务活动的监督管理,

---

① 参见澤喜司郎「次世代内航海運ビジョンと船員問題」山口經濟學雜誌第51卷第3号(2003年)289頁。

② 参见张敏、王昊:《国际人权法视野下的中国海员劳动权保护研究》,载《中国海洋大学学报(社会科学版)》2018年第6期。

③ 参见毛洪鑫:《海事劳工履约的难点分析及对策》,载《中国海事》2013年第7期。

④ See Crosma-Croatian Ship Manning Association, Crosma(Aug. 28, 2022), https://www.crosma.hr/en/.

正确引导船员服务行业的发展。[①] 对此，完善船员服务机构资质审查范围和法律标准、构建更为完善的船员服务机构法律监管体系是当务之急。

我国有必要学习其他国家的有益经验，对船员服务机构资质审核法律监管体系进行积极地调整，除制定为境内船舶船员提供服务的船员服务机构的资质审核标准外，还需对《海员外派管理规定》等现行法律法规中涉及船员服务机构资质的内容做进一步的细化，丰富船员服务机构资质审查的法律监管内容，明确将通过挂靠等形式逃避资质审核的行为纳入法律监管和规制的范围。在新加坡船员法律法规中，所有计划为船员或船东提供招募和安置服务的公司，须从新加坡人力部获得职业介绍所的执照，同时还需要从新加坡海事和港务局的海事主管处获得批准书。[②] 建议在针对船员服务机构资质审查范围问题上借鉴新加坡的经验，适度扩大资质审查对象的范围，对申请船员服务机构资质审查组织的子公司一同进行审查监管，对审查前和审查后存在挂靠关系的组织也列入审查监管的范围，并由海事行政部门对船员服务机构及其下属子公司、挂靠公司进行不定期的抽查。

此外，也需要研究我国目前的资质审核标准是否契合我国航运业发展的需要。船员服务机构侵害船员权益的乱象，是由船员服务机构资质审查监管不够完善和资质审查标准不契合船员劳务市场发展的需求共同导致的。随着改革开放以来，航运公司的改革以及船员劳务市场化程度的提高，越来越多的船员基于工作时间及收入的考虑向自由职业转变，自由船员的人数直线增长，[③]对船员服务机构的需求度也急剧上升，促使更多船员服务机构通过各种渠道进入船员劳务市场攫取巨额利润。同时，我国目前符合资质要求的船员服务机构远远无法满足自由船员对服务的需求，使得部分无法获得正规船员服务的自由船员只能寻求其他途径寻找上船工作的机会，这在一定程度上也给未经法定资质审核监管的船员服务机构提供了机会。因此，面对这种供给矛盾，应当考虑调整现行法律法规对船员服务机构设定的资质审核监管标准，以满足船员和船员劳务市场发展的需要。对此，建议通过电话、邮件、网络留言等方式收集船员服务机构及船员对船员服务机构法律审核监管标准的意见，调整监管标准以满足实践发展的需要。

### （二）构建船员服务机构信息公开与失信惩戒制度

船员服务机构掌握着船员与航运公司双方的信息，虽然《船员条例》《海员外派管理规定》等法律法规均要求船员服务机构恪守诚实信用原则，不得侵害船员的合法权益，但面对船员劳务市场中船员服务机构频频利用信息优势侵害船员权益的现象，确有必要及时构建船员服务机构信息公开制度与失信惩戒制度。

---

① 参见陈海山：《谈我国船员权益的保障》，载《中国海事》2016 年第 12 期。

② 参见新加坡海事和港务局（MPA）商船通函 2012 年第 16 号。

③ 参见张丽英：《从船员雇用方式的变化谈〈中华人民共和国海商法〉有关船员规定的修改》，载《中国海商法年刊》2011 年第 3 期。

一方面，可以在《船员条例》《海员外派管理规定》等法律法规中对要求船员服务机构诚实守信的条款进一步细化，要求船员服务机构对所获取的信息进行分类，将船员知情权范围内涉及船员自身权益保护等内容的事项在互联网平台上予以公开。海事管理机构可以协同船员工会对船员服务机构的信息公开实行监管，要求其在法律允许的范围内，不定期对船员服务机构自身商业运行机密等事项以外的公开信息进行核实查验，对隐瞒信息侵害船员权益的行为依照现行法规予以处罚。可通过建立信息明确、统一的船员招募电子网络市场来予以进一步规范。[①] 另一方面，可以参照上海自贸试验区“船员服务机构负面清单制度”，构建以船员服务机构为主体的失信惩戒制度，将禁止船员服务机构参加或实施的行为列明。通过制订船员和船员服务机构信用级差管理办法，建立“船员服务机构失信黑名单”制度，实行差别化管理。对严格遵守法律法规并积极保障船员权益的船员服务机构，可以考虑授予荣誉称号，给予一定税收优惠并向社会公示。对“黑名单”上的船员服务机构，严格对其实施监督检查。[②] 对恶意收费、克扣船员工资、欺诈船员权益的船员服务机构，还可以根据违规次数和程度给予不同等级的行政处罚。

## 本章小结

我国船员服务机构的建设并不完善，在缓慢转型发展的过程中显露出越来越多的法律问题，包括船员服务机构可能成为隐形雇主、船员服务机构建设未能对接公约的要求、对其的监管体系不完善等。目前，我国已经批准加入《2006 年海事劳工公约》，必须尽快促进船员服务机构与国际标准的接轨，有步骤地解决我国船员服务机构存在的法律问题，保障我国船员的合法权益。需要加强海事管理机构、海员工会、社会伙伴等多方主体对隐蔽性雇佣的监督，健全船员服务机构的收费制度，逐步扩大公益性船员服务机构的改造与建设，完善船员服务机构资质审查范围和法律标准，构建船员服务机构信息公开与失信惩戒制度。

---

① 参见王勇、张晓东：《〈2006 年海事劳工公约〉履约对策分析》，载《中国海事》2009 年第 8 期。

② 参见刘凤鸣、魏媗：《谈船员服务机构的海事日常监管》，载《中国海事》2012 年第 10 期。

# 第五章　船员用工法律关系性质研究

法律关系是法学中最基本、最关键的研究内容之一，不仅代表了法律效力及法律作用的具体化、实效化，而且是守法、执法等得以成立，并与司法有着异曲同工之效的根本所在。[①] 正如我国学者所言：法书万卷，头绪纷繁，莫可究诘，然一言以蔽之，其所研究或所规定者，不外法律关系而已。[②] 船员劳动权益保障，需先厘清船员就业市场中各类复杂多样的法律关系，以为后续具体问题的研究奠定充分的基础。

## 第一节　船员为境内船东提供劳动的法律关系

船员为境内船东[③]提供劳动的形式较为复杂多样，主要包括以下几种类型：(1)船员直接受雇于境内船东；(2)船员经服务机构介绍受雇于境内船东；(3)船员经劳务派遣机构劳务派遣受雇于境内船东；(4)航运公司或其他单位自有船员经服务机构派遣后上船；(5)船员经多重派遣后上船。

### 一、船员直接受雇于境内船东

在该种船员用工模式下，船员直接受雇于境内船东包括两种情形：一是船员受聘成为境内船东的自有职工，二是境内船东从社会上雇佣自由船员为其提供劳务。第一种以中国远洋海运

---

① 参见章戎编著：《法理学原论》，云南大学出版社 2007 年版，第 136 页。

② 参见梁慧星：《民法总论》，法律出版社 1996 年版，第 47 页。

③ 实践中经常存在船舶管理公司受船东委托代理，代表船东与船员或船员服务机构签订各类合同的情况。此时各方主体间的法律关系还包括船舶管理公司与船东成立的委托代理关系、船舶管理公司与船员服务机构成立的（涉外）民事法律关系等。为使表述简洁方便，本章正文中省略对此类情形的讨论。

集团有限公司等规模较大、运营较为正规的航运国有企业或有一定规模、比较正规的私企为代表,船员为航运企业的自有船员,双方间成立劳动合同关系,船员与公司之间存在隶属关系。船员需服从公司的安排和管理,人事档案由公司统一管理,换证及上船由公司负责安排,社会保险及福利待遇齐全完备。第二种情形下的船员即自由船员,亦称社会船员,大多为航运企业提供短期劳务,换证等事宜由船员本人联系和处理,灵活性和自由度较大。自由船员与船公司之间在形式上成立劳务合同关系。根据《2006年海事劳工公约》规则2.1,船东或船东代表应与在其船舶上工作的海员签订海员就业协议(上船协议),而公约同时适用于中国籍国际航行船舶和国内沿海航行船舶及其上的船员,故若船员于境内海船上工作,船东也应与其签订一份上船协议。根据该公约,上船协议的内容应涵盖海员的工资、带薪年假、健康津贴和社会保障保护津贴、遣返权、集体谈判协议等内容。我国《海员船上工作和生活条件管理办法》对上船协议的内容也作了较为详细的规定,第45条规定上船协议应至少包括海员工资、带薪休假、社会保险、遣返、集体合同等内容。由此可见,上船协议的内容与《劳动合同法》第17条规定的必备条款十分相似,故而业界通常认为,如果船员与用人单位之间未签订书面劳动合同,则上船协议可直接视作劳动合同,[①]双方间成立劳动合同关系。此外,实践中若船员于航期较短的沿海船舶上工作,其与船东间劳动关系的认定存在一定困难。例如,在"缪某某与安徽宁申船务(集团)有限公司劳动争议"一案中,缪某某于2018年1月26日在南通登上宁申公司的"宁申海油9"轮任职大副,2018年3月16日在湛江离船。法院认为因其在向宁申公司提供劳务之前的半年内,分别在隶属不同公司的油轮上提供劳务,在为宁申公司提供49天劳务后,又到其他公司的油轮上工作,难以认定缪某某与宁申公司之间有建立长期人身隶属关系的意思表示,故难以认定双方符合劳动关系的特征。[②] 然而,根据《劳动合同法》第15条,用人单位与劳动者可以订立以完成一定工作任务为期限的劳动合同,该规则可以适用于在沿海船舶上短期提供劳务的情形。我们认为,只要船员在船工作期间接受船东的监督和管理,与船东之间存在人身隶属和经济从属关系,具备成立劳动关系的实质特征,其提供劳务的时间长短不应成为判定劳动关系是否成立的关键要素。因此,我们认为自由船员与船公司等用人单位之间的关系,还是应该看其实质建立的法律关系,不应以外在表象来进行判断。如果其关系符合劳动关系的判断标准,那应该属于劳动关系,对与劳动者相关的必要劳动权益加以保护。

## 二、船员经服务机构介绍受雇于境内船东

由于船员就业市场信息不对称,船员直接联系到合适的船东并上船的难度较

---

① 参见张程:《我国船员就业合同及劳务派遣法律问题解析》,载《中国远洋海运》2021年第3期。

② 安徽省合肥市中级人民法院民事判决书,(2019)皖01民终5623号。

大，很多时候需要依靠船员服务机构提供的中介服务，为其介绍合适的船东。该种情况下船员与境内船东间的法律关系与前述情形一致，不同之处在于船员与服务机构之间的法律关系，这需要考察现行法律法规对船员服务机构开展境内船员服务的规定。2008 年公布、经 2013 年修正的《船员服务管理规定》第 17 条第 2 款规定船员服务机构提供船员服务时，应当签订船舶配员服务协议或者劳务派遣协议，并对船员服务机构的其他权利与义务作了较详细的规定。然而《船员服务管理规定》于 2019 年被交通运输部废止，现已失效，故当前关于船员服务机构为船员提供境内上船服务的行为，应适用《民法典》《劳动合同法》等法律规定中相应的内容。根据《民法典》第 961 条可知，中介服务（又称“居间服务”）指中介人有偿向委托人报告订立合同的机会或者提供订立合同的媒介服务，与此种船员就业情形中船员服务机构提供服务的内容较为吻合。船员中介服务机构也往往认定自己与船员的关系仅仅是提供中介而已，并不是建立劳动合同关系。如果不符合劳动关系的认定标准，宜认定船员服务机构为中介机构，为船员提供有偿的中介服务。

## 三、船员经劳务派遣机构受雇于境内船东

若用工主体为境内船东，且船员受聘为服务机构的自有船员，则此种用工模式即为劳务派遣用工形式。此时的船员服务机构即为劳务派遣机构。根据《劳动合同法》第 58 条、第 59 条第 1 款，《船员条例》第 35 条、第 60 条的规定，劳务派遣机构须先与船员间订立劳动合同，而后劳务派遣机构与境内船东签订劳务派遣协议并将船员派出。需要注意的是，从事船员劳务派遣业务的机构须满足《劳动合同法》第 57 条、《劳务派遣行政许可实施办法》第 6 条、第 7 条对经营劳务派遣业务的资质要求，否则船员服务机构不具备派遣资质。例如，在“吴某某与宏英船务管理有限公司船员劳务合同纠纷”一案中，法院经审查认为，高赢公司注册资本仅为人民币 100 万元，经营范围为海事技术咨询服务、海事劳务咨询服务，不满足法定的经行政许可且注册资本不少于 200 万元人民币的要求，故不具备法律规定的派遣资质。①

### （一）劳务派遣机构与境内船东之间的法律关系

劳务派遣机构与境内船东之间的劳务派遣协议及法律关系较为特殊。尽管劳务派遣协议是由平等的民事主体经自由协商而订立，但因《劳动合同法》已对劳务派遣协议作出了强制性规定，且该协议涉及劳动者权益保护的问题，故与普通的民事合同有差别，应受到劳动法律法规的限制，可以看作是兼具劳动合同与民事合同属性的一种特别合同。② 与之相应，劳务派遣机构与境内船东间的法律关系并非

---

① 参见大连海事法院民事判决书，(2014)大海商初字第 342 号。

② 参见林嘉主编：《劳动合同法热点问题讲座》，中国法制出版社 2007 年版，第 229 页。

仅基于劳动力租赁而形成的民事合同关系,[①]而宜视作受劳动法强制性规范制约的、涉及船员权益的劳务派遣协议关系。

(二)船员与劳务派遣机构及境内船东之间的法律关系

对于劳务派遣三方主体间的法律关系,学界中主要存在一重劳动关系说和双重劳动关系说两种观点,前者认为劳务派遣三方主体之间仅存在一个劳动关系于派遣劳工与派遣机构之间,后者认为劳务派遣中存在两个劳动关系,即派遣劳动者与派遣机构及用工单位间均存在劳动关系,派遣单位与用工单位构成共同雇主。[②]有学者认为,我国《劳动合同法》第 58 条"劳务派遣单位是本法所称用人单位,应当履行用人单位对劳动者的义务"的规定,基本采纳了一重劳动关系说,同时在雇主责任设置上,我国立法一定程度上吸纳了双重劳动关系说,主要体现在《劳动合同法》第 92 条第 2 款劳务派遣单位与用工单位承担连带赔偿责任的规定上。[③] 但也有不少学者主张双重劳动关系说,不过在具体观点上存在些许差别。有学者认为,尽管《劳动合同法》第 58 条明确了派遣机构为用人单位,但并未否定用工单位与劳动者间存在劳动关系的可能性。由于用工单位需依据《劳动合同法》第 62 条、第 92 条承担部分作为劳动关系当事人的责任、连带责任,依据《民法典》第 1191 条承担雇主替代责任,且依据《劳动争议调解仲裁法》第 22 条,若发生劳动争议,派遣单位与用工单位为共同当事人,因此我国实质采用"双重劳动关系说",用工单位应被认定为共同雇主。[④] 董保华教授认为,除派遣劳工与派遣机构间成立劳动关系外,其作为主体资格有瑕疵的劳动者,与用工单位间存在"特殊劳动关系",此处的瑕疵指派遣劳工已与另一用人单位成立劳动合同关系,或不完全符合订立劳动合同的法定主体资格。此种用工模式下,派遣机构与用工单位各为半个劳动关系主体,为共同雇主。[⑤]

我们认为,劳务派遣中存在双重劳动关系,因法律并不禁止派遣劳动者与另一雇主成立另一个劳动关系。并且,由于该种双重劳动关系中劳动者虽然分别受用人单位和用工单位的管理,却仅履行一份劳动任务、获得一份工资报酬、缴纳一份社会保险,用人单位和用工单位各承担一部分劳动法及劳动合同中的义务,共同构成一个完整劳动关系中的权利和义务,因此该双重劳动关系不同于普通的双重劳动关系,可称为"准双重劳动关系"。[⑥] 具体来说,船员与劳务派遣机构之间成立形

---

① 参见邓旋:《浅析我国的劳务派遣制度》,载《法学杂志》2010 年第 S1 期。

② 参见林嘉主编:《劳动合同法热点问题讲座》,中国法制出版社 2007 年版,第 223 页。

③ 参见喻术红:《劳动合同法专论》,武汉大学出版社 2009 年版,第 162 页。

④ 参见郑志峰:《劳务派遣中雇主替代责任之检讨——兼评"不真正补充责任"》,载《法学》2015 年第 9 期。

⑤ 参见董保华主编:《劳动合同研究》,中国劳动社会保障出版社 2005 年版,第 293 页。

⑥ 参见曹艳春:《劳动派遣关系中的雇主替代责任研究》,载《法律科学(西北政法学院学报)》2006 年第 3 期。

式上的劳动关系，船员与境内船东之间成立事实上的劳动关系，二者相结合组成一个完整的劳动关系。船员虽与劳务派遣机构签有劳动合同，并基于此在二者间依法成立劳动合同关系，然而与传统劳动合同中劳动者给付劳动力的对象与合同相对人一致的特征不同，被派遣船员的劳动合同中雇佣与使用相分离，船员给付劳动力的对象并非其用人单位即劳务派遣机构，而是劳动合同之外的第三方，即境内船东这一实际用工主体。因该劳动合同中缺乏劳动过程实现的内容，故宜认定船员劳务派遣模式中船员与劳务派遣机构间仅存在形式上的劳动关系。①

船员与境内船东之间的法律关系应为事实劳动关系的具体原因如下：(1)劳动关系成立的基础是劳动事实的存在，②劳动合同并不是成立劳动关系的唯一方式。③ 我国《劳动合同法》第 7 条也规定自用工之日起劳动关系成立。除签订劳动合同外，常见的以口头协议代替劳动合同、应签而未签劳动合同等形式都可以成立事实劳动关系。船员正是基于与劳务派遣机构签订的劳动合同以及劳务派遣机构与境内船东签订的船舶配员服务协议而与境内船东建立起了劳动事实，因而二者之间存在着事实劳动关系。(2)理论界通常认为，劳动关系的成立需要同时满足人身从属性和财产附属性两个要素。船员在工作期间接受用工单位的指导和监督，而且用工单位需依照《劳动合同法》第 62 条的规定履行，包括提供劳动条件和劳动保护、支付加班费并提供相关福利待遇、进行必需的培训等一系列义务，可见船员与境内船东间的关系具备成立劳动关系的实质要素。④

## 四、航运公司或其他单位自有船员经服务机构派遣后上船

在此种就业模式中，航运公司或者其他单位先与船员签有劳动合同，而后，前者将船员通过服务机构派遣至国内船东的船舶。⑤ 此时，船员服务机构扮演中介机构的角色，为航运公司或其他单位提供订立合同的媒介服务或者劳务代理服务，促成其与国内船东间劳务派遣协议的订立。因此，航运公司或者其他单位与服务机构间成立中介合同关系或代理关系，与国内船东间成立劳务派遣协议关系。至于船员与其用人单位及国内船东间的法律关系，分别成立形式上的劳动关系及事实上的劳动关系。例如，在“泰州市鑫正劳务有限公司与刘某某劳务派遣合同纠纷”一案中，2016 年 3 月 2 日，刘某某与泰州市鑫正劳务有限公司（以下简称鑫正公司）签订《劳务派遣合同书》，约定由鑫正公司为刘某某安排远洋电工的工作。同月 4 日，鑫正公司将刘某某送至烟台金辉煌船舶技术服务有限公司（以下简称金

---

① 参见王亚男、李澜：《船员外派法律关系构成之法理分析》，载《社会科学辑刊》2011 年第 4 期。

② 参见黄永申：《外派船员对船方的工资请求权与船舶优先权》，载找法网 2010 年 8 月 4 日，http://china.findlaw.cn/info/minshang/minfa/mfzs/qqq/126569.html。

③ 参见徐妍：《事实劳动关系基本问题探析》，载《当代法学》2003 年第 3 期。

④ 参见王亚男、李澜：《船员外派法律关系构成之法理分析》，载《社会科学辑刊》2011 年第 4 期。

⑤ 参见张程：《我国船员就业合同及劳务派遣法律问题解析》，载《中国远洋海运》2021 年第 3 期。

辉煌公司)培训,刘某某与金辉煌公司签订船员服务合同及培训合同。同年7月13日,金辉煌公司推荐刘某某至广东汕头"宏泰81号船"工作,但刘某某到达后未发现该船,由此引发纠纷并向法院起诉。该案中,鑫正公司作为派遣单位,通过船员服务机构(中介机构)金辉煌公司将刘某某派遣至"宏泰81号船",鑫正公司与金辉煌公司之间构成劳务代理关系,与刘某某之间构成形式上的劳动关系。[①]

同时,此种船员用工类型还包括航运公司或其他单位的自有船员经服务机构寻找合适的境内船东,以及境内船东通过服务机构为其寻找合适船员的情况。此时,船员服务机构分别为船员及境内船东提供中介或代理服务,成立中介合同关系或代理关系。

## 五、船员经多重派遣后上船

长期以来,多重派遣成为船员劳务市场上一个特殊而又常见的现象。船员往往经过多次的派遣之后方能上船,在这个过程中存在两家或两家以上的船员派遣单位。[②]《劳动合同法》第62条规定,用工单位不得将被派遣劳动者再派遣到其他用人单位。由此可知,多重派遣行为为我国法律所禁止。

需要注意,多重派遣行为与劳务派遣不同的是,每一次派遣中的接受派遣单位(除最后一重派遣中的实际用工单位)与被派遣船员间既未订立劳动合同,且因其并未实际使用船员的劳动力,又不存在事实劳动关系,故其并非船员的用人单位。尽管该要派单位做出将船员再次"派遣"的行为,但根据《劳动合同法》第58条,[③]其并非劳务派遣单位的适格主体,这一再次派遣行为与我国法定的劳务派遣行为并不等同。

根据《劳动合同法》第59条、第60条的规定可知,劳务派遣单位应当将其与接受派遣的用工单位间订立的劳务派遣协议的内容告知被派遣劳动者,包括双方对被派遣劳动者的工作岗位、派遣期限、劳动报酬和社会保险费的数额与支付方式、违反协议的责任等的约定。由于该协议与劳动者的利益密切相关,因而有必要使被派遣劳动者及时全面地了解协议内容。然而在多重派遣中,这一告知义务很难履行。并且,首次派遣中的接受派遣单位可以借其已将劳动者派往其他单位为由,认为其非实际用工单位,故无须承担《劳动合同法》第62条规定的用工单位义务,从而导致劳动者的合法权益易受到损害,违背立法本义。因此,倘若接受派遣单位违法将船员再派遣,首次派遣中的接受派遣单位应当被认定为船员的用工单位,由

---

① 参见江苏省泰州市中级人民法院民事判决书,(2017)苏12民终416号。

② 参见潘燕:《多重劳务派遣中人身损害赔偿责任人的认定》,载上海海事法院网,http://shhsfy.gov.cn/hsfyytwx/hsfyytwx/spdy1358/jpal1435/2011/09/05/d_238048.html。

③ 《劳动合同法》第58条规定:"劳务派遣单位是本法所称用人单位,应当履行用人单位对劳动者的义务……"

其向船员承担用工单位责任，从而避免其因违法派遣反而逃避承担法律责任的情形。至于接受违法再次派遣的单位，因其为实际的用工主体，故自然亦是用工单位。[①] 例如，在“上海五洲邮轮管理有限公司与孟某某海上通海水域人身损害责任纠纷”一案中，上海五洲邮轮管理有限公司（以下简称五洲公司）聘用赛尔公司的船员孟某某到五洲公司指定的“环球公主”轮上工作，而五洲公司又将该船舶光租给茗花公司。法院认为，由于《劳动合同法》规定用工单位不得将被派遣劳动者再派遣到其他用人单位，故即使五洲公司违反法律规定将孟某某再次派往其他用人单位，也不影响其作为用工单位需向孟某某承担法律责任。[②] 在第三重、四重等类似环节更多的派遣中，除首次派遣单位为用人单位外，其余接受派遣的单位均应作为用工单位，且应对船员承担连带责任。[③]

我们认为，尽管接受派遣的单位均应当被认定为用工单位，但因其外在表现不同，在法律关系认定上仍存在差别。第二重、三重、四重等派遣中的派遣单位在接收到上一重派遣单位派遣来的船员之后，旋即将其派往其他的用工单位，因此并未实际使用船员的劳动力，非实际用工主体。由于“准双重劳动关系”发生在劳动者与各承担一部分劳动法上义务的用人单位及用工单位之间，该用工单位对劳动者有实际的管理与支配行为，故多重派遣中的船员用人单位与最后一重派遣中的接受派遣单位（境内船东）和船员间共同构成准双重劳动关系，其中船员与用人单位成立形式上的劳动关系，与境内船东成立事实上的劳动关系。由于其他单位参与派遣，应该与最后的派遣单位承担连带责任，以保护被派遣的船员劳动者。

## 第二节　外派船员法律关系辨析

根据《海员外派管理规定》（2023 年修正）第 12 条的规定，船员若要到境外船舶上工作，不能直接与境外船东签订劳务合同，需要海员外派机构的介入。根据《海员外派管理规定》（2023 年修正）第 22 条的规定，海员外派机构为海员提供外派服务，应当与外派海员签订书面服务合同或者劳动合同。外派海员与我国的航运公司或者其他相关行业单位签订劳动合同的，海员外派机构在外派该海员时，应当事先经过外派海员用人单位同意。根据这一规定及我国船员外派实践，船员外派可分为三种情形：一是船员通过外派机构与境外船东签订“劳动合同”；二是船

① 参见潘燕：《多重劳务派遣中人身损害赔偿责任人的认定》，载上海海事法院网，http://shhsfy.gov.cn/hsfyytwx/hsfyytwx/spdy1358/jpal1435/2011/09/05/d_238048.html。

② 参见上海市高级人民法院民事判决书，（2009）高民四（海）终字第 238 号。

③ 参见汪洋：《“从契约到身份”——以船员劳务合同的特殊性及司法应对为视角》，载《中国海商法研究》2014 年第 3 期。

员先与外派机构签订劳动合同，之后由外派机构与境外船东达成配员服务协议，将船员外派到外国籍船舶工作；三是船员已与我国的航运公司或者其他相关行业单位签订劳动合同，后者通过外派机构将船员外派至外国籍船舶工作。

## 一、船员通过外派机构与境外船东签订“劳动合同”

有些学者认为，此种外派类型外派机构扮演中介角色，为船员和境外船东提供中介服务。[①] 中介人虽然参与委托人和第三人合同的订立，但其服务内容仅限于调查、咨询和必要时为双方缔约谈判做准备，并不会就合同内容本身作任何意思表示。[②] 然而根据《海员外派管理规定》（2023 年修正）第 25 条，海员外派机构与境外船东签订的船舶配员服务协议涉及境外船东对船员劳动条件保障的责任。故海员外派机构能够影响劳动合同当事人外派船员及境外船东之间的具体权利义务关系，可以在一定程度上决定当事人之间劳动合同的内容。因此，当外派机构协助船员与境外船东订立劳动合同，海员外派机构可以独立做出意思表示，故将其视作提供中介服务的机构并不准确。我们认为，将海员外派机构认定为委托代理人更为合适。

海员外派机构在此种情形中的法律地位和发挥的作用可以同对外劳务合作企业进行对比分析。《对外劳务合作管理条例》第 27 条规定，对外劳务合作企业应当负责协助劳务人员与国外雇主订立确定劳动关系的合同。从中可以看出，该条例仅赋予对外劳务合作企业促成赴境外工作的劳务人员与境外雇主双方订立合同的义务，为劳务人员提供订立合同的媒介服务。故而对外劳务合作企业居于中介人的法律地位。相比于中介人，外派机构作为船员委托代理人的情况下，其会从维护被代理人利益的立场出发，争取在对被代理人最为有利的情况下完成代理行为。并且在有偿委托合同中，受托人还要承担较重的注意义务，只要因受托人的过错给委托人造成损失，就应承担赔偿责任。[③] 尽管海员外派机构从事的服务类型与对外劳务合作企业相似，且立法对其经营资质的要求相同，然而由于外派船员流动性较强，外派船员一个航次结束后便可能到其他船上工作，从事外派劳务期间与其存在劳动关系的境外雇主相对较多，涉及的涉外法律关系较为复杂，劳动权益受到损害的可能性也相对较大。此外，与赴境外务工人员相比，外派船员面临的更多困难体现在境外维权方面。在此类案件管辖问题上，由于涉外劳动关系属于涉外民事关系的一种，[④]依据《民事诉讼法》（2023 年修正）第 276 条的规定，若双方间的“劳

---

① 参见陈刚：《船员外派法律关系辨析》，载《大连海事大学学报（社会科学版）》2008 年第 6 期；张金蕾：《我国外派船员权利保护法律问题研究》，载《辽宁大学学报（哲学社会科学版）》2014 年第 3 期；刘中梅、张宏帆：《我国船员外派机构规制的法律问题研究》，载《齐齐哈尔大学学报（哲学社会科学版）》2022 年第 4 期。

② 参见朱庆育：《民法总论》（第 2 版），北京大学出版社 2016 年版，第 335 页。

③ 参见王利明：《王利明民法学研究系列（典藏本）合同法研究第三卷》（第 2 版），中国人民大学出版社 2018 年版，第 709 页。

④ 参见李凤琴：《涉外劳动争议中中国劳动法律规范的适用》，载《北京理工大学学报（社会科学版）》2014 年第 4 期。

动合同”于我国境内签订，或者双方协议选择中国法院为管辖法院，则我国法院可适用《民事诉讼法》对案件进行审理。目前许多国家也采用属地管辖和协议管辖原则，前者将被告住所地或居所地、诉讼标的物或被告财产所在地、合同订立地或履行地等法律行为发生地作为行使管辖权的根据。[①] 在外派船员劳动权益保障领域，除当事人协议选择管辖法院之外，主要由被告（境外船东）住所或居所地、合同订立地或履行地等法院管辖。因此若船员与境外船东的“劳动合同”并非在我国境内签订，且双方未协议选择中国的法院为管辖法院，则我国法院没有管辖权，外派船员只能赴境外法院起诉。适用《对外劳务合作管理条例》的赴境外工作的务工人员通常于某一较长时间段内停留于某一国家，相较于可能未曾登上合同履行地即船旗国领土或境外雇主住所或居所地领土的外派船员，其赴境外有管辖权的法院向雇主起诉请求劳动权益保障的难度要小许多。因此，将海员外派机构认定为委托代理人，使其获得更多的权利并承担更多的义务，这对为外派船员提供更充足的保障来说，具有一定的必要性。

此种用工模式下，具体包括外派机构接受船员的授权委托以及接受境外船东的授权委托两种情况。

若外派机构接受船员的授权委托，则船员、外派机构、境外船东三者间的法律关系包括：第一，作为委托人的船员先与作为受托人的外派机构订立委托合同，两者间形成委托合同关系这一基础法律关系，同时船员授权外派机构为其寻找合适的境外船东；第二，作为代理人的外派机构与满足船员要求的境外船东（第三人）订立船舶配员服务协议，对双方的责任、权利和义务、外派船员的劳动权利、争议处理等事项作出详细规定，二者间成立涉外民事合同关系；第三，外派机构以被代理人船员的名义，与境外船东之间订立劳动合同（一般是以“雇佣协议”的形式），合同当事人分别为船员与境外船东。需要注意的是，由于《劳动法》《劳动合同法》对用人单位适用范围的限制，境外船东无法成为《劳动法》《劳动合同法》适用前提下的用人单位，故此“劳动关系”不受我国《劳动法》《劳动合同法》的调整。当然，以上为应然状态下各主体之间法律关系性质的探讨，然而在实践中，鲜有外派机构与船员签订委托代理合同的情况，一般是与其签订外派服务协议。但是，代理权的授予方式不只有明示授予。根据《民法典》第140条的规定，代理人还可以默示方式作出授予代理权的意思表示，并且在符合当事人之间的交易习惯时，代理权还可以沉默的方式授予。一般情况下，船员存在委托授权外派机构为其寻找合适的上船机会、办理相关手续的意思，尽管没有明确的授权表示，但根据行业习惯，我们认为也应认定船员与外派机构间成立委托代理关系。

若外派机构接受境外船东的授权委托，则此三者间的法律关系包括：第一，作为委托人的境外船东先与作为受托人的外派机构订立委托合同，两者间形成委托合同关系这一基础法律关系，同时境外船东授权外派机构为其寻找合适的船员；第

---

① 参见宋渝玲主编：《涉外民事诉讼法律实务》，厦门大学出版社2017年版，第186-187、190页。

二，作为代理人的外派机构找到满足境外船东要求的船员后，还需依照《海员外派管理规定》的要求，与境外船东再签订船舶配员服务协议，二者间又存在涉外民事合同关系；第三，外派机构以被代理人境外船东的名义，与船员之间订立劳动合同。

## 二、外派机构将自有船员外派至境外船舶

外派机构将自有船员外派至境外船舶上工作，是船员先与外派机构签订劳动合同，再由外派机构将船员外派到外籍船东的船舶上提供劳动。此种情形下，船员与外派机构间形成劳动法律关系，船员与境外船东之间也可能形成外国法上的劳动雇佣关系。这一用工形式与典型国内劳务派遣的设立条件、用工性质等方面存在差异，且存在涉外主体，故这种船舶配员服务协议不同于《劳动合同法》上的劳务派遣协议。此种船舶配员服务协议属于船员外派的特殊法律关系，专门由《海员外派管理规定》调整，不属于《劳动合同法》上的劳务派遣。

签订船舶配员服务协议的外派机构与境外船东在法律地位上平等，谈判能力上相当，船员外派机构与境外船东的权利义务由双方在合同中自行协商确定，所遵循的是意思自治原则，船舶配员服务协议是双务、有偿的涉外民事合同，受到《民法典》的规制，属于无名合同。

## 三、外派机构将其他航运公司自有船员外派至境外船舶

海员外派机构接受其他国内航运公司的委托将其自有船员外派时，船员与境外船东之间的法律关系仍然符合存在劳动事实且具备劳动关系的实质要素两项特征，故仍应认定存在事实劳动关系。

国内航运公司通过授权委托海员外派机构的方式，将其自有船员派至境外船舶。故国内航运公司为劳务派遣中的派出单位，境外船东为用工单位。由于海员外派机构与境外船东签订的船舶配员服务协议能够影响当事人国内航运公司及境外船东之间的具体权利义务关系，故将其认定为国内航运公司的委托代理人更为合适。例如，在“朱某某与上海申悦船舶管理有限公司劳动合同纠纷”一案中，上海邦建船舶管理有限公司与中海公司上海分公司签订《委托外派船员协议》，约定后者安排上海邦建船舶管理有限公司的自有船员至邦建船舶管理（香港）有限公司的船上担任机工职务。[①] 此种船员用工模式中，具体的法律关系包括：第一，作为委托人的国内航运公司先与作为受托人的外派机构订立委托合同，同时国内航运公司授权外派机构为其寻找合适的境外船东，两者间形成委托合同关系这一基础法律关系及授权关系；第二，作为代理人的外派机构找到合适的境外船东后，依照《海员外派管理规定》的要求，与境外船东再签订船舶配员服务协议，二者间存在涉外民事合同关系；第三，外派机构以被代理人国内航运公司的名义，与境外船东间签订以涉外劳务合作为内容的合同，国内航运公司与境外船东间成立涉外民

---

① 参见上海市浦东新区人民法院民事判决书，（2017）沪 0115 民初 41752 号。

事法律关系；第四，外派船员与国内航运公司间成立形式上的劳动关系，与境外船东间成立事实上的劳动关系。

当然，此种外派类型也存在国内航运公司的自有船员授权委托外派机构为其寻找合适的境外船东，以及境外船东授权委托外派机构为其寻找合适的外派船员的情况，此时各方主体间的法律关系与船员通过外派机构与境外船东签订"劳动合同"中的两种授权委托情形相似。差别仅在于船员与境外船东订立的可能并非"劳动合同"，而是上船协议。基于准双重劳动关系理论，船员与国内航运公司间成立形式上的劳动关系，与境外船东成立劳动关系或事实上的劳动关系。

## 四、其他实然情形

实践中大量船员与海员外派机构及境外船东均未签有任何劳动合同，以自由船员的身份从事船员职业。究其原因，一是船员以自由船员身份上船工作，不用缴纳社保，实领薪资相对更高，因而船员自愿选择成为自由船员；二是海员外派机构借由船员仅提供民事性质的劳务服务，逃避履行用人单位责任，故与船员应签而未签订劳动合同。毋庸置疑，此种就业方式违背了《劳动合同法》《船员条例》《海员外派管理规定》的相关规定，然因船员就业市场上大量存在此种就业方式，在发生劳务纠纷时各方间的法律关系易引发争议，故而有必要对其中的法律关系进行界定。

关于自由船员与外派机构之间的法律关系，需要考察外派机构是否仅为船员提供委托代理服务，还是以提供委托代理服务为名，行对船员进行劳动管理之实。例如，在"劳某某与青岛鹏腾国际船舶管理有限公司、香港和和国际海运有限公司劳动合同纠纷"一案中，青岛鹏腾国际船舶管理有限公司（以下简称鹏腾公司）与劳某某签订《船员劳务协议》，派遣劳某某到香港籍 HESHENG 轮工作，后船员因人身损害责任纠纷诉至法院。关于劳某某与鹏腾公司之间的法律关系，鹏腾公司认为其与劳某某签订《船员劳务协议》为服务协议而非用工协议，不构成劳动法律关系，鹏腾公司仅为服务机构，双方之间形成的为平等主体之间的合同关系。法院认为，因双方在《船员劳务协议》中约定了劳动期限、劳动安全和劳动保护、参加社保及劳动协议变更、解除条件等的协议内容，可知其虽名为劳务协议，实为劳动合同。[①]

关于自由船员与境外船东之间的法律关系，若自由船员与外派机构间成立委托代理关系，则适用前述当船员与用人单位间未签有劳动合同，上船协议可直接视作劳动合同的观点，双方间成立不受我国《劳动合同法》调整而适用外国法的雇佣关系；若自由船员与外派机构间构成隐蔽性雇佣，经判定双方间存在（形式上的）劳动关系，则自由船员与境外船东间成立事实上的劳动关系。

---

① 参见山东省高级人民法院民事判决书，(2020)鲁民终 1666 号；山东省青岛市市南区人民法院民事判决书，(2021)鲁 0202 民初 4145 号。

## 第三节　船员用工法律关系认定中存在的相关问题及延伸思考

### 一、相关立法缺位

当前,我国《海商法》《船员条例》《海员外派管理规定》都没有对船员用工相关的法律关系作出明确界定,条文表达笼统模糊。譬如《船员条例》第 39 条规定的"船员服务机构为船员用人单位提供船舶配员服务,应当按照相关法律、行政法规的规定订立合同",对于船员服务机构应当订立合同的性质采用准用性条款的规定方式,可援引的法律主要为《海员外派管理规定》《劳动合同法》《民法典》《对外劳务合作管理条例》等。然而《劳动合同法》的适用对象为全体劳动者,对船员用工法律关系缺乏针对适用性。《民法典》则仅能为各方主体间的民事法律关系提供指引,且同样缺乏针对适用性。《海员外派管理规定》(2023 年修正)对船员外派法律关系的界定采用了一种模糊化的处理方式,第 22 条规定海员外派机构为海员提供外派服务,应当与外派海员签订书面服务合同或者劳动合同。这种立法方式为海员外派机构提供了以表面的服务合同掩盖实质用人单位身份的空间,导致在纠纷发生后,相关主体间的权利义务关系更加模糊复杂。《对外劳务合作管理条例》存在的问题与之相同,第 23 条同样赋予当事人选择权,对外劳务合作企业与劳务人员间既可订立书面服务合同,也可订立劳动合同。而且尽管相较《海员外派管理规定》,《对外劳务合作管理条例》的法律位阶更高,但其适用对象较广,规定的内容较为宽泛化、原则化。此外,由于《船员服务管理规定》现已失效,故船员于境内船舶工作时应当成立何种法律关系,根据《船员条例》第 39 条,仅能援引《劳动合同法》《民法典》进行判断,这便无法照顾到船员职业的特殊性,不利于船员权益的保护。

总而言之,法律规定不明确是造成当下船员用工法律关系复杂且难以界定的主要原因之一,唯有从立法层面"对症下药",方能破解这一难题。包括在将来的"船员法"或《海商法》"船员章"中,应当明确船员于境内外船舶上工作时船员用人单位及用工单位应当与之订立合同的类型,并尽量避免采取模糊化的处理方式。

### 二、劳务派遣法律不适用于船员外派

传统的劳动关系只有劳动者和用人单位构成,而在劳务派遣下存在三方法律主体,即派遣单位、用工单位和劳动者。派遣单位"招而不用",用工单位"用而不招",[①]劳务派遣的最本质特征就是使用与雇佣相分离,从而将雇主的责任通过派

---

① 参见喻术红:《劳动合同法专论》,武汉大学出版社 2009 年版,第 151 页。

遣单位和用工单位分散开。船员外派是境内企业与境外船东订立配员服务协议，按照合同的规定，有原则地招聘我国船员并派遣至境外，为外籍船东提供劳务服务的经济活动。船员外派机构将其自有船员外派虽与劳务派遣在流程上存在相似之处，但二者存在本质的区别：(1)设立条件不同，《劳动合同法》中的劳务派遣单位设立条件是不低于200万元人民币，而从事船员外派业务的机构设立条件是不少于600万元人民币，且是实缴货币资本；(2)合同签订的期限不同，《劳动合同法》要求派遣单位与被派遣劳动者签订两年以上的固定期限劳动合同，而《海员外派管理规定》中并没有此项要求；(3)用工性质不同，劳务派遣用工是一种补充用工形式，只能在临时性、辅助性、替代性的岗位上实施，而外派船员从事的工作却很难被认定为辅助性工作。可见，劳务派遣和船员外派是两种不同的用工方式。

船员外派的涉外性也是不同于劳务派遣关系的一大特点。在"金远航运有限公司与王某某、张某某、陈某某等海上、通海水域人身损害责任纠纷"案件中，再审法院认为，《劳动合同法》适用于中华人民共和国境内的企业与劳动者形成的劳动关系，由此劳务派遣关系应为境内用人单位、用工单位和劳动者三方之间的关系。① 也就是说，《劳动合同法》所调整的劳务派遣关系不能够涉及境外的企业。从此案例可以看出，境外船东作为船员外派法律关系当中的涉外主体，其本身并不当然受到我国劳动法的制约。《劳动合同法》虽然增设了劳务派遣这一章节，但劳务外派不属于劳务派遣法律制度调整范围。因此就现行立法而言，借助劳务派遣制度来类比分析船员外派法律关系缺乏充足的法律依据。

与其他的对外劳务派遣工作相比，船员外派业务可能是最具有国际化特征的。因此，界定好船员外派法律关系显得尤为重要，有必要从我国现有的国情出发，顺应时代的发展趋势，从立法层面对船员外派法律关系作出原则性的规定。就《劳动合同法》的效力是否能适用于涉外劳务的问题，学术界普遍持肯定态度，众多学者认为涉外劳务关系可以适用我国劳动相关法律法规。例如，常凯教授与孙国平教授都认为，劳动法具备域外效力，劳务派遣关系也应当随之适用。② 在船员涉外劳务派遣中，最为特殊的一点就是境外船东的涉外性，故此类法律关系是否适用我国法律的规定，取决于相关冲突规范之规定。鉴于这种特殊情况，有必要对包括涉外派遣的船员劳务派遣制定专门的法律法规，并且在其中对涉外船员劳务派遣进行单独规定，这也是船员外派的特殊性所在。

## 三、船员与境外船东间的"劳动关系"或事实劳动关系保障难

船员外派的各类情形中，对于船员通过外派机构与境外船东签订的上船协议，

---

① 参见最高人民法院民事裁定书，(2014)民申字第763号。

② 参见常凯：《论海外派遣劳动者保护立法》，载《中国劳动关系学院学报》2011年第1期；孙国平：《我国海外劳工法律保护之检视》，载《时代法学》2013年第2期。

以及作为船员用人单位的外派机构设法逃避承担用人单位责任且无法执行的情况，境外船东作为船员法律上或事实上的用人单位，要求其承担劳动法上的责任，对船员劳动权益的保障就显得十分重要。在管辖问题上，我国法院可依属地管辖或协议管辖原则适用《民事诉讼法》对案件进行审理。进而，在法律适用问题上，根据我国《涉外民事关系法律适用法》第 4 条、最高人民法院《关于适用〈中华人民共和国涉外民事关系法律适用法〉若干问题的解释（一）》第 8 条，涉及劳动者权益保护的法律、行政法规的规定，属于无须通过冲突规范指引而直接适用有关涉外民事关系的强制性规定。然而，我国《劳动合同法》《劳动法》具有域内适用的属性，劳动者与境外雇主间形成的涉外劳动关系并不在这两部法律的适用范围内，导致在我国劳动法律法规作为准据法时出现实际无法适用的冲突。[①] 并且，《涉外民事关系法律适用法》第 41 条与第 43 条的法律适用先后顺序在学界存在争议，有学者认为涉外劳动合同纠纷应直接适用第 43 条，即劳动者工作地法律（劳务派遣则可适用劳务派出地法律），当事人不能合意选择劳动合同关系适用的法律，这可以避免用人单位利用意思自治选择对劳动者不利的法律。[②] 也有学者认为，第 41 条是合同准据法选择的首要原则，且该法在第 3 条便宣示了意思自治原则的法律地位。[③] 在船员外派中，船员的工作地为船舶，强制适用第 43 条则可能适用船旗国法，然而当前许多船员受雇于方便旗船，船旗国法可能对劳动者的权益保障存在不足。并且第 43 条的连接点缺少劳动者惯常居住地，导致若船员对境外船东起诉，可能错过选择其更为熟悉的中国法。[④] 对这一问题学理上的争议也导致法律适用上的不一致。[⑤] 幸而，"'天使力量'轮船员劳务合同纠纷系列案"已被列入 2021 年最高人民法院公报典型案例，其中法院尊重当事人意思自治，[⑥]今后类似案件在准据法选择上或许将趋于统一。

此外，若船员与境外船东的"劳动合同"或上船协议并非在我国境内签订，且双方未协议选择中国的法院为管辖法院，船员若要起诉境外船东则要面临更多的困难和不确定性。

再者，我国法院依据我国法律作出的有关境外船东承担劳动法上责任的判决，可能面临不被外国法院承认或执行的尴尬，如依照美国部分州立法本可享有诉讼

---

① 参见张珠围：《涉外劳动关系的法律适用》，载《人民司法》2020 年第 22 期。

② 参见李凤琴：《涉外劳动争议中中国劳动法律规范的适用》，载《北京理工大学学报（社会科学版）》2014 年第 4 期。

③ 参见申婷婷：《试论劳动者保护的法律选择模式——欧美模式的比较及其对中国的启示》，载《河北法学》2015 年第 4 期。

④ 参见张珠围：《涉外劳动关系的法律适用》，载《人民司法》2020 年第 22 期。

⑤ 参见大连海事法院民事判决书，（2020）辽 72 民初 1194 号；厦门海事法院民事判决书，（2018）闽 72 民初 880 号；广州海事法院民事判决书，（2017）粤 72 民初 439 号；大连海事法院民事判决书（2014）大海商初字第 342 号等。

⑥ 参见广州海事法院民事判决书，（2021）粤 72 民初 956 号等 15 案。

豁免的境外船东,在我国法院的判决中需要承担赔偿责任的情形。[①]

总而言之,船员与境外船东之间的涉外劳动关系既同上述涉外劳务派遣一并存在着国内劳动法律法规的域外适用问题,还存在着相关判决的境外执行问题、船员于境外法院诉讼时劳动权益如何得到保障等问题。对此,还需要我国不断探索有关外派船员要求境外船东承担用人单位责任的保障体系,包括完善国内立法、协助外派船员境外维权、加强与"一带一路"共建国家的国际合作、[②]海员工会的全面建立等。

## 四、船员合同纠纷案由与实际不符

在案例检索过程中我们发现,司法实践中存在着实质为船员劳动合同纠纷,但在案由归类上,法院却将其归入"海事海商纠纷"下的"船员劳务合同纠纷"。例如,在"王某某、福建省石狮市永通船务有限公司等船员劳务合同纠纷"一案中,王某某系福建省石狮市永通船务有限公司的船员,受其安排在"新凯利"船舶上担任机工职务,后经结算,被告出具《结欠工资》确认拖欠原告工资、来回路费共计120,347 元未支付,为此成讼。法院认定原被告双方签订的《船员劳动合同书》合法有效,并将《劳动合同法》作为法律依据之一,但却认为该案系船员劳务合同纠纷。[③] 在"张某某与丹东海运有限公司船员劳务合同纠纷"一案中,法院认为该案系船员劳务合同纠纷,其认为根据最高人民法院发布的《民事案件案由规定》,人民法院所确定的案由必须是该规定中所列举的,该案由规定中并没有船员劳动合同纠纷这一案由。[④]

劳动合同与劳务合同虽然较易混淆,两者都是以劳动为给付标的的合同,但仍有所不同。通常认为,劳动合同与劳务合同主要有以下区别:一是保护的本位不同,劳动合同以劳动为中心展开,着重以劳动力、劳动者为本位的思考,[⑤]劳务合同平等保护合同双方约定的利益,着眼于平等民事主体之间的劳动给付或者劳动成果的履行;二是合同的主体不同,船员劳动合同的主体一方是自然人船员,另一方是船舶所有人[⑥]、船舶经营人或者光船租船人、船员劳务服务机构等用人单位,而

---

① 参见夏亮:《论冲突法强制规范在涉外海员劳动关系中的适用》,载《中国劳动关系学院学报》2014年第5期。

② 参见李先波、李娜:《"一带一路"倡议下境外务工人员权利之保护》,载《湖南师范大学社会科学学报》2017年第5期。

③ 厦门海事法院民事判决书,(2022)闽72民初356号。

④ 大连海事法院民事判决书,(2022)辽72民初1343号。

⑤ 参见黄越钦:《劳动法新论》,中国政法大学出版社2003年版,第19页。

⑥ 船舶所有人包括船舶的管理人、光船承租人和其他雇用船员在船上服务并支付约定船员工资、其他劳务报酬和费用的人。参见司玉琢、胡正良主编:《〈中华人民共和国海商法〉修改建议稿条文、参考立法例、说明》,大连海事大学出版社2003年版,第140页。另:《中国船员集体合同协议》第5条规定:"本协议所称船东是指船舶所有人或者其他已从船舶所有人处依法取得船舶营运权利,并承担相关责任和义务的组织或者个人。"

船员劳务合同可以双方都是单位，也可以双方都是自然人，还可以一方是单位，另一方是自然人；三是合同自由意志实现程度不同，与劳动合同相比，在不违反法律、法规的强制性规定前提下，船员劳务合同的当事人对双方权利义务的约定具有较大的自由协商空间，可以基于合同自由原则对合同条款充分磋商，而劳动合同的合同自由原则受到国家相关法律法规的制约；四是独立性与依赖性不同，劳动合同中的劳动者被纳入用人单位的编制范围内，劳动者所提供的劳动义务必须遵守用人单位的指挥和管理，双方之间具有领导与被领导、支配与被支配的隶属关系，不仅劳动的执行方法，而且劳动者应执行的职务活动本身，在某种限度内都受用人单位的指挥，①而劳务合同的一方无须成为另一方成员，双方之间不具有隶属性，受雇方仅需依照合同约定完成工作任务，灵活性较强；五是雇主承担的法定义务不同，劳动合同中，用人单位要承担较重的社会保障义务，包括为船员缴纳社会保险费用、支付工伤保险待遇、支付解除劳动合同的经济补偿金等，而劳务合同中雇主无社会保障义务的强制规定，可由双方协商，劳动报酬的给付是雇主最主要的义务；六是确定报酬的原则不同，劳动合同中用人单位依据为劳动者安排工作的内容、强度及国家的有关规定给付劳动报酬，体现按劳分配的原则；而劳务合同中的报酬是遵循等价有偿的市场原则，取决于双方当事人协商确定。

基于以上分析，劳动合同与劳务合同无论是外延还是内涵都存在本质上的区别，故船员劳务合同与船员劳动合同也应是两个相对独立的法律概念。造成上述奇怪现象的原因在于，船员劳务合同与民法和劳动法理论上的一般劳务合同不同，它涵盖了劳务合同与劳动合同，存在两种不同的法律关系。在历史渊源上，海事审判实践中的“船员劳务合同”一直是个广义的概念。② 这在《海商法》、《海事诉讼特别程序法》、最高人民法院《关于国内船员劳务合同纠纷案件是否应劳动仲裁前置的请示的复函》(现已失效)等法律和司法解释中可以知悉。因此，法院在审理涉及船员劳动关系的案件时，尽管案件被归类于“船员劳务合同纠纷”案由之下，也会将劳动法律法规纳入判案依据中。然而，最高人民法院 2016 年公布的《关于海事法院受理案件范围的规定》将船员劳动合同与劳务合同(含船员劳务派遣协议)进行了区分，但在此之后的大量案例表明，许多法院仍将船员劳动合同纠纷案件归入“船员劳务合同纠纷”。如此会在一定程度上误导人们对船员劳动合同的认识，不利于清晰反映案件所涉的法律关系性质，也不便于法院对案件进行分类管理，影响司法统计的准确性和科学性。

---

① 参见曹艳春：《雇主替代责任研究》，法律出版社 2008 年版，第 41 页。

② 参见陈宜芳、付本超：《船员劳务合同纠纷案件相关问题研究》，载《法律适用》2009 年第 1 期。

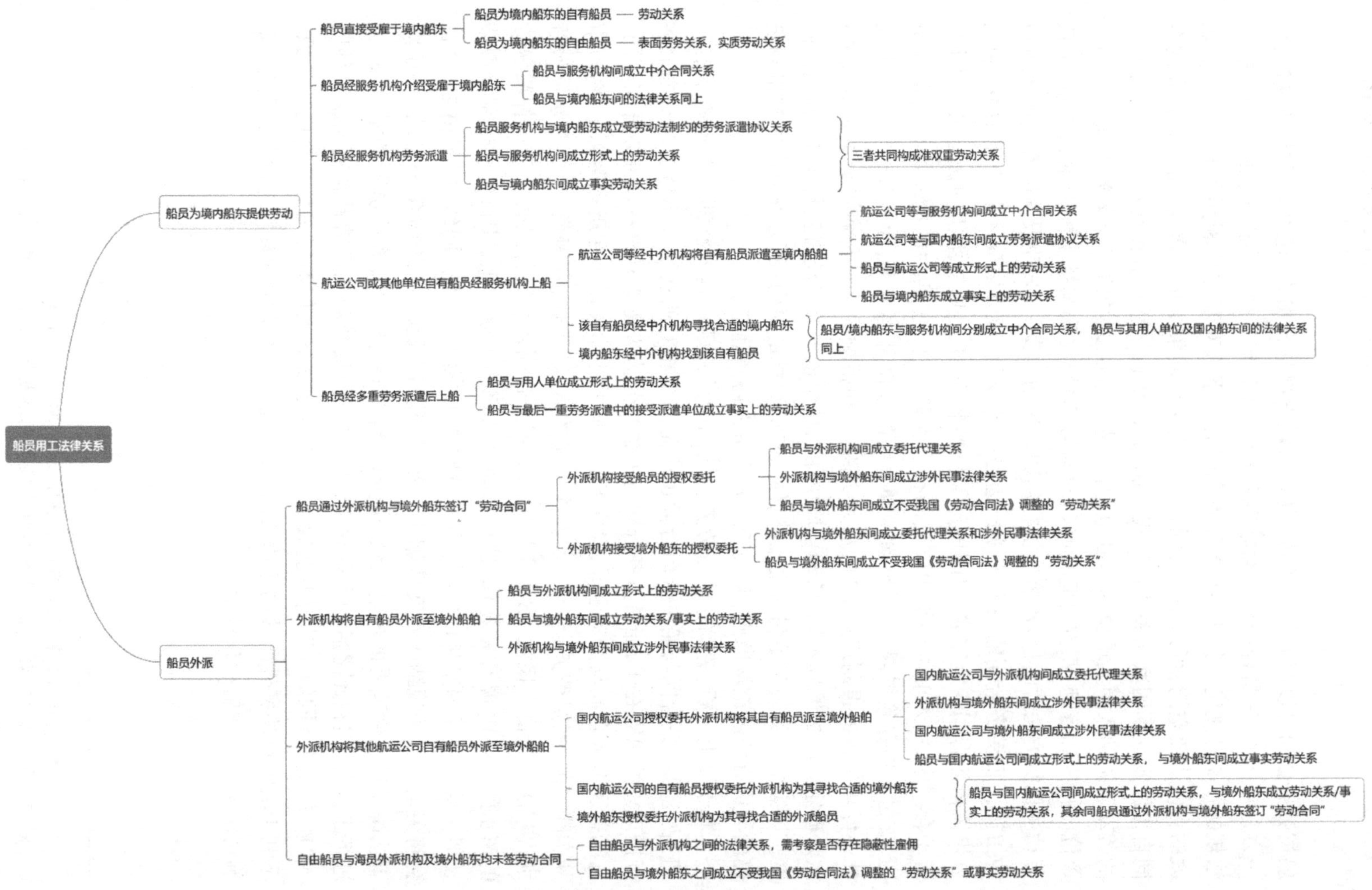


图 5-1 船员用工法律关系

## 本章小结

从图 5-1 可见,船员用工类型较为复杂多样,而相关法律规定不明确具体,导致在纠纷发生后,相关主体间的权利义务关系更加模糊复杂,不利于船员权益的保障。本章具体分析了船员为境内船东提供劳动和船员外派两种用工类型中所涉及的各种法律关系,以为后续各章节的研究奠定充分的基础。此外,对于其中存在的相关立法缺位、劳务派遣法律关系适用于船员外派存在阻碍的问题,需要在将来的“船员法”或《海商法》“船员章”中加以解决。

# 第六章　船员劳动合同解除权问题研究

## 第一节　船员劳动合同解除权的司法争议

我国劳动合同法制设置对劳动者的合同解除权制度贯彻了对劳动者的倾斜保护原则。[①]《劳动合同法》中规定劳动者享有辞职自由，法律规范对劳动合同履行期内劳动者主张合同解除的限制较少。具体表现为：首先，劳动合同中合同当事人主张合同解除的条件不相同，劳动者的合同解除条件更为宽松。为保障劳动者的劳动自由，劳动者在无须征得用人单位同意的情况下，只要满足预告的程序条件，凭借单方意思表示就可以主张劳动合同解除，无需其他实质条件的限制。其次，如果劳动者单方解除劳动合同的违约行为，没有给用人单位造成损失，就无需承担违约责任，同时，劳动合同当事人不能就该行为约定劳动者支付违约金。这就给劳动者造成"想来就来，想走就走"的认知。然而与能够及时补充人力、物力的陆地工厂不同，船员在海上作业期间船内劳动组织具有独立性，从出发港到目的港要得到陆上人力、物力的支援十分困难。这使得船员在船期间的稳定性对船舶航行安全影响较大。新冠疫情期间，船员航行过程中解除劳动合同，擅自离船事件激增，给航行安全带来较大的事故隐患。笔者通过研究相关司法案例发现，实践中各方主体均在寻求加强对船员在船期间主张劳动合同解除权限制的法律依据，具体体现为对船员劳动合同解除权条件和责任两方面进行限制。对船员劳动合同解除权条件限制方面表现为，司法案例中法院从《民法典》中寻求法律依据对船员劳动合同解除权条件进行审查。例如，在青岛凯航水产有限公司（以下简称凯航公

① 参见江锴：《论我国变更辞职预告期约定的效力判定》，载《政治与法律》2021 年第 9 期。

司）因与某某船员劳务合同纠纷系列案例中，船员因在突发公共卫生事件发生后船东未提供安全生产环境，而主张劳动合同解除。青岛海事法院则根据《民法典》中的人格权编第1002条、第1004条规定，审查船员主张合同解除的条件。无独有偶，大连海事法院同样通过适用一般民事合同解除规则审理船员劳动合同解除案件，判定船员主张劳动合同解除权的行为是否构成不可抗力，而对船员合同解除权进行规制。[①] 虽然，两组案件适用的《民法典》中的法律规范不同，审判结果也存在偏差，但是都能反映出司法实践中法院在试图为船员主张劳动合同解除权案件寻求合理的法律适用规则。最后，从法律责任方面制约船员辞职权表现为劳动合同当事人通常约定"履约保证金"，而"履约保证金"又与《劳动合同法》中的违约金约定限制相冲突。船东为避免因船员在船期间任意解除合同、中途下船为其造成的损失，常常会在船员劳动合同中加入"履约保证金"条款，以制约船员在船期间中途解除劳动合同的行为。"履约保证金"条款内容一般约定为"履约金存放于船东处，作为船员切实履行协议的保证金。船员完成协议且不存在违反协议的事由的，在船员离船后与船东直接结算，因船员未满合同期限又无正当理由要求下船，依照双方合同约定，船东有权扣除其合同履约保证金、集结费、路费、证书费等费用"。在船员劳动合同纠纷案件中，"履约保证金"条款也是合同当事人常见的争议焦点，不同的法院对其存在不同的判决观点。例如，广西梧州同舟船务运输有限公司与某某船员劳务合同纠纷一案中[②]，船员因降薪主张合同解除之后，船东主张扣除船员的"履约保证金"。广东省高级人民法院根据《劳动合同法》审查合同违约金条款的效力，认为"履约保证金"实际上是"违约金条款"。《劳动合同法》对劳动者的违约金条款限制较多，只有在服务期与竞业限制条款中，用人单位可以与劳动者约定违约金条款，除此之外双方有关违约金的约定无效。于是，最终法院判定违约金条款不符合劳动法律的规定，驳回船东对违约金的诉讼请求。在刘某某与被告青岛顺兴国际船舶管理有限公司船员劳务合同纠纷[③]一案中，案件情况类似，船员与船东同样在合同中约定"履约保证金"条款。青岛海事法院认定"履约保证金"有效，并进一步核实船员下船的理由，判定船员因"个人原因"下船，最终判定船东有权扣除"履约保证金"。由此可见，不同法院对船员劳动合同解除权所保障的公平正义存在不同的诠释。

我国劳动法制以工人劳动为模型、以典型劳动关系为主要适用对象，因此，面对特殊用工、新业态用工的发展存在明显的制度回应和供给不足。[④] 司法实践对船员劳动合同解除权的裁判争议，引发我们对于船员劳动合同解除权是否应当有

---

① 参见大连海事法院民事判决书，(2021)辽72民初605号。

② 参见广东省高级人民法院民事判决书，(2014)粤高法民四终字第0198号。

③ 参见青岛海事法院民事判决书，(2022)鲁72民初0999号。

④ 参见林嘉：《论我国劳动法的法典化》，载《浙江社会科学》2021年第12期。

区别于《劳动合同法》规定的劳动者合同解除权法律规范的思考。[①] 因此，为提高我国船员管理水平、保障航行安全，本书将从船员职业特殊性的角度出发，反思《劳动合同法》中劳动者劳动合同解除权对航行安全产生的影响，重塑船员劳动合同解除权的法律规则体系，以期为未来“船员法”中对船员劳动合同解除权的特别规制提供参考。

## 第二节　船员劳动合同解除权规则化困境

对船员在船期间劳动合同解除权的限制不是简单粗暴地强迫船员劳动，而是通过逻辑周延的法律规范对其进行限制。我们遵循法律规则内在构建的逻辑，假定条件、行为模式、法律后果三要素，[②]系统地对船员主张劳动合同解除权的特殊性进行分析，以便寻求对船员劳动合同解除权的合理规制。

### 一、船员特殊职业产生的特殊解除事由

根据《劳动合同法》的规定，劳动者单方解除合同按照是否需要预告分为单方预告解除和单方即时解除，对于不同形式的单方解除，法定适用条件有所不同。[③] 法律仅对劳动者单方通知即时解除权规定明确的解除事由，具体规定为：(1)用人单位未按照劳动合同约定提供劳动保护或者劳动条件的；(2)用人单位未及时足额支付劳动报酬的；(3)用人单位未依法为劳动者缴纳社会保险费的；(4)用人单位的规章制度违反法律、法规的规定，损害劳动者权益的；(5)用人单位以欺诈、胁迫的手段或者乘人之危，使劳动者在违背真实意思的情况下订立或者变更劳动合同，致使劳动合同无效的；(6)法律、行政法规规定劳动者可以解除劳动合同的其他情形。劳动者即时解除权的基础在于劳动关系具有从属性的特点，为保护劳动者的合法权益，明确授予劳动者在用人单位违约和侵权情况下，劳动者具有即时合同解除权，这不仅有利于保护劳动者，更有利于遏制用人单位的违法行为，从而构建和谐稳定的劳动关系。[④] 当前我国《劳动合同法》对劳动者主张即时解除劳动合同情形的规定较为笼统，概括为用人单位发生根本性违约或发生违法事由。[⑤] 船员在海上工作期间风险来源复杂多样，不仅仅是源于船东的行为。船员因劳动环境封闭，容易对其身体与心理健康产生不利影响，故船员若因身体健康原因主张合

---

① 参见王秀芬、朱玉柱：《论船员劳动的特点》，载《大连海事大学学报(社会科学版)》2005 年第 2 期。

② 参见李龙主编：《法理学》，武汉大学出版社 2011 年版，第 72 页。

③ 参见《劳动与社会保障法学》编写组编：《劳动与社会保障法学》，高等教育出版社 2018 年版，第 101 页。

④ 参见姜颖：《劳动合同法论》，法律出版社 2006 年版，第 282 页。

⑤ 参见郑尚元：《劳动合同法的制度和理念》，中国政法大学出版社 2008 年版，第 246 页。

同解除,应当被允许。另外,船员处于特殊工作环境中,生产过程中遭遇的职业风险也较为特殊,船员工作不仅有高空作业和舱底作业等风险,还要承担船舶驶入战区、疫区、海盗活动区域的政治、卫生防疫风险,特别是当前国际政治形势长期处于不稳定状态,海员面临各种风险的概率不断提高。[①] 因此,若船员基于这些特殊海上风险提出解除合同的,该请求应当被允许。

日本与韩国的《船员法》对船员主张劳动合同解除情形的规定较为明确具体,切实考虑到船员职业过程中的特殊风险。日本《船员法》规定,船舶在雇佣契约成立时丧失国籍、雇佣契约所规定的劳动条件和实施明显不符时、船员因负伤或疾病不胜任职务时、船东变更等情况下,船员可以主张解除雇佣契约。[②] 韩国 1984 年《船员法》第 38 条中规定,船员在下列情况下可以解除船员劳动合同:(1)船员劳动合同规定的劳动条件和实际条件不一致;(2)船员所在船舶或预定的船舶航行于战争、暴动等危险的地区;(3)因受伤或得病,不能担任本职工作。[③] 总结两国对诱发船员合同解除权情形的规定,可以将船员主张劳动合同解除的事由中涉及的船员劳动风险归类为来自船舶的风险、船东的违约行为和侵权行为带来的风险、船员身体健康的风险、航线的风险等。《中国船员集体协议(A 类)》(2020 年版)在《劳动合同法》劳动者主张合同解除权事由的基础上,另外根据船员职业特殊性增设两项船员可以解除劳动合同的情形,分别为:(1)船员工作于合同约定的某特定航线后,如果该特定航线发生了实质性变化,经过船东与船员的协商,就调整航线无法达成一致意见的;(2)如果船员所工作的船舶,依照 SOLAS 公约或港口国检查,被证实不适航,并且船舶的缺陷永久不能得到修复,使船东不能继续履行合同约定的义务。遗憾的是,《中国船员集体协议(A 类)》(2020 年版)的适用范围有限。因此,未来单独制定船员合同解除标准时,应当在我国《劳动合同法》劳动者主张合同解除适用条件的基础上考虑增加因船员职业特殊性引发的特殊风险。同时应综合船员劳动风险,制定船员主张合同解除的情形,平衡航行安全与船员的劳动合同解除权。

## 二、船员劳动合同解除权预告制度规则适用的困境

劳动合同预告期的性质被视为劳动者主张合同解除的条件。[④] 我国《劳动合同法》将预告期统一设置为 30 天,由于没有考虑到不同劳动者劳动特征对其的影

---

① 参见《如此重要的航运业和海员职业特点你清楚吗?》,载中工网,https://www.workercn.cn/816/201806/22/180622135555861.shtml。

② 参见韩立新、王秀芬编译:《各国(地区)海商法汇编(中英文对照)》,大连海事大学出版社 2003 年版,第 694 页。

③ 参见韩立新、王秀芬编译:《各国(地区)海商法汇编(中英文对照)》,大连海事大学出版社 2003 年版,第 735 页。

④ 参见江锴、虞李辉:《劳动者辞职预告期的法律性质辨析》,载《政治与法律》2020 年第 6 期。

响，我国预告期制度具有明显的缺陷。[①] 受职业特殊性的影响，船员主张劳动合同解除的预告期适用条件、种类以及时长均应与陆上劳动者的预告期有所不同。

首先，船员劳动安全风险较大，使得船员劳动合同解除预告期的适用范围不能局限于当前《劳动合同法》中规定的预告解除范围。劳动合同预告解除是我国《劳动合同法》规定的劳动者单方解除合同的方式之一，劳动者的预告解除权是指劳动者辞职只需要提前30日通知用人单位，无需具体的合同解除事由。换言之，如果劳动者主张劳动合同解除存在法定事由则不需要预告期，可以直接通知用人单位解除劳动合同。[②] 劳动法律中设置预告期的目的在于，维护用人单位对于劳动者需要离职的期限利益，以及用人单位对劳动合同期限之信赖利益，还有用人单位保护自身商业秘密等秘密信息的利益等。[③] 而相较于陆上劳动者合同解除权预告期，船员劳动合同解除权设置预告期需考量的利益中增加了航行安全利益。为保障船员在船人数达到最低配员和不影响航行安全，无论船员是否有正当理由解除船员劳动合同，均应给船东一定的时间满足最低配员的要求。船员劳动的这一特殊性使得船员劳动合同解除制度中预告期的适用范围也应当更广。因此，船员劳动合同解除权制度中，将船员劳动合同解除的预告期作为单独的制度进行规定并且明确即使船员满足合同解除的条件，在非紧急情况下，船员仍应当满足预告期的规定。

其次，《劳动合同法》的预告期时长和执行方式设置未考虑船员劳动的特殊性。当前，我国法律对所有的劳动者一概规定30日的预告期，存在不合理性，有学者主张立法应针对不同的人才和岗位考虑延长或缩短单方解除劳动合同的预告期限。[④] 就船员来讲，船员在船期间主张合同解除涉及船员换班的问题，船员换班受到港口条件、寻找合适的船员、新船员抵达换班港口等诸多因素的限制，单一以时间为标准规定预告期的方式不符合船员换班的实际情况。其中，船员换班受港口因素限制明显，不同的国家和地区港口政策不同，船员下船将受到不同的限制，尤其在发生疫情或其他公共卫生事件的情况下，不同的国家和地区不断针对疫情防控需求对港口管控措施进行动态调整，[⑤]船员存在下船难的困境。[⑥] 因此，船员劳动合同解除的预告期在时间标准的基础上还应当满足港口标准。日本立法也持这一标准，日本《船员法》第41条规定，“在船舶从外国港口回到本国港口结束航程

---

① 参见周蔚文：《劳动者的预告辞职权研究》，载《华南理工大学学报（社会科学版）》，2014年第4期。

② 参见杨景宇：《中华人民共和国劳动合同法解读》，中国法制出版社2007年版，第118页。

③ 参见江锴：《论我国变更辞职预告期约定的效力判定》，载《政治与法律》2021年第9期。

④ 参见张晓阳：《劳动者的预告辞职权》，载《当代法学》2006年第3期。

⑤ 参见曹艳春、周若涵：《疫情背景下船员生命健康权法律保障问题研究》，载《海大法律评论》2022年第00期。

⑥ 参见曹艳春、曹娅珂：《新冠疫情背景下船员休息权问题研究》，载《中国海商法研究》2022年第3期。

的情况下,在其上服务的船员,以规定24小时以上期间的书面文件提出解除契约的申请时,期间届满其雇用契约终止”。[①] 可见,日本《船员法》规定预告期的标准就是采取“港口条件+时间条件”的规定方式,这更加符合航行换班的实际情况。

《劳动合同法》关于预告期时长的设置,基于两方面的考虑,一方面是为用人单位预留寻找替代劳动者的时间,另一方面是为工作交付预留时间。[②] 在我国劳动法制度上,除非劳动者负有保密义务,对于劳动法规定的30日辞职预告期,用人单位与劳动者在劳动合同中不存在合意对其进行变更的空间。[③] 我国当前《劳动合同法》中固定统一的预告期时长规定,对于船员职业而言,过于僵硬、缺乏灵活性。因为,船员只有到达港口并且满足港口下船政策才可以换班。不同船舶到不同港口的时间并不统一,如果船员合同在预告30日后解除之时,恰巧在船上作业,不能就此离船,只能延期到航程结束。并且,船员换班受市场因素影响较大,不宜通过法律明确预告期时长。例如,德国《民法典》规定,为了照顾到各行各业的不同需求,允许双方在集体合同或劳动合同中约定长于法律规定的解除合同通知期。[④] 结合船员职业的特殊性,立法可以允许船东和船员根据职位和港口的特点做出适当的约定,但为避免船东故意拖延寻找新船员的时间,过度限制船员的劳动合同解除权,法律应限制预告期时长的约定范围。

## 三、现有劳动合同解除后果对船员劳动特殊性反应不足

为保护劳动者的择业自由权,《劳动合同法》中关于劳动者主张合同解除的法律后果规定较为单一,即劳动者违反法律规定解除劳动合同,只有给用人单位造成损失的,才承担赔偿责任。为达到限制船员在船工作期间劳动合同解除权的目的,应当重视船员合同解除权法律后果设置与船员合同解除权条件之间的衔接。

法律后果是法律规则中规定人们在假定条件下作出符合或不符合行为模式要求的行为时应承担相应的结果部分,可分为两种:第一种为肯定式的法律后果,即法律承认这种行为合法、有效并加以保护;第二种为否定式的法律后果,即法律不予承认、加以撤销以至制裁。[⑤] 当前船员劳动依据实定法主张合同解除后法律后果制度的影响主要体现在遣返费用分担和船员违约责任承担两方面。

首先,船员职业的特殊性影响合同解除后法律后果的种类。与陆上劳动者不同,船员工作地与家庭生活地往往不在同一地点,尤其在国外下船的船员,工作结束存在遣返问题。《船员条例》第27条对遣返权的适用条件进行简单衔接,即船员

---

① 参见韩立新、王秀芬编译:《各国(地区)海商法汇编(中英文对照)》,大连海事大学出版社2003年版,第694页。

② 参见郑尚元:《劳动合同法的制度与理念》,中国政法大学出版社2008年版,第298页。

③ 参见江锴:《论我国变更辞职预告期约定的效力判定》,载《政治与法律》2021年第9期。

④ 参见德国《民法典》第622条。

⑤ 参见舒国滢:《法律规范的逻辑结构:概念辨析与逻辑刻画》,载《浙江社会科学》2022年第2期。

的劳动合同终止或者依法解除的情况下，享有遣返的权利，由用人单位承担遣返费用。但由于遣返权条款的立法层级较低，船员遣返权的法定性不明确。[①] 因此，在船员主张劳动合同解除的情况下，往往由法官按照合同的约定认定合同解除与遣返费用承担之间的关系。我国目前在法律层面并没有考虑将船员合同解除权的解除事由进行分类，并与船员遣返权之间进行衔接，使其关系法定化。日本《船员法》对船员合同解除与船员遣返之间的关系规定较为明确，日本《船员法》第 47 条规定，由船员主张合同解除的，只有在以下四种情况下，船员可以主张遣返费用或遣返：(1)船舶在雇佣契约成立时丧失了国籍；(2)雇佣契约所规定的劳动条件和实施明显不符时；(3)船员因负伤或疾病不胜任职务时；(4)因船东变更而船员主张解除雇佣契约。也就是说在船员因为船东的原因或者客观不能的情况下，主张合同解除时才可以主张遣返费用。如果是因为船员自身原因主张合同解除的情况下，船东不支付遣返费用，具体情况包括：(1)船员在依省令规定欲继续学习时。(2)船员在提供了船长认为适合代替自己的继任者时，可终止雇佣契约。[②] 韩国 1984 年《船员法》也同样规定，船员不遵守劳动合同而擅自下船的，应自己负担遣返费用。因此，我国船员合同解除权法律规范应当注重船员劳动合同解除的原因与船员遣返权适用条款之间的联动机制。

其次，船员职业的特殊性对损害赔偿责任设置的影响。避免用人单位利用其优势地位对劳动者的辞职权过分限制，《劳动合同法》规定劳动者违法解除合同，只有给用人单位造成损失的，才承担赔偿责任。这也是大陆法系国家的立法惯例，雇员通常只有在给用人单位造成损失时才承担责任，并且虽然雇员必须向雇主承担由此造成的损失，但雇主负有证明损失存在的责任，如果雇主不能证明损失的存在，雇员就对此没有责任。[③] 至于当事人可否约定劳动者违法/违约辞职的违约金条款，在我国劳动法制度中存在转变的过程。在《劳动法》中，违约责任作为劳动合同的一个必备条款，制衡劳动者的合同解除权。但进入《劳动合同法》时代，规定只有约定了培训期及商业秘密保护竞业限制时才可以约定违约金，违约辞职的违约责任条款被从劳动合同的法定条款中排除出去，对此主要的立法考量在于避免用人单位以严厉的违约责任限制人才流动。[④] 由此可见，限制劳动合同中违约金的主要缘由是保障劳动者择业的自由。择业自由是劳动者的基本权利，由于劳动合同具有强烈的人身属性，强制执行劳务给付义务因有强迫劳动之嫌，违背劳动关系的善良风俗，而被原则性地禁止。因此，禁止要求劳动者支付辞职、离职违约

---

① 参见曹艳春、马钱丽：《船员遣返权的法律性质及立法问题研究》，载《中国海洋大学学报(社会科学版)》2020 年第 2 期。

② 参见日本《船员法》第 41 条第 4 款第 1 项、第 2 项；第 42 条。

③ 参见谢增毅：《我国劳动者辞职权的法理与制度构建》，载《法学评论》2018 年第 4 期。

④ 参见田野：《劳动者辞职权的合理边界——以制度制衡为中心》，载《中南大学学报(社会科学版)》2018 年第 1 期。

金已经成为通例。[①] 但是也有学者提出当前我国《劳动合同法》存在严格限制用人单位解雇权利与过度放任劳动者辞职自由的失衡问题,因此,针对劳动者辞职过度自由的问题,应当在固定期限劳动合同中,设置劳动者无因提前辞职的违约责任。[②] 对于船员而言,若船员在船期间任意解除劳动合同、擅自离船将给船舶航行安全造成巨大的安全隐患,在此基础上,应当为限制船员擅自下船设置更为严格的否定性法律后果。在自由船员逐步增多的船员劳动市场背景下,为加强对自由船员的管理,应当允许约定在船工作期间船员擅自离船的违约金,但是法律应当明确规定违约金的上限。

## 第三节　船员劳动合同解除权特殊规制的理论基础

劳动者合同解除权制度关乎劳动者、用人单位乃至整个社会的利益,劳动者与用人单位之间利益博弈的平衡点应当控制在如何的"度"中仍需要进一步论证。[③] 船员行使劳动合同解除权不宜完全适用于现有的劳动合同解除权法律规则,应当进行特别规制,否则将产生巨大的利益失衡。对于船员合同解除权进行特别规制的理论基础源于船员劳动合同正常履行对船舶航行安全存在重大意义,以及由于船员在船期间劳动合同期限较短应更注重对诚实信用原则、比例原则的遵守。

### 一、船员劳动合同解除权安全理念的彰显

劳动合同解除规则是劳动法中体现灵活性和安全性的核心制度。[④] 海上劳动的特殊性使得劳动合同法制度中辞职自由立法与海上交通安全法制度中船舶航行安全保障立法之间,在船员解除权问题上存在法益冲突。劳动法律赋予劳动者辞职权,是劳动者职业自由选择权的一部分,法律对劳动者辞职不予过多的限制,是为了鼓励劳动者自由流动而形成劳动力市场,并禁止任何形式的强迫劳动。[⑤] 支持劳动者辞职权的价值基础在于:一是人身自由,行为人的劳动与行为人的人身密不可分,限制劳动就等于限制人身;二是劳动是自由的,这是劳动者的基本权利,国际劳工组织反对强制劳动;三是如果法律规定劳动者解除劳动合同的理由或者规定其需要理由,当劳动者的理由不成立时,必然会得到一个败诉的裁决,但这样的裁决不可能强制执行,因为法院无法使用强制措施迫使劳动者上班。[⑥] 基于以上

---

① 参见曹燕:《合意在劳动法中的命运》,载《政法论坛》2016 年第 3 期。

② 参见董保华:《〈劳动合同法〉的十大失衡问题》,载《探索与争鸣》2016 年第 4 期。

③ 参见孙雷扬《劳动者劳动合同单方解除权价值初探》,载《中国劳动关系学院学报》2009 年第 1 期。

④ 参见谢增毅:《劳动力市场灵活性与劳动合同法的修改》,载《法学研究》2017 年第 2 期。

⑤ 参见郑尚元:《劳动合同法的制度与理念》,中国政法大学出版社 2008 年版,第 252-253 页。

⑥ 参见黎建飞:《从雇佣契约到劳动契约的法理和制度变迁》,载《中国法学》2012 年第 3 期。

三点价值基础的考量,《劳动合同法》认为在劳动者合同解除制度中保护劳动者自由至关重要。为保证船舶安全航行、停泊和作业,防止船舶污染环境,法律对船舶航行作出最低安全配员的要求。船舶配员不足将会导致在船船员疲劳驾驶,使船舶存在严重的安全隐患,极易因操作不当引发海上交通事故,给人身财产安全造成重大损失,因此船舶配员不足被法院认为是海上交通事故的重要原因之一。[①] 故而,国际和国内立法均对船舶最低配员有明确的规定。SOLAS 公约Ⅴ章第 14 条中规定,各缔约方政府承担义务,各自对本国船舶保持实行或在必要时采取措施,以确保所有船舶基于海上人命安全的考虑,配备足够数量和足以胜任工作的船员。2011 年 11 月 30 日,国际海事组织通过《最低安全配员原则》[ A. 1047(27)号决议],明确规定港口国将检查最低安全配员的符合性证明作为船舶安全配员的证据,且船员资质应符合 STCW 公约规定的各相应级别船员职责的规定。我国在《海上交通安全法》中规定“船舶应当满足最低安全配员要求,配备持有合格有效证书的船员”。交通运输部也因此发布《船舶最低安全配员规则》,规定“中国籍、外国籍船舶在停泊期间,均应配备足够的掌握相应安全知识并具有熟练操作能力能够保持对船舶及设备进行安全操纵的船员”。由此可见,船舶配备足数、适任的船员是船舶适航的法定条件,这也就要求在没有换班船员上船时,原有船员不宜轻易下船。另外,船员在船工作期间解除劳动合同,从而产生不作为或者中途离船的行为,在船东准备不足的情况下,将会给船舶带来不适航的风险,并对船舶航行安全产生影响。退一步而言,即使船东委派临时替班船员,由于替班船员一般都是应急接班,缺乏上船前和在船期间的正规培训,船员责任意识普遍较低,也会给船舶航行埋下安全隐患。[②]

当法的价值出现冲突且无法兼顾协调时,应当运用法益权衡的原则,以“两善相权取其重”的标准决定取舍。[③] 自由与安全的冲突是现代民主法治国家常见的利益平衡难题。毫无疑问,安全是自由的前提,故只有在安全得以保障的情况下,人们才有可能追求自由的目标以及满足自我发展与自我实现的需求。[④] 船员在船舶航行期间单方主张解除劳动合同,中途下船或拒绝履行合同义务将可能造成船舶配员不足或船舶不适航,不仅关乎船舶上的财产安全,也关乎船上人员的生命安全,而生命健康权在所有法律价值位阶中处于首要的、基础的地位。因此,我们认为如果船员的辞职自由可能危害船上人员的生命安全、船舶的航行安全,船员合同解除权就应当受到法律的必要限制。

---

① 参见福建省高级人民法院民事判决书,(2020)闽民终 1417 号。

② 参见穆振迪、韩晶、赵健:《新版〈海上交通安全法〉实施背景下的船员替班问题监管对策》,载《水运管理》2022 年第 5 期。

③ 参见张文显主编:《法理学》,高等教育出版社 2007 年版,第 304 页。

④ 参见甘绍平:《自由与安全的伦理困境》,载《湖北大学学报(哲学社会科学版)》2020 年第 2 期。

## 二、择业自由与诚实信用的权衡

诚实信用原则最初主要适用于债权法，但近来逐渐发展至其他私法部门，甚至是公法、诉讼法领域，劳动合同法亦不例外。① 为平衡劳动者的辞职权与信守契约义务之间的关系，域外很多国家和地区的劳动立法在涉及劳动者辞职规则时通常会对固定期限劳动合同与无固定期限劳动合同区别规定。例如，日本《民法典》第627条第1款规定，不定期劳动契约在劳动者提出辞职申请2周后的任何时候均可终止，不必经过雇主同意，也不必陈述理由；在定期劳动合同中，由于劳资双方对合作期限达成了明确的共识，基于契约精神，劳动者原则上需接受合同期限的约束，除非具备法律列举的正当事由，才可预告辞职。② 也就是说，一般规定“定期合同”中劳动者没有合同任意解除权，这里的“定期合同”一般为临时性的合同，合同的主要目的是完成特定性的任务，属于非典型的劳动合同，而且期限受到严格限制，期限通常较短。③ 这类劳动合同存在合同期限较短、涉及权利义务相对较少等特点。依照持续性合同法理，在有期限的劳动合同中，由于用人单位对于劳动者给付劳动的时间长短有确定的预期利益，该信赖基于合同信守原则应受到法律保护。④ 我国《劳动法》虽然规定固定期限合同、以完成一定工作为期限以及无固定期限合同三种合同期限，但是未规定劳动合同期限与劳动合同解除规则之间存在的关联。⑤ 这一立法现状饱受国内学者诟病。有学者主张由于定期合同和不定期合同法制的设计是基于不同的假设，定期合同是以双方地位平等、信息充分且对称的假设来构建的；不定期合同、解雇保护则以双方地位不平等、信息不充分且不对称作为假设的前提，因此，也应当让定期合同与不定期合同分别体现不同法制理念。⑥ 建议将我国劳动合同的期限规则应当与劳动合同形式规则联系起来，并从比例原则、最小损害原则⑦和诚实信用的契约精神⑧两个角度指出固定期限的劳动合同只能基于法定的正当事由或履行一定的期限后才能解除。与此同时，也有学者指出我国没有按照无固定期限合同与固定期限合同区分劳动合同解除的类型，存在一定的现实原因，即域外很多国家和地区，劳动合同的类型以无固定期限劳动合同为常态，固定期限劳动合同为例外，只能在法律规定的少数情况下适用（如临时性、替代性的工作）。我国则恰恰相反，固定期限劳动合同是劳动合同的主流形态，对期

---

① 参见饶志静：《诚实信用原则在劳动法适用的类型化》，载《北方法学》2016年第3期。

② 参见王琼：《劳动者预告辞职制度的审视与完善》，载《社会科学战线》2021年第5期。

③ 参见谢增毅：《我国劳动者辞职权的法理与制度构建》，载《法学评论》2018年第4期。

④ 参见王千维：《继续性债之关系之基本理论》，台北，新学林出版股份有限公司2020年版，第67页。

⑤ 参见潘伟梁：《劳动合同法定解除的若干问题》，载《中国劳动》2004年第8期。

⑥ 参见董保华：《劳动合同期限制度设计的理念选择》，载《中州学刊》2005年第6期。

⑦ 参见姜颖、李文沛：《试论比例原则在劳动合同解除中的应用》，载《河北法学》2012年第8期。

⑧ 参见钱叶芳：《〈劳动合同法〉修改之争及修法建议》，载《法学》2016年第5期。

限长度没有特别的限制，无固定期限劳动合同则是少数情况。① 而且我国法律对固定期限劳动合同的期限规定较长，在此情形下，如果辞职权仅仅适用于无固定期限劳动合同，则占主导地位的固定期限劳动合同下的多数劳动者无法获得就业自由的保护。② 具体到海上劳动，船员在船工作明显具有短期性的特点。《2006 年海事劳工公约》对船员在船服务时间具有明确的上限限制，根据《2006 年海事劳工公约》的规定，船员在船服务时间最长不超过 12 个月，实践中船员在船服务合同的时间为 8—10 个月，是典型的固定期限劳动合同。在劳动合同短期化的情况下，劳动者缺乏职业安全感，不能把自身的命运和其所在的用人单位结合起来，如果劳动者合同解除权仍没有限制，就使得用人单位的用工安全感降低，影响和谐劳动关系的实现。③ 因此，基于船员在船的合同期限较短的特点，应当限制船员在船期间的合同解除权，船员只有在出现法定事由或不影响船舶配员时才享有合同解除权。除此之外，由于期限的约束力，对固定期限劳动合同应当实行更加严格的违约责任，这已成为劳动法学界比较流行的观点。④ 其法理在于，当劳动者被赋予了自由度很大的辞职权以保障其人身权时，用人单位信赖的劳动合同原本可存在的预期破灭，损害用人单位的信赖利益，劳动者必须在财产上予以填补，以使两种利益在新情形下重新达到平衡。⑤

综上，构建船员劳动合同解除权法律规则的基本理念应当突破《劳动合同法》中单纯的倾向保护劳动者的立法理念，而以利益衡平原则为导向，综合考虑船舶航行安全的利益、船东基于短期合同的期待利益构建船员劳动合同解除权制度。在利益衡平的过程中应当充分考虑船员职业的特殊性，增强船员解除劳动合同法律规则的明确性、可操作性，从而有效调整船员劳动合同解除法律关系，切实解决船员滥用劳动合同解除权侵犯更大利益的问题。

## 第四节　航运安全视角下完善船员劳动合同解除权制度的建议

船员职业的重要性与特殊性决定船员劳动应当有特殊的立法调整，平衡各方利益。船员劳动合同解除权应当结合船员职业的特殊性进行重置，劳动合同解除

---

① 参见王全兴：《劳动法》，法律出版社 2008 年版，第 174 页。

② 参见田野：《劳动者辞职权的合理边界——以制度制衡为中心》，载《中南大学学报（社会科学版）》2018 年第 1 期。

③ 参见王天玉：《"和谐"与"稳定"之辨——劳动者辞职权制度的反思与重构》，载《时代法学》2009 年第 2 期。

④ 参见林嘉：《审慎对待〈劳动合同法〉的是与非》，载《探索与争鸣》2016 年第 8 期。

⑤ 参见熊晖：《论辞职权之权利基础与权利实现》，载《商场现代化》2006 年第 17 期。

权与劳动法上其他规则都是体系完整的周延系统，因此它的完善应当与其他规则相衔接，[①]也就是说船员劳动合同解除权的确定应当与船员劳动合同期限、解除权预告期、船员遣返、违约责任等法律制度有效衔接。

## 一、单独构建船员劳动合同解除规则体系

船员作为海上劳动者，其工作环境、工作习惯等与陆上劳动者相比存在很大的不同。船员劳动合同与陆上劳动合同相比具有鲜明的特征，但是《劳动合同法》并没有提供一套具有针对性的适用规则，这使得在司法实践中，涉及船员劳动合同解除的案件存在“同案不同判”的现象。法律是规定外部行为并被认为具有可诉性的规则之整体，[②]船员劳动合同解除法律适用存在的问题归根结底是法律规范体系出现问题。因船员职业的特殊性，使得船员劳动合同解除权在解除条件、法律后果等方面都与陆上劳动者具有巨大差异，从而对以倾向保护劳动者为原则构建的劳动合同解除制度发起挑战。构建和谐劳动关系应当注重在保护劳动者辞职自由的基础上构建约束劳动者滥用辞职权的制度体系，以提高劳动者的职业诚信度。[③]如不对船员辞职权加以控制，则会对海上安全造成巨大隐患。因此，通过立法对船员劳动合同解除制度进行单独规制，无疑是解决涉及船员劳动合同解除权案件“同案不同判”、因船员在船期间任意解除劳动合同造成配员不足问题的最好办法，同时也有利于构建和谐的海上劳动关系。

## 二、明确船员劳动合同解除权的条件

立法应当明确船员主张劳动合同解除须满足的条件，分为两部分，一部分是对船员主张劳动合同解除事由的限制，另一部分是预告期条件的限制。

首先，船员主张劳动合同解除的条件应当综合考虑航运风险进行重新规划。船员主张劳动合同解除条件的设置应当兼顾船东与船员利益的平衡，形成适合船员职业劳动者劳动合同解除的新标准。在实践中船员职业风险较多，法律难以一一列举。特殊立法中采取“列举式+概括式”的方式进行规制较为恰当。应当在《劳动合同法》的基础上，结合海上风险修正船员主张劳动合同解除的情形。船员辞职条款的设置不仅是出于保护船员的合法权益，还具有促进船东依法管理的积极作用。综合考虑海上船员可能会承担的风险，建议特殊立法中将船员可以主张劳动合同解除的条件设置为：(1)未按照劳动合同约定提供劳动保护或者劳动条

① 参见郑尚元：《劳动合同法的制度与理念》，中国政法大学出版社2008年版，第252-253页。

② 参见[德]赫尔曼·康特洛维茨：《为法学而斗争：法的定义》，雷磊译，中国法制出版社2011年版，第156页。

③ 参见徐小平、蔡健晖：《劳动者辞职权引发的职业诚信的思考》，载《安徽工业大学学报(社会科学版)》2010年第1期。

件的；(2)未及时足额支付劳动报酬的；(3)用人单位的规章制度违反法律、法规的规定，损害劳动者权益的；(4)船员工作于合同约定的某特定航线后，如果该特定航线发生了实质性变化，经过船东与船员的协商，就调整航线无法达成一致意见的；(5)船员所在船舶或预定的船舶航行于战争、暴动等危险的地区；(6)如果船员所工作的船舶，依照 SOLAS 公约或港口国检查，被证实不适航，并且船舶的缺陷永久不能得到修复，使船东不能继续履行合同约定的义务；(7)船员因受伤或患病，不能担任本职工作的；(8)船东变更的；(9)其他重大或者不得已的情形。

其次，单独规定预告期制度。将预告期制度、合同解除理由分别作为船员主张合同解除的条件进行规定，也就是说即使船员满足合同解除的条件，在非紧急的情况下仍有义务预告通知船东。预告期的设置标准应当结合航运习惯、船员换班等复杂情况进行特别规制，采用“港口条件+时间条件”的方式进行设置。根据船员招聘市场的实际情况，为保障航行安全，可以变通规定，使预告期时长的确定方式更加灵活。法律可以授权船员集体合同、合同当事人对预告期时长进行协商，认可集体合同、劳动合同约定变更岗位准备期的有效性。但是法律应明确限制预告期时长的协商范围和港口选择范围，规定当事人约定预告期时长不能超过法律规定的时间界限，以防船东过度限制船员。至于预告期时长范围的确定可以根据《2006 年海事劳工公约》确定，《2006 年海事劳工公约》对船员主张解除合同的预告期进行了专门的规定，一般来说，海员和船东提前终止海员就业协议发出预先通知的最短期限不得短于 7 天。船员单独立法中可以明确，一般情况下，船员应当在到最近港口前 7 天向船东提出解除权。在合理情况下，船东和船员可以约定延长预告期。约定的合理性由司法裁量进行判定，有学者提出，认定用人单位和劳动者约定的合理性可以从以下几个方面考量：“(1)用人单位在与劳动者签订劳动合同时已经就延长辞职预告期限向劳动者进行了特别提示和说明；(2)用人单位在劳动合同中所约定的辞职预告期限不是任意的，而是充分参照了行业特征、惯例、重新招聘员工的时间以及企业经营便利等因素；(3)用人单位的这种约定是出于劳动者所要任职工作岗位的客观需要，并且是善意的；(4)综合以上因素，用人单位作出延长法律规定的辞职预告期限的约定是公平合理的，司法者就应当支持其延长辞职预告期限的诉求，判定劳动合同约定的辞职预告期限对劳动者具有约束力。”①我们认为可以借鉴此标准作为集体协商和个人劳动合同判定约定预告期合理性的标准。具体到船员劳动，预告期的设置应当考虑港口，以及当时市场船员供给的实际情况。

### 三、船员劳动合同解除权行为模式的构建

当下劳动法律规范中对劳动者主张合同解除法律规则的行为模式单一，只有

---

① 洪小东、顾德瑞：《约定与法定辞职预告期限冲突的司法裁量》，载《中国劳动》2016 年第 20 期。

可为模式，也就是说无论如何劳动者均有辞职的权利，只是情形条件有所差异，但是船员劳动的特殊性对劳动立法单一的可为模式设置产生挑战。船员职业相比其他职业的雇用形式较为复杂，应当结合船员劳动的实际情况，分别规定船员劳动合同解除权的法律适用规则。

船员市场逐步自由化的背景下，根据船员与船东的从属性强弱，船员类型分为自由船员（包括派遣船员）与自有船员。其主要区别在于合同期限的长短和合同期限内船员所处的工作阶段种类不同。自由船员与自有船员两者在船期间受到同等的管理与待遇，区别在于下船之后与船东之间的关系。自有船员一般与船东签订较长期限的劳动合同，船员根据船东的安排服务于不同的船舶。在其整个劳动合同期限内，大致可以分为两个阶段，上船服务期、下船休息待派期。对于自有船员来讲，船员下船期间，同普通劳动者一样受船东管理，从属于船东。自由船员一般按照航次同船东签订上船服务协议，自由船员的合同期限有时等同于上船服务期限，船员下船时合同终止。结合这一船员雇佣实际情况，立法中应明确强调船员在船期间与下船期间适用不同的合同解除规则。船员下船期间的合同解除权同陆上劳动者主张合同解除权的类型相同，适用《劳动合同法》享有即时解除权和预告解除权。对于船员在船期间，增加勿为行为模式，即船员只能在满足法定条件时才有权主张解除合同，不得无条件擅自主张解除合同，否则将构成违法解除合同，应承担相应的法律责任。

## 四、船员劳动合同解除权特殊的责任体系构建

由于船员劳动给付终归涉及人身权益，不能强制船员劳动，因此，对船员合同解除权的限制不能以强迫劳动的方式禁止辞职，而是通过法律后果限制船员违约的劳动合同解除行为。船员合同解除后的法律后果可以分为肯定性的法律后果与否定性的法律后果，肯定性的法律后果表现为船东对船员遣返费用的承担，否定性的法律后果表现为违约责任的承担。

首先，立法应当明确船员主张合同解除条件与船员遣返费用承担之间的内在关系。船员遣返费用的承担应当根据船员合同解除的原因分别进行规定，法院在判决因合同解除涉及遣返费用的案件时，应当对船员主张合同解除的理由进行审查。如果船员是因为非正当理由解除合同并擅自离船，船员应当自行支付遣返费用；如果船员是因为合理的原因主张解除劳动合同，船东应当支付船员的遣返费用。

其次，根据船员解除合同的不同条件制定不同的赔偿责任。船员依照法定条件主张解除合同时，根据船员主张解除合同的事由确定劳动合同当事人的责任。若船员由于船东的违约或者侵权行为主张解除合同，船东应当按照《劳动合同法》承担相应的损害赔偿责任；如果因为客观原因或者船员自身的合理原因解除合同，

则双方均不承担违约责任和损害赔偿责任；只有船员在船期间不遵循法律的规定无条件解除合同的情况下，船员才承担损害赔偿责任。同时，特殊立法应当允许船员与船东就船员任意解除劳动合同并擅自下船的行为提前约定违约金，同时应当明确规定违约金和损害赔偿金的限额，限额不能超过船员在航行中途下船造成的直接损失的一定比例。

## 本章小结

合同解除制度是劳动合同中一项重要的制度。在船员劳动市场化的现实背景下，由于航行安全的需要以及船员上船服务的短期性特征，应当突破当前《劳动合同法》中的一般劳动合同解除制度，构建特殊船员劳动合同解除制度，以达到各方利益的平衡。在制定船员合同解除权条件时，应当考虑船员劳动的特殊风险。首先，在原有劳动合同即时解除合同条件的基础上，增加航行过程中可能存在的客观风险，保障船员合法的合同解除权。与此同时也要限制船员的合同解除权，船员不得擅自离船，以保障船舶的航行安全以及船东合理的期待利益。其次，将预告期作为船员在船期间合同解除的必备条件，设置船员合同解除预告期条件时应充分考虑换班的实际需求，允许当事人约定合同解除预告期，但是法律也要规定预告期约定的范围，防止船东过度限制船员合同的解除。最后，在船员合同解除法律后果的构建中，为避免船员任意解除合同、擅自下船的情形发生，允许船东与船员提前约定违约金，但同时也要明确限制船员承担违约责任的情形，以及控制船员违约赔偿数额的上限。

# 第七章　女性船员平等就业权保障问题研究

传统航运行业被认为是男性的职业，海事领域的性别机会平等问题对人类进步，以及尊重和承认人权构成了挑战。[①] 随着现代船舶技术发展和自动化系统的应用，船员船上劳动负荷减轻，女性可以执行曾经被认为强体力劳动的任务，这对促进女性船员的发展具有重大意义。2019 年 6 月 25 日，是世界第 9 个海员日，海员日主题旨在关注"船上工作性别平等"，提倡航运界提高性别平等意识。为促进我国女性船员人才发展，应当重视女性船员的平等就业权，建立保障女性船员平等就业权及其他劳动权益的法律体系，让女性顺利参与建设航运强国的事业。[②]

## 第一节　女性船员平等就业权保障的现状及问题

针对女性在海事领域参与度较小的现状，国际海事组织于 1989 年发起"妇女参与发展方案"，其发展目标如下：将妇女纳入主流海洋活动；改善妇女获得海洋培训和技术的机会；提高海洋部门高级管理人员的女性比例；促进女性的经济自由，包括获得就业机会。在其后的三十多年间，国际海事组织联合发展中国家和国际妇女海事协会（Women in Maritime Association，WIMA）在第三世界国家开展各类培训项目，旨在为女性参与海

---

① See Cristina Dragomir & Felicia Surugiu, *Seafarer Women-Perception of the Seafaring Career*, Political and Law Science, p. 15-18(2013).

② 参见司玉琢：《海商法专论》，中国人民大学出版社 2007 年版，第 314 页。

事行业增权赋能，囿于现实因素，效果并不显著。迄今为止，女性船员就业难、上船难是中国乃至世界航海业面临的难题，女性在海事领域依旧遭受着不公正待遇与歧视。

## 一、女性船员就业平等的现状

### （一）女性船员入职前就业机会少

当前女性船员行业发展依然存在着招生难、就业难、性别歧视等问题。本书课题组调研时，上海海事大学的一位老师讲述，尽管该学院的航海系从 2002 年开始招收女生，每年毕业的女生在 20—30 个，但是 11 年来，只有 10 余位女生坚守在航运岗位上，而能够上船作业的女生更是少之又少。每年到招聘季，就有女生担心就业的问题。《2020 年中国船员发展报告》显示，截至 2020 年年底，我国共有注册船员 1,716,866 人，女性船员数量为 258,896 人，占比为 15.08%。但是，我国持有船员证书的女性多数服务于邮轮，所负责的工作并非驾驶、引航、机械维修等，而是餐饮服务、客舱服务与管理等与邮轮旅游业密切相关的工作。从严格意义上讲，在邮轮上提供乘务服务的女性并不能算作传统意义上的“船员”，尽管这些女性持有船员证书，但她们多数从邮轮乘务专业毕业，所学习的课程也与船舶驾驶和船舶机器管理无关。马士基公司一直致力于实现航运业内的性别平衡，该公司表示，丹麦行业协会于 2020 年 1 月发布了旨在促进航运领域实现更多性别平等的“宪章”，但一年过去，仅 23 家公司支持，数量落后于既定目标，而签署“宪章”的 15 家公司中也有 5 家尚未制定正式目标。① 总体而言，世界范围内的航运企业对女性并不青睐，多数公司与船舶管理公司几乎不聘用女性船员。即使有航海专业毕业的女性求职，她们也通常因性别因素被企业拒之门外。

### （二）女性船员劳动保护水平低于男性船员

保障女性船员的平等就业权就要保障其受到同等安全的就业条件，女性在船员行业处于弱势劳动者地位。船员男女工资差异大，北英格兰保赔协会（North P&I Club）根据《2020 中国职场性别薪酬差异报告》得出，航运业中男性和女性的收入差异为：女性的收益中位数比男性低 44.7%、女性的平均收益比男性低 49.9%；女性的奖金中位数比男性低 48.9%、女性的平均奖金比男性低 68.1%。②另外，一个长期为男性群体的环境可能会出现性别歧视，甚至有可能出现性骚扰的问题而导致女性船员离开船员行业。一项对康斯坦察海事大学航海专业的女性学员和毕业生的调查显示，女性在海员职业生涯中最担心的问题是性别歧视和性骚

---

① 参见《全球首次！一艘全部由女船员执掌的液货船今天起航了》，载国际船舶网，http://www.eworldship.com/html/2021/OperatingShip_0308/168757.html。

② 参见《航运业薪酬性别差异：女船员平均收益比男船员低 50%？》，载海事服务网，https://www.cnss.com.cn/html/cydt/20210114/339470.html。

扰，其次才是机械设备操作困难、事故风险、孤立、疲劳和工作量增加。[①] 1998 年，海员国际研究中心对欧洲共同体船队的货船上雇用的女性海员进行的研究发现，女性船员认为同船男性船员总是监视和强求她们在所能承受的极限点工作，以至于她们不得不更加努力地工作或承担更艰巨的任务来证明自己的能力。[②]

（三）女性船员就职后发展机会受限

当前，持有高级船员证书女性数量稀少，难以在航运业的女性议题方面发挥作用。2020 年国际航运协会（International Chamber of Shipping，ICS）的调查报告显示，女性较多从事甲板部初级船员、服务员的工作，船长、轮机部船员的比例较低。97.52%的航运企业雇佣女性从事岸基管理工作，主要集中在行政、船员管理、人力资源和财务岗位。[③] 2022 年，欧盟海事安全局发布《欧盟海员数据评述》，数据来源于 STCW-IS 从 2020 年至 2021 年底收集的数据。该报告显示，在欧洲的船员劳动力市场中，男性船长及高级船员占高级船员总数的 97.65%±0.09%，女性船长及高级船员所占比例仅为的 2.35%±0.09%。[④] ITF 海员信托和南安普敦索伦特大学资助的研究项目下设有性别、授权和多元文化船员研究小组，该研究小组以上海女性学员作为研究对象，通过对四家公司中具有船员招聘经验的经理进行访谈，他们发现这些人事经理都是男性，反映出海洋行业的性别偏见的本质：其中男性不仅在数量上占主导地位，而且在管理和其他高级职位上更是如此。[⑤]

（四）船上缺少对女性船员友好的就业条件

长期以来，航运业一直由男性主导，船队往往全部由男性组成，偶尔能够在货船上看到 1 名至 2 名女性船员的身影。为满足男性在船工作的需求，工作服装、工作靴等防护用具都是按照男性身高、需求设计，女性船员不得不要求雇主另行提供合适的工作用品。[⑥] 由于造船厂默认船舶的使用者是男性，所以很少在船舶上设置具有明显分隔的男女船舱，也未配备完善的女性卫生健康用品、盥洗室，因此，女

① See Corina Popescu & Anastasia-Elena Varsamim, *The Place of Women in a Men's World from a Maritime University Perspective*, Proceedings of the 7th WSEAS International Conference on Engineering Education, p. 182-186(2010).

② See Minghua Zhao, *Women Seafarers in the EC: A Preliminary Report Based on German and UK Case Studies*, Cardiff Seafarers International Research Centre, 1998.

③ See ICS: *ICS Diversity Tracker*, International Chamber of Shipping (Nov., 2020), https://www.ics-shipping.org/wp-content/uploads/2020/11/ICS-Diversity-Tracker-compressed.pdf.

④ See EMSA, *Seafarers' Statistics in the EU Statistical Review* (2020 *Data from the STCW-IS as Provided by* 31 *December* 2021), (July 1, 2022), https://safety4sea.com/wp-content/uploads/2022/07/EMSA-Seafarers-Statistics-in-the-EU-2020-2022_07.pdf.

⑤ See Minghua Zhao & Lijuan Zhao et al., *Chinese Women Seafarers: A Case Study of the Women Cadets in Shanghai*, Marine Policy, Vol. 83, p. 42-43(2017).

⑥ 参见宁波海事：《一位女船员的自白：我在船上面临的 8 个挑战》，载航运在线，http://news.sol.com.cn/html/2019-09-27/ADE8E3CDD8412579A.shtml。

性船员在船工作的性安全问题成为她们进入海事行业的阻碍。除此之外,女性船员在使用船上生活设施时存在诸多不便:在陆地的工作环境中,企业会为女员工配备女性专用的卫生间、更衣室等,有的企业甚至设置有母婴室,而在封闭的船上工作环境,女性船员没有独立的隐私空间,必须与男性共用活动区域,男女的休息舱也没有完全隔离,对女性船员而言在船上生活存在性别尴尬与不适。尽管《2006年海事劳工公约》要求必须为女性船员配备独立的卧室、卫生设施,但对比男性船员享受到的健康保障待遇,女性船员在基本的劳动权益保障方面仍处于劣势。

## 二、女性船员平等就业权法律保障存在的问题

### (一)女性船员平等就业权法律规范笼统

自中华人民共和国成立以来,我国一直把促进女性就业平等放在保障劳动者就业权利的重要位置。《宪法》赋予了公民平等权,规定公民在法律面前一律平等。《劳动法》第3条明确规定了劳动者的平等就业权。平等就业权作为劳动权的一种内在权利,是指平等获得就业机会的权利,是公民宪法上平等权在劳动就业领域的延伸和具体化。平等就业权包括就业主体平等、就业机会平等和同工同酬三个方面。① 《劳动法》第12条规定:"劳动者就业,不因民族、种族、性别、宗教信仰不同而受歧视。"《就业促进法》规定:"国家保障妇女享有与男子平等的劳动权利。用人单位招用人员,除国家规定的不适合妇女的工种或者岗位外,不得以性别为由拒绝录用妇女或者提高对妇女的录用标准。用人单位录用女职工,不得在劳动合同中规定限制女职工结婚、生育的内容。"②《妇女权益保障法》第41条规定:"国家保障妇女享有与男子平等的劳动权利和社会保障权利。"除此之外,各省、市的行政法规、行政规章也针对个别问题有着具体规定,例如,《江苏省劳动合同条例》第9条规定,妇女联合会应当采取措施促进平等就业工作,消除就业歧视,保护劳动者权益。从整体视角出发,可以发现我国法律对女职工的保护以"禁止歧视"为着力点,旨在促进女性平等就业。然而,一方面这些法律条文以原则性规定为主,缺乏可操作性;另一方面缺乏专门针对女性船员的特别保护,在《海商法》《船员条例》中均没有对如何改善女性船员在择业时面临的性别歧视问题进行规定。

如何切实保障女性的劳动权益,以及在尊重女性自主择业权的基础上促进行业内部性别平衡是劳动法乃至社会法在未来的立法进程中应当解决的问题。

### (二)女性平等就业的内外监管机制不健全

在内部监管机制方面,体系完善的大型企业通常会在内部设置监管部门,如纪检部门等,这些部门负责监督发生在企业内部的违纪违法现象,包括纪律审查、党

① 参见庞铁力:《劳动权的平等保护及禁止就业歧视的法律思考》,载《法学杂志》2012年第3期。

② 《就业促进法》第27条。

风廉政教育、各类专项行动等，同时也会受理员工举报与投诉。然而，公司内部对性别歧视敏感度较低，往往不会对此方面的问题开展调查，一项针对职场性骚扰的问卷调查显示，在向单位求助的情况中，超过一半的用人单位对受害者进行了安抚，但对施害者不作出任何惩罚，这表明大部分用人单位在面对性骚扰投诉时息事宁人的态度。① 在外部监管机制方面，尽管人社部、司法部、教育部等九部门发文提出保障妇女的平等就业权，通过开通热线等方式监督就业中的性别歧视问题，但是依然有雇主在招聘、晋升和解除劳动合同过程把性别因素列为隐形招聘条件，女性在面试、升职阶段屡屡碰壁，公司裁员也把女性列为首要人选，非传统性别行业更是如此。目前，如果女性在工作中受到不平等待遇，权利救济主要发生在事后阶段，此时侵权结果已经造成。然而，劳动者的弱势地位使得女职工的维权成本高，雇主的违法成本低，导致女职工遭遇不平等待遇时往往忍气吞声，雇主在歧视女性方面则变本加厉。我国对用人单位的监管主要集中在事中与事后阶段，监管内容以招聘阶段发生的性别歧视情形为主，主要审查招聘公告是否含有歧视性内容，难以触及发生在雇佣关系中隐形歧视，如性骚扰、不公正待遇或不合理的打压。劳动者主动向监察部门举报、投诉发生在事后监管阶段，我国船员劳动保护重要方式为港口国监督检查，由于对女性船员权益保护立法的缺失，当前并没有将针对女性船员的就业歧视列为海上劳动监察的重点范围。

(三)女性船员缺少集体组织保护

船员职业具有跨国性与流动性，船员在其职业生涯中长期处于海上航行的状态，相互之间也难以取得联系，他们无法像陆地劳动者一般结成严密的工会组织，女性船员更是难以拥有与同性船员交流合作的平台。女性船员在世界航运业中所占比重较小，仍然属于弱势群体，除少数由女性船员掌管的船舶外，多数船舶充其量只有一两名女性。我国《工会法》规定，在企事业单位中，女职工人数较多的，可以建立工会女职工委员会，在同级工会领导下开展工作；女职工人数较少的，可以在工会委员会中设女职工委员。② 这项规定对于保护女职工的结社权和附加劳动权益具有积极意义，考虑到女性船员劳动权益保障的难度与特殊性，在公司内部成立女性船员委员会的难度较大，根据我国《工会法》的上述规定，我国的船员工会基本无法组建工会女职工委员会，仅能实现在工会委员会中由女性船员出任女职工委员。尽管我国女性船员比例较小，但是基于我国庞大的船员规模，女性船员的劳动权益仍然不容忽视。然而，少数群体的声音难以得到重视，仅依靠少数女职工委员的力量难以使女性船员的劳动权益问题得到关注。

---

① 参见《职场性骚扰调查报告：九成以上的受害者是女性》，载新浪网 2018 年 12 月 1 日，https://k.sina.com.cn/article_6011263973_1664c9be502000dvi3.html。

② 参见《工会法》第 11 条。

## 第二节 女性船员平等就业权易受损的成因

“女性是弱势群体”的思想对女性就业产生负面影响，航运领域把女性视为不可胜任的性别角色，人们普遍认为她们不应在船上与男人“争一席之地”。此外，船上工作环境对女性安全的威胁也成为影响女性平等择业的重要因素。

### 一、女性船员受歧视的文化根源

航运业对女性存在刻板印象，人类文明中父系社会的统治思想残存至今且对航海文化具有显著影响，女性被认为是弱势、应当受到排斥与不公正待遇的一方。在造船技术不甚发达的古代，恶劣的天气和未知的海上风险为大海蒙上一层“神秘面纱”，人们也产生种种迷信思想，认为发生倾覆或失踪的船舶受到诅咒，女性更是会给船舶带来厄运。至今，东西方的航海文化对女性的负面评价高度一致，例如：女性天生不适合航海或女性上船会给船舶带来不幸、不吉利等。在古代的航海习俗中，人们为船舶初次下水举办庆典，要用女奴的鲜血沾染船身，意味着为船只注入生命力，向海神献祭；其他女性也需要谨慎约束自己的一言一行和衣着，发出过大的声音、穿着白色衣物或浓妆艳抹均有可能触犯忌讳，带来不好的预兆。1956年，丹麦法律规定，国王陛下禁止女人与猪登上军舰，一旦发现，犯禁者立刻开除。在20世纪初的俄国，即使是社会地位较高的女性，也不能进入游艇俱乐部。① 东西方都赋予女性神格，认为保护航海安全的海神为女性，如东方的妈祖，这反映出中国传统女性在封建社会下中的“工具性”作用。② 在现代社会，尽管迷信思想已被摒弃，女性船员难以上船工作却是不容置疑的事实，还有小部分男性船员依然保持偏见，认为古代禁止女性上船具有一定的道理，虽然不会带来诅咒，但也会给船舶航行带来麻烦。从现实角度考虑，船舶条件简陋、体力劳动较多，为应对海上风浪和危险，拥有体力优势的男性往往成为最佳的船员人选，男性逐渐垄断船员培训、船舶管理等海事行业的其他部门，成为女性进入航海领域的阻碍因素之一。

### 二、船员行业对女性角色定位存在固有偏见

对女性船员的固有偏见也鉴于传统的社会分工与生理特点。一方面，在传统家庭分工的框架下，女性需要承担更多的家务劳动义务，工作的时间被挤占，再加上我国关于子嗣繁衍的观念颇深，多数女性一结婚几乎要面临生育问题，认为女性应当承担操持家务、生育、抚养幼儿的责任，远离家庭、陆地的工作不能让女性的这

---

① 参见叶令况：《西方女性与航海迷信》，载《航海》1988年第2期。

② 参见张瑞波：《儒学女性观下妈祖官方形象解析》，载《莆田学院学报》2017年第4期。

一作用得以发挥。因此,有的雇主基于女性船员会因生育和其他照顾等原因过早离开该行业的假设,不愿接受女学员或合格的女性船员,他们认为女性不会在该行业停留太久。① 但是,长期离开家庭是航海的一个特质,澳大利亚航海安全联合会发现船员长期与家人和伴侣分离是男性船员离开航海业最普遍的原因,②可以看出因为常年离开家而最终放弃上船工作不仅是女性船员专有的问题,也是整个航员群体的问题。另一方面,生育保险、生育假期转化为企业劳动力投资成本,雇佣女性意味着人力支出攀升。因此,理性雇主往往遵循大数原则,对女性在劳动力市场分配的精力预设较低,为了节约雇佣成本而将女性拒之门外。③ 这种以营利为目的的用人需求减少了女性的就业机会。与男性相比,女性船员在航运领域职业上升空间小,且进展缓慢,处于高级管理或高级船员岗位的女性也往往因势单力薄难以发挥作用。

### 三、封闭的工作环境易对性安全造成威胁

多数商船的航行周期为 6 个月至 1 年,这意味着女性船员需要长期在封闭的环境中与男性船员共处。由于一直在海上航行,船员每天面对的场景便是一望无际的大海和狭小的船舱,这使得船上生活枯燥乏味,远离故土的思乡情怀和无法与亲朋畅所欲言的苦闷无疑增添了船员的心理压力,有时也会助长他们的消极情绪。受到消极情绪的影响,人们的行为发生偏差的可能性增大,作为船上为数不多的异性,女性船员的一举一动都备受关注,甚至有人会超越同事的界线对女性船员进行骚扰或实施猥亵、性侵害,这种职场性骚扰可能来自上级具有支配权利的领导和普通同事。职场性骚扰是一种侵害行为,侵害了受害人的人身权,而不仅仅局限于侵害受害人的性利益,是加害人对受害人实施的、基于性或性别的行为。该行为会对受害人的工作造成实质损害,是一种使受害人的工作环境变得充满敌意性、胁迫性、侵犯性的侵权行为。④

---

① See ILO: *Promoting the Employment of Women in the Transport Sector-Obstacles and Policy Options 2013*, International Labour Organization (Dec. 20, 2013), https://www.ilo.org/sector/Resources/publications/WCMS_234880/lang-en/index.htm.

② See Helen Sampson & Michelle Thomas, *Risk and Responsibility*, Qualitative Research, SAGE journals, Vol. 3:2, p. 165-189(2003).

③ 参见王肖婧:《劳动力市场的性别收入不平等及女性贫困——一个人力资本和社会资本理论的双重视角》,载《财经问题研究》2018 年第 3 期。

④ 参见曹艳春、刘秀芬著:《职场性骚扰雇主责任问题研究》,北京大学出版社 2016 年版,第 33-34 页。

## 第三节 保障女性船员平等就业权的价值分析

在海事行业,提高女性参与度可以促进海事行业的可持续发展,对船员的数量、质量与心理健康能够产生不可忽视的效能。

### 一、女性船员能够补充海事行业的劳动力资源

目前,中国海员总量呈现短缺状态。受新冠疫情等因素影响,中国海员供求指数(Chinese Seafarers Supply and Demand Inde, CSSDI)显示,与2019年相比,2020年中国海员总体供求情况变化较大,下降了9.63%,总体呈现短缺态势,缺口为4.2%。[①]《2021年海员劳动力报告》指出,虽然看起来海员供应量比2015年增加了10.8%,但仍不能完全满足岗位1.4倍的需求。此外,高级船员供不应求,既有技术又有管理能力的高级船员成为主要缺口。"船员荒"制约航运业进一步发展,与我国建设"航运强国"的目标背道而驰。油轮业和海工业务板块,甲板部的高级船员有明显短缺。[②] 经过十余年的发展,国内海事教育机构已经培养出大批熟练掌握专业技能的女性,经过专业化、体系化的培养,她们持有船员证书或高级船员证书,成为海事行业不可多得的专业技术人才。《2020年中国船员发展报告》显示,与其他国家相比,我国持有船员证的女性多数为内河船员,因此很难在海船上看到女性的身影。究其本质,还是在于女性船员在航运业不受欢迎并屡次遭遇歧视。保障女性船员的平等就业权有助于消除女性进入海事行业的壁垒,增加女性船员向海事行业回流的概率。吸引女性船员参与海事行业,不仅有利于补充船员劳动力资源,更能够填补高级船员缺口、提升我国船员在世界劳动力市场的竞争力,缓解"船员荒"的难题。如今,我国的航运业迎来高速发展的黄金时期,若海事行业能够提高招募女性的比例,将会有更多女性船员流向航运业,为海事行业的发展注入新的活力与劳力支持。

### 二、女性船员符合智能船舶的发展需求

随着科技的发展,不断进行船上条件的优化是呼吁女性船员上船的重要前提。从历史角度上看,大众对船海生活普遍的印象是无趣、艰苦、环境恶劣的,再加上它

---

① 参见中国海员供求指数编制室:《中国海员供求指数研究报告》(2021年版),第4页。

② 参见信德海事:《问题严重:海员短缺超26000人,年轻人正在离开航运业》,载中华航运,http://info.chineseshipping.com.cn/cninfo/TodayTopNews/202108/t20210802_1355646.shtml。

普遍被认为是个男性的职业,由此大众更加认为船员不适合女性。[①] 但是随着科技的发展,航运职业的艰苦性、危险性有所降低,以计算机为基础的现代化管理和通信手段已广泛地应用在航运企业的各个领域,使得航运业不再是以体力劳动为主体,而是以脑力劳动为主体;同时,大型船舶和超大型船舶的出现使船的稳定性能提升,先进的通信设备、完善的救生设备和全球海上遇险与安全系统的建立等使得女性高级船员完全有能力胜任船上各项工作。[②] 智能航运的发展将改变船员结构:一方面,传统船员职位有可能被淘汰,新的岸上操作职位产生;另一方面,操作技术与学习、分析数据的能力成为筛选船员的重要标准,复合型、应用型的智能航海人才将组成新型船员队伍。智能船舶对船员的需求导向使得船员工作的两性差异快速缩小,性别不应再成为女性参与航运业的门槛障碍。

与现代航运业的发展趋势相适应,我国海事教育机构已经招收年轻女性进入航海专业与轮机工程专业学习,尽管与男性学员相比女性的数量仍处于劣势,但在全国范围内,每年毕业的女性船员已经初具规模。具有大专、本科学历的女性船员接受了完整的航海教育,她们掌握航海学、船舶操纵、船舶避碰等传统航海知识和技能,同时能够发挥女性优势,学习提升与他人、系统、设备、程序及其环境互动的能力。

### 三、女性船员对稳定船员队伍具有助益

女性融入海商行业符合人性需求并能够提高生产效率。[③] 如果我们希望社会蓬勃发展,便需要在各个层面发挥其所有才能和人力资源。封闭环境下单一性别群体容易产生心理问题,在航海专业中招收适量女性,有利于改善性别比率失衡的心理上的不利局面,最大限度激发船员的积极性和创造性,增加船员队伍的稳定性。[④] 长期处于封闭、狭小或单一的性别环境内对人类的心理健康有极大的负面影响,人们更容易产生压抑、沮丧等不良情绪,在性格上也比正常人更易有不稳定、暴躁、低沉的状态。对于长年在外的船员而言,身在海上的漂泊不定感和远离家人、朋友的孤独感更是放大了上述不良情绪,影响着他们的工作生活。船舶上单一的性别环境和他们习以为常的性别社会环境脱节,男性的性格特点使得他们在面对尖锐问题时容易冲动,酗酒、打架的现象时有发生,从而影响着整个船员队伍的稳定。在伦敦国际航运周上举行的运输业女性峰会上,英国前航运部长努斯拉特·加尼议员(Nusrat Ghani MP)表示,他支持海事部门和整个行业对多样性的迫

---

① See Michelle Thomas, "*Get Yourself a Proper Job Girlie*": *Recruitment*, *Retention and Women Seafarers*, Maritime Policy and Management, Vol. 31:4, p. 309–318(2004).

② 参见付昌辉:《时代呼唤高级女船员》载《中国水运》2003 年第 6 期。

③ 参见陈静颖:《海商法的社会性别浅析》,载《私法研究》2018 年第 1 期。

④ 参见赵丽君、郑道昌:《试论开展女性航海教育的可行性》,载《航海教育研究》2005 年第 1 期。

切需求,原因在于,多样性会产生更具创造性的思维并降低群体思维和偏见的风险,从而带来更好的经济成果。[①] 两性共存的社会环境对于船员心理具有稳定作用,男性和女性有各自的性格优势,在船员发生冲突或情绪低落时,女性船长或大副前去调解更有利于化解矛盾。此外,男女合作也符合人性的需求,俗语“男女搭配、干活不累”恰好反映这一事实。当船上存在女性船员时,男性会更加注意自己的形象并调整工作态度,这种男女共同发展、协作共赢的工作模式有利于激发双方的工作潜能,改善船员队伍中一直存在的心理健康问题,对稳定船员团队,增加海上航行的安全性具有助推作用。并且,女性船员的细腻和男性船员的果敢结合在一起,能更好地避免海上事故的发生。女性船员在技术和性格方面更细腻,比如在狭水道航行时,女性对障碍物的洞察能力就比男性强,并且在航行过程中的对外联络上,女性的出现也能使得与对方的交流不那么生硬。[②]

## 第四节　构建女性船员平等就业权体系的理论基础

平等就业权作为基本权利体系的重要组成部分,构建平等就业权应当从形式平等就业权和实质平等就业权两个层面全面考虑。形式平等就业权是指平等就业权的主体劳动者享有劳动者身份平等、劳动者就业权利平等、劳动者就业机会平等、劳动者就业规则平等的权利;实质平等就业权,是指依法享有从国家获得就业帮助的权利,具体包括:体面劳动、不受歧视、职业培训、社会保障的权利。[③] 女性船员平等就业权的理论基础决定职业歧视的范围及相关法律制度的立法和司法建构。

当前我国对女性平等就业权的保护仍停留在以平等原则为基础构建的简单法律条文上,具体实施缺少可操作性。以平等原则作为反歧视的核心基础未免薄弱,极有可能造成只达到形式平等而忽略实质平等的局面。在此基础上,应对平等原则予以修正,辅以新的学说与理论,有学者指出将社会融入理论作为平等原则的扩充及发展。[④] 社会融入理论指确保被社会排斥的群体获得必要的机会和资源,以使他们顺利参与政治、经济、文化生活以及正常生活。其重点是纠正处于窘迫境况

---

① See *UK Shipping Minister: We Need More Women to Consider Jobs Across Transport*, SAFETY4SEA (Sep. 17, 2021), https://safety4sea.com/uk-shipping-minister-we-need-more-women-to-consider-jobs-across-transport/.

② 参见船长老牛:《船员到底要不要“男女搭配”》,载吾爱航运网 2019 年 4 月 28 日,https://mp.weixin.qq.com/s/fEOl4-qPK_7Ak9FKAOXXyQ。

③ 参见李雄:《平等就业权内容体系构造》,载《河南财经政法大学学报》2016 年第 1 期。

④ 参见李成:《社会融入:禁止职业歧视的价值基础重构》,载《中外法学》2015 年第 5 期。

群体的地位，为了消除社会排斥，可以进行必要的区别对待，以实现结果公平。[①]因此，社会融入理论能够最大限度保证被排斥的社会群体顺利进入社会生活，消除不平等的障碍。

基于社会融入理论，女性船员平等就业法律保障体系应当是对女性船员平等就业权的全面保护。那么，要想真正将女性船员融入相对固化的男性船员市场，应当从哪些方面进行努力？我国台湾地区学者郭俊良、梁金树将女性船员的发展困境做了较为系统的分析，分析中运用了施耐德（Schneider）1987 年提出的被认为是寻找组织病因的框架。该框架以人—环境匹配为基础，提出了组织具有容纳各类人的功能，然而被组织容纳的各类人都要经历吸引—选择—消磨这一循环过程（Attraction-Selection-Attrition，ASA）。该框架认为员工会根据自身情况、自身条件选择和自己特征匹配的组织和工作，即员工会因为与组织特征相似而被吸引和选择，也会因为与组织不匹配而被消磨从而离开组织，因此，随着时间的推移组织的同质化程度将不断提高。[②] 具体而言，传统的以男性为主导的工作场所可以经过吸引、选择和留在职业中的女性进行重塑。由于 ASA 框架致力于通过相互依赖的部分和人的协调活动来理解具有某种特征的环境（如男性环境），该框架特别适合用于打破女性向男性职业扩散的困境。[③] 运用 ASA 框架系统能够审视吸引、选择女性船员进入船员职业的要素，并消除对女性船员就业不利的因素，营造出适合女性船员的职业环境从而促进女性船员的健康发展。吸引船员的要素包括增加船员职业尊荣感、鼓励女性船员上船的优惠政策、相对明确的职业发展等；消耗女性船员的因素包括职场性骚扰、不适宜的工作环境等。

## 第五节　女性船员平等就业权法律保障的完善建议

女性船员平等就业权受航运业历史缘由、社会传统观念、船员市场供需关系等多因素影响。以完善女性船员特别立法为“抓手”，全面构建女性船员享有平等就业权的制度体系。为了促进女性船员融入当前以男性为主导的船员行业，应当从 ASA 框架角度出发，帮助女性船员打开以男性为主的船员市场。

### 一、吸引女性选择船员行业的保障措施

破除船员行业以男性为主的刻板印象不仅需要法律手段，还应当通过政策引

---

① 参见李薇薇：《反歧视法原理》，法律出版社 2012 年版，第 89-92 页。

② See Schneider B. , *The People Make the Place*, Personnel Psychology, Vol. 40, p. 437-453(1987).

③ See Jiunn-Liang Guo & Gin-Shuh Liang, *Sailing into Rough Seas: Taiwan's Women Seafarers' Career Development Struggle*, Women's Studies International Forum, Vol. 35:4, p. 194-202(2012).

导、海事宣传等“软手段”向外界传递平等就业的理念，潜移默化地改变人们心中的偏见。

（一）通过招生就业政策传达性别平等理念

解决女性就业困境的问题不能也无法孤立于改变外界对女性船员的偏见。改善人们对某一行业内的女性的偏见，需要重塑社会环境对女性的整体认知，它应当被置于整个社会环境，同社会发展的各层面、阶段相联系，体现于所有的政策、措施中。[①] 因此，要达到在经济、文化各方面提升女性地位、破除刻板印象的目的，首先应当提高立法者、政府决策人员的性别意识。上层的决策者制定公共政策时需要考虑政策中是否包含性别因素以及对不同性别的影响，应当确保两性获得同等的资源、机会，不会间接导致社会环境对某一性别的隐形歧视与不公。在公共政策中传递性别平等的信息，潜移默化地影响社会大众的认知，这将有利于塑造平等、公正的社会环境，破除女性就业的壁垒。

具体到海事领域，通过塑造友好型外部环境，对于实现女性选择并从事航运业能够产生推动作用。现有的招生就业政策应当向女性倾斜。对于学校而言，政府可以采取鼓励性招生就业政策，规定海事学校招生计划中必须有相当比例的女性学员，且在课程设计时考虑未来职业发展的性别差异。学校作为学生进入海事领域的起点，应当发挥引导作用，可以在志愿填报时设置咨询台，对女性参与航海专业的福利政策、发展前景进行介绍，鼓励年轻学员投身航运强国的建设。对于航运企业而言，国家可以通过政策鼓励企业必须聘用一定比例的女性船员，但是基于船上工作环境的稳定性与建设船员团队的考虑，可以鼓励航运企业在每艘船上配备两名或两名以上的女性船员，并对实施这项政策的企业实施税收减免政策，如每招收 10 名女性便对该企业的税收减收一定比例。

（二）采取宣传手段提升女性船员职业尊荣感

2019 年，国际海事组织将 6 月 25 日世界海员日的主题确定为“船上工作性别平等”，强调女性在广泛的海事领域拥有就业机会，这与世界海事日提倡的“提高航运界性别意识”遥相呼应。[②] 在世界海员日，交通运输部会举办活动宣传主题，如举行海员技能比赛、寻找“最美船员”的公益活动，旨在提高船员职业的社会认可度和船员的职业荣誉感。鉴于女性船员在海事领域普遍缺乏话语权，官方活动应当设置女性船员专题，让外界了解女性船员的工作，明白女性也能够胜任驾驶员、船长、轮机长等职位。除此之外，政府应当和国际女性航运贸易委员会（Women’s International Shipping and Trading Association，WISTA）、国际海事组织

---

① 参见庞晓鹏、董晓媛：《性别平等对经济增长的功能性影响》，载《江汉论坛》2014 年第 5 期。

② 参见《2019 年“世界海员日”主题——船上工作性别平等》，载海员之家 2019 年 4 月 15 日，https://www.54seaman.com/mob/blog/blogdetail/id/89756.html。

等国际组织进行深度的交流与合作，帮助国内的女性船员建立稳定、团结的组织，并协助她们加入国际女性航运贸易委员会等国际团体，作为世界女性船员的一员为自己的利益发声。

(三)提高女性在海事行业的参与度

船员参与航运业的过程涉及多个利益主体，包括政府、院校、航运企业以及国际组织。鼓励海事相关利益主体应当在航运业的各个阶段为女性赋能，提高女性地位。针对船员劳动力短缺和女性船员在海事领域的参与度较低的现状，海事管理机构应当承担推动海事院校毕业生流向海事行业的责任。海事管理机构可以与教育管理机构联合发布《海事院校学生上船实习办法》，规定航海、轮机、船舶机械等专业的学生必须参与为期半年的船上实习任务，作为必修实践课程。海事院校应当把此类课程列入培养计划，并制定专业实习的计划方案与管理方法，同时，每年向海事管理机构报送下一年度实习名单与学生资料，由海事管理机构核准无误后向实习学生发放临时船员证明。此外，海事管理机构应当促进海事院校与航运企业建立合作关系，由航运企业作为海事院校的实习基地，安排高级船员担任实习学生的校外导师并承担实习考核工作。海事院校应当考虑女学生的不便之处，尽量安排两名或两名以上的女性去往同一家企业实习，企业不得以性别为由拒绝接收女性实习生，应当尽量安排两名或两名以上女性在同一艘船舶实习，并为其提供尺寸合适的防护用具、安排位置相近的船舱，同时做好船员管理工作，保障实习生的人身安全。

(四)发挥海事领域女性的领袖作用

在海事领域，高级女性船员所具有的榜样作用不容忽视。国际海事大学协会(International Association of Maritime Universities, IAMU)和日本基金会于2017年开展了“海洋教育与培训中的性别平等与文化意识”跨国项目，调研小组与来自6个国家与地区的女性高级船员进行访谈。该团队认为航运业的女性领导者可以为其他女性树立榜样，通过分享自己的经验、加入海事行业的动机来鼓励女性船员进入航运业。他们指出，性别航运是海事行业基准的一个新趋势，在组织和文化中积极沟通自愿执行性别政策的公司符合性别航运的理念，是积极承担社会责任的表现。①

因此，在性别平等教育的理念下，政府应当采取措施引导招收女性学员的航海专业提供性别课程，帮助她们认识女性在海事领域的作用与女性船员的自我价值，而学校也应当积极利用校友网络，邀请在海事领域取得一定成绩的女性领袖与学

---

① See C. Dragomir & A. M. Baylon et al., *Women Leaders in Shipping as Role Models for Women Seafarers*, the International Journal on Marine Navigation and Safety of Sea Transportation, Vol. 12: 2, p. 279 - 284 (2018).

生进行交流,这不仅有利于增强女性学员对性别和文化问题认知,还能使这些年轻女性看到未来发展的方向和道路,使她们对自己选择从事的行业具有更加明确的认识。当她们明白自己的发展空间与职业生涯可能出现的障碍时,能够深思熟虑作出决定,谨慎进行职业规划。此外,在推动更多女性步入海事领域领导岗位的道路上,政府应当与国际组织合作,如国际女性航运贸易委员会、国际海事组织等,引导企业、学校为女性提供更多就业及上升机会,包括为女性提供管理知识和技能,帮助航运业的女性担任领导职务,让女性成为活跃且值得信赖的"女性高管网络"的一部分,她们可以在领导过程中相互支持和激励。①

## 二、保障女性船员的职业安全,减少女性船员的消耗

### (一)细化适合船员行业的预防职场性骚扰的具体实施方案

为预防职场性骚扰,保护劳动者的人格尊严,《民法典》人格权编规定雇主应当对职场中发生的性骚扰事件承担预防责任。②《女职工劳动保护特别规定》也对用人单位承担预防和制止性骚扰的义务作出规定。③ 根据上述法律、行政法规的规定,船东雇主具有预防、防止在船舶上发生性骚扰的行为,以及当船上发生性骚扰等危害女性船员人格权的行为时有制止、保护的义务。若因管理缺位使侵权行为发生的,雇主应当承担相应责任。然而,职场性骚扰具有隐蔽性和胁迫性,通常发生在具有从属关系的上下级或同事之间,当女性船员在封闭的船上环境遭遇来自上级领导或同事的恶意肢体触碰、言语骚扰时,往往难以躲避和拒绝,这种缺乏安全感的工作环境会给女性船员的身心带来负面影响,进而干扰她们的工作与生活。基于经济效率理论与社会成本理论,为使职场性骚扰的治理成本降到最低,应当从源头入手,要求雇主承担事前防护责任,在侵权行为发生后,再考虑由侵权损害赔偿给予最后的救济。④

用人单位具有预防和制止性骚扰的义务,需要通过一定手段来制止和控制职场性骚扰。考虑到更多女性将会进入航运业的发展趋势,未来的"船员法"应当要求雇主完善有关船员管理的规章制度,除工作准则、夜班轮岗等关于工作的管理规定,还需要对预防女性船员职场性骚扰加以说明。为了防治骚扰,韩国《船员法》规定了船上处理骚扰事件的程序,具体程序包括向船舶所有人报告程序、船舶所有人确认程序、调查程序、对受伤船员和违法者的处理方式、保密规定等。⑤ 我国得

---

① See *IMO & WISTA Leadership Accelerator Program*, WISTA International(Feb. 10,2022), https://wistainternational.com/news/imo-wista-leadership-accelerator-program/.

② 参见《民法典》第1010条第2款:机关、企业、学校等单位应当采取合理的预防、受理投诉、调查处置等措施,防止和制止利用职权、从属关系等实施性骚扰。

③ 参见《女职工劳动保护特别规定》第11条。

④ 参见曹艳春:《职场性骚扰雇主责任的法经济学分析》,载《当代法学》2008年第5期。

⑤ 参见韩国《船员法》第25条第4款。

以借鉴,雇主应当根据自身情况制定《女性船员在船保护方案》,该保护方案需健全事先职场性骚扰预防机制,明确禁止在船舶内实施任何形式的性骚扰行为,并对可能出现的危害女性船员人格权的行为作出相应的处理程序及惩罚措施。船员实施违反保护方案行为的,如恶意肢体触碰、言语侮辱等侵害女性船员人格权的情形,由船长根据《海商法》第36条履行准司法职责,对在船上进行违法、犯罪活动的人采取禁闭或者其他必要措施,并防止其隐匿、毁灭、伪造证据。① 待靠岸回港后,公司可以根据性骚扰的严重程度,决定是否对涉事人员作出降级处理或解除劳动合同,情节特别严重的,应当报送主管部门,由主管部门决定是否采取行政处罚措施,若雇主疏于管理,受害人也可以通过诉讼方式请求雇主承担替代责任。

(二)减轻女性船员的性别管理压力

由于女性船员数量较少,很少有男性船员有机会和女性共事,因此当女性在船上工作面临融入男性文化的困境时,男性船员也有着如何和女性同事相处的困惑。女性船员在船工作的不便之处体现于工作、文化与其他生活中,无论是工作氛围还是休息时间的娱乐活动,谈论话题皆属于男性话题,她们很难融入异性文化。为了获得男性同事的尊重,她们需要对工作付出更多精力,以免男性同事会对她们作出"女人不适合在船上工作"的评价;为避免产生两性关系的是非,她们还必须合理管理自己的言行,与所有男性同事保持距离,控制同事交往的亲密度。男性船员同样缺乏性别意识,如何在封闭的工作环境中与女性同事相处、尊重女性同事等都是他们需要学习的内容。

航海领域将会有更多的女性加入,为维持船员队伍的稳定,提高协作水平,雇主应当承担起维护船上稳定安全的工作环境的责任,使女性获得平等的就业支持。当开航的船舶上有女性船员时,雇主应当提前培训船员团队,为他们开设性别平等课程,该课程的目标旨在使船员团队间形成相互信任的和谐关系。课程内容应当包括有关德育培养的性别平等教育和雇主指定的女性船员管理规则,包括在船上使用卫生设施时的注意事项,涉嫌侮辱女性的用语禁忌、话题禁忌和禁止男性出入的区域。目前,国际海事组织为全球的海事教育机构提供了适用于所有性别的海员示范课程,包括可供参考的教学大纲、课程时间表和学习目标,以协助教官制定符合STCW公约标准的培训计划。位于中国境内的雇主可以和国内的海事教育机构(如上海海事大学、大连海事大学等)合作设计性别平等培训课程,与此相衔接,雇主还可以积极响应海员日的主题,号召船员参与先进性别意识的活动。在船员心理方面,雇主应当对女性船员做好心理疏导工作,为船舶增设心理咨询热线,使包括女性船员在内的所有船上工作人员拥有健康的心理状态。同时为促进海事领域的性别多样化,响应国际海事组织的号召,雇主应当承担社会责任,为消除海

---

① 参见《海商法》第36条。

事行业的性别歧视承担责任。大型航运企业可以参考名人邮轮公司(Celebrity Cruises)的做法,该公司旗下一艘名为爱极号(Celebrity Edge)的豪华邮轮的驾驶台团队全由女性海员组成。① 因此,企业可以参与海事女企业家峰会(Maritime SheEO Conference)发起的由发展中国家女性组建的新的海事领导团队计划,面向全球招募各个岗位的女性人选,并推出全部由女性船员掌控的邮轮,这也可以成为吸引客户的要素之一。尚不具备建设完整的女性船员团队条件的航运企业在派遣女性船员时,应当考虑一次性向船上派遣两名或两名以上的女性,以增加女性船员的身份认同感和归属感。

## 三、女性船员平等就业权的保障途径

### (一)强制成立女性船员的工会组织

由于航运企业内部女性船员的数量较少,她们无法组成女性船员工会保障自己的权益,根据现有法律的规定,女性船员的数量无法组成工会女职工委员会的,可以加入船员工会。然而,男性在船员工会中占多数比,女性的话语权缺失导致有关女性船员的意见和权益问题无法得到足够的重视。女性船员作为特殊的劳动者无法在现有的船员劳动立法中加以体现。因此,可以参考日本的做法,制定"船员法"并规定女性船员的结社权利。为保障女性船员的结社权,应当规定在海事领域工作的女性船员可以跨越公司组成女性工会组织。换言之,只要参与航运业,女性船员便自动加入女性船员工会,并以船员公司为单位选举委员,该组织每年必须召开两次会议,商议当前涉及女性船员利益的重大事项,决议事项直接进入船员工会的议题范围。同时,航运企业应当保护女性船员的结社权,支持女性参与工会组织,不得限制、歧视参与组织的女性成员。

### (二)成立海事妇女联合会

充分发挥妇女联合会的作用,扩大其领域到海上,覆盖在海上工作的妇女领域。为提升女性船员社会认同感和职业归属感,保障女性船员的合法权益,我们可以建设海事妇女联合会,并同国际海事组织合作进行共建。妇女联合会基本功能是代表、捍卫妇女权益、促进男女平等。目前,国际海事组织协助国家和地区建立海事妇女协会,以改善航运业的性别平衡,在国际海事组织的主持下,在非洲、阿拉伯国家、亚洲、加勒比地区、拉丁美洲和太平洋地区建立了 8 个妇女参与的海事协会,涉及约 152 个国家和附属领土。妇女加入这些区域海事协会为成员提供了一个讨论许多问题的平台,不仅涉及性别,还涉及技术问题。这些协会可以在某种程度上弥合差距,缩小进入海运业的妇女面临的一些制度障碍,通过海事组织,每个

---

① 参见《豪华邮轮 Celebrity Edge 驾驶台团队全为女性海员组成》,载信德海事网,https://xindemarine-news.com/topic/chuanrenxinsheng/2019/1125/16437.html。

区域网络都设立了国家分会,提供海事职业日和各种活动。①

(三)健全女性平等就业的内外监管机制

女性在劳动力市场遭遇歧视、不公待遇时并不能及时获得权利救济,囿于成本、胜诉率等现实困境,有的女性甚至放弃维权,降低了侵权者的违法成本。需要从源头入手以遏制侵权行为的产生,立法机关应当健全监管机制,加强雇主的责任,要求企业内部建立投诉受理机构,使内部监管与外部监管并举,同时关注特殊的非传统性别行业;劳动监察部门应当强化责任意识,创新监管方式,在监察范围、措施方面发挥积极性与主动性,加大执法力度和深度。

首先,雇主应当在企业内部建立完备的申诉机制。对于发生在雇佣过程的不公正待遇、性骚扰行为和歧视性解雇,女职工可以先向上级或有关部门申诉,受理此事的主管人员和部门不得推诿责任,经初步查证申诉事项属实的,应当立即展开调查,调取记录、监控并与涉事人员谈话,保存谈话证据。对于涉嫌侵害女职工人格权的行为,雇主在调查中应当保护受害人的隐私,不得在公司内部泄露受害人的姓名或受害事实。若申诉的事项属实,雇主有权根据《员工手册》对行为人作出纪律处分,涉嫌违法乱纪的,还可以与行为人解除劳动合同,向主管机关报告相关事项。

其次,劳动监察部门应当在事前、事中、事后三个阶段完善监管模式。在事前监管阶段,劳动监察部门应当进一步落实人力资源和社会保障部、教育部等九个部门联合发布的《关于进一步规范招聘行为促进妇女就业的通知》,要求各行业不能以“女性无法从事高强度的体力工作”或“女性不适合上夜班”为由拒绝或缩减女性的招聘名额。在事中阶段,企业的《员工手册》中应当具备保护女职工劳动权益和防止性骚扰的内容,劳动监察部门定期对雇主是否严格执行《员工手册》的情况进行监督,若雇主没有履行保护妇女平等就业权的义务,劳动监察部门可以约谈企业负责人或责令其限期改正。对于受举报超过 2 次的企业,劳动监察部门可以建立“黑名单”,并向社会公示,同一企业在 3 年内不出现类似情况,才可以从“黑名单”中移除。并且在港口国监督检查中增加关于女性特殊权益保护的相关检查,保障女性船员在船期间的合法权益。在事后监管阶段,为促进传统男性行业的性别多样性,应当对非传统性别领域女职工离职的原因进行统计。我国可以在“船员法”立法中规定离职女性报备制度,即雇主应当以半年为期,向所在地的劳动监察大队和海事管理机构报告女性船员因怀孕、分娩或其他因素自行离开职场的人数及比率等相关的统计资料。海事管理机构和劳动监察大队应当追踪离职女船员的就业动态,引导具有高级船员资格的女性向海事行业回流,促进劳动力资源的合理配置。

---

① See IMO, *Women in Maritime*, https://www.imo.org/en/ourwork/technicalcooperation/pages/women-inmaritime.aspx.

(四)优化针对女性船员的科学管理水平

除通过船员管理方式为女性营造良好的工作环境外,雇主作为航运企业也应当提升科学管理水平,在前期加大对女性船员的支持力度,应当以女性关怀作为出发点,提高船员对航运业的向心力。

1. 制定《女性船员在船保护方案》

在雇佣关系中,侵害女性船员平等就业权的行为通常在海上发生,船长作为公司的船上管理者,应当忠实执行关于管理规章对于相应情况的处理程序,临时作出处理决定并及时告知雇主具体事宜。此时,海事管理机构或劳动监察部门应当要求航运公司制定《女性船员在船保护方案》,以便船长根据详尽的规则制度行使管理权。航运企业可以根据已有的管理规定对女性船员容易遭遇的风险问题进行细化,除为适应企业文化作出的特殊规定外(如鼓励同船的船员建立婚恋关系及安排具有夫妻、恋人关系的船员共事等),还应当包含以下内容:(1)船长的管理权限及船员应当服从船长根据《女性船员在船保护方案》做出的安排;(2)异性同事交往的注意事项;(3)透明的女性船员晋升流程;(4)性骚扰的防治、申诉、惩戒;(5)船员违反规定应当承担的责任。船长应当引导船员心理健康发展,保证各处人员严格贯彻实施船舶的规章制度,并对船员应当注意和遵守的特别事项进行说明及监督。在保证对所有船员给予尊重、一视同仁的同时,船长应当特别关注女性船员的情绪变化,以身作则并监督《女性船员在船保护方案》的实施情况,若出现严重侵害女性船员人身权益的情况,船长应当在尊重、保护女性权益的前提下根据《女性船员在船保护方案》作出临时处理决定并及时和雇主联系并告知事实和处理结果。

2. 制定支持女性船员兼顾家庭的实践措施

女性船员同时也是母亲、女儿及妻子,需要履行其他社会角色应尽的责任与义务。当一名女性拥有家庭并孕育下一代时,社会共识及内心情感需求要求她的所作所为应适应母亲的角色,承担更多家庭责任及照顾、抚养子女的义务。基于船员工作的特殊性,女性船员需要长期在海上工作,这极大地限制了她们承担家庭责任。身为母亲的天性使她们渴望见证儿女的成长,因此职业与家庭成为她们二选一的难题,有相当数量的高级女性船员放弃热爱的工作,从事一份与航运无关的工作。此时,航运企业耗费时间与金钱成本培养的高级船员(如船长、大副、轮机长等)提供服务的时间大幅缩减,航运企业逐渐对女性船员失去信心。

随着主流国家及国际组织大幅倡导缩小海上性别差异,已经有航运企业开始有意提高女性职员的比例,涉及面包括船员、管理人员和其他工作人员等。为鼓励女性继续选择航海职业,吸引更多女性高级人才,航运企业可以为船员设置弹性工作时间,允许上船工作超过3个月的女性在合适时间选择下船回归家庭,同时赋予具有抚养子女义务的女性优先选择休假时间的权利,并保留其返回时的工作岗位。另外,对于已经放弃海上工作的高级女性船员,不应当让她们上岸后远离海事行业,为提高雇主的人才投资回报率,雇主可以在培养、晋升高级女性船员时约定转岗制度。当女性船员不再上船时,应当服从公司的岗位调剂,并提供一定的服务年限。

## 本章小结

随着女性在航运业发挥的作用更加突出,人们开始关注女性在海事行业的发展问题。从古至今,航海领域便属于“绝对男性领域”,女性参加航海的门槛高且备受歧视,尽管我们已经身处21世纪,关于女性的刻板印象却依旧植根于人们的脑海中。当一名女性选择从事非传统性别行业时,她会遭遇来自家庭和公司的反对:女性应当拥有一份稳定、远离危险的工作,女性要承担起养育子女的重任,远离家庭的海上生活不适合女性。幸运的是,这种情况得到国际海事组织、国际劳动组织的重视,我们可以看到已经有不少世界级别的航运企业响应号召,提高招收女性船员的比例并推出一系列促进海事领域的性别多样化的活动。中国是船员大国,也是面临船员缺口的国家,增加女性上船的比例将有效缓解“船员荒”的难题,有利于提升船员素质和稳定船员队伍。

因此,有必要直面女性船员参与海事行业面临的难题,并完善相关制度。企业应当为女性学员提供更多实习岗位并制定《女性船员在船保护方案》,完善关于船员管理的规章制度。同时,国家应当出台相关政策消除女性参与航运业的壁垒,尊重女性船员的其他社会角色,帮助女性船员平衡工作与生活。

2019年,上海已经有航运企业招收女性学员上船实习,此后陆续有企业一改不招女性的传统,向女性船员打开大门。随着航运强国的建设越发深入,女性将会成为我国航运业发展的中坚力量,更多高学历、高素质的女性船员将会在海事行业的各个领域发挥重要作用。

# 第三篇　船员集体劳动关系法律制度篇

# 第八章 海员工会建设问题研究

国际航运竞争的日趋激烈，越发凸显了海员作为航运业基础人才的重要地位，也对各国海员工会建设提出了更高的要求。海员工作地在海上，因此海员相对于普通劳动者存在职业特殊性①，具有工作时间和工作地域的不固定性、工作的涉外性和高风险性。代表海员利益的海员工会在召开海员代表大会、开展工会活动等方面与普通工会相比具有更强的涉外性。当海员在国外发生纠纷时，由海员工会充当代言人出面协调，可减少国际范围内由政府出面所带来的政治敏感性。②《2006 年海事劳工公约》在海员的招募与安置、争议解决、健康安全、福利设施等多个方面的规则中多次提到海员组织的作用。部分国家率先认识到了海员工会的特殊性与重要性，设定专门的规章以规范海员工会的权利义务，以此保障海员工会的有序运转。例如美国海员国家联盟下辖的太平洋海员联盟设立了《太平洋海员联盟章程》(Constitution and by-laws of the Seafarers' Union of the Pacific)，对海员联盟的职能、组织体系、费用等问题作出了明确的规定。国际社会对海员工会建设的重视，也侧面地反映了海员工会存在的价值。为更好地保障船员权益，维护航运业在国际竞争中的优势地位，促进海洋强国战略的深入贯彻落实，我国有必要解决影响海员工会发展的一系列问题，积极构建具有高水平国际竞争力的海员工会。

---

① See Olga Fotinopoulou Basurko, *European Social Law of Seafarers: Between Common Market and Substantive Law*, Hal. Science, 2016, p. 393-414.

② 参见邵帅、郭萍：《维护海员权益法律保障机制研究——从部分国家和地区履行〈2006 年海事劳工公约〉的角度》，载《中国海商法研究》2012 年第 1 期。

## 第一节 我国海员工会建设存在的问题

中国海员建设工会是中华全国总工会领导下的全国性产业工会组织，是全国交通、建设系统各级工会组织的领导机关。2001年，中国海员建设工会在原中国海员工会、中国公路运输工会和中国建设建材工会的基础上成立。2003年3月27日，选举产生中国海员建设工会第一届全国委员会。[①] 经调研研究中国海员工会在立法、组成、运行等方面存在不同问题。

### 一、立法对海员工会的特殊性认识不足

我国目前并没有专门关于海员工会的章程和法律法规，海员工会的组成、管理、权利义务以及对海员的权利保障等问题均依据《中国工会章程》《工会法》的相关规定来进行规制。然而，海员工会虽然隶属于总工会，但具有异于普通工会的行业特殊性。海员工会的组织和建设活动需要考虑海员的流动性、分散性、国际性，集体协商要考虑国际的行业标准，海员工会协调劳动关系要涉及国内外船东的关系[②]，因此海员工会召开代表会议的时间、有效决议的会议出席占比等问题需要根据海员工作的特性进行相应调整，以海员代表大会的召开为例，有九成以上的海员近三年平均在船时间为6个月以上，出海与靠港的时间也不一致，很难保证海员的有效聚集。针对此类情形海员工会很难参照普通工会的方式开展召开海员代表大会、工会政策听证等一系列活动，需要针对海员职业的特殊性做出相应的调整。《中国工会章程》《工会法》的适用主体和范围较为广泛，针对某些具有行业特殊性的问题难免会存在法律调整的空白[③]，简单地套用《工会法》、普通工会的标准难以保证程序的法定，适用不匹配的规则和程序得出的结果无法有效地代表广大海员的意志。同时，还有许多自由海员处于无工会管理的状态，需要明确的法律依据来界定海员工会的职责权限，发挥其维护海员权益的功能。[④]

---

① 参见《中国海员建设工会全国委员会简介》，载中国海员建设工会全国委员会官网，https://hyjs.acftu.org。

② 参见魏薇：《从海员维权工作看新时期产业工会的建设与改革》，载《工会信息》2011年第18期。

③ 参见王英：《加强海员工会建设切实增强履约能力》，载《珠江水运》2010年第4期。

④ 参见张丽、韩立新：《对海员特殊群体社会保障立法的几点思考——以〈2006年海事劳工公约〉为视角》，载《学术论坛》2010年第2期。

## 二、海员工会受重视程度不足

中国海员建设工会会员涵盖全国远洋运输、内河水运、港口、航道、海事、海上救助打捞、海员俱乐部、公路建设、公路管理与养护、公路汽车运输、汽车维修、建筑施工、市政、城市供水、城市排水和污水处理、燃气、热力、公交、地铁、园林、环卫等行业的职工。由于中国海员建设工会在历史上由三个不甚紧密关联的工会合并而成，其代表的劳动者群体极其广泛，囊括了各种不同类型的职工，所以中国海员建设工会并不是纯粹意义上的海员代表组织，对于海员群体的代表性是模糊的。由此可见，虽然我国是世界上海员人数最多的国家，[①]但海员工会的建设力度却与海员的增长速度不成正比，本质原因在于社会各界对海员工会的重视程度不足。海员工会并没有受到社会公众足够的关注。与铁路、采矿、建筑等其他行业的工人相比，海员只是其中的一小部分。[②] 又由于职业的高风险性、生活条件的艰苦性、海员劳动的涉外性以及工作时间和环境的限制，海员群体缺乏进入公众视野的机会，海员工会作为代表海员权益的组织也因此难以得到社会各界的关注，时常遭到忽略或者同其他工会合并管理的局面。

## 三、中国海员加入工会的比率偏低

### （一）非国有企业海员加入海员工会组织偏少

随着航运企业的用工制度呈现多元化的态势，船员的就业方式也多样化，根据是否与船舶公司存在隶属关系，可以分为以下两种基本类型的船员：自有船员和自由船员。所谓自有船员，是指与国有或私营航运公司、中介服务机构等之间存在劳动合同关系的船员，他们通常与公司签订长期或者一定期限的劳动合同，同时享有与陆上工作者相同的我国劳动法规定的权利并承担相应的义务。自有船员进行再分类：国企自有船员和民营自有船员。所谓自由船员，船员自身没有与任何劳动单位签订长期固定的劳动合同，在实际工作中，自由船员一般通过中介机构（船员管理公司或者船员服务机构），被指派到相应的船舶上任职。他们不隶属于任何一家航运或中介公司，而类似于自由职业者，直接与船东或者承运者签订雇佣合同，一般是单个航次合同。

本书课题组就船员权益保障问题多次前往国有和私营航运公司、中介服务机

---

① 参见《中国拥有注册船员 165 万人　已成为世界上船员人数最多的国家》，载中国网，http://news.china.com.cn/txt/2021-03/31/content_77364892.htm。

② See Pengfei Zhang, *Seafarers' Rights in China*, Switzerland: Springer International Publishing, 2016, p. 106.

构开展调研座谈,并且在2019年4月上海海事局举办的“船员面对面”活动中,就船员对工会的态度进行调研。数次调研针对船员群体累计共发放450份调查问卷,回收有效问卷422份,其中年度有服务资历船员的有效样本数为413份,本研究抽取了年度有服务资历的船员对是否加入工会组织数据进行分析。经分析,统计如下:在被调查的船员中,自有船员333人,占比80.6%,自由船员80人,占比19.4%,而在自有船员中,根据与其签订劳动合同的航运公司性质不同,隶属于国有航运公司的船员统计为141人,占比34.1%;隶属于民营航运公司的船员统计为192人,占比46.5%。就国有航运公司自有船员、民营航运公司自有船员、自由船员这三大类船员群体的加入工会比率进行分析如下:在141名国有航运公司自有船员中,75.2%的选择是工会会员,4.9%选择不是工会会员,19.9%选择不清楚自己是不是工会会员;在192名民营航运公司自有船员中,6.8%的选择是工会会员,63.5%选择不是工会会员,29.7%选择不清楚自己是不是工会会员;在80名自由船员中,没有人选择是工会会员,65%选择不是工会会员,35%选择不清楚自己是不是工会会员。

根据上述数据,可以看出:就加入工会的比率而言,国有航运公司的自有船员高于民营航运公司的自有船员,自由船员基本上无工会会员。因为在自有签约船员中,隶属于国有航运公司的船员是有自己的工会的,其工会系中国海员建设工会全国委员会领导的下属中央企业工会,比如中国远洋海运集团有限公司工会、中国外运长航(集团)总公司工会。[①] 但在民营航运公司、海员服务机构中基层海员工会的覆盖率不高,虚设现象普遍存在。所以并不是所有的自有签约船员都有工会可供加入,只有国企海员的工会成员身份是确定的,其余民营自有签约海员加入工会的比例普遍偏低,自由船员没有固定的用人单位自然没有被纳入工会。而且自由船员在我国船员中占比并不小,中国船员加入工会的比例偏低,很大程度上也源于此。

(二)大部分省、市没有设立相应的海员工会组织

目前我国多地区已经逐渐建立海上三方协调机制。各省市的海员代表组织发展水平参差不齐,且并不是所有地方都成立地方行业级别的海员工会,海员代表组织原则上应是各地方的海员工会,但是在实践中,往往以交通运输工会[②]、交通港

① 全国交通、建设系统工会组织结构图,载中国海员建设工会全国委员会官网2016年12月14日,https://hyjs.acftu.org/hyjsqw/zjjg/。

② 参见俞臻、王晨辉:《浙江省成立海上劳动关系三方协调机制》,载新浪新闻,http://news.sina.com.cn/o/2013-12-29/054029109448.shtml。

航工会[1]、公交农建工会[2]、公交工会[3]等代表利益宽泛的工会替代海员工会行使三方协调职责，这些概念界限模糊的工会组织不能体现海员职业的特殊性，对海员群体的代表性也很弱。以上海市交通港航工会为例，其下辖上海出租汽车及汽车租赁行业工会、上海公交企业工会联合会、水上旅游运行行业分会等一些与海员职业不甚相关的分会，只能说包含部分水上单位成员，但涉及海员相关业务较少，难以代表海员开展相关业务和集体商议有关事项。

## 四、海员工会职责缺位

### (一)海员工会行政化，自主权利受限

我国目前的海员工会主要由中国海员建设工会全国委员会及其下属的一系列海员工会组成。中国海员建设工会全国委员会下辖省(自治区、直辖市)交通、海员工会，交通运输部直属系统工会和三个与海员相关的中央企业工会。同时，沿海省市在省总工会下设立相应的海员工会，如广东省在下辖的驻会产业工会中设立中国海员工会广东省委员会，由此构成传统的一元化工会组织体系(见图8-1)。根据《工会法》第10条规定，上级工会组织领导下级工会组织。因此，一元化工会组织体系上下级之间是领导关系而非单纯的监督或并列关系。而自上而下的组织领导架构在一定程度上会造成工会组织和力量随着层级降低而下降，在工会组成、领导产生、经费来源等方面对所属组织依赖性较强[4]，使得海员工会如同行政机关一般自上而下地完成着上级传递下来的各项任务，在协商处理问题、制定对策时缺乏自主性，出现效率低下、决策迟延等问题。这也与《工会法》第15条所规定的工会作为独立社会团体法人的性质相悖。同时，部分地区的海员工会还需接受政府部门的监管，如隶属江苏省交通运输厅的江苏省海员交通工会，除了受省总工会和中国海员建设工会全国委员会监管之外，还需受江苏省交通运输厅的规制，导致海员工会的自主权利受多方限制，海员个人通过工会向外界表达个人意见的渠道也逐渐被阻塞，[5]相较于国外更为灵活自主的海员工会，我国的海员工会不利于及时有效地保障海员群体的合法权益。

---

① 参见《上海市海上劳动关系三方协调机制揭牌》，载新浪新闻，https://news.sina.com.cn/o/2012-06-25/164724652726.shtml。

② 参见《辽宁建立海上劳动关系三方协调机制》，载中国工会新闻，http://acftu.people.com.cn/n1/2016/0928/c121801-28746670.html。

③ 参见《深圳建立海上劳动关系三方协调机制》，载中国工会新闻网，http://acftu.people.com.cn/n1/2018/1205/c67583-30443517.html。

④ 参见张敬来、孟宪忠：《跨国劳资冲突中的工会制度差异》，载《中国人力资源开发》2009年第12期。

⑤ See Bin Wu, Kee-hung Lai & T. C. Edwin Cheng, *Emergence of "new Professionalism" Among Chinese seafarers: Empirical Evidence and Policy Implications*, 33 Maritime Policy & Management 38 (2006).

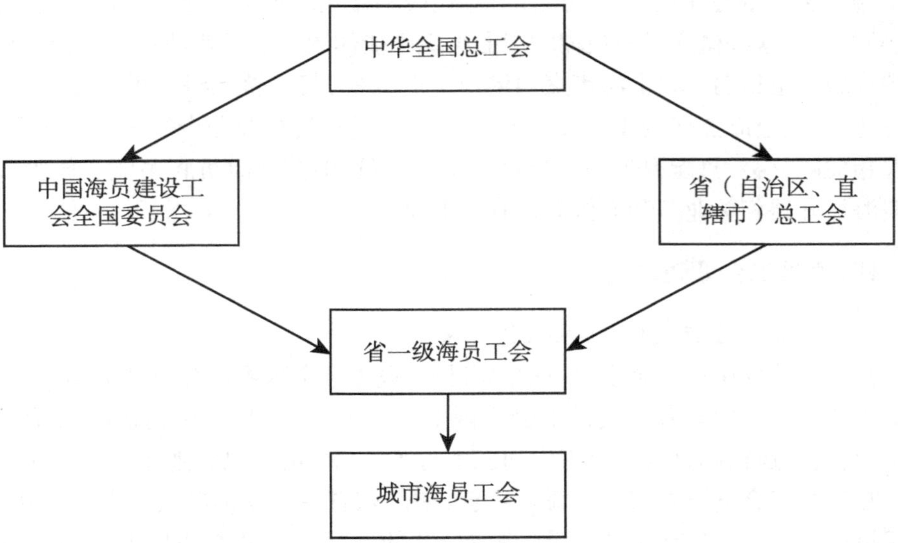


**图 8-1 一元化海员工会组织体系**

（二）海员工会岸上福利保障与我国法律及公约脱节

海员为整个社会做出了重要的贡献，但是他们的福利尚未引起社会的足够重视。[①] 根据《工会法》第 31 条以及《2006 年海事劳工公约》导则 B4-4-2 之规定，海员工会在为海员提供良好的岸上福利设施服务方面负有重要的职责。我国海员工会近些年来虽然逐渐增设岸上福利设施，如上海市在 2019 年成立了上海国际海员服务中心为上岸的海员提供休闲娱乐服务，但仍无法解决岸上福利保障与我国法律及公约脱节的问题。目前仍有近 60.28%的海员对岸上福利保障服务感到不满意。据调查（见图 8-2），接送服务、法律援助、医疗救助和互联网接入等几个方面是海员最希望从岸上福利设施中获得的服务，在一定程度上反映了广大海员的实际需求。工作时间的漫长和生活环境的孤立给海员身心带来了极大的压力，岸上的福利设施服务在维护海员的整体健康和福祉方面发挥着非常积极的作用，即使是在陆地上进行短暂的休息，对海员来说也非常重要。[②] 而目前我国海员工会尚未能有效履行《工会法》和《2006 年海事劳工公约》所赋予的为海员提供良好岸上福利保障的职责，提供的此类岸上服务十分有限，没有契合海员的实际需求，在一

---

① See Georgios Exarchopoulos, Pengfei Zhang & Nicola Pryce-Roberts & Minghua Zhao, *Seafarers' Welfare: A critical review of the related legal issues under the Maritime Labour Convention 2006*, 93 Marine Policy 62 (2018).

② See Minghua Zhao, Pengfei Zhang & Gaochao He, *Port-based Welfare Services for Seafarers in Chinese Ports: Their Roles, Changes and Challenges*, 130 Marine Policy (2020).

定程度上也是造成我国年轻海员对航海职业缺乏兴趣以及学员流失率高的一大原因。[①] 长此以往,不利于我国持续性地吸引优秀海洋人才,也会导致我国航运业在激烈的国际竞争中处于不利的地位。

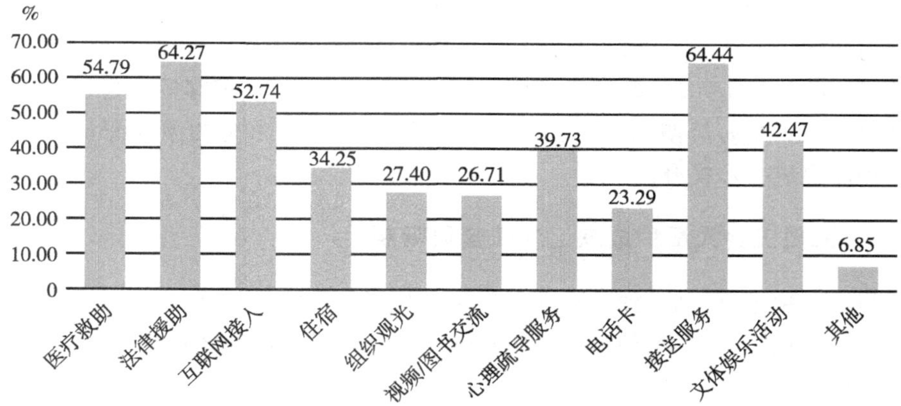


**图 8-2　海员希望从岸上福利设施中获得的服务**

注:国家社科基金项目"海洋强国背景下船员劳动权益保护问题实证研究"课题组在 2019 年 4 月上海海事局举办的"船员面对面"活动中,就船员相关问题进行调研。数次调研针对船员群体累计共发放 450 份调查问卷,回收有效问卷 422 份。

(三)海员工会承担海员权益保障责任不足

为海员权益提供全面保护,既是应对海上活动高风险的需要,也是促进海员行业发展的必然要求。[②] 根据《工会法》第 6 条规定,维护海员合法权益是海员工会的基本职责。可见,海员工会作为依法成立的海员群众组织,应当积极履行维护海员权益的法定职责。[③] 据上述问卷调查数据,48.63%的海员对目前海员工会在保障海员权益方面发挥的作用并不满意。在劳动权益方面,部分国内公司船员待遇一直在低水平徘徊,还要交纳各种税费,一些小型船公司船舶经营状况不佳、船上工作环境较差;在社会权益方面,各地区社保待遇不一、异地就医结算艰难等情形依然存在,远洋海员还面临着境外就医过程中所支付的医疗费用未纳入基本医疗

① See Livingstone Caesar, *Sustaining the Supply of Ship Officers*: *Making a Case for Succession Planning in Seafarer Recruitment*, 1 Universal Journal of Management 6 (2013).

② 参见旭莲:《海事审判白皮书:船员权益保护"有温度的司法"》,载《航海》2017 年第 4 期。

③ See Desai Shan & Pengfei Zhang, *Regulatory Compliance and Human Resource Supply Chains*: *Chinese Seafarers' rights to Workers' Compensation* (2020).

保险基金支付范畴的问题。① 海员权益的保护很大程度上得益于强大工会的支持，②当许多海员在自身权益受到侵害后不知如何投诉或因担心投诉被报复而放弃了维护自身权益的机会③时，海员工会作为海员权益的维护者和代言人，并未设立有效的投诉渠道④帮助海员维护权益。在涉外海员权益保障方面，全日本海员工会与菲律宾海员联合会通过签订集体谈判协议加强双方之间的交流与合作、改善商船队海员的工作环境，利用基金捐款在菲律宾马尼拉、宿雾等地建设多处海员福利设施供日本海员使用。⑤ 相比之下，我国海员工会承担的涉外海员权益保障责任仍需要进一步提升。

## 五、海员工会人员构成缺乏法律资质限制

海员工会具有行业特殊性，其人员构成及选任不应简单参照《工会法》的相关规定而缺乏相应的法律资质限制。一方面，从海员工会官方公布的部门职责来看，除要协调海员与船东之间的关系，保障海员的合法权益等相关事务外，还涉及海事领域之外的多个行业事务管理，这与涵盖海事领域多个不同行业的北美海员国际联盟恰恰相反。以中国海员建设工会全国委员会和江苏省海员交通工会为例，中国海员建设工会的部门职责包括对海员、公路、建筑、城建等产业行业工会工作的宏观指导；江苏省海员交通工会则是全省交通运输海员工会，指导全省公路、航道、港口、汽运、航运等工会组织活动。海员工会职能设置的综合性使得其组成人员来自各行各业，导致部分人员并不了解海员职业的特殊性，无法在处理与海员利益相关的事务时设身处地地理解海员的困难和需求。另一方面，海员工会在干部选任上也缺乏严格的法律资质审核标准。海员工会同普通陆上工会类似，干部的来源多是上级委派或公务员招考⑥，即使选举也只是对所委派或指定的人选的一种形式上的正式确认⑦，导致工会干部缺乏对海员行业的了解和密切联系海员职工群众的欲望。此外，从基层海员群体中遴选的领导干部数量少，甚至有些海员代表从未在船上工作过，不了解海员工作的特殊性⑧，无法代表海员表达真实的诉求，制

---

① 参见张辰旭：《〈2006 年海事劳工公约〉履约：船员社会保障制度研究——以影响评估分析为视角》，载《经济研究导刊》2018 年第 4 期。

② See Black M. E. J. , *Admiralty Jurisdiction and the Protection of Seafarers*, 15 Austl. & N. Z. Mar. L. J. 23 (2000).

③ 参见曹艳春、唐树源：《中国船员投诉机制研究》，载《中国海商法研究》2017 年第 2 期。

④ See Sabbir Mahmood, *Implementation of Controlling the Private Recruitment and Placement Services under MLC* 2006: *A Case Study of Bangladesh*, 4 Iire Journal of Maritime Research Development 14 (2020).

⑤ See Kaiun Keizai, *AMOSUP Sailor's Home*, Daily Japan Shipping News (Special Issue), 26 Jan 2015.

⑥ 参见曹彦：《当前工会存在的行政化倾向及改革应对策略》，载《北京市工会干部学院学报》2016 年第 2 期。

⑦ 参见游正林：《60 年来中国工会的三次大改革》，载《社会学研究》2010 年第 4 期。

⑧ 参见魏凯琳、郭萍：《论船员最低工资法律制度之构建》，载《山东警察学院学报》2017 年第 2 期。

定的政策方案最终也难以切实地解决海员的困难，不足以担当合格的海员代言人角色来保护海员的合法权益。

## 第二节　关于海员工会建设的逻辑分析

### 一、我国海员工会组织属性定位分析

工会是劳动者为了克服自身在劳资关系中的弱势地位，以维护自身的合法权益为基本目的而产生的维权共同体。工会存在的法理基础首先在于工会是劳动者基于享有的结社自由而自愿结合产生的组织。结社自由是指劳动者有权组织工会，然后由工会代表劳动者与劳动使用者进行集体谈判，并在各个方面维护劳动者的权益。结社自由主要是建立在社会正义原则的基础上，是为了调节劳动者与劳动使用者之间的力量不平衡而设立的一种劳动关系调节机制。①

具体而言，劳动关系中的劳方享有团结权，即劳动者有权团结起来组建工会这种合法组织形式。个别劳动者在劳资关系中先天孤立弱势，与雇主的经济地位严重失衡，在协商订立合同时没有话语权和产生劳资纠纷时难以维护自身合法权益，但工会这种自治组织形式能够克服这种实质不平等地位，形成与雇主大致均衡相当的团体力量，这种团体力量在与雇主进行集体协商、签订集体合同、应对劳资纠纷时能够切实维护劳动者的劳动就业权、劳动分配权、劳动保险权、劳动安全与卫生权等劳动者的生存权。因此，团结权是确保劳动者生存权得以实现的重要保障。在工会与会员（劳动者）的关系上，工会和劳动者共同形成劳方，在这当中劳动者是劳方的意志主体和最终决定者，工会是形式主体和具体实施者。② 所以说，工会应当是劳动者利益的代表和最大维护者，工会忠诚于劳动者，对劳动者负责。因此，在应然层面上，从纵向和横向两个角度对海员工会的组织属性进行界定。在纵向关系上，相对于雇佣海员的资方而言，海员工会应当是全体海员劳动者团结起来组成的劳工联盟，尤其应当将自由海员纳入其中。随着我国经济体制改革的深入，海员就业的市场化程度也越来越高，海员就业模式也更多地从航运企业的长期固定职工向自由职业转变③，尤其如今自由海员占据了越来越多的海员劳务市场的份额，自由海员是指航运企业或船员劳务机构短期雇佣的海员，此类海员并非航运

---

① 参见周长征：《劳动法原理》，科学出版社 2004 年版，第 33 页。

② 参见常凯、张德荣：《工会法通论》，中共中央党校出版社 1993 年版，第 109-110 页。

③ 参见张丽英：《从船员雇用方式的变化谈〈中华人民共和国海商法〉有关船员规定的修改》，载《中国海商法年刊》2011 年第 3 期。

企业的正式职工,相应的人事档案、社会保障等问题也并非由航运企业负担。① 因此广大海员群体处于流动性大、比较松散的状态,缺乏组织联系,相较于机构健全、运营成熟的航运企业或者船员劳务机构而言,谈判和协商的能力微弱,几乎无法形成相当的力量正面与资方协商对话和议事交涉。所以,完善海员工会的组织架构应当将自由船员考虑其中。在横向比较上,相对于其他行业尤其是陆上运输的劳动者而言,海员工会应当是专属于从事海上航运的相关劳动者的职业共同体。由于海员职业的特殊性,海员在劳动保护、劳动条件、工资及福利待遇、职业技能培训、伤害补偿等方面的要求应当高于一般劳务提供者。② 而在实然层面上,中国海员建设工会不是专属于中国海员的工会。中国海员建设工会的构成从远洋运输到公路运输再到燃气热力和园林环卫,跨度大、关联低、领域广,成为一个庞大的联合起来的组织体系,这使得中国海员建设工会是一个全国性的产业工会。虽然很多文献资料对产业工会和行业工会不加区分,但在法理上有必要对产业工会和行业工会进行进一步的厘清,有助于进一步分析实然和应然层面的中国海员工会。所谓"产业工会"(Industrial Union),是指联合同一产业内各部分不同职业工人所组成的工会。③《工会法》第 11 条第 4 款也规定:"同一行业或性质相近的几个行业,可以根据需要建立全国的或者地方的产业工会。"可见,产业工会属于一种横向的组织,包括了同一产业或者相近产业的一切劳动者。所谓"行业工会"(Craft Union),是指从事同一职业或相类似职业的工人所组成的工会。④ 一般认为,规模较大的行业或者性质相近的行业群可界定为一个产业,行业工会处于产业工会与企业工会之间。因此,在应然层面上,海员工会应是专属于从事海上航运的相关劳动者的职业共同体,而在实然层面的横向比较上中国海员建设工会的定位没有突出船员的特殊性,而产业工会所代表的劳动者过于广泛,势必会使其对中国海员群体的代表性变得模糊。

## 二、"一带一路"背景下对海员工会职能的要求

航运业作为第一个拥有重要跨国工会战略和一个由工会驱动的跨国谈判协调系统的全球行业⑤,在"一带一路"中具有重要的战略意义。建设高水平的海员工会有助于积极解决"一带一路"推进过程中出现的海员劳务纠纷等,为海员维护自身权益提供有效的帮助。海员工会作为海员权益的代表,又是《劳动法》第 33 条以

---

① 参见张金蕾:《我国外派船员权利保护法律问题研究》,载《辽宁大学学报(哲学社会科学版)》2014 年第 3 期。

② 参见司玉琢主编:《海商法专题研究》,大连海事大学出版社 2002 年版,第 340 页。

③ 参见黄越钦:《劳动法新论》,台北,翰芦图书出版有限公司 2000 年版,第 378 页。

④ 参见史尚宽:《劳动法原论》,台北,正大印书馆 1978 年版,第 157 页。

⑤ See DN Dimitrova&R Blanpain, *Seafarers' Rights in the Globalised Maritime Industry*, London: Kluwer Law International, 2010, p. 46.

及《中国船员集体协议》设定的海上劳动关系三方协调机制的主体，对海员权益的保护负有不可推卸的责任。部分海员维权意识不强，不熟悉国际劳工事务[①]，或因文化、政治等多方面的因素未加入当地的工会，或由于地域限制而缺乏有效的法律和行政保护，由海员工会出面协商海员劳务纠纷、侵权等案件，相较于其他组织，他们更贴近于海员群体，能基于行业的特殊性设身处地地了解海员的需求，维护海员的合法权益。同时，在一定程度上也能与国外企业、海员工会保持法律地位上的平等，可以避免"一带一路"实施过程中由政府出面所带来的敏感性，推动国际海员工会间的交流合作，提升海员及海员工会在世界范围内的形象，形成促进"一带一路"发展的良性循环。

## 第三节 海员工会建设的域外实践借鉴

### 一、美国海员工会

美国的海员工会主要由1938年成立的北美海员国际联盟(Seafarers International Union of North America，以下简称SIU)及其下辖的太平洋海员联盟、海事海员联盟等13个附属海员联盟组成，其真正成立的历史可追溯到1899年国际海员工会章程的修改。[②] SIU涵盖了在深海、五大湖和内陆水道上悬挂美国国旗的航行船只的水手和船夫以及岸上工作人员[③]，其成员在从事军事支援、商业贸易、拖船等各种业务的船只上都有代表，使得SIU的决策具有较高的代表性。《北美海员国际联盟章程》作为SIU运行的最高准则，明确规定了SIU立法、司法和行政三个方面的权力及其界限，包括组成下级机构和部门或向其下属机构和部门签发宪章，组建资金和参与基金，为联盟和类似企业的利益建立企业等。为提高海员工会的代表性和专业性，SIU对联盟管理人员设定了严格的资质限制。《北美海员国际联盟章程》第12条要求SIU的管理人员、助理副总裁、港口代理、其他当选的从业人员除年龄、国籍等一般条件之外，还必须同时满足以无牌身份拥有至少3年的海上航行时间经历、被提名前至少3年一直是工会的正式会员且保持良好的声誉、在选举

---

① See Pengfei Zhang, *Seafarers' Rights in China*, Switzerland: Springer International Publishing, 2016, p. 103.

② See Emil Albrecht M. A., *International Seamen's Union of America: A Study of Its History and Problems: Bulletin of the United States Bureau of Labor Statistics*(*No.* 342), Washington Government Printing Office, 1923.

③ See David Glen, *Seafarers: A Review of Recent Research*, in Aldo Chircop and Moira McConnell eds., Ocean Y. B, Chicago: University of Chicago Press, 2005, p. 255.

年 1 月 1 日至提名时间之间至少有 100 天的航海时间经历这三项条件。[①] 这一规定使得 SIU 的管理人员都具备一定的海上工作经验，在政策的调整和制定上更贴近海员的需求。同时规定，具有一定年资权利但不是海员工会成员的个人不具备选举权，避免在海员工会内工作却缺乏海员会员的人对选举结果产生影响。SIU 及其下辖海员工会都具有各自的章程规范海员工会各项权力的行使，如太平洋海员联盟设立的《太平洋海员联盟章程》。此外，由于美国海员人数的进一步减少[②]，SIU 设置了健康与福利计划、假期计划、养老金计划等一系列计划和技能培训课程，进一步提升海员的福利待遇和专业水平。

由于美国太平洋海员工会（The Sailors' Union of the Pacific，以下简称 SUP）的组织和积极领导，在过去的半个世纪里，美国海员的地位有了很大的提高，并且美国航运业的劳资关系日趋成熟。SUP 也因此被认为为海事劳资双方的持续和谐关系开创了新局面。[③]

SUP 属于美国劳工联合会—产业工会联合会（American Federation of Labor and Congress of Industrial Organizations，AFL-CIO）下属的自治组织，SUP 至今持续运作了一百多年，是一个由没有执照的海员组成的工会，这些海员在悬挂美国国旗船只的甲板、轮机和乘务部门工作，SUP 会员资格可依申请取得，只要在 SUP 合同船舶上工作 30 天后，个人就可以申请加入工会。成为会员后，个人在工会的所有事务中都有发言权，在所有工会选举中都有投票权，在 SUP 章程规定的一段时间后，会员有权作为选举产生的工会职位候选人，工会干部每三年由会员选出的公正的投票机构通过秘密邮件投票选举产生。可见，这种选举方式能够保证工会干部由海员群体的"自己人"来担任，通过选举产生的工会干部不但具备航海知识，而且对海员群体具有同理心，在海员权益被侵害或者发生劳动争议时，能够代表海员与作为雇主的航运企业积极交涉。

SUP 在履行集体谈判职能以为会员争取更好的工资、工作条件、医疗保健和养老金方面，取得了卓有成效的成果。SUP 与以下航运公司或协会签订了集体谈判协议：美国总统轮船公司、爱国者合约服务公司、雪佛龙航运公司、旧金山湾福斯航运公司、美国美森航运公司、旧金山沙洲引航协会。所有的 SUP 集体谈判协议都是由大众委员会（Rank-and-File Committees）谈判达成的，委员会的成员包括目前

---

① See Constitution and by-laws of the Seafarers International Union of North America Atlantic, Gulf, Lakers and Inland Waters, Article Ⅻ.（《北美，大西洋，海湾，湖泊和内陆水域海员国际联合会的组成和章程》，第 12 条）

② See Victor Oyaro Gekara, Iris L. Acejo & Helen Sampson, *Re-imagining Global Union Representation Under Globalisation: A Case of Seafaring Labour and the Nautilus International Cross-border Merger*, 4 Global Labour Journal 167 (2013).

③ See Joseph P. Goldberg, *Collective Bargaining in Maritime Shipping Industry*, Monthly Labor Review, Vol. 71:3, p. 332-337(1950).

或最近在相关公司有工作经验的人,且委员会是由会员选举产生的。例如在与雪佛龙航运公司谈判的时候,只有雪佛龙航运公司雇佣的员工才有资格加入谈判委员会。在谈判过程中,会员可以通过工会的报纸或直接发给公司船只的公告,随时了解谈判的进展。此外,工会的全部资源都在谈判期间使用,包括必要时聘请外部专家,必要时会向劳工运动寻求帮助和支持。在集体协议被批准之前,集体协议的草案要在船上的工会会议和岸上每月定期的工会例会上经过详细彻底的讨论和辩论,所有参加会议的会员都有权对集体协议草案进行投票。并且,在每月的工会会议上进行投票之前,需要先对具有长期稳定雇佣基础的会员(例如雪佛龙航运公司的海员)进行反馈调查,如果根据集体谈判协议工作的会员不满意,则不向全体成员提交集体谈判协议。① 可见,SUP 在集体谈判时须事先选举委员会成员、事中有详细的会议投票、事后仍须跟进反馈调查,这样全过程的安排保障了工会会员对集体谈判全过程的参与和意见表达。

从总体上看,SIU、SUP 与我国海员工会均存在一定的差异。SIU 是跨区域性质的海员工会②,作为加拿大海员国际联盟的上级工会,享有对加拿大境内海员事务的管理权限,而国际社会中多数海员工会包括我国海员工会的管辖范围都限于本国境内。SIU 的组织结构与我国海员工会不同。SIU 附属的 13 个海员工会如美国太平洋和加勒比海渔民联盟、海员娱乐和同盟工会、加拿大海员国际联盟等分属不同的海事行业和地区,在形式上更近似于松散的"邦联",与我国"全国海员工会+地区海员工会"的一元化工会组织结构截然不同。但 SIU 对海员工会从业人员严格的资质限制有一定的积极意义,值得我国借鉴和学习。为提高我国海员工会的专业性和代表性,建议参照美国 SIU 从业人员的资质要求,在《船员条例》或未来"船员法"中增设海员工会资质条款时,除年龄和国籍等条件外,要求至少 3 年内必须一直是工会的正式会员并具备一定年限的海上工作经验方具备成为海员工会管理人员的资格。此外,各地区海员工会也可以依据不同地区特色设立符合自身发展特点和需求的海员工会章程,以便于工会的建设更契合地区战略的发展。而 SUP 在集体协商中发挥的作用,是我国船员工会改革应当效仿的,只有船员工会充分发挥作用,我国船员权益集体协商制度才能真正发挥作用。

---

① See *The Lookout of the Labor Movement*, Sailors' Union of the Pacific, https://sailors.org/lookout-labor-movement.

② See Victor Oyaro Gekara & Iris L. Acejo & Helen Sampson, *Re-imagining Global Union Representation Under Globalisation: A Case of Seafaring Labour and the Nautilus International Cross-border Merger*, 4Global Labour Journal 167 (2013).

## 二、菲律宾海员工会

菲律宾针对不同的海员群体共设有六个海员工会。① 其海员工会具有以下三个特征。首先,入会率较高。劳工和就业统计局 2013 年估算表明,菲律宾约 47%的海员加入了工会。② 其次,立法保障相对完善。由于菲律宾海员数量占全球海员的 1/4,海员在本国具有重要的地位。菲律宾为有效地保障海员权益,特别出台了《麦格纳法令》,在第二章着重强调了海员参加工会、集体谈判的权利③,作为海员权益保护的大宪章。菲律宾劳动关系三方协商的历史可追溯到 1953 年,并且菲律宾于 1991 年批准了《三方协商促进履行国际劳工标准公约》(第 144 号公约)以促进劳资关系的协商与保障。④ 最后,岸上服务体系健全。以菲律宾海军和海员联合会(Associated Marine Officer's and Seamen's Union of the Philippines, AMOSUP)为例,菲律宾海军和海员联合会作为目前菲律宾规模最大的海员工会,在政府和行业的各种决策机构、国际劳工组织中都有代表,⑤并直接与船东及公司就其会员的集体谈判协议进行谈判,除了通过集体谈判协议为会员确保就业和"合理工资"外,还提供公积金,由公司在海员退休后一次性支付一笔款项作为养老保障。另外,菲律宾海军和海员联合会还设立了相应的服务性机构为会员提供其他服务,如提供技能与就业培训的菲律宾海军和海员联合会培训中心、为会员及其家属提供免费医疗服务和药品的海员医院、为临时会员提供免费食宿的水手之家以及供会员及其家属以信贷方式购买商品的商店。⑥

我国海员工会可以参考菲律宾海员工会建设的模式,依靠建立健全各地海员权益保障体系和岸上服务体系吸引海员加入海员工会,又通过入会率的提高促进保障体系和服务体系的进一步完善,形成相互推动的良性循环模式。此外,菲律宾海员作为海外菲律宾工人经济的重要组成部分,被政治家统称为"新英雄"以表彰

---

① See Maragtas S. V. Amante, *Industrial Democracy in the Rough Seas: The Case of Philippine Seafarers*, in Adrienne E. Eaton ed., Industrial Relations Research Association Series(Proceedings of the 56th Annual Meeting), California: Industrial Relations Research Association Press, 2004, p. 85.

② See Ralph Buiser, *Trade Union Representation in the Philippines*, 9 The World of the Seafarer 173 (2021).

③ See An Act Instituting the Magna Carta of Filipino Seafarers.(《麦格纳法令》第二章——笔者注)

④ See Tayo Fashoyin, *Social Dialogue and Labour Market Performance in the Philippines*, WP14 Geneva: International Labour Office, 2003, P. 22.

⑤ See Amante M., *Philippine Global Seafarers: A Profile*, Cardiff: Seafarers International Research Centre, Cardiff University, 2003, https://fdocuments.net/document/philippine-global-seafarers-a-profile-mariners-2003-philippine-philippine.html? page=4.

⑥ See Ralph Buiser, *Trade Union Representation in the Philippines*, 9 The World of the Seafarer 173 (2003).

其经济作用。[①] 我国也应当逐步提高海员的地位，加强立法层面对海员及海员工会的重视，规范海员工会的权利和义务。

## 三、芬兰海员工会

芬兰海员工会（Finnish Seamen's Union, FSU）建立于1916年，是芬兰历史最悠久的工会之一，目前拥有全国9500名成员。芬兰海员工会久负盛名是因其在集体谈判领域的努力与成功，芬兰海员工会依靠其长期以来在海运和内河运输领域组织罢工的经验，为广大工薪阶层的海员争取到了一系列社会福利。只要是在远洋、沿海和内陆水运行业工作的船员，都可以申请加入芬兰海员工会，芬兰海员工会也明确表示自身能够带给会员的最重大的好处就是：会员不需要自己与雇主就最低雇用条款和条件进行谈判，工会将代表会员做这件事。芬兰海员工会已同各航运公司协会、航运公司和其他相关雇主就工资和加薪、加班报酬、工作时间、年假及其他重要雇用条件缔结了集体谈判协议，且芬兰海员工会也会持续监测这些集体协议的遵守情况。[②] 根据船员所任职的船只类型不同，集体协议也以三种基本分类为框架：国际客轮运输集体协议、国内客轮运输集体协议、商业贸易船舶集体协议。[③]

## 四、日本在立法中突出海员工会的特殊性

日本的海员工会以1945年成立的全日本海员工会（All Japan Seamen's Union, JSU）为核心。在组织结构层面，由决议机构、执行机构和本部机构组成全日本海员工会总部，对沿海各港口城市设立的31个全日本海员工会办事处和分支机构实行统一的领导和管理，形成总部—支部的一元化工会组织体系。在工会性质层面，全日本海员工会与欧洲国家和美国的产业工会相同，由想要加入的海员自愿加入而并非由同一企业的海员组成各自的企业工会，是日本唯一一个不具有企业工会联合会性质的工会。[④] 在立法及制度构建层面，日本虽然没有独立的“海员工会法”，却将部分涉及海员工会的内容分散在《劳动者灾害补偿保险法》《福利养老保险法》《国家公务员互助协会法》等相应法律中，并结合《船员法》共同保障海员工会成员的权益。《全日本海员工会章程》以海员和在海边工作的工人为组织对象，

---

① See Amante M., *Philippine Global Seafarers: A Profile*, Cardiff: Seafarers International Research Centre, Cardiff University, 2003, https://fdocuments.net/document/philippine-global-seafarers-a-profile-mariners-2003-philippine-philippine.html? page=4.

② See *Membership*, Finnish Seamen's Union, https://www.smu.fi/in-english/membership/.

③ See *Membership*, Finnish Seamen's Union, https://www.smu.fi/in-english/collective-bargaining/.

④ See Hiromasa Yamamo, *Singularity in the Structure of the Seamen's Union of Japa: In Comparison with Enterprises Union*, 7 Kobe Economic&Business Review 47 (1960).

明确规定了全日本海员工会决议机构、执行机构和大会的人员构成与议事规则。①同时,为保障工会成员所需要的救济、援助等,《全日本海员工会章程》在第87条设立了共济给付制度,将工会费用的一部分作为资金进行制度的运营,对因伤病不能工作、在海外被扣留、因自然灾害而房屋受损的海员,全日本海员工会给予一定的慰问金;对退休或依章程规定丧失会员资格的海员,根据其工作年限发放功劳奖金。② 全日本海员工会还建立了"海上投票"制度和会员补助制度为海员提供投票和日常休闲娱乐的便利。

我国海员工会的"全国海员工会+地区海员工会"一元化工会组织体系以及产业工会的性质与日本海员工会相似,因此在立法及制度构建层面也可以借鉴日本海员工会的经验。一方面,我国需要制定严格具体的海员工会章程规范海员工会的人员组成、议事规则及权利义务,促进海员工会高效、透明运行,并提高海员工会在海员权益保障方面的责任承担。另一方面,仍需通过进一步跟进立法工作来填补目前我国法律层面海员及海员工会等具有特殊性的对象在具体适用某些法律条文时存在的空白。可以参考日本的模式,将海员工会及其成员等涉及主体特殊性的内容根据不同的属性分列在《工会法》《社会保险法》以及未来的"船员法"等法律中作为特别规定适用。此外,建议以海员工会法律法规为依托,完善海员工会在海员救济、岸上福利设施与服务、会员补助等权益保障方面的制度。

## 第四节　我国海员工会建设的建议

### 一、提升海员工会建设的立法层级

完善海员工会建设离不开立法层面的支持。不同于美国的《北美海员国际联盟章程》和《太平洋海员联盟章程》,《中国工会章程》缺乏足够的强制力和约束力,需要专门的法律规范来指导。海员工会的性质、职责、大会召开方式等内容都涉及海员职业特殊性,需要新的工会章程和法律法规全方位地契合我国海员工会发展的需求。在立足我国海员工会建设基本情况的前提下,可以借鉴美国、菲律宾等国家海员工会建设的经验,总结《中国工会章程》《船员条例》的实施经验,制定"海员工会法"。③ 保障我国海员工会履行职责有法可依,在处理涉外海员纠纷时不会因没有明确法律依据而被质疑其性质及合法性。鉴于目前国家法律供给与实际需求

① 日本労働省労政局編『全国主要労働組合規約及諸規則』(労働省労政局,1948年)参照。

② 参见全日本海员工会网站,载 http://www.jsu.or.jp/member/support/kyosai.html。

③ 参见张丽、韩立新:《对海员特殊群体社会保障立法的几点思考——以〈2006年海事劳工公约〉为视角》,载《学术论坛》2010年第2期。

之间的矛盾，可以参考日本的做法，将涉及海员工会特殊性的内容按不同的法律属性分列在《船员条例》《工会法》《社会保险法》等法律法规中作为过渡。如上文所提到的，可以考虑将海员工会性质、法律地位、组织结构等内容纳入《工会法》中作为特别规定。也可以在《船员条例》中关于补充海员工会权利义务、法律责任等区别于普通陆上工会内容的条款，填补目前我国航运法律体系中海员工会相关规定的空缺。

在立法及制度构建层面，域外的经验有值得借鉴之处。以日本为例，日本虽然没有独立的"海员工会法"，却将部分涉及海员工会的内容分散在其他劳动及社会保障法律之中，并与《船员法》相结合，共同保障海员的权益。例如《国家公务员互助协会法》第119、120条关于海员工会会员资格得丧特例、疗养特例的规定，都以海员工会会员为特定主体，依据《船员保险法》的具体规定适用。又以菲律宾为例，菲律宾针对不同的海员群体共设有六个海员工会。① 首先，菲律宾海员工会的入会率较高。劳工和就业统计局2013年根据阿曼特（Amante）的随机抽样调查结果估算表明，菲律宾约47%的海员加入了工会。② 其次，菲律宾海员工会立法保障相对完善。《麦格纳法令》作为海员权益保护的大宪章，着重强调了海员参加工会、集体谈判的权利。③ 菲律宾劳动关系三方协商的历史可追溯到1953年，并且菲律宾于1991年批准了《三方协商促进履行国际劳工标准公约》（第144号公约）以促进劳资关系的协商与保障。④

我国海员工会建设缺乏工会文化的底蕴，不同于美国、加拿大等国家的海员工会具有为维护海员权利而与船公司、行政机关多次抗争的历史，具有较强的行政依附性，依据法律来明确海员工会的权利义务等事项相较于工会章程更具有实际效果。此外，设立海员工会法律规范也是重视海员工会建设、重视海员职业的一种体现，有利于鼓舞我国海员工会积极投身建设的热情，在保障海员的人身和财产权益方面发挥更强大的作用。

## 二、设立行业级的仅代表中国海员群体的中国海员工会

中国海员建设工会是一个产业工会，所代表的劳动者过于广泛，但不同行业劳动者的劳动条件、就业标准、职业特点和劳动力价格尺度差距悬殊，其对中国海员

---

① See Maragtas S. V. Amante, *Industrial Democracy in the Rough Seas: The Case of Philippine Seafarers*, in Adrienne E. Eaton ed., Industrial Relations Research Association Series (Proceedings of the 56th Annual Meeting), California: Industrial Relations Research Association press, 2004, p. 85.

② See Ralph Buiser, *Trade Union Representation in the Philippines*, 9 The World of the Seafarer 173 (2021).

③ An Act Instituting the Magna Carta of Filipino Seafarers.（《麦格纳法令》第2章——笔者注）

④ See Tayo Fashoyin, *Social Dialogue and Labour Market Performance in the Philippines*, Geneva: International Labour Office, 2003, p. 22.

群体整体利益的代表性具有模糊性。针对这个问题,我们建议设立中国海员行业工会,仅代表中国海员群体利益,其会员仅涵盖全国受雇于国际航行海船从事远洋运输工作的海员。首先,以行业工会为代表的集体协商极具代表性,能够提出航运行业内最集中最有实际价值的需要解决的真问题;其次,与企业工会组织形式相比,行业工会行使集体协商职能避免了在不同航运企业中的重复协商过程,简化了协商成本;再次,行业工会具有一定的规模,能够敦促雇主航运企业坐到谈判桌前,使雇主不得不正视行业工会提出的相关问题;最后,通过行业工会,集体协商缔结的协议内容在航运业范围内具有普遍效力,能让仍然无企业工会可加入的自由海员从中受益。只有代表的利益具有海员专属性,才能针对海员群体的权益保护更加有效地开展工作。以美国为例,SUP 的选举方式能够保证工会干部既熟悉航海行业,又能够为海员群体的利益积极开展交涉。

在设立专门的仅代表中国海员群体的中国海员行业工会之后,还可以作更细致的划分,根据职务特征设立不同类别的工会组织,因为不同级别的海员利益需求相差很大,相应的集体谈判、集体协议和权益维护工作的侧重点也不同。海员输出大国菲律宾曾经有设立菲律宾高级海员联盟和菲律宾海员联盟(会员多为工作在外国海船上、收入很低的海员);印度有印度海员全国总工会(代表普通海员和职位较低的高级海员)(National Union of Seafarers of India, NUSI)、印度前方海员工会(同样代表普通海员和职位较低的高级海员,与印度海员全国总工会存在竞争)、印度海事联盟工会(代表印度高级海员)(Maritime Union of India, MUI);国际航运中心香港也有香港海员工会、香港商船高级船员协会、香港航业海员合并工会;挪威有挪威海员工会、挪威高级海员工会、挪威轮机员工会。作为参考,我国可以在设立专属性的中国海员工会之后,再设中国高级海员工会和中国普通海员工会、中国渔船船员工会、内河船员工会等分工会。

## 三、增加中国海员加入工会的比率

行业工会作用的发挥是基于会员的壮大及团结基础之上的,无论是哪个国家的海员工会,都以尽可能多地吸纳更大范围的海员为目标,例如全日本海员工会基本上是以居住在日本的船员和将要从事船员职业的人为组织对象的。因为以个人加入为原则,所以,不属于特定企业的船员、离职船员中的多数人也都被组织起来。而且,混乘船上的外国人船员也可以基于一定的条件而加入。可见,全日本海员工会的会员范围十分广泛。

中国海员加入工会的比率偏低的原因有两方面:一是非国有企业海员(自由海员与民营自有签约海员)少有加入海员工会组织;二是大部分省、市没有设立相应的海员工会组织,包括一些已经建立海上劳动关系三方协调机制的各省市也没有设立相应的海员工会组织。建立覆盖面能够普及自由海员和民营自有签约海员的海员工会系统是解决问题的关键所在。

首先,必须在已经建立海上三方协调机制的省市推行海员工会建设。这些地方迫切需要地方行业级别的海员工会参与到海上三方协调中来,比如上海市虽已建立了上海市海上劳动关系三方协调机制,但没有“上海市海员工会”这样一个地方的专门代表海员群体利益的工会组织,只有“上海市交通港航工会”是上海市交通系统内的行业组织,加入三方协调机制作为海员代表组织一方,其能在多大程度上发挥作用不得而知。在上海全力推进国际航运中心形成的当下,建设上海市海员行业工会是存在迫切的现实需求的。上海市海员工会建立之后,就可以在海上三方协调机制的框架下与上海市的船东协会签订上海市的海员集体协议。实践中部分省已见成效,例如山东省海员工会已经签订了省一级的《山东省船员集体协议》。

其次,必须在基层私营航运公司、海员服务机构中推行海员工会建设。这至少从形式上解决了民营自有签约海员的入会问题,针对可能存在的虚设工会现象,可以类比国企海员工会将企业全体海员纳入的做法,海员在与船公司或船员服务机构签订劳动合同之后,自动加入企业内部的海员工会,具备海员工会会员身份。

最后,自由船员无工会的问题也可以在建立了省级和市级行业海员工会之后迎刃而解。自由船员大部分是从船公司或船员服务机构跳槽出来的,随着劳动关系的解除,原企业海员工会可以将海员的工会会员资格移转至地方海员工会,例如某海员从中国远洋海运集团(上海)有限公司跳槽之后,其工会会员资格从原企业的海员工会迁出,转入上海市海员工会,继续享有海员工会会员资格。还有一小部分自由海员是从开始就没有用人单位的,这部分自由海员可以申请加入地方级的海员工会。

## 四、提升海员工会履行职责的能力

### (一)转变海员工会的角色定位

针对长期以来对海员工会法律定位的认识偏差所产生的行政化倾向问题,需要推动海员工会体制改革,明确海员工会的法律定位,保持群团性,使海员工会以维护基层海员群体利益为出发点,独立自主地履行《工会法》规定的职责。根据《工会法》第2条以及《中国工会章程》的规定,海员工会的本质仍是中国共产党领导的海员自愿结合的工人阶级群众组织。鉴于海员工会的行业特殊性,可以考虑在《工会法》第四章基层工会组织一章后单独增设一章作为特别规定,明确规定海员工会作为海员自愿参加的组织,代表广大海员群体的合法权益,不具有行政机关的属性。对海员工会的法律地位、组织体系等内容也作出界定,进一步明确海员工会的法律定位和职能,纠正主观和客观层面对海员工会法律定位的认识偏差,消除模糊海员工会与行政机关界限的行为。同时,可以参照上海自由贸易试验区负面清单制度设置海员工会负面清单，根据不同地区的情况列明禁止海员工会实施的具有行政机关性质的行为，对违反负面清单制度的海员工会给予一定处罚，并在中国海员建设工会全国委员会官网进行公示。在客观层面上，去除海员工会领导干部的事业单位编制，实行合同制分级管理；明确海员工会同行政机关之间的职责界限，逐步实现海员工会与行政机关脱钩。同时推动工会经费多元化，以海员会费为主，减少对航运企业以及划拨经费的过度依赖，通过开展海员培训等事务收取相应费用作为海员工会经费的补充，将工作考核标准逐渐从完成政府任务转移到职工维权上，在维权活动中注重市场化、竞争性的成本—收益考量。① 在主观层面上，要继续加强党政机关及海员工会领导干部的思想道德教育，保持群众性。海员工会的干部本身要认识到其服务海员的首要使命，工会不是党政部门，不是政府机构，也不是船东管理海员的工具。当发生劳资纠纷时，海员工会要明确自身立场，坚定地站在海员一边，旗帜鲜明地帮助海员。海员工会管理人员要转变思想、转变角色，走近基层海员群体，根据广大海员的需求和意愿开展工作，积极维护海员的合法权益。

### （二）设立海员工会管理人员资质审核标准

无论是加强海员工会自身建设还是完善海员福利待遇建设，都必须提高海员工会的行业代表性和专业性。在处理海员外派机构问题上，我国已经形成了一套相对完善的资质审核标准和管理模式。因此，可以以此为模板，借鉴 SIU 的发展经验，在海员工会章程、《船员条例》及未来的“船员法”中设立严格的海员工会管理人员资质审核标准。一方面，通过资质审核筛选不同海事行业领域的人员来组成海员工会，增强海员工会综合性和延展性的同时避免由不了解海员行业的其他产业人员来负责海员工会事务的管理。另一方面，在海员工会领导干部选任上，以切实维护海员利益为目标，在具有一年海员工会成员身份的基础上，增设一定年限的海上工作经验作为必要条件，增加在基层海员群体中遴选干部的比例，让更多了解海员行业、理解海员需求、热爱海洋事业的海员加入海员工会的管理，这有利于提高海员工会决策的合理性和可行性，同时也有利于提高海员工会在海员心目中的声望。这一方面可以借鉴 SUP 的做法，SUP 会员资格可依申请取得，只要在 SUP 合同船舶上工作 30 天后，个人就可以申请加入工会，从而保证工会干部由海员群体的“自己人”来担任。

### （三）完善海员工会的职能

随着社会经济发展、海员对福利待遇需求的提高，海员工会的岸上福利保障建设也需要与时俱进。海员工会应当有效地利用海员意见听取和收集渠道，根据海

---

① 参见王向民：《工会的去行政化改革及其路径》，载《工会理论研究（上海工会管理职业学院学报）》2014 年第 4 期。

员所反映的诉求,有针对性地调整、更新岸上福利设施,例如在医疗救助、法律援助、港口互联网接入等海员呼声最高的几个方面提供更完善的服务。同时,海员工会应充分发挥海员代言人的作用,积极与船东、海事局等有关部门协商,简化海员下船程序;可以适当借鉴德国、印度等国的做法,将船税按一定比例用作港口福利建设的费用①,为海员提供价格低廉的接送、住宿等配套服务。除此之外,我国海员工会还可以海员工会法律法规为依托完善医疗卫生、退休金等岸上福利保障制度建设,确保海员的健康和福利。

### (四)构建完善的海员工会监督机制

完善工会监督机制,从工会职责与权力来源和思想认识两个方面入手根治海员工会的消极不作为。首先,提高工会职责法律规定等级,在法律层面对海员工会以及海事机构的职责、保障方式、程序等内容予以明确规定。其次,海员工会应当加强海员投诉与维权机制建设。应区分造成海员权益侵害的实际原因,对于违反强制性法律规定、依法需要进行惩处的案件由地方海事管理机构受理,对于非违反强制性法律规定、涉外性更强、通过协商谈判解决更适宜的侵权纠纷,可告知海员并交由海员工会出面解决,将处理结果报海事机构审核备案。最后,还应当构建海员工会监督和惩戒机制来打击海员工会的不作为。即便拥有完善的权利保障制度,也需要强有力的执行才能发挥作用。② 可以考虑从基层海员中选取部分代表协助海事管理机构对海员工会权益保障工作进行日常监管,促进海员意识共同体的形成和海员工会保障能力的提升。

## 五、加强与国际海员工会的交流与合作

随着全球化趋势的不断深入,国家、地区之间在航运领域的竞争愈发激烈,我国海员工会建设应当保持开放的姿态,学习别国或地区海员工会建设的优秀经验,加强与海事劳工组织、美国国际海员联盟组织、全日本海员工会、菲律宾海军和海员联合会等其他国家、地区优秀海员工会以及专注于海员福利待遇建设的国际组织之间的交流与合作。③ 一方面,可以在独立平等、互不干涉的基础上签订互惠互利的协议,如日本海员工会同菲律宾海员工会签订的保障本国海员享受岸上福利待遇的合作协议,在维护我国海员合法权益的同时,为我国外派海员在境内和境外都能享受到完善的福利设施提供保障。另一方面,我国海员工会应当坚持独立自

---

① See Minghua Zhao, Pengfei Zhang & Gaochao He, *Port-Based Welfare Services for Seafarers in Chinese Ports: Their Roles, Changes and Challenges*, 130 Marine Policy (2020).

② 参见程曦:《自由贸易(区)港战略下国际航运劳动者权益保障存在的问题及完善建议》,载《山东工会论坛》2019 年第 6 期。

③ See Minghua Zhao, Pengfei Zhang & Gaochao He, *Port-Based Welfare Services for Seafarers in Chinese Ports: Their Roles, Changes and Challenges*, 130 Marine Policy (2021).

主原则,在立足本国国情的基础上通过组织海员工会间的参观学习、开展交流合作等取长补短,全方位提高我国海员工会的自主建设能力,如定期邀请新加坡、菲律宾等航运强国的海员工会参与、指导我国海员工会对高级海员的培养工作,加强人才培养、海员福利设施建设等方面的经验交流,培养更多具有专业技能的海员满足航运市场发展的需求。[①] 通过提高自身的建设水平和海员的素质与能力,树立海员工会在国际社会上的专业形象,逐步形成我国独特的海员工会品牌,为我国航运业发展在国际竞争中保持优势地位提供助力。

## 本章小结

工会是劳动者利益的代表,是以维护劳动者的劳动权益为目的而开展活动的组织。对海员而言,海员工作的流动性、涉外性以及专业性要求海员工会在开展工会工作方面与普通行业工会相比存在特殊性。因兼具保障海员劳动权益的重要性与协调涉外纠纷的特殊性,海员工会须在立法与制度层面得到足够的重视,这是《2006 年海事劳工公约》所明确的价值取向,也是切实保障我国船员权益、助力航运业发展,进而促进我国海洋强国战略的题中应有之义。近几年,从国家到地方,海员工会建设正在不断完善,寻求创新发展。未来应继续围绕海员工会存在的实际问题完善建设,注重提升海员工会的法律依据层级、扩大工会会员范围、强化工会履行职责能力等,与此同时加强与国际海员工会组织的合作与交流,提升我国海员工会的国内外影响力。

---

① See Gian Enzo Duci, Lorenzo Galante & Enrico Musso, *The Italian Seafarers' labour market*: *Assessing the demand-supply Equilibrium*, 3 Electronic Journal of Management 16 (2019).

# 第九章　船员集体协议问题研究

中国海员建设工会与中国船东协会于2009年首签《中国船员集体协议》,该集体协议全面系统地确立了我国船员的各项基础性劳动标准和劳动条件,涉及的内容全面而系统,包括船员劳动合同的签订、劳动报酬尤其是基薪的标准、在船工作时间、劳动保障及职业福利等一系列涉船员事项。《中国船员集体协议》的出现,不仅规范了船员劳动的行业标准,同时也对我国无专门立法进行特殊调整的船员权益保障问题提供了有效补充。完善船员集体协议制度、提高《中国船员集体协议》的国际影响力,充分发挥船员集体协议的作用,对提升我国船员权益保障水平具有深远意义。

## 第一节　《中国船员集体协议》运行中存在的问题

集体协议的签订使船员维权工作前移,有利于劳动关系矛盾的预防和解决,减少劳动争议的产生,同时减少了船员、企业的劳动争议成本支出。但是《中国船员集体协议》基于自身的局限性,在船员行业发挥的作用并不突出。

### 一、《中国船员集体协议》适用范围有限

从《中国船员集体协议》第2条规定的适用范围可以看出,《中国船员集体协议》原则上适用于中国船东协会的会员单位及其所拥有和(或)管理的船舶。但是目前中国船东协会的会员单位一共有两百多家,主要来自我国大中型航运企业,国有航运企业更是占多数名额;而在中国航运企业中,中小企业占比98%,船舶艘数占比93%,运力吨位占比60%,运量占

比 55%[①],可见中小航运企业在航运业内体量之大。所以协议的适用范围也就不能延伸至我国广大的非国有中小航运企业,将非会员单位的中小航运企业排除在外,就缩减了协议的覆盖面。

而且,中国船东协会所属船东会员并不因其会员身份自动适用集体协议,而是需要申请签约《中国船员集体协议》,申请之后还要经过审查认定。首先,船东应向中国海员建设工会和中国船东协会双方提出申请,如果是中国籍船舶,提交履行申请书,如果是方便旗船舶,提交使用特别声明。然后,经审查符合协议适用范围的,由中国海员建设工会和中国船东协会共同出具确认书和盖有公章的协议文本,视为签订《中国船员集体协议》。因此,申请签订是一个程序性前提,集体协议的覆盖面也只涉及中国船东协会中申请签订并且通过审查的船东会员。

## 二、《中国船员集体协议》在外认可存在障碍

在国际上,对船员用人单位影响最大的海员组织是 ITF,其在全球拥有 450 个工会会员,分布在全球 110 多个国家及地区。[②]《中国船员集体协议》在外认可存在障碍主要在于 ITF 对该协议接受程度较低,尤其是不认可中国船员集体协议在方便旗船的适用。[③] ITF 从 1948 年就开始长期抵制方便旗运动,旨在确保工作在方便旗船上的海员受到劳动保护,不受船东剥削。因此,ITF 对方便旗船一直推行适用 ITF 集体协议。ITF 由其附属机构管理,而 ITF 附属机构利益的转移对 ITF 战略具有重要影响,[④]在 1972 年的 ITF 大会上,ITF 的一些附属机构要求加强抵制方便旗的运动,ITF 批准任命检查员,在没有 ITF 批准的集体协议的情况下,对方便旗船只采取行动,20 世纪 70 年代,澳大利亚、芬兰、瑞典和英国的工会强烈支持这项运动,并经常因此抵制船舶,意大利、西班牙、法国、以色列和加拿大也不时通过港口检查抵制。[⑤] 尽管 ITF 标准协议仅适用于方便旗船,但 ITF 有时仍会对悬挂非方便旗的船舶进行检查,要求在船上工作的海员必须受到船旗国 ITF 同盟工会所签订的集体谈判协议的保护。较为典型的《中国船员集体协议》在外不被接受的案例是 2016 年 10 月 20 日发生的中国籍船舶在芬兰科科拉港遭遇芬兰海员工会检查,被控船上执行的《中国船员集体协议》未达到 ITF 标准条款,被检查员勒令停

① 参见杨易、周雯雯:《"一带一路"背景下我国中小航运企业融资问题研究》,载《水利经济》2017 年第 2 期。

② 参见司玉琢:《海商法专论》,中国人民大学出版社 2007 年版,第 108 页。

③ 参见李璇:《中国正式加入 MLC2006 对航运业的影响》,载《中国水运》2016 年第 2 期。

④ See Sigrid Koch-Baumgarten, *Trade Union Regime Formation under the Conditions of Globalization in the Transport Sector: Attempts at Transnational Trade Union Regulation of Flag-of-Convenience Shipping*, International Review of Social History, Vol. 43:3, p. 369-402(1998).

⑤ See Herbert R. Northrup & Peter B. Scrase, *The International Transport Workers' Federation and Flag of Convenience Shipping Campaign: 1983-1995*, 23 Transp. L. J. 369 (1996).

止交货这一事件。[①] 通过这一事件可以看出,《中国船员集体协议》并没有能够在国际航运界得到广泛承认。《中国船员集体协议》在外不被认可的直接后果就是不能通过受 ITF 影响较强的所在港口国的监督检查,间接后果是造成船期损失或代理费、律师费的损失。

### 三、《中国船员集体协议》规制内容范围有限

当前《中国船员集体协议》中规定的主要内容有劳动合同及管理;劳动报酬;社会保险及福利;工作时间和休息休假;船舶船员及值班;职业安全和医疗;食品、居室、寝具和娱乐;服务于战区、疫区、海盗活动区域等危险区域;船员伤残、疾病、工亡的保险和理赔原则;遣返;解除和终止合同;船员投诉与劳动争议;船员的教育培训等内容。《中国船员集体协议》内容范围主要依托《2006 年海事劳工公约》的框架,集体协议中的内容较窄,都是围绕着海员的最低工资、补贴、工伤补偿这些基本的船员权益问题,并没有将集体协商的内容扩展到海员的岸上福利标准、退休海员社会保障等议题,即现有的集体协商制度的针对性不足。[②]

## 第二节　船员职业特殊性对集体协议的现实要求

集体协议不仅是维护劳动者权益、预防化解劳动关系矛盾的重要手段,而且是深化收入分配制度改革、保障和改善民生的有效途径。[③] 基于船员职业的特殊性,船员集体协议相比一般劳动者的集体协议在协商意义、协商范围、协商主体等方面均具有特殊性。

### 一、扩大船员集体协议适用范围的现实意义

英国集体协议制度下,在维护船员权益方面,船员集体协议制度作为船员雇佣合同制度的补充,起到了强有力的作用。[④] 同样,在我国船员权益保障立法缺失的背景下,集体协议制度可以作为很好的弥补方式。船员集体协议的签订蕴含了多种法的基本价值。一是体现为秩序价值,集体协议能够弥补法律和行政法规的不足,具有一定的法律规范性,对海员和海员用人单位都具有法律效力,且这种法律

---

① 参见方林坤:《中国籍船舶遭遇芬兰海员工会检查并引起停工事件的思考》,载《航海技术》2018 年第 1 期。

② 参见程曦:《自由贸易(区)港战略下国际航运劳动者权益保障存在的问题及完善建议》,载《山东工会论坛》2019 年第 6 期。

③ 参见杨成湘:《论中国集体合同制度变迁历程、逻辑及其趋势》,载《经济体制改革》2020 年第 5 期。

④ 参见李燕霞、涂梅超等:《国外船员典型制度对我国船员立法的启示》,载《交通运输研究》2022 年第 2 期。

效力具备稳定性和连续性，普遍地使得双方对于劳动条件和劳动待遇有了确定的预期，海员和海员用人单位的权利义务关系得以持久地在基本框架内确立下来；二是体现为公平价值，在海员工会进行集体协商的过程中，海员工会与海员用人单位依法就海员劳动合同的签订问题、劳动报酬尤其是基薪的标准、在船工作时间、劳动保障及职业福利等一系列涉海员事项进行平等协商，达成程序上的公平，同时克服了海员个体在签订单个劳动合同时因处于孤立弱势的地位而极易产生的实质不公平，达成内容上的公平；三是体现为效率价值，因为海员工会进行集体协商必然着眼于海员权益的整体性保护，签订的集体协议也是整个航运业行业性的统一劳动标准，其以广阔的覆盖面和适用范围避免了重复协商的过程，大大降低了缔约成本。在行业性的船员集体协议已经将海员及其用人单位的权利义务作了细致分配的框架前提下，单个海员只需要在基本劳动标准上酌定提高或者就个性化特殊需求再作协商即可。并且，当海员与其用人单位发生劳动争议时，依据争议性质不同，劳动争议或者仍然通过集体协商机制解决，或者根据集体协议事先约定的争议解决方式解决，所以在缔约成本和争议解决等方面都可以体现效率价值。

## 二、船员职业国际化对船员集体协议的影响

由于船员职业的国际化，《中国船员集体协议》的制定应当考虑国际船员市场对船员规则制定的影响，应当在尊重我国船员市场实际情况前提下，积极应对国际政策对我国船员市场的冲击，改变或者融入国际航运市场规则。

### （一）印度应对 ITF“方便旗运动”难题的思路

由于来自资本供应国[①]和劳动力供应国[②]的海员工会在工资预期方面存在巨大差异，全球层面的集体谈判协调变得复杂。有观点认为：发达国家的工会拥有更优越的权利资源，并利用这些资源向发展中国家的海员和海员工会强加高工资和劳工权利标准，但高工资和劳工权利标准被认为不符合发展中国家工会和工人的利益。[③] 在抵制方便旗运动中，南北之间关于就业的冲突反映在资本和劳动力供应国工会之间的划分上。例如，科赫-鲍姆加登（Koch-Baumgarten）将抵制方便旗运动描述为工业化资本供应国的工会对来自发展中劳动力供应国的工会和海员实施高工资标准的工具，她认为，后者更倾向于低工资标准，以便更好地利用他们的比较优势。[④] 所以，发展中国家的海员工会站在自身立场上，认为抵制方便旗是资

---

① 资本供应国是指船东人数相对较多，但向全球劳动力市场提供海员人数相对较少的国家。

② 劳动力供应国是向全球劳动力市场提供相对大量海员的国家，但其船东人数相对较少。

③ See Rohini Hensman, *World Trade and Workers' Rights: In Search of an Internationalist Position*, 33 Antipode 427(2001).

④ See Sigrid Koch-Baumgarten, *Trade Union Regime Formation under the Conditions of Globalization in the Transport Sector: Attempts at Transnational Trade Union Regulation of Flag-of-Convenience Shipping*, International Review of Social History, Vol. 43:3, p. 369-402(1998).

本供应国工会保护其工作不受低工资竞争影响的手段。

历史上,ITF 一直以来立场坚定,坚决抵制方便旗船舶开放登记制度,并在历史上很长时间内,意在使欧亚海员职业标准保持一致,即在亚洲也同等推广欧洲海员标准。但是一些亚洲国家和地区的行业工会纷纷反对由西方主导的海员职业标准,亚洲的工会组织认为西方通过 ITF 提高船员的价格,从而保护西方国家船员的就业权,其中的领衔者就是印度海员全国总工会,印度海员全国总工会在政治上反对 ITF 内部议定的工资,并破坏了 ITF 在印度范围内的努力。该工会与雇主合作,试图收回因 ITF 行动而支付给印度海员的"超额"工资,最终导致其在 1978 年被 ITF 开除(后重新加入了 ITF)。西方工会威胁说,如果印度海员全国总工会不遵守 ITF 的政策,他们将抵制印度人驾驶的船只。印度海员全国总工会回应说,印度码头工人会抵制西方船只,以此作为支持,同时许多亚洲工会对该工会的立场表示支持。最终,ITF 通过弱化其在统一工资水平上的立场来解决这个问题。首先,它同意降低专门在亚洲地区航行的海员的工资水平,这在未来几年内将逐步取消。其次,ITF 确立了全体船员成本(Total Crew Cost, TCC)的概念,即不是为所有的方便旗船上的船员制定一个单一的、统一的"标准协议",而是明确规定所有船员总的工资和福利,船东可以与 ITF 的附属公司协商具体条款。① 最具意义的是,ITF 针对亚洲海员劳动力市场,制定了亚洲版的集体谈判协议,使得欧亚海员按不同的职业标准分别确定集体协议。可以说,在这一过程中,印度海员工会作为劳工供应国海员工会对于主动充分行使话语权发挥了至关重要的作用,使 ITF 最终放弃统一欧亚海员职业标准的原定既有目标,没有把传统航运国家海员的欧洲版集体协议适用于亚洲,从此开启 ITF 针对海员劳动力供应市场的不同,分别制定和适用不同版本集体协议的新策略。简言之,印度海员工会开辟出了一条通过积极处理 ITF"方便旗运动"难题、兼顾保持本国海员外派规模与提高海员就业条件的新路。并且印度的三大海员工会都与 ITF 关系密切,集体谈判均以 ITF 的亚洲版集体协议作为谈判前提和框架。②

（二）集体协议应注重国际政策的变化

挪威海员工会(Norwegian Seafarers' Union, NSU)是最古老的海员工会之一,自 1910 年起为船员提供帮助。挪威海员工会与雇主谈判签订集体协议主要以下面两个文件为指导:首先是《2006 年海事劳工公约》,因为这是一套影响海员的国际标准和规则,为整个航运业设定了最低标准,所以挪威海员工会谈判的所有集体协议必须反映国际法中最新规定。而且,集体协议作为工会谈判的结果,其标准通常比公约标准更优,例如,《2006 年海事劳工公约》规定海上合同的最长期限为 12

① See A. K. Arora, *Voyage: Chronicle of the Seafarers' Movement in India*, Granthali Press, 1996.

② 参见赵丽娟、张鹏飞、张念宏:《印度海员工会介绍及经验启示》,载《工会理论研究(上海工会管理职业学院学报)》2018 年第 1 期。

个月，而挪威海员工会所涵盖的集体协议通常为8个月或更少。其次是ITF指定的《迈阿密政策指南》(Miami Guidelines Policy)，这是ITF在1994年制定的以帮助工会在游轮行业签署集体协议的文件，经过2011年的修订，现在已成为ITF官方政策的一部分，该文件强调了工会签订集体协议的优先事项，例如相关国际公约的最新修改。挪威海员工会签订的集体协议期限依协商确定，一般为2—3年，但如果各方同意，也可在此期间作出修正。①

国际航运业既易受国际法更新的影响，也有着具备自身特色的、与时俱进的体系化规则，只有接轨于这些规则，才能使本国航运业经得起国际法调整和自由贸易环境的风浪。因此，集体协议重视反映相关国际法的更新，与国际产业规则接轨是挪威海员工会提供的宝贵经验。

### 三、船员"关键工人"背景下对集体协议提出更高要求

海洋强国战略背景下，船员权益保护已经不能停留在最初阶段，应当提升船员权益保障水平。菲律宾的集体协议已经率先在集体协议中强调福利计划，提高船员权益保障水平。首先，菲律宾海员受到《POEA标准协议》的最基本保障，《POEA标准协议》相当于兜底标准。《POEA标准协议》是指菲律宾海外就业管理局(Philippine Overseas Employment Administration，POEA)为在海外远洋船舶上工作的菲律宾海员制定的最低合同标准，这些标准载于《POEA标准条款》和《关于雇佣菲律宾在船远洋航行海员的条款》，因此《POEA标准协议》构成了大多数菲律宾海员合同的基础。

除POEA标准协议之外，菲律宾高级海员及海员联盟(Associated Marine Officer's and Seamen's Union of the Philippines，简称AMOSUP)也致力于与雇主积极谈判签订集体谈判协议，为海员提供更高层次的权益保障。AMOSUP签订的集体谈判协议最突出的特点就是为普通会员及其家属制定各项海员福利计划，以确保海员除公平的报酬之外，还能以福利形式获得其劳动成果。例如，在AMOSUP的家庭医疗及牙科计划中，当海员在AMOSUP集体协议所覆盖的船舶上工作时，该船东方需要向帮助运营海员医院的资金捐款，以使得海员和海员的法定家属可以免费获得咨询、药品、治疗和检查；另外，AMOSUP与比利时、英国、法国、意大利等国的船东或船东协会签订了关于公积金的13份集体协议，该项公积金是一项针对海员的福利计划，以保障会员海员在死亡或因疾病被宣布永久不承担海上工作时，能够得到经济补偿。该计划属于非缴费性质，因此，捐款不从船上成员的工资中扣除，而是由参与计划的船东公司直接汇往指定的存托银行，捐款的数额也会根据不同集体协议所商定的条款而有所不同，并且，由工会和参与船东指定的代表组

---

① See *What We Do*, Norwegian Seafarers' Union (Aug. 28,2020), https://www.nsu.org/nsu/What-we-do-at-the-NSU? open.

成董事会,基金由董事会根据基金实施细则和条例进行管理;同时,AMOSUP 还为集体协议保障下的海员制定了高龄经济援助计划,凡是在船上工作满 5 年、已满 55 岁且不能再在船上工作的会员,将获得由工会主席批准的高龄财政援助,财政援助由签订集体协议的船东公司向海员账户提供资金。① 可见,AMOSUP 的集体协议强调各项海员福利计划,AMOSUP 的成员和成员家属可以享有各种长期的全面的福利计划,这都是 AMOSUP 集体谈判的成果。

## 第三节　我国船员集体协议的完善建议

针对我国船员权益保障立法不足的问题,完善集体协议是当前完善我国船员权益保护的最可行办法。扩大船员集体协议的适用范围,增加我国船员集体协议的国际认可度,扩大我国船员集体协议的内容范围对提升集体协议的效力具有重要意义。

### 一、扩大我国船员集体协议适用主体范围

针对协议的适用范围过小,只适用于中国船东协会的会员船东,不能延伸至我国广大的非国有中小航运企业这个问题,有三种设想解决途径:一是在不改动第 2 条规定的前提下,中国船东协会可以成立中小航运企业分会,将中小航运企业纳入。二是在第 2 条规定后面加上:“非中国船东协会会员的单位拥有和(或)管理的船舶,雇佣中国船员的,可以选择使用本协议。”如此一来,广大的非国有中小型航运企业至少在条文字面意义上没有被排除在适用范围之外,扩大了协议的适用覆盖面。三是对非公有制航运企业,通过签订区域性的船员集体协议努力提高集体协议的覆盖范围。另外,可以规定中国船东协会所属船东会员因其会员身份自动适用集体协议,其与本企业船员所签的劳动合同不得低于集体协议的标准。

### 二、制定被国际航运界广泛认可的中国船员集体协议

中国船员集体协议在外认可存在障碍,甚至不被接受的问题,主要是未被 ITF 组织认可和接受,原因在于我国政府对 ITF 组织的态度、中国船员集体协议的标准达不到 ITF 标准、中国海员建设工会作为签字方不符合主体要求。在对此问题的处理上,同属亚洲海员输出国的印度提供了一种新的思路。印度海员工会积极处理 ITF“方便旗运动”难题,推动亚洲版集体协议形成的经验,对于我国应对中国船

---

① See *AMOSUP Member's Handbook*, AMOSUP—Associated Marine Officers' and Seamen's Union of the Philippines(Sept, 2021), https://amosup. org/wp - content/uploads/2021/09/AMOSUP - Handbook - Reader - Spread. pdf.

员集体协议在外认可存在障碍,尤其是不被ITF接受的这样一个境况,提供了具有启发性的思路。首先,面对ITF不宜采取抵抗的态度。第一,ITF已经建立了全球性的调查可疑船舶的港口国监督网络,北欧、北美、澳大利亚、日本等地都是ITF强势的地区。[①] 特别是《2006年海事劳工公约》生效之后,港口国对方便旗船的检查力度更大,范围更广。第二,我国已经从传统的船旗国向方便旗船东国和海员输出国转变,庞大数量的中资方便旗船东和租船人,面对着遍及全球的ITF检查员的检查。第三,查处后果很严重。一旦ITF检查发现船员的工资或工作条件低于ITF标准或违反协议,ITF经常以工会的力量调动各方,采取一系列针对行动,比如怠工、拒绝装卸货物等,由此可能带来一系列损失,不光是船期损失,代理费、律师费的损失,支付给ITF一定费率的会员费和福利基金,向船员补发的"欠付的工资",更大的损失可能是租船合同下的各种索赔。[②] 第四,除了ITF的检查,某些大型航运企业也开始宣布只租用与ITF签订海员集体谈判协议的船,例如2016年4月航运巨头马士基航运表示,他们将只租用与ITF或者类似组织签有海员集体协议的船舶。[③] 总之,在这样的国际航运业的大环境下,如果我国无法回避此问题,将处于被动受制的处境。

其次,在基本立场上,中国政府应当考虑与ITF积极对话,求同存异。中国政府与ITF的价值理念在内核上是具有一致性的。ITF代表运输工人的利益,旨在改善运输工人的工作和生活条件;而中国政府也高度重视劳动者权益的保护,努力提高劳动者的待遇。而且随着中国经济水平的提升和对海员权益的保障日益加大,中国海员劳动标准与劳动条件与ITF的差距实际上有在缩小。中国有着基数最大的海员群体,双方彼此的沟通合作存在广泛的基础,因此展开积极对话,就重点问题或者存在分歧的问题进行深入沟通讨论进而求同存异、达成共识,是迫切的、可行的、互利的。

中国可以借鉴印度海员工会的经验,强调不同地域海员就业条件势必存在合理范围内的差异性,对于现阶段的中国籍船舶和中资方便旗船舶中国船员集体协议有适用的合理性,且中国船员集体协议已经符合《2006年海事劳工公约》,在这点上应争取到ITF的认可。并且中国船员集体协议的标准一直在提高,与ITF标准存在的差异正在逐渐缩小,在可预见的时间内也必将达到ITF标准,甚至在某些方面也会超过最低标准。因此,应当与ITF就中国船员集体协议的认可达成协议,具体而言,可以是保持现行的中国船员集体协议的大致框架不变,对于其中争议较

---

① 参见刘轩昂:《船东应警惕ITF条款可能带来的麻烦》,载《航运交易公报》2019年第11期。

② 参见海商法资讯:《ITF(国际运输工人联盟组织)你了解多少?》,载航运在线2014年12月18日,http://cbgl.sol.com.cn/guanliquan_show.asp? id=651。

③ 参见《马士基宣布只租用与ITF签订海员集体谈判协议的船》,载航运界2016年4月13日,http://www.ship.sh/news_detail.php? nid=20329。

大的条款作出修改,使之能够被ITF接受和承认,如果改动幅度较大,可以尝试与ITF作出符合我国国情的分步骤、分阶段进行修改的承诺;也可以是由中国海员工会、中国船东协会与ITF在亚洲版集体协议的基础之上,共同制定一个新的中国船员集体协议,同样地,如果不能一步到位,可以制定一个分步骤、分阶段实施的计划。

### 三、扩大船员集体协议的协商范围

当前我国船员特殊法律规定并不健全,船员权益主要适用国内普通劳动法律的保护,扩大船员集体协议的内容范围是目前最便捷的提高船员权益保障水平的途径。我国应当借鉴菲律宾船员集体协议对提升船员福利做出的努力,扩大我国船员集体协议的内容。将《2006年海事劳工公约》作为完善船员权益保护的基础,在此基础上为船员及其家属提供更多的特殊福利,以三方协调机制为依托,通过集体协议切实提升我国船员的福利水平,真正将船员作为关键工人对待,提升我国船员的职业尊荣感。

## 本章小结

从《2006年海事劳工公约》的角度出发,集体协议与国家法律法规相同,都是公约成员国履行船员就业和社会权利法律保护的手段。基于构建和谐劳动关系的视角,我国集体协商具有完善和调适的空间,更需要努力推进相关制度之运行与实现。[①] 船员集体协议制度不仅规范了行业标准,也对我国船员保护立法提供了有效补充。实践中《中国船员集体协议》对提高船员权益保护发挥积极作用,扩大《中国船员集体协议》的适用范围对于更多的船员受益具有重要的意义。非国有的中小企业以及船员服务机构相比大型船员公司来说是忽视船员权益保障的主要机构,努力将其纳入船员集体协议的适用范围是我国海洋强国的一项重要任务。

---

① 参见冯彦君:《集体合同效力的生成与实现——以营造“和谐劳动”为目标》,载《南京师大学报(社会科学版)》2016年第2期。

# 第十章　海上劳动关系三方协调机制问题研究

我国设立海上三方协调机制的目的是当船员的集体性权益受到雇主的侵害,或者因国内政策、国际环境影响而产生不公平的情形时,可及时启动维护船员合法权益。为提高我国船员权益保护水平,2009 年 12 月 23 日,我国以服务中国航运发展、服务中国船员权益、服务中国航运企业发展为宗旨,建立全国海上三方协调机制。"海上劳动关系三方协调机制的法律问题研究"一章系统梳理目前我国海上三方协调机制存在的问题,通过对域外经验的借鉴,对完善我国海上三方协调机制提出合理化建议。

## 第一节　我国海上三方协调机制存在的问题

我国设置海上三方协调机制时,对其职能的设计非常广泛。具体包括,对涉及调整劳动关系的法律、法规和政策的制定和监督实施提出意见或建议;通报交流海上劳动关系情况与问题;推进建立和完善平等协商、集体合同制度以及劳动合同制度;推动行业协会和海员工会组织建设;共同开展对重大劳动争议事件的调研;加强与国家协调劳动关系三方会议办公室的联系;协商国际劳工组织海员公约与议定书的修改建议,并向国际劳工大会提交相关提案;向国际劳工组织提交有关公约的实施情况的报告或加强与国际劳工组织、各国三方机构的联系、交流和合作,组织参加有关活动。① 并希望通过海上三方协调机制平台

① 参见《全国海上劳动关系三方协调机制如何运作》,载微信公众号"中国海事"2015 年 7 月 15 日,https://mp.weixin.qq.com/s/6XD-COsV832xl38mCNdGdg。

定期进行协商，增进沟通，实现海上务工“薪水无忧”、船员“体面劳动”。① 但是，实践中海上三方协调机制发挥的效用仍较为局限，主要原因归为以下几点。

## 一、海员工会启动集体协商的驱动力不足

当前海员工会启动集体协商驱动力不足反映在三个方面。首先，我国海员代表模糊，如表 10-1 所示，使得海员工会主动启动集体协商的意愿缺失。根据各个地方建立海上三方协调机制的线索，梳理出已经建立海上劳动关系三方协调机制的各省市的政、资、劳三方主体，得出在全国范围内海上三方协调机制的主体设置情况。通过梳理可以看出，政府部门一致都是海事局，但海员代表组织和航运企业组织是不尽相同的，聚焦各省市的海员代表组织，发展水平存在显著差异，并不是所有地方都设有海员工会。三方协调主体中的海员代表组织原则上应是各地方的海员工会，但是在实践中，往往是交通运输工会等代表利益更为广泛的工会，对海员群体的代表性不足。当然，我国部分地区已经意识到该问题，并逐步改善，例如，温州市于 2018 年重新构建了温州市海上劳动关系三方协调机制，添加了新成立的温州市船东协会、温州市海员工会联合会，并取代 2016 年首次成立时作为海上劳动关系三方代表的温州市交通运输协会、温州市交邮工会，使签约主体更具有行业代表性。但是，大部分已经建立海上劳动关系三方协调机制的各省市没有设立相应的海员工会组织，航运企业代表也不全面，建立起来的海上三方协调机制的组织机构在一定程度上是不完备的。

**表 10-1 我国部分建立海上三方协调机制省市的统计**

| 省/市 | 政府部门 | 海员代表组织/劳方 | 航运企业组织/资方 |
|---|---|---|---|
| 广东省[1] | 广东海事局 | 广东省海员工会 | 广东省船东协会 |
| 福建省[2] | 福建海事局 | 中国海员工会福建省委员会 | 福建省船东协会 |
| 山东省[3] | 山东海事局 | 山东省海员工会 | 山东船员服务协会 |
| 黑龙江省[4] | 黑龙江海事局 | 黑龙江省海员工会 | 黑龙江省船员协会 |
| 上海市[5] | 上海海事局 | 上海市交通港航工会 | 中国船东协会上海分会 |
| 浙江省[6] | 浙江海事局 | 浙江省交通运输工会 | 浙江省海员管理协会 |
| 天津市[7] | 天津海事局 | 天津市总工会城建交通工委 | 天津市航运协会、<br>天津市船员服务行业协会 |
| 辽宁省[8] | 辽宁海事局 | 辽宁省公交农建工会 | 辽宁省船东协会、<br>辽宁省船员行业服务协会 |

① 参见《广东省海上劳动关系三方协调机制正式建立》，载中华人民共和国人力资源和社会保障部，http://www.mohrss.gov.cn/ldgxs/LDGXsanfangjizhi/LDGXsanfangjizhijianshe/201012/t20101201_86751.html。

续表

| 省/市 | 政府部门 | 海员代表组织/劳方 | 航运企业组织/资方 |
| --- | --- | --- | --- |
| 舟山市[9] | 舟山海事局 | 舟山市总工会 | 舟山海员管理协会 |
| 宁波市[10] | 宁波海事局 | 宁波市总工会交通运输工作委员会 | 宁波市交通运输协会 |
| 温州市[11] | 温州海事局 | 温州市交邮工会,后改为温州市海员工会联合会[12] | 温州市交通运输协会,后改为温州市船东协会 |
| 台州市[13] | 台州海事局 | 台州市交通运输工会 | 台州海员管理协会 |
| 深圳市[14] | 深圳海事局 | 深圳市工交工会 | 深圳市前海深港国际海员现代服务协会 |

〔1〕《广东省海上劳动关系三方协调机制正式建立》,载中华人民共和国人力资源和社会保障部官网 2010 年 12 月 1 日,http://www. mohrss. gov. cn/ldgxs/LDGXsanfangjizhi/LDGXsanfangjizhijianshe/201012/t20101201_86751. html。

〔2〕《福建省海上劳动关系三方协调机制正式成立》,载中国船东网 2016 年 9 月 1 日,http://www. csoa. cn/doc/688. jsp。

〔3〕半岛网:《山东庆"中国航海日":海上劳动关系三方协调机制建立》,载新浪新闻网,http://news. sina. com. cn/o/2011-07-11/184022794921. shtml。

〔4〕《黑龙江省海上劳动关系三方协调机制正式建立》,载凤凰网 2012 年 5 月 21 日,http://news. ifeng. com/c/7fcC9frji8G。

〔5〕《上海市海上劳动关系三方协调机制揭牌》,载上海口岸服务平台,https://kab. sww. sh. gov. cn/xwzx/001001/20120627/FDDEFE69-DE9F-4391-B3EC-369E6E285BC4. html。

〔6〕《浙江省成立海上劳动关系三方协调机制》,载新浪新闻网,http://news. sina. com. cn/o/2013-12-29/054029109448. shtml。

〔7〕《天津海上劳动关系三方协调机制建立》,载国际海事信息网 2013 年 11 月 20 日,http://www. simic. net. cn/news_show. php? id=136101。

〔8〕《辽宁建立海上劳动关系三方协调机制》,载人民网,http://acftu. people. com. cn/n1/2016/0928/c121801-28746670. html。

〔9〕《浙江首个地市级海上劳动关系三方协调机制建立》,载中华航运网,http://info. chineseshipping. com. cn/cninfo/News/201408/t20140829_1239589. shtml。

〔10〕《宁波市海上劳动关系三方协调机制正式建立》,载央广网,https://news. cnr. cn/native/city/20151104/t20151104_520391332. shtml。

〔11〕《温州成立海上劳动关系三方协调机制》,载中工网,http://acftu. workercn. cn/28/201604/19/160419140139785. shtml。

〔12〕《温州市重新构建海上劳动关系三方协调机制》,载温州海事局官网,https://www. zj. msa. gov. cn/WZ/wzmsa/hsyw/202005/t20200520_603155. html。

〔13〕《台州市海上劳动关系三方协调机制正式建立》,载中国台州网,http://www. taizhou. com. cn/news/2016-10/15/content_3190305. htm。

〔14〕《深圳建立海上劳动关系协调机制》,载中国工会新闻网,http://acftu. people. com. cn/n1/2018/1205/c67583-30443517. html。

其次，海员工会被动参与到政府主导的大面积集体协商中。政府主导的自上而下的集体协商存在的主要问题之一就是过分追求集体合同的高签约率，为了达到签订集体合同的目的，政府多采取“运动式”的方式去推动集体协商。[①] 上级工会或者政府确有必要为下级工会设立一个基本的工作任务或指标，但是仅以集体合同的缔结数量作为考核指标极易造成集体协商被形式化。实际情况中，海员的劳动报酬、劳动定额、劳动保护经常受到客观因素的影响，海员需要海员工会为其发声，但海员工会的集体协商往往仅回应“建制率”要求，并不因海员集体权益受损的具体情形而发起。

## 二、我国海上劳动关系三方协调机制影响力不足

我国的海上劳动关系三方协调机制于 2009 年就已正式启动。[②] 但是根据我们的实证调查数据，有 74.66%的海员不知道所在地是否设有海上劳动关系三方协调机制，9.59%的海员表示所在地没有建立海上劳动关系三方协调机制，仅有 4.11%的海员认为所在地海员工会的海上劳动关系三方协调机制发挥了良好的作用。[③] 由此可见，我国海上劳动关系三方协调机制已启动许久，虽然进行过几次会议，但由于我国海上三方协调机制缺乏立法对其职能的划分，对会议结论的后续落实工作方面做得还不够，发挥的作用相当有限，无法回应海员在与船公司产生劳动关系争议时对其的期待。

## 三、我国船员跨国集体协商较弱

国际航行船舶船员是承担国际贸易与航运的主力军，并且随着我国海员海外就业市场不断拓展，越来越多的外派海员被派往外籍船舶上工作。外派海员即派往外国籍海船或中国港澳台地区籍海船的海员。根据《2020 年中国船员发展报告》我国共有海员外派机构 250 家，外派海员共计 122,304 人次。我国船员外派体量非常大。但由于外派海员劳务市场法律关系复杂，外派海员的合法权益易受侵害且维权困难。而我国海上三方协调机制仍主要由国内船东组织与中国籍船员工会之间进行谈判。近年来，中国海员建设工会在跨国集体协商方面已经做出初步探索，例如，中国海员建设工会与挪威船东协会已经建立了集体协商机制，定期开展集体协商、签订集体协议。2019 年 1 月 17 日，中国海员建设工会同挪威船东协会在对 2018 年集体协议执行情况进行评估的基础上，就《中国海员中挪双边集体协议》的中期调整达成共识，对海员最低基薪、海员死亡赔偿标准和伤残赔偿标准

---

① 参见林嘉：《劳动法视野下社会协商制度的构建》，载《法学家》2016 年第 3 期。

② 参见马艳玲、李大泽：《构建和谐劳动关系　实现海员“体面劳动”——全国海上劳动关系三方协调机制正式启动》，载《中国海事》2010 年第 2 期。

③ 国家社科基金项目“海洋强国背景下船员劳动权益保护问题实证研究”课题组调研数据。

都作出了细致规定。[①] 于2019年11月27日，双方又围绕中国海员最低工资标准、死亡赔偿标准等议题进行讨论并反复协商，最终就中国海员劳动标准增长达成一致意见，签订了2020年版的新协议。[②] 这是我国海员工会跨国集体谈判的优秀典型示范，但是我国海员工会进行跨国集体谈判的路任重而道远，需要与更多更广泛的外国船东协会进行跨国集体谈判，签订有利于外派海员权益保障的集体协议。

## 第二节 海上三方协调机制的必要性及域外经验

我国劳动关系治理的思维是以静态的法律强制替代动态的劳资内部协商，将劳动权利视为可以分割的"物"，借助国家的分配使劳动者去"享有"，强调国家立法、执法和司法在劳动权利实现过程中的重要作用，却忽视了国家、劳动者、用人单位和工会之间的互动在劳动权利实现中的意义，这种典型的静态治理，很难在劳动关系当事人之间制造"合意"，从而导致劳动关系的不和谐，归根结底缺少集体协商机制。[③]

### 一、加强海上三方协调机制作用的必要性

海上三方协调机制是在"社会对话"和"社会协商"的理念基础上展开的。国际劳工组织将"社会对话"定义为："在政府、资方和劳方代表双方或三方之间就经济和社会政策等与各方共同利益相关的议题所进行的一切形式的谈判、磋商或信息交换的行为。"[④]"社会协商"是利益相关者就劳资关系中的相关问题通过平等对话、磋商、谈判、参与等方式，相互理解、达成共识或协议，利益相关者包括劳动者及其劳动者团体（工会）、雇主及雇主团体（企业联合会）以及政府。[⑤]

基于"社会对话"和"社会协商"的内核理念，三方从自身的立场出发发表意见和行使表决权，体现了对劳动关系各方利益要求的尊重和充分考量，在这样民主协商、谋求共识的基本态度下，通过海上三方协调机制这样一个对话平台及其内部特定的议事规则，决策过程更为高效，形成的劳动标准较为能够兼顾各方立场并为各方所接受，因而易于付诸实施，有利于最大限度缓和劳资冲突，尤其是在大力倡导

---

① 《中国海员建设工会与挪威船东协会在京进行集体协议谈判》，载中国海员建设工会全国委员会网站，https://hyjs.acftu.org/hyjs_qwyw/202009/t20200930_554328.html。

② 《中国海员建设工会与挪威船东协会在京开展集体协商谈判》，载中国海员建设工会全国委员会网站，http://hyjs.acftu.org/hyjs_qwyw/202009/t20200930_552652.html。

③ 参见唐烈英、陈永福：《从静态到动态：劳动关系治理思维的变革》，载《西南民族大学学报（人文社会科学版）》2018年第10期。

④ 林嘉：《劳动法视野下社会协商制度的构建》，载《法学家》2016年第3期。

⑤ 参见林嘉：《劳动法视野下社会协商制度的构建》，载《法学家》2016年第3期。

构建和谐劳动关系的当下,对建立规范、有序、稳定的海上劳动关系都具有现实意义。“三方原则”作为国际劳工组织开展活动的主要原则,三方协调制度已经成为履行国际劳工标准的一种形式,在很多国家也是一种确定劳动立法的博弈机制。[①]总之,海上三方协调机制是代表海员群体同用人单位求同存异、解决分歧并逐步达成共识的方式,是缓解海员与海员用人单位矛盾的一种非对抗性的途径,为海员和海员用人单位提供良好的交流和协商平台。将海员的个体诉求诉诸海员工会得到集体表达,不仅是保障海员权益的有力措施,也能促进海员用人单位的发展,进而促进和谐海上劳动关系的建立。

## 二、船员集体合同、集体协商与海上三方协调机制之间的关系

厘清海上三方协调机制的概念,以及与船员集体合同、集体协商之间的关系,明确设立海上三方协调机制的定位,有助于清晰海上三方协调机制的职能,并在此基础上完善发展我国的海上三方协调机制。

### (一)集体合同、集体协商与海上三方协调机制概念辨析

集体协商是集体合同的订立程序,集体协商又称“集体谈判”或“团体交涉”,是指工会或者职工代表与相应的船东代表为签订集体合同进行商谈的行为,集体协商主要采取协商会议的形式。[②] 韦伯夫妇在其研究工会和集体谈判的代表作《产业民主》(1902 年)一书中指出:“为了出卖劳动力,劳动者个人不得不与雇主进行艰难的个人交涉,但如果工人们团结起来,推选代表以整个团体的名义与雇主谈判,其弱势地位将会即刻得到改变。”[③]这就指出集体协商制度设立的初衷是扭转劳动者势单力薄的地位,以集体协商制度替代单个劳动者与雇主之间的个别协商,克服个体劳动者在劳动关系中所处的弱势地位,增强其议价和谈判能力,防止单个劳动者因自身所处的不利地位和预先单方拟定的格式合同,而被动接受可能实质不公平的条款内容。集体协商可以在国家层面、行业层面、企业层面展开。

海上三方协调机制是一种协调劳动关系主体不同利益的基本制度,这一制度早在 1848 年就开始在法国出现,经过国际劳工组织的大力提倡,目前已经成为一种国际劳工标准,逐渐被世界绝大多数国家所采用。[④] 2009 年 12 月 23 日,我国全国海上劳动关系三方协调机制正式启动,其构建起政府海上交通主管部门、海员工会组织和航运企业的协商平台。组织三方就保护海上劳动关系各主体合法权益等

---

① 参见董保华:《劳资博弈之道———兼谈劳动合同立法博弈中“强资本、弱劳工”的观点》,载《社会科学家》2009 年第 1 期。

② 参见沈同仙:《劳动法学》,北京大学出版社 2009 年版,第 98 页。

③ 程延园:《集体谈判制度研究》,中国人民大学出版社 2004 年版,第 37 页。

④ 参见李丽林、袁青川:《国际比较视野下的中国劳动关系三方协调机制:现状与问题》,载《中国人民大学学报》2011 年第 5 期。

有关重大问题进行经常性沟通与协调。[①] 可以说，集体协商依托海上三方协调机制而开展，海上三方协调机制为集体协商提供了对话平台。经过十几年的努力，全国海上三方机制的组织体系已初具规模，逐步形成了全国、省级、重点地市级这样一个层级网络，并将持续推进延伸。

集体合同又称集体协议，是工会或职工代表与用人单位（雇主）及其组织（雇主协会）之间缔结的以改进劳动组织、改善劳动条件和生活条件为主要内容的书面协议，[②]是集体协商的目标和结果。集体合同的规定，使劳动者的权益保护水平大大高于法定的最低标准，对个体劳动者签订的劳动合同具有补充和代替作用。在我国现行劳动法律体系，没有专门调整海上劳动关系的特别规范的背景下，《中国船员集体协议》为海员工会进行集体协商最重要的成果。

（二）三者之间的区别与联系

从概念中可以看出，三者都是为了保护船员集体的合法权益。《中国船员集体协议》是由中国海员建设工会与中国船东协议签订的，而《中国船员集体协议》的协商是在全国海上三方协调机制的组织下进行的。[③] 三者之间的区别是，集体协商是达成集体合同的过程，集体合同是集体协商的结果，海上三方协调机制在集体协商的过程中发挥相互协调、相互配合、相互支持的作用。但是，我国海上三方协调机制的职能范围较广，不仅仅局限于促成集体合同的签订，换句话说，促成集体合同的协商仅仅是海上三方协调机制的职能之一。海上三方协调机制，更多是为实现和谐劳动关系建立的一个博弈机制。

## 三、海上三方协调机制的域外经验

（一）韩国、日本：三方协调作为政策决策的必经程序

韩国劳动关系三方委员会自 1998 年成立以来，始终围绕改善劳资关系、促进就业、防止不正当解雇、改善劳动条件、优化企业经营管理、加强信息沟通、法律修改建议、职工民主管理等问题进行协商。委员会经协商后提出的劳动保障方面的经济社会政策对政府决策产生重要影响。以实行 5 天工作制为例，由于劳动关系三方委员会对该议题未形成统一的意见，因此议会也推迟了讨论时间。[④] 而日本劳动法律法规及政策的制定，必须经过劳动关系三方组成的“劳动政策审议会”讨

① 参见《全国海上劳动关系三方协调机制正式建立启动》，载中华人民共和国人力资源与社会保障部官网，http://www.mohrss.gov.cn/ldgxs/LDGXsanfangjizhi/LDGXsanfangjizhijianshe/201012/t20101201_86752.html。

② 参见常凯主编：《劳动法》，高等教育出版社 2011 年版，第 491 页。

③ 参见《全国海上劳动关系三方协调机制工作会召开》，载中国船东网 2019 年 12 月 10 日，http://www.csoa.cn/doc/16333.jsp。

④ 参见劳动和社会保障部劳动工资司编：《劳动争议处理工作手册》（第六辑），北京广播学院出版社 2003 年版，第 39 页。

论通过,未经过这一程序的劳动法律法规及政策,厚生劳动大臣不予签发。上述决策程序保证了劳动法律法规及政策在最大程度上体现劳动关系三方的意志和切身利益,保证了工会的集体协商职能能够得到充分发挥。①

(二)美国:充分发挥三方协调机制的作用

在过去的半个世纪里,美国航运业的劳资关系日趋成熟,美国海员的地位有了很大的提高,集体谈判机制在这一进步中发挥了重要作用,这在航运业劳资双方调整他们集体谈判关系的能力中是明显的。由于 SUP 的紧密组织和积极领导,SUP 被认为是为海事劳资双方的持续和谐关系开创了一种新局面。② SUP 在履行集体谈判职能,从而为会员争取更好的工资、工作条件、医疗保健和养老金方面,取得了较为显著的成果。另外,美国为了保障三方协调机制的高效运行,相继出台了《瓦格纳法》《塔夫脱-哈特莱法》《兰德勒姆-格里芬法》对三方协调机制中三方主体的权利义务、职能做了详细的规定。③

(三)印度:积极与境外主体进行协商

海员工会是目前存在的最重要的跨国谈判协调工会。比如,ITF、全球雇主联合会和国际海事雇主理事会就方便旗船上海员的工资标准进行谈判。这些谈判为全球很大一部分海上工作人员的薪酬和工作条件设定了模式,航运业的特殊性决定,很多船舶所有人与工会之间的协商都是在跨国环境中进行的。④

印度海员工会是跨国集体谈判中的重要参与者。印度海员全国总工会代表印度海员每年与非方便旗船东,如丹麦、挪威、希腊、意大利等国船东,进行集体协议谈判。截至 2015 年末,与印度海员全国总工会签订集体谈判协议的航运公司有 60 多家,且大部分是经营国际航线的全球知名船东。印度海事联盟工会代表印度高级海员与外国船东进行集体协议的谈判,与至少 20 家印度航运公司和 50 多家外国航运公司签订了集体协议。印度海事联盟工会与外国船东代表和船舶管理公司协会(Foreign Owners Representative and Ship Managers Association, FOSMA)以及船东、船舶管理人和代理人海事协会(Maritime Association of Ship Owners, Ship Managers and Agents, MASS),形成了定期就印度高级海员外派进行集体谈判的

---

① 参见董保华:《劳资博弈之道——兼谈劳动合同立法博弈中"强资本、弱劳工"的观点》,载《社会科学家》2009 年第 1 期。

② See Joseph P. Goldberg, *Collective Bargaining in Maritime Shipping Industry*, Monthly Labor Review, Vol. 71:3, p. 332(1950).

③ 参见朱海龙、宁丹萍、彭鑫:《美国劳动关系三方协调法律机制的形成与思考——以工人运动为视角》,载《国外社会科学》2016 年第 3 期。

④ See Nathan Lillie, *Global Collective Bargaining on Flag of Convenience Shipping*, British Journal of Industrial Relations, Vol. 42:1, p. 47-67(2004).

惯例。[①] 并且,印度的海员工会除了相互竞争之外,还在跨国集体谈判时形成合力,甚至联合雇主所在国的海员工会组织,增强同船东方进行集体谈判的议价能力,例如,印度海员全国总工会和印度海事联盟工会在同日本国际海员管理协会(International Mariners Management Association of Japan, IMMAJ)进行跨国集体谈判、签订集体协议,以适用于其拥有和运营的船上的海员时,联合了全日本海员工会,最终形成了 JSU/NUSI/MUI-IMMAJ 这样一份多工会联盟的跨国集体协议。可以说,印度海员工会在跨国集体谈判领域积极实践,经验丰富,具有相当的影响力。

## 第三节　完善我国海上三方协调机制的建议

建立海上三方协调机制最为突出的目的在于促成船员、船舶所有人、海事主管部门三方进行平等协商。在海洋强国背景下,应当重视海上三方协调机制的完善,促进实现海上和谐劳动关系,落实船员“关键工人”地位的各项权益。

### 一、在立法层面明确三方协调作为前置性程序

针对海员工会启动集体协商的主动性不高,鲜有海员工会以维护海员权益为原生动力发起集体协商程序的问题,可借鉴日本、韩国的做法,将集体协商作为政策决策的前置性程序,在立法层面予以明确。在国家级或者地方级集体协商层面,应当继续发挥海上三方协调机制的桥梁作用。应当在法律层面确定三方协调机制的协商地位,规定“在出台涉及海员利益的有关劳动政策之前,将海上三方协调机制作为必经程序,充分磋商,听取劳方、资方、政府的意见和建议,以全面反映不同利益群体的利益诉求。如协商无法达成一致意见的,相关政策应该暂缓出台或终止;如未进行三方协调的,相关政策因程序欠缺而无效”。如此规定,有利于进一步提升海上三方协调机制的地位和影响力,加强其权威性,有利于真正发挥海员工会协调海上劳动关系的作用。

### 二、优化三方协调机制的沟通方式

在数字化背景下,优化海上三方协调沟通方式,拓宽船员、船东反映问题的渠道。海员行业工会、船东协会双方通过多途径,收集实践中出现的问题,并由此展开专项研究、协商。例如,广东省海上劳动关系三方协调机制紧跟行业发展形势和需求,打造省级船员服务平台,建设“船员幸福小屋”,研究和制定船员劳动合同、

---

① 参见赵丽娟、张鹏飞、张念宏:《印度海员工会介绍及经验启示》,载《工会理论研究(上海工会管理职业学院院报)》2018 年第 1 期。

集体协议范本等，出台了《沿海航行船舶海事劳工相关规定指引》和《沿海航行船舶海事劳工船东符合声明》等，为维护船员合法权益，构建广东省和谐海上劳动关系作出了积极的探索。[①]

## 三、提高海上三方协调对纠纷处理的能力

为充分发挥我国海上三方协调机制的协商作用，首先，我国可以借鉴美国三方协调机制的立法经验，在未来的“船员法”中进一步明确海上劳动关系三方协调机制中各方的权利义务、职责、运行程序以及原则，推动三方相互支持、协调配合，充分发挥各自职能部门的优势。同时在立法中提高海员工会在海上劳动关系三方协调机制中的法律地位，对海员工会权利的行使给予足够的保障，确保海员工会能在三方谈判中不会因组织力量薄弱而丧失同政府、船东同等的地位。对于暂时缺乏明确立法而导致海员工会难以在海上劳动关系三方协调机制中发挥应尽作用的窘境，建议在《中国船员集体协议》第55条后补充关于海员工会在海上劳动关系三方协调机制中权利义务的条款，或借鉴设立《海员外派管理规定》《船员服务机构管理规定》的经验，出台专项法规保障海员工会在三方协调机制中的话语权。其次，加强对海上劳动关系三方协调机制的宣传。通过广播、邮件、宣讲会等多种方式宣传海上劳动关系三方协调机制，让更多海员了解三方协调机制的存在和作用，以良好的实际效果来展示三方协调机制的作用，吸引海员在遭遇劳资纠纷时通过三方协调机制解决问题。最后，海员工会也需要不断提升自身的专业化水平与技能，增强自身解决复杂劳资纠纷的能力。必要时可以组织多方面的专业人才如经济学家、法学专家、航运业的社会工作者等组成临时性的专门机构列席谈判，增强海员工会在三方协调机制中帮助海员解决劳资纠纷的专业能力，推动我国整个航运业服务、营商环境的进步。

## 四、扩展三方协调主体对象，推动跨国集体协商

以印度各海员工会就海员外派进行集体谈判为借鉴，以中挪集体协商为示范，我国海员工会应继续探索扩展国际集体协商主体对象，进行跨国集体协商。我国外派海员市场主要分布在新加坡、日本、韩国、美国、德国、挪威等国家，因此与上述国家的船东组织依据双方相关法律规定和有关国际公约，积极交换意见、开展对话，以期对我国外派海员的劳动标准达成一致，形成覆盖该国（地区）船东的船舶和在该国（地区）船舶上工作的中国海员的集体协议，就是我国海员工会接下来的工作重点。

---

① 参见彭新启、谢锐亮等：《广东省海上劳动关系三方协调机制办公室发布船员就业协议范本》，载《南方工报》2022年4月11日，http://www.nfgb.com.cn/yw/content/post_892787.html。

## 本章小结

自由船员的增多预示着船员用工市场的自由化、市场化,劳动关系规制也应当从静态规制转为以集体协商为主的动态规制.这样才能真正满足船员发展过程中矛盾解决的需求,促进海上和谐劳动关系的实现。海上三方协调机制为船员、海事主管部门、船舶所有人之间建立平等对话、协商的平台。为充分发挥海上三方协调机制的作用,应当不断完善其运作机制,扩大海上三方协调机制的协商主体和协商范围、优化三方协调问题的收集途径,提升三方协调机制的协商能力,进而达到良好的协商效果。

# 第四篇　船员劳动基准法律制度篇

# 第十一章　船员工资权利保障问题研究

“船员工资权利”保障问题研究一章从《2006 年海事劳动公约》的履行角度出发，围绕船员工资司法保护中存在的问题，结合船员市场的特殊性以及船员职业的特殊性，对船员工资范围的确定与支付、船员工资集体协商机制、船员最低工资、船员税收问题、船员工资优先权适用范围等重点问题展开研究。

## 第一节　我国船员工资现状与问题

劳动者提供劳动，用人单位提供工资等报酬作为对价，已经不仅仅是两个平等主体之间的债权债务关系，而且是关系到船员基本生活的社会问题。通过对中国裁判文书网中涉船员纠纷案件进行实证研究，将时间范围设置为“2021 年 1 月 1 日至 2022 年 7 月 1 日”，将案由设置为“船员劳务合同纠纷”检索到 1637 份有效判决书，其中“讨要工资、劳动报酬”的判决有 1605 份，占案件总量的 98%；将案由设置为“船员劳动合同纠纷”检索到 46 份有效判决书，其中“讨要工资、劳动报酬”的判决有 44 份，占案件总量的 95.6%。[①] 由此可见，当前船员欠薪问题仍是船员权益保障的首要问题，由于船员工资立法不明确，被欠薪船员寻求司法救济也存在一定的困难。我国自批准加入《2006 年海事劳工公约》后，在船员工资权益保障方面也作出许多努力，但是鉴于当前我国相关船员立法不足及相关制度不健全，我国船员工资权益保障离公约的要求仍有一段路要走。

---

① 参见中国裁判文书网，https://wenshu.court.gov.cn/website/wenshu/181217BMTKHNT2W0/index.html?pageId=bff2bf075a7c1c2fb0f185ad87e8cf42&s21=%E8%88%B9%E5%91%98%E5%8A%B3%E5%8A%A1%E5%90%88%E5%90%8C%E7%BA%A0%E7%BA%B7，访问时间：2022 年 7 月 1 日。

## 一、船员工资内容确定存在的问题

工资确定关乎船员工资求偿权的范围，是船员工资权实现的基础。《2006年海事劳工公约》规则2.2对船员工资进行具体规定，该规则的主要目的是确保船员得到工作报酬，保障所有船员根据就业协议定期获得全额工作报酬。标准A2.2中对工资支付的规定非常细致，包括船员工资支付时间、月薪账目、工资支付方式以及货币兑换率。导则结合船员工资的特殊性规定船员工资的范围，船员基本工资与加班工资的计算、工资的抵扣规则等内容。在船员工资确定方面，国际海员受《2006年海事劳工公约》成员国港口检查的限制，合同约定较为严谨，但是有的内河船员没有合同或者签订的合同较为笼统。大连海事法院的法官在第二十三届全国海事审判研讨会上提出，船员劳务合同缺失的情况普遍存在，书面证据缺乏现象较严重，[①]导致船员讨薪过程中，计算工资时数额标准认定、上下船时间的确定成为双方主要争议焦点。工资的口头协议存在变更性强、稳定性差、取证难、证据保存难的缺陷，协议双方一旦发生纠纷，对协议内容各执一词，甚至都能提供证人证明己方观点，给案件事实的认定和法院准确裁判案件增加了难度。[②] 此外，在有签订书面合同时，合同也不甚规范，关于基本工资的标准、加班工资的标准、工资支付时间、船员准确的上船时间、实际工作天数及时数、下船后特殊情况下的工资给付等问题经常不明晰，法官在审理案件时经常遇到案件事实难以断定的情况。这不仅增加了法院审理此类案件的难度，而且船员利益也可能未得到及时有效的帮助。按照一般民事诉讼举证责任规则，船员需要证明工资标准以及上下船时间，而船员常因举证不足而承担败诉风险，不利于船员工资利益的维护。

## 二、船员工资水平存在的问题

船员工资标准的确定关乎船员队伍人才去留的重要指标，而船员工资受市场供需关系影响较大。新冠疫情前，船员工资水平低、税负高导致船员行业人才流失严重。从2010年3月到2018年11月，远洋船长、轮机长工资出现两次大幅增长，2012年以前，散货船、集装箱船船长、轮机长薪资增速快，2018年以来，油轮船长、轮机长薪资飙升。[③] 远洋散货船船员的薪资几乎保持平稳，仅甲板部和轮机部中薪资处于较高位的船长、大副和轮机长、大管轮薪资在2011年前后出现过一次较大的增长，此后也是一路走稳，除此之外的远洋散货船上的其他船员，近十年来的

---

① 参见侯树杰、曲楠楠：《船员劳务合同纠纷的海事司法应对》，载青岛海事法院编：《第二十三届全国海事审判研讨会论文集》(上册)，2014年。

② 参见王永伟：《口头船员劳务合同纠纷案件审理的相关法律问题》，载青岛海事法院编：《第二十三届全国海事审判研讨会论文集》(上册)，2014年。

③ 参见《船员薪资：用数据说话！》，载搜狐网2018年11月24日，https://www.sohu.com/a/275627780_99904272。

薪资水平不但未增长,甚至整体呈微降的趋势,船员薪资两极分化明显,在各种远洋船上,船员资历不同,薪资水平差距很大。[①] 从国家统计局发布的数据来看,2010年到2018年,我国GDP累计增长120%,而我国船员的收入增长远远比不上GDP的增长,两者增长率不匹配,表明船员收入增长失衡。海员职业收入与陆岸职业收入相比,优势逐渐减弱,甚至出现倒挂现象,使得我国船员职业吸引力进一步下降。新冠疫情全球蔓延期间,船员劳动供给存在严重短缺,船员工资上涨。但是,后疫情时代,船员工资出现持续回落现象。2023年2月28日,上海航运交易所发布的中国(上海)国际海员薪酬指数报收1482.82点,较上期下跌31.67点;高级海员薪酬指数报收1419.03点,较上期下跌25.34点;普通海员薪酬指数报收1879.06点,较上期下跌71.02点。国际海员薪酬指数持续下跌,其中普通海员薪酬下跌幅度较大,国际海员薪酬总体继续呈下降趋势。[②]

我国船员工资的纳税问题是影响我国远洋船员工资水平的一项重要因素。首先,纳税计征方式变更使船员职业原有的税收优惠政策不再存在。《个人所得税法》从1980年到2019年的近40年间历经了7次修改,普通公民个税起征点从1980年的800元提高到了2018年的5000元,逐步和船员工资的起征点一致。我国2011年修正的《个人所得税法》第9条第2款指出特定行业(采掘业、远洋运输业、远洋捕捞业以及国务院财政、税务主管部门确定的其他行业)的工资、薪金所得应纳的税款,可以实行按年计算、分月预缴的方式计征。船员一年的收入极度不均衡,船员平均一年上船8个月,在船工作期间收入较高,休假期间收入则非常微薄,只能达到最低工资标准。《关于远洋运输船员工资薪金所得个人所得税费用扣除问题的通知》(国税发〔1999〕202号)规定对远洋运输船员取得的工资、薪金所得采取按年计算、分月预缴的方式计征个人所得税,2000年起规定海员的计征方式是年度终了后30日内,合计全年工薪所得,再按12个月平均计算实际应纳的税款,视预缴情况多退少补。2018年《个人所得税法》修正之后,所有公民的个人所得税都按年计算,所有行业的劳动者执行统一的纳税标准,船员的职业特殊性不再在税收方面体现出来。其次,取消海员享受税法规定的附加扣除费用,船员职业不再享有附加扣除。《关于远洋运输船员工资薪金所得个人所得税费用扣除问题的通知》(国税发〔1999〕202号)第2条规定船员每月的工资、薪金收入在统一扣除起征点的基础上,准予再扣除税法规定的附加减除费用标准。2018年《个人所得税法》修正以前,我国都有针对海员专项的个税扣减标准,但是伴随着《个人所得税法》

---

① 参见《船员薪资:用数据说话!》,载搜狐网2018年11月24日,https://www.sohu.com/a/275627780_99904272。

② 参见昝杰:《【官方权威发布】继续下跌,2023年2月最新船员工资行情表》,载微信公众号"海员网"2023年2月28日,https://mp.weixin.qq.com/s?__biz=MzAxNTI2NTQzMQ==&mid=2650381492&idx=1&sn=606dd6fdf9cf6bd8ad72604d470bdaba#rd。

的修正，针对海员专项附加扣减标准逐渐降低，针对普通劳动者的个税扣减逐渐提高。从2006年开始到2018年《个人所得税法》颁布以前，远洋海员个税综合扣除标准一直是4800元，但其中比例有变化，普通劳动者的个税基本减除比例逐步增加，海员专项扣减减少。2018年《个人所得税法》修正以后，海员的专项扣减取消了，海员同普通劳动者一样，统一适用6万元/年的个税基本减除标准，使得海员个税优惠政策完全消失。统一的税收优惠政策没有考虑船员工种的特殊性，不能体现出航海的艰苦性、流动性、风险性。直到2019年的《关于远洋船员个人所得税政策的公告》，才给予远洋海员特别的个人所得税扣减优惠政策，规定一个纳税年度内在船航行时间累计满183天的远洋船员，其取得的工资薪金收入减按50%计入应纳税所得额，依法缴纳个人所得税，并规定有效期为2019年1月1日起至2023年12月31日止。后又发布文件将税收优惠政策延长至2027年12月31日。相对于陆地劳动者这样确实对远洋船员在税收方面给予了很大的优惠与减免。但是与国际上的惯例——在海外累计满183天的远洋船员全部免交个人所得税——还有差距，而且船员工资薪金收入减按50%计入应纳税所得额的规定到2027年年底就截止了，以后的情况还未知。

## 三、船员工资保障存在的问题

船员工资保障，指的是在船员工资标准制定过程中，船员工资集体协商制度对船员工资标准制定的保障作用，劳动法对船员最低工资的保障以及船员欠薪情况下，船员优先权对船员工资的保障。

船员职业市场化越来越凸显，定期的工资集体协商机制发挥得不好，使得船员雇佣市场工资缺乏相应的协商机制制约。虽然我国已经建立了海上劳动关系三方协调机制，但是其真正的作用没有完全发挥出来。新冠疫情期间，船员市场工资水平波动较大，暴露出船公司与船员的工资协商机制不畅的诸多问题。船公司普遍认为，船员的工资标准应以上船时合同约定的工资为准，是覆盖整个合同期工资的，上船后即使疫情发展也不应该影响船员在船期间的工资水平，应该严格遵守上船时对工资的约定。但是对于船员来说，换班难导致其在船上的时间增加，随着时间的增加以及市场船员价格的浮动，在船船员不满足上船时的工资标准，当与船公司谈不拢时，就可能出现船员罢工停工事件。这似乎是疫情带来的负面影响，但实际是在市场化用工背景下，船员工资集体协商制度未有效发挥作用，劳资关系缺乏有效的沟通渠道。我国应当进一步完善我国船员工资集体协商制度，在船员职业市场化的背景下保障船员合法的工资权益。船员对国际供应链正常运行的突出贡献引人关注，而下船难、换班难更是暴露出船员的弱势地位，联合国决议呼吁世界各国将海员认定为“关键工人”。在工资方面表现为逐步提高船员的基本薪资，船员最低工资的增长是船员工资走向的一项风向标，也是船员工资的基本保障标准。

《2006年海事劳工公约》规则2.2导则中着重强调船员最低工资，对船员最低工资的确定、监督以及违反最低工资的制裁都提出基本要求。而目前我国法律法规规定的最低工资制度没有考虑到船员职业的特殊性，仍然与陆上一般劳动者处于一个基准水平。

很多船员欠薪是由公司资金周转困难引起的，船员为拿到工资往往会行使船舶优先权，要求就拍卖船舶的所得优先受偿。[①] 以上海海事法院为例，其在2017年以判决形式结案的86个船员工资纠纷案件中，共扣押了4条船舶，帮助78个船员要回其应有的工资。而该院在2014年至2016年3年间受理的790件船员劳务合同纠纷案件中，请求扣押船舶的案件有259件，可以看出船员对船舶优先权的行使较为普遍。[②] 一般而言，各国海商法出于对船员在船上冒着风险艰苦劳作的尊重，本着保护弱势船员的理念，均会在船舶优先权中将船员劳动报酬放在最优先的位置。我国航运业历经多年发展，这种认知已经深深植入船员脑海中。在船东拖欠工资后，船员一般也会请求确认其工资的船舶优先权来保障自身权益。但是由于我国船舶优先权法律规定较为笼统，司法实践中船员就欠薪情况寻求船舶优先权法律保护时存在诸多争议。另外由于船员优先权时效较短，船员由于工作的特殊性，常年在海上作业并且下船机会不确定，在发生欠薪情况时，船员不能及时主张权益或者没有足够时间进行维权，船舶优先权作为船员工资最有效的救济保障时效只有一年，船员常因错过时效而失去通过船舶优先权进行救济的权利。

## 第二节　船员工资范围与支付问题研究

受制于船员劳动合同要式性规范不足，船员与用人单位会因船上应发工资、下船应发工资约定不明确、表述不清，发生争议。为发现船员工资约定情况与船员工资拖欠结果之间的真实关系，作者采取问卷调查的方式进行调研，设计问题为“您被拖欠工资的理由是什么?”，预设选项为“工资过高，船公司反悔；船公司破产；工资约定不明确，船公司出尔反尔；其他”四个选项。参与回答该问题的船员共计206位，其中因“工资约定不明确，船公司出尔反尔”被拖欠工资的船员为180位，大约占全部回复人数的87%。结果显示，船员与用人单位工资约定不明导致船员工资被拖欠的概率较大。而且，船员若长期不清楚自己到手的工资数额是如何计算出的，当自己认为的工资与用人单位给付的工资数额不一致时，会产生怨气，甚

---

① 参见沈延军、臧祥真：《船员行使船舶优先权的司法困境及对策——以船员劳务合同纠纷为视角》，载青岛海事法院编：《第二十三届全国海事审判研讨会论文集》(上册)，2014年。

② 参见《上海海事法院涉船员权益保护海事审判情况通报2016》，载上海海事法院网2017年6月27日，http://shhsfy.gov.cn/hsfyytwx/hsfyytwx/spdy1358/hsspbps1434/web/viewer.html? file=2016.pdf。

至出现消极怠工的情况,影响用人单位的航行效益。长此以往,也会使得船员对自身职业的满意度下降,并有可能出现弃海投陆的情况,不利于我国航运人才的可持续发展。因此,法律增加对船员工资明细与支付的规定,对船员职业发展至关重要。

## 一、我国法律规定中船员工资及支付存在的问题

《2006年海事劳工公约》对工资的计算与支付有明确的强制性规定和指引规定(见表11-1)。对比我国国内法的规定,总结我国船员工资计算与支付方面的法律规定同《2006年海事劳工公约》存在的差距。

**表11-1 《2006年海事劳工公约》中对船员工资计算与支付的相关规定**

| 序号 | 条款 | 条款类型 | 具体内容(重点) |
|---|---|---|---|
| 1 | 标准A2.2工资 | 工资支付的条件 | 时间条件:不超过一个月的间隔 |
| | | 工资的范围 | 应给海员一个应得报酬和实付数额的月薪账目,包括工资、额外报酬,以及在其报酬采用的货币或兑换率不同于曾经达成一致的货币或兑换率时所用的兑换率 |
| | | 工资支付的方式 | 提供将收入的全部或部分转给其家人或受扶养人或法定受益人的方式 |
| 2 | 导则B2.2.2计算和支付 | 加班费用的计算 | 一、对于报酬中含有另计加班补偿的海员:(一)出于计算工资目的,在海上和港口的正常工作时间每天不应超过8小时。(二)加班时间由法律或者集体合同规定但每周不得超过48小时;集体协议可规定不同但不低于此待遇。(三)加班补偿率不应低于基本工资或每小时工资的1.25倍,并应由国家法律、法规或由适用的集体协议予以规定;合并工资也要另算加班费。(四)所有加班时间应由船长或船长指定人员进行记录,并至少按月间隔由海员签字 |
| | | 明确规定工资的范围 | 二、对于工资系全部或部分合并的海员:(一)凡适宜,海员就业协议应明确说明海员为这一报酬需工作的时间,并说明除合并工资外可能应支付的任何额外津贴以及在何种情况下支付 |
| | | 补休的规定 | 三、国家法律、法规或集体协议可以规定,对加班或在每周休息日和公共节假日工作的补偿,至少应以相等休息时间和离船时间,或是以追加休假方式代替报酬或为此规定的任何其他补偿 |

续表

| 序号 | 条款 | 条款类型 | 具体内容(重点) |
| --- | --- | --- | --- |
| 2 | 导则 B2.2.2 计算和支付 | 工资的支付原则 | 四、与船东代表组织和海员代表组织协商后通过的国家法律、法规或可适用的集体协议应考虑到以下原则:(一)同工同酬;(二)具体说明适用的工资或工资率的海员就业协议应随船携带;(三)工资应以法定方式支付;(四)在终止雇佣时,应支付所有应付报酬,不得无故延误;(五)如船东无理拖延支付,或未能支付所有应付报酬,主管当局应给以适当惩罚或强制采取其他适当补救措施;(六)工资应直接支付到海员指定的银行账户,除非海员以书面形式提出不同要求;(七)除依照本款第(八)项规定者,船东不应限制海员自由支配其报酬;(八)只有在下列情况下,才允许在报酬中进行扣减:1. 国家法律、法规或适用的集体协议有明确规定,并已按主管当局认为最合适的方式告知海员此种扣减的条件;2. 扣减总额不超过国家法律、法规或集体协议或法院裁决可能已为此种扣减规定的限额;(九)不应为获得或保持就业而在海员的报酬中进行扣减;(十)除国家法律、法规、集体协议或其他措施授权外,不得对海员罚款(应当明确可以对海员罚款的规定);(十一)主管当局出于对海员利益的考虑,有权检查船上配备的小卖部和提供的服务,以保证其价格公平合理;(十二)如根据《1993年船舶优先权和抵押权国际公约》的规定,无法保障海员工资和其他就业应付款项的债权,应根据《1992年(雇主破产)保护工人债权公约》(第173号)予以保护 |

《2006年海事劳工公约》对船员工资保障的规定是相当全面的,通过通盘考察《2006年海事劳工公约》的有关规定可以看出,公约在船员工资方面进行了非常细化的规定,明确工资支付及保障的细项,确保船员家人的正常生活。我国法律层面没有直接规定船员工资的内涵及外延,支付规则同普通劳动者一起适用《劳动法》《劳动合同法》《工资支付暂行规定》等。船员工资支付的特别规定仅体现在《船员条例》第25条中,"船员用人单位应当根据船员职业的风险性、艰苦性、流动性等因素,向船员支付合理的工资,并按时足额发放给船员。任何单位和个人不得克扣船员的工资。船员用人单位应当向在劳动合同有效期内的待派船员,支付不低于船员用人单位所在地人民政府公布的最低工资"。2020年最高人民法院发布《关于审理涉船员纠纷案件若干问题的规定》针对船员工资部分进行较明确的司法解释,主要内容包括确定了提前约定加班工资以及加班工资标准的效力,但约定标准不得低于法定最低工资标准;确定了标准工时制度下,补休可以抵消支付加班工资的

规定(法定休假日除外);确定了综合计算工时工作制下,船员主张加班工资的请求权;以及当当事人未就工资或其他劳动报酬的支付标准、支付方式进行明确约定时,当事人可以主张以同工种、同级别、同时期市场的平均标准确定等,《关于审理涉船员纠纷案件若干问题的规定》中的补充规定在一定程度上填补了我国船员工资法律适用过程中存在的立法空白。但是,司法解释规定的权限范围存在一定的限制,司法解释仅能在争议发生后就司法实践中的争议问题进行规制。而真正从顶层设计的角度将船员工资的规定同船员工资相关权益保护进行互动,通盘考虑还需要立法进一步完善,比如,对于船员工资纠纷事前的预防规定、船员工资支付安排等。

### (一)船员工资支付标准模糊引发的问题

船员工资是一个法定概念,法定概念的界定关乎与工资相关制度的适用问题。由于船员职业的特殊性,其工资的概念分类同一般劳动者工资范围存在显著的特征,但是目前我国立法没有明确的区分,比如船员下船休息期间的工资与待派期工资的区别、船舶遭遇海盗时的工资如何计算等都应当由法律作出特别规定。船员工资支付标准模糊还会引发其他的法律适用问题。具体而言:第一,船员工资计算标准确定困难。由于没有明确船员工资的构成,又缺少对工资的判断标准,仲裁庭或法院在个案中对船员工资具体包括哪些内容产生疑惑,继而影响了计算加班工资、休假工资时所依照的工资基数的确定,且在计算船东与船员未签订劳动合同而产生的两倍工资赔偿时,工资基数亦难以确定。第二,影响船员工资的仲裁时效判定。我国《劳动争议调解仲裁法》规定了工资争议不受劳动争议仲裁时效一年限制的特殊时效规范①,但出于对船员工资范围的认定偏差导致难以认定享有这种特殊时效权利的请求权范围。第三,影响船舶优先权及企业破产清算优先权范围的认定。我国法律规定了船员的工资在企业破产清算时享有优先受偿的权利,也规定了船员工资对于船舶拍卖所得的价款享有优先受偿的权利,对于未明确的工资构成内容,法院难以认定其享有优先受偿权,这会直接影响到船员工资在经过法院判决后能否实际执行到位的问题。

### (二)我国船员工资支付规定笼统

《2006年海事劳工公约》关于船员工资支付的强制性规定主要包括,应为海员提供一种将其收入通过银行转账或其他类似方式全部或部分转给其家人或受赡养人或法定受益人的方式②,在此基础上的服务收费在数额上应有合理的要求,同时对货币兑换率也有要求。③ 其不仅规定了应当足额向船员支付工资,还限制了扣

---

① 参见《劳动争议调解仲裁法》第27条。

② See MLC Standard A2. 2. 4.

③ See MLC Standard A2. 2. 5.

罚船员工资的条件以及强调必须严格依照法律规定处罚船员。

《船员条例》关于船员工资的支付仅有第25条的规定。我国关于船员工资支付的方式同普通劳动者工资支付方式的规定差别不大,对船员工资的规定较为笼统,在船员支付方式的法律规定上没有考虑到船员职业环境的特殊性、船员的涉外性对船员工资支付的影响。

## 二、船员工资制度的特殊性及域外经验

### (一)船员工作的特殊性决定船员工资范围明确的重要性

我国航运公司对工资的范围约定比较笼统。根据工资的不同职能,从不同的视角出发,不同主体对工资的分类、范围存在不同的观点,这也是市场上合同中对工资概念很难统一的缘由。将船员工资范围依靠船员合同来明确规定,符合市场多样化的需求。我国劳动法律中对工资的劳动基准进行了明确的规定,尤其是明确工资与工作时间之间的关系。我国《劳动法》规定,国家实行劳动者每日工作时间不超过8小时、平均每周工作时间不超过44小时的工时制度。如果安排劳动者延长工作时间的,支付不低于工资的150%的工资报酬;休息日安排劳动者工作又不能安排补休的,支付不低于工资的200%的工资报酬;法定休假日安排劳动者工作的,支付不低于工资的300%的工资报酬。陆上的劳动者工作环境与生活环境分离,较容易辨别加班。而船员工作生活在船上,其工作时间和休息时间常常难以区分,因此船上船员的休息休假权利常被忽视,如果法律不明确规定区分工作与生活的办法,船员的休息休假权很容易被侵犯。比如一般情况下,船员的工资由船员在船劳动报酬和船员下船休假工资两部分组成,船员在船劳动报酬包括船员实际工作正常工资、船员在船劳务收入①、船员在船工作餐补助结余三部分,船员下船休假工资包括待派工资、综合计算工时制下的加班津贴和休假补助。② 从上述基本的船员工资范围划分中,可以明确分辨出船员正常工作时间工资、加班工资、船员待派工资等部分,这有利于船员休息休假权的保护。否则,一旦船员合同规定不明确,在司法实践中很难界定工资的范围,也很难判断船员休息休假权是否已经得到保障,导致司法实践裁判对工资范围的界定存在偏差,影响船员维权过程中相关赔偿的计算。由此可见,船员的工资明细对船员来说至关重要,《2006年海事劳工公约》也因此明确要求向船员给付工资明细,但是我国立法显然没有重视该项规定。

对船员工资范围的明确以及交付工资清单的重要性已经被多国法律所确认。英国关于船员工资清单有明确的内容要求和交付规则,规定了英国船上的船长应

---

① 船员在船上除了工资之外,还会有"随船收入",具体指船员在船上参与日常维护保养,船公司都会在工资之外给予实际参与工作的船员一些额外的奖金鼓励船员。比如机舱部门的船员自行主机吊缸、甲板水手的除锈油漆、散货船在再次装货之前参与扫仓等获得的奖金,这些都算是随船收入的一种。

② 参见魏凯琳、郭萍:《论船员最低工资法律制度之构建》,载《山东警察学院学报》2017年第2期。

当向船员依照船员雇佣协议交付其应得的工资和相应扣减的清单。若清单金额需要调整的,雇主应向船员交付另一份清单表明调整金额,并且在不迟于工资余额支付给船员之时交给船员,并且应该在解雇之前不迟于24小时交付给船员,若船员未经通知即被解雇或通知时间少于24小时,则在解雇之时交给船员。[①]

(二)船员工作性质的特殊性对船员工资支付的影响

船员常年漂泊在海上,在船期间没有条件履行家庭义务,向家庭提供经济支持是履行家庭义务的主要途径。因此,在紧急情况下,法律应当规定船员工资支付的特别变通,比如提前支付工资,并选取合适的方式将工资交付家人并不得收取额外的服务费等。比如日本《船员法》规定,与船员共同生活的亲属或以船员收入维持生活的人因结婚、生产、疗养或恢复其他不能抗拒的灾害所造成的损失所需要费用并经船员提出时,船舶所有人必须立即支付[②];在船员有要求时,船舶所有人必须把应当交付给船员的工资和其他报酬交付给其共同生活的亲属或靠船员收入维持生活的人。[③] 韩国1984年《船员法》中也有相应的规定。[④]

(三)船员工作流动性更重视对船员工资支付效率、便利的保障

我国《劳动法》[⑤]针对劳动者工资制定了用人单位不按时支付工资的罚则,但是并不能涵盖船员工资支付不当的情形,结合船员工资支付规则的特殊性,该罚则应当基于船员工资范围和支付过程中的特殊性增加制定相应的罚则,制约船公司的行为,制定更有利于保障船员工资合法权益的罚则。比如,英国关于船员工资保障的法律明确且细致地规定了船公司拖欠工资后的利息计算方式,工资清单中列明的金额需要调整的,余额应在解雇之日起7天内向船员支付;若该金额超过50英镑而且在解雇时全额支付不现实的,应向其支付不少于50镑,也应不少于1/4金额,且余额应在解雇之日起7天内支付;若上述金额未能及时支付且在解雇之日起56天仍未能支付的,船员有权获得按照船员协议约定的最后支付日利率确定的工资;若56天后仍未支付的,按照年利率20%计算。按照船员协议,船员基本工资以及附加工资应以不超过一个月的间隔即时支付;若附加工资不能即时支付,则应当在不迟于下一支付周期的最后日期支付;以上工资若未能按时支付,那么应承担年利率20%的利息。[⑥] 日本《船员法》中不仅规定特殊情况下向家属提前支付工

---

① See Merchant Shipping Act 1995. s. 31.

② 参见日本《船员法》第54条。

③ 参见日本《船员法》第56条。

④ 参见韩国1984年《船员法》第48条。

⑤ 《劳动法》第91条规定:"用人单位有下列侵害劳动者合法权益情形之一的,由劳动行政部门责令支付劳动者的工资报酬、经济补偿,并可以责令支付赔偿金:(一)克扣或者无故拖欠劳动者工资的;(二)拒不支付劳动者延长工作时间工资报酬的;(三)低于当地最低工资标准支付劳动者工资的;(四)解除劳动合同后,未依照本法规定给予劳动者经济补偿的。"

⑥ See Merchant Shipping Act 1995. s. 30.

资,还规定了相应的罚则。雇用人违反了下列任何一项,将被处以最高30万日元的罚款:工资应直接全额支付给船员、用货币支付、每月至少向船员支付一次、支付时应向船员发文件说明工资的;违反了船员被解雇或退休时以及在船员提出船员或靠船员收入维持生计的亲属在婚姻、丧葬、分娩、医疗或不可预见的灾难中恢复所需的费用时即时支付等义务的。①

## 三、关于确定我国船员工资法律标准的建议

### (一)法律明确要求为船员提供工资清单

由于船员工资范围复杂,为防止因工资约定不明确,船员休息休假、最低工资等劳动基准被侵犯的情况发生,船舶所有人在支付给船员工资时还应当给付工资清单,标明船员工资具体项目及金额,包括约定的金额以及约定金额以外的加班费、奖金、津贴等,若有扣减的还要列明扣减的金额,随后还要标明实付金额、应付金额。这样规定也是与《2006年海事劳工公约》及各国船员法的规定相统一的,其目的在于更好地明确双方权利义务,以及在发生纠纷时方便司法机关查明事实。

### (二)建立特殊的船员工资支付方式

我国现行工资支付为依法定形式每月至少支付一次。依照《2006年海事劳工公约》的要求以及我国当今经济社会的形式,船员工资也应当建立以货币形式每月至少支付一次的原则,若工作不满一个月航次结束的,应当在航程结束后立即支付工资。

工资除直接支付给船员之外,还应当为船员建立特殊的支付方式,即船员可以要求用人单位将其工资直接支付给船员的近亲属或以船员工资为主要生活来源的人。船员的近亲属或以船员工资为主要生活来源的人在婚丧、生产、疾病等有特殊需求时也可以直接向用人单位请求支付船员工资的一部分,在获得船员同意后用人单位得直接支付船员工资的一部分给其近亲属或以船员工资为主要生活来源的人。用人单位应当建立这样的通道,为船员及其近亲属或以船员工资为主要生活来源的人提供便利。

### (三)确定工资支付不当的罚则

除一般法律救济途径外,各国和地区大多辅以惩罚措施来保障法律的实行。如日本《船员法》对船东没有签订书面船员雇佣合同、迟延支付工资、没有给付船员工资清单等法律责任予以罚款,使用拘役等刑罚的手段惩罚船东。以上违法行为可以由海事部门通过监督检查发现,也可以由船员举报。我国应当结合船员工资支付行为的特殊性制定专门的罚则,完善我国目前针对船员工资支付不当的惩罚性规定。

---

① 参见日本《船员法》第131条。

## 第三节　船员行业工资集体协商制度问题研究

工资集体协商制度诞生于西方社会，18世纪下半叶，西欧的工业革命加剧了劳资矛盾，促进了工会组织的建立，出现了集体协商的萌芽，到19世纪末20世纪初，工人运动深入发展，劳资矛盾日益尖锐，工人罢工运动不断高涨，为了缓和矛盾，欧洲一些国家在立法上放宽对集体谈判的限制，工资集体协商制度逐渐成为各国解决劳资纠纷的重要途径。[①] 工资集体协商制度是市场经济条件下，劳动者与用人单位对于工资福利待遇问题进行协商、沟通，达成相对利益平衡，建立和谐劳资关系的重要机制。

### 一、我国船员行业工资集体协商制度存在的问题

#### （一）社会船员缺乏行业工资集体协商途径

《中国船员集体协议（A类）》中第12条明确规定"船东应当建立和完善工资集体协商制度和工资支付保障制度，促进劳动关系的和谐稳定"。我国现行工会制度是与劳动关系绑定在一起的。而市场上船员雇佣情况复杂，涉及多方法律关系主体，我国很多社会船员人事编制不在用人单位，无法参加用人单位的工会。船员工资最终决定主体应当是船东，很多社会船员是通过中介上船。尤其是在船员外派情况下，船员主要与船员派遣公司、船员外派公司等船员管理公司存在法律关系，而这些船员管理公司不能直接决定船员工资价格。船员工资通过航运市场供需关系来决定，因此工资决定的过程仅依靠船员个人的力量，没有经过集体协商或者谈判。新冠疫情期间，由于社会船员与船东之间的不稳定关系，就发生社会船员想要因市场价格上涨上调自身工资，但困于无正常途径主张调整工资而集体抗议的事件，导致船东与社会船员之间关系紧张。究其原因则是行业工资集体协商机制的欠缺，使得社会船员与船东之间缺乏有效沟通渠道，最后社会船员只能通过罢工停工的方式引起船东的重视。

#### （二）船员行业集体协商工资范围有限

《中国船员集体协议（A类）》中涉及船员行业工资集体协商机制内容。中国海员建设工会从1999年和2009年开始，分别与挪威船东协会和中国船东协会开展了集体协商，通过集体协商，制定了中国船员最低工资、最低伙食费、病亡处理等行业标准。[②] 新冠疫情期间，《中国船员集体协议（A类）》中增加了新冠疫情防控

---

① 参见韩桂君、彭博编著：《劳动者权利及其保护》，北京大学出版社2017年版，第163页。

② 参见中工网：《中国船员最低伙食费标准每天上涨1美元》，载网易新闻2021年4月1日，https://c.m.163.com/news/a/G6F99IS30550TYQ0.html。

期间船员劳动待遇标准的附件，其中包括船员疫情期间伙食费补贴标准。这是我国首个通过行业协商确立的新冠疫情期间劳动待遇标准。[①] 船员行业集体协商机制为船员合法权益的保护发挥一定积极作用。但是，目前船员工资协商的范围有限，主要限于最低工资，而基薪只是劳动报酬的一部分，协商范围有必要进一步扩大。

综上所述，随着自由船员数量增加，我国船员工资集体协商制度问题凸显。具体表现在两方面，一是企业内部的工资协商制度效果不佳。我国船员企业内部工会发挥作用不大，且雇佣关系的复杂化导致船员企业内部工资协商机制缺乏执行性；二是行业工资集体协商制度范围太窄。当前我国船员行业工资集体协商制度也限于最低工资以及特殊情况的报酬标准，缺乏对工资增长等事项的协商。

## 二、我国建立船员行业工资集体协商机制的必要性

所谓行业性工资集体协商，是指在同行业企业相对集中的区域，由行业工会组织代表职工与同级企业代表或企业代表组织，就行业内企业职工工资水平、劳动定额标准、最低工资标准等事项，开展集体协商、签订行业工资专项集体合同的行为。[②] 基于船员劳动市场的实际情况，发展行业工资集体协商制度更有利于实现船员工资集体协商的效果。具体体现在以下几方面。

### （一）有利于提高船员行业工资平等保障

行业工资集体谈判有利于发挥工资集体协商结果的扩展优势，行业工资集体谈判可以将集体谈判协议推进到行业内全部企业，覆盖到行业内工会组织率低的企业或劳动生产率低的工作场所，从相对强势的工人群体传播到处于劣势的工人群体。[③] 我国目前船员市场主要分为自由船员、自有船员、外派船员三种船员，三种船员相对于船员管理公司的地位并不统一，工资水平、福利待遇也不尽相同，通过行业工资集体协商有利于弱势船员群体工资标准的上升。

### （二）更适合流动性较强的船员行业

船员行业的流动性体现在两方面，一方面，船员工作地点在海上，在陆上用人单位的时间比较短；另一方面，自由船员与船公司之间劳动关系的稳定性较弱。船员工作地点的流动性会对企业内部协商的进度、效果以及协商的公信力产生一定影响，而船员劳动关系的不稳定性也会影响船员集体协商结果的执行力。工资集

---

① 参见《疫情期间船员劳动待遇标准出台》，载新华网，http://www.news.cn/2021-11/22/c_1128089179.htm。

② 参见石云：《我国行业性工资集体协商若干问题研究》，载《工会理论研究（上海工会管理职业学院学报）》2013年第2期。

③ 参见石云：《我国行业性工资集体协商若干问题研究》，载《工会理论研究（上海工会管理职业学院学报）》2013年第2期。

体协商使得船员在资强劳弱的格局下，通过集体协商增强谈判力量，从而矫正劳资关系中力量对比的不平衡性。船员集体的力量主要源于船员工会，而由于自由船员劳动关系不确定，很难归属于某一公司的工会，工会对其的支持也会受到限制，因此，企业内部工资集体协商的结果不足以代表自由船员的利益。而行业工会恰恰可以将自由船员纳入其中，从而使得行业工资集体协商更容易达成具有公信力的协商结果。

（三）工资专门进行行业集体协商的缘由

《中国船员集体协议》中协商事项非常广泛，劳动报酬仅是其中一项，劳动报酬相比其他协商事项在时效方面具有特殊性。德国的船员集体协议制度设计注意到这种特殊性。德国航运业的集体谈判协议有两种，一种是“海事部门的集体协议”（Manteltarifvertrag See，简称 MTV See），另一种是“海上工资的集体协议”（Heuertarifvertrag See，简称 HTV See）。[①] 海事部门的集体协议为德国远洋运输中海员的工作条件提供了公认的框架，其所包含的规定具有长期性和一般性，其有效期没有受到限制，以条款的方式规定了船东的范围、海员的范围、劳动时间及休息时间、伙食供应、带薪休假福利、医疗服务、社会保险、合约的解除等劳动合同待遇[②]，但在内容上不涉及工资水平。工资水平是固定在海上工资的集体协议中的，海上工资的集体协议则相当于是一个针对海员工资的专项集体协议，在更短的时间间隔内重新谈判调整海员工资，并以表格的形式对船上不同职位的不同年限的海员的工资水平分档次确定，工资也被分为基本薪酬、根据海事部门的集体协议支付的额外补偿、统一费率的加班补偿三个模块，即不同的职位和工作年限对应不同的基本薪酬、额外补偿、加班补偿，进而算出不同的工资总和。[③] 可以看出，海事部门的集体协议与海上工资的集体协议，前者原则性地规定了除工资水平之外的海员基本劳动条件，具有长期性；后者针对海员工资水平进行专项调整，具有时效性，两者相辅相成，双轨并行，各有侧重，共同调整德国航运业海上集体劳动关系。

## 三、我国船员行业工资集体协商制度建立的建议

（一）我国船员行业应当建立行业性工资集体协商

船员工资波动性较大，船员工资的变化对船员行业稳定发展具有重要影响，基于此应当单独建立行业工资集体协商制度。开展行业工资集体协商有助于提升工

---

① See *Collective Bargaining Agreements*, Deutsche Flagge, https://www.deutsche-flagge.de/en/crew/employment-agreements/tariff.

② See *Manteltarifvertrag für die deutsche Seeschifffahrt*, Deutsche Flagge, https://www.deutsche-flagge.de/de/redaktion/dokumente/dokumente-sonstige/manteltarifvertrag_ab_2014.pdf.

③ See *Wage Scale for German Maritime Shipping*, Deutsche Flagge, https://www.deutsche-flagge.de/en/redaktion-englisch/documents/documents-other/htv-see-2020-gultig-ab-1-januar-2020.pdf.

资集体协商中船员群体的协商力量。专业的行业集体协商平台对船员行业信息了解更加清晰,能够根据航运企业的市场状况,客观制定船员的工资水平标准。我国船员行业也已经具备建立行业工资集体协商机制的基础。目前存在专门的海员建设行业工会和行业性的三方协调机制。船员行业工资集体协商机制可以在此基础上进一步推进。继续完善地方性船员工会的建设并且在海员工会的基础上促进其他类型船员工会的建设,代表更多的船员进行集体协商。在各级船员行业工会努力下,形成固定的工资集体协商惯例,建立起船员工会主导下制度化的工资集体协商,解决集体工资争议,建立和谐劳资关系。

(二)扩大工资集体协商的范围

我国目前集体协商范围仅限于船员最低工资,应当进一步扩大船员工资集体协商的范围。第一,应当明确船员工资的类目,船员职业相较于普通职业工资构成特点鲜明,当前船员合同中船员工资类目约定较为模糊,应当在《2006 年海事劳工公约》的基础上明确船员工资的类目。第二,工资集体协商应当就工资增长事项与企业组织进行谈判。船员工资随着航运市场波动较大,过去我国船员工资增长相较于国际船员市场工资存在一定的滞后性,影响船员投身航海事业的热情,因此,船员工资集体协商机制应当将船员工资增长事项作为协商的主要内容。

## 第四节　船员最低工资制度问题研究

最低工资标准是我国劳动和社会保障的一项重要内容,是国家为了保障劳动者基本生活,在劳动者提供正常劳动的情况下,强制规定用人单位必须支付给劳动者的最低工资报酬。《2006 年海事劳工公约》导则 B2.2.3 中对最低工资的制定进行相关规定,其中包括五个方面,第一,建立确定海员最低工资的程序,船东代表组织和海员代表组织应参与此类程序的运作;第二,在最低工资标准确定时,应考虑到海上就业的性质、船舶的配员水平和海员的正常工作时间;第三,海员生活费用和需求的变化;第四,通过监督和制裁制度,使所支付工资不低于所确定的工资率;第五,已按低于最低工资的工资率领取工资的任何海员,能通过一种费用低廉且快捷的司法或其他程序,追偿欠付金额。由此可见,《2006 年海事劳工公约》对最低工资标准的制定主体、确立、运行、监督和救济都有涉及。

### 一、船员适用我国最低工资规定存在的问题

我国法律法规层面没有针对特殊职业规定专门的最低工资标准,船员作为我国劳动者的一部分首先应当适用我国《劳动法》与《最低工资规定》中规定的最低工资要求。另外,《中国船员集体协议》中涉及专属于远洋船员的最低工资标准。

我国满足条件的船员同时或者分别适用这两个最低工资标准,但受限于最低工资法律法规规定的局限性以及《中国船员集体协议》适用范围的限制,我国船员最低工资保障存在如下问题。

### (一)普通最低工资制度未考虑船员职业的国际性

《最低工资规定》第2条规定,"本规定适用于在中华人民共和国境内的企业、民办非企业单位、有雇工的个体工商户(以下统称用人单位)和与之形成劳动关系的劳动者。国家机关、事业单位、社会团体和与之建立劳动合同关系的劳动者,依照本规定执行"。由此可见,我国最低工资标准是根据国内雇佣市场情况确定的,并没有扩大到国际市场对工资的影响,而在船员外派的情况下,船员职业具有明显的国际性,我国目前《最低工资规定》并没有考虑船员的国际性。例如,在《2006年海事劳工公约》生效后不久,某悬挂中国旗船舶上的船员工资标准虽然符合2013年中国船员集体协议关于船员工资的标准,但在芬兰某港口接受ITF检查时,该船舶仍被认为其船员的基本工资和工资总额过低而被责令停止装卸货物。① 该事件从侧面说明,船员最低工资的制定不能仅关注国内市场。

### (二)我国最低工资确定的原则未考虑到特殊行业的差异性

我国最低工资的确定遵循两个原则:差别标准原则和三方共同确定原则。② 所谓差别标准原则,是指我国最低工资标准的制定考虑到地区经济水平的区别,最低工资的具体标准由省、自治区、直辖市人民政府规定。三方共同确定原则是指最低工资标准的确定和调整是由省、自治区、直辖市人民政府劳动保障行政部门会同同级工会、企业联合会/企业家协会三方研究拟订,并将拟订的方案报送人力资源和保障部对方案进行确定。由此可见,最低工资的制定标准是由地区的经济水平进行划分的,没有考虑到具体行业的差距。而船员职业具有流动性和国际性,单纯按照某一地区的标准制定船员的最低工资标准不符合船员雇佣市场的要求。

### (三)最低工资制定的确定因素缺少对职业要素的考虑

我国《劳动法》与《最低工资规定》中规定了制定最低工资的参考要素。确定和调整月最低工资标准,应参考当地就业者及其赡养人口的最低生活费用、城镇居民消费价格指数、职工个人缴纳的社会保险费和住房公积金、职工平均工资、经济发展水平、就业状况等要素。确定和调整小时最低工资标准,应在颁布的月最低工资标准的基础上,考虑单位应缴纳的基本养老保险费和基本医疗保险费因素,同时还应适当考虑非全日制劳动者在工作稳定性、劳动条件和劳动强度、福利等方面与全日制就业人员之间的差异。《2006年海事劳工公约》对船员最低工资制定要求应充分考虑海上就业的性质、船舶的配员水平和海员的正常工作时间。而我国最

---

① 参见魏凯琳、郭萍:《论船员最低工资法律制度之构建》,载《山东警察学院学报》2017年第2期。

② 参见沈同仙:《劳动法学》,北京大学出版社2009年版,第172页。

低工资制定时没有考虑到船员的职业因素。

（四）《中国船员集体协议》中最低工资标准适用范围存在局限性

中国海员建设工会与中国船东协会协商结合我国航运业实际情形，参照国际劳工组织依据全球海运经济发展情况，定期公布的一等水手最低基薪建议标准，形成《中国船员集体协议》的中国海员最低基薪标准。该基薪标准会随着船员职业的实际情况进行调整。2021 年 11 月 22 日，中国海员建设工会与中国船东协会通过平等协商，对新冠疫情防控期间船员劳动待遇标准达成一致意见，更新《中国船员集体协议（A 类）》，正式出台《新型冠状病毒肺炎疫情防控期间船员劳动待遇标准》，这是我国首个通过行业协商确立的新冠疫情期间劳动待遇标准。[①]《中国船员集体协议（A 类）》中列举的各职位船员的在船最低工资标准，与国际上通用的船员最低基本工资表格相同，我国集体协议对船员最低工资标准的规定符合国际通行要求。但是，集体合同中最低工资标准的适用范围有限。我国船员特殊的最低工资标准并不是由政府发布的，而是作为集体合同的附件进行发布。但我国签订"集体合同"的船东范围有限，使得船员职业的最低工资的适用范围较窄，仅限于应当覆盖在集体协议下的远洋船员，不适用于国内内河和沿海船舶上的船员。

（五）我国缺少制定与监督执行船员最低工资的规范程序

我国最低工资的制定有着完善的发布与调整、实施与监督规则，而缺乏专门船员最低工资制定的程序性规定。《最低工资规定》中明确规定，我国最低工资由省、自治区、直辖市发布以后，如确定最低工资标准的相关因素发生变化，应当适时调整，最低工资标准每年至少调整两次。《最低工资规定》还规定，最低工资制定实施过程中用人单位的义务、用人单位不履行义务应当承担的责任，以及实施过程中劳动行政主管部门的检查监督职责。而船员特殊的基薪标准规定在集体合同中，我国法律法规没有对船员最低工资标准的设立、执行、监督、制裁、救济等程序进行规定。

## 二、国际船员最低工资标准的制定与审查经验

自 1958 年以来，海运是唯一一个拥有正式承认的为海员制定的全球最低工资的行业。[②] 目前国际海员工资标准的制定机构由 ITF、国际航运公会、国际劳工组织三方组成。ITF 是一个真正意义上的全球性组织，其职能是支持其工会成员，以

---

① 参见高磊：《明年中国船员最低工资将涨 7%》，载观察者网，https://www.guancha.cn/politics/2021_11_22_615772.shtml。

② 参见《确定了！海员基薪将连续三年上涨，2023 年 1 月 1 日开始》，载信德海事网，https://www.xindemarinenews.com/topic/chuanrenxinsheng/2022/0520/38668.html；《未来三年海员最低工资将逐年上涨》，载微信公众号"中国航务周刊"2022 年 5 月 19 日，https://mp.weixin.qq.com/s/sruBeN-1afOPqeVuk7nmNg。

及在全球经济中寻求维护运输工人利益的方式。该组织代表全球的运输工人,并通过全球性运动与团结加强其利益,致力于推动独立与民主的工会主义向前发展,以及维护基本人权与工会权利。[①] 国际航运公会成立于1921年,是全球船东和船舶运营商的国际联合协会,代表世界各国船东协会和世界80%以上的商船队,成员来自40多个国家,由各国家的船东协会组成。目的是辅助航运业,作为国际航运业船舶所有人的集体声音,向国际监管机构阐明并倡导船东的立场。[②] 国际劳工组织自1919年以来,是联合国唯一的三方机构,它汇集了187个成员国的政府、雇主和工人,制定劳工标准,制定政策,制定方案,促进所有男女都有体面的工作。[③]

新冠疫情期间,船员职业发挥重要的作用,国际劳工组织也非常重视船员工资权益保障问题。2021年9月的谈判中,确定船东和海员工会从2022年7月1日起将最低工资定为每月648美元。2021年11月的谈判中,根据国际劳工组织联合海事委员会(Joint Maritime Committee, JMC)的一个小组委员会商定的决议,从2023年1月到2025年联合海事委员会下一次会议,合格海员的最低基本工资将在三年内每年增加。根据决议,从2023年1月1日起,海员每月最低工资将提高到658美元,2024年为666美元,2025年为673美元。[④]

国际劳工组织的最低标准由联合海事委员会定期审查,联合海事委员会是一个由国际航运协会协调的雇主代表和ITF协调的海员工会代表组成的两方国际劳工组织机构。国际劳工组织决定最低工资计划下一次由联合海事委员会在2025年进行审查。[⑤]

综上所述,海运行业具有单独制定行业最低基薪的国际惯例。航运大国纷纷制定国内的船员基薪标准,例如"希腊集体协议"中就有关于海员最低工资的内容并且其比国际劳工组织和ITF提供的最低基薪工资高得多。[⑥] 通过梳理国际船员最低基薪制定流程发现,国际上有专门的组织对船员的最低基薪进行制定和审查以确保船员最低基薪的合理性。ITF在最低基薪确定过程中发挥着重要的作用。一般国际劳工组织为所有类别的海员制定的最低工资标准与ITF的最低工资标准

---

① 参见《什么是ITF?》,载ITF海员网,https://www.itfseafarers.org/zh/about-us/什么是-itf。

② 参见《ILO海员最低工资谈判失败,ITF态度强硬,ISC表示失望》,载信德海事网,https://www.xindemarinenews.com/data/haishifagui/2021/0502/29079.html。

③ See About the ILO, ILO, https://www.ilo.org/global/about-the-ilo/lang-en/index.htm.

④ 参见《全球船东和海员达成新的三年全球最低工资"安全网"协议》,载航运界网2022年5月24日,http://www.ship.sh/news_detail.php?nid=46619。

⑤ 参见《确定了!海员基薪将连续三年上涨,2023年1月1日开始》,载信德海事网,https://www.xindemarinenews.com/topic/chuanrenxinsheng/2022/0520/38668.html。

⑥ See Zhang P & Zhao L et al., *Restructuring seafarers' welfare under the Maritime Labour Convention: an empirical case study of Greece*, Maritime Business Review, Vol. 5:373, p. 373-389(2020).

相比要低得多①,此时 ITF 就会尽力为船员争取更高的最低基薪。

## 三、我国船员最低工资制度的完善建议

### (一)明确船员集体协议确立的船员最低工资的效力

我国目前集体协议的适用范围比较窄,其效力也不具有强制性,为提升船员集体协议的法律地位以及船员工资的法律保障水平,应当在未来的船员法律中明确增加"船员工资不得低于最新集体协议规定的船员最低工资标准"。

### (二)规范确定船员最低工资制度的程序

目前,我国船员最低工资的三方协调机制基本成型,船员集体协议对最低工资的制定也基本同国际接轨,船员最低工资的主要问题是相关程序规定不完善,不利于对最低工资的实施情况进行及时审查,进而难以保障船员合法权益。

1. 法律确定船员最低工资的制定程序

为切实保障船员最低工资标准的科学性和合理性,应当确立船员最低工资的原则、标准和程序。船员最低工资的标准制定应当充分考虑船员职业的国际性、风险性、艰苦性、流动性等特征,由于船员常年漂流在海上,较少享受陆上的社会福利和城市基础设施,其最低工资的设置应当高于陆上的基本工资;另外,国际海员职业具有涉外性,其最低工资标准的设置应当参照国际标准。法律还应当明确最低工资制定的启动程序,随着市场的变化,最低工资的标准也应当变化,例如什么样的情况下启动最低工资标准的更新程序应当有明确的规定。

2. 完善船员最低工资监督的相关程序

船员行业用工具有市场化、国际化的特征。随着航运市场的波动,船员最低工资随着市场的变动存在波动,应当建立专门的机制,定期对船员的最低工资标准进行评估,以适时保障船员权益。航运市场低迷时,船东不能以降低船员的工资而寻求更多的利润空间。特殊情况下,应当给予船员更多保障,此次新冠疫情期间,船员作为关键工人为全球供应链的持续运行作出了重要贡献,其最低工资应当提高。确立最低工资标准的目的是切实保障船员最低工资利益,相关监督程序以及船员救济途径也应当进行配套立法。

### (三)加强最低工资协商的国际交流

国内集体合同适用范围有限,仅覆盖中国船东的船舶和在这些船舶上工作的海员。随着我国船员外派越来越多,中国海员建设工会应当加强与主要外派国船东协会之间的协商,保障船员最低工资合法权益。例如,2022 年 4 月 7 日,中国海员建设工会与挪威船东协会召开"2022 年中挪海员集体协商线上会议",对 2022—

---

① See Zhang P. & Zhao L. et al., *Restructuring seafarers' welfare under the Maritime Labour Convention: an empirical case study of Greece*, Maritime Business Review, Vol. 5:373, p. 373-389(2020).

2023 年中国外派挪威船员集体协议进行谈判，双方同意：2022 年，中国船员最低基薪增长 2%，2023 年在 2022 年基础上再增长 2%。① 未来，海员工会应当继续发挥作用并与更多国家的船东协会进行交涉，为中国船员争取更大的福利。

## 第五节 船员工资优先权适用的问题

船舶优先权是《海商法》中特有的制度，是《海商法》赋予某些海事债权人的一种特权。船员工资及其他待遇列在船舶优先权的第一项，可以说立法者对船员的工资利益给予了充分的重视。在航运实务中，船东拖欠船员工资的现象时有发生，但是《海商法》对船员工资适用船舶优先权的规定比较粗疏，致使船员的法定权利常常难以行使。

### 一、船舶优先权所保护的船员工资范围存在的问题

基于船员所从事工作的高风险性、专业性、国际性以及艰苦性，各个航运国家基本都会对船员工资等劳动报酬赋予船舶优先权，且船员工资等劳动报酬一般比其他船舶优先权的海事请求更为优先，这使船员在工资权利受到侵害后能够便捷有效地对拍卖船舶所得价款进行优先受偿而获得救济。② 但我国受《海商法》制定时历史条件的限制，对这一制度的立法并没有详细的解释，使得司法实务针对哪些工资权利享有优先权，存在较大争议。在船工作人员就劳动报酬主张船舶优先权涉及两个问题：第一个问题是哪些人的劳动报酬享有船舶优先权，即享有船舶优先权的在船工作人员的范围是什么？第二个问题是享有优先权的劳动报酬包括哪些内容？

#### （一）船舶优先权担保的劳动报酬主体身份认定存在的问题

1. 内河船舶船员主张船舶优先权存在的问题

为了研究我国法院对内河船舶船员主张船舶优先权的司法认定情况，随机从法律文书数据库中抽取涉及“内河船舶船员，船舶优先权”关键词的判决书 242 份，③以不同法院作为分类标准将上述案例一一筛选，对“内河船舶船员是否享有船舶优先权”问题有明确认定的案例进行研究，各法院就内河船舶船员是否享有船舶优先权有明确认定的案例共有 215 件，将案件根据不同判决结果分类统计，数据详见表 11-2。

---

① 参见《中国海员建设工会与挪威船东协会集体协商中国船员最低基薪实现 2%+2%增长》，载中国海员建设工会全国委员会官网，https://hyjs.acftu.org/hyjs_qwyw/202204/t20220408_806609.html? 7OkeOa4k=qAqakarLFDfLFDfLFxAgK35JK70qHY0kapPgzlnO4rEqqHSR8k5cqAqqFq。

② 参见司玉琢：《海商法专论》（第 2 版），中国人民大学出版社 2010 年版，第 39 页。

③ 参见 OpenLaw 裁判文书检索网，http://openlaw.cn/index.jsp。

**表 11-2　内河船舶船员是否享有船舶优先权案例统计**

单位:件

| 审理法院 | 支持内河船舶船员主张船舶优先权的案件数 | 驳回内河船舶船员主张船舶优先权的案件数 |
| --- | --- | --- |
| 广州海事法院 | 0 | 150 |
| 武汉海事法院 | 6 | 50 |
| 宁波海事法院 | 2 | 2 |
| 北海海事法院 | 0 | 5 |

从表 11-2 可以看出,在本章选取的案例中,广州海事法院、北海海事法院在认定此类案件时全部驳回内河船舶船员主张船舶优先权的诉讼请求;武汉海事法院、宁波海事法院在认定此类案件时存在一定争议,有的法院认为内河船舶船员的劳动报酬请求权应当受船舶优先权的保护,[①]有的法院认为内河船舶船员的劳动报酬请求权不受船舶优先权的保护。[②]

其中不支持内河船舶船员就其劳动报酬享有船舶优先权的原因总结为"因某某轮为内河船舶而非海船,依照《海商法》第 3 条的规定,该轮不适用《海商法》有关船舶优先权的规定,原告主张其工资债权享有船舶优先权,缺乏法律根据,不予支持"。[③] 而支持内河船舶船员主张船舶优先权的案例中,在案件说理的过程中法庭均没有明确解释说明内河船舶船员享有船舶优先权的原因,而从法院对事实的认定可以看出,船员属于内河船舶船员且判决结果中直接认定了该船员享有船舶优先权。例如武汉海事法院"周某某与湖北辉航物流投资有限公司、湖北正峰实业有限公司船员劳务合同纠纷"判决书在"本院认为"的部分,并没有直接认定内河船舶船员的工资也应当纳入船舶优先权的范围,也未对该问题进行直接的解释,而是从原告提供的证据"内河船舶船员适任证书复印件""正峰 888"轮《内河船舶轮机日志》复印件、在"审理查明"的部分说明"某某持有湖北省地方海事局颁发的内河船舶船员适任证书"等细节说明该系列案件中涉案的船员身份为内河船舶船员,内河船舶船员在这系列案件中就其劳动报酬主张船舶优先权得到了法院的支持。[④]

---

① 参见武汉海事法院民事判决书,(2016)鄂 72 民初 1452、1453、1455、1460-1462 号;宁波海事法院民事判决书,(2014)甬海法商初字第 584 号、第 586 号。

② 参见武汉海事法院民事判决书,(2017)鄂 72 民初 1413、1506、1507 号;宁波海事法院民事判决书,(2016)浙 72 民初 1875、1876 号。

③ 参见湖北省高级人民法院民事判决书,(2019)鄂民终 780 号;广州海事法院民事判决书,(2012)广海法初字第 92 号;广州海事法院民事判决书,(2012)广海法初字第 134 号;武汉海事法院民事判决书,(2017)鄂 72 民初 1413 号;武汉海事法院民事判决书,(2017)鄂 72 民初 1506 号;武汉海事法院民事判决书,(2017)鄂 72 民初 509 号。

④ 类似案例参见武汉海事法院民事判决书,(2016)鄂 72 民初 1452、1453、1455、1460-1462 号;宁波海事法院民事判决书,(2014)甬海法商初字第 584 号、第 586 号。

通过分析以上的案例检索结果发现，虽然有个别判决认定内河船舶船员享有船舶优先权，但是从《海商法》适用范围的规定来看，内河船舶船员确实不适用《海商法》规定的船舶优先权，而且目前我国也没有专门的法律规定可以使内河船舶船员的工资债权优先受偿，只有在破产债权中劳动者工资具有优先权的规定。那么，目前内河船舶船员的劳动报酬请求权只能属于普通债权，不享有船舶优先权。而在海洋强国背景下，我国不仅需要建设一支强有力的海船船员队伍，同时还要加强内河船员队伍建设。目前，我国内河船舶船员的缺口越来越大，以江苏省为例，江苏省全省各类持"内河船舶职务适任证书"的船员都存在一定的缺口，其中一类船员缺员超过1万人且这个缺口正在逐渐增加，二类船员的供给也出现了缺口。[①] 若不加强内河船舶船员工资保障，将更加不利于内河船舶船员队伍建设，因此是否应当明确给予内河船舶船员享有船舶优先权的地位有待进一步探讨。

2. 船员资质对船员主张船舶优先权时主体认定存在的影响

在《海商法》框架下，是否所有的在船人员都享有劳动报酬船舶优先权？这在理论与实践中有所争议。船员资质对在船工作人员主张船舶优先权有一定的影响，资质对船员主张船舶优先权的影响不仅涉及船员是否拥有资质的问题，还涉及船员享有低资质证书却从事高资质工作的问题。上海海事法院"某某与江苏三航物流集团有限公司船舶劳务合同纠纷一案"中，原告本受雇在被告所有的"江苏三航8"轮上担任大厨，在船工作期间原告不仅从事厨师的工作还兼任水手的工作，后被告欠付原告工资，原告就其在船期间的欠付工资向被告主张船舶优先权，法院判决原告就其在船做厨师工作应得的工资享有船舶优先权，但因原告并无船员证书，则原告兼任水手本不适格，故对原告因兼任水手而额外主张的工资，法院没有支持船舶优先权。[②] 该案例说明船员兼任不适任的船员职务将导致其相应工资的船舶优先权被剥夺，由此可见，船员资质对船员就其劳动报酬主张船舶优先权是有影响的。这种影响来源于《海商法》第32条的规定，[③]船员在船上工作除了需要船员证书，担任与航行有关的职位还需要相应的适任证书，学术界不同的学者对船员在主体资质有瑕疵的情况下是否享有船舶优先权存在较大的争议。有学者认为主体不适任的船员应当享有船舶优先权，因为选用合格船长、船员的义务承担者为船东，而不应归责于不合格船员，因此也不应剥夺其享有相关权利；但以欺诈手段订立雇佣合同，从而服务于船上的，则为例外情形。[④] 有学者认为，船舶所有人选用不合格人员担任船长或船员，该人员的费用请求权是否受船舶优先权担保取决于

① 参见朱雨兰、王贞、陆春其：《江苏内河船员现状及发展对策研究》，载《航海技术》2013年第5期。

② 参见上海海事法院民事判决书，(2019)沪72民初468号。

③ 《海商法》第32条规定："船长、驾驶员、轮机长、轮机员、电机员、报务员，必须由持有相应适任证书的人担任。"

④ 参见张辉：《船舶优先权法律制度研究》，武汉大学出版社2005年版，第72页。

船员，如果船员对该资质要求有认识，不享有船舶优先权；反之，则享有船舶优先权。①

（二）具有船舶优先权的劳动报酬的范围界定之争议

检索的案例显示，船舶优先权担保的海事请求范围中“其他劳动报酬”的争议最多，主要是涉及“二倍工资、经济补偿金”是否享有船舶优先权的问题。“二倍工资、经济补偿金”的诉讼请求源于《劳动合同法》。《劳动合同法》为了突出倾向性地保护劳动者的合法权益，设定了一些法定的制度，这些特殊的法律制度包括经济补偿金和二倍工资制度。根据《劳动合同法》的相关规定，用人单位应当与劳动者签订劳动合同，用人单位与劳动者没有按时签订劳动合同的情况下，劳动者可以主张二倍工资；用人单位不可以任意解除劳动合同，由于用人单位的原因解除劳动合同的，劳动者可以主张经济补偿金。

我们对在裁判文书数据库搜索到的224份涉及船员就二倍工资主张船舶优先权的生效判决书，根据不同的法院抽取91份案例进行分析研究，具体判决观点总结如表11-3所示。

**表11-3　对二倍工资主张船舶优先权判决结果统计**

| 审理法院 | 支持“二倍工资”属于船舶优先权范围的案例 | 驳回“二倍工资”属于船舶优先权范围的案例 |
|---|---|---|
| 广州海事法院 | 0 | 42 |
| 厦门海事法院 | 0 | 9 |
| 北海海事法院 | 0 | 20 |
| 福建省高级人民法院 | 1 | 0 |
| 武汉海事法院 | 11 | 8 |

从表11-3可以看出，在随机选取的案例中广州海事法院、厦门海事法院、北海海事法院均不支持“二倍工资”享有船舶优先权；武汉海事法院对该问题的认定存在不同，有的法庭认为“二倍工资”不应当享有船舶优先权，②有的法庭认为“二倍工资”应当享有船舶优先权③。另外检索案例中还有一例福建省高级人民法院的案例认定“二倍工资”应当享有船舶优先权。④ 认定“二倍工资”不享有船舶优先权的判决比较统一地认为“二倍工资差额是因用人单位违反法律规定未按时与劳动者签订劳动合同而承担的惩罚性赔偿，并非由劳动者提供的劳动价值而获得的等价交换，不具有工资和其他劳动报酬的性质，不应当享有船舶优先权”。认定“二

---

① 参见李璐玲：《对船员工资优先权几个问题的再思考》，载《中国海商法年刊》2010年第1期。

② 参见武汉海事法院民事判决书，（2016）鄂72民初58、61、62、64-66、68、70号。

③ 参见武汉海事法院民事判决书，（2015）武海法商字第485、489、490、493-497、500、503、504号。

④ 参见福建省高级人民法院民事判决书，（2016）闽民终1288号。

倍工资”享有船舶优先权的主要原因是将“二倍工资”认定为工资的一种，而《海商法》第22条第1款第1项并没有规定惩罚性的工资就不享有船舶优先权，该条文所规定的工资不仅可以根据劳动合同产生，也可以根据劳动法律产生，《海商法》第22条的立法本意就是使船员工资能够得到充分保护，船员能够实际获得其应得的工资，这当然包括船员根据《劳动合同法》第82条规定所依法获得的二倍工资。由此可见，“二倍工资”是否享有船舶优先权在司法实践中存在争议，但是判决的趋势是将“二倍工资”排除在船舶优先权的海事请求范围外。而在选取的案例中，关于“经济补偿金”是否享有船舶优先权法院的观点比较统一，均认为经济补偿金是对用人单位违反《劳动合同法》等相关法律而依法应向劳动者承担的带有惩罚性质的赔偿责任，亦非劳动者提供劳动的价值体现，因此，经济补偿金不具有工资和其他劳动报酬的性质，不符合《海商法》第22条的规定，不能享有船舶优先权。后2020年出台的《关于审理涉船员纠纷案件若干问题的规定》第8条第2款明确规定，《劳动法》和《劳动合同法》中规定的相关经济补偿金、赔偿金，未依据《劳动合同法》第82条之规定签订书面劳动合同而应支付的双倍工资，以及因未按期支付本款规定的前述费用而产生的孳息，船员主张船舶优先权的，不予支持。但是，各法院将经济补偿金认定为一种惩罚性赔偿责任的观点在理论界存在不同观点，经济补偿金产生的依据是《劳动合同法》第46条，分析该条的内容可知，支付经济补偿金的直接根据是存在合同解除或终止合同的客观现实，经济补偿金是合同解除或终止的情况下《劳动合同法》附加给用人单位的一种义务，并不是一种责任，违反该义务的责任形式规定在《劳动合同法》第85条，该条规定在用人单位未按时支付经济补偿金的情况下，是以加付赔偿金为责任保障的。① 由此可见，经济补偿金的性质并不当然为一种赔偿责任，而是一种义务，那么作为一种因劳动法而产生的法定义务，经济补偿金是否应当享有船舶优先权的问题还应当进一步探讨。

## 二、船员工资报酬之船舶优先权范围分析

### （一）船员工资报酬之船舶优先权的主体范围

#### 1. 内河船舶船员是否应当享有船舶优先权问题

从案例研究中可以发现，目前各法院普遍认定内河船舶船员不享有船舶优先权，这源于我国《海商法》立法时将内河船舶船员排除在《海商法》的适用范围之外，导致内河船舶船员享有船舶优先权目前处于立法空白状态。只有在船公司破产的情况下，内河船舶船员与船公司的其他职工受《企业破产法》调整，适用职工债权优先权受偿，在船公司没有破产的情况下只能被认定为普通债权。

船舶优先权的海事请求中将船员劳动报酬放在第一位的原因是保护处在弱势

---

① 参见王天玉：《经济补偿金制度的性质——兼评我国〈劳动合同法〉第46条》，载《社会科学战线》2012年第3期。

地位的船员的利益，虽然内河船员与海员航线不同，每次出航的时间周期不同，但是其工作本质具有一定的相似性。而且我国内河的河岸线较长，有的内河船舶船员的工作周期并不少于海员的工作周期，而且内河船舶船员的工作环境可能更糟。内河船舶船员应当同海员一样享有船舶优先权。针对内河船舶船员是否享有船舶优先权的问题各国的解决办法各不相同。船舶优先权实质上是对债权平等原则的突破，世界各国在以法定手段破除债权平等原则问题上，因对待物权特定原则的态度不同产生两种立法模式，分别是法国法系优先权制度的"一元模式"和德国法系的法定担保物权加优先破产债权制度的"二元模式"。[①] 我国目前立法类似于德国采用"二元模式"，尚没有统一的优先权制度可以适用，仅在特别法中单独规定特别的优先权制度。法国《民法典》中将优先权分为一般优先权和特殊优先权，特殊优先权是指为了解决与特定财产有关联的特殊债权的优先受偿问题而在债务人特定财产上设定的优先权，而一般优先权则是指为了保护特殊债权人的利益在债务人的所有财产上设立的优先权。[②] 日本、葡萄牙、荷兰等国同法国一致，都在民法典中规定统一的优先权制度并将雇员的工资列入优先权中。日本《民法典》第 306 条规定，受雇人的报酬在债务人的总财产上享有优先权。葡萄牙《民法典》第 737 条第 4 款规定因劳动合同以及违反劳动合同而产生的债权，债权人在 6 个月内可以主张享有动产的一般优先权；荷兰《民法典》第 288 条第 5 款规定，对于根据与雇主之间的雇佣合同而产生的全部金额以及雇佣合同终止时雇主应当向雇员支付的款项雇员有权在本年度和前一年度在雇主所有财产上享有优先权。

由此可见，以上国家虽然没有将雇员工资纳入特别优先权，但是将雇员工资规定为享有一般优先权，雇员可以基于在雇主所有财产上设定的优先权进行优先受偿。这种情况下，内河船舶船员作为普通雇员可以主张一般优先权，但是一般优先权并不是保护内河船舶船员工资的最好办法。因为不同于陆上职工一般在雇佣单位办公，其对雇佣单位非常了解，方便行使优先权，而船员直接的工作地为船舶，实践中雇佣方式存在多元化，有的船员常年不去雇佣公司，对雇佣公司完全不了解，不利于就雇佣公司的全部财产行使优先权。而有的国家直接将内河船舶船员纳入"海商法"的范围，内河船舶船员同海员一同享有船舶优先权，例如美国将船舶优先权的适用范围规定在"可通航水域"，而"可通航水域"，不仅包括公海还包括领海，这里的领海当然包括内河。[③] 我国应当借鉴美国经验，将内河船舶船员工资报酬直接纳入船舶优先权的范围，便于船员在被欠付工资的情况下向法院请求对船

---

① 参见孙新强：《我国法律移植中的败笔——优先权》，载《中国法学》2011 年第 1 期。

② 参见孙新强：《我国法律移植中的败笔——优先权》，载《中国法学》2011 年第 1 期。

③ See Robert Force, A. N. Yiannopoulos & Martin Davies, *Admiralty and Maritime Law*, Thomson Reuters Westlaw, https://www.westlaw.com/Document/Ibb6b7b476c5111e38578f7ccc38dcbee/View/FullText.html?transitionType=Default&contextData=(sc.Default)&VR=3.0&RS=cblt1.0.

舶采取措施,一旦工资有强有力的保护就会增加船员的职业安全感,无论是从船员行业发展的角度还是船员权利实现的角度都是有利的。

2. 船员资质对船员主张船舶优先权的影响

分析在船船员主张船舶优先权的资质问题之前,要厘清船员资格与船员适任证书的问题。上船的船员一定要满足《船员条例》第 5 条规定的基本资格[①],从事船长、驾驶员、轮机员等工种时还需要满足《海商法》第 32 条相应的适任证书的规定。本章只讨论船员适任证书对船员主张船舶优先权的影响,不满足船员基本资格条件的人是不允许上船的,因此讨论基本资格对船员主张船舶优先权的影响实践意义并不大。

船员不适任情形可分为两种类型,一是无资质的船员担任需要资质的职位,二是低资质的船员担任了应当具备更高资质适任证书的职位。关于船员适任证书对船员主张船舶优先权的影响,不同学者有不同的观点。其分歧主要源于对选聘适格船员的责任归属认定不同,认为选择适任船员的责任属于承运人一方,在这种情况下船员依然享有船舶优先权[②];认为不适格的船员担任与其能力不相符职位的责任在船员一方的,则会进一步分析主观的差别。承运人在开航前与开航时有保障船舶适航的义务,适航的义务包括船舶的适航、船员的适航以及货物的适航。其中船员的适航包括两个方面,一方面数量上满足最低配员的数量,另一方面能力与资质上,船员应当能够胜任本职工作,表现为具有满足相应的职能和责任级别所要求的知识和技能,并获得相应的适任证书。[③] 由此可见,选用适格船员的义务承担者为承运人而不是船员,因此选择不适格船员的责任应当由承运人承担,并不能因此而剥夺船员主张相关权利的请求权,如果因承运人怠于履行船舶适航的义务而导致船员失去劳动报酬的保障权益有失公平。但若船员以欺诈手段订立雇佣合同服务于船上的,出于诚实信用原则的考量则应将此情形列为例外情形,也就是说只要船员在上船之前对资质没有欺诈,承运人应当对船员资质的审查承担责任,在承运人审查不严的情况下即使船员资质存在瑕疵船员仍应就其劳动报酬享有船舶优先权。

### (二)二倍工资、经济补偿金是否应当属于船舶优先权的海事请求范围

经济补偿金、二倍工资制度是劳动法规定的法定制度,充分体现了劳动法为了

① 《船员条例》第 5 条第 2、4 款规定:申请船员适任证书,应当具备下列条件:(1)年满 18 周岁(在船实习、见习人员年满 16 周岁)且初次申请不超过 60 周岁;(2)符合船员健康要求;(3)经过船员基本安全培训。国际航行的船舶船员申请适任证书的,还应当通过船员专业外语考试。

② 承运人在实践中常被称为船方,通常是与托运人订立海上货物运输合同的船舶所有人,但也可能是船舶经营人、船舶承租人或无船承租人。

③ 参见司玉琢主编:《海商法》,法律出版社 2018 年版,第 82 页。

追求劳动关系实质公平的立法目的采用的倾斜保护劳动者的立法技术。[①] 针对二倍工资、经济补偿金是否应当属于船舶优先权请求事项的问题，虽然司法解释明确，经济补偿金与二倍工资不属于船员工资优先权的范围，但是同样是优先权，《企业破产法》明确规定破产优先权中包含根据法律、行政法规支付给职工的补偿金。因此，我们认为船舶优先权中该规定仍需要进一步明确。

关于"经济补偿金"的性质，目前学术界主要存在三种学说：一是劳动贡献补偿说，该学说认为设立经济补偿金的意图是补偿劳动者在劳动关系存续期间对用人单位所作的贡献，是对劳动者过去劳动价值的肯定。[②] 如果将经济补偿金认定为一种劳动贡献补偿，其性质就类似于"劳动报酬"。二是法定违约说，该学说认为设立经济补偿金是国家为突出倾斜性保护劳动者合法权益而通过法律的方式干预用人单位与劳动者之间合同的结果，是用人单位不履行劳动合同约定的义务所应承担的责任。[③] 将经济补偿金作为一种法律责任看待也是司法实践中最普遍的认定，这种情况下根据现行法律的规定不能将经济补偿金认定为船舶优先权的一项海事请求。但是通过上文的分析，结合经济补偿金支付方向具有单向性，即用人单位向劳动者支付，不存在反向支付；从支付不以用人单位违法、违约、过错为条件的特征来看，在我国目前的法律解释下经济补偿金不是责任方式而是特定的义务类型，[④]所以法定违约说并不能与我国目前经济补偿金的性质相符合。三是社会保障说，该学说认为设立经济补偿金凸显了宪法、劳动法对公民生存权保护的理念，国家通过法律的方式强制用人单位在解除劳动合同时应当支付给劳动者必要的经济补偿，以帮助劳动者度过失业期间生活消耗、医疗费用无来源的阶段从而保障劳动者的生存权。[⑤] 在社会保障说的情况下，虽然不能将经济补偿金直接解释进船舶优先权的海事请求范围，但是它的性质与船舶优先权的立法目的相符合。从"二倍工资和经济补偿金"保护作为弱者一方的劳动者的合法权益、维护劳动关系的和谐稳定的立法目的来说，其立法目的和船舶优先权的立法目的是相通的。并且《劳动合同法》中对劳动者主张二倍工资和经济补偿金有诸多限制，已经充分考虑了劳动者和雇主之间的利益平衡问题，结合船员职业的特殊性，对于船员而言，最大的保障就是船舶，如果船舶优先权不能将"二倍工资和经济补偿金"纳入，

---

① 参见冯彦君：《劳动合同解除中的"三金"适用——兼论我国〈劳动合同法〉的立法态度》，载《当代法学》2006年第5期。

② 参见王天玉：《经济补偿金制度的性质——兼评我国〈劳动合同法〉第46条》，载《社会科学战线》2012年第3期。

③ 参见王天玉：《经济补偿金制度的性质——兼评我国〈劳动合同法〉第46条》，载《社会科学战线》2012年第3期。

④ 参见冯彦君：《劳动合同解除中的"三金"适用——兼论我国〈劳动合同法〉的立法态度》，载《当代法学》2006年第5期。

⑤ 参见王天玉：《经济补偿金制度的性质——兼评我国〈劳动合同法〉第46条》，载《社会科学战线》2012年第3期。

船员主张该费用的可能性就几乎没有了。而域外将经济补偿金、二倍工资这类的惩罚性责任纳入享有船舶优先权的范围已经有了较为明确的观点,英国法将工资的范围已经扩大到不当解雇以及其他合同不履行行为所产生的损害赔偿。[①] 美国在这方面的研究更为细致,在美国的法律中规定,船员可主张船舶优先权的“工资”范围可以延伸到法定的额外的费用[②],其中包括不当解雇船员产生的法定费用。[③] 同时美国有法律和判例认定船东在“没有充分的理由下”未及时支付工资的话,[④]船员因此获得的惩罚性的工资同样享有船舶优先权。[⑤] 因此,我国《海商法》修订过程中及未来“船员法”要充分考虑该问题。

## 三、船员工资优先权立法完善建议

### (一)在立法层面确定内河船舶船员就其劳动报酬享有船舶优先权

通说将现行法律中的船舶优先权定性为一项物权,根据物权法定原则内河船舶船员享有船舶优先权立法空缺的问题应当通过立法的方式进行弥补。目前国际上对内河船舶船员劳动报酬优先权的规定有两种形式,一种是法国模式,在民法典中规定统一的优先权模式;另一种是德国模式,采用法定担保物权加单独特别立法的模式,其实两种模式并没有优劣之分,实质上是一致的。我国目前采用的是“二元模式”,在《民法典》中没有统一的优先权制度而在具体的法律中对船舶优先权单独进行规定。在《民法典》中规定劳动报酬优先权制度可能性较小,建议在《海商法》修订之际将内河船舶纳入《海商法》适用范围之中,从而将对内河船舶船员的保护在法律层面找到支撑点,这不仅在国际上已经有立法先例而且是目前最快、最有效解决内河船舶船员诸多立法空白的问题,从而更好地保护内河船舶船员的合法权益。因此建议将内河船舶纳入《海商法》的调整范围,以便解决内河船员的劳动报酬船舶优先权,也可以考虑纳入将来的船员立法中。

### (二)明确《海商法》第32条关于船员资质的规定

明确选聘不适格船员的责任归属于承运人,选聘不适格船员的责任归属是由承运人负有保障船舶适航的法定义务而产生的,为了节省立法资源该问题可以在司法解释中明确规定,选聘船员的责任在于承运人,因此资质的瑕疵并不会影响船员就其劳动报酬主张船舶优先权,并将当事人存在欺诈的行为列为除外情形。

### (三)扩充船舶优先权所担保的海事请求的范围

劳动报酬优先权是基于雇佣合同产生的,而雇佣合同中的债权往往不仅仅只

---

① 参见陈显荣:《从比较法视角论“我国”船舶优先权》,台北,联经出版事业公司1987年版,第43页。

② See The Chester, 25 F. 2d 908 (D. Md. 1928).

③ See The Fort Gaines, 18 F. 2d 413 (D. Md. 1927).

④ See 46 U. S. C. A. § 596.

⑤ See Governor and Co. of Bank of Scotland v. Sabay, 211 F. 3d 261 (5th Cir. 2000).

有工资这一项债权,我国目前仅仅将劳动报酬纳入船舶优先权的海事请求的范围之中,与其他发达的海事国家相比,对船员的权益保障力度确实略显薄弱,应当在《海商法》修订过程中增加海事请求事项的范围。从"二倍工资、经济补偿金"的立法目的和船员工作的实际情况出发,借鉴美国法和英国法已经将惩罚性赔偿纳入船舶优先权海事请求范围的经验。将二倍工资、经济补偿金包含到船舶优先权的海事请求范围是国际社会的一个发展趋势。因此应当在《海商法》修正中将二倍工资、经济补偿金以及相关费用的孳息纳入可以主张船舶优先权的海事请求范围中,《海商法》第22条的修正稿结合上面的建议可以为:船员根据法律、行政法规或者合同所产生的劳动报酬、经济补偿金、赔偿金、双倍工资、船员遣返费用和社会保险费用的给付请求以及上述款项产生的孳息的给付请求。也可以在将来的船员立法中加以规定。

## 第六节　船员税收优惠问题研究

当前,我国船员队伍处在市场转型期,船员队伍的结构、规模和属性都发生了巨大的变化,维护稳定的船员队伍,提高船员的社会认同感和职业荣誉感对船员队伍健康发展至关重要。船员税收优惠不仅影响船员的收入和航运企业的成本,还彰显着社会对船员职业的认可程度。减免海员个人所得税已经成为一种国际惯例,与主要海运国家或地区相比,我国对于海员个人所得税的减免政策仍有差距,与我国航运大国的身份不相匹配。①

### 一、我国当前船员工资税收优惠政策存在的问题

2019年12月29日,财政部、国家税务总局联合发布了《关于远洋船员个人所得税政策的公告》,其中规定"一个纳税年度内在船航行时间累计满183天的远洋船员,其取得的工资薪金收入减按50%计入应纳税所得额,依法缴纳个人所得税"。虽然与海员在船上工作183天就可以享受免税的国际惯例存在一定的差距,但总算是一项难得和可喜的进步。但是该政策存在暂时性与减免力度不足之憾。在此基础上,船员的利益要想得到真正的保障,还需进一步实施船员税收减免政策。首先,高级船员仍有较高税负,减免远洋船员税收的主要目的是增强船员职业的吸引力、助力我国海洋强国目标的实现。船员职业存在国际化的特征,船员税收减免政策考量不仅要着眼于我国国内劳动力市场,还应当同国际上船员主要提供国的税收政策进行对比,当前我国船员工资的税收政策相比其他国家存在税收减免不彻

① 参见盛洋船务:《新个税法出台,海员免税何去何从?》,载搜狐网2018年10月8日。

底的问题。其次,工作183天的计算方式不明确。船员合同往往包含跨年工作,一个纳税年度内满足183天的要求存在现实的不可行性,海员的上船时间并不固定,大量存在海员在下半年上船6至8个月的情况,同时,海员流动性较强,一年当中可能就职于两家船公司,个税减征条件的计算并不连续。如果严格按照减征政策施行,对于下半年上船、又就职于两家不同船公司的海员而言,前后两年的收入都无法获得个税减征优惠。[①] 减税的政策是否能够真正惠及远洋船员,还面临着船公司与船员之间的博弈。

## 二、海员税收优惠的必要性

### (一)航运行业国际化的需要

航运是国际性行业,传统亚欧航运强国是我国航运企业在国际市场上的强劲竞争对手。欧美海员工资本就高于我国,并且其海员还可享受个税减免政策,我国航运企业必须支出更多的用工成本才能使我国海员的工资水平接近或达到国外竞争对手的水平,中国航运企业的国际竞争力受到了相当制约。并且,我国与其他国家的船员工资税收差异也会导致船员收入差异,存在同船中外船员的"同工不同酬"现象,这会给中国船员造成思想压力,降低我国船员的职业尊荣感,导致高素质船员的流失。

### (二)基于税收与劳动力供应关系需要

理查德·罗杰森从国际视角分析了个人所得税对劳动力供应产生的影响。他发现,对劳动者征收的税率每提高10个百分点,工作时间就会减少10%到15%。即使工作时间减少5%,也意味着劳动力市场生产率的下降,等同于严重的经济衰退。[②] 有学者通过实验说明税率增加会使劳动者产生不满情绪,从而减少劳动作为对征税者的惩罚。[③] 劳动力是产生劳动输出的决定性投入,在生产力不变的前提下,劳动力的减少意味着劳动输出的减少,政府税收不增反降,造成整个社会财富的减少,进而导致所有人的消费和生活水平的降低。

美国供给学派经济学家阿瑟·拉弗著名的拉弗曲线(见图11-1)描绘了税率与政府的税收收入之间的关系:一般而言,提高税率能增加政府税收收入,但税率超过一定的限度时,经济增长反而会被抑制,企业经营成本变高,投资和收入均减少,即税基减小,导致政府税收减少。与此相反,减税虽然在短时间内会降低政府

---

① 参见彭宇:《中国远洋海员个税缴纳情况与减免路径研究》,载《海大法律评论》2020年第1期。

② See Richard Rogerson, *The Impact of Labor Taxes on Labor Supply: An International Perspective*, Semanticscholar (Jun. 16, 2010), https://www.semanticscholar.org/paper/The-Impact-of-Labor-Taxes-on-Labor-Supply%3A-An-Rogerson/af5c328157c343d5fcd914d0907658575863f2f6.

③ See Lévy-Garbouaet et al., *A Behavioral Laffer Curve: Emergence of a Social Norm of Fairness in a Real Effort Experiment*, *Journal of Economic Psychology*, Vol. 30:147, p. 147-161 (2009).

收入,但是会吸引就业、刺激经济增长,扩大税基,增加政府税收收入,带来整个社会财富的增长。

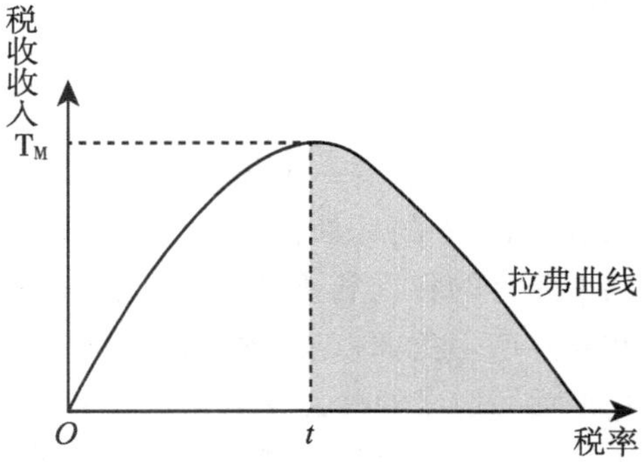


**图 11-1　拉弗曲线①**

(三)公平正义原则需要

1. 税收受益原则

税收受益原则是人们应根据他们从政府服务中得到的利益来纳税的原则,英国政治家、哲学家托马斯·霍布斯(Thomas Hobbes)认为公民向国家纳税就是以税收换取和平安定的环境,获得由和平产生的社会福利,相当于纳税人用税款与公共产品作等价交换。霍布斯还主张负税平等论的思想,每个纳税人从国家公共服务中获取的利益应与其需纳税额成比例。国家则会通过公共服务、基础设施等公共产品间接地将税收款项返还给纳税人。海员的船上工作占据了他们大部分时间,在此期间他们无法享受或使用政府提供的诸如文化娱乐、网络通信、道路交通等社会便利资源或公共设施福利。对于海员家属来说,他们使用公共产品的空间和效率也因更大的家庭负担而被大大压缩了。因此无论是海员还是其家属,与一般陆地劳动者享有的权利均不对等。

2. 经济公平原则

经济公平原则强调要素投入与要素收入相对称,在平等竞争的条件下由等价交换实现经济公平。② 美国学者斯塔西·亚当斯(J. Stcay Adams)于 20 世纪 60 年代提出了公平理论(Equity Theory),亚当斯认为,职工对工作感到满意的前提是获取公平的报酬,并受此激励。数字并不能代表报酬公平,报酬公平与否是通过比较得出的,与同事比较、与自己比较、与社会比较。过高或过低的报酬都会给职工带

① See Wanniski Jude, *Taxes*, *Revenues and the "Laffer Curve"*, The Public Interest 3(1978), https://nationalaffairs.com/storage/app/uploads/public/58e/1a4/c54/58e1a4c549207669125935.pdf.

② 参见王骐骥编著:《财政学》,武汉大学出版社 1999 年版,第 49 页。

来心理负担。[①] 目前,我国海员与陆上劳动者的收入差距减小,国内海员收入低于欧美海员的收入,而且国外对海员还实施了税收减免等优惠政策,这显然会加剧我国海员的不公平感,抑制他们的工作积极性、影响工作质量和工作效率,最终导致行业生产效率的下降。

3. 外部经济理论

外部经济[②]是指生产者或消费者的一项经济活动会对经济和外界产生正向效应,但该经济实体未因此得到额外的好处,此时,该活动产生的社会利益大于该生产者或消费者从其活动中获得的私人利益;外部不经济是指生产者和消费者的一项经济活动会对经济和外界产生负面效应,该经济实体却不为此而支付足够抵偿这种危害的成本,此时,该活动造成的社会成本大于该生产者或消费者从其活动当中得到的私人成本。国家在制定产业政策时应考虑对外部经济的生产进行额外的补偿,并对外部不经济的生产严加限制。海员是国家海洋战略的重要组成部分,不仅能在和平时期参与维护海上秩序和安全,还能在战争和发生冲突时维护国家安全,是国家海上力量的重要一环,海员完全符合外部经济产业的标准。对于外部经济的生产行为,现有工资水平无法完全补偿他们的贡献。航运业的发展也不应仅仅是市场经济自由竞争的结果,海洋强国背景下,为增强我国船员的国际竞争力,国家应当通过减税、免税等方式向船员队伍建设提供支持。[③]

4. 海员职业特点需要

海员常年漂泊在海上,与家庭生活分离。根据分析以及实际调研结果来看,海员每天的工作时间通常都会超过 10 小时,船上工作要求海员时刻保持警惕,使得他们难以有正常的生活规律,也不能享受周末和节假日。船上工作劳动强度高,抛锚、带缆、装卸、扫舱等常规工作的完成都需要很强的体能。海员在心理上、生理上都要承受着比普通陆地劳动者更大的压力。[④]

船上工作存在很高的风险性。恶劣的气候、突发的航行状况、海上急流、暗礁等会引起船舶碰撞、倾覆、触礁等一系列意外的发生。除以上现实客观风险,海员还会受到政治风险的威胁,国际政治难以捉摸、外交风云变幻不定均会对船舶航行或停泊造成影响,海员需时刻准备面对艰苦的搏斗与生命的考验。不仅如此,海员还是国家的战备力量,在国家危急时刻承担着譬如运输石油、军事设施,战区撤侨,

---

① See J. Stcay Adams, *Inequity in Social Exchange*, Advances in Experimental Social Psychology, Vol. 2: 267, p. 267-299(1965).

② 参见[英]阿尔弗雷德·马歇尔:《经济学原理》,文思编译,北京联合出版公司 2015 年版,第 191 页。

③ 参见单德赛:《英国航运与海员政策回顾》,载《世界海运》2017 年第 7 期。

④ 参见吕同舟:《全国政协委员、河北远洋运输股份有限公司董事长高彦明:再次建议免征我国国际海员在船工作收入个人所得税》,载《中国远洋航务》2014 年第 4 期。

海上搜救等重要的国家使命。①

海员职业在社会交往和交流方面具有封闭性。一艘船上的所有人员组成了生活共同体。由于长期在船上工作，处于相对封闭的环境中，海员的人际交往圈子相对较为狭小，休闲生活也变得常规化了。

海员人才培养周期长。海员职业发展路径为：实习生→三副/三管轮→二副/二管轮→大副/大管轮→船长/轮机长。② 根据分析估算，航海院校的大学毕业生从毕业要经历 12 年以上的时间才能成长为一名船长或者轮机长。③ 这期间是对海员身心状态的巨大考验，而且海员家庭所需付出的艰苦也是陆地上绝大多数其他行业不可比拟的，同时，国家还要为此投入高额成本。

综上所述，海员职业特殊性远胜于煤矿工人、地质工人和国际民航驾驶员等相对特殊的行业，不能简单地将其艰苦性等同于矿工、野外作业等。而且中国是传统的陆权国家，除了个别沿海地区对海洋有向往情怀外，在其他绝大部分地区农耕文化占据着绝对主导地位，人们对海洋文化和航海从业者缺乏应有的了解与尊重。④ 农耕文化与航海有天然的冲突，国人需要比外国海员更多经济上的刺激才会愿意离开陆地去海上冒险。同时，海运业参与的是国际竞争，需遵循国际航运法规，并受国际海员劳务市场的影响和制约，国际劳工组织仅为海员这一职业群体制定了强制性的国际劳动标准。

5. 经济效益的需要

英国一项航运调查研究证明航运人才能创造出比一般社会工种更高的经济价值。SMarT“航运支持计划”是工党基于 1988 年《英国航运：开拓新道路》政府白皮书而落实的支持海员的政策。⑤ 其自 1998 年 4 月开始运作，目标是确保英国有充足的掌握专业航海知识的人才供应，以满足国家的经济和战略要求。计划之初每年财政预算为 1200 万英镑，后来提高到了 1500 万英镑，又于 2018 年翻倍至每年 3000 万英镑。英国政府于 2011 年进行第三方独立调查来评估此项政策的实际效果。调查结果显示在每个工作年度中，经过 SMarT 培训的海员可以带来比代表平均生产率的英国工人大约 14,500 英镑的额外产出。该报告还对 2010 年的经济情况作出了分析，SMarT 计划每年可为英国经济带来 5800 万英镑的收益，政府培训海员的投入仅需 1200 万英镑，政府的成本效益比约为 4. 8，若加上每年给予航运企业的 1800 万英镑的补贴，政府年度总投入为 3000 万英镑，投资回报率约为 1. 9

---

① 参见詹振：《关于进一步减免远洋船员个税的探讨》，载《大连海事大学学报（社会科学版）》2018 年第 2 期。

② 参见董岩：《浅谈航海类专业大学生职业生涯规划》，载《前沿》2013 年第 3 期。

③ 参见段尊雷、周炜、印绍周：《中国海员职业发展研究》，载《航海教育研究》2017 年第 1 期。

④ 参见朱守臣：《普通船员短缺问题的分析与对策》，载《中国水运（下半月）》2019 年第 1 期。

⑤ 参见单德赛：《英国航运与海员政策回顾》，载《世界海运》2017 年第 7 期。

倍。[①] 按2015年的劳动力创造的经济效益来看,海员与普通英国工人的生产率差异已经上升到每年17,532英镑,这意味着SMarT计划每年可使英国经济受益约7010万英镑。[②] 相比于普通劳动力,航运人才能为社会创造更大的经济价值。因此,对于国家而言,这笔投资航运人才建设的资金将使经济和劳动力以及整个海运行业得到更好的发展,还能释放更多年轻人的航海才能,为他们建立成功的长期职业,这证明了政府与行业合作时可以取得的巨大成就,进而达到维持英国作为老牌航运中心持久繁荣的目的。[③]

以英国为重振航运业所采取的航运政策为参考,我国应更加重视对航运人才的培养。促进海员职业和航运业的共同发展,保障"海洋强国"和"21世纪海上丝绸之路"宏伟战略的实现。[④]

6. 与国际惯例接轨需要

世界上大部分航海国家的海员都可以享有个税减免优惠政策,既可以增加海员收入,降低航运企业的成本,还能增强海员职业荣誉感,以上的方方面面都可以推进我国航运业的持续健康发展,在国际市场上具有相当的竞争力。这些政策不仅是从船员职业特殊性出发而给予的税收优惠,更深远的意义在于这些优惠政策的制定给予了在海洋贸易中占据重要地位的航运企业政策扶持和经济补贴。

20世纪90年代中叶之后,我国各行业的收入水平提升明显,我国船员工资增长速度远比不上陆地劳动者工资的增长速度,海陆工资差距缩小,船员收入与社会平均水平相较已失去了优势,导致船员行业吸引力下降,人员流失严重。我国船员的平均薪资水平低于国外发达航运国家水平,大量优秀高级船员转行,削弱了我国航运企业在国际市场的竞争力。除此之外,国外船员还可享有税收优惠政策,两者相较,加剧了我国航运业对高级船员吸引力的下降。在强调建设"海洋强国"和"一带一路"的时代背景下,船员在国家海洋建设发展中起着不可替代的作用,我国船员的待遇、社会地位还需提高,其中具体体现在针对船员职业特殊性的税收优惠政策还不够,这与国际上船员减免税的趋势不符。

在国家经济水平一定的情况下,立足我国是社会主义国家的特殊国情,我国应该借鉴国外经验,对船员个人税收采取减免措施,拉开我国海上与陆上工作的薪资差距,从待遇上保持合理的"水陆差",增强船员行业吸引力,减少优秀船员的外流,缩短我国与国外航运发达国家税收政策的差距。

---

① See *Review of Government Support For Maritime Training*, https://assets.publishing.service.gov.uk.

② See UK Chamber of Shipping, *SMarT Plus—A proposal to increase the number of British seafarers*, UK Chamber of Shipping(2015), https://www.ukchamberofshipping.com/documents/395/UK_Chamber_SMarT_Plus_Business_Case.pdf.

③ See *UK Government Doubles Support for Maritime Training* (Feb. 2,2018), https://londoninternationalshippingweek.com/uk-government-doubles-support-for-maritime-training/.

④ 参见魏凯琳、郭萍:《论船员最低工资法律制度之构建》,载《山东警察学院学报》2017年第2期。

## 三、域外对海员个人所得税制度的规定

### （一）完全免除个人所得税

1. 新加坡

新加坡《个人所得税法》第 13 章 7A 条规定：从 2004 年 1 月 1 日起，如果审计长认为免税对新加坡纳税居民是有益处的，那么他们境外收入可以免除个人所得税，无论该境外收入是否通过新加坡账户接收。因此，在国际航线上工作的新加坡海员所获的境外收入是可以免税的。新加坡的个人所得税实行综合所得税制，我国采用的是分类制所得税制。计税最大的不同在于，新加坡以家庭作为纳税单位进行综合征税，这种课税模式能够较好地体现税收量能负担原则①，因为此模式不但反映出纳税人的收入能力，而且对纳税人的家庭负担状况给予了充分考虑。②而以个人为纳税单位进行分类征税违背了公平税负原则，并且对不同来源的收入采用不同的税率征税也不利于社会分工的细化。③

2. 菲律宾

菲律宾是海员输出大国，对海员采取了十分优惠的税收政策，鼓励海员在境外就业，缓解国内的就业压力。根据《菲律宾税务规定 No1—2011》，菲律宾个人公民作为海外合同工（Overseas Contract Worker，OCW）工作并从国外获得收入的，仅对他们从菲律宾境内获得的收入征税。菲律宾海员在从事国际贸易的船舶上提供服务并获得报酬的，同样被视为海外合同工。海员必须在 POEA 正式注册，持有有效的海员就业证以及有效的海员身份识别记录簿或海员手册才能被视为菲律宾的海外合同工，享受免税政策。此外，根据第 10022 号文件修订的《1995 年移民工人和海外菲律宾法案》，菲律宾海员可免缴汇款的单证印花税和旅行税。④

### （二）附条件免除海员个人所得税

1. 英国

英国的税务居民受雇于在英国水域以外航行的船舶，并且在一个纳税年度中，在英国的时间少于 183 天，在英国以外的工资收入免征所得税。海员收入扣除（Seafarers Earnings Deduction，SED）是由英国政府制定的一项专门的减税政策，只要符合一定条件，海员即被赋予对外国收入申请完全免税的权利。⑤

---

① 量能负担原则指国家确定每个纳税人的税收负担时，应与他们的收入水平和实际负担能力相一致。

② 参见陈程：《新加坡与上海国际航运中心所得税制度的比较与借鉴》，载《现代经济信息》2014 年第 9 期。

③ 参见秦强、刘倩倩：《新加坡个人所得税初探》，载《特区经济》2006 年第 8 期。

④ See Ernst & Young, *Shipping Industry Almanac* 2016 (Sept. 7, 2016), https://www.ey.com/Publication/vwLUAssets/EY-shipping-industry-almanac-2016/$FILE/EY-shipping-industry-almanac-2016.pdf.

⑤ See Marine Accounts, *What is the Seafarers Earnings Deduction (SED)?*, Marine Accounts, https://marineaccounts.com/seafarers-earnings-deduction.php.

2. 印度

自1990年的税收政策起，印度船员需在本国船舶上一年内工作超过182天、同时其船舶航线必须在印度领海外，才能获得非居民身份税收福利，而在印度领海内的海历则不能被计算。[①] 2015年8月，印度联邦财政部中央直税局为缓解印度本土船东缺少船员的状态，发布公告称：海员离境的起止日期均以服务簿上的起止日期为准——自服务簿上记录的上船日期起算，截止到服务簿上记录的下船日期。同时，印度沿海航线的海历时间也可一并作为享有非居民身份税收福利的计算范围。[②] 这一举措将增加印度海员获得享有非居民身份税收福利的权利，并且帮助印度本土船东保持本国海员的在船率。

3. 澳大利亚

澳大利亚的《个人所得税评估法》规定，若居民海员在一个纳税年度中于符合一定条件的国际运输船舶上工作90天以上，其在船收入免缴个人所得税。[③]

4. 中国香港

《香港税务条例》关于薪俸税的条文中规定：船舶的船长、船员或飞机的机长、机员在有关课税年度的评税基期内在港停留时间总共不超过60天；或者在港停留时间分散在连续两个课税年度（其中一个须为有关的课税年度）的评税基期内总共不超过120天时，他们在船或在机工作所得的收入免征个人所得税。

（三）为海员制定税收优惠政策

1. 芬兰

芬兰纳税居民要就其收入分别缴纳国家所得税和市政税，两类税制中均对海员的税收优惠有规定。海员可以从其应税收入中扣除海员收入津贴（Seafarers' Earnings Allowance）。根据芬兰《所得税法》，海员可以在计算其国民所得税时扣除其在芬兰或外国船舶上收入的18%，最高补贴金额为6650欧元，所得税根据累进税率征收。海员也可获得市政税收的收入补贴，海员可以扣除其在芬兰或外国船舶所得收入的30%，市政税收的收入补贴最高为11,350欧元，若海员在船工作时所在船舶航行于芬兰境外，该额度每月增加170欧元，市政税根据统一税率征收。[④]

---

① 参见《看看人家印度：政府印度海员的税收新政策》，载船员招聘网2015年8月21日，https://crew.sol.com.cn/CYSC_V_afeei.html。

② 参见《印度政府颁布针对印度海员的税收新政策》，载中国海事服务网，https://www.cnss.com.cn/html/cnss/20150820/185303.html。

③ See Federal Court of Australia, *CSL Australia Pty Limited v Minister for Infrastructure and Transport* [2014] FCAFC 10; 221 FCR 165; 311 ALR 547 (Feb. 26, 2014).

④ See Ernst & Young, *Shipping Industry Almanac* 2016 (Sept. 7, 2016), https://www.ey.com/Publication/vwLUAssets/EY-shipping-industry-almanac-2016/$FILE/EY-shipping-industry-almanac-2016.pdf.

2. 爱尔兰

海员每年有权获得 6350 欧元的津贴，这是以海员纳税的最高税率提供的，并以海员收入为基准，并且不能用于任何其他收入。需要满足以下条件：在一个纳税年度内海员要在完全行驶于国际航线的船舶上工作至少 162 天；且该国际航线的始发港或目的港必须位于爱尔兰境外；该海员不是公职机构的雇员并且没有就其所得收入申请分年度待遇。①

3. 挪威

如果海员于一个财政年度内在船舶上持续工作 130 天以上，计算个人所得税时他们有权享受收入扣除。海员的扣除额定为在船工作期间总收入的 30%，最高限额为 80,000 挪威克朗，由雇主向税务机关报告扣除额。②

## 四、我国船员免税途径和税收优惠法律政策建议

### （一）可考虑的免税途径

1. 在自贸区新片区先试行船员免税措施

2019 年 7 月 27 日，国务院印发了《中国（上海）自由贸易试验区临港新片区总体方案》，提出了"实施高度开放的国际运输管理""实施具有国际竞争力的税收制度和政策""新片区参照经济特区管理"等措施要求，为建设上海自贸新片区，发展上海国际航运中心提供了总的指导和遵循，体现了对新片区大力度的赋权赋能。2019 年 9 月 4 日，上海市政协举行第十三届第十二次常委会议，围绕"建设上海自由贸易试验区新片区，打造更具国际市场影响力和竞争力的特殊经济功能区"开展专题议政。

徐建民提出国际上公认的自贸区有包含境内关外、港区合一；按照境内关外，设计特殊税制；自由贸易区（港）法律法规体系先行等 8 个方面的通行规则。建议加大新片区法律法规制度供给力度，并梳理出拟出台各项改革开放举措，涉及调整现行法律和行政法规的，按法定程序报全国人大或国务院同意授权后实施。市政协常委，维多利亚（中国）教育集团总校长孔美琪提议：上海自贸区新片区应创新实施与国际自由贸易区惯例接轨的税收政策，充分发挥对标一流、先行先试的引领示范作用，从后端的税收征管和纳税人服务逐渐向前端延伸至实体税制。基于新片区的特殊功能定位，以"简税制、低税率、惠税收"为原则，对实行"境内关外"监管区域内的实体企业及其他特殊机构（公司）实施差别化的税制安排，强化对全球

---

① See Seafarers' Allowance, *Fisher Tax Credit and Sea-going Naval Personnel Tax Credit*, Revenue (Jan. 01, 2023), https://www.revenue.ie/en/personal-tax-credits-reliefs-and-exemptions/income-and-employment/seafarers-allowance-fisher-tax-credit/seafarers-allowance.aspx.

② See Ernst & Young, *Shipping Industry Almanac* 2016 (Sept. 7, 2016), https://www.ey.com/Publication/vwLUAssets/EY-shipping-industry-almanac-2016/$FILE/EY-shipping-industry-almanac-2016.pdf.

跨国企业和一流人才的吸引力。市政协常委,招商局集团董事、华东总部总经理苏新刚建议研究探索建立与国际接轨的航运税收体系:一是拟订与国际航运通行做法基本接轨的航运免税政策方案,按法定程序报请批准,纳入上海自贸区新片区具体实施方案组织实施。二是对在上海自贸区新片区登记注册的中外国际海运船舶免征关税、增值税;航运公司及其船舶从事国际海运取得收入形成利润的,免征所得税;在新片区注册的船舶管理公司、船员公司、航运公司所聘用的中国国际海员,免征个人所得税。三是国际海运与国内水运实行不同的税收制度,即国际海运实行免税制度,国内水运包括沿海、内河运输仍需依法征税,照章纳税。

综上所述,应尽快在自贸区新片区实行海员免税措施,在新片区注册的船舶管理公司、船员公司、航运公司所聘用的中国国际海员,若他们一个纳税年度内在中国境外航行时间超过 182 天,应对其境外所得免征个人所得税。该方案明确新片区参照经济特区管理,自贸区新片区对海员免税有很大的立法空间,因此在此区间内免征海员个人所得税是完全可行的。再有全国人大已经授权上海市人大及其常务委员会根据浦东改革创新实践需要,遵循宪法规定以及法律和行政基本规则,制定浦东新区法规,在浦东新区实施,也可以利用这个特别立法授权进行海员免税的突破,先在新片区试点,以后逐步推广至全国。

2. 推动"船员法"制定,规定船员免税政策

中国目前的海事法律体系包括了商法性质的《海商法》,行政法性质的《海洋环境保护法》《海上交通安全法》等,尚不具备有劳动法性质的船员立法,《船员条例》虽是有关船员方面的专项立法,但其中行政法性质的规范占据较大比重,劳动保护方面的内容亟待完善。中国于 2015 年 8 月批准加入《2006 年海事劳工公约》,公约在许多条款中都规定了成员国制定船员法律以履行公约规定的义务,我国也应该制定或修改相应的法律,以便实施公约。中国作为公约批准国应继续制定推出包含公约规定要求的船员法,以履行公约成员国义务。而且,目前的船员立法层次难以突破《税收征收管理法》的屏障,还需由"船员法"来明确船员个税减免制度。

3. 界定准居民纳税人身份

准居民是介于居民和非居民之间的概念,指的是外国人在本国居住达 183 天或 6 个月以上的,为本国纳税居民,其收入无论是来自境内还是境外都需纳税;外国人在本国居住不足 183 天或 6 个月的,为准居民纳税人,只需就其来自境内的收入纳税。准居民在法理上的定义与海员离境工作类似,两者均在相当一段时间内脱离了本国境内,英国法律将远洋海员援引准居民概念进行处理。

我国《个人所得税法》第 1 条规定,居民个人是指在中国境内有住所或一个纳税年度内在中国境内累计居住满 183 天而无住所的个人,需就其中国境内和境外所得缴纳个人所得税。非居民个人是指在中国境内无住所又不居住或一个纳税年

度内在中国境内累计居住不满 183 天的个人,仅需就中国境内所得缴纳个人所得税。我国的非居民与“准居民”类似,但是我国的法律并未将海员比照非居民处理。建议将“在中国有住所,但一个纳税年度内在中国境内累计居住不满 183 天的个人,为准居民个人,在中国境外取得的所得免缴个人所得税”适用于海员。

(二)实行税收优惠政策

1. 提高船员个人所得税起征点

在免税政策制定之前,建议提高船员个税起征点。经过 1999 年、2006 年、2008 年、2011 年 4 次调整个税起征点,船员与陆地劳动者个税起征点的倍率分别是 5 倍、3 倍、2.4 倍、1.37 倍,国家给予船员的税收优惠幅度明显缩减。2018 年新《个人所得税法》及其实施条例出台,船员与陆地劳动者的个税起征点已无差别,体现不出对船员的保护和鼓励,而且船员原本较于陆地职工的收入优势也因高额的税负不再明显。因此,如果完全免除船员个税不能够一步实现的话,建议按照陆地劳动者的税收起征点的增长比例来计算船员的税收起征点,①则目前船员的起征点应达到每月 25,000 元。

2. 附条件免征船员个人所得税

建议国家附条件免征船员个税,对船员这一具有职业特殊性的群体的课税制度进行改革。当船员个人满足一定条件时,可以向国家申请免征个人所得税,比如参照我国香港地区的船员税收规定,船员在一个课税年度内在港停留时间累计不足 60 天或者连续两个课税年度(其中一个须为相关的课税年度)内的在港停留时间总共不超过 120 天时,不用缴纳个人所得税。

3. 给予船员个人财政补贴

建议提取一定比例的船员纳税款和社保费用,将该部分金额以补助金的形式返还给船员,或者将船员应缴税款转入其补充养老基金。以此体现对船员因在海上工作无法充分享受政府服务的人文关怀,也是对船员艰苦工作环境和高风险工作性质的认同,同时还能减轻航运公司的成本负担。挪威将船员在船工作所得年收入按一定比例计算的金额作为补助金发放给本国航运公司,此项补助金制度值得我国借鉴。我国各大港口城市可以在中央统一规范的条件下针对海运企业和海员推出契合本地区发展的财政补贴政策。②

4. 改变船员的个税计征周期

建议按照收入周期计征船员个税。若一名船员一次在船工作 8 个月,之后 12 个月在家休假,这 8 个月的收入将成为船员下船后近一年休假期间的主要经济来

① 参见盛明富:《建议调整税收政策以合理的水陆待遇差留住优秀船员》,载《人民政协报》2009 年 7 月 13 日,第 B01 版。

② 参见赵书博:《优化我国海员个人所得税优惠政策》,载《国际税收》2013 年第 7 期。

源,而这 8 个月的收入要在当年集中缴纳个税。[①] 如果能够延长这笔收入应缴纳税款的征税周期,即将船员一次在船工作与之后的休假时间合计为一个收入周期,纳税等级将有所降低,从而有效提高船员的实际收入,进而达到减轻船员纳税负担的目的。

5. 适用税收递延政策

递延纳税是指在年金缴费环节和年金基金投资收益环节暂不征收个人所得税,将纳税义务递延到个人实际领取年金的环节,即纳税人可推迟一定期限缴纳应纳税款。财政部、人力资源和社会保障部、国家税务总局《关于企业年金、职业年金个人所得税有关问题的通知》(财税〔2013〕103 号)中规定了多种可以递延税收的情况。纳税人的应纳税额虽然不会因为递延纳税而减少,但纳税人能够在延迟的纳税期间不加利息地使用该笔款项,从一定层面来说纳税人的税收负担被减轻了,因此建议对船员适用此项税收优惠政策。

## 本章小结

基于船员职业的特殊性,船员工资保障立法应当作出特殊安排。本章系统审视实践中船员工资保障存在的问题,结合理论进行深入分析、参照域外的相关经验,得出以下结论。

### 一、立法应当重视船员工资约定及支付方式的特殊性

在工资约定与支付方面,船员相比陆上劳动者存在特殊性。首先,船员工资构成复杂,强调船员工资约定明确存在现实意义。为避免由于工资发放标准不明确,船公司欠薪或发放不足等情况发生,船公司应当在发放工资时提供明确的工资清单,保护船员对工资发放情况的知情权。其次,由于船员常年漂流在海上工作,对家庭承担的责任较少,法律应当增加特殊规定促进船员承担家庭责任。最后,船员职业的流动性对船员维权效率提出更高要求。因此,为保障船员工资权利的尽快实现,应当增加船公司在违背船员工资义务时承担罚则的情形,以敦促船公司积极支付船员工资。

### 二、建立专门的船员行业工资集体协商制度

工资是船员最关心的民生问题,并且工资作为集体协商制度中主要的协商内容,本身具有一定的特殊性,即相对于其他集体协商事项更具有时效性。因此,为保障船员工资随着航运市场的波动有序增长,改善船员行业因自由船员增加导致

---

① 参见王安安:《减免海员个人所得税的分析与建议》,载《世界海运》2016 年第 9 期。

的船员与船公司之间沟通途径匮乏的现状。船员行业应当专门针对工资问题建立行业集体谈判机制,并在现有船员最低工资谈判的基础上,扩大谈判的范围,促进船员行业和谐劳动关系的确立。

### 三、增加切实落实船员最低工资保障的程序规定

我国目前最低工资制度缺少对职业因素的考量,因此,船员直接适用针对普通劳动者制定的最低工资标准存在诸多问题。为此,我国法律法规应当特别规定船员最低工资的原则、制定程序与追踪监督程序。结合船员工作的特殊性,制定专属于船员的最低工资标准,并且明确更新最低工资标准的启动程序。在船员最低工资标准发布后,海事部门有责任监督船员最低工资标准的施行,对违反船员最低工资标准的船公司进行处罚;畅通船员就违反最低工资情形的投诉通道。

### 四、扩大船员因工资主张船舶优先权的适用范围

船舶优先权是船员工资保障最有效的方式,司法实践中船员主张船舶优先权法律适用存在诸多问题,为使得船舶优先权平等保护各类船员的工资以及相关权益。建议立法应当明确将内河船员纳入船舶优先权的主体保障范围,船员资质瑕疵不能成为船员主张船舶优先权的限制条件,并且将二倍工资与经济补偿金纳入船舶优先权的适用范围中。

### 五、加强船员税收优惠

我国目前关于船员的税收优惠政策存在临时性、不彻底性等问题,船员税收优惠也仅覆盖满足一定条件的远洋船员。海洋强国背景下,我国应当进一步扩大航海人才储备,在税收优惠方面突出船员职业的特殊性、提升船员社会地位。世界上航海国家也大多存在船员税收优惠政策,比如新加坡、菲律宾的完全免除个人所得税政策,英国、印度等国家的附条件免除个人所得税。我国应当循序渐进地推进免税政策,先从自贸区新片区试行船员免税措施,进而上升到立法层面规定船员免税措施。

# 第十二章　船员休息休假权利保障问题研究

休息休假权利属于劳动基准法律保护的范畴，因为船员劳动的特殊性，其休息休假又不完全相同于陆地劳动者，有其自身的特性及行业习惯要求，《2006年海事劳工公约》也对船员的休息休假有比较详细的规定。

## 第一节　我国船员休息休假权利保障的现状与问题

船员休息休假权关乎船员身体健康，是保证船舶安全航行的基础。新冠疫情期间，随着相关政策文件的出台以及交通运输部联合其他部门的指导与调度，中国籍船舶船员的换班工作逐步恢复了正常，然而在方便旗船舶上工作的许多中国船员却长时间面临无法及时下船、不得不超期在船工作的境况，甚至有的方便旗船舶曾出现中国船员在船工作21个月仍无法换班的现象，[1]严重侵犯了船员的休息休假权，威胁着船员的生命健康安全。

### 一、我国船员休息休假的现状

#### （一）我国船员休息制度的立法现状

《关于企业实行不定时工作制和综合计算工时工作制的审批办法》中规定企业可实行不定时工作制、综合计算工时工作

---

① 参见宝荣轮船员：《船员超期服务，在船工作21个月仍然无法下船，谁来关心船员？》，载微信公众号“海事劳工网”2020年1月5日，https://mp.weixin.qq.com/s/qAMJsqPARZtkv5p4UTjocQ。

制的情形。不定时工作制是指因生产特点、工作特殊需要或职责范围，无法按标准工作时间衡量、需机动作业而采取不确定工作时间的一种工时制度。依据《关于企业实行不定时工作制和综合计算工时工作制的审批办法》第4条规定，企业对符合下列条件之一的职工，可以实行不定时工作制：(1)企业中的高级管理人员、外勤人员、推销人员、部分值班人员和其他因工作无法按标准工作时间衡量的职工；(2)企业中的长途运输人员、出租汽车司机和铁路、港口、仓库的部分装卸人员以及因工作性质特殊，需机动作业的职工；(3)其他因生产特点、工作特殊需要或职责范围的关系，适合实行不定时工作制的职工。综合计算工时工作制是指因工作性质特殊或者受季节及自然条件限制，需在一段时间内连续作业，采取以周、月、季、年等为周期综合计算工作时间的一种工时制度。实行综合计算工时工作制的岗位，需企业报经当地区县劳动保障部门批准，未经批准，不能任意扩大范围。对于实行不定时工作制和综合计算工时工作制等其他工作和休息办法的职工，企业应根据《劳动法》第一章、第四章有关规定，在保障职工身体健康并充分听取职工意见的基础上，采用集中工作、集中休息、轮休调休、弹性工作时间等适当方式，确保职工的休息休假权利和生产、工作任务的完成。船员用人单位经劳动行政部门批准，可以根据工作性质或生产特点实行不定时工时制、综合计算工时制。目前，我国船员用人单位一般实行综合计算工时制，根据在不同类型船舶作业的船员以周、月、季、年为周期计算。① 船员在船期间，以每日工作8小时为依据施行综合计算工时制，船员综合计算工作时间超过法定标准工作时间的部分，应视为延长工作时间，并依法支付船员延长工作时间的工资。船员在境外船舶上工作时，其工作时间和休息时间可根据境外用人单位所在国家法律法规、相关国际公约及集体合同有关规定执行。

根据我国《劳动法》的规定，船东和船长应当采取有效措施防止船员疲劳工作，有些企业因工作性质和生产特点不能实行标准工时制，应保证劳动者工作时长平均每日不超过8小时、平均每周不超过40小时，平均一周有一天休息时间。综合计时，劳动者平均日工作时间和平均周工作时间应与法定标准的工作时间基本相同。在综合计算周期内，某一具体日(或周)的实际工作时间可以超过8小时(或40小时)，但综合计算周期内总的实际工作时间不应超过总法定标准工作时间，超过部分应视为延长工作时间并按劳动法的规定支付报酬，其中法定休假日安排劳动者工作的，按劳动法的规定支付报酬。而且，延长工作时间的小时数平均每月不得超过36小时。如果在整个综合计算周期内的实际平均工作时间总数不超过该周期法定标准工作时间总数，只是该综合计算周期内的某一具体日(或周、或月、或季)超过法定标准工作时间，其超过部分不应视为延长工作时间。

---

① 参见陈刚、郝勇：《船员劳动权益与社会保障》，武汉理工大学出版社2012年版，第160页。

《海员船上工作和生活条件管理办法》对船员休息权给作了较为详细的规定。根据该办法，每24小时内船员至少应休息10小时，休息时间可以被分为2段以内，例外情况下是3段，并且其中一段至少6小时，另外两段不应少于1小时，这种例外在任何7天时间内不得超过两个24小时时间段，且连续休息时间之间的间隔不应超过14小时。而在任何7天内船员至少休息77小时，例外情况下不得少于70小时。当然，这种例外不能超过连续两周，连续两次例外时间的间隔应不少于该例外持续时间的两倍。该办法在第19条规定了船员休息的例外，即遇有紧急情况可以不受上述休息时间安排限制，但紧急情况结束后需要尽快安排在休息时间工作的船员补休，且保证船员不疲劳工作。另外，若船上开展紧急集合、消防、救生和弃船演习，以及法律法规和国际公约规定的其他演习，应当以对休息时间影响最小且不会导致船员疲劳的形式进行。

（二）船员休假制度的立法及实践现状

根据《船员条例》的规定，船员除享有国家法定节假日的假期外，还享有在船舶上每工作2个月不少于5日的年休假。船员用人单位应给年休假中船员支付不低于船员在船工作期间平均工资金额的报酬，该工资金额是基本工资，不包括加班费、奖金、津贴、劳务费等。

船员休假是其在下船后集中休息以恢复劳动力，根据《全国年节及纪念日放假办法》第6条规定，全体公民放假的假日遇休息日，应当在工作日补假。部分公民放假的假日遇休息日则不补假。因此，在综合计算工时制下，船员的集中休息时间应以船员在船工作时间为基数，不计算船员下船后正常公休天数，具体计算公式：船员法定集中休息天数（D1）= 上船期间应公休天数（D2）+年休假天数（D3）。上船期间应公休天数（D2）由上船工作月数×年累计休息日天数/12个月来计算。年休假天数依照《船员条例》规定的每工作2个月休息至少5天的假期，因此由上船工作月数/2×5来计算。船员公休期的计算是从船员离开船舶后抵达目的地的次日至船员根据用人单位指示上船的启程日的前日。当然，在计算船员法定集中休息天数时应减去已发加班工资的加班日。船员在船工作期间延长工作时间的，根据《劳动法》第44条的规定，用人单位应支付不低于工资150%的工资；遇休息日工作未补休的，支付船员不低于工资200%的工资；恰逢法定节假日且不能休息需要工作时，支付船员不低于平时工资标准300%的加班工资。

船员待派期，根据中国海事局的《〈船员条例〉释义》（征求意见稿）对《船员条例》第30条第2款的解释，“船员用人单位应当向在劳动合同有效期内的待派船员支付待派期工资，且待派期工资标准不应低于船员用人单位所在地人民政府公布的最低工资标准。待派期工资按月支付，待派期不满一个月的，按比例支付。本条所称待派船员，指实行综合计算工时工作制的船员在劳动合同有效期内应休公休期满后，因船员用人单位原因未能上船工作的船员。船员应休公休期满后，未按船员用人单位指示上船工作且无正当理由的，不视为待派期间船员”。

## 二、船员休息休假存在的问题

我们通过问卷调查以及收集相关案例数据的方式，对船员休息休假权法律保障问题进行实证研究。由于船员职业特殊性，我们有针对性地通过线上问卷星与向线下船员培训班发放问卷①两种方式去调查数据，共计收回 157 份问卷，将问卷进行整理得到数据。在问卷中涉及船员平时休息时间的分段情况、船员补休情况、船东或船长在船上记录船员休息时间的情况、船员带薪休假情况以及船员在遇到休息休假权被侵害时的救济情况。根据问卷的数据统计，图 12-1 是当船员被要求延时工作时，在工作结束后其补休的情况，是通过补偿休息还是补偿金钱的方式进行，或是什么补偿都没有；图 12-2 是船东或船长在船舶航行过程中在船员工作时间、休息时间表上是否存在虚假记录这一行为的调查；图 12-3 是船员是否享有休假权的情况，是一直享有或是偶尔享有还是不享有休假权；图 12-4 是船员在休假时享有薪金的情况，是依照法律规定享有与平时工作日相同的平均日工资或是低于平均日工资，还是不享有薪金；图 12-5 是船员在救济休息休假权时的结果，结果分别为得到补偿金、投诉机构不予理睬、因证据不足不被支持以及船员对休息休假权被侵害情况未寻求救济的情况。

### （一）船员延时工作缺乏补偿

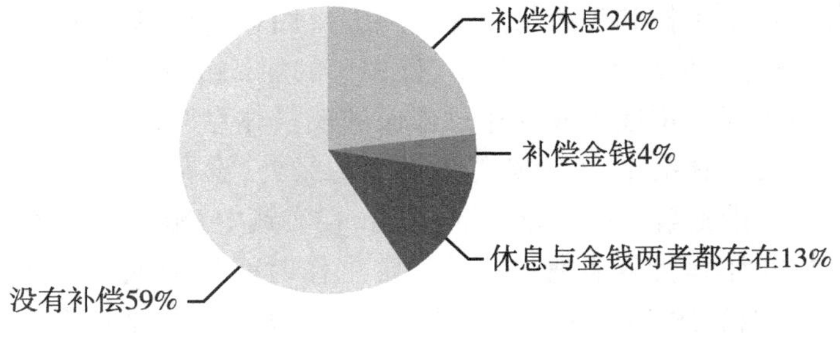


**图 12-1　船员补休情况**

根据图 12-1，超过一半的船员在延时工作后没有得到任何补偿休息或金钱。在实地调研中，通过与船员、处理过相关案件的仲裁员和法官沟通也可以发现船员在下船寻求救济时，对延长工时一般主张给予加班费。在船员超时工作后未安排补休，②极易导致船员疲劳操作船舶。《宪法》规定了劳动者具有休息权，休息权的意义在于通过确保自由时间来体现自由价值；通过倾斜性保护体现社会公平；通过

① 分别在 2018 年 12 月 12 日、2018 年 12 月 25 日、2019 年 4 月 29 日在船员培训班进行了 3 次问卷调查。

② 参见詹振：《船员工作休息时间规定及其港口国检查应对》，载《中国海事》2014 年第 1 期。

平衡社会利益调整劳资关系体现人的尊严；通过国家积极的行为来体现法治秩序。[①] 但更重要的是让劳动者能消除工作后的疲劳，恢复身体的机能。如果船员高频率地超时工作，每次都以金钱作为补偿，长此以往，船员的休息休假权在实质层面无法保障，那么设立休息权的意义也不复存在，不能体现人的尊严，也无法保障社会公平。而且超时工作还会使船员身体健康权受到侵害，不符合可持续发展。并且这样的做法就是用金钱来购买船员的劳动力，不符合船员体面劳动的要求。过度地使用船员劳动，对于建设海洋强国和法治中国都是百害而无一益的，因此在金钱补偿与休息补偿之间需要有一个平衡，不能一味通过金钱补偿去保障受损的休息休假权。

### （二）监督机制缺失导致船员休息时间虚假记录

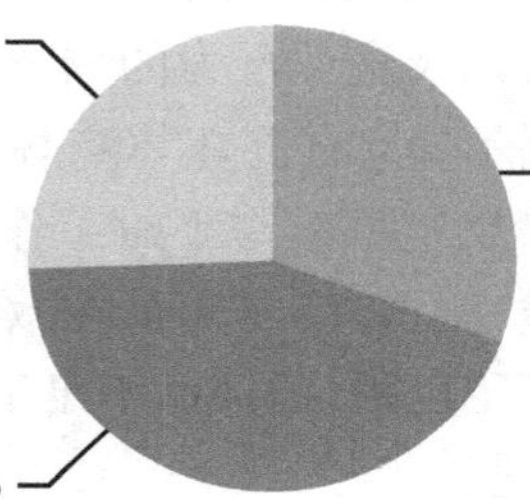


**图 12-2　船东或船长记录船员休息时间的情况**

根据《船员船上工作和生活条件管理办法》，船员的作息记录表能够准确反映船员在船上的作息。但是图 12-2 显示，仅 31%的船长或船东保持正常记录船员休息时间，而 69%的船长都或多或少作过虚假的船员休息时间记录。船舶在海上航行时，与陆上失去了联系，除了检查船上书面记录外，没有更有效的手段确认船员的休息时间，这一措施最后也只能流于形式。在实践中，船长尽量将工作时间缩短到法定工作最长时间内，可能把加油等日常工作时间作为他们的休息时间。[②] 这就使船舶上关于船员休息时间的记录在内容的真实性上很难核实。[③] 再加上船员对自身权益保护意识不强，权益受损时无收集证据的意识，在陆上寻求救济时常因无证据而得不到支持。

---

① 参见蓝寿荣：《休息何以成为权利——劳动者休息权的属性与价值探析》，载《法学评论》2014 年第 4 期。

② See Captain Jeff Cowan, *US vs. MLC: Work, Rest & Documentation*, *Marine Link News* (*Nov. 12, 2013*), https://www.marinelink.com/news/documentation-work-rest360853.aspx.

③ 参见赵柏树、陈立超：《关于建立保障船员休息时间监督管理体系的探析》，载《天津航海》2017 年第 4 期。

### (三)船员休假权难以有效落实

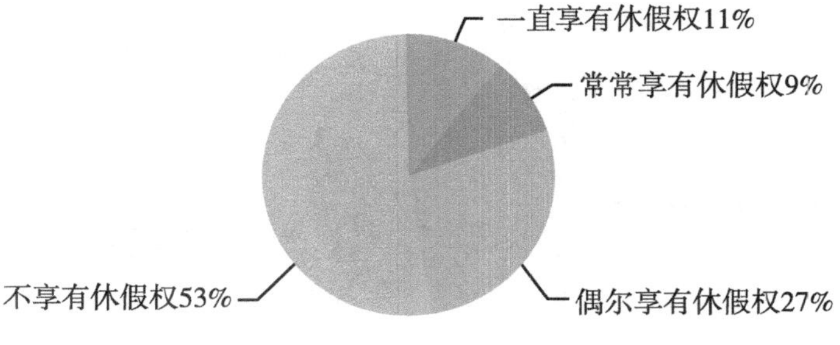


**图 12-3　船员休假情况**

依照《船员条例》,船员每工作 2 个月享受 5 天的年休假,问卷中也调查了船员是否享有休假权。在图 12-3 中,仅 11%的船员一直享有休假权,而 53%的船员表示没有享受到休假,由此可见,虽然法律法规对船员的休假权已有了规定,但在实践中船员休假权落实不到位,结合图 12-4,船员的带薪休假情况也不容乐观。

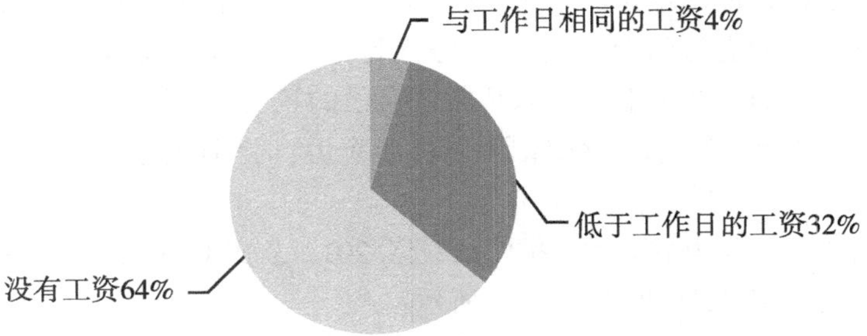


**图 12-4　带薪休假的薪金发放情况**

虽然有 11%的船员一直享有休假权,但他们的带薪休假落实情况却不尽如人意。由图 12-4 中的数据可知,仅有 4%的船员在休假时享有与工作日相同的工资,在 11%享有休假权的船员中,不到一半船员享有低于工作日的工资,而 64%的船员根本未享受到带薪休假。因此,船员的休假权和带薪休假权在实践中完全依照法律法规的规定运作的情况比较少,又因船员的工作方式特殊,自由船员在下船后与船东即解除了法律关系,船员的休假权没有责任主体去保障,落实难度增大。

## （四）船员对侵害其休息休假权行为的维权意识不足

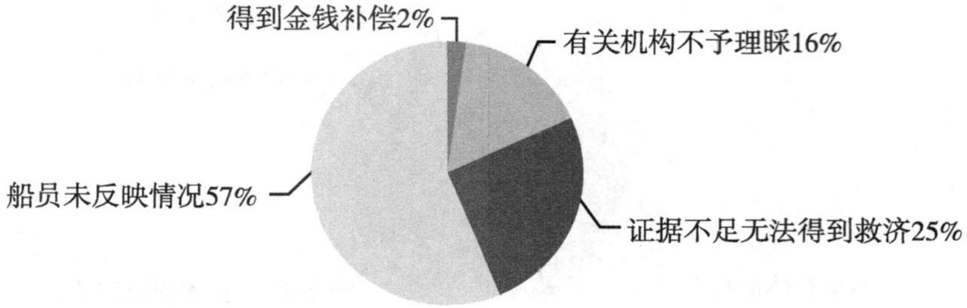


**图 12-5 船员休息休假权救济结果情况**

许多船员在休息休假权被侵害后，选择救济的情况由图 12-5 可知，有 57%的船员在遇到该情况时选择放弃救济，通过了解，其原因在于一些船员认为与船舶企业产生纠纷会得罪企业，会使其未来上船机会减少或得不到较好的工作机会。也有一些船员没有权利救济的意识，嫌麻烦或是不懂相关法律法规，缺乏法律知识。当然也存在证据不足的情况，在图 12-5 中也显示了 25%的船员因证据不足得不到投诉机构的支持而无法救济，一方面是由于船员没有收集证据、保存证据的意识；另一方面，船员在下船后并未想救济自己的权利，可能是由于企业拖欠工资、想要回自己的加班费或是其他原因而顺带起诉，时间间隔较长，也易造成证据遗失。

就船员休息休假救济问题，我们研究了 2012 至 2018 年的 50 起加班费案件，50 起案件的相关数据整理如表 12-1 所示：

**表 12-1 有关船员加班费案件的信息统计**

| 序号 | 案号 | 加班费是否支持 | 加班费不支持的原因 |
|---|---|---|---|
| 1 | （2015）沪海法商初字第 2947 号 | 支持 | — |
| 2 | （2015）厦海法商初字第 186 号 | 不支持 | 证据不足 |
| 3 | （2015）港民初字第 1759 号 | 不支持 | 超过诉讼时效 |
| 4 | （2016）沪 72 民初 967 号 | 支持 | — |
| 5 | （2014）甬镇民初字第 211 号 | 支持 | — |
| 6 | （2016）鄂 72 民初 2163 号 | 支持 | — |
| 7 | （2017）渝 0102 民初 3203、3206 号 | 不支持 | 证据证明已支付 |
| 8 | （2016）沪 0110 民初 4341 号 | 不支持 | 证据不足 |
| 9 | （2014）津海法商初字第 588—596 号 | 不支持 | 证据不足 |
| 10 | （2016）鄂 72 民初 400 号 | 不支持 | 法院无管辖权 |

续表

| 序号 | 案号 | 加班费是否支持 | 加班费不支持的原因 |
|---|---|---|---|
| 11 | (2016)苏07民终1203号 | 不支持 | 超过诉讼时效 |
| 12 | (2018)辽72民初53号 | 不支持 | 证据不足 |
| 13 | (2018)辽72民初139号 | 不支持 | 证据不足 |
| 14 | (2012)南民初字第60010号 | 不支持 | 证据不足 |
| 15 | (2012)浦民一(民)初字第12559号 | 支持 | — |
| 16 | (2015)杨民一(民)初字第4191号 | 不支持 | 月工资中已包含 |
| 17 | (2016)鄂民终1329号 | 不支持 | 月工资中已包含 |
| 18 | (2015)鼓民初字第489号 | 支持 | — |
| 19 | (2016)鄂72民初653—657号 | 支持 | — |
| 20 | (2014)海商初字第88号 | 支持 | — |
| 21 | (2015)厦海法商初字第849号 | 支持 | — |
| 22 | (2017)鄂72民初1864—1869号 | 不支持 | 月工资中已包含 |
| 23 | (2016)鄂72民初1230号 | 不支持 | 月工资中已包含 |
| 24 | (2015)甬海法商初字第1184号 | 不支持 | 证据不足 |
| 25 | (2017)浙0482民初5462号 | 不支持 | 证据不足 |
| 26 | (2018)皖0503民初5447号 | 不支持 | 仲裁后未提异议 |
| 27 | (2017)鄂72民初981、982号 | 不支持 | 证据不足 |
| 28 | (2015)浦民一(民)初字第11660、11665、11667、11670号 | 不支持 | 证据不足 |

通过分析案例发现,船员的加班费请求多以附带形式提起,在这50起案件中,仅1件是以支付加班费单独起诉,其他案件在请求支付欠付工资、双倍工资、违法解除劳动合同赔偿金、请求适用船舶优先权等项下附带提出。加班费请求多在解除劳动合同等极端情况下提出,所提出的加班费请求跨航次较多、年份较长。加班费请求的科目多为"节假日加班费",对于工作日(周一至周五)的加班费多不予请求。这反映船员并不将加班费视为应有的权利,对法院能否支持其诉请信心不足。提出加班费的案件中未得到支持的案件有42件,在这42件案件中有23件案件是因为证据不足,而且船员请求加班费的法律依据不够充分,计算方法不够明确,一些加班费的请求数额明显偏高或偏低。一些船员或因无钱请律师,或为节省律师费,往往自己草拟诉状、应诉答辩。由于《海商法》、《合同法》(已失效)等法律未明

确规定船员劳务合同,司法实践中船员加班费案件的裁判尺度很不统一。当船员在船上被要求加班工作时,船员和用人单位往往在加班工资的计算基数、加班时间、诉讼时效等方面存在不同的意见,进而形成相应的请求权。在这50件案件中不支持的理由有"月工资中已包含了加班费""船员劳务市场的特殊性""超过诉讼时效"等。

我国在《宪法》中规定了劳动者的休息休假权,在《劳动法》中对劳动者的休息休假权作了具体规定,在《船员条例》《船员船上工作和生活条件管理办法》《海船船员值班规则》中也规定了关于船员的休息休假权。总体上,我国对船员休息休假权的保护已基本形成体系,但是通过实践调研中发现的船员休息休假存在的问题可知,目前的船员休息休假权法律保障制度仍需完善。在休息休假权的法律规定中,仍存在船员特殊性不突出的问题,不同船员休息权例外规定分类不足,针对性不足。例如,船员是否需要分值班和非值班区分其休息权,因为值班与否对船员工作与休息产生了一定影响。在实践中常有值班24小时,休息24小时的船员,值班是否属于加班?司法实践中没有明确的界定。船员有远洋船员、内河船员、沿海船员,这些船员在船上工作休息是有所差别的,远洋船员常在公海上工作,当其遭遇恶劣天气时,无法在短时间内到达避风港,而内河船员和沿海船员与其相比则不同,那么船员休息时间的例外规定是否应分类讨论,值得探讨。总的来说,《船员条例》《劳动法》等对船员休息休假权已有了相关规定,但还需要我们对这些法条进行解释说明,才能更好地与实践相结合,切实保障船员休息休假权。

## 第二节 船员休息休假特殊保护的必要性

### 一、保障船员人权的需要

人权,即作为人应享有的权利。马里旦说过:"人权的哲学基础是自然法。"因此,人权是一种自然权利和应有权利。"人权"在我国被承认为一种道德权利,是一个人应该享有的权利。休息权是人权体系中重要的组成部分。[①] 休息是自古就有的,如"日出而作、日落而息",但随着技术的发展,劳动者的休息时间被剥削,劳动者变成了工具人。在资本主义原始积累时期,工人的时间不断被压榨,工人被当作获取利润的工具,而且国家政权也帮助资本主义延长工人工作时间。在自由资本主义时期,劳动者可以出卖自己的劳动力,劳动时间也被无限延长,给劳动者生

---

① 参见张爱宁:《国际人权法专论》,法律出版社2006年版,第10-11页。

命健康带来危害,也加剧了社会矛盾。在垄断资本主义时期,国家干预主义让劳动者的休息得到了保护。① 休息由人的生存发展需要逐步演变成为制度化的权利义务关系,即休息被法律制度所确认与保障。②

休息权在我国《宪法》中被单独规定,休息权是劳动者作为民事主体具有法律上独立人格所享有的民事权利,因此休息权也是与其他人格权同样重要的基本人权。③ 休息权是人必需的生理和心理需要。休息权的存在是人类维持自身生存和发展的基本需求,因此休息权既是生存权也是发展权。一方面,人的精力是有限的,人类在经过一定时间的劳动后,身体精力下降,亟须通过一定时间的休息去恢复自己的体力。离开了必要的休息,人的身心健康会受到损害,无法正常工作生活。保障劳动者合理的休息时间是确保劳动者伦理性所必须的,而保障劳动者的休息权,体现了社会文明的进步。④ 另一方面,休息权又是发展权。物质资料再生产中包括了简单再生产和扩大再生产,而扩大再生产需要更多客观条件,如客观条件的改善、技能的提高、劳动者数量的增加和劳动者质量的提升,质量的提升需要劳动者在平时的休息休假过程中去参加不同活动或是学习知识去提高素质,休息权给予了劳动者享受闲暇和自由支配时间的权利,这种时间并不运用于生产劳动,而是用于娱乐休闲,为自由活动和发展开辟广阔天地。⑤

休息既是人的自然属性,也是社会属性,船员劳动的艰苦性和长期离家的特性,决定了休息休假制度对其来说更加重要。因为休息可以消除疲劳,释放精神压力和维持劳动力,在放假时船员可以暂时回到家庭,增进感情,追求个人闲暇和丰富社会经验。休息休假权利在实现社会公平正义的同时,也促进效率的提高。当船员对休息休假制度给予肯定时,可以激发出他们对工作的热情,有利于提高社会生产力,产生更多的社会价值。⑥ 在效率和公平正义的平衡互动关系中,真正实现社会主义和谐社会。⑦ 因此,要保障船员的人权,自然需要保障船员的休息休假权,根据该行业特点,给予特殊保护,让船员有尊严地生活。

## 二、维护船员体面劳动的需要

在 1999 年 6 月第 87 届国际劳工大会上,时任局长胡安 · 索马维亚(Juan

---

① 参见李炳安:《我国劳动工时和休息休假制度的价值选择与制度完善》,载《社会科学研究》2017 年第 5 期。

② 参见黄镇:《休息何以是权利——兼与蓝寿荣教授商榷》,载《云南社会科学》2015 年第 4 期。

③ 参见程思良:《基本人权视角下的休息权》,载《湖南科技学院学报》2008 年第 5 期。

④ 参见程思良:《基本人权视角下的休息权》,载《湖南科技学院学报》2008 年第 5 期。

⑤ 参见中共中央马克思恩格斯列宁斯大林著作编译局译:《马克思恩格斯全集》(第 26 卷,第 3 册),人民出版社 1974 年版,第 281-282 页。

⑥ 参见岳文可:《未休带薪年休假补偿的法律问题研究》,载《天水行政学院学报》2016 年第 6 期。

⑦ 参见胡玉浪:《带薪休假工资支付法律问题探讨》,载《社会法学研究》2014 年第 9 期。

Somavia)首次提出了体面劳动(decent work)的概念。维护劳动者的各项权益,促进劳动者获得体面的、生产性的工作机会。① 从某种意义上讲,体面劳动就是“以人为本”的劳动观。当前,这一理念已成为全球性共识,在我国也不例外。2007年,联合国大会将“为所有人提供体面劳动”纳入千年发展目标,为全世界劳动者权益保护指明了方向。2008年“经济全球化与工会”国际论坛在北京召开,时任中共中央总书记胡锦涛同志在致辞中,积极回应联合国大会的千年发展目标,提出“让各国广大劳动者实现体面劳动”;2010年全国劳动模范和先进工作者表彰大会,他再次强调要“促进劳动者实现体面劳动”。党的十八大以后,党和政府更是着力完善各项法律法规,努力排除劳动者参与发展、分享成果的障碍。为促进海员的体面劳动,《2006年海事劳工公约》专门为全球海员制定了一套体面劳动的标准。体面劳动是社会文明的要求和社会发展的趋势,劳动者的休息休假权得到充分保障是体面劳动的具体内涵之一,而保护船员休息休假权正是维护船员体面劳动的必然要求。

## 三、船员工作环境特殊性对休息休假的需要

船员工作生活的一致性使得船员休息很难达到陆上休息的程度。船员在船休息环境恶劣,船上休息时间不集中、不稳定,这些特殊性使得应当对船员休息休假有针对性地规定。

### (一)船员休息时间不集中

船员在船上的工作时间与陆上劳动者往往有很大不同,虽然船员与陆上劳动者工作时间或休息时间大致是相同的,但陆上劳动者一般都有较集中的休息时间,详情见表12-2、表12-3:

**表12-2　陆上劳动者作息时间**

| | 1 | 2 | 3 | 4 | 5 | 6 | 7 | 8 | 9 | 10 | 11 | 12 | 13 | 14 | 15 | 16 | 17 | 18 | 19 | 20 | 21 | 22 | 23 | 24 |
|---|---|---|---|---|---|---|---|---|---|---|---|---|---|---|---|---|---|---|---|---|---|---|---|---|
| M | 睡眠时间 | | | | | | | | 工作 | | | | | | | | | 自由活动时间 | | | | | | |
| T | 睡眠时间 | | | | | | | | 工作 | | | | | | | | | 自由活动时间 | | | | | | |
| W | 睡眠时间 | | | | | | | | 工作 | | | | | | | | | 自由活动时间 | | | | | | |
| T | 睡眠时间 | | | | | | | | 工作 | | | | | | | | | 自由活动时间 | | | | | | |
| F | 睡眠时间 | | | | | | | | 工作 | | | | | | | | | 自由活动时间 | | | | | | |
| S | 睡眠时间 | | | | | | | | | | | 自由活动时间 | | | | | | | | | | | | |

① See ILO, *Decent work and the informal economy*, report Ⅵ submitted to the 90th Session of International Labour Conference, Geneva, June2002, ILO(Jun. 01,2002), https://www.ilo.org/ilc/ILCSessions/previous-sessions/90thSession/WCMS_078849/lang-en/index.htm.

续表

| | 1 | 2 | 3 | 4 | 5 | 6 | 7 | 8 | 9 | 10 | 11 | 12 | 13 | 14 | 15 | 16 | 17 | 18 | 19 | 20 | 21 | 22 | 23 | 24 |
|---|---|---|---|---|---|---|---|---|---|---|---|---|---|---|---|---|---|---|---|---|---|---|---|---|
| S | 睡眠时间 | | | | | | | | | | | 自由活动时间 | | | | | | | | | | | | |

资料来源：宁波海事局：《船员休息与休假时间到底有多少?》，载微信公众号“宁波海事”2015 年 6 月 16 日，https://mp. weixin. qq. com/s/dRbfvD5cHmns_9Ug1Xl90w。

**表 12-3　海员主要岗位船员航行时值班时间**

| | 1 | 2 | 3 | 4 | 5 | 6 | 7 | 8 | 9 | 10 | 11 | 12 | 13 | 14 | 15 | 16 | 17 | 18 | 19 | 20 | 21 | 22 | 23 | 24 |
|---|---|---|---|---|---|---|---|---|---|---|---|---|---|---|---|---|---|---|---|---|---|---|---|---|
| 船长 | 无固定值班时间 | | | | | | | | | | | | | | | | | | | | | | | |
| 轮机长 | 无固定值班时间 | | | | | | | | | | | | | | | | | | | | | | | |
| 大副 | 睡眠 | | | | 工作 | | | | 自由活动 | | | | | | | | 工作 | | | | 自由活动（睡眠） | | | |
| 大管轮 | 睡眠 | | | | 工作 | | | | 自由活动 | | | | | | | | 工作 | | | | 自由活动（睡眠） | | | |
| 二副 | 工作 | | | | 自由活动 | | | | | | | | 工作 | | | | 自由活动（睡眠） | | | | | | | |
| 二管轮 | 工作 | | | | 自由活动 | | | | | | | | 工作 | | | | 自由活动（睡眠） | | | | | | | |
| 三副 | 睡眠时间 | | | | | | | | 工作 | | | | 自由活动时间 | | | | | | | | 工作 | | | |
| 三管轮 | 睡眠时间 | | | | | | | | 工作 | | | | 自由活动时间 | | | | | | | | 工作 | | | |

资料来源：宁波海事局：《船员休息与休假时间到底有多少?》，载微信公众号“宁波海事”2015 年 6 月 16 日，https://mp. weixin. qq. com/s/dRbfvD5cHmns_9Ug1Xl90w。

从上述表格信息可知，除了船长和轮机长没有固定值班时间，其他船员作息时间比较规律，但有几点因素要考虑到，第一点是短航程的船员还要面临频繁的靠港作业，难以保证休息。第二点是远洋航行的船员则要面临跨越不同时区，长时间的白天极易影响船员休息。第三点是海上风险多，如遇紧急情况，船员的作息就容易被打乱。第四点是高级船员除了需要 8 小时值班外，还要根据自己的职责完成所负责的其他工作。因此，船员的值班时间看起来与陆上工作者时间相差无几，但他们实际休息时间与值班时间和陆上工作者时间有很大差距，他们的休息效果被大打折扣。

（二）休息时间不稳定

首先，船员劳动实行轮班制，夜间劳动是他们的工作常态，①而且船上工作会遇到恶劣天气、海盗抢劫和意外事故等，船员在遇到这些情况时，如若漠不关心，那么船员的生命将受到严重威胁，这显然不合实际。因此，这些不确定因素导致船员船上工作时间不稳定，船员随时都可能被叫去工作，睡眠被打搅和中断，使得船员的劳动力被极速消耗。其次，船员还需要定期进行演练，这一时间不被算作工作时

① 参见王秀芬、朱玉柱：《论船员劳动的特点》，载《大连海事大学学报（社会科学版）》2005 年第 2 期。

间,因此演练占据船员休息时间,船员的休息效果难以保证。而且船舶靠岸后,沿岸政府会对船舶进行检查,这一工作虽是为了保障船员权益,却也非常耗时,在对船员进行走访时,许多人表示船舶检查繁多,占据船员许多休息时间,结合当前船舶配员的减少,船舶周转率增加,①靠泊时间短,还有大量事务性工作要处理,船员感到疲劳。

(三)休息环境差

首先,船舶公司为了降低成本,获取利益,对船员的休息环境的资金投入相对减少,因此船员的休息设施落后,船员休息舒适度不能保证。其次,船舶出海航行时,船体处于摇晃状态,船员不得不在颠簸中工作休息,而且船舶工作的声音大,昼夜不停,导致船员休息环境嘈杂,长期过度的噪声、振动、极端温度和湿度以及船舶运动都会扰乱船员睡眠,②可能造成船员听力下降、精神疲劳、神经性衰弱,船员的休息权因此受到侵害,对其身体健康和安全工作都带来隐患。再次,船员劳动作为长期的乘务工作,跟随船舶移动而进行。船员工作休息处于同一空间,相对封闭。船员一工作就要经历几个月,在上船工作期间每天都面对相同的事务,单调的任务使船员产生厌倦心理,造成注意力不集中和疲劳。船上虽设有休闲娱乐设施,但由于技术和资金有限,娱乐活动也受到限制。在公海上航行时,接收不到信号,与外界失去联系,容易引起船员焦虑、厌倦等。而陆上工作者休息和工作地点一般在两处,上下班之间也会有一段不一样的环境,在休息日陆上工作者也可以适当放松,接触不同的事物。船员工作生活环境的封闭性对船员的心理会产生一定的影响,问题一旦严重就将影响船员的休息质量。最后,船舶在航行时可能跨越时区,黑夜或白天的时间增多或减少,当白昼时间延长,昼夜节律与所到目的地的昼夜节律不符,船员容易失眠。③

(四)休假时间不确定

船员上船工作会经历较长一段时间,在上船工作期间是没有休假时间的。与陆上劳动者有周末、法定节假日等休假不同。特殊情况下,陆上劳动者只要申请休假,单位同意即可进行一定时间的年休假。而船员一旦上船工作,直至其下船都没有自主选择休假时间的权利,在船上停留时间长短取决于航次或合同期限。

---

① 参见杨海兵:《谈船员休息时间的PSC检查》,载《中国海事》2014年第10期。

② See Douglas B. Stevenson, *Tanker Crew Fatigue: Some New Solutions to an Old Problem*, Journal of Maritime Law and Commerce, Vol. 27:3, p. 453-468(1996).

③ See Douglas B. Stevenson, *Tanker Crew Fatigue: Some New Solutions to an Old Problem*, Journal of Maritime Law and Commerce, Vol. 27:3, p. 453-468(1996).

## 四、船员职业长远性发展的需要

### (一)船员休息休假问题影响船员职业吸引力

船员休息休假不足,短时间内可能会使船员身体机能暂时性下降、事物判断能力降低,长期如此必定使船员的身体健康受到损耗。如果船员休息休假等权益无法保障,对船员队伍的可持续发展产生不利影响。一方面,将影响船员职业的吸引力,让择业者望而却步,人们不愿意去选择船员作为职业;另一方面,成为船员决定离开船员行业的因素。船员在经历了船上休息不足等造成心理或生理上问题后,不再愿意继续上船工作。

### (二)培养高端船员人才的需要

成为高端船员需要时间的历练,通过走访船公司了解到,实习三副要做到船长,最快也需要七八年时间。在实践中,许多船上工作者因经常加班疲劳工作,在工作几年后选择了其他职业,而且船员休息不足可能导致船员身体健康受损,陆上工作与海上工作的性价比相较之下,船员可能会选择陆上工作。长此以往,高级职位人才平均年龄增大,青年船员输入过少,必然导致高技能船员人才缺失、向外流动性增大。

航海工作总被认为是艰苦的工作,工作时间长,文书工作太多,疲劳,没有适当的放松和娱乐,等等。① 我们调研时走访的航运企业中有企业经理讲述,现在去学校招聘船员,常常无功而返。可见,如今船员职业的吸引力低下问题已经成为这个行业的负担。船员的工资与陆上工作者比还有相对优势,但许多人认为这个工作性价比不高,一旦上船就要面临封闭式工作,常常因为遇到恶劣天气或是紧急情况等需要加班,且经常连续数日不得休息,也没有足够的补休,造成了船员身心疲劳。

## 五、船舶安全航行的需要

### (一)保障船员生命健康权的需要

船员的休息休假权与生命健康权密切相关。一方面,船员的休息休假权设立的目的是使船员在劳作后恢复身体机能,避免身体健康受损,能够继续生产劳作。海上作业的风险性、艰苦性、封闭性给船员的生理心理造成了一定的伤害,给予船员足够的休息时间,使船员恢复身体机能才能减少船上工作给船员生理心理造成的伤害。可见,保障船员休息休假权是为了保障船员的生命健康权。另一方面,船员休息不足导致疲劳工作会给船舶航行带来安全隐患,当船舶在海上航行时需要

---

① See Nguyen T., Ghaderi H. & Caesar L. D. eds., *Current Challenges in the Recruitment and Retention of Seafarers: An Industry Perspective from Vietnam*, Asian Journal of Shipping and Logistics, Vol. 30:2, p. 217-242(2014).

船员保持注意力集中，当船员疲劳工作身体机能下降，无论一个人技能、知识、能力如何，都会受到疲劳的影响。即使一名船员在航行开始前具有船上工作的能力，如若其长时间工作，少睡一至两个小时，表面上这个船员还能继续工作，但事实上他可能已经因疲劳工作而不适任船上工作。[①] 为了解压力和疲劳对船员安全的影响，研究人员和海事行业的国际合作伙伴进行调查研究，项目的结果表明："船上没有人有足够的睡眠，守夜人尤其容易入睡。"此外，项目报告还指出，船长比船员更容易遭受疲劳和压力，疲劳可能导致长期的身心问题，这项研究还表明，超过 6 个月的远洋航行可能会导致嗜睡，睡眠质量下降和动力下降。显然，在疲劳和压力下工作会降低船员的生活质量并可能对其心理健康产生负面影响。[②] 值得注意的是，尽管根据《ITF 雇佣协议》，船员的雇用协议时间一般为 6 个月，但《2006 年海事劳工公约》仍允许航行最大期限为 12 个月，是项目中测试期间的两倍。

《2006 年海事劳工公约》对在船所有船员的最长劳动时间或最少休息时间作出规定。然而，根据巴黎谅解备忘录在 2014 年"休息时间"上的集中检查会战[③]（Concentrated Inspection Campaign，CIC）调查结果显示"海事行业普遍缺乏合规性"。[④] 很常见的是船长会向港口国管制人员出示伪造的休息时间记录，以免当局进行观察甚至拘留。如果经港口国监督检查，船舶被扣留，许多船员可能会失去奖金、晋升甚至工作。

船上作业要求船员保持持续的注意和警觉，[⑤]国际海事组织文件《疲劳导则》也提到了船员疲劳会引起其操作能力下降。[⑥] 因此疲劳会直接影响船上作业的安全，导致船员操作失误而造成船舶碰撞等事故的发生。英国海事与海岸警卫署（Maritime and Coastguard Agency，MCA）认识到，"海上航行和疲劳并存是数千年来的常识"，尽管埃克森·瓦尔迪兹号油轮（Exxon Valdez）早在 1989 年就停航了，但根据 MCA 的调查，事故发生时两名船员在开始 12 小时的值班前都没有被允许 6 小时的法定休息时间。事故调查人员发现，埃克森船务公司的人员配备政策没有充分考虑到人员减少造成的工作量增加。人为因素是造成海上事故发生率居高

---

① See Douglas B. Stevenson, *Tanker Crew Fatigue: Some New Solutions to an Old Problem*, Journal of Maritime Law and Commerce, Vol. 27:3, p. 453-468(1996).

② 参见巢建新：《海员 946 例睡眠质量调查分析》，载《交通医学》2010 年第 3 期。

③ 是指港口国监督机制针对船舶在安全、保安、防污染或海事劳工方面的某一特定主题开展的专项检查。

④ See Paris MoU, 2019 *Paris MoU Annual report "Port State Progression; detention rate down"*, Paris Mou(Aug. 06, 2020), https://www.parismou.org/2019-paris-mou-annual-report-port-state-progression-detention-rate-down.

⑤ See Talal & Aladwani, *Effect of Shipping Standards on Seaworthiness*, European Journal of Commercial Contract Law, Vol. 3:2, p. 33-45(2011).

⑥ 参见王焕新、王新建：《基于文献综述的船员疲劳研究》，载《世界海运》2017 年第 11 期。

不下的主要原因,而疲劳原因可能高达75%,[①]减少人员配备和增加工作量导致疲劳的问题至今仍是许多海上事故的诱因。[②] 这些事故势必危及船员的生命安全,因此保障船员休息休假权就是保护船员的生命健康权。

(二)减少船舶碰撞事故中人为因素的占比需要

由于船舶航行的特殊性,船员需要保持持续警觉和高度精神集中,船员休息休假不足,会造成疲劳工作,疲劳工作使船员判断能力严重下降,在遇到紧急情况时,极有可能会作出错误决定,造成巨大损失。疲劳一直是人为错误导致事故的主要因素。近年来,海上事故由人为因素造成的比例上升,使人们越来越关注船员的休息问题。[③] 美国海岸警队曾经对发生的279件海上事故进行分析,表明约16%的海上事故和33%的人身伤亡事故与船员疲劳操作有关。例如2004年4月23日发生的一起船舶碰撞事故,轮船长将近51小时没有得到正常的休息,先与一艘渔船发生碰撞,在碰撞后靠码头接受了海事局和公司长时间的海事调查和其他事务处理,重新启航后又在长江口深水航道灯浮附近与进口轮船发生碰撞。根据调查,该船长由于没有正常休息,体力处于临界处,在其接收到船舶危险信号时,因疲劳等问题未引起其重视和纠正,最终造成船舶碰撞。[④]

为了使船员能有足够的休息时间从而保证其安全操作船舶,STCW公约规定船员的最少休息时间。但培训演习、紧急事件等问题使该条文需要灵活解释。在短途海上航行中,船员需要进行大量工作,这些工作可以解释为"紧急情况和在执行与安全或防止、减轻污染至关重要的职能"等,船员的休息时间不可避免地直接受到影响。[⑤] 本书课题组调研期间,海事局认为船员疲劳值班现象的形成在一定程度上和船务公司管理深层问题有关,船务公司不仅在处理疲劳值班的违规方面缺少纪律的严肃性,而且在防止船员疲劳值班的措施上缺乏手段的有效性,船员必然存在心身双重疲劳。为了追求眼前的经济利益,公司和船员双方还坚持超长期在船上工作,结果事故一出,得不偿失。因此,保障船员休息权是减少船舶发生碰撞的重要途径。

---

① 参见李建明:《疲劳对船员行为的影响》,载《航海技术》1996年第5期。

② 参见中华人民共和国海事局编:《水上交通事故调查概论》,大连海事大学出版社2004年版,第58-61页。

③ See Douglas B. Stevenson, *Tanker Crew Fatigue: Some New Solutions to an Old Problem*, Journal of Maritime Law and Commerce, Vol. 27:3, p. 453-468(1996).

④ 参见徐伯民、秦臻:《海上船舶碰撞事故原因探讨——疲劳的剖析》,载《中国航海》2009年第4期。

⑤ See Talal & Aladwani, *Effect of Shipping Standards on Seaworthiness*, *European Journal of Commercial Contract Law*, Vol. 3:2, p. 33-45(2011).

## 第三节　船员休息休假权法律保障的比较研究

国际公约、英国、日本、韩国、德国存在关于船员休息休假权的相关规定，而我国却属于空白。对其他国家和地区的相关规定进行比较研究，有利于加强对船员休息休假权的保障。

### 一、船员休息权立法的比较研究

#### （一）补偿休息制度的立法比较

日本《船员法》规定，如若船员的劳动时间在一周内超过40小时或一周内没有给予其1天的休息（以一周为基准），应补偿船员假日，即"补偿假日"制度。如若船舶在航海途中，有不得已的理由，可以延期补偿休息日，如若应补偿假日的船员在被补偿之前被解雇或退休时，应根据补偿假日的天数支付其补偿假日津贴。①这是日本相关的特殊规定。

英国的《2018年商船（海事劳工公约）（工作时间）规例》第五章中规定船东、船长、船员雇主具有监督船员最低休息时间的职责。在船员休息时间进行船员集训时，必须尽量减少对船员休息时间的干扰并且不会引起疲劳。在船员休息时间吩咐船员工作的，应在完成工作后提供适当的补偿休息时间。② 我国相关法律并没有相关规定，让船员在休息时间工作是不可避免的事实，我国应从法律层面去保障船员休息权，当船员在休息时间进行工作时，应给予适当的补偿休息时间。

对于"补偿休息"，日本对该制度的细化更合理，把计算补休时间的基数都在法条中予以规定，方便在实践中更好地操作。英日两国都规定了船员在被解雇或退休时，如若未得到补休，应以金钱补偿的方式来弥补对船员休息权的侵害，这一点是值得借鉴的，因为我国大陆存在许多自由船员，在下船时就和船东解除了法律关系，这样的规定可以保障自由船员的休息权补偿，自然也能保护其他船员的休息权。

#### （二）特殊船员休息制度的立法比较

日本《船员法》在第九章特别规定了女性船员和未成年船员的休息权，第86条

① 『船員法』（昭和二十二年法律第百号）、施行日：平成二十八年十一月二十五日に採択された千九百七十八年の船員の訓練及び資格証明並びに当直の基準に関する国際条約附属書の改正が日本国について効力を生ずる日、平成二十九年六月二日公布（平成二十九年法律第四十五号）の改正については、http://elaws.e-gov.go.jp/search/elawsSearch/elaws_search/lsg0500/detail? lawId=322AC0000000100。

② See The Merchant Shipping (Maritime Labour Convention) (Hours of Work) Regulations 2018, legislation.gov.uk (Jan. 29, 2018), http://www.legislation.gov.uk/uksi/2018/58/regulation/7/made.

与第 88 条规定了未成年船员和孕妇船员的夜间劳动限制,夜间 8 点至第二天早上 5 点禁止工作,但是,在国土交通省条例规定的情况下,连续休息 9 小时(包括午夜至凌晨 5 点)时并不适用。女性船员除了补偿休息日外,一周至少休息一日。鉴于女性的生理结构,在生理期时,女性船员可以请求不工作。这些都是日本针对女性船员作出的特殊规定。①

我国台湾地区有关规定对未成年船员和女性船员作了特殊规定,他们享有不得在夜间 8 点至第二天早上 6 点这一时间段内工作的权利,除非已满 16 周岁且连续休息 9 小时,或是发生了其他影响安全航行的事由,如防火需求、意外事故。这是我国当前船员法规中未提及的,虽然我国未成年船员和女性船员属于少数人群,但少数人群也需要法律的保护,有必要增加相关条文进行保护。

《2006 年海事劳工公约》的导则 B2.3 部分是关于未成年船员的指导性规定,该部分内容对成员国的规定具有建议性质。根据公约规定,不满 18 周岁的未成年船员的工作时间应控制在每日 8 小时,每周 40 小时以内,并应该允许连续工作 2 小时后有 15 分钟休息时间。除非船舶发生危及船员生命等的紧急情况。另外,未成年船员在用餐时应拥有充分的时间,保证其日间正餐至少有 1 小时的休息时间。

日本和我国的《2006 年海事劳工公约》对女性船员与未成年船员这两类特殊船员的休息权进行了特别的规定。虽然女性船员在我国占比不大,但基于航运业的未来发展方向和国际上对女性船员的认可程度,女性船员数量的增加有利于解决船上船员性别偏差造成的船员心理问题,因此女性船员在未来的数量会逐步增加。女性船员的生理构造与男性船员不同,相比男性船员女性船员身体素质较弱,需要对女性船员休息权进行特殊规定加以保护。有针对性地保证女性船员的休息权,还可提高女性船员的职业吸引力。

(三)分类规定船员休息制度的立法比较

韩国《船员法》在第六章规定了船员休息权。根据该法的规定,一般情况下船员每日工作时间不超过 8 小时,但对他们每周最长工作时间规定不同。在 700 吨以上船舶值班的船员每周不超过 56 小时,如果确有需要延长工作时长的,延长的时间每日不超过 1 小时,每周不超过 7 小时;除航行值班船员之外的其他船员每周工作时间不超过 44 小时。船舶在港停泊期间,船舶所有人应保证船员享有每周至少 1 日的下地活动时间。在特殊情况下,若有船员在一周内的工作时间不满 44 小时的,可以由船长安排其继续工作。从以上规定我们可以看出,韩国《船员法》将航行值班船员与非航行值班船员的工作时间分别加以对待。② 该法之所以这样规定,其主要是考虑到航行值班船员与非航行值班船员工作量和工作性质有所不同。

---

① 参见王秀芬、朱丽颖等:《日本海事法规辑要》,吉林大学出版社 2000 年版,第 133 页。

② 参见郑寿德:《(韩国)船员法》,载《中国海商法年刊》1997 年第 00 期。

韩国《船员法》对载有12人以上客人的船舶的船员休息时间，比货船船员的休息时间保障力度大，其船员每天至少休息12小时，并且有8小时是必须连续的，该条文的规定是基于对客船旅客的生命财产保护的考虑。

英国的《2018年商船(海事劳工公约)(工作时间)规例》第6条规定了船员的休息权。一般情况下船员在24小时内至少休息10小时，在任何7天期限内至少休息77小时，休息时间最多分成2个时间段，其中之一至少为6个小时，两次休息时间的间隔不得超过14小时，除非集体协议或海员就业协议另有规定。① 该规例第7条规定了集体协议或海员就业协议虽然可以另作规定，但也有限制，在例外情况下也必须保证在任何7天期限内至少休息70小时，并且例外情况不适用连续两周以上，两个例外情况中间间隔的时间至少是两个例外情况中较长的时间段的两倍；保证任何24小时内休息时间至少10小时，该10小时最多被分为3个时期，其中一个至少6小时，另两个时间段应均超过1小时，连续休息时间段间隔不得超过14个小时，该例外在任何7天时间内不得超过两个24小时时间段。但例外情况不适用于距离避风港60英里范围内运作的船舶，也不适用于从事货物或乘客运输的船舶以及不在英国停靠的船只。②

德国《海事劳工法》将船员休息休假分为船上工作阶段和港口工作阶段。船员在船阶段，分为值班阶段和非值班阶段。德国《海事劳工法》对船员值班有非常明确的界定，不仅限制值班时间，还明确规定值班的内容。该法第43条规定："被指派值班的船员每天在海上工作的时间通常不得超过八小时。海上工作时间安排在三更系统中。船员在驾驶台值班期间，除了值班外，不得进行任何其他工作。除此之外，在工作日18至6小时的值班期间，以及星期日和公众假期，除了值班外，船员只能从事偶尔的维修工作，以及对船舶及其航行的安全、货物安全或船只值班至关重要的工作。"该条对于非值班的船员，也明确限制了船员的工作时间以及加班事由，即"非指定值班人员的海上工作时间通常不得超过8小时，并且必须在6至18小时之间"。"服务人员每天的海上工作时间通常不得超过8小时。如果工作时间通常包括相当多的待命工作，则工作时间最多可以延长一小时。工作时间必须在6到20小时之间。此外，根据船长的命令，客船上的服务人员和根据船上医生的命令，护理人员可能会超过这一期限。服务人员只能在周日和公众假期从事对船上人员的食品和餐饮或护理以及销售和照顾或娱乐乘客所必需的工作。"

德国《海事劳工法》第44条则对船员在港口期间的工作时间作了明确限制

---

① See The Merchant Shipping (Maritime Labour Convention) (Hours of Work) Regulations 2018, (Jan. 29,2018), http://www.legislation.gov.uk/uksi/2018/58/regulation/7/made.

② See The Merchant Shipping (Maritime Labour Convention) (Hours of Work) Regulations 2018, (Jan. 29,2018), http://www.legislation.gov.uk/uksi/2018/58/regulation/7/made.

"除服务人员外,船员在港口的工作时间通常不得超过周一至周五每天八小时。周六在港口的工作时间通常不得超过五小时,值班时间为八小时。除值班外,港口的工作时间必须为周一至周五的 6 至 18 小时,周六的 6 至 13 小时"。

德国《海事劳工法》不仅强调船员的工作时间,也强调船员的休息时间,因此,在限制船员工作时间的同时,强调保证船员的休息时间。比如,该法规定"应准许船员休息,休息时间必须足够长,以保证船员的安全和健康;除非最迟在工作六个半小时后给予休息时间,否则必须在工作六个小时后休息"。"如果船员必须在其预定的休息时间内待命,并且如果休息时间因工作要求而受到干扰,则应给予船员适当的休息时间作为补偿。作为补偿的休息时间必须至少与休息时间中断的持续时间相对应。应保证六小时不间断休息"。①

韩国、英国与德国对船员休息例外规定都有其独特之处,韩国与德国对值班与非值班船员在每周最长工作时间上有不同体现,值班与非值班船员两者的工作内容不同,体现了法条的针对性,这值得我国借鉴。英国的避风港规则在减少船长或船东对船员休息例外的滥用行为上有一定作用,值得我国借鉴。

## 二、船员休假权立法的比较研究

### (一)附条件的带薪休假立法比较

日本《船员法》第七章中规定了"带薪休假",带薪休假是有条件的,需要船员在同一企业的船舶连续工作 6 个月(包括在船舶仪装或修理期间的服务),在之后的一年内给船员提供规定天数的有薪休假。但如若船舶还在航海途中或有其他特殊工程需要,经行政机关许可,可以在航行和施工的必要期间内(施工的情况下限 3 个月内)延期提供有薪休假。② 船员在前款规定的船舶上服务是依命令规定,而从事服务的期间,并且船员因工负伤或疗养而未从事服务以及女性船员因第 87 条第 1 款或第 2 款规定情形,③而未从事工作的时间,在计算前款规定的连续 6 个月服务的期间时,应视为在属于同一企业的船舶上服务的期间。而带薪休假的天数是根据连续工作的时间计算,如若连续工作 6 个月,则有 15 日,后连续工作 3 个月增加 5 天,即连续工作 9 个月,带薪休假 20 日,连续工作一年,则有 25 日。如若一年内未给船员带薪休假,延长了带薪休假的时间,那么每增加 1 个月,就增加 2 日。带薪休假的时期和场所,由船舶所有人和船员协议规定,可依据集体合同规定分期给予。如若在休假前被解雇,必须支付与带薪休假日数相适应的工资、津贴和伙

① 参见德国《海事劳工法》第 45、48 条。

② 参见王秀芬、朱丽颖等:《日本海事法规辑要》,吉林大学出版社 2000 年版,第 126 页。

③ 日本《船员法》第 87 条规定:船舶所有者,不可使用孕妇船员。满足以下各项中任意一个除外:(1)国土交通省所规定的航海,孕妇已提交在船内作业的申请且医师判定对该孕妇的保护无障碍;(2)在航海途中才确定怀孕的女船员,该女船员为实现船舶的安全航行必须从事作业的时候。

食费。

韩国《船员法》第七章规定了船员休假权，船员在船上连续工作 10 个月以上的，享有带薪休假的权利，并且该休假必须在接下来的 6 个月内得到落实，但由于船员故意或者重大过失造成其自身不能在船上连续工作满 10 个月的除外。船员在海上工作期间，带薪休假的天数按照每月 4 日计算，但是在沿海航行的船舶或者驶离本国港口的期间不超过 15 天的船舶上工作的船员，带薪休假的时间按每月 3 日计算。①

日本《船员法》和韩国《船员法》对船员带薪休假比我国规定得详细。日本《船员法》规定了船员在同一企业船舶工作满 6 个月后，在之后的一年内要给予船员带薪休假，如遇特殊情形在一年内未带薪休假，可以延长休假。韩国船员带薪休假满足在船上连续工作 10 个月，且必须在接下来的 6 个月内实现。很显然，韩国《船员法》注意到了长时间在船上工作的船员休息问题，保障了这些船员的休息权和健康权。而我国《船员条例》仅规定了船员享有的法定节假日和年休假。我国的《职工带薪年休假条例》规定职工连续工作一年以上的有权享有带薪年休假。船员休假同时适用《职工带薪年休假条例》和《船员条例》的规定。虽有这些规定，但我国也应注意到在船上长时间工作船员的生理和心理问题，对于带薪休假应在多长时间范围内实现未予规定，不利于保障船员的休息权，因此我国可以学习日本和韩国《船员法》对此的规定。在实践中，我国许多船员是下船即结束合同，日本《船员法》规定的工作满 6 个月后即享带薪休假，结合我国船员的实际情况，如若借鉴日本《船员法》的带薪休假制度，会造成许多短期合同船员不能享受带薪休假，因此《船员条例》更有利于保护船员的休假权。最后，日本《船员法》规定了补偿假日，如若该补偿假日未实现，解雇前应给予船员一定的补偿假日津贴，我国可以借鉴补偿假日津贴，以经济补偿保护下船即被解雇的船员，解决他们享受不到带薪休假权利的问题。

### （二）逐年递增的带薪年休假法律规定

逐年递增的带薪年休假制度可以提高船员休假的福利，有助于船员职业的稳定性，使船员愿意继续选择船员这一职业，减少船员人员的流失。事实上，韩国《船员法》保护船员享受带薪年休假的力度比我国是要更大一些的，这不仅体现在韩国《船员法》规定船员带薪年休假的时间比我国的长，对船员的休息休假制度有比较特别的规定，能够注意到许多船员的休息休假权被损害的情况，而且在分类计算上比我国目前的法律规定更为精准和具有针对性。因而，韩国《船员法》中保护船员休息休假权的规定都是值得我国借鉴和学习的。

综上所述，国际公约、英国、日本、韩国等对船员休息权中补休制度、特殊群体

---

①　参见郑寿德：《（韩国）船员法》，载《中国海商法年刊》1997 年第 00 期。

休息权与分类、船员休息权例外情况和休假权等规定和做法与我国当前法律法规有许多不同，我国在完善自身法律法规时，可以学习借鉴他们的不同规定与做法。

## 第四节　完善我国船员休息休假权的建议

船舶在航行时处于封闭状态，在公海上航行更是与世隔绝，船员在工作结束后只能和船上人员面对面交流，船上娱乐活动也有限，船员无法在孤寂的工作环境中释放压力。因此航运公司应优化船员的休息环境，减少环境问题对船员休息造成的影响。例如提供良好的照明、音乐、供暖、通风和空调，定期对船舶进行维护。除此之外，我们也需要通过完善法律制度和解决实践中船员休息休假问题去保障船员的休息休假权。

### 一、完善船员休息休假相关法律规定

#### （一）健全船员补偿休息制度

虽然我国对船员休息休假已有较为系统的规定，但在实践中要切实保障船员的休息休假权，需要对这些条文及时解释，才能有效保障现有法律法规的运行。

我国法律中未提及“补偿休息”，规定了船员最短休息时间以及一些特殊情况在避免船员疲劳工作情况下进行，作为最短休息时间的例外情况。这些规定本质都是为了避免船员疲劳工作，保护船员休息权和健康权等。我国可以借鉴日本《船员法》的相关规定，以一周为基准，如若一周超过 40 小时或一周内未予以其 1 天的休息，应补偿船员休息日。若由于船舶航行有不可抗力等无法予以船员休息日，则可以延期补偿。如解雇船员前仍未补偿其休息日，则应根据补偿休息日的天数来支付其相应的休息日津贴。但是休息日津贴或加班费等经济补偿不能作为补偿船员休息权被侵害的常规方式，当船员在休息时间进行紧急工作时，在完成工作后应提供其适当的补偿休息时间，以这种方式作为补偿更能够切实保障船员休息休假权，使其身心在休息中得到放松，以更好的状态来面对工作，既能使船舶安全航行，也让船员有一个健康的心理。

#### （二）对女性休息休假权的法律保护进行特殊规定

女性船员相对于男性船员具有生理性的差别，在规定休息休假权时，需要特别关注女性船员的问题。

我国在规定女性船员的休息休假权时，应区分其与一般船员的规定，可以借鉴日本《船员法》对女性船员的特别规定，禁止女性船员在晚间 8 点至早上 5 点之间工作，除非有危及船舶安全的特殊情况或上船前签订的协议中另有规定。而且日本《船员法》对女性船员生理期予以保护，我国也可以借鉴。例如，女性船员在生

理期时享有请求休息的权利。我国现在对女性船员的保护，只规定了结合实际合理安排女性船员的值班休息时间。实际应当做到对女性船员值班休息作出具体化规定，例如可以对女性船员的特殊生理期予以照顾，对该期间的值班工作时间予以限制等，落实这些规定，则可以有针对性地保护女性船员的休息休假权。

（三）细化不同船员休息的法律制度

我国船员休息权的相关制度规定比较笼统，具体细化不够。不同船舶的工作性质和工作量存在不同，不同船员的工作性质等有差别，如若对所有船员的休息时间规定得相同，难免出现对部分船员休息权的损害，无法契合船员休息的需求。

借鉴韩国、德国的有关规定，对值班船员、停港船舶船员的休息进行区分。对值班船员与非值班船员的每周最长工作时间予以规定，例如值班船员一天至多工作 8 小时，一周至多工作 56 小时，情况特殊时每日延长不超 1 小时，每周不超 7 小时；非值班船员每日工作不超 8 小时，每周工作不超 44 小时。对于停靠港口的船舶，如若停靠时间长，超过 7 天，应保证船员有 1 天的上岸休息的权利。也可以借鉴学习英国的法律，英国船员休息时间 1 天至少 10 小时，1 周至少 77 小时。例外情况下保证船员 7 天至少休息 70 小时。船员的休息权的例外情况有其底线，对于在避风港 60 英里范围外活动、从事货物或乘客运输、经营进出或只在英国港口停靠的船舶，属于不适用于船员正常休息时间的例外情况。

## 二、严格执行实践中对船员休息休假的保障

（一）加强船员对休息休假权的重视

根据案例分析，船员在向法院起诉时，对于支付加班费、休假费等，多数将其作为附带请求，很少有单独起诉请求支付加班费或休假费的案例，也存在因诉讼时效已过而被驳回的情况。由此可见，船员对本身休息休假权的重视程度不够，面对市场上许多操作不规范企业对船员带薪休假的规定，船员除了抱怨也只是被动接受。因此，船员需要不断提高自己的权利意识。

1. 培养船员对休息休假权的重视意识。在船员培训前，要让船员清楚休息休假对其的重要性，了解相关法律法规，培养船员收集证据的意识。在遇到延时工作不给加班费等侵权事项时，要及时与船东或船公司沟通，如若沟通不成，则需收集并保存证据，及时向相关部门投诉举报，避免错过诉讼时效而无法保障自身休息休假权的情况的发生。

2. 增强社会上各企业的社会责任意识。一方面呼吁企业保护船员休息休假权，另一方面通过对船员疲劳工作带来工作安全隐患等案例的学习，鼓励企业自觉保护船员的休息休假权。同时各企业也需要学习相关法律法规知识，了解其在侵害船员休息休假权时应当受到的惩罚，航运业以船员职业健康发展为基础，船员的休息休假与企业自身的发展也有着千丝万缕的关系。

### (二)严管虚假记录工作时间的行为

船员一旦开始工作,在船舶这个封闭的空间里,其工作休息都由船东决定。因此,工作时间记录表格作为监督船东是否侵犯船员休息权的主要证据,一些船东或船长在船员休息时间不足后,为了避免被查,会填入虚假的工作信息。

首先,船员自身要学会保护自己的权益,有意识地收集相关证据。在有证据的情况下才能向有关部门投诉。其次,应当针对船长或船东被相关部门查出确实存在虚假记录工作时间的行为,引入行政责任,对于经常损害船员休息休假权益的船东或船长,根据其虚假记录工作时间的次数和程度,建立四个等级的处罚措施,即警告、罚款和暂时吊销许可证和永久性吊销许可证。罚款数额的确定应达到让船东或船长不愿意去冒该风险。最后,要让船东或船长自身对虚假记录工作时间这件事不敢做。一方面通过第二步措施,船东或船长在面对违规成本时,会更仔细考量自己的做法。另一方面对船东或船长进行定期教育培训,学习相关案例知识,了解虚假记录工作时间给船员和自己带来的严重后果,进而达到真实记录工作时间的目的,有效落实保护船员休息权。

### (三)落实带薪休假法律制度

船员带薪休假的制度应落实到位,严格监管船员的带薪休假。一些小企业与船员下船即结束劳动关系的,应补偿其相应的补偿假日费。如若条件允许,港口可以设置专门的部门监管船员的带薪休假落实是否到位。船东未落实船员带薪休假的情况一旦被发现,例如被查到或被起诉侵犯船员的带薪休假权,除应按规定给予船员带薪休假的经济赔偿金,还应被采取惩罚措施,如罚款,带有惩罚措施的规定可以在一定程度上约束船东的行为。

日本的带薪休假制度是船员在一个单位连续工作 6 个月后,在这 6 个月后的一年时间内享有带薪休假的制度,如若因为其他事由在一年内未休假的,则在延长的日子里增加休假天数;韩国对在船上连续工作 10 个月的船员予以休假权,且休假权必须在接下来的 6 个月内得到落实。韩国对不同工龄的船员有不同的带薪休假规定。我国在《船员条例》中规定了船员每两个月享有 5 日的休息时间,在借鉴日本与韩国带薪休假制度时,应结合我国具体实践情况。在实践中,我国除了一些规模较大的航运国企,许多私企与船员之间签订的合同多是短期合同,在船员下船后即解除劳动关系,带薪休假制度不复适用。对此,应具体问题具体分析,自由船员的自由度比较高,可以自主选择上船或休假,但应保证他们在下船时得到应有的带薪休假薪金;与航运企业签订了劳动合同的船员,应保障他们的带薪休假,与航运企业签订劳动合同时间超过 1 年、3 年、5 年、10 年等不同船员的带薪休假可以有不同的等级规定。同时,对连续在船上工作时间较长的船员应保障其休假权,使其身心能够尽快恢复。另外,我国应有相关部门对此进行监管,定期走访,了解船员们带薪休假的情况,是否有休假,以及在休假期间的薪金是多少,对不合格的企业进行记录和劝说,如若企业带薪休假问题出现次数多,则应进行不同等级的行政处罚,如警告、罚款、暂扣营业执照等。日本规定了船员在休假前被解雇的,航运企业必须向其支付与带薪休假日数相适应的工资、津贴和伙食费,我国也可以对此进行借鉴并作出相类似的规定。

## 本章小结

船员休息不足影响船员在船期间的工作效率,关乎船舶航行安全。据相关调查,船员休息休假保护普遍缺乏合规性,这与船员在船期间休息休假权利监管不严、船员在船期间的工作时间不稳定、工作环境与生活环境混同等情况有关。针对船员休息休假受侵害的实际情形,我国劳动立法应当单独为船员制定休息休假规定。具体应当健全船员补休制度,针对船员工作性质制定特色的船员休息休假方式;同时还应当完善船员休息休假的保障制度,加强对侵犯船员休息休假行为的管理。

# 第十三章　船员遣返权利问题研究

船员遣返具有较强的船员职业特点。[①] 船员被遣返回家的权利对船员来说意义重大，尤其是由于船东经营不善破产、海上突发事件或港口国留滞船舶等船员被滞留在国外情况下的遣返尤其必要。然而，现实中船员遣返权的实现仍具有较大挑战性。船员遣返争议主要源于两种类型，一种是正常情况下船员遣返权利被侵害的情形，也就是说船员与船东之间就船员遣返权产生纠纷，具体表现为船员主张遣返费用，往往发生在事后司法救济中，主要的争议围绕船员遣返权的触发条件、内容等，这类问题主要源于船员遣返立法不清，属于船员遣返权立法的问题。另一种是船员被遗弃时的遣返问题，这时船员还被困在船上，船员遣返比较紧迫。这种情况下船员一般已经联系不到船东，此时船员的救济更多是依靠保险公司或者政府的援助，属于遣返的救助机制问题。本章将着眼于关于船员遣返费用的司法案例审判争议以及被遗弃船员的遣返问题，通过完善立法和权利保障体系两个角度研究船员遣返权。

## 第一节　船员遣返权的法律性质及立法问题

在我国法律上，船员遣返权尚不够明确，导致船员遣返权无法得到充分保障，相关纠纷的司法处置存在相当程度的不一致，司法公信力受到损害。根据 Openlaw 对近几年我国船员遣返费用案件进行统计，涉及船员遣返费用的案件自 2012 年逐步增加，2015 年，由于我国航运经济不景气，国内多家航运企业经营

---

① 参见刘功臣、赵晓光、何建中主编：《中华人民共和国船员条例释义》，人民交通出版社 2007 年版，第 84 页。

困难走向破产,[①]导致我国在 2015 年主张船员遣返费用的案件增长到近几年的峰值。[②] 我们通过对判决抽样调查发现,在司法实践中,法院对遣返权性质界定不明确、对遣返费用认定标准不统一,同案不同判的现象相当普遍,应当引起重视。

## 一、船员遣返权问题缘由

为有针对性地研究船员遣返权在实践中存在的问题,从 Openlaw 案例检索数据库中查找涉及“船员、遣返”的案例,检索显示诉讼请求中涉及“遣返费用”的 2553 件海事海商纠纷案例,并对其进行抽样分析。[③] 按照法院审理分布情况[见图 13-1(选取审理数量排名前 11 的法院)],以审理法院为单位,采用简单随机抽样与分层抽样相结合的抽样方法选取 622 个样本逐一进行分析,对样本案例的特点进行分类(见表 13-1、表 13-2),以从样本中总结法院针对船员遣返权存在的问题。

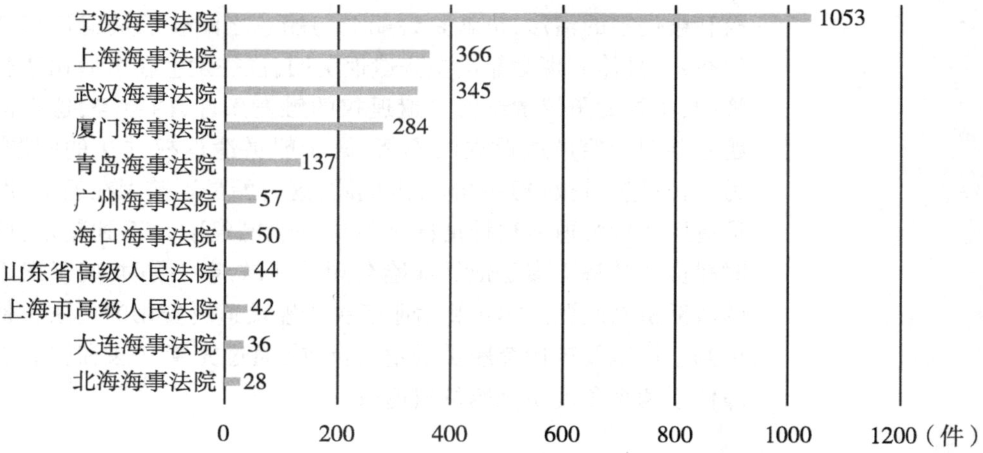


**图 13-1　涉及遣返费用的海事海商纠纷案件法院审理分布**

① 参见《2015 年度十大国内航运新闻》,载航运界 2015 年 12 月 31 日,http://www.ship.sh/news_detail.php?nid=19194。

② 参见 Openlaw 裁判文书网,检索船员,遣返。

③ 参见 Openlaw 裁判文书网,检索船员,遣返。

**表 13-1 各法院判定遣返费用时适用的法律依据统计**

（件）

| 审理法院 | 选取案例总数 | 法律依据 | | | | |
|---|---|---|---|---|---|---|
| | | 《2006 年国际海事劳工公约》 | 《海商法》第 22 条 | 《船员条例》 | | 《海员船上工作和生活条件管理办法》 |
| | | | | 第 27 条 | 第 29 条 | |
| 宁波海事法院 | 225 | 0 | 223 | 0 | 0 | 0 |
| 上海海事法院 | 76 | 0 | 67 | 0 | 33 | 0 |
| 厦门海事法院 | 76 | 0 | 76 | 24 | 61 | 0 |
| 武汉海事法院 | 75 | 0 | 75 | 75 | 75 | 0 |
| 青岛海事法院 | 33 | 0 | 33 | 33 | 33 | 0 |
| 广州海事法院 | 29 | 0 | 13 | 13 | 21 | 0 |
| 海口海事法院 | 19 | 0 | 19 | 19 | 19 | 0 |
| 山东省高级人民法院 | 12 | 0 | 12 | 0 | 0 | 0 |
| 上海市高级人民法院 | 35 | 0 | 35 | 35 | 35 | 0 |
| 大连海事法院 | 25 | 0 | 23 | 1 | 1 | 0 |
| 北海海事法院 | 17 | 0 | 16 | 1 | 1 | 0 |

**表 13-2 各法院判定遣返费用时依据的前提以及对证据的态度**

（件）

| 审理法院 | 支持遣返费用诉讼请求的认定标准 | | | | |
|---|---|---|---|---|---|
| | 支持遣返费用的前提 | | 是否有证据证明费用实际发生的角度认定 | | |
| | 直接支持遣返费用 | 考虑是合同约定而确定是否支持遣返费用 | 没有费用支出的依据直接驳回遣返费用的诉请 | 没有证据酌情计算 | 有证据证明遣返费用的 |
| 宁波海事法院 | 123 | 4 | 81 | 28 | 94 |
| 上海海事法院 | 65 | 16 | 0 | 67 | 15 |
| 厦门海事法院 | 76 | 0 | 0 | 49 | 27 |
| 武汉海事法院 | 75 | 0 | 0 | 75 | 0 |
| 青岛海事法院 | 33 | 0 | 0 | 33 | 0 |
| 广州海事法院 | 21 | 8 | 0 | 5 | 16 |
| 海口海事法院 | 19 | 0 | 0 | 19 | 0 |
| 山东省高级人民法院 | 12 | 0 | 0 | 12 | 0 |
| 上海市高级人民法院 | 35 | 0 | 0 | 35 | 0 |
| 大连海事法院 | 0 | 23 | 0 | 0 | 24 |
| 北海海事法院 | 0 | 16 | 12 | 0 | 4 |

### （一）支持遣返权的法律依据不统一

结合表13-1对各法院适用法律依据的统计，以及对相关案例事实部分进行梳理、总结发现，在判定是否支持遣返费用时，各地法院适用的法律依据很不一致，可以概括为以下三种类型：

第一类，直接适用《船员条例》。厦门海事法院、武汉海事法院、青岛海事法院、海口海事法院、上海市高级人民法院的样本案例显示，法庭一般不考虑船员劳务合同是否约定遣返权，遇到遣返权主张时会根据《船员条例》第27条与第29条，对遣返的理由以及遣返费用的范围进行审查。①

第二类，有约定适用原《合同法》，无约定适用《船员条例》。上海海事法院认为有合同约定就根据合同的约定认定遣返权，②没有合同约定法院直接根据《船员条例》第29条确定遣返费用的数额，选取样本中没有案例显示法庭适用《船员条例》第27条对遣返情形进行审查。③

第三类，仅适用原《合同法》，排斥适用《船员条例》。抽取的样本案例中，宁波海事法院、北海海事法院部分法庭认为当事人双方约定遣返费用则支持，没有约定则不支持。④

另外，根据样本统计（见表13-2）还可以看出，即使在同一法院，法官对遣返权的理解认识也不同，对遣返权的认定前提也可能认识不统一，有的法庭直接认定有遣返权却没有说明其依据。

### （二）《海员船上工作和生活条件管理办法》在司法实践中的缺位

《2006年海事劳工公约》于2016年11月12日对我国正式生效。《2006年海事劳工公约》是在国际劳工组织框架下，经政府、船东和海员三方取得共识后缔结的一部综合性海事劳工公约，对海员的劳动保护和社会保障作出了明确的规定，是中国籍国际航行和国内沿海航行商船海员工作的最低劳动保障。⑤ 因为公约的适用需要国内法来转化，因此从选取的案例统计可以看出，没有案例引用《2006年海事劳工公约》的规定来认定遣返费用。而《海员船上工作和生活条件管理办法》是交通运输部2013年7月26日印发给各直属海事局、中国船级社、各航运公司的，《海员船上工作和生活条件管理办法》是我国加入《2006年海事劳工公约》后为了

---

① 参见厦门海事法院民事判决书，(2015)厦海法商初字第1156号；武汉海事法院民事判决书，(2015)武海法商字第00524号；青岛海事法院民事判决书，(2015)青海法海商初字第906号；海口海事法院民事判决书，(2015)琼海法商初字第198号。

② 参见上海海事法院民事判决书，(2013)沪海法商初字第1084号。

③ 参见上海海事法院民事判决书，(2017)沪72民初967号。

④ 参见宁波海事法院民事判决书，(2016)浙72民初2336号；北海海事法院民事判决书，(2017)桂72民初251号。

⑤ 参见《〈2006年海事劳工公约〉2016年11月12日起对我国正式生效》，载《航海技术》2016年第6期。

落实公约的规定而制定的,属于公约的国内法转化,但法院在司法实务中也没有参照适用。

### (三)遣返费用证明责任分配标准的不统一

根据表 13-2,可以看出在遣返费用相关事实证据认定方面,各地法院的标准也不统一:

第一,不同法院之间证明责任分配不一致。有的法院将遣返费用的证明责任分配给船员,如果船员没有提供关于遣返费用的证据,直接驳回请求。① 而上海海事法院、厦门海事法院、武汉海事法院等对支撑遣返费用的证据认定标准采取较为宽松的态度,只要船员主张遣返费用真实发生并且被告没有相反的证据反驳,无论船员是否提供书面证据,都会支持遣返费用,在没有事实证据的情况下,法庭会酌情判决或者根据其他同船船员的标准进行金额认定。②

第二,同一法院内部证明责任分配标准也不一致。例如,宁波海事法院针对有关遣返费用证明责任的认定存在不一致,在一些案件中,船员虽然对其主张的遣返费标准未提供证据证明,但是法庭会结合路途远近和通常交通费用标准,判定船员胜诉,支持其诉讼请求,酌定遣返费用数额;③但在另一些案件中,由于船员未提供相应证据证明遣返费用数额,则判定其败诉,驳回船员关于遣返费用的诉讼请求。④

## 二、船员遣返权立法基础研究

### (一)船员遣返权的概念

参照《海事法律词典》的解释,船员遣返是指船员因故离船后,外轮代理分公司根据船方委托,为其办理离港或离境手续和进行必要履行安排的一种服务性工作。凡属船方委托的船员遣返工作,其费用由船公司或委托人事先汇达;如属于船员私人提出遣返要求,经船长同意也可按自费进行安排。⑤ 根据《1926 年海员遣返公约》的规定,船员遣返权的概念为,船员在受雇佣期间或受雇佣期满,应享有被送回本国或其受雇佣的港口或船舶开航的港口的权利,⑥并且得到遣返的海员无须承担任何遣返费用。⑦ 日本《船员法》关于遣返权的定义规定,船东在一定条件下,按船员的要求,必须立即支付将船员送到雇佣港或船员居住地或在送到雇佣港、船

① 参见宁波海事法院民事判决书,(2015)甬海法温商初字第 43 号;北海海事法院民事判决书,(2017)桂 72 民初 18 号。

② 参见上海海事法院民事判决书,(2015)沪海法商初字第 381 号;厦门海事法院民事判决书,(2015)厦海法商初字第 831 号;武汉海事法院民事判决书,(2016)鄂 72 民初 893 号。

③ 参见宁波海事法院民事判决书,(2016)浙 72 民初 2341 号。

④ 参见宁波海事法院民事判决书,(2016)浙 72 民初 204 号。

⑤ 参见陈明、王献枢主编:《海事法律词典》,武汉大学出版社 1992 年版,第 86 页。

⑥ 参见《1926 年海员遣返公约》第 3 条。

⑦ 参见《2006 年海事劳工公约》规则 2. 5 遣返第 1 条。

员居住地所需费用范围内能够送到的其他地方的费用。[①] 综上可知，船员遣返权是指船员在受雇佣期间或受雇佣期满，应享有被送回本国或其受雇佣的港口或船舶开航的港口的权利，[②]并且得到遣返的船员无须承担任何遣返费用。[③] 船员遣返权的目的是维护船员的人身权利，保障船员在非常情况下平安回家。

### （二）遣返权的法律界定

对船员劳动权利的漠视是遣返纠纷的社会根源，遣返权的法律性质不明是遣返纠纷的法律根源。遣返权的法律界定包括四个方面：遣返权作为船员基本劳动权利的法定性、遣返权的触发前提、遣返权的义务主体和遣返权的实体内容。

#### 1. 船员遣返权的法定性

司法实践中法院对船员的遣返权是否为法定权利存在不同的认识，遣返权在法律上的界定不明直接导致法律适用的不一致。由于遣返权的法定性不明确，当船员与船东的劳务合同中未涉及遣返费用的时候，对于判断是否支持遣返费用的依据，各地法院存在相当大的差异。有的法院认为船员劳务合同里没有约定遣返费用则应驳回原告对遣返费用的诉讼请求，[④]这时法院偏向于认为遣返权是一项约定权利；有的法院则无论船员劳务合同中是否约定遣返费用，都会支持遣返费用，[⑤]这时法院偏向于认为遣返权是一项法定权利。从支持遣返权的前提和认定遣返费用事实证据态度两个方面可以看出，我国目前在法律层面对遣返权规定不明确，给司法部门在具体法律适用时造成困扰并造成司法结果不统一的困境。

解决这一前提的关键在于明确遣返权是一项法定权利。关于权利的分类，自休谟以后，主要将权利分为应然权利与实然权利。这种划分忽视了一个对权利主体而言非常重要的步骤：自身的权利如何从应然转化为实然。然而，应然权利的法律化是权利实现的一个最重要的途径，尽管权利的法定化并不等于权利的实现。[⑥]从应然权利转化为法定权利再转化为实然权利，是人权在社会生活中得到实现的基本形式。[⑦] 克兰斯顿将权利划分为法律权利和道德权利，他认为，法律权利可以称为“实证权利”，也就是受到实证法承认的权利，而道德权利则是应然的权利。两者显然的区别就在于实证权利必然是可以强制实施的，如果不能强制实施那么就不能是实证权利；而一项道德权利并不必然是可以强制实施的。[⑧] 就遣返权的

---

① 参见日本《船员法》第47条。

② 参见《1926年海员遣返公约》第3条。

③ 参见《2006年海事劳工公约》规则2.5遣返第1条。

④ 参见宁波海事法院民事判决书，(2016)浙72民初2336号。

⑤ 参见上海海事法院民事判决书，(2017)沪72民初967号。

⑥ 参见郝铁川：《权利实现的差序格局》，载《中国社会科学》2002年第5期。

⑦ 参见李步云：《论人权的三种存在形态》，载《法学研究》1991年第4期。

⑧ 参见黄金荣：《司法保障人权的限度——经济和社会权利可诉性问题研究》，社会科学文献出版社2009年版，第34页。

法定性而言，美国法院有判例认为，尽管合同当事人的权利应当在合同中具体约定，[①]但是，船员遣返的权利是隐含在合同中法律推定的权利。[②] 船东有义务允许船员留在船上直到该船在航行结束后返回（装运港），[③]除非航行的目的港口是船员的居住地所在地。[④] 由此可见，美国法院在判例中确定了遣返的法定性，将遣返权规定为法定权利，给予了船员的遣返权更加强有力的法律保障，更有助于其成为实然权利。

2. 船员遣返权的触发前提

航海广泛被认为是一项危险的工作。船员在船服务期间，跟随船舶航行于全国各地和世界各地，可能遇到上船协议到期或者劳动合同到期等情况，也可能遭遇各类突发事件，需要下船。船员遇此类情况离船时往往身处异地、异国，难以寻求经济上的支持和亲友的帮助自行返家。此时，船员用人单位或者船舶所有人作为船员身处异国他乡的指派者、船员服务的受益者，有责任、有义务动用自己的经济资源、社会资源帮助船员返家。[⑤] 为了平衡船员与船员用人单位或者船舶所有人之间的利益，遣返权触发前提的确定非常重要，一来可以确定遣返权法定权利的性质，二来可以明确权利边界。

（1）遣返权触发前提的规定

目前，我国《船员条例》和《海员船上工作和生活条件管理办法》中规定了船员遣返情形。《船员条例》是根据《1926 年海员遣返公约》、参考《2006 年海事劳工公约》的规定制定，[⑥]而《海员船上工作和生活条件管理办法》是根据《船员条例》以及《2006 年海事劳工公约》制定的，《船员条例》和《海员船上工作和生活条件管理办法》中关于遣返权的表述大致是相同的，《海员船上工作和生活条件管理办法》与《船员条例》相比更加贴近《2006 年海事劳工公约》的要求，但因其法律层级较低，在司法实务中没有得到参考适用，因此，我们认为船员遣返权的触发前提应在《海商法》中确定。我们将国内外遣返情形进行整理，分为以下三类。

第一，在船员劳动合同解除时产生的遣返情形，我国这一类遣返情形主要包括船员的劳动合同或者上船协议终止或者依法解除；船员不具备履行船上岗位职责能力；船舶灭失；由于破产、变卖船舶、改变船舶登记或者其他原因，船员用人单位、船舶所有人不能继续履行对船员的法定或者约定义务。由此可见，我国目前对船

---

① See Johnson v. Standard Oil Co. of New Jersey, 33 F. Supp. 982 (D. Md. 1940).

② See Worth v. The Lioness No. 2, 3 F. 922 (E. D. Mo. 1880).

③ See Keep v. White, 195 A. D. 736, 187 N. Y. S. 736 (2d Dep't 1921).

④ See Thompson v. the Sam Brown, 45 F. 508 (W. D. Pa. 1891).

⑤ 参见刘功臣、赵晓光、何建中主编：《中华人民共和国船员条例释义》，人民交通出版社 2007 年版，第 84 页。

⑥ 参见刘功臣、赵晓光、何建中主编：《中华人民共和国船员条例释义》，人民交通出版社 2007 年版，第 84 页。

员劳动合同解除的规定基本是普通劳动者的劳动合同解除条件的改写，在此基础上，缺乏船上中途患病遣返的条款，无论是《2006 年海事劳工公约》[①]还是日本《船员法》、挪威《船员法》等都将患病遣返情形作为一项单独的遣返情形。在船船员的健康状况，无论是从船舶安全航行的角度还是船员生命健康的角度考虑，都有非常重大的意义。因此，在遣返情形中应当有该类规定体现，在船员获得遣返权的情形中增加"船员由于职务内原因导致的受伤、疾病或其他健康问题不能履行其职责，需要遣返的情形"。[②]

第二，根据船员职业的特殊性产生的遣返情形，主要包括未经船员同意，船舶驶往战区、疫区的；船员连续在同一船上服务超过 12 个月。[③] 这部分强调的是船员在船上连续工作最长时间的确定问题。《2006 年海事劳工公约》在标准 A2. 5 中规定的最长的船上服务时间为 12 个月。在这方面，挪威《船员法》对船员的保护力度较大，将船员在同一船上或同一公司所有的船舶上从事远洋航行最长的时间规定为 6 个月，并且挪威《船员法》为了更好地保护船员，规定其贸易和工业部可以针对船员遣返权部分进行更加具体的规定，例如在遣返权产生条件方面，可以规定遣返到居住地以外的地方；特殊情况下，服务期限可以短于 6 个月。[④]

第三，凸显对特殊船员特别保护的遣返情形，例如，《2006 年海事劳工公约》中规定未成年船员首次在国际航行船舶上实习或者见习 4 个月后，表现出不适应海上生活的，应当尽快安排其在合适的港口遣返。[⑤] 挪威《船员法》中专门规定"怀孕船员已获准休假的"为遣返情形之一。而我国目前关于遣返情形的立法中缺少对特殊船员（未成年船员、女性船员等）的特别照顾。

（2）遣返权除外情形的处理经验

《2006 年海事劳工公约》规定船员除了严重失职的情况外都应享有遣返权。

---

① 参见《2006 年海事劳工公约》B2. 5. 1"因患病、受伤或其他健康问题需要遣返且身体状况适于旅行"。

② 日本《船员法》第 47 条规定："船员获得遣返权的情形有：因船舶沉没或灭失、完全不适航、或在 1 个月期间内下落不明而推定船舶灭失而使雇佣合同终止的情形；船东在船员明显不胜任职务或其他不得已情况下解除雇佣合同的情形；船员由于职务内除故意或重大过失导致的受伤或者疾病不能胜任职务，船东与其解除合同的情形；在雇佣契约成立时船舶丧失了国籍或雇佣契约所规定的劳动条件和事实明显不符的情况下解除雇佣合同的情形；无固定期限的雇佣合同，船东或船员已在 24 小时以上书面申请解除合同的情形；船东变更后，船员按照原雇佣合同的解除条件要求解除合同的情形；船员因为没能取得健康证明而被解除雇佣合同的情形。"

③ 参见《船员条例》第 27 条，《海员船上工作和生活条件管理办法》第 32 条。

④ See Act of 21 June 2013 No. 102 relating to employment protection, etc. for employees on board ships (Ship Labour Act), As amended, most recently by Act of 16 June 2017 No. 51 (in force on 1 January 2018) and Act of 16 June 2017 No. 72 (in force on 1 July 2017), Section 4-6.

⑤ 《2006 年海事劳工公约》导则 B2. 5. 2-成员国实施中规定："首次出航国外的 18 岁以下未成年海员在船上服务至少四个月后，如显示出不适应海上生活，应给予该未成年海员从设有船旗国或其国籍国或居住国领事馆的第一个合适的挂靠港口被免费遣返回国的机会。"

但是《2006年海事劳工公约》中没有明确什么行为称得上"严重失职",也没有规定"严重失职"行为的认定情形与主体,因此,各国立法、司法实践规定不一。日本《船员法》将"故意或重大过失"作为除外情形,并将其确定为"船员明显地怠慢职务或者有职务上的重大过失时;船员没有在船长指定的时刻到港时;船员明显扰乱船内秩序时",除此之外将船员因工作外的原因受伤、患病的情况也排除在船东应当遣返的范围外。[①] 美国有判例认定"当船员由于自身的不端行为被解雇,船东没有义务承担遣返费用"。[②] 由此可见,该案法官认为船员的不端行为达到被解雇的程度时船员则不享有遣返权。而我国《海商法》和《船员条例》中没有对遣返除外情形进行规定,《海员船上工作和生活条件管理办法》中规定"海员经海事管理机构认定出现严重违反海事管理规定的情况"下船东不支付遣返费用,也就是说我国将"严重违反海事管理规定的情况"认定为《2006年海事劳工公约》中提到的"严重失职"的行为,但是"海事管理规定"范围太过宽泛,这对船员来讲有失公平,也不具有操作性,因此,这里改为"用人单位的规章制度"更加合理。再有将是否严重失职的认定主体规定为"海事管理机构"也有不妥,如若对遣返情形需要由海事管理部门认定,无疑相当于为此类案件增加了前置程序,不仅影响司法的效率,也有失权威性,将最终认定主体回归给法院更具有可行性。

3. 船员遣返权义务主体

(1)船员遣返权义务主体的确定

根据《2006年海事劳工公约》的有关规定,遣返义务的承担者是船东,当然船东有根据第三方合同安排收回遣返费用的任何权利。[③] 我国《船员条例》的第29条明确规定"船员的遣返费用由船员用人单位支付"。本条明确了船员遣返费用的承担者,即船员的遣返费用由船员用人单位承担,无论该船员用人单位是否为船舶所有人。[④] 对船员遣返权的义务主体应当在《船员条例》的基础上增加船舶所有人,因为在我国船员外派的情形下,船员用人单位和外籍雇佣者可能不是同一主体,为了最大限度地保障船员的遣返权,应当将船员用人单位和船舶所有人均定为船员遣返权义务主体。

(2)国家有义务保障船员遣返权利的实现

《2006年海事劳工公约》中规定,如船东未能为有权得到遣返的海员安排遣返或负担其遣返费用,船舶悬挂其旗帜的成员国的主管当局应安排有关海员的遣返;如未能安排,海员遣返的起程国家或海员国籍国可安排遣返,并向船舶所悬旗帜成

---

① 参见日本《船员法》第47条第8款第2项、第40条第2~5款。

② See American Foreign S. S. Co. v. Matise, 423 U. S. 150, 96 S. Ct. 410, 46 L. Ed. 2d 354, 1975 A. M. C. 2594 (1975); Kraljevic v. Panam Trinity Shipping, S. A., 1998 WL 230188 (E. D. La. 1998).

③ 参见《2006年海事劳工公约》标准A2. 5-遣返。

④ 参见刘功臣、赵晓光、何建中主编:《中华人民共和国船员条例释义》,人民交通出版社2007年版,第86页。

员国收回费用；船舶悬挂其旗帜的成员国应能够向船东收回遣返海员发生的费用。[①]

相应地，我国在《船员条例》第30条也有相关规定，其中蕴含三层含义：(1)明确我国政府中处理船员遣返事宜的主管机构，当船员的遣返权遭到侵犯或者延迟时，船员在境内时由船员当时所在地的民政部门处理相关事宜；船员在境外时由我国驻境外的领事机构处理相关事宜。(2)对民政部门和领事机构的援助工作内容提出了要求，在船员提出援助申请或者发现船员需要援助时，需要接受申请或主动提出援助。(3)强调了船员用人单位是船员遣返费用的最终承担者。[②] 我国在《船员条例》中确定我国政府在保障船员遣返过程中的义务，但是没有明确具体申请程序以及缺乏时效性的规定，尤其是针对身处在异国的海员，若不及时进行遣返容易导致海员被遗弃。对船员向政府机关申请的程序，以及政府处理时效等都需要进行细化。菲律宾作为目前船员输出大国，在《海外劳工与海外菲律宾人法》劳工遣返一章专门规定遣返程序：当海外劳工雇主未支付遣返费用，海外劳工可以向海外劳工办公室求助，菲律宾海外劳工办公室会将海外劳工的遣返要求通知菲律宾海外劳工福利机构以及菲律宾海外就业署，菲律宾海外就业署会向遣返义务方发出通知，并要求其在接到通知的48小时内，向菲律宾海外就业署或菲律宾在海外的领事馆提供海外劳工遣返所需要的机票，并将该行为向菲律宾海外就业署备案。若海外劳工雇主不承担该责任，海外劳工福利机构会提供该遣返费用，同时享有向海外劳工雇主追偿的权利。[③] 由此可见菲律宾的最终遣返义务主体是海外劳工雇主，并在实践层面有程序性的规定，配合救助、监管的机构也较为明确，有利于在海外的本国船员的权利迅速得到保护，这方面值得我国借鉴。

4. 遣返权的实体内容

遣返权主要涉及三个方面的内容：遣返费用、遣返方式以及遣返地点的确定。

在选取的案件样本的研究中，可以总结出司法实践中确定遣返费用的争议较大，争议焦点主要来源于没有证据证明遣返费用支出(如车票、住宿费发票等)的情况下是否可以支持遣返费用以及遣返费用包含的事项范围。

首先，不同法院针对没有事实证据证明遣返费用真实存在而对是否支持遣返费用判定不一的情形，分歧主要源于不同的法官对遣返费用的举证责任认定的观点不同。民事诉讼中举证责任分配一般遵循的原则是“谁主张，谁举证”，而在特殊情况下需要遵循举证责任倒置。理论上实现举证责任倒置的路径有在民事实体

---

① 参见《2006年海事劳工公约》标准A2.5。

② 参见刘功臣、赵晓光、何建中主编：《中华人民共和国船员条例释义》，人民交通出版社2007年版，第87页。

③ See Republic of the Philippines, Omnibus Rules and Regulations Implementing The Migrant Workers and Overseas Filipinos Act of 1995, As Amended By Republic Act No. 10022, Rule XIII, Sec 3.

法中对举证责任实行倒置、由最高人民法院在司法解释中规定举证责任倒置、由法官在针对个案的裁判中倒置举证责任、当事人在证据契约中倒置举证责任。[①] 而目前我国还没有在实体法或司法解释中规定主张遣返费用可以采取举证责任倒置,法院可以根据不同案件的实际情况,推定可否适用举证责任倒置,这是法院在诉讼程序上的自由裁量权。[②] 由此可见,法官有权利根据案件实际情况确定遣返费用是否适用举证责任倒置。船员相对于船东来说属于弱势群体,出于对弱势群体的保护,个案中关于遣返费用的诉讼请求适用举证责任倒置是合情合理的。司法实践中对该问题的认定观点不一,主要是因为没有在法律层面明确在遣返费用上可采用证明责任倒置,遣返权关乎船员的生命权,因此我们认为在遣返费用举证责任的分配上应当对船员有倾向性保护,只要船东没有证据证明遣返费用没有发生,法官就可以根据客观实际情况酌情确定遣返费用的数额。

其次,关于遣返费用的范围的确定,《2006 年海事劳工公约》规定船东应承担的遣返费用至少包括:到达遣返目的地的旅费;从海员离船时起至抵达遣返目的地时止的食宿费;如本国法律、法规或集体协议有规定,从海员离船时起至抵达遣返目的地时止的工资和津贴;将海员个人行李 30 公斤运至遣返目的地的运输费;必要时,提供医疗使船员身体状况适合前往遣返目的地的旅行。[③] 我国《船员条例》第 29 条规定遣返费用包括船员乘坐交通工具的费用、旅途中合理的食宿及医疗费用和 30 公斤行李的运输费用。我国目前关于遣返费用的规定范围较窄,并不能完全填补船员在遣返途中的花费。相比我国的规定,日本船东必须支付与遣返船员所需日数相应的工资额等额的遣返津贴,遣返津贴在船东遣返时按月支付,在支付代送费用时,必须同时支付。[④] 美国在判例中对于遣返费用还确定了,如果船员无法返回到其原先被雇佣的装运港,船员有权利获得在岸上等待遣返期间的生活费[⑤]和遣返船员回其登船港口的费用[⑥]。也就是说,船员在岸上等待期间的生活费也是遣返费用的一部分。可借鉴日本和美国的做法进行补充,一方面有效填补船员的遣返费用,另一方面更有助于提高遣返的效率。

关于遣返方式和遣返地点的确定,各国根据《2006 年海事劳工公约》的规则制定的标准比较统一,尽可能为船员提供便利。关于遣返方式,《2006 年海事劳工公约》要求船东负责通过适当和快速的方式对遣返作出安排,通常的旅行方式应为乘

---

① 参见李浩:《举证责任倒置:学理分析与问题研究》,载《法商研究》2003 年第 4 期。

② 参见邓代红、王映辉:《民事诉讼举证责任倒置的若干问题》,载《法学评论》1993 年第 6 期。

③ 参见《2006 年海事劳工公约》导则 B2. 5. 1-应享权利。

④ 参见日本《船员法》第 49 条。

⑤ See Alaska S. S. Co. v. Gilbert, 236 F. 715 (C. C. A. 9th Cir. 1916); The Trader, 17 F. 2d 623 (E. D. S. C. 1926).

⑥ See Johnson v. Isbrandtsen Co. , 91 F. Supp. 872 (E. D. Pa. 1950), judgment aff'd, 190 F. 2d 991 (3d Cir. 1951), judgment aff'd, 343 U. S. 779, 72 S. Ct. 1011, 96 L. Ed. 1294 (1952).

坐飞机。日本规定在遣返船员时,船东除非有正当理由,运输工具必须符合船员的要求。[①] 我国《船员条例》中并没有直接对交通工具进行限制。有学者认为合理的交通工具乘坐标准可以在集体合同、劳动合同中约定;也可由船员用人单位与船员协商确定,所确定的标准不得低于集体合同、劳动合同约定的标准。[②]《海员船上工作和生活条件管理办法》中关于船东对船员遣返至遣返目的地途径安排增加了通过方便、快捷的方式使海员抵达遣返目的地的要求。关于遣返地点,《2006 年海事劳工公约》规定,海员可被遣返的目的地应包括可视为海员与之存在实质性联系的国家,并有权从规定的目的地中选择其将被遣返的地点。各国国内立法,在避免船员任意选择遣返地点从而增加船东的成本的基础上尽可能为船员提供便利。例如,日本规定,原则上遣返地点为雇佣港或雇佣契约成立时的居住地,为了加强对船员的保护,将遣返地点扩大到到达雇佣港或雇佣契约成立时的居住地的任一地点所需费用的范围内能够送回的其他地点;[③]我国《船员条例》第 28 条[④]则将遣返地点分为法定地点和约定地点,船员在列明的法定地点中选择一个作为遣返地点时,船员用人单位必须接受,船员选择法定地点以外的遣返地点时,船员用人单位可以同意,也可以拒绝。[⑤]

## 三、我国船员遣返权的立法建议

通过对遣返权的具体法律界定还原遣返权应然的状态。目前我国司法实践对遣返权认定不统一的主要原因在于法律层面上没有明确遣返权的性质以及具体的规定。现正值《海商法》修改期间,试从遣返权引入《海商法》的必要性、具体条文设计的价值取向和框架及条文规范具体内容等方面提出合理化的立法建议。待将来起草"船员法",将遣返权纳入"船员法"的劳动基准中。

### (一)统一船员遣返相关的规定,将遣返权纳入《海商法》

一项权利是否适合由法院进行裁判,首先要看这种权利是否具有坚实的法律基础,即这项权利规定是否清晰。[⑥] 如果立法规定清晰,那么法院适用过程中自然会统一,船员的权益更容易得到充分的保障。

---

① 参见日本《船员法》第 47 条第 8 款第 3 项。

② 参见刘功臣、赵晓光、何建中主编:《中华人民共和国船员条例释义》,人民交通出版社 2007 年版,第 86 页。

③ 参见日本《船员法》第 47 条。

④ 《船员条例》第 28 条规定:"船员可以从下列地点中选择遣返地点:(一)船员接受招用的地点或者上船任职的地点;(二)船员的居住地、户籍所在地或者船籍登记国;(三)船员与船员用人单位或者船舶所有人约定的地点。"

⑤ 参见刘功臣、赵晓光、何建中主编:《中华人民共和国船员条例释义》,人民交通出版社 2007 年版,第 86 页。

⑥ 参见黄金荣:《司法保障人权的限度——经济和社会权利可诉性问题研究》,社会科学文献出版社 2009 年版,第 209 页。

目前，国内涉及遣返费用的规定散见于《海商法》《船员条例》《海员船上工作和生活条件管理办法》等规定中。实际法律适用过程中，只要当事人请求支付遣返费用的同时主张优先权，则都会适用《海商法》第22条。但是涉及遣返费用的认定问题时，实务中的法律适用则存在差异。在抽取的案例中是否适用《船员条例》的情况有所不同，而且适用的情况与条款也不统一，而关于《海员船上工作和生活条件管理办法》在抽取的619份案例中则无一案例参照适用。① 针对船员遣返权在司法实践中认定不统一的问题，最佳的解决方案是在法律层面将其进行统一规定。船员的劳动权利应系统地规定在“船员法”中，由于我国目前还没有“船员法”而且“船员法”的实现还需要很长一段时间，因此需要在《海商法》中尽早考虑规定船员的遣返问题。一方面是为了履行《2006年海事劳工公约》缔约国的义务；另一方面是由于船舶优先权条文中已经确定了船员遣返费用的优先权地位，而《海商法》的条文里却没有关于遣返权的其他规定从而导致各法院认定不一，为了使法律适用统一，实现同案同判，应当把遣返权的具体规定引入《海商法》。

（二）遣返权条文设计的价值取向以及条文结构基本思路

遣返权进入《海商法》首先要考虑条文的基本价值取向，然后遣返权是一个复杂的权利体系，并不能将其内容全部引入《海商法》，具体引入内容需要结合《海商法》本身性质、《2006年海事劳工公约》的特点以及目前我国具体履约情况确定。

1. 遣返权条文设计的基本价值取向

立法是个利益平衡的过程，在保护劳动者权益的同时还需要注意劳动成本也是企业运营的成本之一。在我国海洋强国的背景下，我们不仅要培养出一批高水平的船员也要考虑吸引船东在我国进行注册。从吸引船东在我国注册的角度来说，船东选择在一个国家注册而不是在另一个国家注册，会考虑节省成本的问题，考量的因素包括在该注册国家给定劳工成本标准明确，或者该注册国家的标准比另一个国家更低、更灵活，船员的遣返费用是雇佣船员的成本也是重要的考量标准之一。② 因此在授予权利的同时还要注意权利的限度，合理设置遣返权的适用条件，平衡好劳资之间的权益。但是，整个权利体系中生命健康权优于其他权利，遣返权关乎船员的生存权，尤其远洋船员可能发生的被遗弃，给船员的生命、健康造成威胁，所以整个遣返权利体系的设计上应凸显对船员的倾向性保护。

2. 条文框架设计需要考虑全面履行《2006年海事劳工公约》

《2006年海事劳工公约》提供了一个提升船员待遇、使他们获得体面工作环境的大好机会，如果不能抓住机会并全面完善及修正国内船员权益保障方面的立法，

---

① 本章选取案例全部为《海员船上工作和生活条件管理办法》（2013年7月26日）生效以后的案例。

② See Iliana Christodoulou-Varotsi & Dmitri A. Pentsov, *Labor Standards on Cypriot Ships: Myth and Reality*, Vanderbilt Journal of Transnational Law, Vol. 37:647, p. 647-725(2004).

船员数量质量齐下降的趋势将可能延续。① 国内法院审理案件过程中没有适用《2006年海事劳工公约》主要有两个原因：第一，一国缔结或参加了国际公约之后，缔约国通常需要将公约并入或转化为国内法。② 关于我国所缔结或参加的国际公约在国内适用的问题，我国采取的是逐一立法的方式。也就是说，只有当我国的一项立法明确规定某项或某类公约可在我国直接适用时，公约才可以通过并入的方式直接在我国适用；否则，只有通过制订国内法的方式，将公约内容转化为国内法。我国的《宪法》和《立法法》都没有对国际法与国内法的关系作统一的一般性规定，在一些涉及特定领域的外国人权利或者民商事法律中有规定直接适用国际公约的，或者在国际法和国内法相冲突的情况下优先适用国际条款。但是在涉及公民基本权利的法律中，诸如《劳动法》对于适用相关国际公约的问题没有提及。③ 因此，对于法院来说，立法的沉默必然使法院在此类问题上采用非常谨慎的态度，也就是说，立法没有引入国际公约，是这类案件没有直接适用国际公约的直接原因。第二，我国法官不够重视《2006年海事劳工公约》的内容，公约的适用范围是适用于中国籍国际航行和国内沿海航行的商船海员，不包括内河船员，而国内审理船员案件并不会对船员进行分类适用法律，忽略了公约的要求。因此，无论是从顺应国际公约国内适用的角度，还是从引起法官重视公约的角度，为了使中国的船员更好地受到公约保护，应当在《海商法》中引入公约，但是引入不是简单地全盘托出，应该结合公约的特点以及我国目前的履约情况分别进行引入。

《2006年海事劳工公约》在条文设计方面分为两部分，一部分是强制性规定，另一部分是指导性规定，这两方面结合起来对遣返权从适用的条件到范围作出了较为全面的规定。第一部分国内应当完全适用，强制性规定往往都是比较模糊的规定，仅强调保障的底线，而指引性规定更加细化，各国在具体化的过程中可以参照，而不作强制性规定。④ 针对公约的这一特点，《海商法》可以通过确定性规则和准用性规则⑤相结合的方式进行规定。

为了使船员的遣返权能够在我国全面落实，应结合我国实际履约能力通过确定性规则将《2006年海事劳工公约》B部分指引性规定在《海商法》中进行确定，明确其标准，从而在国内法适用的过程中实现统一，需要强调的是这里并不主张公约

---

① 参见邵帅、郭萍：《维护海员权益法律保障机制研究：从部分国家和地区履行〈2006年海事劳工公约〉的角度》，载《中国海商法研究》2012年第1期。

② 参见车丕照：《论条约在我国的适用》，载《法学杂志》2005年第3期。

③ 参见黄金荣：《司法保障人权的限度——经济和社会权利可诉性问题研究》，社会科学文献出版社2009年版，第377页。

④ 参见《2006年海事劳工公约》规则2.5-遣返。

⑤ 确定性规则是指直接而明确地规定某一行为规则的内容，无须援引其他立法文件加以说明的法律规则。准用性规则是虽然没有直接规定某一行为规则的内容，但明确指出在这个问题上可以适用其他法律条文或法律文件中某一规定的规则。（朱景文主编：《法理学》，中国人民大学出版社2008年版，第356页。）

规定的所有需要转化的指引性规定都纳入《海商法》,公约中遣返权利体系涉及船东、船员以及成员国三方主体,从权利确定以及权利保障两方面展开,权利保障方面涉及行政管理的规定以及成员国义务的承担,经调研发现目前履约的部门主要是海事局,例如上海海事局有专门研究《2006 年海事劳工公约》的研究小组,并且目前已颁布的《船员条例》和《海员船上工作和生活条件管理办法》主要执行主体也是国家海事管理机构,因此我们认为遣返权进入《海商法》主要解决司法实践中对《2006 年海事劳工公约》的漠视问题。避免造成《海商法》体例冗杂,仅将遣返权利体系中涉及船东与船员权利义务的部分纳入《海商法》中,其余涉及行政管理性规定应在其他法律法规中加以确定。

此外,在遣返部分增加一条准用性规定,涵盖《2006 年海事劳工公约》以及其修正案中的强制性规定,这些规定我国作为成员国必须全面履约。由于《海商法》的篇幅有限,不能把公约中的所有的强制性规定内容都直接吸收并且公约每两年进行一次修改,修正案中关于遣返权的规定也可能会更新。因此,将公约本身和修正案的强制性条款的内容直接引入《海商法》,在立法层面明确船员遣返权保护适用公约的强制性规定,指引法官适用并关注公约的变化,更有利于保护船员的合法权益,并且确定公约在我国法定地位,为其他行政法规规章的细化提供法律层面的依据。

(三)船员遣返权具体条文设计

结合司法实践,目前我国船员遣返权利确定方面的问题主要有遣返权的法定地位、义务主体、遣返权内容的确定。应当在《海商法》中增加 3 条关于遣返权的规定:第一,包括触发前提以明确遣返权的法定地位;第二,明确界定遣返权的范围和义务主体的规定;第三,增加指引适用《2006 年海事劳工公约》的条款,这一条不单独设置在遣返权条款中,应在船员章与其他的内容统一设置。因此,本部分只讨论第一、二点的条文设计。

1. 明确遣返权利法定地位的规定

首先,应在法条中引入遣返权的概念,遣返权是一个权利体系,其内容不仅仅包括享有请求支付遣返费用的权利,还包括选择遣返地点和遣返方式的权利,因此在触发情形的条款设计中应使用遣返权的概念。其次,具体遣返权情形的确定在《海员船上工作和生活条件管理办法》《船员条例》的基础上进行改进,由于船员工作条件及船员的健康无论对船舶的安全运行还是船员自身来说都非常重要,增加“船员由于职务内原因导致的受伤、疾病或其他健康问题不能履行其职责,需要遣返的情形”为享有遣返权的情形;综合考虑美国相关实证研究“在船时间超过 200 天增加医疗遣返的概率”的数据,我国虽然无法达到挪威船员在船最长时间 6 个月的高福利,但是我们结合调研结果,在《2006 年海事劳工公约》基础上适当提高标准,规定 10 个月还是可行的。另外,增加对特殊船员的特别保护条款,该条款具体可以表述为："船员在船工作期间，有下列情形之一的享有遣返权：(一)船员的劳动合同或者上船协议终止或者依法解除的；(二)船员不具备履行船上岗位职责能力的；(三)船舶灭失的；(四)未经船员同意，船舶驶往战区、疫区的；(五)由于破产、变卖船舶、改变船舶登记或者其他原因，船员用人单位、船舶所有人不能继续履行对船员的法定或者约定义务的；(六)船员由于职务内原因导致的受伤、疾病或其他健康问题不能履行其职责，需要遣返的情形；(七)船员连续在同一船上服务超过10个月的；(八)怀孕船员已获准休假的；(九)未成年船员首次在国际航行船舶上实习或者见习4个月后，表现出不适应海上生活的。"

2. 遣返权义务主体和内容的规定

本条综合考虑外派船员法律关系的复杂性，将船员用人单位和船舶所有人均规定为遣返权义务主体。并将遣返费用、遣返地点、遣返方式、义务主体概括为遣返权的内容条款进行统一规定，遣返方式和遣返地点沿用《海员船上工作和生活条件管理办法》的规定，在遣返费用范围中借鉴日本和美国的相关规定进行补充。具体条文可表述为："对于满足遣返条件的船员，船员可以从下列地点中选择遣返目的地：(一)船员接受招用的地点或者上船任职的地点；(二)船员的住所或者户籍所在地；(三)船员与船员用人单位或船舶所有人约定的地点。船员用人单位或船舶所有人应当及时做出安排并通过方便、快捷的方式使船员抵达遣返目的地。除非船员经法院认定出现严重违反用人单位的规章制度的情况下，船员的遣返费用由船员用人单位或船舶所有人支付。遣返费用包括船员等待遣返期间的生活费、乘坐交通工具的费用、旅途中合理的食宿及医疗费用、30公斤以内行李的运输费用和遣返船员所需日数相应的工资额等额的遣返津贴。"

## 第二节　被遗弃船员的遣返权益保障问题

"雪曼斯"轮系俄罗斯籍远洋运输船，2009年11月，该轮自阿根廷外大西洋西南海域承运一批冷冻鱿鱼到达舟山港，货物变质受损。货主以该轮冷冻设备故障导致其托运的冷冻鱿鱼严重受损为由，向宁波海事法院申请扣押停泊于舟山港马峙锚地的"雪曼斯"轮，要求船方提供300万元担保。宁波海事法院审查后依法裁定扣押"雪曼斯"轮，责令"雪曼斯"轮船东向法院提供300万元或其他可靠担保。但该轮船东已被宣告破产，由破产管理人接管，破产管理人因忙于破产事务无暇顾及涉案纠纷，外籍船员困顿无助，一名外籍船员在扣押期间因病死亡。对此，宁波海事法院先行垫付船员遣返费，在做好船舶交接后，立刻安排船员回国，最后将政府部门垫付的外籍船员医疗费、殡仪馆存放费及遗体火化费等纳入船员遣返费用向船东追偿,兼顾中外各方利益,促使这一涉外事件快速妥善解决。[①]

2016 年 12 月 20 日,我国江苏省"联合女神号"货轮被扣押。该事件源于船东远浩船务破产,导致资金链断裂,拖欠国外油商油款,因此油商向印度孟买法院提出申请后,随即当地扣押该轮。被困在印度的除了"联合女神号"货轮外,还有船上已经被拖欠 5 个多月工资的 23 名船员。不仅被困船员基本的生活得不到保障,而且长时间扣押在异国无法与家人团聚致使其心理几近崩溃。[②] 万般无奈之下,船长向江苏新闻广播发出求助信息。2017 年 2 月 12 日,江苏新闻广播播出了《江苏"联合女神号"货轮在印度被扣押 23 名船员被困一个多月亟盼回家》的独家报道,报道播出之后,引起国内有关部门和中国驻加尔各答总领馆的高度重视。在各方的积极努力协调下,2017 年 3 月 30 日下午,"联合女神号"上的船员已经全部登陆上岸,陆续回家。[③]

以上两个涉及遣返的案件都是由于船东破产或者资金链断裂没能履行实际经营中的合同义务而对第三方违约,第三方向法院申请扣押船舶"以船抵债",此时船东不能及时履行遣返的义务导致船员的遣返权利得不到保障,最终在公权力参与下船员获得了遣返。国家作为保障船员遣返权的重要主体,对船员遣返的保护制度对被遗弃船员的遣返效率产生重要影响。

## 一、被遗弃船员遣返保障机制存在的问题

《2006 年海事劳工公约》标准 A2. 5 规定,船东须负担其海员的"遣返"费用,在 2014 年第一次修正案中,增加了对遣返船员财政担保的规定。修正案于 2017 年 1 月生效,目的在于确保船旗国提供足够的财务担保系统,以支付被遗弃海员的遣返费用以及工资等。财务担保系统的形式可以是社会保障体系、保险、国家基金或其他类似的安排,须由成员国在与有关的船东组织和海员组织协商后决定。根据修正案,所有加入《2006 年海事劳工公约》的船舶都应在明显的位置上陈列由保险人或其他金融担保机构签发的财务担保证书或其他证明文件,若船员被船东遗弃,船员可要求财务担保机构承担保险责任。责任范围包括船员必要的食物补给、住所、在船上生存所必需的燃料以及必要的医护,特别是欠付的工资及遣返的费用。[④] 没有这种财务担保证明的船舶将会被公约缔约国的任何港口国扣留。因船员人身伤害、伤残和死亡而引起的赔偿责任,还需提供进一步的担保。这样,船东

① 参见宁波海事法院民事判决书,(2010)甬海法舟商初字第 48 号。

② 参见中国航务周刊:《"联合女神号"23 名船员将被释放,"船员权益保护"难题仍未解》,载搜狐新闻网 2017 年 2 月 24 日,http://www.sohu.com/a/127177236_265147。

③ 参见朱亮、刘志:《"踏上国土心就安定了!"——"联合女神号"全部船员都已回国上岸》,载荔枝网,http://news.jstv.com/a/20170331/143869.shtml。

④ See J. Hare, *MLC challenges for P&I*, i-law(Jan. 8,2017), https://www.i-law.com/ilaw/doc/view.htm? id=372892.

公司就不会轻易遗弃其雇佣的船员,不会放弃对员工的责任。此外,船旗国必须对登记其国籍的船舶严加监管。[①] 有财政担保对船员顺利遣返作用非常关键,在国际劳工组织记载的船员遗弃数据库中可以看到,有保险的情况下,船员被遗弃案件将会较快解决。但是,新冠疫情期间船员被遗弃现象激增,反映出船员遗弃问题并没有因为财政担保得到完全的抑制。船员遗弃现象仍然存在,存在以下原因。

(一)多方责任主体协调不畅影响遣返效率

船员遣返过程中存在多方主体,并且存在多方法律关系,各方因为不同利益都可能影响船员遣返的效率。首先,船员与船东之间,一般船员被遗弃往往是因为船东经营失败,拖欠船员工资,如果船东没有支付完所有工资,船员往往拒绝遣返,但是财政担保一般仅支付 4 个月工资;其次,船东与保险公司之间,常因船员被遗弃情况的认定、责任范围认定等问题存在不同认识从而导致船员遣返事宜进展缓慢;[②]最后,港口国往往因为安全的问题,要求在船舶上保持最低配员,但如果主管部门要求生存条件已受到威胁的海员来保证船舶安全,会使海员权利进一步受到侵害,船舶也很难被确保处于真正的安全状态。[③] 各方利益主体没有明确的有效的沟通方式就会影响船员遣返的效率。

(二)成员国履行遣返义务的规定不完善

修正案虽然明确了处理海员遗弃的责任主体和优先顺序,但是没有具体的指南或文件说明海员遗弃事件处理的程序步骤以及如何开展协调合作,修正案对义务主体描述时船旗国是“应当”(shall),而港口国和船员提供国是“可以”(may),但就三方具体如何开展合作没有涉及,也没有另外的指南或文件来指导各方救助被遗弃海员的行动,造成实际中各方消极被动,行动不一致。[④]

另外,《2006 年海事劳工公约》及修正案对成员国的义务主要是经济上的支持,没有规定各国政府在公共安全卫生事件中应当采取怎样便利的措施帮助船员回家,导致新冠疫情期间出现船员换班难的问题,归根结底是成员国之间没有对船员遣返问题达成共识,成员国没有充分履行船员遣返的义务。

## 二、被遗弃船员遣返保障的现实依据

在船员遣返制度完善过程中应当充分了解,船员被遗弃时的需求,并根据其需

---

① See Georgios Exarchopoulos, Pengfei Zhang& Nicola Pryce-Roberts et al. , *Seafarers'welfare: A critical review of the related legal issues under the Maritime Labour Convention* 2006, Marine Policy, Vol. 93:62, p. 62-79(2018).

② 参见《海员遗弃问题缘何难解》,载海事服务网,https://www. cnss. com. cn/html/cydt/20191121/333012. html。

③ 参见李丽丽、陈刚:《被遗弃海员救济机制分析》,载《世界海运》2019 年第 10 期。

④ 参见《海员遗弃问题缘何难解》,载海事服务网,https://www. cnss. com. cn/html/cydt/20191121/333012. html。.

求完善国家帮助被遗弃船员遣返的制度。根据国际劳工组织官网中关于遗弃船员案例报告的数据统计分析,我们检索了自 2016 年 11 月 12 日《2006 年海事劳工公约》对中国生效以后截止到 2019 年 10 月 1 日的所有涉及中国籍船员被遗弃的情况,检索出涉及中国国籍船员被遗弃情况的船舶有 6 艘、遗弃船员 135 人。这反映出以下有关于船员遣返的问题①:

第一,船员被遗弃大多是由于船东经营不善破产或船东资金链断裂造成对第三方违约,第三方向船舶所在港口法院申请扣押船舶进行保全,船东往往已经无力支付所欠款项和船员的遣返费用。

第二,由于船东拖欠工资船员拒绝遣返。在存在遣返问题的事件中,大多港口国或船旗国会积极配合支持船员遣返,但是由于被遣返的船员往往还被拖欠工资,有的船员认为船东已经失去联系被遣返回家之后更拿不到工资,所以会因为欠付工资而拒绝被遣返。

第三,船东没有为船员的遣返提供有效的保险,导致在船东失联的情况下船员的遣返权不能及时得到救济。船东失联后,港口国一般会先联系船东互保协会提供保险服务,但有些船舶没有有效的保险。

第四,被遗弃的船员不能及时得到供给。被遗弃的船舶上的船员几乎都存在生活供给不足的情况,被遗弃的船员大多不知应向哪些部门申请供给,如何启动遣返程序。

第五,遣返船员与船舶配员安全问题。为了保障海上船舶安全航行、停泊和作业,防治船舶污染保护环境公共利益,船舶有最低的配员限定。因此,遣返问题既涉及换班船员下船,也涉及接班船员上船的问题。例如"联合女神号"的案例中尽管经过驻加尔各答总领事馆的协调,印度方面愿意就船员回国提供相关便利,但是仍然要求船舶必须满足"最低配员"。从出发点和目的性来看,在某种情形下的特定时段内,某一船舶上的遣返权与船舶配员安全之间存在不可调和的矛盾,②而船舶配备最低船员的法定义务承担者是船东,由于船东不作为或者失联而船舶没有达到船舶最低配员的要求,船舶上现有的船员就不能下船,这在实务中给船员遣返工作造成巨大的阻碍。

## 三、船员遣返权保障配套制度的建议

船员遣返权保障机制的完善应当从被遗弃船员的实际需求出发,提高被遗弃船员的遣返效率。

---

① See International Labour Organization, *Database on reported incidents of abandonment of seafarers*, https://www.ilo.org/dyn/seafarers/seafarersBrowse.list.

② 参见张俊校、车晓丹:《基于法的价值理论分析船员遣返权与船舶配员安全的辩证关系》,载《水运管理》2018 年第 5 期。

(一)建立并完善公示船东失信人名录

防止船员被遗弃,应该在源头上预防遗弃船员的事件发生,增加船东的失信成本,建立并完善船东征信系统,对于不履行遣返义务甚至是遗弃船员的船东,海事局应该在地方和全国海事局官方网站进行通报,目的是提醒金融机构、航运从业者谨慎与此类信誉差的公司合作,营造航运界诚信经营的氛围。针对外籍船东,除了向全国范围通报以外,还要向船旗国政府和海事劳工组织总干事通报。①

(二)细化船员寻求遣返权保护的具体程序性规定

疏通公权力救助的通道,建立可靠的救济途径,尤其针对船员被遗弃时,当事人应通过何种途径及时有效地获得供给进而争取被遣返。我国国内法目前更多的是实体性规定,缺少在遣返权被侵犯时,对寻求保护的具体援助的程序规定。不仅要建立应急救助和紧急赔付的程序机制,还要建立相应机制促进船东积极面对船员遣返不能的实际情况,减少船员被遗弃事态的蔓延。例如,新加坡《2014 年商船(海事劳工公约)(遣返)条例》中规定船员遭遗弃的 48 小时内,船东应当向船旗国主管部门报告船员被遗弃的情况,如果船东违反上述规定将会受到不高于 2000 美元的罚款处罚。报告制度可以促使船东积极面对船员遣返不能的现状,帮助有关部门及时对船员进行援助。②

(三)做好司法衔接工作,确保遣返费执行到位

遣返事件中大多船东已经处于经营困境甚至已经进入破产程序,在船员被遣返事件中常常会伴随着拖欠工资的问题,有的船员也担心拿不到拖欠的工资而拒绝遣返。《海商法》已经将遣返费用请求权规定为优先权,在实体法层面给予其最优先受偿的法律地位。从更有利于保护船员的角度出发,在程序法层面上也应为船员申请诉前保全提供便利,使判决真正落到实处,使最终的判决避免执行难的问题。另外,及早制定海事部门与其他机构的应急联动制度,完善境外调查取证制度。③

(四)制定关于海员遣返的国际合作指南

在国际航运业务中,船籍国、海员国籍、港口国往往指向不同的国家,推进海员遣返国际规则的有效实施,有必要对相关参与方的责任义务进行划分,在国际公约框架下,针对海员遣返国际合作亟待解决的问题,编制关于海员遣返的国际合作指南。在新冠疫情大流行期间暴露出来,如果船舶所有人想要让所属的船舶上配备

---

① 参见张俊校、车晓丹:《基于法的价值理论分析船员遣返权与船舶配员安全的辩证关系》,载《水运管理》2018 年第 5 期。

② 参见裴兆斌、郁彩妮、王黎黎:《域外被遗弃船员遣返权及其合法权益保护》,载《沈阳农业大学学报(社会科学版)》2022 年第 3 期。

③ 参见张俊校、车晓丹:《从维护权益角度论船员遣返权利的实现》,载《中国海事》2017 年第 12 期。

来自世界各地的海员一起工作，仅仅由船舶所有人来安排海员的遣返存在巨大的挑战难题。一套行之有效的海员遣返的国际合作指南，不仅对中国籍海员，而且对世界海员的遣返问题都非常重要。同时，鉴于《2006 年海事劳工公约》规定的被遗弃海员遣返权利与 SOLAS 公约等规定的船舶最低配员之要求存在内在矛盾，应当明确港口国主导启动船舶处理事项，提高国际合作处理船员遣返问题的效率。①

## 本章小结

船员遣返权是船员相比普通劳动者的一项特殊劳动权利。船员遣返权保护在我国国内和国际上存在不同性质的问题。船员遣返权在我国国内主要是船员遣返权法律规定不明确，导致司法裁决中船员主张遣返权时法律适用存在争议，该问题主要通过国内立法进行完善。而在国际社会，新冠疫情期间船员遗弃问题成为热点话题，船员被遗弃是非常严重的侵犯船员生命健康权的行为，此时船东往往已经不承担船员遣返的义务，如何快速、安全地将船员遣返回家需要各成员国和国际组织作出努力。当前《2006 年海事劳工公约》及其修正案对港口国、船籍国、船员国之间就船员遣返如何配合规定并不完善。应当在国际公约修订中加强船员“关键工人”的顶层设计，细化各成员国之间的义务以及协调方案，充分维护船员的遣返权。

① 参见李丽丽、陈刚：《被遗弃海员救济机制分析》，载《世界海运》2019 年第 10 期。

# 第十四章　船员生命健康权法律保障问题研究

生命健康权通常是指公民享有的生命安全、身体健康和机能完善的权利。① 我国《民法典》开宗明义地规定了，自然人享有生命权、身体权、健康权等权利，民事主体的人身权利受法律保护，任何组织和个人不得侵犯。因此，生命健康权是每一位公民所享有的不容被侵害的民事权利。

同时，作为一项宪法性权利，生命健康权亦是一项最基本的人权，具有地位的基础性和功能的母体性，是人身自由权、经济权利及其他一切人权赖以存在的根基，并且确定生命健康权为基本人权也符合《联合国宪章》（United Nations Charter）、《世界人权宣言》（Universal Declaration of Human Rights）、《公民权利和政治权利国际公约》（International Covenant on Civil and Political Rights）、《经济、社会及文化权利国际公约》（International Covenant on Economic, Social and Cultural Rights）等一系列国际人权公约的要求。② 人权是每个人享受安宁生活并维护自身安全必不可少的权利，也是每个人成就自我和享受幸福的必要条件。③ 1997 年中共十五大首次明确提出“尊重和保障人权”的要求，此后这一基本要求于 2004 年被写入《宪法》，当前党中

---

① 参见孙亚明主编：《民法通则要论》，法律出版社 1991 年版，第 204 页。

② 参见《世界人权宣言》第 3 条规定：“人人有权享有生命、自由和人身安全。”《公民权利和政治权利国际公约》第 6 条中规定：“人人有固有的生命权。这个权利应受法律保护。”《经济、社会及文化权利国际公约》第 12 条规定：“一、本公约缔约各国承认人人有权享有能达到的最高的体质和心理健康的标准。二、本公约缔约各国为充分实现这一权利而采取的步骤应包括为达到下列目标所需的步骤：……（丙）预防、治疗和控制传染病、风土病、职业病以及其他的疾病……”《经济、社会及文化权利国际公约》的第 14 号一般性意见规定：“健康是行使其他人权不可或缺的一项基本人权。”

③ 参见罗隆基：《论人权》，载《新月》第 2 卷第 5 期。转引自齐延平：《人权与法治》，山东人民出版社 2003 年版，第 12 页。

央又提出要在“十四五”时期“促进人权事业全面发展”的更高目标。船员作为社会成员的组成部分，并且为国家的航运业发展和对外经济贸易活动的促进发挥了不可替代的重要作用，加强对船员人权及生命健康权的保护是彰显国家以人为本执政理念、贯彻落实“尊重和保障人权”的必然要求。

船员作为海洋强国的重要软实力和航运业的重要人才，也是广大基层劳动者的组成部分，其生命健康安全的保障应当被置于首要地位。

由于船员职业的特殊性，船员在工作时所面临的生命健康威胁较岸上更复杂多样，这些威胁不仅来源于工作场所内部的职业风险，还来自其他航行船舶、天气、海洋水文以及海盗、战争等带来的风险，不确定性比较大。具体体现在以下四个方面：一是来自海上安全事故的威胁，既包括船舶碰撞、沉船、火灾以及一些不确定的可能导致船舶倾覆的灾难，例如海上天气的急剧变化、特殊海域的复杂海流及特殊的海底地形等，也包括来自船舶工作环境的危险，如不慎跌落海里的危险，船舶自身的噪声及振动、船上钢筋铁板的磕碰等危害，以及船舶配员不足导致的疲劳值班等，这些都会对船员的身体健康状况产生一定威胁；二是来自海上犯罪及战争的威胁，如海盗劫持等；三是船上封闭的工作及生活环境对船员心理健康状况造成的危害；四是来自突发公共卫生事件的威胁，如船上暴发传染病无法及时医治、船员在疫情期间换班困难等，均会使船员身心健康面临严重威胁。本章主要围绕船员生命健康所面临的威胁展开探讨，力图完善保障船员生命健康权的法律体系和防范机制。

## 第一节　船员海上安全保障问题

至今船员仍然面临水上安全事故的突出威胁，据《2020 年交通运输行业发展统计公报》可知，2020 年共发生运输船舶水上交通事故（等级事故）138 件，比上年增长 0.7%，死亡失踪 196 人，增长 26.5%，沉船 76 艘，增长 65.2%。全国各级海上搜救中心共组织、协调搜救行动 1990 次，在我国搜救责任区内成功搜救 1171 艘中外遇险船舶、13，928 名中外遇险人员。[①]《浙江海事局 2021 年度及第四季度辖区水上安全形势分析报告》中提到，2021 年浙江辖区发生一般等级及以上水上交通事故 24 件，造成 51 人死亡失踪（商船死亡失踪 26 人、渔船死亡失踪 25 人），船舶

① 参见中华人民共和国交通运输部综合规划司：《2021 年交通运输行业发展统计公报》，载中华人民共和国交通运输部官网 2022 年 5 月 25 日，https://xxgk.mot.gov.cn/2020/jigou/zhghs/202205/t20220524_3656659.html。

沉没 18 艘,其中碰撞事故特别是商渔船碰撞事故多发。[①] 由此可知,当前水上交通安全事故仍时有发生,水上交通事故威胁仍然是船员生命健康安全面临的较为严峻的隐患。除此之外,船员在船作业期间受伤的事件也屡见不鲜。

## 一、船员海上安全保障存在的问题

近年来,由于船舶系统可靠性不断提升,因技术故障导致的海上交通事故的比例明显下降,但由人为因素造成的事故比例不断上升。[②] 目前世界各国公认的海上人为致因失误有五大方面:一是包括装备制造、设备安装等在内的技能因素;二是包括海上任职资历、船员技能和素质、最低配员等在内的人员因素;三是包括船员安全培训、知识更新学习、船上应急训练等在内的教育因素;四是包括海上法律法规、船舶安保和应急制度等在内的管理因素;五是包括工作和休息场所舒适度、噪声影响、文娱生活等在内的工作条件和环境因素。[③]

### (一)船员安全意识和应急操作能力不强

根据欧洲海事安全局(European Maritime Safety Agency, EMSA)公布的数据,从 2014 年到 2020 年,无论是在事故的发生还是促成因素层面,89. 5%的事件都与人的行为有关。[④]《浙江海事局 2021 年度及第四季度辖区水上安全形势分析报告》中指出,水上交通事故的原因之一为人员因素,一是从业人员安全意识淡薄,这既包括部分船员对导致事故风险的隐患不够重视,未能保持正规瞭望,也包括部分岸基人员不重视事故隐患的排查整治;二是部分船员应急操作和自救能力不够强。[⑤]

例如 2021 年 10 月 21 日,"江丰 17"轮值班水手因缺乏安全和自我保护意识,船舶航行期间未穿救生衣便在没有护栏的甲板上作业,拉钢筋时也未采取其他安全措施,最终失足落水溺亡。[⑥] 2021 年 11 月 20 日,"华正集运"轮值班机工在船舶

---

① 参见中华人民共和国浙江海事局安全管理处:《浙江海事局 2021 年度及第四季度辖区水上安全形势分析报告》,载中华人民共和国浙江海事局官网,https://www. zj. msa. gov. cn/ZJ/ggfw/sjfw/sjtj/aqxs/202203/t20220322_678238. html。

② 参见范诗琪、严新平等:《水上交通事故中人为因素研究综述》,载《交通信息与安全》2017 年第 2 期。

③ 参见王建涛、李成海:《船舶机舱火灾事故人为因素分析》,载《南通航运职业技术学院学报》2021 年第 2 期。

④ See European Maritime Safety Agency (EMSA), *Annual Overview of Marine Casualties and Incidents 2021*, EMSA(Dec. 15. 2021), https://www. emsa. europa. eu/emcip/items. html? cid=141&id=4266.

⑤ 参见中华人民共和国浙江海事局安全管理处:《浙江海事局 2021 年度及第四季度辖区水上安全形势分析报告》,载中华人民共和国浙江海事局官网,https://www. zj. msa. gov. cn/ZJ/ggfw/sjfw/sjtj/aqxs/202203/t20220322_678238. html。

⑥ 参见中华人民共和国浙江海事局:《浙江宁波"10・21""江丰 17"轮船员落水事故调查报告》,载中华人民共和国浙江海事局官网 2021 年 12 月 20 日,https://www. zj. msa. gov. cn/ZJ/zwgk/gkml/xzqz/202112/t20211221_668762. html。

未靠妥码头时提前从事集装箱解绑作业,且未穿戴安全带、系妥安全绳,导致其随拉杆跌落舱底致死。① 诸如此类的悲剧事件从未间断。

当事故已经发生时,若船员应急操作能力不强,未能及时采取有效措施予以制止,将会导致人身伤亡后果进一步扩大。例如 2015 年 4 月 8 日,一艘干货船航行至福州闽江口附近海域时,船员在装完货后未关闭货舱盖便冒险开航,导致风浪中货舱、双层底舱大量进水,最终导致船舶沉没。该事故中,船员应急处置不及时,未能及时向岸基报告事故险情,也未能果断弃船、迅速开展穿上救生衣等有效的自救措施,导致损害后果扩大,造成 4 名船员死亡。②

### (二)航运企业安全管理主体责任落实不到位

当前,一些规模较小的航运企业为减少企业运营成本,存在轻视船舶的修缮保养,不认真开展船舶安全隐患排查工作,降低船舶配员标准,未依据《船舶安全营运和防止污染管理规则》和 ISM 规则建立船舶安全管理体系并规范执行等不合规行为,给船舶安全航行埋下重大安全隐患。③ 例如,在 2020 年湛江"10·13""顺安 66"轮自沉事故中,"顺安 66"轮装载海砂含水量大,受限于货舱结构,海砂所含海水短时间内不能被排净,并且货舱盖缺乏维护保养,已严重锈蚀和穿洞,舱口盖橡胶老化脱落,导致恶劣海况下货舱进水,加之完货后未平舱,最终在风力和海浪的作用下该轮一步步进水沉没,造成 2 人死亡、3 人失踪的较大等级水上交通事故。究其事故原因,除船长不适任、租船人违法经营水路运输外,还存在船舶所有人未落实安全管理责任的问题。该轮船舶所有人长期忽视对船舶的安全管理和维修保养工作,对船舶状况不够了解,也未能提供有效的岸基安全管理支持。④ 在 2021 年茂名"12·2""翔瀚 88"轮自沉事故中,船舶修理期间所有人和经营人未向船级社申请船舶检验,且惠州市翔瀚航运有限公司未完全执行安全管理体系文件规定,包括未落实对轮机长的岗前培训,未督促船长落实在船船员的安全培训,船舶修理需提交船级社检验的项目未申请检验,未及时发现并纠正船舶超航区和货物装载与

---

① 参见中华人民共和国浙江海事局:《浙江宁波"11·20""华正集运"轮船员坠舱死亡事故调查报告》,载中华人民共和国浙江海事局官网,https://www.zj.msa.gov.cn/ZJ/zwgk/gkml/xzqz/202201/t20220117_673256.html。

② 参见中华人民共和国海事局:《吴船长讲海事案例——安全行船勿侥幸　冒险开航要人命》,载中华人民共和国海事局官网,https://www.msa.gov.cn/html/hxaq/sgjx/wczjhsal/20211105/3EC2E479-D70A-43D9-9CEA-F3F4746E20C4.html。

③ 参见林婵贞:《船舶安全管理工作的现状分析和建议》,载《珠江水运》2020 年第 22 期;中华人民共和国浙江海事局安全管理处:《浙江海事局 2021 年度及第四季度辖区水上安全形势分析报告》,载中华人民共和国浙江海事局官网,https://www.zj.msa.gov.cn/ZJ/ggfw/sjfw/sjtj/aqxs/202203/t20220322_678238.html。

④ 参见中华人民共和国广东海事局:《湛江"10·13""顺安 66"轮自沉事故调查报告》,载中华人民共和国海事局官网,https://www.msa.gov.cn/html/hxaq/sgjx/sgdcbg/zcsg/20210610/7E359313-5B52-49E1-B9C1-317E41FDD44D.html。

证书不符的行为,是导致船舶自沉事故的部分原因。[①]

## 二、船员海上安全保障现存问题的原因分析

### (一)船员教育和培训不足

船员安全意识和应急操作能力不强,很大程度上是因为航运企业对船员的岗前安全和应急教育培训存在一定缺陷,自然便导致了一些本可以避免的海上安全事故的发生。并且船员的侥幸、骄傲自满的心理也会导致其工作时投机取巧、轻信经验,轻视安全操作规范,进而威胁自身及其他船员的生命健康安全。[②] 有研究表明,沉船事故,有67.9%的可能性是对船员的教育和培训不足造成的,当船舶进水时,船员倾向于采取不适当的应急措施。[③] 这也与前述海上安全事故案例吻合。还有研究表明,理论知识贫乏和经验缺乏与海上事故的严重程度呈正相关。[④] 例如船员没有接受船公司组织的充分安全教育和培训,不熟悉航道的环境特征,导致其无法确定潮汐和海浪、狭窄的航道和桥区等特殊环境对船舶操纵的影响,这凸显了对船员开展安全培训的重要性。[⑤]

### (二)船舶安全管理与航运公司利益存在冲突

ISM规则被视为"全球竞争市场的反作用力",船上的安全措施会给航运公司增加额外的成本,由于有时全球经济的负面影响无法避免,航运公司被迫额外削减所有成本,以便在危机中幸存。[⑥] 这种将公司利益置于船舶及船员安全之上的动机,不仅会使航运公司忽视对船舶的维修保养,造成如上所述的船舶自沉事故,还会促使航运公司不顾恶劣天气要求船舶出航,制定紧凑繁忙的航行时间表造成船员疲劳工作等情况。[⑦] 伴随现代通信技术的发展,岸基管理部门对船舶日常运作的主导力较过去更强,因此船长的独立决定权更有可能受到岸上管理层的影响。

① 参见中华人民共和国广东海事局:《茂名"12·2""翔瀚88"轮自沉事故》,载中华人民共和国海事局官网,https://www.msa.gov.cn/html/hxaq/sgjx/sgdcbg/zcsg/20220609/BE5D9EB5-EBEB-4D79-A242-179172B45BAA.html。

② 参见顾红钰:《明明是为了海员、船舶安全,为什么却极易造成船员的抵触情绪?》,载网易官网2021年8月10日,https://www.163.com/dy/article/GH2D3D0Q0514C1PI.html。

③ See He Lan & Xiaoxue Ma et al., *On the Causation of Seafarers' unsafe Acts Using Grounded Theory and Association Rule*, Reliability Engineering & System Safety, Vol. 223(2022).

④ See Wang Huanxin & Liu Zhengjiang et al., *An Analysis of Factors Affecting the Severity of Marine Accidents*, Reliability Engineering & System Safety, Vol. 210(2021).

⑤ See He Lan & Xiaoxue Ma et al., *On the Causation of Seafarers' unsafe Acts Using Grounded Theory and Association Rule*, Reliability Engineering & System Safety, Vol. 223(2022).

⑥ See Darijo Mišković & Renato Ivče et al., *The Influence of Organizational Safety Resource-related Activities and Other Exploratory Variables on Seafarers' safety Behaviours*, The Journal of Navigation, Vol. 75:2, p. 319-332(2022).

⑦ See Conghua Xue, Lijun Tang&David Walters, *Who is Dominant? Occupational Health and Safety Management in Chinese Shipping*, Journal of Industry Relations, Vol. 59:1, p. 65-84(2017).

受制于航运公司的“核心利益”，管理层的要求和船上的实际行动不得不保持高度一致性。[①] 因此，当航运公司的利益与船舶航行安全发生冲突时，管理部门却将公司利益置于安全之上，那么船舶的航行安全和船员的健康安全都将面临威胁。

## 三、船员海上安全保障是航运企业劳动保护义务的要求

劳动保护是指为了保障劳动者在劳动过程中的安全和健康、改善劳动条件而采取的各种措施，目的是通过消除劳动过程中不安全、不卫生的因素，使劳动者的生命健康安全得到保障。[②] 为明确用人单位对劳动者承担劳动保护的义务，《劳动合同法》第 17 条将“劳动保护、劳动条件和职业危害防护”列为劳动合同的必备条款。关于船员的劳动安全保护，国际公约及国内立法中均有明确依据。《2006 年海事劳工公约》第 4 条第 1 款规定：“每一海员均有权获得符合安全标准的安全且受保护的工作场所。”规则 4.3 要求保护海员的健康和安全并防止事故发生。我国《船员条例》亦在第 22 条第 1 款规定：“船舶上船员生活和工作的场所，应当符合国家船舶检验规范中有关船员生活环境、作业安全和防护的要求。”并且《海上交通安全法》第 14 条规定，船舶取得海事劳工证书应当符合所有人、经营人或者管理人已保障船员在船舶上的工作环境、职业健康保障和安全防护等符合国家有关规定的条件。

从法理角度分析，根据利益与风险一致、风险与责任一致的获益风险理论，使用劳动者而获得利益的雇主，理应承担伴随获得利益可能性的同时所发生的损害。冯·巴尔教授对此指出：“从危险中获取经济利益者也经常被视为具有制止危险义务的人。”唯有如此，方能促使具备控制生产危险能力的雇主尽可能地加强安全措施，减少和防范生产过程中的危险，保障劳动者的安全。[③] 根据控制与监督理论，雇主有权利也有能力控制雇员的安全生产，成为生产经营中风险防范的责任人。[④] 这也符合危险控制理论的要求，我们赋予雇主对雇员的保护照顾义务，明确规定雇主有义务为劳动者提供安全、良好的劳动环境和劳动条件，来保护劳动者的人身安全。[⑤] 在船员与航运企业的劳动关系中，因船员为航运企业提供劳动时不得不面临危险系数较高的海上作业环境，而航运企业于此劳动过程中获利，自然应当尽力为船员消除可预见的作业风险，落实安全管理主体责任。

---

① See Conghua Xue, Lijun Tang & David Walters, *Who is Dominant? Occupational Health and Safety Management in Chinese Shipping*, Journal of Industry Relations, Vol. 59:1, p. 65-84(2017).

② 参见许明月主编：《劳动法学》，重庆大学出版社 2003 年版，第 161 页。

③ 参见洪伟：《论雇主对雇员的安全保障义务》，载《福建论坛（人文社会科学版）》2009 年第 7 期。

④ 参见曹艳春：《雇主替代责任研究》，法律出版社 2008 年版，第 115-116 页。

⑤ 参见曹艳春、刘秀芬：《职场性骚扰雇主责任问题研究》，北京大学出版社 2016 年版，第 103 页。

## 四、完善船员海上安全保障的建议

### (一)加强对船员的安全和应急教育培训

船员安全意识水平对海上交通安全及船员自身的生命健康安全影响重大,因此船员安全意识的培训应当是岗前教育最重要的环节。对此,海事类高校、船员培训机构及船员公司需要在船员安全培训过程中通过讲解相关事故案例使船员认识到安全意识的重要性、警惕安全麻痹思想;宣扬企业的安全文化,拉近企业与船员的关系,使船员从心理上认同企业的安全管理;解读相关安全法律法规,包括《海上交通安全法》中对船员保持安全值班以及航行安全的要求,《安全生产法》中对从业人员严格落实岗位安全责任、掌握本职工作所需安全生产知识等的要求,《刑法》中对违反有关安全管理规定造成严重后果的触犯"重大责任事故罪"行为追究刑事责任的规定等,使参训船员将安全生产摆在首要位置。① 并且,有实验结果表明,传统课堂和网络培训具有相同的学习效果,轻松的网络学习环境还可以促进船员自主学习,故海事类高校、船员培训机构及船员公司可以开展合作,建立包含船员安全意识和知识培训等课程的电子学习网站,以充分利用船员在船值班之外的闲暇时间,从而减少更为耗时不便的岸上培训课程。②

在提升船员应急操作技能水平方面,应当设置各类水上事故演练科目,开发模拟仿真训练系统,对船员开展包括灭火、止漏等在内的应急操作训练。相比于传统演练模式,此种模拟训练突破了时间和空间的局限,船员可自主、不限次数进行训练,极大改善船员训练条件。并且,还可将模拟仿真训练系统研发成具备沉浸式、游戏化特点的虚拟仿真训练课程,提升船员进行应急训练的兴趣,并丰富船员的船上生活。③

除此之外,航运公司还可在船上开展系统的安全和应急培训,根据船舶的不同类别对船上的培训方案进行量身定制,由公司安全监督员检查船上的培训记录,并通过实际演练定期评估培训质量。④

### (二)完善船舶安全管理制度

航运公司需要严格落实《船舶安全营运和防止污染管理规则》和 ISM 规则,从源头解决船舶安全管理中的理论与实际问题,不断更新船舶安全管理标准、完善船

---

① 参见顾红钰:《明明是为了海员、船舶安全,为什么却极易造成船员的抵触情绪?》,载网易官网 2021 年 8 月 10 日,https://www.163.com/dy/article/GH2D3D0Q0514C1PI.html。

② See Ki-Yin Chang & Ay-Shiou Chiou et al., *Effectiveness of Web-based Training Compliance with Seafarers International Training Convention*, Journal of Marine Science and Technology, Vol. 27:1, p. 8-16(2019).

③ 参见孙佳怡、孙福:《海上船舶碰撞事故中的人为因素及预防措施》,载《水运管理》2020 年第 11 期。

④ See He Lan & Xiaoxue Ma et al., *On the Causation of Seafarers' unsafe Acts Using Grounded Theory and Association Rule*, Reliability Engineering & System Safety, Vol. 223(2022).

船安全管理措施，逐渐形成自发、主动的船舶安全管理行为模式。① 至于经济上的负担，航运公司可考虑通过内部船员管理、内部或船上课程的方式，提高安全效果并减少额外成本。航运公司还可尽最大努力招聘和留住有经验的海员，并帮助他们在船上和岸上获得更高水平的培训，以缓解导致海上安全事故的人为因素问题，并减少海上事故的数量，提高船上的安全性。②

从实践的角度来看，安全监督可以被认为是预防职业事故的最后一道防线。③因此航运公司需要制定严格的监督和检查制度，以保证船舶始终处于安全航行的状态。这包括对船舶安全开展定期和随机检查、及时纠正船上的不安全行为、在船舶开航前制定安全检查表、确认所有的安全准备工作已落实到位、确保每位船员的工作能力达标，等等。同时，为保证船舶安全监督管理制度的实施效果，构建针对船员不安全行为的监测和预警系统也很有必要。建议在船上建立并安装智能监控系统，实现对值班船员和安全检查表落实情况的实时监控，并在监测到不安全行为时及时作出回应。该系统也需要定期检查和维护。④

此外，对于当前船舶管理人不实际履行安全管理义务、安全管理体系运行存在重大问题的情况，《内河海事行政处罚规定》第 7 条仅作出对船舶所有人或者船舶经营人吊销或撤销安全营运与防污染管理体系（临时）符合证明的行政处罚规定，法律警示效果尚不够明显。因此，对船舶所有人或经营管理责任人未建立安全管理制度或未有效执行安全管理制度等违反安全管理义务的行为，需要在立法上加重行政处罚力度，促使船舶安全管理责任人重视船舶安全管理工作，并且需要制定船舶安全管理监督检查制度，强化相关主管机关的安全检查职责。⑤

## 第二节　船员人身健康保险法律问题

海上环境的特殊性决定了船员职业具有较高的危险性。据《2021 年交通运输行业发展统计公报》，2021 年共发生运输船舶水上交通事故（等级事故）129 起，死亡失踪 153 人，沉船 46 艘。欧洲海事安全局发布的《2022 年度海上伤亡事故概

---

① 参见刘正江、费珊珊：《海上安全管理的现状与对策》，载《中国海事》2010 年第 5 期。

② See Darijo Mišković & Renato Ivče et al., *The Influence of Organizational Safety Resource-related Activities and Other Exploratory Variables on Seafarers' safety Behaviours*, The Journal of Navigation, Vol. 75:2, p. 319-332(2022).

③ See Darijo Mišković & Renato Ivče et al., *The Influence of Shipboard Safety Factors on Quality of Safety Supervision: Croatian Seafarer's Attitudes*, Journal of Marine Science and Engineering, Vol. 10:9, p. 1265-1277 (2022).

④ See He Lan, Xiaoxue Ma et al., *On the Causation of Seafarers' unsafe Acts Using Grounded Theory and Association Rule*, Reliability Engineering & System Safety, Vol. 223(2022).

⑤ 参见林婵贞：《船舶安全管理工作的现状分析和建议》，载《珠江水运》2020 年第 22 期。

览》对欧盟成员国自2014年1月1日到2021年12月31日在欧洲海上伤亡信息平台中报告的海上事故进行了统计分析，2014年至2021年，有376起海上事故造成了人员死亡，死亡人数达563人，其中89.3%的遇难者是船员；5394起海上事故中，共有6155人受伤，其中84.6%的受伤者是船员。发生伤亡事故的主要原因为船舶碰撞和触碰、船舶进水/沉没、设备损坏、火灾/爆炸。① 从这些数据可知，当前水上交通安全事故仍时有发生。并且除船舶碰撞、沉没等海上事故风险之外，船舶持续不断的颠簸振动亦增加了船员作业时发生伤亡的风险。不仅如此，船舶会因承运关系而航行于多个海域，海上复杂多变的天气状况、海盗、路经战争区域以及疫区等也会导致船员患病或伤亡的可能性上升。船员面临着较高的伤亡及患病风险，自然有必要为船员提供完善周全的人身健康保险，从而充分保障船员群体在发生疾病或因工受伤后的生活条件，使其保持良好的心理和精神状态，为船员的生命健康安全保驾护航。

## 一、船员人身健康保险制度存在的问题

除《船员条例》第21条规定船员用人单位应当为在驶往或者驶经战区、疫区或者运输有毒、有害物质的船舶上工作的船员办理专门的人身、健康保险之外，我国未对船员人身健康性质的保险作专门规定。而且《船员条例》第21条规定较为抽象笼统，对于何为“专门的人身、健康保险”，无法从相关规定或文件中得到具体的指引，可操作性差。《海上交通安全法》第14条、《海员外派管理规定》第23条、《渔业船员管理办法》第31条等规定，则是对相关责任主体为船员缴交社会保险义务的强调与重申，或者规定为船员购买人身意外伤害保险或指向不明的“保险”，并未对船员人身健康性质的保险作针对性规定。船员人身健康性质的保险，首先是我国社会保险中的工伤与医疗保险，但此类保险不加区分地适用于所有劳动者，不适应船员职业的特殊性。除此以外，目前有关船员的商业及互助保险主要有团体人身意外保险、船东责任险（保赔保险）等，但这些保险也存在种种不足，难以给予船员充分的伤亡救济。

### （一）现存的工伤与医疗保险无法满足船员的特殊性要求

#### 1. 工伤保险与劳动关系严格捆绑

工伤保险是雇主工伤补偿责任的保险化处理，由于雇主与导致劳动者伤亡的工作之间具有紧密的联系，与劳动者的忠实义务相对应，雇主应负有安全与照护义

① See European Maritime Safety Agency, *Annual Overview of Marine Casualties and Incidents 2022*, https://www.emsa.europa.eu/newsroom/latest-news/item/4867-annual-overview-of-marine-casualties-and-incidents-2021.html.

务,对劳动者负有无过失补偿责任。[①] 基于此,工伤的认定条件被严格限定,依据《工伤保险条例》第18条,只有在满足劳动者与用人单位存在劳动关系的前提下,且符合“三工”等认定因素时,劳动者受到的职业伤害才能被认定为工伤,从而保证劳动者的伤亡发生在其受到用人单位的管理和控制过程中,避免用人单位面临较大的不可控风险。[②] 尽管当前潍坊、南通、太仓、广东等一些省市已针对灵活就业人员参加工伤保险或工作伤害保险开展了试点工作,但距离这一制度逐渐成熟并面向全国普及尚需一定时日。

目前在我国船员群体中,存在许多未与任何单位签订劳动合同的自由船员,社会保险费用往往由船公司通过包干费的形式向其发放,由其自行缴纳。但船员为了当下获得较多收入往往不为自己缴交社会保险,处于无社会保险保障的状态。即使其自行缴纳,在没有开展灵活就业人员参与工伤保险试点的城市,自由船员仅仅能够缴交医疗及养老保险。然而,与其他不具备劳动关系的灵活就业人员不同,无论是自由船员还是自有船员,其上船工作期间,均要受到船舶所有人或船舶管理人的严格监督管理,根据自己的岗位职责按部就班地提供劳动,故其与船舶所有人或船舶管理人间存在事实上的劳动关系。只不过由于当前船员立法存在不少缺漏,缺少系统完备的船员法典,加上相关部门对船员服务机构的监管力度不够充分,以及船员涉外劳动关系法律适用及权利救济的尴尬局面,船员缺乏书面劳动合同的情形颇多。故在当前我国工伤保险与劳动关系严格捆绑的局面下,囿于形式上劳动关系的缺失,自由船员的工伤保险权益难以得到充分保障。[③]

2. 工伤认定标准难以适用于船员

根据《工伤保险条例》第14条,劳动者工伤认定需要同时满足“工作时间”“工作场所”“工作原因”三要件。由于船员工作环境的特殊性,船员在船期间工作和居住都在同一场所,这使得船员在下班后依然面临来自海上的伤亡风险,因此船员在船服务期间,无论是工作时间还是休息时间,因工作原因或船舶发生事故而造成伤亡的,都应当认定为工伤。此种情况下,工伤认定中原有的“工作时间”要件被突破,且“工作场所”要件的区分意义被冲淡。并且,船员每次上船的连续服务时间较长,尤其是远洋船员在船舶于始发地和目的地之间的港口临时停靠期间上岸短暂休息时,可否因这一行为是为接下来的工作养精蓄锐、缓解疲劳,而将上下船的过程中发生的事故伤害纳入工伤认定范围,依照目前的《工伤保险条例》的字面含义会有争议。而船员在跟船服务期间的职业相关伤害都应该纳入工伤保险的

---

① 参见郑晓珊:《工伤保险法体系——从理念到制度的重塑与回归》,清华大学出版社2014年版,第34、47页。

② 参见王天玉:《试点的价值:平台灵活就业人员职业伤害保障的制度约束》,载《中国法律评论》2021年第4期。

③ 参见曹艳春、马钱丽:《我国船员劳动权益保障立法路径选择》,载《社会保障研究》2022年第1期。

范畴。

3. 社会保险管理体制不适应船员特殊性

船员从业人群内移的趋势日益明显，越来越多的船员来自内陆省份，船员下船后常常径直返回家乡，很少在单位所在地即社保缴纳地长期停留。因此外地船员缺少在社保缴纳地享受社会保险的需求，回家后也无法在居住地享受就医福利，且工伤理赔困难。就上海临港新片区而言，尽管允许取得海员外派资质的外资船舶管理公司变通为异地缴纳社保，但也未辐射到所有船员，且这一政策也存在与行政法规冲突的问题。根据《社会保险费征缴暂行条例》第 7 条，缴费单位必须向当地社会保险经办机构办理社会保险登记，参加社会保险。故依照现行立法，用人单位为外地船员异地缴纳社会保险属于违法行为。此外，与陆岸工作不同，一个年度内船员的在船工作时间一般在 6—9 个月，剩余时间在岸休假，容易出现社会保险缴纳中断的现象，社会保险中断期间船员的社会保险权益无法得到保障。由此可见，船员职业存在船员内移、流动性较大以及实行综合工时制的特点，会导致船员在适用普通社会保障制度时出现“不适应”的状况，这便会阻碍船员社会保险权的实现。

（二）相关人身健康商业保险保障不足

当前市面上已有的可适用于船员的商业保险不能完全匹配船员的人身健康保险需求。由于船员属于高危职业，在职业分类上，保险公司一般将其归入 4 至 6 类，类别数越大则风险越高。市面上大部分的意外险仅投保 1 至 3 类的职业人群，故目前大多数普通人身意外伤害保险一般不对船员承保。尽管个别保险公司如新华保险、中国人寿保险曾推出“航行无忧船员意外保险”这一船员专用意外险，但其运行不具有稳定性，目前已不再运行。并且，尽管船东可以为船员统一购买团体人身意外伤害保险，但该险种的投保规则对船员不具备针对性，无法在保险期限、保险金额、费率等方面针对船员职业的特殊性作出特别规定。① 不过，商业保险的保险人从事商业金融事业，目的是获取利润，②而航运业风险较高，船员发生人身伤害的可能性相对较大，即使存在专门面向船员的人身健康商业险种，也可能会因赔付率高、商业保险经营易亏损，③且投保人数相对较少等问题，最终不得不退出市场。

此外，商业意外险的承保范围注定了它难以提供周全保障。商业意外险的承保期限通常为上船协议对应的单次工作任务的在船工作期间，承保风险通常为船员在船舶上发生的意外伤害事故，所谓意外伤害是指以外来的、突发的、非本意的、

---

① 参见中国船员发展与保障中心：《发展船员人身意外强制保险的探讨》，载《中国海事》2012 年第 4 期。

② 参见郑尚元、扈春海：《社会保险法总论》，清华大学出版社 2018 年版，第 51 页。

③ 参见俞雅乖：《海洋渔业保险制度的模式选择：互保基础上的政策性渔业保险》，载《农村经济》2010 年第 9 期。

非疾病的客观事件为直接和主要原因导致的身体伤害。因此船员上岸作短暂休息的期间发生的意外伤亡、在船工作期间患病或因自身过失而发生伤亡，均得不到商业意外险的保障。并且商业意外险通常将船员因战争、骚乱、罢工、海盗袭击、核风险、武器等导致的伤残或死亡列为除外责任，导致承保范围更加有限。

（三）保赔保险存在拒赔风险

船东责任险（保赔保险）既包括以商业保险形式经营的保赔险，如中国平安财产保险股份有限公司承保的船东责任险，又包括以互保形式管理的保赔险，在国内主要为中国船东互保协会承保的保赔险。①

中国船东互保协会是经国务院批准成立的船东互助的非营利组织，其向会员提供包括保赔险等多险种在内的一站式海上互助保障和专业服务，是我国最大的保赔险保险人。中国船东互保协会的保赔险既不属于社会保险，也不属于商业保险，而是承保会员船东对第三方的船货造成损失的责任，以及包括人身伤害、污染和清除船舶残骸等法定责任在内的互助保险。② 会员船东获得协会赔偿的前提是满足"会员先付"规则，即其必须首先解除赔付责任、付清相关的开支或费用。故这一保赔险的被保险人并非船员本人或其他受损害主体，而是船东。不过出于对船员的特别保护，《2023/24 中国船东互保协会保赔条款》导则部分规定，当会员不能解除其对船员伤、病、亡赔偿的法定责任时，协会应以会员的名义直接向船员或其被抚养人解除该类责任或支付该类索赔，但仅限于船员或被抚养人向其他方的追偿权无法得以执行且通过其他途径也无法获得补偿的情况下。但是，除非协会主动放弃，否则若会员未向协会付清所有到期会费或其他应付款项，协会亦有权拒付会员任何损害、开支和费用的赔偿。另外，如果会员就海难或其他事件向协会提出索赔，但其违反了保赔条款要求的立即如实通知、允许协会对有关人员开展调查、遵循相关处理意见、移交必要文件、不擅自放弃追偿权等处理索赔的义务，经理机构可拒绝赔付或对赔款扣减其决定的数额，除非董事会另作决定。并且协会对会员船东的故意不当行为所产生的任何责任不予赔偿。

投保以商业保险形式经营的保赔险则存在较大的拒赔风险。例如《中国平安财产保险股份有限公司船东保障和赔偿责任险条款》《中国大地财产保险股份有限公司船舶保险附加保险条款》中的"船东保障和赔偿责任险条款"均规定，保险公司履行赔偿义务的先决条件是被保险人已按照约定按时交付保险费，或按照保险人的规定交付全部保险费，并且先行支付任何赔款、费用或开支，除非法律另有规定或保险人另有决定。该保险亦将被保险人（船东）的任何故意行为列为除外责任。

---

① 参见刘逗逗：《从案例视角分析单位投保船员相关保险之风险防范》，载《世界海运》2019 年第 5 期。

② 参见刘逗逗：《从案例视角分析单位投保船员相关保险之风险防范》，载《世界海运》2019 年第 5 期。

## 二、健全船员人身健康保险的价值分析

### （一）有利于船员生存权的保障

生存权是一项最基本的人权，是人权保障的核心，既包括涵盖生命权和健康权的人身权，也包括维持人的生命、保障人的基本生活的财产权，是人在社会中健康、有尊严地生活并享受其他各种权利的基础。[①] 也可以说，生存权是人按其本质在社会生活中应该享有的维持自己生命存在的最起码权利。生存权不仅在于简单维持生命的延续，还在于生活质量的追求和保障。而要想生存权得以充分实现，必须以社会保障法律制度的建立和完善为前提，这就要求社会具备完善的社会保险制度。[②] 社会保险制度最基本的功能是将劳动者遭遇的各类个人风险社会化，让社会为个人风险买单，即在劳动者遭遇风险时弥补其收入损失，保障劳动者在暂时或永久失去劳动能力以及暂时失去工作岗位造成收入中断或减少时，仍能够享有基本的生活保障，避免个人在遭遇风险后其基本生活水平大幅降低而陷入困境乃至绝境，从而保障其生存尊严。[③] 并且生活条件对人的心理、人格和精神的发展有着重要作用，因而社会保险制度的完善也有助于人的心理、人格和精神的健全。[④] 试想，若船员在遭遇疾病或因工作原因受伤后，其享受的保险存在漏洞，导致其在报销医药费过程中遭遇难题，或是在因伤或病误工期间缺少足够的生活保障，船员不仅在心理和精神上可能会遭受较大的痛苦，而且生存尊严和生活质量得不到保障，危及船员的生命健康权。

### （二）有利于促进工伤船员健康恢复

在现代社会中，疾病及伤害发生后，不仅会使劳动者及其家庭因误工及治疗而损失部分或全部劳动收入，而且会对劳动者的个人身心健康造成一定程度的损害。因此，对于发生疾病或工伤事故的个人，不仅需要通过经济上的预先防范机制对其进行补偿，以弥补疾病和伤害所造成的收入减损，还需要通过医疗服务、药品给付以及医疗器械的提供，使个人受到损伤的身体机能得到尽量恢复，以保障劳动者的健康权。[⑤] 例如当船员患病时，能够通过较为健全的人身健康保险得到基本的药物和及时的治疗；在开展风险系数较高的船上作业前，能够通过人身健康保险中的职业伤害预防，避免或减轻自身健康受到的伤害；在遭遇职业灾害或患职业病后，人身健康保险能够为船员恢复健康提供必要的物质保障；在得到基本治疗后，人身

---

① 参见郑云瑞：《社会保险法论》，北京大学出版社 2010 年版，第 40 页。

② 参见章亮明、钟刚主编：《社会保障法》，中国政法大学出版社 2007 年版，第 11-12 页。

③ 参见张茂松主编：《社会保险》，河南大学出版社 2014 年版，第 11 页；郑云瑞：《社会保险法论》，北京大学出版社 2010 年版，第 38 页。

④ 参见章亮明、钟刚主编：《社会保障法》，中国政法大学出版社 2007 年版，第 12 页。

⑤ 参见李志明：《论社会保险权的内容》，载《山东社会科学》2012 年第 6 期。

健康保险还能够为船员提供医疗康复、社会适应能力康复和职业康复,帮助受伤船员恢复身体健康,及时回归工作岗位,并尽早恢复心理健康。①

(三)有利于分配正义的实现

"分配正义"这一概念最早由亚里士多德提出,他认为,正义寓于某种平等之中,分配正义则要求按照比例原则将世界上的事物公平地分配给社会成员。② 现代社会保障是实现分配正义的重要手段,分配正义是现代社会保障的根本价值诉求。社会保障所具有的公共性、公平性、福利性等特点,具有促进分配正义的天然价值。③ 党的十八大报告提出,"逐步建立以权利公平、机会公平、规则公平为主要内容的社会公平保障体系"。在这一总体要求的指引下,社会保障制度的建设应当以分配正义原则为依据,在制度设计和安排上能够保证每一位社会成员都有获取社会资源的平等机会,并应体现纠正不公原则,以保证因各类原因造成的分配不公现象能够得到及时有效的纠正。④ 然而在船员社会保险制度中,当前部分船员未能加入社会保险,已加入社会保险的船员在社会保险权利的实现上面临一些障碍和困难,意味着社会保险利益的分配于船员群体失衡,且与船员群体为航运业发展作出的突出贡献更不相匹配。对这一缺乏权利平等、机会平等、规则平等的社会保险制度设计和安排及时进行矫正,能够促进分配正义价值的实现和保障。

## 三、建立针对船员的人身健康保险制度的合理性分析

(一)保障船员社会保险权的合理要求

所谓社会保险权,就是指权利人在社会保险制度中所享有的获得保险利益的资格。⑤《宪法》第45条规定了国家发展为公民享受从国家和社会获得物质帮助权利所需要的社会保险、社会救济和医疗卫生事业。该条文可视为《宪法》对公民享有的"社会保险权"的具体规定。由此可知,社会保险权是由《宪法》所保障的每个公民的一项基本权利,同时也是国家应承担的一项义务。⑥ 并且,社会保险权也是由一系列国际公约所确认的基本人权。1948年联合国大会通过的《世界人权宣言》第22条确认了每个人所享有的社会保障权;1966年联合国大会通过的《经济、社会及文化权利国际公约》第9条要求缔约国确认人人有权享受社会保障,包括社会保险;国际劳工组织于1952年通过的《1952年社会保障(最低标准)

---

① 参见邹艳晖:《行政机关对公民健康权的给付义务》,载《兰州学刊》2016年第10期。

② 参见[美]E. 博登海默:《法理学:法律哲学与法律方法》,邓正来译,中国政法大学出版社2017年版,第268页。

③ 参见常建勇、龙玉其、贾可卿:《分配正义:社会保障的根本价值诉求——概念、渊源、机理与实践》,载《中国行政管理》2014年第11期。

④ 参见向玉桥:《社会制度实现分配正义的基本原则及价值维度》,载《中国社会科学》2013年第3期。

⑤ 参见李志明:《社会保险权:理念、思辨与实践》,知识产权出版社2012年版,第17页。

⑥ 参见史博学:《"社会保险权"在我国立法中的确立与完善》,载《法学论坛》2019年第4期。

公约》[Social Security(Minimum Standards)Convention, 1952]及其后陆续通过和发布的多项公约和建议书,都对社会保险权的实现作出了明确规定。①

船员作为我国劳动群体的一部分,其社会保险权应当得到周全保障,确保这一高风险职业群体受伤或患病时能够获得充分的救济。从而在其因受伤或患病而暂时或永久丧失劳动能力以及需要大量医疗和康复费用时,能够请求国家和社会通过积极作为的方式,为其提供维持基本生活水平的收入补偿及物质帮助,或者承担船员大部分的医疗费用,确保船员及其家属的体面生活,使其人格尊严得到尊重与保护。② 然而如上所述,当前工伤保险制度设计、社会保险管理体制与船员群体的特殊性并不兼容,将适用于大多陆上劳动者的社会保险制度不加差别地适用于船员,无疑是对船员社会保险权的保障不周,影响船员这一基本权利的实现。因此,为船员群体制定适应其职业特殊性的社会保险,是保障船员社会保险权的必然选择。

(二)"重复投保"观点之反驳

有人认为,社会保险与中国船东互保协会保赔险及商业保险构成重复投保,因为船员2/3的在船时间已有"保赔险"的医疗保障,且只要明确船东的工伤赔偿责任,即使不参加工伤保险,船员也可从船东责任险中获得赔偿。故而认为船员社会保险做好既有保险的补充工作即可,如公休期间的医疗保险。③ 此种看法存在的问题主要有两个方面。第一,与《2006年海事劳工公约》的规定不符。公约在规则4.5部分规定,成员国应确保受其社会保障法律管辖的海员有权享受不低于岸上工人所享受的社会保障的保护,使保赔险覆盖范围以外的船员社会保险权益不低于陆岸人员。也就是说,公约所要求的成员国为其辖内海员提供不低于岸上工人的社会保障,应全面覆盖船员在船及在岸的全部时期。若依此种观点,船员在船时仅有保赔险及商业保险的保障,而成员国所应提供的社会保险缺位,明显不符合公约的规定。第二,如前所述,船舶保赔险可能会因会员船东违反保赔条款的行为而拒赔,且其赔偿金并不是向船员支付,商业保险的承保范围又存在局限性,难以为船员提供周全保障,故从船员所能实际获得的保险利益角度来看,仅依靠保赔险及商业保险,存在船员所能享受到的保险利益低于岸上工人社会保险利益的可能。

(三)域外已有可供参考的立法经验

由于日本岛内资源匮乏,海运业在国民经济中占据举足轻重的地位,船员更是海运中的生力军,为保障海运业的长足发展,二战前日本就为这一特殊群体制定了船员保险制度并延续至今。④

① 参见郑尚元、扈春海:《社会保险法总论》,清华大学出版社2018年版,第220页。
② 参见李志明:《社会保险权:理念、思辨与实践》,知识产权出版社2012年版,第54页。
③ 参见傅勤勇:《对船员社会保险管理工作的思考》,载《中国远洋海运》2019年第6期。
④ 参见赵永生:《日本国民皆保险研究》,中国劳动社会保障出版社2013年版,第83页。

与我国的社会保险体系不同，日本在全国范围内实行“国民皆保险”制度，社会保险可分为职域保险和地域保险两大类。地域保险费用的征收及管理靠地方，囊括非工资收入者，包括农业劳动者、自营业者、退职人员、无业人员以及投保者的家属，适用《国民健康保险法》《国民年金法》。[①] 职域保险也称“被用者保险制度”，主要是以职业或行业为单位建立的保险，被保险人为企业在职员工、国家及地方公务员、私立学校教职员、船员及其家属，职域保险还可以进一步被划分为一般职域与特定职域，其中，船员属于特定职域，其健康保险及劳灾保险适用《船员保险法》。[②] 日本《船员保险法》制定的目的是为船员生活的安定和福利的提高作出贡献，属于特别保护船员的特殊职业保险立法。

日本《船员保险法》既包括了船员因职务以外的事由引起的疾病、受伤、死亡或生育的保险给付，又包括了因船员职务上的事由或通勤引起的疾病、受伤、残疾、死亡或因职务上的事由失踪的保险给付。在这一保险制度中，政府为保险人，受理船员保险的中央行政机构是厚生劳动省保险局和社会保险厅，都道府县的保险课和社会保险事务所为各地的办事机构。[③] 根据日本《船员保险法》的规定，在日本船舶上或日本船舶以外的国土交通省令规定的船舶上服务的船长、船员以及预备船员均是《船员保险法》的被保险人，但是，在总吨位不足五吨的船舶，只在湖、河或港口航行的船舶，总吨位不足三十吨的渔船，《船舶职员及小型船舶操纵者法》第 2 条第 4 款规定的小型船舶，以及用于体育或娱乐的快艇、摩托艇等其船舶的目的、期间、形态及航行体制等不具有船员劳动特殊性的船舶上工作的船员不在被保险人之列。为了反映船员保险的被保险人（以下简称船保被保险人）的意见并保障船员保险事业的顺利运营，全国健康保险协会[④]中设立船员保险协议会，专职处理与船员保险事业相关的事务，协议会委员由厚生劳动大臣在船舶所有人、船保被保险人（包括代表其意见的人）及具有顺利、合理运营船员保险事业所需学识经验者中任命。[⑤]

由此可见，日本对船员保险保障的重视程度较高，在认识到船员对海运发展的重要作用、船员职业的特殊性后，建立适应船员职业特点并针对船员的人身健康保险制度，为保障船员权益提供了较为完善的法律机制，也为我国制定船员人身健康保险制度提供了重要参考。在被保险人基数上，根据日本厚生劳动省官方网站公

---

① 参见吕学静编著：《日本社会保障制度》，经济管理出版社 2000 年版，第 15-17、69-70 页。

② 参见宋健敏编著：《日本社会保障制度》，上海人民出版社 2012 年版，第 23、93-95 页。

③ 参见赵永生：《日本国民皆保险研究》，中国劳动社会保障出版社 2013 年版，第 83 页。

④ 根据日本《健康保险法》，全国健康保险协会负责日本健康保险运营的计划、保险支付及保健事业，由本部和 47 个都道府县支部构成，分别设运营委员会和评议会，由企业主、被保险者、有学识和经验的人分别参与，审议关于运营的重要事项。

⑤ 参照「全国健康保険協会定款」，日本全国健康保険協会，https://www.kyoukaikenpo.or.jp/~/media/Files/honbu/other/teikan/220301teikan.pdf。

布的数据，截至2020年3月末，共有11.7万人加入船员保险，其中船员有5.8万人，船员家属有5.9万人，在日本医疗保险总参保人数中仅占0.093%。[①] 尽管参保人数占比非常之小，但基于船员对国家海洋权益及海洋经济的重要性，船员保险存在的特殊性，以及对船员群体进行特殊保障的需要，在制度制定者们看来，仍然有必要构建专门的船员保险制度。

### 四、建立针对船员的人身健康保险制度的建议

船员职业的特殊性决定了一般社会保险制度难以全面保障船员的人身、健康权，尤其是航行于海外的船员，航线涉及的领域广泛、风险多样，使船员的人身、健康面临较大的风险，船员的生命健康权更易遭到威胁，因此健全具有针对性的船员人身健康保险十分重要。对此可以借鉴日本为船员提供的人身健康保险制度，在未来条件成熟时，我国相关政府部门可考虑将船员的医疗及工伤保险从一般性的社会保险制度中抽离，制定适应船员职业特殊性、专门针对船员人身健康的保险制度，出台相应的法律法规，并明确相关部门对落实船员人身健康保险情况的监督检查责任。在具体制度设计上，需要注意，一是应当不区分自由船员抑或自有船员，均将其纳入船员人身健康保险的强制参保对象，从而保障每一船员平等参加社会保险的权利；[②]二是需要做好船员人身健康保险与普通社会保险之间的衔接，以便船员转向其他职业后社会保险的接续；三是在缴费基准上，由于普通船员和高级船员薪资存在差距，可以根据职务等级的不同设置不同的缴纳标准。如此，构建更适应船员职业需求、更加科学合理的保险制度安排，能够为船员的人身保险权益提供更加周全的保护。

## 第三节　船员心理健康法律保障问题

中远海集团对6000名远洋船员心理健康的调研结果显示，50%以上的船员心理健康状况为一般或较差。[③] 海上就业容易引起严重的心理问题，包括抑郁症、焦虑症和创伤后应激障碍，等等。[④] 伦敦的精神病学家尼尔·格林伯格教授在与国际海事组织联合发表的一份报告中指出，海上致命事故的幸存者中多达1/3可能患

---

① 日本厚生労働省，https://www.mhlw.go.jp/wp/hakusyo/kousei/20-2/。

② 参见向春华：《社会保险请求权与规则体系》，中国检察出版社2016年版，第10-11页。

③ 参见童颖、李雪松：《维护我国船员心理健康探析》，载《中国海事》2018年第4期。

④ See Debbie, *Keeping Watch on Seafarer Health*, InterManager (Nov. 17, 2015), https://www.intermanager.org/2015/11/keeping-watch-on-seafarer-health/.

有创伤后应激障碍，且在海盗及其家人的幸存者中发现了很高的患精神疾病的概率。[①] 职业安全与健康协会（Institution of Occupational Safety and Health）通过对1500名船员进行问卷调查，并对船员及其雇主、海事慈善机构的工作人员采访后得出结论：船员有较高的焦虑和抑郁的风险，近年来发生心理疾病的现役船员越来越多，但55%的雇主10年来没有出台任何政策或对策来解决心理健康问题。[②] 而碍于海员们认为披露精神疾病是"软弱和羞耻的标志"，海员们很可能在解决他们的心理健康问题和承认治疗需求时犹豫不决。[③]

据"内河船员职工队伍情况和权益保障问题研究"课题组调研统计结果可知，我国半数以上的内河船员存在心理健康问题。[④] 内河船企在管理工作中未能确切重视和关注船员心理健康，多数没有设立船员心理健康管理部门，且内河船员的培训和适任考试中均没有相关的心理课程，考试和发证前也没有要求心理评估。[⑤] 相较远洋船员，内河船员的职业认可度不高。[⑥] 随着当前我国社会主义市场经济的发展，远洋船员相对于内河船员发展速度更快，收入更丰厚，社会地位也更高，相比之下内河船员职业上升平台狭窄，这也导致内河船员出现心理问题。

而远洋船员则是世界上最孤立的群体之一，一旦上船便要忍受长达数月的孤独。许多船员在描述海上生活时都提到"入狱"。[⑦] 社会孤立是船员心理问题的主要原因之一，引发了船员无聊、排斥、愤怒、沮丧和绝望等多种负面情绪。除了工作之外，远洋船员出海时几乎没有社交生活。

船员与家庭的长期分离、工作和生活空间封闭、船上艰苦和枯燥的生活、船上持续的噪声、工作及膳食结构的单一、船上快速的季节变化、船员社会地位和幸福指数低等均是船员心理健康问题的诱因，而网络信号还未能覆盖海上所有领域的船只，船员对外联络还是个难题。此外，船舶航行过程中可能面临的各种海上风险易造成船员心理恐慌，遭遇过事故的船员还可能长时间处于负面情绪中，甚至会产生心理应激障碍。[⑧] 结合上述调研结果可知，当前船员心理健康状况不容乐观，因此，对船员心理健康进行及时、有效的干预，对相关立法及配套保障措施予以完善

---

① See Debbie, *Keeping Watch on Seafarer Health*, InterManager (Nov. 17, 2015), https://www.intermanager.org/2015/11/keeping-watch-on-seafarer-health/.

② See Institution of Occupational Safety and Health, *Seafarers'mental Health and Wellbeing*, IOSH, https://iosh.com/media/6305/seafarers-mental-health-wellbeing-summary-report.pdf.

③ See Alexander Lee et al., *Telepsychiatric Assessment of a Mariner Expressing Suicidal Ideation*, International Maritime Health, Vol. 66:1, p. 49-51 (2015).

④ 参见韩敏：《内河船员教育培训现存问题与对策研究》，载《中国水运（下半月）》2020年第3期。

⑤ 参见韩敏：《内河船员教育培训现存问题与对策研究》，载《中国水运（下半月）》2020年第3期。

⑥ 参见汪良：《内河水上交通安全管理措施》，载《科技创新与应用》2016年第23期。

⑦ See Georgios Exarchopoulos, Pengfei Zhang et al., *Seafarers' welfare: A Critical Review of the Related Legal Issues under the Maritime Labour Convention* 2006, Marine Policy, Vol. 93, p. 62-70 (2018).

⑧ 参见童颖、李雪松：《维护我国船员心理健康探析》，载《中国海事》2018年第4期。

十分必要。

## 一、我国船员心理健康保障存在的问题

### (一)船员心理健康立法短缺

虽然《2006年海事劳工公约》要求成员国增加防止船员遭受骚扰和欺凌的规范,关注船员的心理健康,并将船员心理健康与防止船员事故、预防艾滋病问题并列,在指南中增加对船员遭受骚扰和欺凌问题的调查,强调了船员心理健康问题的重要性和对船员的影响,但是这部分的要求不具有强制性,仅对成员国是否采用予以建议,要求成员国充分考虑其影响因素。

当前国内法律法规对船员心理健康的关注和保护远远不够。《海商法》涉及船员的内容不多,多数为原则性规定。而《船员条例》和交通运输部出台的相关规定大多集中于规范船员的人员管理、职责义务以及身体健康的规定,缺少船员心理健康标准和船员心理健康救济的规定,无法起到预防和控制船员心理健康问题的作用。为数不多的有关船员心理健康保障的法律规范性文件效力层级低。例如2009年2月23日地方性行政规章《漳州市口岸通关部门应对国际金融危机促进经济增长具体措施实施意见》明确要求行政主体对船员心理健康提供帮助:为出入境船员提供心理咨询服务,开设船员心理咨询室,免费为出入境船员提供心理咨询并为船员与家属团圆提供便利。这为船员出入漳州市口岸提供心理咨询服务提供了便利,但作为地方政府规章,该实施意见实行范围有限,不能大范围推广。2011年原农业部《关于加强远洋渔业安全生产工作的通知》要求保障船员合法权益、加强船员心理疏导、关心船员疾苦、保障船员身心健康,但该通知规定笼统抽象,且无配套的落实措施,并且也仅仅覆盖远洋渔船的船员。此外,国内普适性保障劳动者心理健康的法律法规保障力度不足,如《精神卫生法》第15条规定用人单位有创造有利于职工身心健康工作环境的义务,对于特殊岗位应当有针对性地开展职工心理健康教育。该法把保护劳动者心理健康纳入立法层面,让劳动者有法可依,用法律的武器来保障心理健康权。但该条文在实践中可操作性不强,对劳动者心理健康的规定还不够明确,且其中“特殊岗位”和“特定时期”界定不清,在具体操作层面没有较为详细的法律规定。

### (二)船员心理健康配套保障措施需要进一步推进实施

在我国,为保障船舶航行以及船员的安全,船员在上船之前应当取得海船船员适任证书、海员专业训练合格证,水手或机工还应当取得值班签证,而获取证书之前应当根据《船员健康检查要求》(GB 30035-2021)的国家标准做相应的就业前体检,以评定船员的健康状况是否满足任职岗位的要求,但其中对船员心理健康的检测没有提及,仅在附录A“船员职业限制”中规定了包括抑郁症、焦虑症等在内的“精神系统疾病”。虽然我国船员上船前一般都会做船员心理健康测试,测试不合

格的不允许上船，有第一道关的把控，但是上了船后船员的心理状况还是未得到足够的重视。在船员适任后也需要定期进行船员心理健康评估，以实现对船员心理状况的持续监测。2021 年 12 月我国海事局组织建设了船员身心健康保障系统——“船员健康在线”App 系统，这是面向行业的公共服务平台，船员及企业可以自愿使用在线心理健康检测工具，但仍缺乏有关部门的监督和定期心理健康检测评估，不利于有效解决我国船员的心理健康问题。在企业方面，中远海运集团上海分公司为了贯彻落实党的十九大提出的“加强社会心理服务体系建设，培育自尊自信、理性平和、积极向上的社会心态”的要求，重点关注心理健康管理，积极探索心理服务模式和工作机制，于 2019 年 3 月 19 日成立了海员心理健康工作室。上海分公司对新进员工专门设置了心理疏导课程及心理健康普测；同时建立船员心理档案，探索心理健康工作。但是这在企业中不具有普遍性，很多企业并没有像中远海运集团这样建立海员心理健康工作室。

船员的心理健康培训要求及健康管理也未得到足够重视。《海船船员培训合格证书签发管理办法》只对船员急救护理、基本医护能力作了规定，对于心理健康方面的培训和治疗并无规定。而对于船员配员情况，按照《船舶船员最低安全标准》的规定，一定船员配员人数规模以上的只要求配备一名负责船员身体健康的船医，至于该船医的心理诊断与治疗的技能没有另外要求。

此外，在船员心理健康救济方面，尽管 2020 年 11 月 27 日国务院颁布的《关于深入开展爱国卫生运动的意见》要求建立健全政府与社会各界共同参与的心理健康咨询服务机制，但在实践中，公益性的心理健康服务资源稀缺且没有得到足够的重视，宣传也不到位，而专业面向船员的心理健康服务机构也不多。

### （三）缺乏船员心理健康损害的法律救济

根据《民法典》第 1183 条及最高人民法院《关于确定民事侵权精神损害赔偿责任若干问题的解释》规定可知，精神损害赔偿是指自然人的人身权益或具有人身意义的特定物遭到不法侵害，导致其人身利益或者财产权益减损并遭受严重的精神痛苦时，被侵权人有权要求得到侵权人财产赔偿的民事法律制度。然而，船员的心理问题大多是由其职业本身及工作环境的特殊性所造成，不以人格和身份利益受到不法侵害为前提，存在侵权行为的仅为少数情况，因此船员无法通过精神损害赔偿得到救济。故目前立法及司法实践中缺乏针对船员的心理健康损害补偿制度及相应标准，船员因工作因素产生的心理健康问题也难以被鉴定为职业病，从而也不能得到劳动法的保护，这导致船员因在船工作遭受心理健康损害后难以得到法律救济。

### （四）船员心理健康问题缺少社会关注

我国在农耕文明的影响下，重乡守土、落叶归根的观念根深蒂固。从事航海工作意味着出门在外，漂泊不定，船员在潜意识里便对航海生活有很深的抵触情绪。[①] 虽然船舶上的工作与社会群体相距甚远，但不可否认的是，船员仍然是社会建设中不可缺少的一部分，作为海洋强国战略的重要软实力，需要全社会的认可和关注。[②] 从事海上货物运输的船员和岸上照顾家庭的船员家属为社会作出了巨大的贡献，有着比普通家庭更重的负担，但该群体却没有得到应有的重视。[③] 船员的安全需求、情感需求和归属需求得不到完全的满足，加上船员职业风险高、随船漂泊不定、远离家人朋友、薪资待遇优势不突出、社会认可度较低、与社会的交流少等因素，使得部分船员在心理上产生职业自卑感，负面情绪日益增多，心理健康不容乐观。

## 二、船员心理健康法律保障的必要性

《民法典》第 1004 条规定自然人享有健康权，自然人的身心健康受法律保护。显而易见，《民法典》的颁布已经明确了健康权的内容应当界定为"身心健康"，即生理健康与心理健康两部分，承认了自然人的心理健康需要受到法律保护。[④] 船员心理健康是影响其生命健康权的重要因素，也是船员这一群体所普遍面临的问题，若不对其加以重视，可能会导致严重极端事件的发生。

船员因为在空间有限的船舶内工作，长期远离家人、朋友，尤其是长期远洋的船员，远离陆地，船员的总体心理健康状况较普通人差，且在船工作时间越长情绪波动会越强，导致个别船员容易冲动行事。如果没有得到有效的心理咨询和建议，一旦触及导火线就会发生冲突，造成不可挽回的后果。由此可见船员心理健康问题不容忽视。一是船员的心理问题会直接影响船员的生命健康安全。有的船员一旦遭受精神抑郁或压力，便会选择吸烟、酗酒甚至毒品来释放压力，并且抑郁症、焦虑症等心理疾病导致船员自杀的案例也不在少数，据统计，1960 年至 2009 年，大约 5.9%的船员死亡是因船员心理疾病引起的自杀造成的。[⑤] 二是船员的心理问题会严重影响船舶安全。海上事故中约有 80%是由人为因素造成的，这已经成为国际海事界对事故原因的共识。[⑥] 而在诸多的人为因素中，心理因素是导致操作失误的重要原因。从实际情况来看，在海上事故中，因船员心理因素造成的安全事故占

---

① 参见辛一涛、张松：《海员健康与体质系列讲座（十六）海员的航海生活对心理健康的影响》，载《世界海运》2004 年第 5 期。

② 参见黄小牛：《谈船员管理中的心理情感效应》，载《中国海事》2011 年第 4 期。

③ See Laurie L. Charlés, *International Family Therapy*: *A Guide for Multilateral Systemic Practice in Mental Health and Psychosocial Support*, Taylor & Francis Group (Dec. 30, 2020), https://www.taylorfrancis.com/books/edit/10.4324/9780429354748/international-family-therapy-laurie-charl%C3%A9s.

④ 参见《民法典》第 1005 条。

⑤ See Alexander Lee et al., *Telepsychiatric Assessment of a Mariner Expressing Suicidal Ideation*, International Maritime Health, Vol. 66:1, p. 49-51 (2015).

⑥ 参见陈天寿：《船员不良心理因素对船舶安全的影响》，载《船舶标准化工程师》2010 年第 6 期。

据很大比例。在2020年国际海事组织散装液体和气体分委会第6次会议上，美国主张船员心理素质是造成海难的隐形杀手。[①] 三是船员的心理健康状况还会对航运公司发展和社会的和谐稳定产生一定影响。[②] 国际海事卫生协会（International Maritime Health Association，IMHA）发布的数据显示，1/5的船舶因船员健康问题而被迫改道，这造成的直接经济损失达1.68亿美元。[③]

及时干预船员心理健康不但对船员个人有所帮助，也能使整支船队受益。例如AP公司（AP Companies）为船员提供心理健康援助专线，由心理医生向船长传授与患者的沟通技巧并及时开展远程心理诊疗，帮助船员及时解决心理健康问题，成功救助了许多船员，同时也促进了船员队伍工作正常有序地开展。[④] 因此及时发现并干预船员心理健康问题，为船员心理健康提供应有的法律保障至关重要。

## 三、美国法下支持船员获得心理健康救济的依据

由于船员心理健康的救济较为复杂，美国法提供了多种由海上就业引起的心理问题的救济方式。

### （一）供养与治疗的责任

根据供养与治疗的责任，船员因船舶服务受伤的，有权得到治疗和维护。[⑤] 换句话说，即使船员无法确定雇主是否有任何疏忽或船上是否存在不适航的情况，船员仍有权得到治疗。当船员指控其所受损害是纯粹的心理问题时，法院支持船员向船东或船舶公司请求支付工资以及治疗的费用。例如在韦斯特（West）诉米德兰公司（Midland Enterprises）一案中，原告声称其在船舶服务期间曾遭受过情感伤害，诉请被告支付其心理健康咨询的费用，法院最终支持了他的诉求。[⑥] 然而，供养与治疗责任可能出现的一个问题是如何确定心理健康治疗达到最大治愈程度，一旦船员获得了最大程度的医疗救助，船东就不再有义务提供治疗，而该界定通常较为困难。国际海事卫生协会发布了一份海事领域的体检医师指南，并指出“治愈”是指通常只能通过观察，在适当的时期内没有复发。[⑦] 但每种精神疾病和每个病例的情况不同，对此，美国法院认为如果船员能够提供证据表明其心理健康问题

---

① 参见孟德顺：《浅析船员心理素质对船舶安全的影响》，载《中国科技博览》2013年第12期。

② 参见刘春、田原：《船员心理素质与船舶安全浅析》，载《天津航海》2019年第3期。

③ 参见《疫情下不可忽视的船员心理》，载中国水运网2020年5月19日，http://www.zgsyb.com/news.html?aid=552930。

④ 参见Elena Donina Glukhman：《海员心理健康项目可挽生命》，载中国水运网2020年5月27日，http://www.zgsyb.com/news.html?aid=554198。

⑤ See Baker v. Ocean Sys., Inc., 454 F. 2d 379(5th Cir. 1972).

⑥ See West v. Midland Enterprises, Inc., 227 F. 3d 613(6th Cir. 2000).

⑦ See ILO/IMO Guidelines Appendix E F00－99, Intl Mar. HealthAss'n, http://handbook.ncmm.no/index.php/mental－disorders－including－cognitive－and－behaviouralimpairmentalcohol－and－substance－misuse, accessed,4/11/2018.

是在为船舶服务期间开始出现的，则船员将有权获得补偿金，并由船员的治疗医生确定最大治愈程度。[①]

（二）《琼斯法案》成为对船员心理健康予以救济的第二种依据

船员心理健康受到侵害的第二个救济依据是《琼斯法案》，该法案规定了一种基于疏忽的补救措施，即在工作期间受伤的船员或死亡船员的遗产管理人可以选择对存在过失的雇主提起民事诉讼。[②] 但在实践中，法院更倾向于船员在主张心理健康损害救济的同时，其身体健康也受到损害，如此便可以保证原告诉称的心理问题真实。[③] 至于纯粹的心理问题，比如原告目睹其他船员受到身体伤害而造成的纯粹情感伤害则受到救济的限制。[④]

（三）《码头工人和港口工人赔偿法》成为对船员心理健康予以救济的第三种依据

该法规定，"根据本法就雇员的残疾或死亡船东应当支付赔偿金"[⑤]，并对"伤害"进一步定义为因工作和在工作过程中引起的意外伤害或死亡，以及由于此类工作不可避免产生的职业病或伤害，包括受雇的其他雇员因故意侵权行为所引起的伤害。[⑥] 从该条文无法区分身体伤害和心理伤害，然而在没有身体伤害的情况下，往往根据工人工作的地点和工作条件判断是否会造成心理或精神伤害。[⑦] 并且有大量的判例表明，即使在没有人身伤害的情况下，精神病或者心理健康问题的索赔也可以依据该法予以赔偿。[⑧] 为了援引该法对于"工作条件"造成伤害的适用性推定，必须确定是否具有影响船员心理或精神损害的工作条件，并且该工作条件是否加重或加速了精神病或心理状况的恶化。[⑨] 如果受伤的船员能够证明是因在海外工作而不是合法的人事行为造成其心理健康问题的恶化，雇主则必须举证证明其雇员的心理健康问题并非因就业条件造成，否则就应当承担赔偿责任。[⑩]

总之，美国为船员心理健康损害的救济提供了不同的法律依据，但归根结底是依据船员不同的情况予以不同的救济。在供养与治疗责任中，虽然船东对船员纯粹的感情伤害不存在过错，但该责任并非基于过错的补救措施，而是船东所应当承

---

① See Whitman v. Miles, 387 F. 3d 68(1st Cir. 2004).

② See 46 U. S. C. § 30104(2012).

③ See Gough v. Nat. Gas Pipeline Co. of Am., 996 F. 2d 763(5th Cir. 1993); Hagerty v. L & L Marine Servs., Inc., 788 F. 2d 315(5th Cir. 1986).

④ See 538 US 135,157, 2003 AMC 623(2003).

⑤ 538 US 135, 140, 2003 AMC 609,610(2003).

⑥ 33 U. S. C. § 902(2)(2012).

⑦ See David C. Barnett, *Psychiatric Claims Under the Longshore and Harbor Workers' Compensation Act*, Loyola Maritime Law Journal, Vol. 11(2012).

⑧ See Turner v. Va. Int'l Terminals, 38 Ben. Rev. Bd. Serv. (MB) 322(ALJ 2004).

⑨ U. S. Indus./Fed. Sheet Metal, Inc. v. Dir., Off. of Workers' Comp. Programs, U. S. Dep't of Lab., 455 U. S. 608, 102 S. Ct. 1312, 71 L. Ed. 2d 495(1982).

⑩ Matter of D. C. Workmen's Comp. Act, 554 F. 2d 1075(D. C. Cir. 1976).

担的治疗义务。而《琼斯法案》保护美国船员免受不适航条件的影响，为因雇主的疏忽造成船员受伤或死亡提供了传统一般海商法不允许的法定诉讼理由。[①]《码头工人和港口工人赔偿法》强调船员所受的心理伤害必须与工作有关[②]，"索赔人不仅必须证明他有心理障碍，还必须证明发生了可能导致心理障碍的事故或工作条件"。[③]

## 四、船员心理健康保障的建议

### （一）将船员心理健康纳入船员权益保障立法考量中

1. 将心理健康环境作为船上生活工作条件

造成船员心理问题的最重要因素是艰苦的船上生活。在对克罗地亚海员工作满意度的研究中，结果表明"工作不满的最常见原因与船上的生活和工作条件、克罗地亚的海员身份以及与家庭和家庭的分离有关"。[④] 良好的船上生活和工作条件能够对船员的心理健康起到重要的正向作用。自航海活动以来，人类一直在积极努力地改善船员在船工作和生活条件，并取得了积极的效果，但还有改进和提高的空间。我国《海员船上工作和生活条件管理办法》对船员基本的起居舱室的规定基本符合《2006 年海事劳工公约》的要求，但对于公约中有关船舶娱乐设施以及网络通信的要求还没有明确规定，实践中也并未达到公约的要求。英国卡迪夫大学研究发现，船员缺乏互联网接入且长时间离家导致其心理健康状况不佳。其研究项目"海员心理健康与福祉"显示，互联网的接入将为改善船员心理健康作出最大贡献，[⑤]船员应当享有免费和不受限制的网络服务。因此，为了不给船东增加过重的经济负担，应尽快在法律中规定为船员提供娱乐设施，尤其是网络通信、电视、广播等设备。对于娱乐设施及网络通信的普及，国家应给予相应的资金扶持，以保证船员的生活条件。如果船员的生活和工作条件得到极大改善，船员可以及时与岸上的亲人朋友沟通，那将会大大减少船员抑郁、焦虑以及创伤后应激障碍等心理问题的发生。

2. 将船员心理健康作为船舶适航条件

目前我国在船舶适航条件中只对最低安全配员作出规定，对船员心理健康并无具体要求，对此我国可以借鉴美国将船员的心理健康问题纳入船舶适航标准的

---

① See Nicolas R. Foster, *The Seaworthiness Trilogy: Carriage of Goods, Insurance, and Personal Injury*, Santa Clara Law Review, Vol. 40:2, p. 473-510(2000).

② Id. at 931-32, 2010 AMC at 2498.

③ Id., 2010 AMC at 2497.

④ See Ana Slis˘ković & ZvjezdanPenezić, *Descriptive Study of Job Satisfaction and Job Dissatisfaction in a Sample of Croatian Seafarers*, International Maritime Health, Vol. 66:2, p. 97-105(2015).

⑤ See Institution of Occupational Safety and Health, *Seafarers'mental Health and Wellbeing*, IOSH, https://iosh.com/media/6305/seafarers-mental-health-wellbeing-summary-report.pdf.

做法。在美国,如果事实表明船员具有野蛮恶毒的性情、心理不健全的倾向,则船只不适航。[①] 并且美国对船东实行严格的适航责任。将船员的心理健康作为船舶的适航条件至少基于两点考虑,一方面,船员心理健康无论对船舶安全还是对船员安全都具有至关重要的作用;另一方面,船舶不适航可以加重船东的责任,从而倒逼船东加强对船员心理健康的保护,有利于保护船员的心理健康。

(二)完善船员心理健康配套保障措施

1. 建立健全船员心理健康检测标准

中共中央、国务院《关于构建和谐劳动关系的意见》要求对从事有职业危害作业的职工在上岗前、在岗期间和离岗时要进行职业健康检查,并要关注职工的精神需求和心理健康,有针对性地做好心理疏导工作,建立心理危机干预预警机制。为了保障船舶的安全航行及船员的身心健康,必须在船员适任评估中增加心理健康测评,并对船员的心理健康状况进行持续跟踪,建立一个长效的船员心理健康评估机制。船员心理健康考核评估不能仅仅依靠问卷的形式,必须要采取多元化的方式,如根据船员的实际操作能力、在模拟训练中的具体表现,对船员的心理素质以及应对风险的能力进行评估。应当避免单一标准化的考核形式,避免船员依靠"死记硬背"的方式导致考核结果不能真实反映船员的心理素质。

同时,交通运输部应当联合专业的心理科研机构制定科学、全面的心理健康测评系统,并监督船公司定期对在船船员进行心理健康检测评估,确保船员在持续健康、稳定的心理状态下开展工作。

2. 保障船员在船心理医疗服务

解决在航船员的心理健康问题需要在船上配备受过心理咨询培训的船医或者船员。众所周知,心理咨询有助于帮助人们宣泄和疏导情绪,缓解心理压力,重拾自信,重新建立与他人和谐的人际关系。具有心理医生资质的船员作为船上的医疗资源与船员共同生活,且本身也是船员,对船员心理健康问题的成因有比较准确的认识,能够"对症下药",有针对性地对存在心理健康问题的船员进行疏导、帮助和教育,使心理健康问题消灭在萌芽状态。海员信托基金(Seafarers Trust)调查结果显示,目前77%的船员仅能通过文字信息、邮件等与家人朋友联系,部分船员甚至没有任何网络资源可以使用。[②] 由于特殊环境的限制,船员的人际交往能力缺乏,难以满足复杂的社会环境对人际交往技能的要求,常常会碰到恋爱、婚姻家庭方面的难题;特殊的海上环境还会使他们面临性心理方面的问题;船上生活的寂寞、孤独还会使部分船员逐渐养成一些不良的嗜好。如何帮助船员逐渐戒除不良

---

① See Torres v. Caribbean Fishing Co. Inc., 30 F. App'x 752 (9th Cir. 2002); In re Royal Caribbean Cruises Ltd., 991 F. Supp. 2d 1171 (S. D. Fla. 2013).

② 参见《自杀——导致船员海上死亡的重要原因!占比15%!》,载海事服务网,https://www.cnss.com.cn/html/cydt/20170523/272444.html。

的嗜好,积极面对性心理、生理方面的苦恼,是船医必须要面对和解决的问题。

此外,远程心理治疗在海上环境中也是有效的,有助于及时进行心理评估,并有可能加快对一些遇到心理健康紧急情况船员的遣返和治疗,如船员自杀未遂的情况,故可以参照总部位于美国的维肯德(Vikand)公司所提供的远程心理咨询以及其他改善船员健康和管理其他健康风险(如抑郁症)的远程医疗计划[①],实施中国船员远程心理健康管理计划,为船员量身定做运用于船上的远程数字医疗诊断及心理服务的医疗保健系统,为船员远程心理医疗提供技术支持,传输各类健康数据以便于心理健康专家提供诊断意见和专业的解决方案。利用互联网+心理学的方式实施健康计划,可以突破传统心理咨询场地的限制,为船员提供心理援助,同时还可发挥以伦敦为中心的船员福利国际委员会(International Committee on Seafarers Welfare, ICSW)的作用,保障远程心理医疗服务的开展,为船员提供专业心理医生的心理辅导,帮助船员排忧解难,降低抑郁症发生的可能性,促进船员工作和生活的积极性。

3. 健全船员心理健康培训与管理机制

日本《劳动安全卫生法》规定用人单位要采取必要的措施,有计划地安排劳动者的健康教育及健康咨询以促进劳动者健康。[②] 船公司应当根据卫生委员会的调查,制订心理健康计划,具体方式包括职业教育培训、帮助船员了解工作环境,改善心理状态不佳,加强对心理健康的警惕,提供重返工作岗位的支援等。[③] 船员与普通劳动者同样应当享有职业健康保护的权利。通过心理健康教育培训干预,可以帮助船员正确认识和应对常见精神障碍和心理行为问题。我国可借鉴日本的经验,落实船员用人单位和海事主管部门的主体责任,预防和控制因船舶作业带来的船员心理健康问题。

具体来说,应将掌握航海心理学专业知识纳入船长、政委等船员管理人员的工作职责范围,航运公司应加大对这类人员的心理知识培训力度,开展航海心理学课程,组织船舶管理人员参加当地主管部门或技能机构组织的心理学考试,保证船员管理人员能够掌握基本航运心理学知识并运用到管理船员的工作中。

并且,海事管理机构或者船公司应聘请心理咨询师,定期对船员开展多种形式的集中培训。例如开设航海心理学知识讲座,学习解压方式,缓解紧张情绪,进行团体心理咨询等,并为船员提供情绪管理、挫折应对、心理减压与放松技巧、职业规划、人际关系处理、婚姻恋爱观等方面的建议,从而提高船员的心理素质水平,促进

---

① See Giambelluca, Ashley, *A Sinking Feeling: Acknowledging Mental Illness and Its Treatment in the Maritime Industry*, Tulane Maritime Law Journal, Vol. 41:1, p. 239-258(2016).

② 参见日本《劳动安全卫生法》(昭和47年法律第57号)第69条。

③ 参见日本国土交通海事局:《确保船员的健康现状》,载日本国土交通省官网2019年9月,https://www.mlit.go.jp/maritime/content/001363573.pdf。

船员之间的相互交流和学习,增进船员之间的情感,提高船员队伍的凝聚力。

此外,《船员条例》就在船员职业保障一章对船员人身健康、生活防护、医疗保险给予了保障,特别规定建立健康档案。① 对此,建议将心理健康档案作为船员健康档案的一部分,形成动态的船员心理健康档案管理。

4. 提供配套的岸上心理咨询服务

实践中,漳州口岸开设船员心理咨询室,免费为出入境船员提供心理咨询。② 再如,浙江北仑边检站实行心理咨询师上船共检。只要在海上连续航行超过一个月,或是船舶即将远洋航行,该站都会派心理咨询师和检查员一起上船,免费为船员提供心理咨询和辅导,或送上有助于心理调解的影碟和书籍,初次上船的船员还会获得一张写有心理咨询师联络方式的"心灵联系卡"。同时,为了普及航海心理学知识,更好地开展检查工作,该站聘请心理学专家为编外顾问,邀请心理学教授到边检站讲课。如此一来,检查员上船检查时,也能为船员提供简单的心理辅导。③ 这一系列的举措值得在全国各个港口大力推广执行,由相关部门牵头筹建船员心理危机干预"绿色通道",在港口、码头的医院或船员医院设立专门的心理治疗机构,以帮助船员在航行前或上岸休息期间排解心理压力,以更好的心理状态应对接下来的海上工作。

(三)将船员的心理健康问题根据情况纳入法律救济之中

由于船员心理健康状况很大程度上是由工作环境因素所致,且目前缺乏充足的法律救济手段,故应当针对船员职业的特殊性,建立船员心理健康损害救济机制。我们认为,应当将船员的心理健康问题分情况纳入法律救济之中,并建议将船员心理评估报告作为确定给予心理健康救济的标准。④ 我国可以借鉴美国的做法,具体建议如下:

为了避免滥诉的发生以及平衡船东和船员之间的利益,应当区分情况予以救济。首先,根据船员心理健康所受侵害的原因进行区分,第一种是由船员因身体受到伤害而遭受的心理恐慌,例如,船员遭受严重的人身伤害或海盗的虐待,导致其产生恐惧、焦虑等心理问题;第二种是由于目睹其同事的人身伤亡而产生的心理问题;第三种是船员在船服务期间由于船上工作环境的特殊性,形成长期的心理问题甚至导致自杀。对于第一种和第三种情况,可借鉴工伤保险制度中的"无过失补偿

---

① 参见《船员条例》第22条。

② 参见《漳州市龙文区人民政府办公室关于转发漳州市口岸通关部门应对国际金融危机促进经济增长具体措施的实施意见的通知》,载漳州市龙文区人民政府官网2009年3月25日,http://www.lwq.gov.cn/cms/siteresource/article.shtml?id=20226503519890000&siteId=60425269663040000。

③ 参见《浙江北仑边检站率先启动船员心理辅导》,载浙江在线官网,https://zjnews.zjol.com.cn/system/2012/08/14/018735544.shtml。

④ 参见周德洋:《关于将心理评估报告作为确定精神损害赔偿数额标准的必要性研究》,载《理论前沿》2014年第9期。

原则”，判定船东承担船员心理健康的损害赔偿责任，因为这两种情况能够获得足够的证据证明船员心理问题与在船工作的关联性。对于确定心理问题的治疗何时已经到达最大治疗程度应当在法律上予以界定，即遵从医生的建议，当进一步治疗不会改善船员的病情或者未来的治疗只会减轻疼痛和痛苦，但不能改善船员的身体状况时，则可以判定已经达到最大治疗程度。其次，对于船员自杀也应当严格区分，只有在确定船员自杀是因其具有严重的心理问题时才予以补偿，该证明责任由船东或用人单位承担，但若船东能够证明其已对船员定期进行心理测试且测试结果良好，或者有其他证据能够证明船员心理状况良好或船东已尽了最大努力改善船员的心理状况，则可以免除其补偿责任。

（四）给予船员心理健康的社会支持

在我国计划经济时期，国民经济发展水平较低，船员因其工作条件而享有的物资供应优势相当显著，社会地位因此较为优越，然而经济的飞速发展、海陆工资差距的日益缩小使得船员的收入优势逐渐减退。[①] 加之新闻媒体的负面报道使船员职业的危险性和其他缺陷被放大，船员职业的社会认可度持续走低，与船员为我国航运业的发展、进出口贸易的繁荣作出的巨大贡献形成强烈反差，也促使船员滋生自卑心理或心态失衡。

研究表明，社会支持与认可对提高船员的心理健康水平极为有利。[②] 长期在船舶上工作的船员心理需求特别强烈，他们渴望得到他人的关爱、理解和情感支持，因此船员心理健康的保障离不开社会对航海职业的认可和关注。全社会应尊重船员，关注船员的心理健康，相关部门及企业应主动关心、照顾和帮助船员，积极解决船员的后顾之忧，使他们以健康积极的心态开展工作，确保船舶的航行安全。政府有关部门要肯定船员对国民经济发展的贡献，并通过大众传媒宣传船员英雄事迹、树立典型模范，加大对船员职业价值、社会价值和对社会发展贡献力的宣传和推广[③]，鼓励创作、拍摄有关船员的文学作品和影视作品，进而给予船员强有力的精神支持，增强船员的职业尊荣感、自信力，并保持积极健康的心理状态。

## 第四节　疫情对船员生命健康权的威胁与法律保障问题

突发公共卫生事件发生后，船员通常会因船舶及港口应急防疫措施的不到位而面临生命健康威胁。新冠疫情暴发后，2020 年 2 月 3 日返回日本横滨港的“钻

---

① 参见陆英祥：《关于船员社会地位的思考》，载《中国远洋航务》2012 年第 2 期。

② 参见张晓、周元丽、张进：《远洋船员社会支持与心理健康的关系》，载《中国行为医学科学》2005 年第 12 期。

③ 参见沈磊：《海员心理分析与对策》，载《中国海事》2014 年第 7 期。

石公主”号邮轮,因隔离措施不足以控制病毒,致使病毒在乘客、船员、医疗保健人员和检疫人员中进一步传播。[①] 例如,邮轮上的绿色和红色区域之间没有明确区分,在隔离初期两间餐厅被用作行政场所,使之很可能成为交叉感染区域,且整个隔离期间船上既没有传染病专家,也没有感染控制人员,数量有限的灾难医疗援助小组很难进行精确的分诊等。[②] “钻石公主”号邮轮上的乘客感染可能始于2020年1月28日,并在2月6日结束,然而由于船员需要为乘客提供服务,在2月5日船舶实施隔离措施后,船员继续受到感染并在2月7日达到高峰,至2月18日,船上1045名船员中出现54例确诊病例。[③] 不久,“至尊公主”号邮轮、“红宝石公主”号邮轮等也出现了类似状况。2020年3月6日,美国公布“至尊公主”号邮轮上已检测的46人中有21人检测结果呈阳性,其中包括19名船员;[④]至2020年4月6日,“红宝石公主”号邮轮上约有200名船员出现疑似症状。[⑤] 在国际组织的呼吁下,自2020年6月船员得以陆续换班后,有关船员确诊的新闻报道屡屡出现。[⑥] 2020年8月9日,希腊籍巴拿马型散货船帕特拉号上22名船员中,有11人在抵达乌克兰尤日尼伊港时被发现核酸检测呈阳性;[⑦]2021年1月6日,靠泊于我国港口的巴拿马籍干散货船“Asia Spring”轮上,除船长之外的其余21名船员经检测均感染新冠病毒,其中包括19名中国籍船员。[⑧] 除船舶及港口应急防疫措施的缺陷威胁船员生命健康安全之外,另一不容忽视的问题便是船员换班的难题。国际航运协会和国际海事雇主理事会(International Maritime Employers' Council, IMEC)汇

① See Yasuharu Tokuda & Tomoko Sakihama et al., *COVID-19 outbreak on the Diamond Princess Cruise Ship in February* 2020, Journal of General and Family Medicine, Vol. 21:4, p. 95-97(2020).

② See Yasuharu Tokuda & Tomoko Sakihama et al., *COVID-19 outbreak on the Diamond Princess Cruise Ship in February* 2020, Journal of General and Family Medicine, Vol. 21:4, p. 95-97(2020).

③ See Pengcheng Xu & Hua Qian et al., *Transmission Routes of Covid-19 Virus in the Diamond Princess Cruise Ship*, Medrxiv (Apr. 09, 2020), https://www.medrxiv.org/content/10.1101/2020.04.09.20059113v1.

④ 参见《美国“至尊公主号”邮轮乘客将分批下船》,载人民网,http://usa.people.com.cn/n1/2020/0309/c241376-31624070.html。

⑤ 参见《澳大利亚警方宣布对“红宝石公主”号展开刑事调查》,载人民网,http://australia.people.com.cn/n1/2020/0406/c408038-31662952.html。

⑥ 参见《半数船员确诊! 船员确诊数飙升的背后“真凶”究竟是谁?!》,载海事服务网,https://www.cnss.com.cn/html/cydt/20200811/337343.html。

⑦ See Mikhail Voytenko, *Greek Panamax Found Positive, Crew to be Changed*, FleetMon (Aug. 09, 2020), https://www.fleetmon.com/maritime-news/2020/30553/greek-panamax-found-positive-crew-be-changed/.

⑧ 参见《19中国海员新冠病毒检测呈阳性,船舶疫情防控不可松懈!》,载搜狐网2021年1月8日,https://www.sohu.com/a/443299731_175033。

编的数据显示，到 2020 年 5 月 15 日，有 15 万名船员需要立即进行换班。① 2021 年 7 月 23 日国际航运协会的新闻报道称，有 50 多万船员受到持续的船员换班危机的影响，超过 25 万船员被困在海上。② 船员若未能及时换班，在船超期服务会对其身心健康带来巨大隐患。因此，对疫情背景下船员生命健康权法律保障问题的探讨，在未来可能出现类似大规模暴发的传染病时，对保障船员生命健康安全具有重要意义。

## 一、疫情背景下船员生命健康权保障存在的问题

### （一）船舶应急防疫法律体系不健全

船舶对突发公共卫生事件的应急防控水平直接关系着船上受染乘客及船员能否得到妥当安置和及时救治、健康船员能否有效避免被感染等一系列问题，对船员生命健康权的保障十分关键，而健全的船舶公共卫生应急防控法律体系能够为船舶应急防疫工作提供明确的规范指引。此次疫情期间，船上隔离和船员防护措施的种种缺陷暴露出船舶公共卫生应急防控法律体系不完善的问题，为了使船员的生命健康在疫情期间能够最大限度地得到有效保障，需要从国际立法和国内立法两个层面对船舶应急防疫立法存在的问题进行全面的剖析。

1. 国际立法中船舶应急防疫法律体系存在的缺陷

（1）船上疫情预防及应急处置立法的欠缺

在相关国际公约及指导性文件方面，国际卫生应急立法主要针对陆地突发公共卫生事件，对于海上突发公共卫生事件缺乏足够关注。沿海国对突发疫情邮轮的应对情况显现出国际卫生应急立法的滞后性。③ 例如世界卫生组织（World Health Organization，WHO）制定的 2005 年《国际卫生条例》（International Health Regulations，IHR）中，几乎没有船舶日常防疫的规定。④

在船舶疫情防控设施设备方面，疫情发生后，船员的防护措施不到位、隔离舱室等应急设施的不健全易造成传染病在船员之间快速传播。在邮轮上，为向乘客提供各类服务，船员与乘客之间必需的接触会造成传染病病毒由乘客向船员扩散。如在“钻石公主”号邮轮事件中，船员感染主要发生在邮轮实施隔离后，且在船员

---

① See International Chamber of Shipping, *Global Shipping Fleet to Sound Horns on Labour Day to Raise Alarm over Need for Urgent Crew Change*, ICS（Apr. 30，2020），https://www.ics-shipping.org/press-release/video-missing-global-shipping-fleet-to-sound-horns-on-labour-day-to-raise-alarm-over-need-for-urgent-crew-change/.

② See International Chamber of Shipping, *Negligence of Small Minority Risks Setbacks to Crew Change Progress*, ICS（Jul. 23，2021），https://www.ics-shipping.org/statement/negligence-of-small-minority-risks-setbacks-to-crew-change-progress/.

③ 参见刘晨虹：《疫情邮轮的责任困境与海洋法律体系的完善》，载《中国海商法研究》2020 年第 1 期。

④ 参见王才范、王涛：《“钻石公主”号邮轮疫情事件中的海事法问题探讨》，载《世界海运》2020 年第 6 期。

舱室集中区域发生了聚集性传染。① 然而,SOLAS 公约并未涉及船员和乘客的传染病隔离舱室相关要求,并且缺乏船上应急防疫操作相关要求。② 目前,SOLAS 公约的 1988 年议定书附则中关于"检验"和"事故"部分的规定主要出于预防船舶事故(如火灾、渗水、船舶碰撞、意外爆炸、人员坠海等)的需要,不涉及船舶对突发疫情的防范。

(2)国际航行船舶应急防疫中的保障主体缺失

《联合国海洋法公约》(United Nations Convention on the Law of the Sea)第 94 条规定,船旗国应对悬挂其国旗、于公海上航行的船舶有效行使行政和技术等事项进行管辖和控制。根据该公约第 55 条、第 56 条和第 58 条的规定,专属经济区制度中不涉及与船舶卫生事务有关的国家权利与义务。该公约第 19 条和第 21 条规定,沿海国可以制定关于防止违反其包括卫生在内的无害通过领海的法律和规章,若外国船舶违反即应视为非无害通过行为,沿海国可依法行使保护权以防止非无害的通过。该公约第 33 条规定,沿海国可为防止或惩治在其领土或领海内违反其包括卫生事项在内的法律和规章的行为,在毗连区内实施必要的管制。由此可知,《联合国海洋法公约》在公海制度中明确了船旗国对船舶卫生事务的管控义务,而在领海和毗连区中更倾向于赋予沿海国对该项事务进行规制和管制的权利。③ 并且,由于内水处于沿海国的管辖和控制之下,除纯属外籍船舶内部管理外,沿海国可对驶入其内水的外籍船舶进行管辖,因而沿海国对航行于内水且可能危及其公共卫生的船舶的卫生事务享有管制的权利。因此,对在公海以外的海域中航行的染疫船舶,目前国际法体系尚未对应承担管控义务的主体作明确规定。④ 这便产生了船舶防疫事项上的管控缺失地带,缺少对船舶公共卫生安全进行及时应对和保障的义务主体,容易造成类似"钻石公主"号、"威士特丹"号、"鹿特丹"号等邮轮上暴发疫情后的情况,多国港口拒绝其入境和停靠,船旗国也因相距遥远无法及时有效应对,导致邮轮疫情防控时机的延误。这不仅导致船上受染乘客和船员得不到及时治疗、健康人员不能有效避免被感染,还导致船员换班进程受到严重阻碍。

(3)《国际卫生条例》第 28 条例外规定和额外卫生措施规定存在的问题

根据《国际卫生条例》第 28 条第 1 款和第 2 款的规定,缔约国不应当因公共卫生而阻止船舶在其入境口岸停靠或拒绝其"无疫通行"(free pratique),尤其是不应禁止其上下乘员或者添加必需的物资等行为。但该规定存在两种例外情形:一是国际协议另有约定;二是发生了该公约第 43 条规定的特定公共卫生危害或国际公

① 参见鲍君忠、秦莹等:《基于 Logistic 模型的大型邮轮疫情预测分析》,载《交通信息与安全》2020 年第 2 期。

② 参见鲍君忠、秦莹等:《基于 Logistic 模型的大型邮轮疫情预测分析》,载《交通信息与安全》2020 年第 2 期。

③ 参见刘晨虹:《疫情邮轮的责任困境与海洋法律体系的完善》,载《中国海商法研究》2020 年第 1 期。

④ 参见刘晨虹:《疫情邮轮的责任困境与海洋法律体系的完善》,载《中国海商法研究》2020 年第 1 期。

共卫生紧急事件(Public Health Emergency of International Concern)。对于后者,缔约国基于科学原则、使人类健康面临危险的现有科学证据或来自世界卫生组织等国际组织的信息,以及世界卫生组织特定指导或建议,可以执行包括对交通工具进行隔离、检疫或旅行者接受公共卫生观察在内的额外卫生措施(additional medical measure),以防控疾病传播,并且,缔约国还可以拒绝船舶"无疫通行"和停靠。因而,在疫情持续构成国际公共卫生紧急事件期间,如果缔约国符合《国际卫生条例》规定的执行额外卫生措施的条件,缔约国可以拒绝受染船舶"无疫通行"和停靠本国港口,而如果各缔约国均拒绝受染船舶停靠,原则上应由船旗国履行管控义务,然而事实上,船舶的航行区域很可能与船旗国相距甚远而无法进行有效的管控。[①] 并且,为了规避本国严格的管制、减少税收的缴纳、降低运营成本和船员费用的支出,以使船舶在海运竞争中保持竞争力并获取最大利益,许多船舶所有人选择船舶悬挂方便旗,导致船舶与船旗国之间缺少"真正联系"[②],船旗国没有能力对方便旗船上的公共卫生事项行使有效的预防和控制职能。

此外,"威士特丹"号邮轮在被多国拒绝停靠时尚未出现确诊病例,根据《国际卫生条例》第1条第1款的规定[③],该轮在被拒绝停靠时尚不构成受染船舶,因此尽管此次新冠疫情被世界卫生组织列入国际公共卫生紧急事件,但拒绝该轮停靠的缔约国采取的额外卫生措施是否符合《国际卫生条例》的规定,即是否符合科学原则且已掌握对于人类健康存在危险的现有科学证据或信息,《国际卫生条例》未能提供一个确定无疑的解答。[④] 因此,拒绝该轮停靠的缔约国的行为在国际立法的层面上是否合法尚未可知。

2. 国内立法中船舶应急防疫法律体系存在的缺陷

目前我国针对船舶突发公共卫生事件应急防控法律体系并不健全。

首先,相关法律法规欠缺。《突发事件应对法》未针对船舶突发疫情进行专门规制,《海上交通安全法》《海商法》《港口法》《国际海运条例》《国内水路运输管理条例》等航运法律法规中也几乎没有针对疫情应急防控的条款。虽然2020年修订的《船员条例》第16条、第21条等规定,与疫情防控有一定程度上的关联,但仍缺乏全面和具体的针对性规定。《突发公共卫生事件应急条例》第38条对交通工具上出现受染或疑似受染人员、密切接触者的应急处置方式作出了具体规定,但对于

① 参见孙思琪、金怡雯:《国际邮轮突发公共卫生事件应急管理的法律检视》,载《大连海事大学学报(社会科学版)》2020年第5期。

② 参见[日]水上千之:《船舶国籍与方便旗船籍》,全贤淑译,大连海事大学出版社2000年版,第136-138、140页。

③ 《国际卫生条例(2005)》第1条规定:"……'受染'系指受到感染或污染或携带感染或污染源以至于构成公共卫生危害的人员、行李、货物、集装箱、交通工具、物品、邮包或骸骨……"

④ 参见孙思琪、金怡雯:《国际邮轮突发公共卫生事件应急管理的法律检视》,载《大连海事大学学报(社会科学版)》2020年第5期。

船舶突发疫情的状况未必适用。尤其是远洋航行船舶,在发现船上出现受染或疑似受染人员后,其航行至最近的口岸所需时间较长,这段时间内船上如何做好疫情防控工作、对船上受染人员如何进行紧急救治等问题,难以从该条例中获取行为规范。《国境卫生检疫法》《国境口岸突发公共卫生事件出入境检验检疫应急处理规定》中涉及的船舶疫情防控的规定,主要是针对出入境船舶和人员的卫生状况以及健康状况的检查监测和应急处置,不能全面涵盖船舶公共卫生应急防控工作的需要。

其次,我国目前有关船舶突发公共卫生事件应急防控的法律规定中,除《国境卫生检疫法》外,几乎都为行政法规和部门规章,法律位阶较低,内容较为分散且规定并不一致,难以有效规制船舶疫情防控,如有关隔离的方式在《出入境邮轮检疫管理办法》《国际航行邮轮群体性疾病突发事件应急处置技术方案》中①,便存在相互矛盾的规定。②

(二)港口应急防疫能力难以充分保障船员生命健康权

港口应急防疫机制是否完善,直接关系着靠港的船舶上受染人员能否及时被隔离与救治,对船员生命健康权保障的重要性不言而喻。在"钻石公主"号邮轮事件中,对于已感染新冠病毒的人员,日本横滨港的医疗和应急资源储备有限,而转送至医院或其他地点又会增加感染病毒的风险,这对该港的应急防疫能力提出了严峻挑战。③ 目前我国有的港口对于邮轮公共卫生应急处置能力不足,如部分邮轮母港的规划建设比较注重旅游休闲、房地产开发,较少重视安全避难、卫生应急等功能的规划和配套。④ 并且,有的港口距城市较远,导致医疗人员和医疗资源的调配存在不足,对及时救治靠港船舶上的染疫船员带来了不小的困难。

在法律规制层面,虽然《国际卫生条例》对港口核心能力要求进行了规定,但是这些规定过于抽象,没有设定具体的标准,如对于港口要配备的医护人员和医疗设施的数量等内容没有具体的规定。⑤ 我国原国家质量监督检验检疫总局出台了

---

① 《出入境邮轮检疫管理办法》第32条规定:"邮轮发生突发公共卫生事件时,应当依法对受染人员实施隔离,隔离期限根据医学检查结果确定;对疑似受染人员依法实施就地诊验或者留验,就地诊验或者留验期限自该人员离开感染环境的时候算起,不超过该传染病的最长潜伏期。邮轮上发生突发公共卫生事件时,邮轮运营方可以提出申请,经海关同意,在邮轮上实施隔离留验;对不具备隔离留验条件的,应当转送至指定医疗机构。"《国际航行邮轮群体性疾病突发事件应急处置技术方案》第三部分"现场处置"中"检疫措施"部分规定:"隔离方式包括但不仅限于医院隔离、船上隔离、指定场所隔离等。检疫传染病及按甲类管理的传染病必须进行医院隔离。"

② 参见刘晨虹:《疫情邮轮的责任困境与海洋法律体系的完善》,载《中国海商法研究》2020年第1期。

③ 参见刘晓菲、张晏瑲:《论邮轮防疫应急机制的完善——以2019新冠肺炎疫情的防治为参照》,载《中国海商法研究》2020年第1期。

④ 参见陈鹏:《邮轮疫情应对的主体责任分析及对策》,载《世界海运》2020年第3期。

⑤ 参见彭先伟、吴亚男:《新冠病毒疫情下的邮轮检疫处置问题初探——以国际卫生法为视角》,载《中国海商法研究》2020年第1期。

一系列细化规定,如《创建"国际卫生港口"规程》《国际卫生港口通用要求》《关于印发〈《国际卫生条例(2005)》口岸核心能力建设标准(试行)〉的通知》《关于印发〈国际卫生条例(2005)〉口岸核心能力动态监督管理规定的通知》等,但这些规定缺少对医疗卫生设施配置标准的明确具体要求。[1] 例如,《国际卫生港口通用要求》第6.1条规定,港口传染病控制基本能力包括:提供地点适宜的医疗服务机构和足够的医务人员、设备和场所……这一规定只是原则性规定。

(三)换班困难危及船员生命健康权

2020年突发公共卫生事件给航运业带来的一大难题,就是船员换班困难、超期服务现象严重。一项从2020年6月至8月对450名船员、世界10大船舶管理公司、35家航运公司和前5大船员供应国的海事管理部门进行的在线问卷调查结果显示,接受调查的18家公司管理着74,701名船员,其中有6695人的合同期已届满并等待遣返,9324名船员的合同期被延长,且有615人已在船连续服务超过12个月,即超过《2006年海事劳工公约》标准A2.5.2(b)规定的船员获得遣返前在船最长服务期间,几乎所有接受调查的公司都报告了船员在船服务合同延期。[2] 总体来说,突发公共卫生事件发生6个月后,船员面临延迟遣返、合同延期、合同已届满而等待遣返和在船连续服务超过12个月的情况发生率分别为21.44%、12.48%、8.96%和0.82%。[3] 并且,一个令人担忧的事实是,船上半数以上的船员都延长了合同,甚至其中一半违反了船员的意愿。[4] 船员无法及时换班会对其身心健康和安全带来严重威胁,过度精神疲惫会引发船舶安全事故,甚至可能会导致自杀等严重事件。与世界上多数国家相比,我国船员换班工作的开展整体而言较为顺畅有序。据《2020年中国船员发展报告》可知,2020年4月1日至12月31日,我国完成境内港口中国籍船员换班14.7万人次。[5] 然而,国际航行船舶船员换班中出现的如下一系列问题仍需要认真审视。

1.各国(地区)船员下船的政策相差较大

鉴于疫情的全球传播态势,各国(地区)港口的防疫措施普遍升级,对船只严格管理,严格控制船员下船,工作于国际航行船舶的船员面临着合同到期却无法下

---

① 参见彭先伟、吴亚男:《新冠病毒疫情下的邮轮检疫处置问题初探——以国际卫生法为视角》,载《中国海商法研究》2020年第1期。

② See Anish Arvind Hebbar & Nitin Mukesh, *COVID-19 and Seafarers' rights to Shore Leave, Repatriation and Medical Assistance: A Pilot Study*, International Maritime Health, Vol. 71:4, p. 217-228(2020).

③ See Anish Arvind Hebbar & Nitin Mukesh, *COVID-19 and Seafarers' rights to Shore Leave, Repatriation and Medical Assistance: A Pilot Study*, International Maritime Health, Vol. 71:4, p. 217-228(2020).

④ See Anish Arvind Hebbar & Nitin Mukesh, *COVID-19 and Seafarers' rights to Shore Leave, Repatriation and Medical Assistance: A Pilot Study*, International Maritime Health, Vol. 71:4, p. 217-228(2020).

⑤ 参见中华人民共和国交通运输部海事局:《2020年中国船员发展报告》,载中华人民共和国交通运输部官网,https://xxgk.mot.gov.cn/2020/jigou/haishi/202106/P020210625407266424238.pdf。

船的尴尬境地。疫情期间全球允许船员换班的国家(地区)之间政策相差也较大(见表14-1)。这些严格又没有统一标准的下船条件致使船员下船在实践中难以实现,①也反映了各国(地区)对船员休息权益的重视程度还不够。

**表14-1　疫情期间部分国家(地区)船员换班下船的政策**

| 国家 | 船员换班下船政策 |
|---|---|
| 日本 | 若船只在离开前一个国外港口后、首次入境日本港口前,已在海上航行超过14天,且在此期间,船员与岸上的人无任何肢体接触,那么对于在日本下船的船员,并无特殊规定。<br>若船只无法在海上进行14天的防疫隔离,该船只必须采取以下步骤进行船员更换(下船船员):(1)抵达后,船只须接受常规隔离检验;(2)抵达/停泊后,船员须接受新冠病毒检测;(3)确认检测结果为阴性后,将向其发放防疫通行证;(4)防疫通行证发放后,即可开放通往船只的通道;(5)为下船船员办理入境手续 |
| 韩国 | 允许换班,但要求下船船员每天通过自我诊断报告其健康状况,离船前4天向港务局申请隔离点的使用,在离船前进行一次新冠病毒检测,并在政府指定的隔离点进行最多7天的隔离。如果隔离点满员,则船员不会被允许下船 |
| 新加坡 | 完成新冠疫苗接种的船员可作为短期访客入境新加坡,可直接在ICA CREW系统中提出申请。未完成新冠疫苗接种的船员仍需通过船员换班系统提出申请,并需于离船后乘坐专用交通工具直接前往机场 |
| 菲律宾 | 完成新冠疫苗接种且离船前新冠病毒检测结果为阴性的船员允许换班,无须隔离。未完成新冠疫苗接种的船员将进行为期10天的隔离 |
| 阿联酋 | 允许换班,但需满足以下条件:船员需向港口当局提交健康声明;已预订最短时间内离境的机票,获得海员入境签证(96小时签证);完成新冠病毒检测 |
| 美国 | 允许持有过境签证和/或船员签证的船员换班,但需满足以下条件:在过去14天内未前往特定国家②,没有生病的船员 |
| 墨西哥 | 允许换班,但需满足以下条件:船员转移期间必须采取保护措施,避免与外部人员接触,必须持有有效的美国签证;持有72小时内的新冠病毒检测阴性结果 |
| 巴西 | 允许换班,但须提供离船前指定时间内的新冠病毒检测阴性结果以及其他相关文件以申请离船许可 |

① 参见胡正良、李雯雯:《新冠肺炎疫情期间国际海员换班难的法律问题与应对》,载《中国海商法研究》2022年第1期。

② 伊朗、中国、申根区的欧洲国家(奥地利、比利时、捷克、丹麦、爱沙尼亚、芬兰、法国、匈牙利、冰岛、意大利、拉脱维亚、列支敦士登、立陶宛、卢森堡、马耳他、荷兰、挪威、波兰、葡萄牙、斯洛伐克、斯洛文尼亚、西班牙、瑞典、瑞士)、英国、爱尔兰、巴西。

续表

| 国家 | 船员换班下船政策 |
| --- | --- |
| 阿根廷 | 船员在抵达阿根廷前14天完成了新冠疫苗接种,允许换班。<br>如果船员在抵达阿根廷前14天未完成新冠疫苗接种,需要提供离船前的新冠病毒检测阴性结果,并在离船后进入船代企业提供的隔离点隔离,于隔离第7天进行新冠病毒检测,凭阴性结果完成离船程序 |
| 法国 | 允许换班,但须提供离船前72小时内的新冠病毒检测阴性结果。非申根国家船员还需在抵达前72小时向移民当局提交相关文件 |
| 荷兰 | 允许换班,但需符合以下条件:换班船员需持有有效的申根签证,未持有申根签证的下船船员,如果持有在船舶离港前出发的有效离境机票,可根据船员申请向其发放过境签证 |
| 英国 | 允许换班,船员不需隔离,但需按照规定的时间间隔进行新冠病毒检测 |
| 希腊 | 允许换班,但须提供离船前指定时间内的新冠病毒检测阴性结果,或者在抵达希腊前14天完成了新冠疫苗接种。在入境前24小时以电子方式提供详细信息,包括出发地、在其他国家的停留时间、在希腊的临时停留地址 |
| 澳大利亚 | 允许换班,需要提供疫苗接种证明,并在抵达24小时内进行一次新冠病毒检测 |
| 埃及 | 允许换班,但须提供离船前72小时内的新冠病毒检测阴性结果,或者在抵达埃及前14天完成了新冠疫苗接种 |

资料来源:交通运输部水运科学研究院中国海事服务中心发布的"i船员"全球换班政策查询平台。

2. 船员换班存在执法缺陷

突发公共卫生事件发生后,随着国内疫情的缓和以及国外疫情愈演愈烈,我国疫情防控工作重点从"防输出、防扩散"变更为"严防境外输入",沿海港口成为防范境外疫情从海上输入的重心。随着港口入境政策逐渐收紧,船员换班不仅要满足交通运输部等六部门联合发布的《关于精准做好国际航行船舶船员疫情防控工作的通知》(交海明电〔2020〕142号)规定的出入境通关防控要求,并且根据该文件严格落实行业监管责任、地方政府属地责任的规定,还需经过海事局、海关及其下属检疫部门、出入境管理局,以及口岸所在地政府和地方公安、卫生等多部门的协调和审批。2021年12月国务院应对新型冠状病毒肺炎疫情联防联控机制综合组发布《关于进一步做好国际航行船舶船员疫情防控工作的通知》(联防联控机制综发〔2021〕136号),仍然规定"外交、交通运输、卫生健康、海关、移民等部门要严格按照职责分工加强国际航行船舶船员新冠肺炎疫情防控工作",并未改变船员换班由多部门共同管理的现实。这无疑增加了国际航行船舶上的中国籍船员在国内港口换班的审批环节和等待时间。在疫情的严格防控下,许多船代企业都表示办理下船手续困难重重,需要在外轮靠港前三天向海关提交申请,由海关审核,海关审核无误后再移交专班审核,专班定制方案后再发送回海关,海关再派单给相应的外勤组，外勤组登船检疫并采样送到检测中心，检测中心检测后将报告转发给口岸专班，然后各单位启动交接转运隔离程序。① 有些船舶因为靠港停留时间较短不满足检疫要求，遂只能放弃。并且各部门由于职能与权限的不同，难免在执行标准上存在差异，导致沟通协调不畅。同时，航运业管理部门反映，由于船员具体的换班程序和申请材料缺乏顶层、明确统一的要求，属地化管理政策导致各口岸存在着执行不一的状况，加剧了船员换班的复杂性，延误船员换班进程。

并且，虽然前述六部门联合印发的交海明电〔2020〕142 号文件中提出“给予船员换班便利”的要求，但因该文件效力位阶较低、缺乏强制力，加上一些地方政府没有对《2006 年海事劳工公约》中有关船员换班和遣返的要求作出相关规定，对船员换班延迟问题带来的严重影响也没有予以重视，甚至存在不希望船员带来“麻烦”的本位主义思想②，在该文件发布之初仍存在部分地方政府执行不到位的情况。前述联防联控机制综发〔2021〕136 号文件明确了设置“船员换班专班”的要求，亦收获了良好执行效果，但由于政策时效性较强，仅针对性地适用于某一阶段中的某一事项，尚不能够彻底解决船员换班执法程序上存在的不足。

3. 船员遣返费用高昂

突发公共卫生事件发生后，除面临上述阻碍外，船员遣返费用又是船员用人单位和船员面临的一大难题。根据《2006 年海事劳工公约》标准 A2. 5. 1 以及《船员条例》第 29 条的规定，船员遣返费用由船舶所有人或船员用人单位承担。这是国际公约和国内立法明确规定的法定义务，也是国际惯例。在遣返费用范围上，《2006 年海事劳工公约》在规则 2. 5、导则 B2. 5. 1 中有具体规定。我国作为《2006 年海事劳工公约》的缔约国之一，为使船员的遣返权利得到应有的保障，《船员条例》第 29 条中“旅途中合理的食宿和医疗费用”在时空范围上应理解为从船员离船时起覆盖至船员返回目的地之前。因此，除船员回国的机票费用外，为配合港口所在地防疫管理要求产生的船员检测和隔离期间的食宿费用也应一并由船员用人单位承担。

然而，船员遣返费用较正常时期大幅上涨，船员回国机票、个人防护设备和隔离期间的食宿和新冠病毒检测费用占据了额外花销的大部分，如从欧洲飞往亚洲的机票价格一度上涨至 3000 欧元。③ 并且，疫情期间多数入境口岸对入境人员实施集中隔离且费用自理的政策。例如上海规定所有入境来沪人员一律实施为期 14 天的集中隔离，期间食宿费用自理，住宿费原则上有每人每天 200 元或 400 元左

---

① 参见王磊：《上下船员工作流程》，载微信公众号“黄关防控指南”2020 年 4 月 22 日，https://mp.weixin.qq.com/s/DaTCXLQ8UeD_i92-354Qhw。

② 参见孙英利：《为何一名船员最多在船上连续工作 12 个月?》，载微信公众号“中国交通报”2020 年 5 月 15 日，https://mp.weixin.qq.com/s/i3BTsiQCO1s23_tH-q2s9A。

③ 参见《船员换班成本飙升，船东承担大部分费用》，载微信公众号“航运界”2020 年 7 月 20 日，https://mp.weixin.qq.com/s/449yRoDR_ZvkpffVMILsrQ。

右两档，这给船员换班增加了不小的经济压力。

船员用人单位主动安排船员遣返，并承担与船员遣返相关的所有费用对于船员换班能够顺利进行至关重要。然而，对于中小型船员用人单位而言，解决船员换班问题并不容易。

4. 隔离点缺乏

在2020年疫情背景下，工作于国际航行船舶的船员下船后必须进行“7天集中隔离医学观察+3天居家健康监测”，即使是远洋船舶（从境外港口离港到靠港超过14天）的船员也会被要求隔离。船员下船的前提是有可供隔离的隔离点，而隔离点是由卫健委专门指定的。作为隔离点的酒店有相关设施标准要求，然而符合标准能被改造成隔离点的酒店有限，加之当时陆上疫情严重，隔离点数量满足不了当时的需要，船员的隔离又没有绿色通道，大量要下船的船员苦于没有隔离点接纳，这就注定了多数船员只能在海上漂泊，无法下船。

## 二、疫情背景下船员生命健康权法律保障的必要性

### （一）突发公共卫生事件对船员生命健康权的威胁

在突发公共卫生事件背景下，船员生命健康面临的威胁加剧，心理状况也更为敏感脆弱，甚至导致了极端事件的发生。海事福利慈善机构英国海员协会于2020年7月3日发布信息称，由于新冠疫情的全球暴发，大多数船员的换班工作被迫停止，成千上万的船员不得不在合同期满后继续工作，并被拒绝在全球贸易航线的港口上岸，因此许多感染了新冠病毒或生病的船员得不到及时治疗，港口牧师和福利工作者的访船活动也受到严格限制，船员与家人和朋友免费交流的机会又很少，由此带来的一个严重后果便是船员自杀人数的增加。[①] 突发公共卫生事件的突发性和危害性、船上应急物资的严重缺乏、船员为保障物资和能源供给仍要坚守工作岗位等因素很容易给船员带来焦虑、恐慌、疑病等心理应激障碍，加重船员的疲劳感和心理压力，进而会导致除前述自杀的极端反应外，船舶碰撞、火灾、爆炸、人员伤亡等事故的发生。[②]

英国船东俱乐部和全球知名的华伦（Wallem）船舶管理公司曾对2020年4月至6月间经历过疫情的船员进行有关幸福指数的问卷调查，调查显示，在疫情期间，船员不仅要处理正常的货物作业，还要做好船上的预防措施和消毒工作，这无疑加重了船员的工作负担；船员生活在对健康、生计和家人安全的担忧和恐惧中，

---

① See MI News Network, *Seafarer Suicide Statistics Spotlighted As Coronavirus Curtails Crew Changes*, Marine insight (Jul. 06, 2020), https://www.marineinsight.com/shipping-news/seafarer-suicide-statistics-spotlighted-as-coronavirus-curtails-crew-changes/.

② 参见毛旭东、徐秋艳：《新冠肺炎疫情下船员心理危机成因分析与干预措施》，载《航海》2020年第3期。

时常会感到被遗忘和忽视，压力的增加也可能导致一些船员开始酗酒；船员没有接受足够的培训，也没有做好应对病毒的准备，引起了船员的愤怒和沮丧情绪；许多船公司没有与船员进行良好沟通，也未帮助船员应对他们面对的压力或不确定性。[①] 据海员使团（The Mission to Seafarers）于2020年10月26日发布的船员幸福指数报告可知，2020年7月至9月，由于船员之间的社会关系受到压力的破坏，船上的社会冲突有所上升，船上采取的包括戴口罩和保持社交距离在内的保护措施有可能破坏船上的社会凝聚力，增加船员的孤立感；换班危机和合同超期问题不仅造成船员精神紧张，也可能对船员身体健康状况带来负面影响，且船员数量减少更会加剧此种影响。[②]

除被迫在船超期工作外，在船失业并无法上岸的状况更易给船员生命健康带来威胁。2020年4月12日，美国疾病控制和预防中心（Centers for Disease Control and Prevention，CDC）发布了禁航令，将所有邮轮业务暂停至2020年9月30日，这导致大量邮轮上的船员面临失业和滞留在海上的困境，船员因无法回家、拿不到工资、未来前景的不确定性，以及对即将到来的经济匮乏而产生焦虑、抑郁和恐惧等心理，进而影响到其睡眠质量，甚至身心健康。[③] 据美国彭博社一篇题为《邮轮自杀》的报道，一名参与救治获救邮轮乘客的医生表示，除了大约100名乘客和船员死于与新冠病毒有关的原因外，被困在海上的船员中还有至少6人死亡，其中大多数疑似自杀，该报道中还提及数起邮轮船员自杀事件。[④]

（二）保障船员及时下船休息是维护船员健康权、休息权的需要

船员有权维护其生理和心理的健康，保持身心机能正常运转，当健康权受到侵害时，有权寻求医疗救治以恢复健康状况。船舶的特殊建筑物结构导致船员处在一个封闭、与外界隔绝的环境，再加上疫情期船员无法下船，双重不利因素使船员生理和心理都受到了严重的侵害。[⑤] 船员有权要求国家保障他们及时获得休息权，有权要求政府保障他们的健康权不受到侵害。

---

① See The Mission to Seafarers, *Seafarers Happiness Index Quarter* 2/2020, The Seafarers Happiness Index, https://www.happyatsea.org/wp-content/uploads/2020/07/SHI_Q2_2020.pdf.

② See The Shipowners' Club, "*Life During Covid is a Living Nightmare*": *Ongoing Impact Revealedin Latest Seafarers Happiness Index*, Shipowners (Oct. 26, 2020), https://www.shipownersclub.com/ongoing-impact-revealed-in-latest-seafarers-happiness-index/.

③ See Aleksandar Radic, Michael Lück et al., *Fear and Trembling of Cruise Ship Employees*: *Psychological Effects of the COVID-19 Pandemic*, International journal of environmental research and public health, Vol. 17: 18 (2020).

④ See Austin Carr, *The Cruise Ship Suicides*, TBS News (Jan. 03, 2021), https://www.tbsnews.net/world/cruise-ship-suicides-180208.

⑤ 参见毛旭东、徐秋艳：《新冠肺炎疫情下船员心理危机成因分析与干预措施》，载《航海》2020年第3期。

最初的民法是将人身(人格)置于财产权之下,[①]发展至近代,民法规范的调整对象还是以财产的归属和流转关系为主。[②] 传统民法虽然将“人的保护”作为所有法律价值的背景,但是当法律价值之间发生冲突时,对“人的保护”难以真正落实。[③] 而《民法典》第四编人格权单独成编,体现出人文关怀的价值理念,对人精神价值的尊重,是当代民法时代精神的体现。[④]《民法典》第4条规定,“民事主体在民事活动中的法律地位一律平等”。为我国经济战略作出了实质贡献的船员当然拥有平等的法律地位,更何况,船员还是我国交通强国战略中的重要一环。[⑤] 如果因疫情原因,船员被滞留在各个港口无法下船,则与我国《民法典》的人文关怀精神背道而驰。

我国《宪法》第43条第1款规定:“中华人民共和国劳动者有休息的权利。”休息权是现代国际人权社会研究的重要内容之一,劳动者享有的休息权这一宪法性权利,体现着自由、尊严、人格、平等等价值理念。[⑥] 船员作为以体力劳动获得劳动报酬的劳动者,由于岗位的特殊性,经常昼夜颠倒且工作艰苦。休息权是他们维持发展、追求幸福的基础性权利,从属于人权,具有人权价值。休息权诞生于资本主义经济发展初期,雇主为扩大生产利润不断压榨劳动者,工人的工作时间被不断延长,职业病频发,由此激发了工人强烈的反抗和斗争。1919年德国《魏玛宪法》首次将劳动者休息权写入,这是工人的一项伟大胜利。船员工作环境远离陆地,政府部门难以监管,如果无法下船休息,船员的健康权、休息权将受到极大的侵害,这与《宪法》《民法典》的立法精神相违背。

### (三)保障船员及时下船休息是维护中国大国形象的需要

《世界人权宣言》第24条规定,“人人有享有休息和闲暇的权利”。《经济、社会及文化权利国际公约》第7条也包含了对休息权的相关规定。我国对船员及时下船休息的保障,既符合了公约的规定,也承担了与我国自身能力相适应的国际责任和义务,树立了一个负责任的关心人民的大国形象。

改革开放以来,随着社会的发展和对外开放的不断深入,我国在国际上的地位发生了历史性的变化。在和各国的交往中,中国树立的大国形象渐渐深入人心。我国承担的国际责任和义务也不断丰富,积极参与全球治理,打造人类命运共同体,推动全球改变不公正不合理的制度,对外援助等。在此次新冠疫情的危机中,世界各国的抗疫表现呈现巨大差异,中国的疫情防控表现保持全球领先地位,展现

---

① 参见崔建远:《合同法总论》(上卷),中国人民大学出版社2008年版,第8页。

② 参见王利明:《民法的人文关怀》,载《中国社会科学》2011年第4期。

③ 参见薛军:《人的保护:中国民法典编撰的价值基础》,载《中国社会科学》2006年第4期。

④ 参见王利明:《人文关怀与人格权独立成编》,载《重庆大学学报(社会科学版)》2016年第1期。

⑤ 参见《交通强国建设纲要》第9条第2款。

⑥ 参见尹明生:《劳动者休息权制度的基础法理探析》,载《西南石油大学学报(社会科学版)》2015年第4期。

了中国强大的综合实力，在保障船员及时下船休息方面，中国也应该继续走在世界前列，坚持人道主义精神，树立大国形象。

## 三、船员生命健康安全与岸上疫情防控的价值冲突与协调

如前所述，为了防范境外疫情的输入，海关、边检、海事、地方卫健等多个部门对船员换班环节加强疫情防控，因此换班所需的所有审批及检验程序耗费时间过长，往往因船期限制无法顺利完成，而境外换班的可行性较低且风险性很大。此时，船员顺利换班与境内严防疫情输入及保护岸上更广大人民群众生命健康安全的任务之间便产生了价值冲突。

2002年召开的SOLAS公约缔约国政府会议将保护船员基本人权的内容纳入SOLAS公约Ⅺ-2章、《国际船舶和港口设施保安规则》（International Ship and Port Facility Security Code）中，会议认识到影响船员基本人权的问题可能源于全球范围内对国际航运实施的安全制度，因此应当在安全需要与保护船员人权之间保持适当的平衡。① 这与解决船员换班与严防疫情输入工作之间的价值冲突十分相似，都要面临不同群体间生命安全价值冲突的选择。

尽管有换班需求的船员群体规模相较于岸上更广大人民群众而言十分微小，但正如《洞穴奇案》中特朗派特法官所说，“每个生命都是极其崇高和无限珍贵的”②。生命本就是无法量化比较的存在，每个生命都平等且无价，不能因生命数量的不同来决定生命价值的多少。③ 尽管对换班船员进行相关的审批及检验是疫情防控的必然要求，是保障陆上人民群众生命健康安全之必须，但同时也需考虑到，船员换班顺利进行既关系到避免船员疲劳工作、保障船舶安全航行，也关系到船员心理压力的及时释放、降低国际航行过程中船员被感染的可能性等影响船员生命健康权的重要问题，因此需要在满足船员换班需求和岸上疫情防控之间进行合理平衡，采取兼顾两者的有效举措。

## 四、域外疫情背景下船员优待措施及其启示

突发公共卫生事件发生后，各港口国纷纷加紧了港口管制措施，对船员换班施加严格限制，加大了远洋船员换班的难度。为促进船员换班困难的纾解，2020年3月19日，国际航运协会及ITF发布《全球海运业致联合国各机构的联合公开信》，建议视船员为如航空公司机组人员和医务人员一样的“关键工作人员”，使其在往

---

① See International Maritime Organization（IMO）, *MSC. 1/Circular*. 1342 *Reminder in Connection with Shore Leave and Access to Ships*, Crew Traffic, https://crewtraffic.com/page/899-msc-1-circ-1342-reminder-in-connection-with-shore-leave-and-access-to-ships-secretariat.html.

② ［美］彼得·萨伯：《洞穴奇案》，陈福勇等译，生活·读书·新知三联书店2012年版，第109页。

③ 参见彭新林、王天保：《“洞穴奇案”的法理思考》，载《知与行》2017年第8期。

返船舶时免受任何国家的旅行或行动限制，尽管需遵守紧急卫生协议。① 2020年3月27日，国际海事组织发布（No. 4204/Add. 6）通函，在其附录中亦建议各国政府和有关国家当局认定在其管辖范围内的专业海员和海事人员为提供必需服务的"关键工作人员"，并给予其任何必要和适当的国家旅行或行动限制豁免，允许其在港口下船并经其领土过境，即前往机场，以便船员换班和遣返。②

此外，为向船员提供绿色通道、减少对船员的过境限制，欧盟委员会于2020年3月23日出台了帮助船员进行健康检查和遣返的指导方针——《关于根据〈保护健康和确保商品和基本服务供应的边境管理措施准则〉实施绿色通道》，其中第18条提到"委员会敦促会员国建立安全通道过境走廊，允许……运输工人……不论其国籍如何，都可以沿着TEN-T网络在每个必要方向直接优先通过该国，同时必须严格遵守指定路线，并尽可能减少休息时间"，第20条提到"应放弃旅行限制和对无症状的运输工人进行强制隔离等规定……"③

为通过向船员提供优先待遇以保障船员在疫情期间的生命健康安全，据2020年12月4日美国联邦海事委员会官网发布的消息可知，美国联邦海事委员会委员卡尔·W. 本特泽尔（Carl W. Bentzel）和丹尼尔·B. 马菲（Daniel B. Maffei）向美国疾病控制和预防中心主任罗伯特·雷德菲尔德博士（Dr. Robert Redfield）和海事管理局行政长官马克·布兹比（Mark Buzby）致信，敦促他们优先考虑为海上工作人员提供个人防护装备、新冠病毒快速检测用品，并且随着接种疫苗的上市，还建议将船员队伍作为早期疫苗接种的优先对象，因为他们将在运送关键的医疗用品、个人防护装备和疫苗方面发挥持续的作用。④

由上可知，域外对突发公共卫生事件中船员生命健康权保障的途径主要为认定船员为"关键工作人员"、为船员换班提供绿色通道以及为船员提供包括优先接种疫苗等在内的优待，概言之，即通过改善船员的社会地位或给予船员优先待遇的方式使船员获得换班便利或行动限制豁免，或者减少感染的风险。这对疫情期间我国船员生命健康权保障问题颇有借鉴意义。因为要有效解决包括船员换班在内的船员生命健康安全保障难题，不得不重视对船员社会地位的改善和船员优待措

---

① See International Chamber of Shipping, *Joint Open Letter to United Nations Agencies from the Global Maritime Transport Industry*, ICS（Mar. 19, 2020）, https://www.ics-shipping.org/news/press-releases/2020/03/19/joint-open-letter-to-united-nations-agencies-from-the-global-maritime-transport-industry.

② See IMO, *Circular Letter No.* 4204/*Add.* 6, Intercargo（Mar. 30, 2020）, https://www.intercargo.org/wp-content/uploads/2020/03/IMO-Circular-Letter-No.4204-Add.6.pdf.

③ See European Commission, *Communication from the Commission-Enforcing EU Law for a Europe that Delivers*, European Commission（Oct. 13, 2022）, https://commission.europa.eu/publications/communication-commission-enforcing-eu-law-europe-delivers_en.

④ See Federal Maritime Commission, *Commissioners Bentzel and Maffei Urge MARAD and CDC to Prioritize Maritime Workforce*, Federal Maritime Commission（Dec. 4, 2020）, https://www.fmc.gov/commissioners-bentzel-and-maffei-urge-marad-and-cdc-to-prioritize-maritime-workforce/.

施的给予,除因船员可由此直接获得通行便利外,更为重要的是,当船员从业群体具有较高的社会地位和职业认可度时,突发公共卫生事件等特殊危机情况一旦发生,船员群体遇到的生命健康安全危机获得媒体及公众关注的可能性以及被给予特殊便利待遇的可能性就更高。

## 五、疫情背景下船员生命健康权法律保障的思考

### (一)完善船舶应急防疫法律体系

1.完善船舶应急防疫国际公约

目前船舶疫情防控方面的国际公约并不完善,而国际海事组织等国际组织于新冠疫情发生后发布的通函、指南类的文件并不具备强制效力,且针对不同时期和类型的传染病也难以反复适用,因此现有海事领域中的国际公约需要进行修订与完善,使其符合船舶疫情防控的需要。中国作为《2006年海事劳工公约》、SOLAS公约、《国际卫生条例》等国际公约的缔约国,有权利提出修改公约规定的主张或建议,推动公约的完善。这也是中国作为船员大国以及国际社会中负责任大国的担当之体现。例如,在未来SOLAS公约的修订中,可以建议在附则部分增加“船上防疫管理”的条款,或者制定“船舶防疫管理规则”这类单项规则。① 在具体内容方面,这一部分修订内容应在实施风险评估的基础上,对船员和乘客活动区域、空调和通风控制系统、患病人员转移路径中传染病病毒传播速度进行预测,对船舶及时阻断或降低疫情扩散的能力提出要求,同时根据船上人员规模设定隔离舱室的数量及其硬件要求,并将其在《2006年海事劳工公约》中予以规定。②

并且,针对国际航行船舶应急防疫管辖真空的问题,建议修改相关国际公约,加强船旗国对在公海以外的海域中航行的船舶履行疫情防控的国际义务。③ 对于方便旗国缺乏对船舶公共卫生事务行使有效管控的问题,可通过国际立法强化方便旗国对船舶(尤其是承载上千船员和乘客的大型邮轮)突发公共卫生事项的管辖义务,推动建立方便旗国与船舶之间的真正联系。④

此外,针对《国际卫生条例》中缔约国执行额外卫生措施的前提条件存在模糊不确定的问题,可以建议世界卫生组织对此进行细化和补充,明确在发生特定公共卫生危害或国际公共卫生紧急事件后,缔约国能够举证证明国际航行船舶上出现何种危害人类健康安全的因素和该种不安全因素达到何种程度时,缔约国便符合已掌握对人类健康存在危险的现有科学证据的要求。

---

① 参见王才范、王涛:《“钻石公主”号邮轮疫情事件中的海事法问题探讨》,载《世界海运》2020年第6期。

② 参见鲍君忠、秦莹等:《基于Logistic模型的大型邮轮疫情预测分析》,载《交通信息与安全》2020年第2期。

③ 参见刘晨虹:《疫情邮轮的责任困境与海洋法律体系的完善》,载《中国海商法研究》2020年第1期。

④ 参见刘晨虹:《疫情邮轮的责任困境与海洋法律体系的完善》,载《中国海商法研究》2020年第1期。

2. 完善我国船舶应急防疫法律体系

船舶疫情防控由于属于外部性极大的公共服务，需要纳入强制性规范中予以规制，对此立法机关或交通运输部可与疾病预防控制中心的专家进行合作，针对船舶疫情防控中的重难点、船员工作和活动范围的特点等制定适宜的船舶防疫标准。① 或者制定并施行“船上防疫管理规定”等法规或规章，对船舶应急防疫工作部署、船员应急防疫培训和演习等内容进行具体规定，以指导和规范船舶防疫工作。②

在船舶疫情防控指导性文件方面，交通运输部或海事局可以有条件地吸收世界卫生组织、美国、欧盟等域外指南和标准中的先进经验，如世界卫生组织出版的《船舶公共卫生事件管理手册》、美国疾病控制和预防中心编印的《船舶卫生操作手册》、欧盟 SHIPSAN TRAINET 项目发布的《欧洲客船卫生标准和传染病监测手册》，以及疫情期间我国发布的一系列有关船舶疫情防控指南中经实践检验行之有效的规定，制定适用于我国的船舶应急防疫和医疗卫生常态化保障的指导性文件。

（二）完善港口应急防疫机制

1. 完善港口应急防疫建设标准

作为良法形式标准的核心，立法表达的规范化要求法律语言使用得当、模糊性法律条款适度。③ 与法律原则具有宏观指导性不同，法律规则应当是较为明确、具体的表达。否则，模糊的法律规则因难以提供明确的行为规范指引，可能导致其适用无法实现原有的立法目的，这样的规则也会成为执法者不合理使用自由裁量权的工具，难以真正实现法律的功能。④

针对港口医疗设施设备缺乏明确法律规定的问题，在国际立法层面上，我国可建议世界卫生组织利用制定条例的权力，为《国际卫生条例》出台包含港口（尤其是邮轮母港）及其周边设施建设标准内容的附件，特别是医疗设施设备建设标准。在国内立法中，我国可考虑在相关海运管理法规以及《港口法》等法律法规中补充关于港口（尤其是邮轮母港）建设中有关医疗设施设备、医务人员、医护场所规范标准等内容。⑤ 只有法律对各港口的防疫标准有要求，并规定不履行法律义务的责任，防疫标准才能最后落到实处。

2. 提升港口卫生履约能力和应急能力

《国际卫生条例》附件一特别对包括港口在内的口岸核心能力作了详细的规

---

① 参见谢燮：《邮轮应对突发疫情的路径及对策》，载《中国远洋海运》2020 年第 3 期。

② 参见王才范、王涛：《“钻石公主”号邮轮疫情事件中的海事法问题探讨》，载《世界海运》2020 年第 6 期。

③ 参见李龙、汪进元：《良法标准初探》，载《浙江大学学报（人文社会科学版）》2001 年第 3 期。

④ 参见杨德祥：《法律语言模糊性对法律制度的影响》，载《云南大学学报（法学版）》2006 年第 4 期。

⑤ 参见刘晨虹：《疫情邮轮的责任困境与海洋法律体系的完善》，载《中国海商法研究》2020 年第 1 期。

定。在应对可能构成国际公共卫生紧急事件时,《国际卫生条例》明确了诸多要求,包括:建立和完善应急防疫预案;评估和诊治受染的旅行者,与当地医疗机构就其隔离、治疗等支持性服务作出安排;对嫌疑旅行者进行评估和检疫;提供与其他旅行者分开的适当场地;调动专业防护人员和专用设备以运送可能受染的旅行者等。中国作为《国际卫生条例》的缔约国,有义务提升对《国际卫生条例》的履约能力,做到切实符合《国际卫生条例》规定的港口核心能力建设的要求。

对此,需要做好各个港口应急防疫预案的编制和根据防疫需要的更新完善工作。预案是将现行立法的规定具体化,是应急响应的直接依据。[①] 并且,预案是我国目前应对突发事件的法律体系之外最重要的制度设计,预案尽管不具有法律约束力,但却是蕴含实际效力的行为规则,我国的应急立法体系和应急机制便是法律体系和各级预案制度的结合。[②] 需要注意的是,为了避免预案编制的随意性对港口应急防疫法律体系和应急防疫工作的开展造成破坏,港口应急防疫预案要按照法律和法规规定的程序、原则、具体事项进行编制,将预案的制定纳入法治轨道,切实做到"立法先行,预案执行",并且在预案编制完成后,还需在相关联动部门的不断演练中发现问题,从而对预案作出进一步的补充和完善。[③] 为保障疫情期港口能够为受染和疑似受染船员提供及时专业的救护和隔离检疫措施,为船员生命与健康安全提供充分保障,预案应当对建立健全港口突发公共卫生事件监测预警机制、应急响应平台和决策指挥系统作出详细规定,提高对往来船舶上公共卫生安全风险的预防和研判能力。[④] 同时,对加强各相关部门的合作与协调进行细化完善,从而在即将靠港船舶出现疫情时能够提早进行医疗队伍与物资的调动、适宜隔离场所的安排。

### (三)完善船员换班制度

#### 1. 建议修改公约,统一各国对船员下船的政策

疫情的全球传播导致各国对船员下船都作了不同程度的限制,各国政策不同且不断变化,导致滞留在海外的中国船员和他国船员的权益无法得到有效保障。《2006 年海事劳工公约》规则 2.4 规定,"应准许海员上岸休息以利海员的健康和福利及其职务的运作要求"。但是,在此次疫情期间,船员无法及时下船休息,这显然不符合公约的此条规定。公约关于船员下船的政策看似美好,实则无法实现:船员及时下船的实施标准,公约没有作出统一的规定;各国审批船员下船的程序和时间,也没有具体的实施细则。《2006 年海事劳工公约》在规定休假权利的相关规定

---

① 参见朱凤才、沈孝兵主编:《公共卫生应急:理论与实践》,东南大学出版社 2017 年版,第 64 页。

② 参见王旭坤:《我国现行应急立法体系和预案制度评析》,载《中国减灾》2008 年第 10 期。

③ 参见栾晨焕:《邮轮运输突发事件应急体系及其法制衔接》,载《中国海商法研究》2016 年第 1 期。

④ 参见吴蔚、黄如青:《后疫情时代航运业船员权益的法律保障》,载《中华海洋法学评论》2020 年第 4 期。

时未考虑突发公共卫生事件,导致疫情期间船员无法下船成为全球航运业的困境。

1914年,在泰坦尼克号因为安全措施问题沉没的两年后,SOLAS公约通过,并对海上安全作出细化规定,要求所有邮轮必须按照国际海事组织等制定的标准来建造和运营。此次疫情较之泰坦尼克号的灾难,传播范围更广,死亡人数更多,影响更为深远。国际上应该以此为契机为船员及时下船的休息权提供实质性的保障,可以对公约进行修改,统一各国的港口政策,向船东、船员和目的港国家作出明确指示,避免船员被各国拒绝、困在"海上监狱"的情况发生。

船员下船需要各国通力合作,只有公约对此进行统一规定,才能切实保障船员及时下船的休息权。我国作为船员大国及国际劳工组织的常任理事国,应该积极在国际上发声,表达中国的话语权,为全球治理发出中国的声音,承担大国应有的责任与担当。我国应建议公约对各国关于船员下船的政策出台统一标准,制定有效防疫同时又确保船员及时下船的实施准则。例如,统一规定船员下船的申请条件和健康标准,通过国际航运协会提前两个星期发送给即将到港的船舶,要求该船舶提供防疫情况的说明和证明。如果船舶在到港前已经进行了一段时间的自我封闭隔离,那么船舶靠港时船员提交的健康证明就可以说明船员是否具备潜在的疫情传播风险。这样既可以保障船员及时下船,又可以保障本国的防疫安全。

2. 优化疫情期间船员及时下船的机制

(1)开通船舶国际健康码,全球监控船员行程

由于船员身份复杂,特别是在远洋船舶上,船员可能来自世界各地,防控十分困难。如果能监控船舶和船员的行程,掌握船员的健康情况,实行船舶一码通,不仅可以缓解防控压力,更可以从实质上保障船员及时下船休息。

宁波海事部门针对境外输入性疫情防控提出了一项创新举措——船舶健康码。健康码一开始应用于个人,是个人智能手机客户端上的小程序,平台通过对手机漫游轨迹的定位,综合个人实名认证填报的健康状况和大数据算法比对密切接触人员,从而生成个人健康信息实时更新的动态校验。① 船舶健康码借鉴了个人健康码,通过融合实时上传的全球船舶自动识别系统(Automatic Identification System, AIS)数据和船员信息、船舶全球航行轨迹、船舶港口查验情况、船舶疫情风险监控的情况和疫情国家(地区)的信息、船舶靠离港信息等,生成船舶健康信息实时更新的动态校验。船舶健康码不仅可以有效克服人工筛查和船方申报可能存在的疏漏,也可以方便船员申报,让船员及时下船。

(2)简化下船程序,实施网上申报

船员下船涉及船舶和港口国等多个过境点的关系。疫情期间,有船舶向港口国申请进港靠泊,在船舶到达前港口国都表示没有问题,然而船舶到达后,港口国

---

① 参见吴冠军:《健康码、数字人与余数生命——技术政治学与生命政治学的反思》,载《探索与争鸣》2020年第9期。

会要求提供各种证明文件。船代企业向港口国所在的行政部门申请审批,但是审批程序繁多,耗时很长。因此,需要对船员下船流程予以简化。

简化船员下船流程是指无须重复已经进行过的行政审批环节,从而实现下船程序的尽快审批,节省行政资源,保障船员的休息权益。简化下船程序并不会增大疫情传播的风险,而是利用信息化手段,要求船员如实填写自己的活动轨迹,通过网络追踪他们的活动轨迹。简化程序并未简化行政审批的实质内容,相关部门仍需对船舶和船员的活动轨迹进行实质审查。简化主要是避免二次、三次审查,避免一些部门推卸审批责任,“一刀切”地不让船员下船。面对庞大的船员群体,在疫情这种特殊时期,只有建立适应疫情防控形势的船员下船审批模式,才能更好地保障船员权益。

(3)提供船员下船隔离的绿色通道

船员下船时,各港口应当为换班船员提供下船、做核酸、隔离一体的绿色通道,将船员与其他旅客完全隔离开,为船员提供快速防疫通道。将下船的船员确诊病例认定为境外输入病例,通过政策减轻地方政府防疫的压力,减少对船员换班的排斥心理。

疫情暴发后,除确诊病例的收治外,大量密切接触者和康复出院患者的集中隔离观察成为疫情防控的一个重点,因此船员隔离点的设置非常重要。隔离点缺乏是船员无法下船的原因之一,基于船员职业的重要性,建议开辟船员下船隔离的绿色通道,优先保障船员隔离场所。武汉首创的方舱医院不仅是一所治病救人的医院,更是代表全新意义的生命之舟。船员隔离点的设置也可以参考方舱医院的做法,用于隔离的酒店数量和容量有限,没有确诊但处于隔离观察期的船员可以在方舱隔离点观察。具体可从以下几个方面着手:第一,贯彻应收尽收原则。只要船员提出下船申请,政府都应让他们下船并提供方舱隔离点供他们隔离,重视船员及时下船休息的权利。第二,方舱隔离点相对酒店而言条件简单,需要配备足够的设施隔离船员,防止交叉感染。第三,配备医学检测检验设备,随时对船员的身体情况进行检测。

3. 将船员列为“关键工作人员”并给予优待

要有效解决船员换班的难题,首先需要重视船员社会地位之改善。当船员从业群体具有较高的社会地位和职业认可度时,一旦发生突发公共卫生事件等特殊危机,船员群体就可能有特别通道而得到关照与保护,诸如船员换班等难题就较为容易解决。

对此,我国可采纳国际航运协会、ITF 发布的《全球海运业致联合国各机构的联合公开信》,以及国际海事组织在(No. 4204/Add. 6)通函中提出的认定船员为“关键工作人员”的建议,出台给予船员“关键工作人员”地位的政策。在英国等一些国家,“关键工作人员”是指从事对社会至关重要工作的人员,这些工作人员使国家在封锁状态下仍然保持运转，包括在卫生和社会保健、教育、重点公共服务、政府、食物和其他必需品、公共安全与国家安全、运输等行业中工作的人员。[①] 许多国家会为这些人员提供涉及住房、教育、保险等领域的福利和优待。突发公共卫生事件发生后，在一些国家，部分“关键工作人员”仍然能够享有特殊育儿场所、优先进行新冠病毒检测等福利待遇。[②]

除明确船员为“关键工作人员”外，还应当给予船员与之相应的优先待遇，确保“关键工作人员”的身份不被虚置，赋予“关键工作人员”在特殊紧急状态下享有出港、入港和上船下船的特别绿色通道，有助于解决疫情期间船员换班难的问题。此外，我国还应给予船员公共服务场所优先办理业务、就医购药减免费用并提供绿色通道等特殊待遇，以凸显国家对船员的重视、提高船员的社会地位和社会认可度。

然而，根据奥佛顿之窗理论，公众对某一观念的接受会经历一个逐渐递进的过程：不可想象的—激进的—可接受的—明智的—受欢迎的政策。[③] 因此，要使一个观念最终可以演变为政策，需使其一步步成为社会公众或决策者的共识，对此需要学者不断撰文来介绍他国给予船员的特殊地位和优待、政府部门在更高更广的层面上宣传船员对国家和社会作出的突出贡献、船员职业群体在适当平台和渠道的发声，通过社会各界共同努力使全社会逐步形成船员是“关键工作人员”的共识。[④] 只有这样，才能最终推动船员“关键工作人员”的法律制度的建立与落实。

4. 优化船员换班的行政工作机制

为平衡好船员顺利换班与境内人民群众生命健康安全保护之间的冲突，需要在保证严防疫情输入工作不受影响的基础上，尽可能减少船员换班所需等待的时间，满足更多船员的换班需求。

鉴于突发公共卫生事件发生后，船员换班涉及多部门的审批，换班程序烦琐、各部门规则标准不一以至于换班效率较低，需要对船员换班的联合工作机制进行优化。具体而言，可明确由海事局负责船员换班的组织与协调工作，海关负责船舶、船员检疫工作，其他部门负责配合海事局和海关开展相关工作。[⑤] 此外，应该建立全国统一的船员换班程序与机制，建立完善的监督机制，以统筹全国范围内的

---

① See TUC, *Key Workers Report: Decent Pay and Secure Work for Key Workers through Coronavirus and Beyond*, TUC(Sep. 14, 2020), https://www.tuc.org.uk/research-analysis/reports/key-workers-report.

② 参见陈海萍：《船员：一直受青睐，未曾被忽视》，载中华海运网，info.chineseshipping.com.cn/cninfo/News/202004/t20200429_1336538.shtml。

③ 参见《解决海员换班难的关键是形成“关键工作人员”的共识》，载中国航运网，info.chineseshipping.com.cn/cninfo/News/202004/t20200429_1336592.shtml。

④ 参见《解决海员换班难的关键是形成“关键工作人员”的共识》，载中国航运网，info.chineseshipping.com.cn/cninfo/News/202004/t20200429_1336592.shtml。

⑤ 参见上海薛船长：《唯有跳出当前框框，才是解决海员换班难问题》，载搜狐网 2020 年 4 月 12 日，https://www.sohu.com/a/387444432_693763。

船员换班事务。

5. 设立船员遣返专项资金

疫情期间船员换班费用居高不下，为了避免因船员用人单位资金困难而延误船员换班进程，需要考虑提供缓解船员用人单位换班经济压力的合理措施。尽管根据法定义务，遣返入会船员所产生的遣返费用一般属于中国船东互保协会保赔险的承保范围，但保赔险通常将会员违反合同约定的情形列入除外责任中。例如中国船东互保协会在其保险条款中明确，承保风险中的船员遣返和替换费用不包括会员违反任何协议或其他服务合同或劳务合同的情形。然而疫情期间，会员违反《中国船员集体协议》对船员最长服务期限规定的现象频发①，因而船员用人单位多数情况下无法通过保赔险减轻经济压力。因承保风险过大、营利空间过小，考虑新设针对疫情背景下船员遣返费用的商业险种可行性并不强。此外，我国在《海员外派管理规定》中规定了海员外派备用金制度，当海员外派机构拒绝或无力承担突发事件产生的责任时，可以动用海员外派备用金，用于支付外派海员回国或者接受其他紧急救助所需费用，并于 30 日内补齐备用金。然而，该制度将启动备用金的主体限定为海员外派机构，与承担船员遣返费用的义务主体不完全吻合，动用备用金后短期内补齐的要求难以有效缓解海员外派机构的经济负担，且《海员外派管理规定》将突发事件限定为突发的造成或可能对外派海员造成危害、需采取应急处置措施的意外情况，用途为支付外派海员回国或者接受其他紧急救助所需费用，难以涵盖疫情期间船员在入境后根据口岸所在地防疫政策接受隔离的食宿费用。

通过对船员遣返费用赔偿或紧急救助制度进行比较，合并船员外派备用金制度，设立船员遣返专项资金的方式较为可行。具体来说，由交通运输部和财政部综合各类因素确定、调整专项资金征收标准，由船员用人单位或海员外派机构向海事管理部门按征收标准缴纳。在资金管理上，可设立由交通运输部、财政部、缴纳船员遣返费用资金的主要法人代表等组成的资金管理委员会，由其负责管理资金相关事务。在使用范围上，该资金用于支付因突发公共卫生事件导致的船员回国机票价格上涨、因防疫管理政策而产生的检测和隔离期间食宿费等超出常规情况下的遣返费用，以及突发事件发生后安排船员遣返、紧急救助的费用。为保证该资金能够发挥稳定的风险分散效果，可采用强制船员用人单位缴纳的原则。如此，通过资金池长时间的积累、风险在各船员用人单位之间分摊的方式，既可在一定程度上缓解船员用人单位在疫情期间的经营压力，为船员换班的顺利进行提供经济支持，又可防止大量备用金闲置以及因使用程序不完善导致效用减损。

---

① 《中国船员集体协议(A 类)》第 11 条规定:“船员在船连续工作期限一般不超过 8 个月。因船舶停靠港口或者航行的航线不方便更换船员的，工作期限可适当提前或延后 2 个月。船员在船工作满 10 个月后未能下船的视为逾期……”

6. 健全便利船员换班的国际合作机制

当今世界的全球化进程削弱了主权国家保护公众免受传染病侵害的能力，而各国面临的超出其主权控制范围的问题往往需要通过国际合作来解决。[①] 根据《联合国宪章》第55条和第56条的规定[②]，各国有义务与联合国和其他行为主体合作，以预防、发现和控制传染病。[③] 联合国《关于各国依联合国宪章建立友好关系及合作之国际法原则之宣言》专门规定“各国依照宪章彼此合作之义务”，更加明确了国际合作这一国际法基本原则。[④]

在船员换班方面，由于此次疫情和船员遣返的延迟，船员换班系统受到了严重破坏，要重建常规的船员换班系统，船员管理公司和船舶所有人需付出大量时间和精力，并且还需得到国际社会和各国政府的支持，需要国际共同合作加以应对。[⑤] 在应对船员换班的问题上，我国亦应积极推动船员换班国际合作机制的健全，探索切实有效的便利船员换班的国际合作方式。

在便利船员换班的国际合作问题上，我国可借鉴亚洲船东协会（Asian Shipowners’ Association）等17个航运业组织的负责人于2020年10月7日致菲律宾交通部部长和海事工业局局长函中提出的建议[⑥]，联合多国政府，以及主要船东协会、国际航运协会、ITF等航运业组织，通过签订国际条约与协定的方式，探索在突发公共卫生事件中便利船员换班的国际合作机制，包括建立区域性的面向船员的临时免签过境区，延长船员在一国国境内停留的时间以便利船员遣返，以及为尽快增加商业航班的进入通道创造必要条件等。

## 本章小结

生命健康权是每一个自然人应当享有的最为基础和核心的权利，也是最基本的人权，应当得到周全的保护。船员所处的海上环境的特殊性决定了其面临着较为严重的生命健康威胁，包括高发的人身伤亡和心理健康问题，以及在突发公共卫

---

① See David P. Fidler, *The Globalization of Public Health: Emerging Infectious Diseases and International Relations*, Indiana Journal of Global Legal Studies, Vol. 5:1, p. 11-51(1997).

② 《联合国宪章》第55条规定：“为造成国际间以尊重人民平等权利及自决原则为根据之和平友好关系所必要之安定及福利条件起见，联合国应促进：……（丑）国际间经济、社会、卫生，以及有关问题之解决……”第56条规定：“各会员国担允采取共同及个别行动与本组织合作，以达成第五十五条所载之宗旨。”

③ See Matiangai Sirleaf, *Responsibility for Epidemics*, Texas Law Review, Vol. 97, p. 141(2018).

④ 参见李寿平：《现代国际法中的国际合作原则》，载中国法学网2019年10月12日，http://iolaw.cssn.cn/xszl/gjf10/ydyl/202001/t20200103_5070971.shtml。

⑤ 参见《算一算！每名船员换班成本2000美元！船公司，你该准备多少钱?》，载微信公众号“海事服务网CNSS”2020年11月13日，https://mp.weixin.qq.com/s/YPNYs6Lagv3oEJcipBwqVg。

⑥ See Asian Shipowners’ Association, *Letter to Philippines Authorities on Crew Change*, Asian shipowners (Oct. 07, 2020), http://asianshipowners.org/pdfs/news/2020/LetterToPhilippines_111020.pdf.

生事件背景下其生命健康安全难以得到有效保障。对此,需要提高船员安全意识和应急操作技能、完善船舶安全管理制度;在未来条件成熟时,将船员的医疗及工伤保险从一般性的社会保险制度中抽离,建立针对船员的人身健康保险制度;严格规范船上生活和工作条件,将船员心理健康作为船舶适航条件,并完善船员心理健康配套保障措施,以及借鉴美国经验区分不同情形给予船员心理健康的法律救济以及相应的社会支持;完善船舶应急防疫法律体系及港口应急防疫机制,促进船员换班难题的及时解决。

# 第五篇　船员劳动社会保障篇

# 第十五章　船员人身损害赔偿法律问题研究

人身权是民事主体的一项基本权利,"系其他一切权利存在之本和派生之源,且实为人类一切福祉维系与发展的原点和目标"①。将研究主体锁定在船员这一特殊群体上,我们会发现船员的人身权保护还存在诸多需要完善的地方。船员人身损害赔偿问题是司法实践中主要纠纷来源之一,对船员及其家属的生存权影响重大。然而,船员人身损害赔偿的法律体系不健全、船员雇佣模式的复杂性等因素交织在一起,导致船员人身损害赔偿案件的增加和处理难度的提升。

## 第一节　船员人身损害赔偿存在的问题

对于签订了劳动合同的自有船员,若用人单位或其他民事主体对其在船工作期间发生的人身伤亡存在过错,则会存在船员工伤保险赔偿与侵权损害赔偿请求权的竞合问题,这一问题在学界始终存在争议。并且,对于无工伤保险保障的自由船员,若其无法通过商业保险获得充分救济,则当前仅能依靠以过错责任为原则的侵权损害赔偿,人身损害赔偿权益存在得不到周全保障的风险。

### 一、船员工伤保险赔偿与侵权损害赔偿请求权的竞合问题

船舶运输有其行业特殊性,船员的人身风险系数远高于一般行业,这也给航运企业的生产经营带来了不确定性。当船员在船作业期间发生工伤后,如果依据工伤保险法律的规定,其可

---

① 杨立新:《人身权法论》(第3版),人民法院出版社2002年版,第15页。

向社保经办机构申请获得工伤保险赔偿；如果依民事法律法规的规定，其还可主张侵权损害赔偿，这便会产生工伤保险赔偿责任与侵权损害赔偿责任的竞合。对此问题，《社会保险法》《工伤保险条例》均未作规定。《职业病防治法》第 58 条、《安全生产法》第 56 条均规定因工作遭受人身损害的从业人员，除依法享有工伤保险外，依照有关民事法律尚有获得赔偿权利的，有权提出赔偿要求。由于该法条表述上的不明确，工伤保险赔偿与民事损害赔偿可以由受害人重复享有，还是民事损害赔偿仅能用于填补受害人实际损失未得弥补之部分，难以从中得到明确清晰的回答，学界也存在不同观点。[①] 2022 年《关于审理人身损害赔偿案件适用法律若干问题的解释》（以下简称《人身损害司法解释》）第 3 条用两款条文分别对因用人单位责任和第三人侵权造成劳动者人身损害的救济方式进行了规定，即"依法应当参加工伤保险统筹的用人单位的劳动者，因工伤事故遭受人身损害，劳动者或者其近亲属向人民法院起诉请求用人单位承担民事赔偿责任的，告知其按《工伤保险条例》的规定处理。因用人单位以外的第三人侵权造成劳动者人身损害，赔偿权利人请求第三人承担民事赔偿责任的，人民法院应予支持"。对于因用人单位责任造成的损害，学界和司法实践中的观点较为一致，即由工伤保险赔偿取代民事损害赔偿。然而对于第三人侵权的情形，因司法解释的规定不够具体，应采用何种救济方式存在争议。不过，最高人民法院在 2014 年出台的《关于审理工伤保险行政案件若干问题的规定》（以下简称《工伤保险解释》）第 8 条对职工因第三人的原因受到伤害时工伤保险赔偿与民事赔偿的关系进行了较详细的解释，从其中第 3 款规定"社会保险经办机构以职工或者其近亲属已经对第三人提起民事诉讼为由，拒绝支付工伤保险待遇的，人民法院不予支持，但第三人已经支付的医疗费用除外"，可推断对于第三人侵权赔偿案件，《工伤保险解释》采用允许受害人兼得工伤保险赔偿与民事损害赔偿的救济方式。[②]

综合以上条文可以看出，在社会法领域中，尽管相关立法模糊，但司法解释对此进行了弥补，为司法实践提供了较为明确的指引。然而当下的劳动者人身损害救济方式仍然存在不足，最为明显的缺陷便是对公平原则的违反，只因对受害人人身伤亡负有民事责任的主体不同，受害人便会得到两种截然不同的赔偿结果，这显然不合常理。此外，在船员用工领域，除了存在上述问题之外，由于船员用工方式较为特殊，除船员直接受雇于船东外，还存在大量以船员服务机构劳务派遣的方式上船的情况，此时船员劳动力的雇佣与使用发生分离，责任主体"用人单位""第三人"的含义与陆上用工情形存在差别。在责任主体为船东的情形下，若将船东看作第三人，则受害人既能够获得工伤保险赔偿，又可向船东主张民事损害赔偿，但船东为事实上的用人单位，如此认定存在法理上的障碍；若将船东认定为用人单位，

① 参见王亚男：《外派船员人身伤亡损害赔偿法律问题研究》，东南大学出版社 2017 年版，第 86 页。
② 参见雷杰淇、薛柏成：《论工伤保险与民事赔偿请求权的竞合》，载《江西社会科学》2016 年第 1 期。

则依照上述司法解释，受害人仅能够获得工伤保险赔偿，与前者获赔结果相差甚远，对受害人权益影响较大。故船员发生人身伤亡后，其可采用的救济方式依照2022年《人身损害赔偿解释》和《工伤保险解释》的规定难以得到明确的答案，《海商法》《船员条例》又均未涉及船员人身伤亡赔偿竞合的问题。

2021年版《中国船员集体协议（A类）》第45条规定："船员在被雇佣期间，包括上船或者遣返途中，因意外事故死亡或者遭受永久残疾的，船东应当按照有关法律法规的相关规定和船员劳动合同的约定予以及时赔偿。"并且附件5"船员在船伤病亡处理行业标准"中明确了船员在船因工死亡的，除得到工伤保险待遇之外，船东还应支付给船员近亲属不低于该标准中第4条规定的一次性死亡补偿；已评定伤残等级的工伤船员除得到工伤保险待遇之外，船东还应以该标准第4条确定的一次性死亡补偿标准为基数，按一定比例额外给予船员一次性伤残补偿。此外，船东还需承担医疗费、治疗期工资待遇等给付义务。表面上看，适用《中国船员集体协议（A类）》貌似可以绕开船员工伤保险赔偿与侵权损害赔偿请求权的竞合问题，在船员用工领域适用集体协议便可解决船员人身伤亡损害赔偿这一棘手难题，无须探讨这一纠缠多年的争议问题，船员及其家属也无须通过耗时耗力的诉讼获得侵权损害赔偿。然而，船员集体协议的适用主体存在限制，仅适用于中国船东协会的会员单位及其所拥有和（或）管理的中国籍船舶，对于中国船东协会的会员单位及其所拥有和（或）管理的方便旗船舶，若雇佣中国船员则选择适用。而且，目前加入中国船东协会的会员单位主要为国有航运企业和中央航运企业，私营航运企业加入得较少，因此"船员在船伤病亡处理行业标准"的覆盖范围非常有限，仍有必要寻找适合船员用工领域的人身伤亡请求权竞合模式。

## 二、现行工伤保险制度未能涵盖船员职业特殊性

### （一）现行工伤认定标准不适应船员职业特殊性

发生工伤事故后，有工伤保险的劳动者可以依法享有工伤损害赔偿、职业病康复等工伤保险待遇。解决船员伤亡事故纷争时，首先应当明确所发生的事故是否属于工伤事故，即进行工伤认定，才能确定船员及其他相关权利人享有何种请求权。船员工伤的认定标准在我国当前的法律法规中尚未有专门性规定，我国《工伤保险条例》对工伤的认定情形采用列举式方法，包括第14条应当认定为工伤的7种情形、第15条可视同工伤的3种情形，以及第16条被排除认定工伤的情形。按照我国《工伤保险条例》第14条、第15条列举的情形，"工作时间"以及"工作场所"或"工作岗位"要素需要同时具备。但是，由于船员职业不同于普通劳动者，船员在船期间遭遇的突发情况较多，工作时间无法固定，船员在船的休息时间与工作时间容易发生混同，并且船员的工作和居住地都位于船舶上，也容易产生工作地点和生活地点的混同。此外还有船员在派遣上船途中、在遣返过程中是否属于上下

班途中，这些特殊情形都给工伤认定带来一定的困难。[①]《工伤保险条例》采用列举具体情况的形式来认定工伤，在经济迅速发展的当今社会本就存在一定滞后性，对于船员这一较为特殊的职业，更是无法完全覆盖其在船期间患病受伤的情况。船员的职业病也有其特殊的种类，适用普通职业病分类无法涵盖船员职业病的种类。

（二）船员工伤赔付标准不合理

由于船员职业的特殊性，船员在船期间的工资远远高于在岸待岗期间的工资，如何认定船员的工资支付标准会影响到工伤的赔付额度，如停工留薪期工资、伤残津贴、一次性伤残补助金、供养亲属抚恤金的支付。根据《工伤保险条例》的规定，伤残津贴、一次性伤残补助金、供养亲属抚恤金的支付标准为工伤职工遭受事故伤害或者患职业病前12个月平均月缴费工资的一定比例，至于停工留薪期工资，大多数地区亦规定为职工遭受事故伤害或者患职业病前12个月的平均工资。中国海事仲裁委员会上海分会审议的一例海员劳务纠纷典型案例“水手在船带缆工伤后伤残等费用争议案”，其主要争议点就在于申请人工资的组成。对于停工留薪期间的工资标准，仲裁庭认为根据水手武某某与C船业的协议约定和行业惯例，可以认定申请人的基本工资应为每月4000元，申请人提出的每月7000元应认定为上船特殊津贴。而申请人工伤期间因并未在船实际工作，不能享受船上津贴。[②] 对于普通劳动者，上述以本人工资为基准确定的工伤保险待遇较易确定，可操作性较强，但是对于船员，负伤前12个月的工资是在船还是待岗差别很大，船员往往按在船工资标准提出停工留薪期的工资补偿请求，若按照待岗工资支付停工留薪期工资，则没有考虑到船员工资的特殊性，据此补偿，很可能有失公平。

## 三、过错责任原则导致自由船员难以获取充分救济

关于劳务提供者在工作中遭受人身伤亡的赔偿责任问题，2003年《人身损害司法解释》第11条曾规定“雇员在从事雇佣活动中遭受人身损害，雇主应当承担赔偿责任”，即雇主应承担无过错责任，不论雇员是否存在过错。在2009年《侵权责任法》出台之前，关于雇员在从事雇佣活动中受伤，雇主如何承担民事责任的问题，理论界与实务界均认为应依据2003年《人身损害司法解释》第11条的规定处理，不存在什么争议。[③]《侵权责任法》第35条规定“个人之间形成劳务关系……提供劳务一方因劳务自己受到损害的，根据双方各自的过错承担相应的责任”，即接受

---

① 参见杨荣波：《船员工伤救济法律问题研究》，载《中国海商法年刊》2010年第3期。

② 参见中国海事仲裁委员会上海分会组织编写、雷海主编：《〈2006年海事劳工公约〉履约操作指南——解读、问答与案例》，人民交通出版社2013年版，第146页。

③ 参见李国宾、杨钉：《船员在从事雇佣活动中受伤，船主应承担无过错赔偿责任》，载《人民司法》2012年第16期。

劳务者对提供劳务一方受到的损害承担过错责任。此规定出现后，产生了2003年《人身损害司法解释》第11条与《侵权责任法》第35条的适用关系问题。对此，最高人民法院侵权责任法研究小组编写的《〈中华人民共和国侵权责任法〉条文理解与适用》中明确指出，《侵权责任法》实质上是以"劳务""劳务关系""接受劳务一方""提供劳务一方"等术语分别取代了"雇佣""雇佣关系""雇主""雇员"等术语，二者的含义相通，并且《侵权责任法》第35条实际上已经取代了2003年《人身损害司法解释》第11条规定。[①] 尽管该书具备较强的指导性与权威性，理论与实务界依然产生了不同观点。有的司法判决认同并遵循《〈中华人民共和国侵权责任法〉条文理解与适用》中的观点；有人认为《侵权责任法》第35条中"接受劳务一方"仅指自然人，不包括企业、个体工商户、合伙的雇员因工作发生的纠纷；还有人认为2003年《人身损害司法解释》第11条与《侵权责任法》第35条的适用范围不同，前者适用于生产经营性活动中的雇佣关系，后者适用于雇佣保姆、家庭装修等基于生活需要形成的劳务关系。[②] 同时司法实践中出现了同案不同判的问题。[③] 此后，2020年公布的《民法典》第1192条承袭了《侵权责任法》第35条的规定，并且2020年《人身损害司法解释》删除了原有的第9条、第11条与雇佣活动中出现人身伤亡导致的赔偿责任相关的条文，2022年《人身损害司法解释》亦然。因此当前对于劳务提供者在工作中遭受人身伤亡的情形，能够直接适用的条文仅有《民法典》第1192条。通过检索于2020年《人身损害司法解释》公布后发生的提供劳务者受害责任纠纷案例，可以发现法院基本上依照《民法典》第1192条进行裁判，适用过错责任原则，其中既包括个人之间形成劳务关系，也包括雇员与用人单位间形成雇佣关系的情形。[④]

通过以上梳理可知，目前对于船员在船提供劳务中发生人身伤亡的情形，缺乏能够直接适用的法律法规。最高人民法院1992年公布的《关于审理涉外海上人身

---

① 参见最高人民法院侵权责任法研究小组编：《〈中华人民共和国侵权责任法〉条文理解与适用》，人民法院出版社2010年版，第258-259页。

② 参见李国宾、杨钉：《船员在从事雇佣活动中受伤，船主应承担无过错赔偿责任》，载《人民司法》2012年第16期。

③ 参见杨某诉李某某等通海水域人身损害责任纠纷案，北海海事法院(2011)海事初字第18号民事判决书；原告缪某某与被告周某某、佘某、龙霸建材有限公司、蓼城航运有限公司、张某某内河交通事故人身损害赔偿、雇员受害赔偿纠纷案，江苏省东台市人民法院(2011)东民初字第1372号民事判决书。两起案例案情类似，但前者法院适用2003年《人身损害司法解释》第11条判定雇主承担无过错责任，后者法院适用《侵权责任法》第35条判定雇主承担过错责任。

④ 参见马某某与张某某提供劳务者受害责任纠纷案，辽宁省丹东市中级人民法院(2022)辽06民终2296号民事判决书；唐某某、凯某比努某阿卜杜瓦依提提供劳务者受害责任纠纷案，新疆维吾尔自治区阿克苏地区中级人民法院(2022)新29民终1446号民事判决书；湖北闽钱实业集团有限公司、谢某等提供劳务者受害责任纠纷案，湖南省常德市中级人民法院(2022)湘07民终2680号民事判决书；杨某某、江阴市乐华包装科技有限公司提供劳务者受害责任纠纷案，江苏省无锡市中级人民法院(2022)苏02民终7476号民事判决书等。

伤亡案件损害赔偿的具体规定(试行)》对外派船员人身伤亡赔偿责任具有针对性,但该规定已于2013年被废止,废止原因为其已被《海商法》和2003年《人身损害司法解释》代替。然而如上所述,《人身损害司法解释》中的雇主责任条款已被删除。《海商法》的相关规定体现在第163条海上拖航中承托方和被拖方对其因过失造成的第三人人身伤亡负连带赔偿责任、第169条船舶碰撞中互有过失的船舶对造成的第三人人身伤亡负连带赔偿责任,其中最明显的问题在于对船员人身伤亡应负何种赔偿责任的规定难以涵盖海上人身伤亡的各类情形。《民法典》第1192条则存在适用主体、适用范围上的尴尬。除此之外,未能在现行立法中见到个人与单位之间形成劳务关系的侵权损害赔偿规定。由于《民法典》第1165条规定的过错责任原则为侵权责任的一般归责原则,故可推知,对于不属于《海商法》第163条、第169条适用情形的船员人身伤亡事件,应当由存在过错的侵权行为人对船员承担赔偿责任。因此,在发生船员人身伤亡后,若船员为没有工伤保险的自由船员,其无法主张工伤损害赔偿,并且如果各方主体均无明显过错或船员方难以举证证明,主张侵权损害赔偿存在困难时,船员权益救济在很大程度上就依赖于船东为其购买的商业保险,而这一救济渠道存在不稳定性和权益保障的不充分性。至于船东投保的保赔险,受限于船东的赔偿义务来源、保赔险承保船东应承担的赔偿责任的自身性质、保赔险的拒赔事由,保赔险的存在也未必会为自由船员的人身权益保障起到充分的积极作用。因此在当前的人身损害侵权责任归责原则之下,自由船员的人身损害赔偿救济缺乏稳定、可行性强的渠道。

## 第二节　船员人身损害赔偿法律问题分析

对于工伤保险赔偿与侵权损害赔偿竞合时应采用何种模式,多年来学界存在各种不同观点,对船员人身损害赔偿法律问题的研究也无法绕开对这一问题的探讨,并且将过错责任原则适用于船员人身损害赔偿领域,会导致自由船员求偿困难,需要根据其特殊性进行变通。

### 一、船员工伤保险赔偿与侵权损害赔偿请求权的关系分析

#### (一)工伤保险赔偿与侵权损害赔偿竞合模式

当前,世界上共有如下4种处理工伤保险赔偿与民事损害赔偿关系的模式。

1. 选择模式

即受害人遭遇人身伤亡后,若同时符合请求工伤保险赔偿与民事损害赔偿的条件,只能在两者中选择一个救济方式并放弃另一个。选择模式赋予了受害人自主选择的权利,最大限度地尊重受害人的个人意愿。然而,选择模式的可行性存在

缺陷:一是尽管提起侵权之诉可使受害人获得更多赔偿,但需要面临举证困难和无法执行的风险,且诉讼程序较为漫长,而工伤保险赔偿虽然数额较低,但稳定高效,故会出现受害人不得不选择工伤保险赔偿的被动局面;二是选择权行使的期间、撤回等程序上的问题较为棘手,带来了实务上的困难。①

2. 替代模式

即受害人发生工伤后,仅能请求工伤保险赔偿,不能请求侵权损害赔偿,工伤保险赔偿完全取代侵权损害赔偿。此种模式的优势在于,受害人可以迅速获得救济,双方当事人都免于诉累。然而此模式的缺陷也非常明显:一是法律替代受害人进行选择,剥夺了受害人的选择自由;二是由于工伤保险不包括精神损害赔偿,受害人无法获得完全的赔偿,对受害雇员的权益保障不利;三是在发生同样人身伤亡的情况下,替代模式可能会造成无工伤保险待遇的受害人通过提起侵权之诉,而享受高于有工伤保险待遇者的赔偿额;四是替代模式使用人单位通过缴纳工伤保险费用而避开承担侵权责任,用人单位无须为其过错付出额外成本,使得侵权法的预防功能无法发挥。②

3. 兼得模式

即受害人可以同时请求工伤保险赔偿和侵权损害赔偿,从而获得双份赔偿。此种模式的优点在于能够最大限度地保护受害人的利益,更为符合高度重视他人生命健康权保障的世界趋势,更有利于人权及受害人合法权益的实现。并且由于用人单位无法因工伤保险赔偿而无须承担侵权责任,此种模式还有利于促进用人单位加强企业安全生产管理,预防工伤和职业病的发生。③ 在过去没有电子发票的时代,其实不存在完全的兼得模式,因为医疗费用等需要发票的只能报销一次,因此在只有纸质版发票时期不可能有真正的兼得模式。但是现在电子发票可以重复打印,兼得模式可以真正实现了,此时的兼得模式应该有所限制,限制在用人单位存在故意或重大过失时比较合理。对此模式的反对意见主要包括:一是违背了工伤保险设立的目的,即减轻雇主责任、分散经营风险;二是受害人获得的赔偿总额可能会超过其实际受到的损害,违背"受害人不应因遭受侵害获得意外收益"的原则。④

4. 补充模式

即受害人可以同时请求工伤保险赔偿和侵权损害赔偿,但其获得的赔偿总额不得超过实际受到的损害。受害人先请求工伤保险赔偿,而后对于工伤保险给付

---

① 参见王泽鉴:《民法学说与判例研究》(第3册),中国政法大学出版社1998年版,第295页。

② 参见张平华、郭明瑞:《关于工伤保险赔偿与侵权损害赔偿的关系》,载《法律适用》2008年第10期。

③ 参见曹艳春:《工伤保险与民事侵权赔偿适用关系的理性选择》,载《法律适用》2005年第5期。

④ 参见张新宝:《工伤保险赔偿请求权与普通人身损害赔偿请求权的关系》,载《中国法学》2007年第2期。

不足的部分再请求侵权损害赔偿。此模式既能够使受害人所遭受的损害得到完全弥补,又不会使用人单位承受过重的经济负担,在一定程度上能够平衡双方利益。但同兼得模式一样,此模式也会使当事人面临复杂的纠纷处理程序,增加了当事人获得损害赔偿的难度,也浪费了司法资源,受害人仍需承担举证困难和无法执行的风险。①

(二)船员工伤保险赔偿与侵权损害赔偿竞合模式选择

从以上分析可以看出,每种救济模式都存在各自的优缺点,目前还不存在无可挑剔的模式。在船员人身损害赔偿领域,从中挑选出能够平衡船员与船企双方利益、兼顾法理与现实需求的模式非常重要。我们认为,"混合模式"是当前更加理想的选择:首先,当造成船员工伤时,船员用人单位有故意或者重大过失的,用人单位也要为自己的过错承担责任,此时为"兼得模式",不因为船员获得了工伤保险待遇而免除用人单位的责任。其次,当工伤保险待遇不能弥补船员工伤所造成的损害或者侵权损害赔偿存在高于工伤保险赔偿的差额时,即使船员用人单位没有过错也要承担补充责任。最后,当第三人侵权造成船员工伤的,船员虽然已经获得了工伤保险待遇,但是船员仍然有权要求该侵权第三人承担全部侵权责任。选择混合模式的理由如下。

1. 平衡双方当事人利益

一方面,相比于替代模式,船员在补充模式下能够得到较充分的赔偿;另一方面,船企在为船员缴纳工伤保险费之外,在其没有故意或重大过失时只需对侵权损害赔偿与工伤保险赔偿的差额部分进行赔偿(医疗费、丧葬费等费用可具体计算,但因人的生命和健康无价,《工伤保险条例》中规定的伤残津贴、一次性伤残补助金、一次性工亡补助金,以及2022年《人身损害司法解释》中规定的残疾赔偿金、死亡赔偿金、精神损害抚慰金等无法用金钱加以衡量的,②故无法计量受伤亡船员的全部实际损失,由侵权主体就工伤保险赔偿未能覆盖之实际损失部分进行赔偿缺乏可操作性),相比于纯粹的兼得模式,船企的经济压力较小,从而减轻对船企运营产生的负面影响,也能够避免因赔付成本过高影响船员(尤其是外派船员)的市场竞争力。

2. 提高船企安全防范意识

让船员用人单位对船员的人身损害存在故意或重大过失的情况下承担更重的民事侵权损害赔偿责任,可以促使船员用人单位承担安全管理责任。船员在海上作业期间面临的安全风险较陆上一般职业较高,更需要较为周全的安全生产防护措施。在雇主存在严重过错情况下适用"兼得模式"有利于船员用人单位谨慎管

① 参见张新宝:《工伤保险赔偿请求权与普通人身损害赔偿请求权的关系》,载《中国法学》2007年第2期。

② 参见陈建华:《工伤与侵权竞合的处理》,载《人民司法》2020年第26期。

理工作环境的风险,保护船员的人身健康安全。① 相比于纯粹的替代模式,补充模式下船员用人单位无法因工伤保险赔偿而完全免责,这可以在一定程度上对忽视安全保障义务的责任主体发挥惩戒功能,使其注重船上安全防护保障。

3. 不违反工伤保险制度的设立初衷

从历史的角度看,盛行个人自由主义的工业革命时期,以过错为归责原则的侵权损害赔偿给雇员的举证施加了较大的难度,还会面临因雇主经济能力的限制导致无法获赔的风险,并且雇主极可能因大额赔偿而陷入经营困境。鉴于侵权损害赔偿存在的上述缺陷,工伤保险制度逐渐从侵权损害赔偿制度中分离而成,其设立的初衷便是为了替代侵权损害赔偿,使雇主通过缴纳工伤保险费实现民事赔偿责任向工伤保险基金的转嫁。② 因此,使船员用人单位仍完全不能摆脱民事赔偿责任的纯粹兼得模式显然有悖于工伤保险制度的设立初衷,船员用人单位为雇员缴纳的工伤保险对其未来可能会发生的损害赔偿没有任何抵消作用,导致双方间利益失衡。

此外,出于公平原则的考量,无论侵权行为人是船员用人单位还是第三人,船员能够获得的人身损害赔偿额不应有巨大差异,应当避免船员的权益救济因其无法控制和预估的变量而产生巨大悬殊,即不能因侵权行为人的不同,导致获赔结果存在较大差别。

## 二、船员人身损害侵权赔偿适用无过错责任原则的必要性

由于船员用人单位和用工单位对于海上风险的预见和控制能力、对船舶运营的监管能力、对船舶安全运营管理体系审查的能力远高于船员,且根据风险与收益相一致的原则,应由船员用人单位和用工单位对船员人身损害承担无过错的侵权赔偿责任。这对于未与任何民事主体订立劳动合同的自由船员意义重大。因无用人单位为自由船员缴纳工伤保险,在船工作期间自由船员发生人身伤亡后,仅能通过请求民事赔偿获得救济。当前,船员人身损害的侵权责任适用过错责任原则,只有在船员用人单位、用工单位或第三人存在过错的前提下,船员方可向相关主体主张侵权损害赔偿,且需要面临较为困难的举证证明,但这对船员的权益保障相当不利。由于船员职业工作环境的特殊性,其海上作业期间面临的安全风险系数较高,海上人身伤亡事故发生的概率也相对较大,如果船员人身伤亡损害赔偿制度对船员的求偿施加较大难度和阻碍,会使船员获得救济的可能性大幅下降。而对许多船员家庭来说,船员的收入可能是家庭的主要收入来源,一旦其工作能力受到损害,而又没有充足的损害救济,会对船员的后续康复治疗、船员及其家属的正常生活造成严重冲击。并且,目前市场上存在大量的自由船员,虽然其没有签订劳动合

---

① 参见曹艳春等:《工伤损害赔偿责任研究》,法律出版社 2011 年版,第 110 页。

② 参见张新宝:《工伤保险赔偿请求权与普通人身损害赔偿请求权的关系》,载《中国法学》2007 年第 2 期。

同,但其在船作业期间与自有船员的工作内容、工作时间等方面并无差异。在船员因自身过错或意外事件出现人身伤亡后,若仅因其选择成为自由船员而非自有船员的"一念之差",导致其发生人身伤亡后得不到较为稳定的损害赔偿救济,有违公平原则。

因此,我们主张船员用人单位和用工单位对于船员人身损害侵权赔偿责任的承担,应采用无过错责任原则。域外的相关经验可以为我们提供借鉴。菲律宾《海员外派标准雇佣合同》第 20 条第 1 款规定,海员因公死亡,雇主应支付 5 万美元,并向其不满 21 周岁的子女每人支付 7000 美元,但最多不超过 4 个子女。如果海员的死亡是因战争行为引起的,应获双倍赔偿。第 20 条第 2 款还规定雇员在工作期间受伤,雇主仍需支付其工资。船员需离船在外国港口治疗的费用以及被遣返回国的治疗费用均由船东支付,直到海员痊愈为止,在此期间海员还有权获得不超过 120 天的工资数额的补偿金。菲律宾在船员灾害赔偿制度中确定了严格的雇主责任制度,只将海员故意和重大过失确定为船东的除外责任。《日本船员法》第 89 条、《韩国船员法》第 99 条也均规定了雇主的严格责任,无论船员是因职务内或职务外的原因受伤或患病,船东均应作不同程度的赔付,同时亦规定了除外责任。此外,对自由船员的人身损害赔偿采用无过错责任的理由在于:一是根据报偿原理,船东因接受船员提供的劳务而受益,自然应该承担相应的责任和风险,这就包括对船员因在船工作遭受的伤害负担救济义务;二是令船东承担较重的民事赔偿责任,也能够使其意识到雇佣自由船员存在较大的风险,进而投保商业责任保险,或者与船员签订劳动合同并为其缴纳工伤保险,以免将来发生船员人身伤亡后因赔偿责任而陷入经济窘境;[①]三是符合《2006 年海事劳工公约》的要求,《2006 年海事劳工公约》规则 4.1 船上和岸上医疗部分规定各成员国应确保悬挂其旗帜船舶上的所有海员在船期间能够得到迅速和适当医疗,医疗费用原则上不由海员负责。规则 4.2 船东的责任是对规则 4.1 的补充,规定当海员生病、受伤或者死亡时,可以从船东处获得经济赔偿。《船东在海员患病、受伤或死亡时的责任公约》第 2 条第 1 款规定:"船东应对下述情况负责:(a)从协议条款规定的任职那天起到雇用期终止期间所发生的疾病和受伤;(b)由这种疾病或受伤所导致的死亡。"这些规定并不问船东是否存在过错。

## 第三节 完善船员人身损害赔偿法律制度的建议

结合以上分析,船员在船工作期间发生人身伤亡后,若同时符合请求工伤保险

---

① 参见程啸:《未来民法典侵权责任编中用人者责任制度的完善》,载《四川大学学报(哲学社会科学版)》2018 年第 5 期。

赔偿和侵权损害赔偿的条件,其向工伤保险基金主张工伤保险赔偿后,还可区分不同情形再向侵权行为人主张相应的侵权损害赔偿。若船员为自由船员,可直接向船员用工单位主张无过错责任。以上两种求偿情形均需明确侵权责任的主体和侵权责任的承担方式。此外,下文还针对船员工伤损害赔偿制度特殊化提出了具体建议,并且建议规定船员人身损害赔偿的社会救济制度,为船员的求偿保驾护航。

## 一、侵权责任承担主体及方式的明确

### (一)侵权责任主体的确定

1. 船东。若船东与船员签订劳动合同,则船东作为用人单位,应对船员的人身伤亡承担无过错责任。其中,若船东存在故意或重大过失,适用“兼得模式”;若船东仅有一般过失或无过错,则采用“补充模式”。除这两种情形之外,由于船员在船工作期间,对其行使管理、控制权的主体为船东,船员需听从船东的指挥调度,服从船东的管理,船东为船员提供安全生产防护措施。因此,基于船东与船员间成立的事实劳动关系,若船员在船发生人身伤亡事件,其同样可向船东这一劳务接受者主张相应的侵权损害赔偿。

2. 船员服务机构和国内其他航运公司。对于船员服务机构与船员签订劳动合同后将其派遣上船的情况,因船员服务机构作为船员的用人单位,船员何时上船、上哪条船工作需听从船员服务机构的指挥调度,虽然其并非船员劳动力的实际使用者,但其对船员存在一定程度上的管理和控制,并且其承担风险的能力远高于船员。根据权利与义务相一致、风险与收益相一致的原则,应当由其对船员在船发生的人身伤亡承担无过错责任。对于航运公司或其他单位自有船员经服务机构派遣后上船的情况,因航运公司或其他单位作为派遣单位,其法律地位和权利义务与作为船员用人单位的船员服务机构相同,故同样应对船员的人身伤亡承担无过错责任。

3. 第三人。对船员人身伤亡存在过错的第三人应对船员负担以过错责任为归责原则的侵权责任。需要注意的是,“第三人”的概念在船员用工领域较为模糊。有学者认为,对于外派机构的自有船员在被外派至境外船舶的情况下发生人身伤亡后,船员可向作为第三人的船东主张侵权损害赔偿。[①] 然而无论何种船员用工模式,船东均对在船工作期间的船员行使实际上的管理与控制,故船东与船员之间均存在劳动关系或事实上的劳动关系。因而,在船员人身损害赔偿领域,船东不应纳入第三人范畴。实践中,由第三人承担侵权责任的典型情形为两船因过失发生碰撞,此时对方船舶的船东应作为第三人,对因船舶碰撞受伤或死亡的本船船员承担侵权责任。

---

① 参见王欣:《涉及劳动关系的船员人身伤亡损害赔偿法律适用》,载《山东大学学报(哲学社会科学版)》2012 年第 5 期。

（二）侵权责任的承担方式

经上述分析可知，对船员的人身伤亡承担侵权责任的主体可能为两者以上，如在船员劳动力的雇佣和使用相分离的情形中，船员用人单位和用工单位均需对船员的人身伤亡负侵权责任；或者两船因过失发生碰撞的，对方船舶的船东与本船船东均为侵权主体。此时便需探讨多主体承担侵权责任的形式。就前者而言，各侵权主体应对遭受人身伤亡的船员承担连带赔偿责任，主要为自有船员赔偿请求权竞合时，对侵权损害赔偿与工伤保险赔偿的差额部分承担的连带赔偿责任。至于其内部的责任划分，若其中一方存在过错，则根据其过错程度，由有过错的一方承担全部或大部分的赔偿责任；若双方均无过错或过错程度相当，则平均负赔偿责任。对于后者，《海商法》第169条第3款规定"互有过失的船舶，对造成的第三人的人身伤亡，负连带赔偿责任"，且该条第1款还规定"船舶发生碰撞，碰撞的船舶互有过失的，各船按照过失程度的比例负赔偿责任；过失程度相当或者过失程度的比例无法判定的，平均负赔偿责任"。结合这一规定，在船员发生人身伤亡后，本船船东与对方船舶应对船员承担连带赔偿责任。在内部责任划分上，本船船东本应负担无过错责任，但若对方船舶存在过失，则根据对方船舶的过错程度由其分摊相应的赔偿额。

在船员外派领域，由于工作地点和用工主体涉外性的特点，船员向境外船东主张无过错的侵权损害赔偿难度较大，一方面外派船员对国外的法律法规不熟，存在语言交流障碍；另一方面境外诉讼的成本高，外派船员难以在漫长的诉讼中与外籍船东持续抗衡。故从最大限度地维护外派船员利益的立场出发，我们认为应要求外派机构与境外船东对发生人身伤亡的船员承担无过错的连带责任。若外派机构为船员的用人单位，则其对侵权损害赔偿与工伤保险赔偿的差额部分承担赔偿责任后，再根据上述内部责任比例向境外船东追偿。对于船员通过外派机构与境外船东签订"劳动合同"、船员为自由船员的情形，外派机构应对船员承担过错责任。若外派机构不存在过错，则由境外船东承担最终责任；若外派机构存在过错，比如违反《海员外派管理规定》（2023年修正）第20条、第24条、第31条规定的诚实、勤勉等义务，将船员外派到信誉等级低、资质和运营状况较差、未建立安全营运管理体系的境外船舶上工作，或者未按照第26条、第28条的规定对外派船员开展必要的岗位技能训练，未对其人身安全、身体健康、工作技能及职业发展等方面进行跟踪管理，其违法行为与船员的人身伤亡存在因果关系，则应根据外派机构的过错程度、受益程度、经济状况等因素，由外派机构分摊一部分赔偿比例。外派船员或其家属可先向外派机构主张全部的侵权损害赔偿，而后由具备涉外诉讼能力的外派机构向境外船东追偿。对此可以借鉴菲律宾国家的经验，《POEA关于海员招聘和雇佣的规则和条例》第2章第2条规定，对于因履行合同发生的有关工资、死亡、人身伤害的争议诉讼，外国雇主和外派机构承担连带责任。菲律宾对船员的招募和安置机构设立了严格的市场准入制度，除较高的注册资本限制外，设立人还要提供经银行认证的保障金。通过提高外派机构准入标准，外派机构承担责任的能力得以提升，而且政策性规定外派机构与境外船东承担连带责任的方式也保证外派船员发生人身损害后能够获得救济。

## 二、船员工伤损害赔偿制度特殊化

### （一）扩大船员特殊的工伤认定范围

在船服务期间，船员的工作和生活行为都发生在船上，无法轻易脱离，一旦发生风险，即使船员不在工作时间内，或者非从事履职行为，也有遭受伤亡的可能。[①]受海洋地理环境、海上急剧变化的气候、船长和船员对风险的预判和应急处置能力的影响，船员不得不面临船舶碰撞、沉船等海上安全事故的威胁。并且，船上的工作环境具有一定的危险性，船舶航行过程中的颠簸、船上钢筋铁板的复杂结构，导致船员在船上发生磕碰等事故的可能性较陆地是增加的。因此，若船员因海上及船上安全事故造成伤亡，即使处于工作时间以外，或者并非因履行工作职责造成，也应当认定为工伤。例如在上海海和技术咨询服务有限公司与王某某等工伤保险待遇纠纷案中，被告王某某在船上的宿舍内开窗不慎受伤，船长签发了受伤报告。尽管王某某在其宿舍内受伤时并非在工作时间内，不属于《工伤保险条例》认定工伤的情形，但上海市浦东新区人力资源和社会保障局认定王某某为工伤。[②] 即使船员受伤是由生活原因造成，但其也是因工作所需才到达船上这一具有较高风险的场所，故船员只要在船上遭受伤亡，不论是因遭遇海难事故还是仅仅由于生活原因，将其所受的伤亡认定为工伤具备合理性。

由此，考虑船员工作环境的特殊性、长期连续服务时间以及离家的状态，应对“工作时间”的含义作扩大解释。工作时间应解释为船员在船服务期间，工作场所应解释为整个船舶场所，以免在司法实践中发生歧义。《工伤保险条例》第 14 条第 2 项“工作时间前后”的范围，应当是开工前或者收工后的一段非工作时间，对应船员被派遣上船途中与被遣返离船途中。故自船员接受用人单位的上船安排开始启程时起，至船员被遣返离船时止，在此过程中船员发生伤亡的，均应当被认定为工伤。但依据《工伤保险条例》第 16 条等规定，应当把故意犯罪、酗酒、吸毒、自残、自杀造成的伤亡情况排除在工伤事故之外。

### （二）建立科学的船员工伤保险待遇给付标准

在船员工伤保险待遇给付标准的问题上，可以借鉴日本《劳动者灾害补偿保险法》和《船员保险法》的有关规定，日本不仅直接在法律中规定了船员基本月薪、基

---

① 参见杨荣波：《船员工伤救济法律问题研究》，载《中国海商法年刊》2010 年第 3 期。

② 上海市浦东新区人民法院民事判决书，(2014)浦民一(民)初字第 34425 号。

本日薪、各种津贴的具体算法,还在《劳动保险保费征收法》中对行业划分和适用费率的档次有更细致具体的规定,船员也被细化为货船船员、客船船员、运输船员、港口船员等,根据不同的标准适用不同的费率档次。[①] 在未来具备合适条件时,要将船员工伤保险从普通劳动者的工伤保险制度中分离、制定专属于船员的人身健康保险制度之前,可先结合船员在船及在岸工资相差悬殊的特殊性,制定相对公平合理的船员工伤保险待遇给付标准。

## 三、完善船员人身损害赔偿的社会救济制度

### (一)设立船员人身损害社会救助基金

1. 设立船员人身损害社会救助基金的必要性

船员行业是个风险性极高的行业,而且涉及的法律关系复杂,实践中自由船员的数量逐年增多,有很多自由船员没有参与社会统筹保险,这部分人群一旦发生人身损害,且在相关责任主体缺乏赔偿能力的情况下,将很难获得救济。而且目前船员标准雇佣合同尚未制定,船东缴纳的雇主责任险以及为船员缴纳的商业保险标准不统一,导致船员最终能获得赔偿的额度也不尽相同,有些船东赔偿的金额往往很少甚至无力赔偿。因此建立船员人身损害赔偿的社会救助基金变得尤为重要。

2. 船员人身损害社会救助基金的管理和运作

首先应专门成立一个船员人身损害社会救助基金委员会,基金委员会可以由海事局、财政部、人力资源和社会保障部、商务部、海员工会、保险公司等共同组成。由于海事局对于船员的派出活动较为了解,因此建议基金委员会日常办事机构设在海事局,并由财政部负责监督。救助基金可以通过政府财政支持、航运用人单位缴纳、社会捐赠、基金利息等途径筹集。从政府财政支持的角度来看,我国目前正在实施海洋强国战略,各地政府也正在加大对航运事业的投入,因此寻求中央和地方的财政支持可以作为基金的来源之一。社会救助基金应由海事局负责日常管理,在保证不发生运作风险的情况下将基金存入国有银行,获得的利息也可以作为基金的来源。还可在社会中大力宣传船员的社会救助基金项目,鼓励有实力的航运企业参与到基金的筹集中,并给予其一定的税收减免。筹集到的基金要明确用途,例如用于因船东或船员服务机构破产或其他原因而不能承担赔偿责任、船员在获得各类赔偿后仍然不能抵消损失等情况,但毕竟社会救助基金的赔付额度有限,应规定救助基金在船员人身损害事故中垫付的最高限额。总之,船员人身损害社会救助基金如果能够得到有效执行,当船员受到伤害但因某种因素找不到任何的救济来源时,启用该基金可以更全面地保障船员的合法权益。

### (二)强制缴纳雇主责任保险

雇主责任保险与工伤保险所承保的责任范围相似,均承保雇员在受雇过程中

---

① 参见劳灾保险率适用事业细目表,厚生劳动省告示第16条。

因工受伤或从事与业务相关的活动而受到伤害或患上职业病所致伤或死亡的责任。雇主责任保险属于商业保险，由雇主自愿投保，由商业保险公司经营，以营利为目的，保险费以保单的分项赔偿限额为基数，赔偿限额越大，保费缴纳得越多。船员行业风险较高，尤其是外派船员的职业风险更高，因其长期工作在远洋船舶上。因此，强制雇主缴纳雇主责任保险是非常有必要的。

我国目前由于还没有设立类似于菲律宾海外就业管理局这样的政府公共机构，所以对于船员签订的劳动合同或服务合同没有专门的机构进行审核。而船员服务机构是以营利为目的，多派出一位船员就会多获得一份派遣费用，所以在其派出船员时并不会认真审查船东的资质问题，一旦船东破产或者无能力承担赔偿责任，并且船员服务机构赔偿能力有限时，船员就将面临索赔无门的困境。强制雇主缴纳责任保险，能够保证船员及时获得赔偿。菲律宾的船员在被外派之前，会在标准雇佣合同中明确要求境外船东必须为船员缴纳雇主责任保险，以防船员在外派期间发生意外事故或者人身损害时，境外船东无力承担赔偿责任的情况发生。我国与船员相关的政府公共机构也应当加强开展船员雇佣的监督和检查工作，并强制要求船东为船员缴纳雇主责任保险，缴纳标准可以依据我国目前的经济发展水平和人们的生活水平随时调整，以免受害船员及其家庭成员的生活质量受到影响。

## 本章小结

船员在船工作期间发生伤亡事故后能否获得充分的人身损害赔偿，与船员及其家属的生存权息息相关。目前，存在船员工伤保险赔偿与侵权损害赔偿请求权的竞合问题应如何对待、现行工伤保险制度未能涵盖船员职业特殊性、缺乏合理的船员人身损害侵权责任归责原则等问题。在对比各种处理工伤保险赔偿与民事损害赔偿关系的模式后，我们认为混合模式更能平衡船员与船企的双方利益，并且能够加强船企的安全防范意识、不违反工伤保险制度设立的初衷。关于工伤保险制度不适应船员职业特殊性的问题，我们认为在未来将船员工伤保险从普通劳动者的工伤保险制度中分离之前，现阶段需要扩大船员特殊的工伤认定范围、建立科学的船员工伤保险待遇给付标准。关于船员人身损害侵权责任的归责原则，我们认为需要采用无过错责任原则，并且明确船员外派机构与境外船东对船员承担连带责任。此外，还需要完善船员人身损害赔偿的社会救济制度，包括设立船员人身损害社会救助基金、强制缴纳雇主责任保险。

# 第十六章　船员医疗权益保障问题研究

《2006年海事劳工公约》对船员应当享有的医疗标准作出了详尽规定,其目的在于保障船员的生命健康权。在海员的社会保障中,医疗权益保障尤为重要,它是海员身心健康和充分履职的保证,关乎海上航行安全。2021年,中国成为全球排名第4的船员输出国,依据《2006年海事劳工公约》的标准维护海员的医疗权益既是我国应尽的义务,也是促进我国航运业发展的必然要求。

## 第一节　船员医疗权益保障中存在的问题

随着船员规模的逐渐庞大,我国船员劳动权益的保障也引起学界重视。其中,医疗权益是关乎船员生命健康的重要权益,我国已经初步形成富有中国特色的船员医疗权益保障体系,为维护船员利益打下坚实的基础。但其中仍有很多不足,不利于提升船员的职业吸引力与促进船员队伍的健康发展。为进一步了解船员医疗权益保障中存在的问题,我们通过问卷调查和访谈的方式进行调研。此次调研主要在上海展开,面向在航运公司工作的船员,2018年至2019年间共收回有效问卷168份。在收回的168份问卷中,工作年限超过5年的船员占93.45%,5年以下的占6.55%;无限航区船员占比63.69%,海船航区船员占比29.76%,其他占6.55%;三副三管轮以上船员占比73.81%,其他占26.19%。从分布情况看,此次调研覆盖了不同工作年限、航区、职位的船员,具有一定的代表性。通过调研,我们发现船员医疗权益保障的各项标准与《2006年海事劳工公约》还存在差距。

船员的医疗权益保障具有一定的特殊性,这源于船员的职业特殊性，即船员群体的患病率及常见疾病带有职业特点。由于船员时常面临各种海上风险，精神长期处于紧张状态，时常出现胃痛、腹泻、心血管疾病症状。相对于其他行业而言，船员是个风险性和死亡率较高的行业，[①]其各类疾病的患病率高于陆地职业的患病率。同时，受船医水平和船舱空间的限制，船上医疗配备不能及时为船员提供全面的医学检查。当船员出现较为复杂的身体问题时，虽然可以通过海岸电台联络远程医疗保障医院获取医疗服务，但船员仍然无法得到及时有效的治疗。同时，船员医疗权益保障方面还存在船岸通信环境恶劣且手段单一、船医及远程医疗保障资源稀缺的问题。[②] 当发生海上突发事件时，海上应急救援具有复杂性。由于伤情复杂多样，可能包括烧伤、溺水、中毒等，决定了应急救援内容的多样性，而救援地点远离陆地，海上恶劣的环境会给救援工作带来困难，海上医疗卫生救援通常需要调配多个部门相互协调、配合，统筹难度较大。[③] 在实践中，我国各项有关船员医疗的法律规定距离《2006 年海事劳工公约》的履约要求都存在差距。

## 一、船舶医务人员的配备标准过低

《2006 年海事劳工公约》是国际海事界第四大支柱型公约，被誉为海员的“权利法案”，这一“里程碑式”的公约是政府、船东和海员组织代表三方多年来进行密切磋商的结果。[④] 在标准 A4.1 部分，《2006 年海事劳工公约》明确以载员数、航程时间安排为标准，对国际航行船舶必须配备专门医生的情形作了具体规定，即载员 100 人或以上，通常从事 3 天以上国际航行的船舶，应配备 1 名医生负责提供医疗，同时，成员国在制定国内法律时，还应考虑诸如海员数量、航行性质等因素，明确其他船舶应配备船医的标准；对于不配备医生的船舶应至少有一名海员，该海员的部分职责是负责船上医疗和药品管理。原交通部 1990 年发布的《船医管理办法》第 4 条曾对船医配备标准作了规定，但遗憾的是，该专门立法已于 2003 年被废止。为进一步履行《2006 年海事劳工公约》的要求，我国于 2013 年出台《海员船上工作和生活条件管理办法》，并在该办法第 22 条中明确规定，载员 100 人以上且航程在 3 天以上的国际航行船舶应当至少配备 1 名船医。无须配备医生的船舶，应至少由 1 名船员负责船上医护工作。尽管有明文规定，我国仍旧只满足《2006 年海事劳工公约》规定的最基本的要求，并未结合实际对航行时间、船舶吨位等重要因素加以

---

① See Robverts S. E. & Marlow P. B., *Traumatic Work Related Mortality among Seafarers Employed in British Merchant Shipping*, Occuoational & Environmental Medicine(2004).

② 参见熊娥、黄林伟：《伤病船员海上紧急救助处置履约差距研究》，载《中国海事》2020 年第 12 期。

③ 参见沈桢巍、李光、范卫建：《关于提高海上医疗卫生应急救援能力问题的探讨》，载《沈阳干部学刊》2015 年第 2 期。

④ See Desiree Le Clercq, *Sea Change: New Rulemaking Procedures at the International Labour Organization*, ILSA Journal of International and Comparative Law, Vol. 22:1, p. 105-133(2015).

考虑，也并未明确其他应配备船医的船舶，与《2006年海事劳工公约》的执行标准尚存一定差距。

一方面，该办法中规定的船舶医务人员的配备标准显然过低。主要体现为：一是关于“无须配备医生的船舶上，应当至少有1名船员负责船上医护工作”的法律规定，并不契合船员的实际医疗需求。当船舶染疫的事件发生时，需要具备专业医疗救治水平的医护人员及时诊断、稳定病情，并根据该种传染病的特征，及时向船长提出预防与控制病毒扩散的有效举措。二是“一艘钻石公主号大小的邮轮通常会配备2名医生和3名护士，这些医疗工作者的人数只能满足日常的船上医护工作的需要，在应对多数诸如病毒患者时则会很快超出其应对能力”①，因此从总体上看，尽管船舶染疫事件发生的概率较低，但在确定船上医护人员的配备人数时，仍不可忽视应急防疫工作的需要，仍应具备充足的防患于未然的意识。

另一方面，《海员船上工作和生活条件管理办法》第22条的规定，也并未考虑我国干散货船较多的实际。干散货船虽然在海上航行时间通常达数月之久，但载员数大多达不到100人以上的标准。因此，干散货船也基本上不配备船医，而是由经过培训的船长、大副负责船上医护工作。若发生紧急情况，由于岸上医疗机构较远，无法及时送达专业的医疗机构，而船长、大副虽完成了符合经修正的STCW公约所要求的培训，具备高级医护资格证书，但是其毕竟不是专业的医科学生，且在培训过程中缺乏实践机会，很难透彻掌握医疗急救知识，故他们的应急能力并不足以应对各种突发状况。②

## 二、现有法律对船员证书的要求无法满足船上医疗需求

根据2012年《海船船员培训合格证书签发管理办法》第7条的规定，只要是在500总吨及以上的船舶上担任船长、大副的人员，均需要完成医护培训，获得船上医护培训合格证。但是，根据国际公约的要求，高级船员并不能以取得医护培训合格证为终极目标，还应当及时更新、补充医疗知识，不断提高综合技能。《2006年海事劳工公约》导则B4.1.1第3条明确要求非具有专业医生资质但负责船上医疗的海员，应该每隔5年进修船员医疗和保健方面的课程，从而及时更新和维持技能，适应行业发展需要。此项规定是为了确保海员在没有专业船医的情况下，也能及时得到合理医疗，体现了对海员医疗权益的重视。然而，我们通过调研发现，目前我国的大部分船舶都不配备船医，而是由船长、大副负责简单的船上医护工

---

① Eilif Dahl, *Coronavirus (Covid-19) Outbreak on the Cruise Ship Diamond Princess*, International maritime health, Vol. 71:1, p. 5-8(2020).

② 参见李俐：《STCW公约马尼拉修正案下的船上医疗救护实训与评估》，载《航海教育研究》2014年第2期。

作，①船长、大副所持有的船上医护培训合格证是终身有效的，没有时间限制，他们从未接受过更新相关医护知识的培训。② 依据2012年《海船船员培训合格证书签发管理办法》第22条及《海船船员培训合格证知识更新培训大纲》的规定，目前我国比较重视对基本安全、精通救生艇筏及高级消防的知识更新培训，并无对船上医护人员知识更新的要求。③ 再者，我国船长、大副持有的船上医护培训合格证是长期有效的，这就造成大部分负责船上医护的人员本身缺乏更新自身医疗知识的动力，进而导致该类人员的相关知识技能无法满足实际需要，难以真正保护船员这一群体的医疗权益。

## 三、远程医疗能力不足

远程医疗的出现，主要是为了使孤立的、得不到医疗服务的人群获益，这些人群主要包括远洋船舶海员、太空探索中的人员等。④ 1996年以后，世界各地的医生开始寻求远程医疗服务，以挽救患者生命、提高医疗服务质量以及增加治疗机会。⑤ 上海在早期有专门的船员医院，但现在船员医院已经被整合面向社会，各家船员公司与社会上的医院进行合作，例如中远海运船员公司与上海瑞金医院、长航医院和广州新海医院等医疗机构签署远程医疗服务协议，一旦出现船员在船疾病，就会有医生连线24小时问诊远程指导。但在实践操作中，中远海运船员公司这类的大型公司在远程医疗合作方面还比较充分，一些较小的航运公司对这方面的准备还不够充分。基于船舶流动性的特点，船员一旦被雇佣，其工作和生活场所就均在船上，与岸上医疗机构相分离。与一般劳动者相比，船员可获得的医疗水平明显不足。

为了维护好海员这一特殊群体的医疗权益，《2006年海事劳工公约》在标准A4.1第4条中明确规定，主管当局应保证海上船舶每天24小时均能免费得到无线电台或卫星通信提供的医疗指导，包括专家指导。并且该公约还规定船舶所携带的能获得医疗指导的无线电台清单或者岸上地面站清单，均是完整且最新的，防止出现因无线电台目录未及时更新而延误船员治疗的最佳时机的情况。

然而，在我国实践中，海员可获得的医疗指导能力却明显不足，仅有28.28%的

---

① 2018年12月12日国家社科基金项目“海洋强国背景下船员劳动权益保护问题实证研究”课题组与上海海事大学商船学院参加培训的船员访谈了解的情况。

② 2018年12月25日国家社科基金项目“海洋强国背景下船员劳动权益保护问题实证研究”课题组与上海海事大学商船学院参加培训的驾驶班的船长访谈了解的情况。

③ 参见高超：《浅谈应对ML，C2006的CIC大检查》，载《中国水运下半月》2016年第9期。

④ See Kathleen M. Vyborny, *Legal and Political Issues Facing Telemedicine*, Annals Health Law, Vol. 5, p. 62(1996).

⑤ See Susan E. Volkert, *Telemedicine: Rx for the Future of Health Care*, Michigan Telecommunications and Technology Law Review, Vol. 6:1, p. 148(2000).

海员表示可以在船上获得充分的远程医疗指导，而72.72%的海员反映不能在船上获得或充分获得远程医疗指导。[①] 究其原因，主要在于我国《海员船上工作和生活条件管理办法》仅在第25条规定船东应当确保船舶具有通过无线电或者卫星通信获得医疗指导的能力。但是关于医疗指导的具体提供时间的标准，以及如何对船东进行监督，并无明确详细的规定，这使得实践中船东所提供的医疗指导标准明显低于《2006年海事劳工公约》要求。[②]

此外，海员在航行途中突发严重疾病或是遭受重伤，有关海员并不能直接通过无线电向专业医生求助，而是得先向船长报告，然后由船长发电报向船公司说明情况，最后由船舶所有人咨询专业医生后进行回复，烦琐的咨询过程容易耽误海员病情造成严重后果。[③] 加上在此期间，伤病海员无法与医生进行一对一交流，医生在具体判断病情时容易存在诊断障碍和偏差，不利于真正地维护好海员的医疗权益。

## 四、岸上医疗设施供给不足

《2006年海事劳工公约》对海员的医疗权益较为重视，例如，成员国应保证尽可能向海员提供等价于陆地工作者的医疗保障服务，具体包括药品、医疗设备和医疗信息获取等方面。同时，成员国还应颁布相关法律，规定船东对船员的健康保护和医疗负有责任，并规定船东承担海员生病或受伤时的医疗费用。[④] 该公约将海员的医疗权益纳入就业与社会权利的范畴，表明每一个海员都有权获得健康保护、医疗保健、福利措施和其他形式的社会保护。[⑤] 同时，该公约明确指出成员国应及时、快速地为海员提供医疗服务，并必须使用与岸上医疗保障相同的医疗设备。[⑥] 岸上医疗设施是指港口卫生所、海员医院、远洋医院等专门为船员提供医疗服务的福利场所。《2006年海事劳工公约》在标准A4.1第1条中规定，在停靠港口时，海

---

① 2018年12月12日国家社科基金项目“海洋强国背景下船员劳动权益保护问题实证研究”课题组调研了上海海事大学商船学院参加培训的船员，2018年12月25日调研了上海海事大学商船学院轮机班和驾驶班的船员，2019年4月29日调研了上海海事大学东校区参加培训的船员，此外通过问卷星的方式发布了调查问卷，累计收回有效调查问卷168份，此数据为统计的结果。

② 参见张璐、郑炫、谢友兵：《对我国有关船员社会保障法律规定的反思——基于对〈2006年海事劳工公约〉的考察》，载《市场周刊（理论研究）》2015年第8期。

③ 2018年12月25日国家社科基金项目“海洋强国背景下船员劳动权益保护问题实证研究”课题组与上海海事大学商船学院参加培训的驾驶班的船长访谈了解的情况。

④ See Lucy M. Anderson, *Mandatory Arbitration within Cruise Ship Employment Agreements: Without Global Change, the Disparity of Power Continues to Expand*, Loyola Maritime Law Journal, Vol. 14:2, p. 335-376(2015).

⑤ See Olukayode Olalekan Aguda, *Maritime Labour Convention* 2006: *Implications for Seafarers after a Decade*, Nnamdi Azikiwe University Journal of International Law and Jurisprudence, Vol. 8: 2, p. 125-134 (2017).

⑥ See Nguyen Thanh Le, *Researching the System of Chinese and Vietnamese Law on Seafarers-From the Viewpoint of Maritime Labor Convention* 2006, Journal of Law, Policy and Globalization, Vol. 20, p. 33 (2013).

员有权不延误地获得岸上相关医疗和健康保护,港口国也应保证免费提供相应的服务。同时,《2006年海事劳工公约》在导则B4.1.3岸上医疗第2条中,建议成员国采取措施保证海员在港口时能获得门诊治疗。此外,为了促进成员国国际医疗合作,《2006年海事劳工公约》在导则B4.1.4对其他船舶的医疗援助和国际合作部分,建议成员国建设海员健康中心、为海员提供预防性健康服务等。这里所说的海员健康中心被《2006年海事劳工公约》列为岸上福利设施部分,是岸上海员福利机构的重点服务内容。

经调查,我们发现有63.63%的船员反映岸上医疗机构距离港口较远,25.25%的船员认为距离适中,仅有12.12%的船员认为岸上医疗机构距离港口较近,但是现代船舶靠港时间短,船员可获得的岸上医疗明显不足。①

但我国的实际情况是,随着船舶体积的巨型化发展,港口泊位水深的要求也越来越高,加上我国近年来一二三线城市中心房价均呈暴涨状态,导致各港口与市中心相距越来越远,逐步向偏远地区发展,岸上医疗设施也距港口越来越远,再加上交通等方面的影响,海员可获得的岸上医疗与服务明显不足,不利于船员医疗权益的保护。② 我国法律仅规定了船上的医疗设施及医药用品,缺少与岸上医疗保障相关的其他规定,这给及时救治船员带来一定困难。

综上所述,我国在船员医疗权益保障方面仍然存在不足,具体表现为以下两个方面。第一,在船上医疗权益保障方面,我国仅仅达到了《2006年海事劳工公约》的最低限度要求,未能结合我国实际在船员相关立法中明确其他船舶应当配备船医的标准,同时,我国法律法规把高级船员取得急救证书等医疗证书作为职位必须,但未对医疗知识的更新提出要求,使船员考取医疗证书有流于形式之嫌。第二,在陆地协同救助方面,我国在《海员船上工作和生活条件管理办法》中未明确船东提供远程医疗指导的时间标准,同时,我国的港口通常位于城市郊区,和医疗机构距离较远,与《2006年海事劳工公约》的执行标准尚存差距。

---

① 2018年12月12日国家社科基金项目"海洋强国背景下船员劳动权益保护问题实证研究"课题组调研了上海海事大学商船学院参加培训的船员,2018年12月25日调研了上海海事大学商船学院轮机班和驾驶班的船员,2019年4月29日调研了上海海事大学东校区参加培训的船员,此外通过问卷星的方式发布了调查问卷,累计收回有效调查问卷168份,此数据为统计的结果。

② 参见陈鹏:《浅析〈船员条例〉对国际劳工组织公约国内化的立法实践(下)》,载《中国海事》2009年第11期。

## 第二节 保障船员医疗权益的合理依据

### 一、船员职业的特殊性要求

劳动制度以保障劳动者的合法权益为宗旨,而医疗权益保障制度侧重于保障劳动者的生命健康。随着经济全球化的发展,国际贸易日益频繁,航运也成为国际贸易往来中采用的最主要的运输方式,由此产生了海员这一特殊劳动群体。与一般劳动者不同,由于海员工作和生活地点均在船上,场所比较单一,医疗条件缺乏,其在船舶航行期间患病或者受伤很难得到等同于一般劳动者的及时救治,且哪怕是在船舶靠港期,也会因为靠港时间短、港口国医疗条件水平不一、语言差异等因素导致其获得的医治效果远低于岸上劳动者。[①]

海员职业的特殊性在海事活动中主要表现为海事活动的风险性、工作和生活条件限制易引发疾患以及劳动时间的非固定性。在美国哈登诉戈登一案中,美国法官就曾对海员的特性提出自己的见解:“由于海员劳动性质特殊,容易因气候变化、环境危险和过度劳累而患上严重疾病,为此,保护海员权利尤为重要,这不仅是一项重要的政策考虑,而且符合商人的最大利益,因为健康的海员有利于长期航行。”[②]海员的医疗权益保障应不同于甚至高于一般劳动工作者具有的特殊要求。

(一)海事活动的风险性

就像风和浪一样,海洋的危险本质从未改变。1894 年英国贸易局对海员意外死亡进行的最早研究显示,每年平均每千名海员中有 113 人死亡,是铁路工人的 9 倍,是工厂车间工人的 147 倍。[③] 相关研究也证实了这一点,从 1962 年到 1988 年,英国航运业的平均致命事故率为每年 1.28‰,是煤炭开采业的 3 倍,建筑业的 5.5 倍,制造业的 25 倍,[④]每年大约有 6500 名船员因船舶灾难、人身事故、自杀、他杀和工作场所的疾病而丧生。[⑤] 而在我国,海员在船工作期间发生工伤的概率也要高

---

① 参见叶镇藩:《中国海员常见职业病分析及预防》,载《中国海事》2015 年第 6 期。

② See Michelle S. Lee, *Save Our Ships: How U. S. National Security Interests Affect the Human Rights of Stranded Seafarers as a Result of Shipping Bankruptcies*, Brooklyn Journal of International Law, Vol. 42:2, p. 958-991(2017).

③ See Kevin X Li & JM Ng, *International Maritime Conventions: Seafarers' Safety and Human Rights*, Journal of Maritime Law and Commerce, Vol. 33:3, p. 881-404(2002).

④ See Kevin X Li & JM Ng, *International Maritime Conventions: Seafarers' Safety and Human Rights*, Journal of Maritime Law and Commerce, Vol. 33:3, p. 881-404(2002).

⑤ See Kevin X Li & JM Ng, *International Maritime Conventions: Seafarers' Safety and Human Rights*, Journal of Maritime Law and Commerce, Vol. 33:3, p. 881-404(2002).

于普通行业的雇员，由此可见，航海无论是曾经还是现在仍然是一个较高风险的职业。

海事活动的风险性是海员医疗权益保障制度正当性的基础，是指船舶在航行过程中所遭遇的各种风险，无论是自然还是人为，包括碰撞、台风、海盗等。随着科学技术的发展，虽然海事活动的风险很难降低，但是船员抵抗风险的能力却有了很大的提升。从理论上来说，船舶航运业的风险已极大降低，但较之于陆上劳动者来说，海员仍属于伤亡概率较高的职业。① 除了海上风险外，海员还面临着船上作业和生活的风险。在工作过程中，海员可能因绳索断裂被砸伤，被船内堆放物绊倒或是因运输易燃物品被烧伤等。而在船上生活中，因为船体本身的面积有限，船上的居住空间相对狭窄，楼梯比较陡，通道也比较狭窄，船上钢铁坚硬性的设施比较多，船员极易出现摔倒、坠落等情况，导致身体出现损伤。

（二）劳动时间的非固定性

为了应对船舶在航行过程中可能遭遇的风险，船上通常实行"两班倒"的轮流值班制度。一般情况下，船员每天须值班两次，中间间隔 8 小时的休息时间。② 即使在这种值班制度下，船员的工作休息模式也容易被打破，船上发生紧急状况时船员也可能随时被召唤回来工作，容易导致睡眠不足和产生精神压力。此外，船员在船上往往要连续工作数月，中间并无类似陆上工作者的周末休息时间，大部分船员除每天至少值班 8 小时外还负有其他专项职责，遇到紧急情况，船员还得参与紧急工作。例如船长在船舶驶入复杂水域的时候，有时会连续两天两夜在驾驶室值班。加上现代船舶在挂靠港停泊时间较短、装卸货物速度较快，船员获得的休息时间大幅度减少，船员面临较大的心理和生理压力，容易导致疲劳、身体素质机能下降等，易感染疾病。船舶流动性的本质属性决定了船员在较长时间段里不能上岸，在此种情况下，船上的医疗和保健措施显得尤为重要，船员自身也应当免费享有该项权利。

（三）工作和生活条件的限制易引发疾患

虽然现代船舶趋于大型化，船上工作和生活环境较之以前有很大改善，但是，相对于陆地的工作和生活条件来说仍然是有所限制，容易导致船员产生各种健康问题。例如，船舱内空间拥挤压抑，轮机舱里噪声较大，即便是船员卧室，噪声标准也远远超过健康标准，容易对船员身体造成严重损害；由于船舶航行速度较之汽车、飞机比较缓慢，船员通常要在船上连续工作数月，空间封闭，远离家人、亲友，饮食以富含碘的海产品为主，新鲜的瓜果蔬菜较少，容易引发船员的心理健康疾患；船上工作和生活场所卫生环境较差，容易潮湿、暴发大规模疫病；远洋航行可能遭

① 参见张晓等：《中国船员劳动工伤事故分析报告》，载《中国航海》2012 年第 1 期。

② 参见谢特秀：《海员工作特点与常见心理问题的探讨》，载《中国水运（下半月）》2008 年第 10 期。

遇极端性气候变化加上特殊的工时制度，容易导致船员精神困倦、体质变差、感染各种疾病。[①] 此外，虽然远洋船舶上设有专门的医务室并配有药品，但其种类和作用相较于岸上医疗机构毕竟有限，在面对船员突发疾病时，很可能束手无策。若是等到船舶靠港时再对船员进行治疗，可能会造成严重后果，例如，假设该患病受伤的船员是船长、大副这些重要岗位，若是等到港口时再对其进行救治，可能会影响船上工作的正常运行，拖延船期，船东也要为此付出额外费用。

## 二、船员医疗权益保障的应有之义

### （一）船员职业福利的有机组成

船员的职业福利主要由雇主提供，其可依据是否包括法定福利被分为广义和狭义两个部分，广义的职业福利既包括法定福利，也包括雇主自主为海员提供的福利。[②] 本章所说的职业福利主要是以《2006 年海事劳工公约》所提到海员职业福利内容为范围，即起居舱室、膳食服务、休息休假、医疗等。基于海员工作场所流动性的特点，海员一经被雇佣，其工作、生活、娱乐场所均在船上，与岸上医疗机构相分离，无法像一般劳动者一样获得充分且便捷的医疗服务，因此，基础的医疗福利对海员来讲至关重要。

为切实保护船员的医疗权益，美国《海商法》规定，船东有义务为在船舶服务期间患病或受伤的船员提供治疗。[③] 这一责任通常被称为“供养与医疗”，即船东所需承担的责任应从船员患病或受伤时开始，一直延伸到船员被治愈或达到最大限度的医疗水平为止。美国的巡回法院承认了“供养与医疗”的好处，并指出“供养与医疗”是北欧国家的标准福利，这项福利的目的是保护那些贫穷而又缺少朋友的船员的医疗权益。在美国法官看来，船东在“供养与医疗”方面的潜在责任将迫使他们保护船员的健康并确保生病或受伤的船员能及时得到治疗进而尽快康复。[④]

在我国，关于船员的职业福利的立法较为分散，主要集中在《船员条例》和《海员船上工作和生活条件管理办法》中。船员职业的医疗福利待遇主要有船上医疗、健康保护、远程医疗指导等。目前，在实际操作中，由于我国有关船员医疗权益的法律规定与《2006 年海事劳工公约》执行标准存在差距，导致实践中我国船员医疗权益的保护力度低于国际标准，不利于维护船员这一群体的利益。

### （二）基于船员弱势地位的合理倾斜

《世界人权宣言》第 25 条第 1 款规定，每个人都有权获得足以使自己和家庭健

---

① 参见姚燕珍等：《舟山地区海员甲状腺健康状况调查》，载《中国卫生检验杂志》2015 年第 18 期。

② 参见丁学娜、林闽钢：《职业福利的定位及其发展趋势》，载《社会保障研究》2013 年第 3 期。

③ See Jason P. Minkin, *Maintenance and Shoreside Seamen: A Proposed Solution to Double Recovery during Convalescence*, University of San Francisco Maritime Law Journal, Vol. 12:1, p. 91-114(1999).

④ See Barnes v. Andover Co., L. P., 900 F. 2d 630 (3d Cir. 1990), overruled by Joyce v. Maersk Line Ltd, 876 F. 3d 502 (3d Cir. 2017).

康的生活水平，包括食物、住房、医疗和必要的社会服务以及在他无法控制的情况下失业、疾病、残疾、丧偶、年老或其他缺乏生计时获得保障的权利。①

与一般劳动者相比，海员常常过着远离陆地世界的生活，他们通常需要在海上连续航行数月，经受着天气和海洋反复无常的影响，具有患病和受伤的危险。虽然随着科技的进步，此种情况得到了很大的改善，但是海员的生活仍然很少被描述为轻松舒适的生活。② 再加上与船东、船员服务机构相比，海员通常处于弱势地位，因此，海员常常被各国视为最危险的职业之一。基于海员工作危险性的特点，著名的美国大法官斯托里肯定了船员普遍享有的"供养和医疗"的权利，在他看来，海员是一个脆弱的群体，如果疾病或不幸降临到他们身上，他们就需要得到良好的照顾。③ 与此同时，由于意识到船员工作环境的恶劣以及船东和海员之间的权利不平衡，英国法院对海员表现出一种特殊的同情。斯托威尔勋爵曾这样说道："由于海员接受的教育普遍不高，他们都比较缺乏对未来的考虑，容易签署可能对他们不利的文书，为此，我们无论如何都需要保护这一群体的权利。"④考虑这一点，英国甚至在 1894 年《商船法》中规定，如果海员人数超过 100 人，船上就必须配有一名医生，以此实现对海员的特殊保护。⑤

实践中，我国船东与船员签订的雇佣合同文本主要以《民法典》合同编和《船员条例》为依据，其中包括船员医疗相关的问题。通常在雇佣合同中，船公司会与船员约定，若船员因工受伤需要上岸进行治疗的，由船东承担船员上岸后的有关费用，但是，在实际生活中，经常会发生由于双方当事人未就伤病种类和程度作出明确规定，导致劳雇双方有不同认知的情形。同时，由于我国在立法上缺少对船东的有效监督，大部分船东往往会利用其强势地位逃避在健康医疗方面的责任，造成船员的医疗权益落不到实处。⑥ 为此，我国有必要对船员的医疗权益进行法律保障，以维护这一群体的合法权益。

---

① See Sev S. Fluss, *The Development of National Health Legislation in Europe: The Contribution of International Organizations*, European Journal of Health Law, Vol. 2:3, p. 193–238(1995).

② See Eugene A. Brodsky & Karen M. Houston, *From Subsistence to Starvation: A Call for Judicial Reexamination of Gardiner v. Sea Land Service*, University of San Francisco Maritime Law Journal, Vol. 9:1, p. 71–104 (1996).

③ See Eugene A. Brodsky & Karen M. Houston, *From Subsistence to Starvation: A Call for Judicial Reexamination of Gardiner v. Sea Land Service*, University of San Francisco Maritime Law Journal, Vol. 9:1, p. 71–104 (1996).

④ See Luci Carey, *The Maritime Labour Convention*, 2006: *The Seafarer and the Fisher*, Australian and New Zealand Maritime Law Journal, Vol. 31:1, p. 14–36(2017).

⑤ See Luci Carey, *The Maritime Labour Convention*, 2006: *The Seafarer and the Fisher*, Australian and New Zealand Maritime Law Journal, Vol. 31:1, p. 14–36(2017).

⑥ 参见邱思珣：《〈2006 年海事劳工公约〉修正案的国内适用》，载《中国海商法研究》2016 年第 3 期。

### 三、增强我国航运业国际竞争力的要求

2015年年初,全球商业船队共有89,464艘,载重吨位17.5亿吨。[①] 2013年,发达国家进口了价值10万亿美元的商品,其中90%以上是通过海运运输的。[②] 如果没有船舶航运,商业世界将停滞不前。因此保护海事工人是至关重要的,这不仅是为了保证海员的职业健康,而且是为了确保高质量航运业的发展。[③] 现如今,各国政府都对本国商船海员的健康、福利和效率十分关切。以美国为例,美国是一个商业国家,其生存发展依赖于繁荣的海上劳动力将货物运往国外市场。然而,就在海运对经济和社会具有重要意义的时刻,美国的海事劳动力开始变得脆弱和稀缺。美国学者威廉姆森建议"政府在每个入境口岸为生病和虚弱的海员建立医院,当我们试图增加本国海员的数量以促进商业的发展和农业的普遍繁荣时,我们应该注意保护和珍惜现有的资源"。[④] 由于船员职业的特殊性,其容易因气候变化、环境危险和劳累过度而突然生病,有时还会因为缺乏适当的营养而生病甚至死亡,加强海员医疗权益的保护,不仅是为了保护海员自身,而且可以鼓励商业航运的发展。因此,美国制定"供养和医疗"制度,该制度通过为雇主和船舶所有者创造严格的责任,明确了其维护海员健康的义务,同时,该项制度还激励了海员进行危险的航行和忍受海上生活的艰辛。[⑤]

在当今国际社会中,经济高度自由、开放,为进一步适应经济全球化的趋势,2013年9月,习近平总书记提出"一带一路"的倡议构想,建设中国与其他国家的海上丝绸之路,此时,我国的航运业的发展显得尤为重要。保障航运业的发展,其首要前提是维护船员权益,而其中最为基础的是船员的医疗权益。因为这是船员拥有健康身体的保证,而健康的身体是船员享受其他一切权益的前提。我们通过走访上海海事法院和上海浦东新区劳动人事仲裁院,仲裁院每年受理的海事相关案件不足20起,且其中多涉及船员工资问题,尚未有一起案件是关于船员医疗的,而根据对船员的走访结果表明,现实生活中船员对医疗权益保障方面呼声较高,且主要集中在希望船上能够配备专门的船医、在港口附近建立专门的海员医院、全面

---

① See Luci Carey, *The Maritime Labour Convention*, 2006: *The Seafarer and the Fisher*, Australian and New Zealand Maritime Law Journal, Vol. 31:1, p. 14-36(2017).

② See Luci Carey, *The Maritime Labour Convention*, 2006: *The Seafarer and the Fisher*, Australian and New Zealand Maritime Law Journal, Vol. 31:1, p. 14-36(2017).

③ See Luci Carey, *The Maritime Labour Convention*, 2006: *The Seafarer and the Fisher*, Australian and New Zealand Maritime Law Journal, Vol. 31:1, p. 14-36(2017).

④ See Gautham Rao, *Administering Entitlement: Governance, Public Health Care, and the Early American State*, Law & Social Inquiry, Vol. 37:3, p. 627-656(2012).

⑤ See Eugene A. Brodsky & Karen M. Houston, *From Subsistence to Starvation: A Call for Judicial Reexamination of Gardiner v. Sea Land Service*, University of San Francisco Maritime Law Journal, Vol. 9:1, p. 71-104(1996).

实行远程医疗机制、对船员的医疗救助能力做实质性的能力提升训练、海事主管部门对船员医疗权益保障情况加强监督和管理等方面。① 2017年习近平总书记在党的十九大报告中指出，要坚持陆海统筹，加快建设海洋强国，提高我国航运事业国际竞争力，为此，我们要在肯定船员重要作用的基础上，加快船员医疗权益保障制度建设。

因此，我们可以借鉴国外优秀经验，结合我国航运业发展需要，积极完善我国的船员医疗权益保障制度以解决船员医疗保障中存在的不足，使船员能够尽可能地享受等同于岸上工作者的医疗条件，从而能更好地投入船上工作，促进我国航运事业的发展。

## 第三节　船员医疗权益法律保障的域外经验

### 一、关于船医配备的国际经验

#### （一）日本：根据船舶类型配备医生

日本《船员法》在第八章第82条中，对船上是否必须配备船医的情况进行了详细规定，明确船舶所有者在部分船舶上必须配备医生。但是，在国内各港口之间航行、只在国土交通省令规定的区域航行、进行国土交通省令规定的短期航行或在不得已的情况下得到国土交通大臣许可的，不在此限。具体必须配备医生的船舶为：（1）远洋区域或近海区域为航行区域的总吨数3000吨以上且最大装载人数为100人以上的船舶；（2）以前一项提到的船舶以外的远洋区域为航行区域的国土交通省令规定的船舶，在国土交通大臣指定的航线上开航的；（3）从事国土交通省令的母船或渔业的渔船。② 日本的该种分类模式以船舶总吨数、最大装载人数、航行区域为依据，同时考虑了各种不配备船医的合理情况，比较具有可操作性。虽然与《2006年海事劳工公约》的要求并不完全一致，但是与《2006年海事劳工公约》的精神相符合，即应尽可能为船员提供等同于岸上的医疗服务，体现了日本对船员医疗权益的重视。

#### （二）韩国：根据船舶载重划分医疗服务标准

韩国《船员法》在第八章详细规定了船员的医疗权益。在这里，船东除了需要为船员提供医疗药品外，还需要加强船员的卫生教育，帮助船员树立保健意识，从而预防有关疾病的发生。同时，韩国《船员法》还在第77、78条中对船上是否必须

---

① 2018年12月25日国家社科基金项目“海洋强国背景下船员劳动权益保护问题实证研究”课题组与上海海事大学商船学院参加培训的轮机班船员访谈了解的结果。

② 参见王秀芬等：《日本海事法规辑要》，吉林大学出版社2000年版，第131页。

配备医生,未配备医生是否必须配备卫生管理者作了明确规定,远洋航行船舶总吨数达到5000吨以上,且载员数达到100人以上的,该船舶必须配备专门的医生。①若是该远洋船舶只达到总吨数5000吨以上这一个条件的,则船东需雇佣专业的卫生管理者,负责提供船上基本卫生和医疗服务。韩国《船员法》虽依据船舶总吨数、载员数,划分了船上配备医生的标准,但未考虑到总吨数在5000吨以下的远洋航行船舶船员的医疗问题,与《2006年海事劳工公约》的要求也存在差距。

### (三)英国:以船舶与港口距离区分医疗标准

作为海洋强国和船员福利大国,英国在1995年《商船航运法》和1997年《商船运输和渔船(健康安全工作)条例》中对船员健康医疗作了规定。在英国1995年《商船航运法》中,英国规定未配备医生的船舶,由船长或是由船长委托的人负责提供船上医疗服务,为海外航行船舶上的船员提供基本保障。② 2013年,为了更好地履行《2006年海事劳工公约》,英国出台了《2013年商船运输(海事劳工公约)(检验及发证)条例》,并在其中对海员的医疗权益进行了细致规定。在船医配备上,英国规定海外航行船舶载人100人及以上,且到达能够提供医疗服务的港口需3天以上的,必须配备负责提供医疗的合格医生。无须配备医生且通常能够在8小时内到达合格医疗场所的船舶,必须配有一名具有医疗急救能力的指定海员,若是该指定海员没有医生资质,他或她必须完成STCW公约要求的医疗急救培训。

## 二、关于船员医疗知识更新的国际经验

1992年,欧洲的一项指令开始生效,该指令要求航海人员必须每5年定期参加医学进修课程以保持和提高有关知识和技能,并跟上医疗领域的最新发展。③ 自《2006年海事劳工公约》生效以来,该规则适用于全球所有船舶。

### (一)德国:明确相应人员更新知识的学时要求

德国也在2007年颁布的《商船卫生保健法令》中规定,船东必须确保负责船上医疗保健的船长或船员,应当具有不超过5年的有效医疗保健证书。虽然《商船卫生保健法令》已被《海事医学条例》取代,但是有关医疗进修课程的5年间隔时间和40小时的学时维持不变。④ 总体而言,对于非专职医护人员的知识更新要求,德

① 参见韩立新、王秀芬编译:《各国(地区)海商法汇编(中英文对照)》,大连海事大学出版社2003年版,第739页。

② 参见韩立新、王秀芬编译:《各国(地区)海商法汇编(中英文对照)》,大连海事大学出版社2003年版,第75页。

③ See *Council Directive* 92/29/*EEC of* 31 *March* 1992 *on the Minimum Safety and Health Requirements for Improved Medical Treatment on Board Vessels*, Legislation. Gov. Uk(Mar. 31, 1992), https://www. legislation. gov. uk/eudr/1992/29/contents.

④ See Oldenburg M. et al., *Nautical Officers at Sea: Emergency Experience and Need for Medical Training*, Journal of Occupational Medicine and Toxicology, Vol. 9, p. 19-24(2014).

国的规定与《2006 年海事劳工公约》要求相符，且在《2006 年海事劳工公约》基础上明确了相应人员知识更新的学时要求，有利于维护船员的医疗权益。

（二）美国：定期考核负责医疗的人员的技能

对于无须配备专业医生的船舶，美国海岸警卫队为了确保船上承担医疗保健职责的船员达到最低能力标准，制定了评估指引。例如，如果演示能力是为船上生病或者受伤的船员提供医疗服务，如一名头部受伤的病人，那么评估该名负责船上医疗服务的人员胜任能力的方式，便是能否正确考虑伤员的瞳孔反应、意识水平、语言交流和感觉、知觉运动状态。[①] 如果该名船员达到了所有标准，那么他就可以通过实际演示，否则将不通过。通过该评估指引，美国实现了与 STCW 公约的衔接，可以有效对负责船上医疗的非专业医务人员进行定期技能考核，从而督促有关人员不断进行医疗知识的学习，并及时更新技能。

## 三、关于远程医疗的国际经验

（一）日本：提供免费的远程咨询和海上救助服务

基于船员职业的高风险性，日本发展了独特的船员保险福利事业，目前该部分主要有无线医疗咨询事业、海上救济医疗援助事业、整形外科疗养事业和保养事业组成，所有船员均可免费享受。[②] 无线医疗咨询事业是指船员在海上航行过程中突发疾病或者受伤时，由于难以被迅速送至港口医院，船员可以通过电话、传真、邮件等方式获取医疗建议的 24 小时免费服务机制。该项事业主要是以《2006 年海事劳工公约》为基础建立的，可以帮助伤病船员及时得到合理恰当的医疗指导，为接下来的港口治疗赢取宝贵时机。海上救济医疗援助事业是指日本在其海域派出专业医生为重病患者提供救援的服务，极大地提高了现有医疗资源的利用率。保养事业是指在岸上为船员提供免费的健康疗养和住宿，帮助其缓解身心、疲劳恢复，从而更好地投入船上工作。

（二）法国：提供远程医疗咨询和援助

在法国，位于图卢兹的法国远程医疗服务（Telemedical Assistant Service，TMAS）的医生，有义务为船上的任何人员提供远程医疗援助，目前，这些医生主要是借助无线电报和互联网补充传输数据（照片、心电图）的方式，提供远程医疗咨询。法国 1983 年海上医疗援助业务组织部指令和 2011 年总理指令，明确规定了远程医疗服务的任务，即该机构必须提供永久性的海上远程医疗咨询和援助服务，

---

① See Coast Guard & DOT, *Guidelines for Assessing Merchant Mariners through Demonstrations of Proficiency for Persons in Charge of Medical Care*, Federal Register (Dec. 18, 2001), https://www.federalregister.gov/documents/2001/12/18/01-31173/guidelines-for-assessing-merchant-mariners-through-demonstrations-of-proficiency-for-persons-in.

② 参见吕子敬：《日本船员保险制度浅析及借鉴》，载《商》2016 年第 31 期。

其目的在于为海上航行的船员提供尽可能高质量的医疗保健服务,从而减轻疾病或损伤可能造成的严重后果。① 此外,法国还通过远程照片传输的方式为患有医学病症的患者提供切实诊断,并将之作为后续服务的工具,可以使得医生能够更直观地了解船员病情,从而作出准确判断。

(三)意大利:提供海事远程医疗

意大利在船舶医疗领域的经验,始于1935年创建的国际无线电医学中心(Centro Internazionale Ratio Medico, CIRM),设立该中心的目的是向在国际水域航行的未配备医生的各国船舶提供免费医疗援助。② 自成立80多年以来,该中心累计收到和传送超过500,000份医疗信息,并为船上超过8万名的患者提供过免费医疗援助。③ 2002年,该中心被认可为意大利海上远程医疗援助服务。一开始国际无线电医学中心被分为医疗服务,电信服务和研究组3个部门,为了进一步涵盖与海员全面健康保护有关的各种活动,2010年该中心被重组为4个部门,分别为海事远程医疗、电信、研究和职业医学部门。海事远程医疗是国际无线电医学中心的一部分,具体负责确保中心的医疗援助活动,包括提供咨询和医疗服务、建议将患病或受伤的船员转移至最近的港口、在转运或劫持的情况下与当地医疗机构保持联络。④

目前,24小时连续医疗服务由国际无线电医学中心总部的医生提供,值班医生负责接收船上的请求信息,并根据要治疗的疾病的严重程度进行预约,同时提供适当指示。根据病情的严重程度和船舶的位置(船舶的航线会定期更新),船长会被建议转向计划航线以确保重症患者能得到及时的医疗护理。在紧急情况下,国际无线电医学中心会通过海军或航空救援任务协调将船上患者转移至岸上医院。此外,该中心还通过在船上引入标准远程医疗设备,开发了用于治疗海船上发生的疾病和事故的创新方法,即允许将生物医学数据从船舶传输到中心。这些新的解决方案的实施,显著改善了海员的医疗保健情况,有助于维护海员的医疗权益。

---

① See Dehours E., Saccavini A. & Roucolle P., *Added Value of Sending Photograph in Diagnosing a Medical Disease Declared at Sea: Experience of the French Tele Medical Assistance Service*, International Maritime Health, Vol. 68:2, p. 122-125(2017).

② See Amenta F., Dauri A. & Rizzo N., *Telemedicine and Medical Care to Ships without a Doctor on Board*, Journal of Telemedicine and Telecare, Vol. 1:44, p. 44-45(1998).

③ See Giovanna Ricci et al., *Medical Assistance at the Sea: Legal and Medico-legal Problems*, Int Marit Health, Vol. 65:4, p. 205-209(2014).

④ See Syed Sarosh Mahdi & Francesco Amenta, *Eighty Years of CIRM: A Journey of Commitment and Dedication in Providing Maritime Medical Assistance*, International Maritime Health, Vol. 67:4, p. 187-195(2016).

## 四、关于岸上医疗机制的国际经验

### (一)挪威:在港口设立医疗办事处

为了改善不令人满意的岸上医疗条件,挪威公共卫生服务机构在一些经常有大量挪威海员访问的港口(纽约,伦敦,利物浦)设立了医疗办事处。办事处的规模取决于到访港口的海员人数,其组成人员通常包括一名或多名医生、护士、实验室人员和办公室职员。这些工作人员都是由挪威卫生部门支付固定工资的永久雇员。医疗办事处的主要任务是治疗生病的挪威海员,或安排经批准的专家或医院对海员进行治疗。[①] 该办事处的工作人员往往可以迅速确定港口有哪些医生和医院符合治疗标准,而且只要有可能,这些工作人员就会上船为海员接种疫苗和提供健康指导。此外,海员还可以向工作人员咨询康复和遣返问题,工作人员也会给出行之有效的建议。挪威的经验证明,在外国港口建立这种类型的医疗机构非常有效,可以为那些负责支付医疗费用的人省下一大笔钱。同时,挪威海员和船东都强烈建议,在外国港口设立更多的挪威医疗办事处,以确保船员获得满意的医疗待遇。

### (二)澳大利亚:公共救援队参与救助

澳大利亚海事安全局(Australian Maritime Safety Authority, AMSA)负有岸上医疗急救职责,须为范围内的船舶提供远程医疗咨询和疏散服务。为了更好地履行该职责,澳大利亚海事安全局将有关服务委托给公众救援队(CareFlight)承担。在搜救范围内的船舶可通过电话、邮件等方式与救助协调中心(Rescue Coordination Center, RCC)联系,提交伤病海员有关信息,再由救助协调中心发送给公众救援队的专业医生,由其对该伤病海员的情况进行分析判断并给出治疗建议,发送给船方。如果在这过程中,专业医生认为该海员病情或伤情严重需要紧急疏散的,由船方向公众救援队提交信息,并由公众救援队通过直升机将有关海员接送到岸边医疗机构进行治疗。[②]

## 五、国际船员医疗权益保障法律制度对我国的启示

在当代,船员权益保障成为国际社会日益关注的焦点,各国政府的立法思维也开始从船员适任向船员权益保护转化。[③] 通过借鉴日本、韩国、美国等国家船员医疗权益保障方面的优秀经验,我们明确了我国在船员医疗权益保障方面的不足,同时,这些经验也为我国进一步完善船员医疗权益保障法律制度,维护船员医疗权益

---

① See Karl Evang, *Health and Welfare of Seafarers: An International Problem*, International Labour Review, Vol. 63:1, p. 1-23(1951).

② 参见梁万春:《澳大利亚海事劳工公约履约体制安排》,载《中国海事》2013 年第 7 期。

③ 参见胡正良:《中国〈海商法〉需要现代化》,载《中国远洋航务》2015 年第 3 期。

提供了思路和启示。

在船医配备方面,《2006 年海事劳工公约》以载员数、航行时间为标准明确了船上船医配备的最基本要求,同时赋予成员国一定的灵活性,明确了其他船上配备船医的参考因素,日本和韩国则是以船舶吨数和载员数为参考因素。虽然我国《海员船上工作和生活条件管理办法》中有关船医的规定与《2006 年海事劳工公约》的最低标准吻合,但我国国际航行船舶中干散货船较多,大多达不到载员 100 人以上的标准,为此,我国在确定船医配备标准时,还应结合《2006 年海事劳工公约》的参考因素。例如载员数、航行时间、船舶总吨数等,制定符合《2006 年海事劳工公约》要求和我国实际的船医配备标准。

在非专职医护人员的知识更新要求方面,德国的国内立法规定与《2006 年海事劳工公约》的要求相符,并且增加了对相应人员知识更新学时的要求,美国则建立了非专职医护人员最低能力标准评估指引,而我国在立法时,并未依据《2006 年海事劳工公约》导则 B 部分中的规定,明确非专职医护人员知识更新的要求。当前立法不利于维护船员的医疗权益。为此,我国可考虑借鉴德国的做法,在国内立法中增加非专职医护人员知识更新的要求,同时借鉴美国的经验,考虑完善相应人员的定期考核机制,从而督促其更新知识技能。

在远程医疗方面,日本的做法与《2006 年海事劳工公约》的要求基本吻合,其发展了无线电医疗咨询事业;法国设有专门的远程医疗服务机构,并创新地通过远程照片传输的方式为患者提供远程医疗咨询;意大利的国际无线电医学中心一方面可为船员提供 24 小时连续医疗服务,并在紧急情况下将患者转移至岸上医院,另一方面,其通过在船上引入标准远程医疗设备的方式进一步创新了治疗船上疾病的方法。通过分析,我们发现国外大部分国家都比较重视发展船员的远程医疗服务体系,而反观我国实际,虽然《海员船上工作和生活条件管理办法》中规定船东应当确保船舶具有获得医疗指导的能力,但实践中多以电报方式沟通,效率较低,为此,我国应考虑创新医疗咨询服务的提供方式。

在岸上医疗机制方面,挪威比较重视在港口建立医疗机构,并由政府负责聘请有关医护人员并发放工资,澳大利亚海事安全局则是委托公众救援队对船员提供治疗建议或者及时接送有关船员到岸边治疗。而反观我国实际,由于房价、地价飙涨,我国港口距离岸上医疗机构越来越远,船员可获得的岸上医疗服务愈显不足。为此,我国应考虑参考挪威的做法,加大岸边基础医疗设施的建立,或是由我国的专业机构负责对船上船员提供医疗建议,并在情况紧急时,将其接送到岸上的医疗机构进行救治。

总的来说,通过对国外有关船员医疗保障法律制度的研究,我们对于如何更好地完善国内船员医疗保障法律制度,保护船员自身合法权益变得更加自信,也会有可期待的措施。

## 第四节　船员医疗权益保障法律问题的建议

### 一、制定符合《2006 年海事劳工公约》的船医配备标准

《2006 年海事劳工公约》在标准 A4.1 中除了为成员国确定了配备船医的最低标准外,还赋予成员国很大的灵活性,即参考航行时间、性质和条件确定国内其他船舶应该配备船医的要求。而我国在《海员船上工作和生活条件管理办法》中,只是机械地按照《2006 年海事劳工公约》的最低要求确定了船上船医配备标准,并不能满足我国干散货船较多的实际,且与《2006 年海事劳工公约》的执行标准存在差距。为此,我国可以借鉴日本、韩国的做法,综合考虑船舶吨位、航行时间、载员人数、船舶载货性质等,在我国船员有关立法上明确其他船舶应当配备船医的标准。

具体而言,可从如下几个方面进行考虑:第一,对于我国的干散货船,为加大对船员医疗权益的保障力度,建议参照日本应当配备船医的船舶吨位标准,明确在我国国际航行线上及国内沿海航行线上航行的,总吨位在 3000 吨以上且连续航行 3 天以上的船舶,应当配备船医;第二,对于液体化学品船,由于其所装载的液体,多具有有毒、易燃、腐蚀性强的特点,容易发生危险,造成船员受伤,为此应在我国立法中明确该种特殊性质的船舶必须配备船医;第三,对于船舶此次航行路程需经过突发公共卫生事件区域的,应该明确必须配备船医的要求,并建议将来在《海员船上工作和生活条件管理办法》或者《船舶最低安全配员规则》修订时,规定每艘商船须根据其规模要求配备专职医生负责船上的医疗服务,专职医生的配备人数根据船上人员的规模并充分考虑到疫情防控工作的需要,在上述规章中作出明确的、适度合理的规定;第四,对于船上组成人员新手船员占比相对较高且连续航行时间较长的船舶,应当考虑增加配备船医的要求。这主要是在新手船员初次登船,在船上工作和生活难免会存在不适应的情形下,加上船上空间相对封闭,娱乐设施缺乏,工作压力大,船员间情感交流机会较少,新手船员容易产生心理问题。为此,应明确此种情况下的船医配备要求,并且鼓励新手船员在遇到有关心理问题时,及时与医生进行沟通交流,调整好心态,从而投入接下来的工作和生活中。

### 二、制定强制性法规要求高级船员更新医护知识

首先,对负责在船上提供医疗服务的船员进行医疗培训和知识更新,是有效治疗生病或受伤船员的一个决定性因素,这是毋庸置疑的。《2006 年海事劳工公约》在导则 B 部分要求负有船上医护职责的非专业医生,应每隔 5 年参加进修课程,虽然此规定对我国并不具有强制性,但基于我国船舶基本不配备船医的实际,明确船

上负责医疗的船员的知识更新培训实属必要。为此,我国应首先在船员相关立法上明确非专职医护人员知识更新的要求,以便海事局在颁布知识更新培训大纲时能加入这一内容。

其次,我国应将船长、大副持有的船上医护培训合格证的有效期,从终身降到5年有效,同时增加证书再有效的规定。在我国船员必备的3本证书中,基本安全培训合格证的有效期为5年,在证书有效期届满前,船员需要参加知识更新和考核,以实现证书再有效。该种模式很好地督促了船员及时进行相关知识技能更新,取得了良好的执行效果。为此,我们可以参照这种方式,将船上医护培训合格证的有效期重新规定为5年,有关船长、大副在证书有效期届满前需进行医疗知识更新并参加考核,合格后方可重新换取新的船上医护培训合格证。

最后,借鉴美国海岸警卫队的做法,增加对负责提供船上医疗的非专职医护人员的知识和技能的定期考核,并由我国海事管理机构具体负责实施。若是有关船长、大副经考核不适合负责船上医护工作的,海事管理机构应暂扣其医护培训合格证书,并指定其进行医疗相关的知识更新培训。① 有关人员也只有在重新培训并考核合格后,才可向海事管理机构申请领回医护培训合格证。

### 三、强化政府、船东发展远程医疗的责任

首先,我国应依据《2006年海事劳工公约》的要求并借鉴日本的做法,在《海员船上工作和生活条件管理办法》中明确船东向船员提供医疗指导的标准为24小时免费服务机制,并增加船东未按规定向船员提供医疗指导的责任条款。同时,海事管理机构应加大对船东提供远程医疗服务的检查力度,对于船东未能按规定向船员提供医疗指导的,海事管理机构应责令其改正并处以罚款,从而督促船东积极履行义务,为船员提供高标准的远程医疗指导。

其次,为了更好地保障船员的医疗权益,我国应积极地完善远程医疗服务体系。一方面,建议符合条件的船舶建设远程医疗视频通话设施,方便岸上医生在接到医疗咨询时能够对病人进行及时和直观的观察,从而提升医疗服务的速度和质量。另一方面,船东应借助"互联网+船员"手段创新远程医疗,设立岸上网络咨询平台,针对船员咨询的健康问题及时给予指导,例如2016年中海海员公司工会免费向广大船员开放"微信问诊室",帮助船员在远航的时候也可以通过网络向医生咨询病情,及时获得最佳的救助方案。通过这种远程医疗服务模式提供手段的创新,可实现对我国船员医疗权益的及时有效保障。

---

① 参见张治富等:《国际航行船舶海员急救知识知晓率及影响因素分析》,载《中国国境卫生检疫杂志》2016年第6期。

### 四、发挥政府岸上医疗救助的职能

依据《2006年海事劳工公约》的要求，成员国应在国内适当的港口提供福利设施和服务，特别是港口医疗服务，基于我国岸上医疗机构与港口距离越来越远的实际，建议应在我国船员相关立法中增加岸上医疗和福利设施的规定。此外，为了进一步保障我国外派船员的医疗权益，确保船员获得满意的医疗待遇，我国可考虑借鉴挪威的经验，在有大量中国籍船员的国外港口建立医疗办事处。这些医疗办事处的组成人员包括医生、护士和有关工作人员，他们的工资是由我国政府支付。除了为船员提供岸上医疗服务外，在有可能的情况下，该办事处的工作人员会上船为船员接种疫苗和提供健康指导，同时，船员也可以向他们咨询一些医疗问题，他们也会给出行之有效的建议。

我国可借鉴澳大利亚的做法，明确政府在船员医疗权益保障方面的职责。由政府拨款，在港口附近的三级甲等以上医院内设置专门的船员医疗问诊室，并由专业的医护人员提供全天候的远程医疗咨询服务，对接收到的船员医疗问题提供治疗建议。若是有关医生经远程医疗诊断后，判断该名船员病情比较严重，需要及时送往岸上医疗机构的，该医生应立即向海事管理机构报告，并由海事管理机构派出快艇或是直升机，及时将有关伤病船员送往岸上医疗机构进行救治。

## 本章小结

我国正值建设海洋强国之际，船员肩负着畅通国际贸易、提升国家航运发展水平的重任，是实现这一目标的中坚力量。保障船员的劳动权益，保证船员的生命健康，应当重视船员的医疗权益。《2006年海事劳工公约》对船员的医疗条件提出要求，中国作为成员国尚未满足公约标准，在船医配备、专职人员管理、远程医疗和岸上救助等方面和海洋大国相比还有差异。应当以立法形式提高船医配备的标准，明确特殊风险的船舶必须配备船医，加强对高级船员的管理，对船员掌握医疗知识的情况定期监督，并要求船员及时学习。在医疗设施方面，利用科技手段发展远程医疗，对港口与医疗设施的距离作出强制规定，明确由政府负担船员专属诊疗室的费用。船员的医疗权益是职业福利的重要组成部分，作为《2006年海事劳工公约》的成员国，依据《2006年海事劳工公约》的要求维护船员的医疗权益是我国应尽的义务，我国应当在后续立法中逐步完善关于船员的医疗权益保障内容，提高船员的医疗标准。

# 第十七章　船员养老保险问题研究

2022年，党的二十大报告中提出，“社会保障体系是人民生活的安全网和社会运行的稳定器。健全覆盖全民、统筹城乡、公平统一、安全规范、可持续的多层次社会保障体系”。完善基本养老保险全国统筹制度，发展多层次、多支柱养老保险体系。社会保险是社会保障的措施之一，它是政府为推行社会政策，应用保险技术，采取强制方式，对多数劳动者遭遇到生、老、病、死、伤、残等事故时，提供保险给付，以保险最低经济安全为目的的一种社会保险制度。[①] 现代社会的社会保险以劳动者为对象，包括养老保险、医疗保险、工伤保险、生育保险、失业保险等项目，强调权利与义务的结合，强调受益者和雇佣单位等共同供款和强制实施的方式，目的是解除劳动者的后顾之忧，维护社会稳定发展。[②] 社会保险的运作是一个巨大的社会工程，社会保险的公平正义和可持续性发展需要在法治的轨道下发展。[③] 目前，我国的劳动立法与社会保险立法以拥有固定用人单位的劳动者作为社会保险的参与主体，为工作稳定的企业职工提供了全面的劳动权益保障与社会保险支持。但是，随着多样化用工的出现，在一家用人单位连续工作的传统已被打破，新业态用工、非全日制用工等灵活用工成为常态，就业市场自由化在船员行业也表现显著，就业模式呈多样化态势。养老保险作为社会保险险种之一，是维护船员社会保障权益的重要组成部分，与船员福利息息相关。在现有劳动法律与社会保险法的适用背景下，我国职工的社会保险与劳动关系密切捆绑，船员就业模式的

---

① 参见黄越钦：《劳动法新论》，中国政法大学出版社2003年版，第361页。

② 参见郑功成：《中国社会保障演进的历史逻辑》，载《中国人民大学学报》2014年第1期。

③ 参见林嘉：《公平可持续的社会保险制度研究》，载《武汉大学学报（哲学社会科学版）》2017年第4期。

变迁给船员参加养老保险带来挑战。

## 第一节　各类船员参与养老保险的现状

### 一、我国养老保险法律现状

船员作为特殊劳动者，其养老保险与普通劳动者一样适用相关的养老保险法律，目前并无关于船员专门的养老保险的规定。在我国，规定养老保险制度的专门立法仅有《社会保险法》，但是《社会保险法》的十几个条文无法与经济社会发展水平相适应，其并不具有相应的法律依据功能。① 为贯彻落实《社会保险法》，也基于当地经济发展状况、养老保险统筹级别的考量，人力资源和社会保障部与各级地方政府均公布了关于实施养老保险的配套措施与具体规定。

（一）养老保险在宪法中的相关规定

我国《宪法》为船员享有养老保险权益确立了宪法根据，公民退休后生活受到国家与社会的保障有其宪法价值。首先，保证退休人员享受生活保障是一项国家责任，如《宪法》第44条规定："国家依照法律规定实行企业事业组织的职工和国家机关工作人员的退休制度。退休人员的生活受到国家和社会的保障。"其次，退休后获得物质帮助是公民的权利，如《宪法》第45条规定"中华人民共和国公民在年老、疾病或者丧失劳动能力的情况下，有从国家和社会获得物质帮助的权利"。最后，为公民提供养老保险是一项国家义务，如《宪法》第45条第1款规定"国家发展为公民享受这些权利所需要的社会保险、社会救济和医疗卫生事业"，即国家应当发展包括养老保险在内的社会保险事业，保证公民能够参加养老保险，获得养老保障。

（二）养老保险在专门法律和司法解释中的体现

首先，《社会保险法》规定我国建立养老保险制度保障公民在年老时依法从国家和社会获得物质帮助的权利，并说明建立社会保险制度应当坚持"广覆盖，保基本、多层次、可持续"的方针，即把尽可能多的公民纳入养老保险制度中来，实现老有所养。其次，《社会保险法》以专章形式设置了题为"基本养老保险"的专门章节，规定了参与基本养老保险的主体，账户构成，缴费期限和除职工基本养老保险以外的新型农村社会养老保险、城镇居民社会养老保险制度。再次，《中华人民共和国社会保险法释义（十）》《中华人民共和国社会保险法释义（十一）》对《社会保险法》第二章的法律条文进行解释，为原则性的法律留下操作性空间。最后，《劳

---

① 参见郑尚元等：《养老保障的法律机制研究》，清华大学出版社2018年版，第3页。

动法》《劳动合同法》也规定劳动合同的法定内容应当包含社会保险，用人单位应当及时为劳动者办理社会保险手续，缴纳社会保险费，承担未缴纳、过期缴纳的法律责任。

### （三）养老保险在行政法规、部门规章与全国性规范性文件中的体现

首先，《实施〈中华人民共和国社会保险法〉若干规定》是我国人力资源和社会保障部作为社会保险经办部门对职工养老保险经办过程中出现的实际问题的回应，主要包括职工养老保险的缴费期限不满15年的问题、参加职工养老保险的个人跨省流动就业时关系的转移、职工基本养老保险个人账户的管理等。其次，《社会保险费征缴暂行条例》规定了基本养老保险费用的征缴范围、征缴管理方式与社会保险费缴纳受职工、社会和财政部门监督。

### （四）养老保险在地方性法规与文件中的体现

我国各省市、自治区根据自身经济发展水平制定了养老保险规定或养老保险实施条例，对职工基本养老保险的缴费工资基准、比例以及退休待遇等问题进行不同的规定。如《江苏省企业职工基本养老保险规定》规定用人单位以本单位全部职工缴费工资基数之和作为缴费工资基数，按16%缴费，参保人员（不含灵活就业人员）按照本人缴费工资基数的8%缴费。

## 二、船员养老保险的实践现状

以用工方式为划分依据，中国船员劳动力市场存在3种船员类型，分别是自由船员、自有船员、外派船员。有的船员隶属于某一公司，成为具有劳动者身份的自有船员；有的船员没有固定的用人单位，不定期为多家公司和船东提供服务，是时下最热门的自由船员；当二者被外派到境外船东的船舶上工作时，他们又具有外派船员的身份。

### （一）自由船员参加养老保险

社会主义市场经济实施以来，我国船员就业市场的自由化程度提高，船员也从原来的“单位制”变为“雇佣制”，在雇佣制视角下，船员并非长期为某一特定公司服务，而是自由职业者，即自由船员。在实践操作中，船东通常不与自由船员签订合同，而是由船员服务机构与船舶所有人或经营人直接签订船员劳务合同，再由船员服务机构将船员派遣或介绍至船东处工作，自由船员与船东之间不存在直接的法律关系。① 随着我国劳动立法愈发强调用人单位的责任，越来越多的企业选择雇佣非正式员工，通过变更用工方式避免承担用人单位责任以降低用工成本。在实践操作中，船员服务机构通常以自己的名义与船员签订船员劳务合同或船员劳

---

① 参见张丽英：《从船员雇用方式的变化谈〈中华人民共和国海商法〉有关船员规定的修改》，载《中国海商法年刊》2011年第3期。

务派遣合同，再与船东（实际雇主）签订委托合同或船员劳务供给合同，而船员与船东（实际雇主）之间并没有签订任何协议。因此，无法认定二者之间存在劳动关系，基于船员提供劳动的事实，二者间只能形成“事实劳动关系”。由于该机构未与船员订立劳动合同，仅扮演“中介方”的角色，船员与服务机构、船东之间不成立劳动关系。① 此时，劳动关系被巧妙地规避，于是船员服务机构也就顺理成章地不承担为船员缴纳社会保险费的责任。因此，多数自由船员没有缴纳养老保险，处于无养老保险保障的状态。

（二）自有船员参加养老保险

自有船员是我国劳动法意义上的劳动者，他们与用人单位签订劳动合同，由用人单位管理，用人单位负责为他们缴纳社会保险费，与自由船员相比，他们获得了较为全面的社会保障。由于自有船员的用工成本较高，目前国内拥有自有船员的公司多是实力雄厚的大型企业，但即使是大型企业也有降低用工成本的现实需求，他们通常另设船员管理公司，负责招募、培训、管理船员，由船员管理公司派遣船员至集团下属的子公司。多数企业的住所地在上海、北京等经济发展水平较高的城市，由于上海、北京等地的社会保险费率高，平均工资也高，对于公司而言，在以上两地为员工缴纳社会保险费无疑是笔巨额支出，为减少社保成本，多数企业在住所地以外的其他城市为船员缴纳社会保险费。例如，某集团在厦门、深圳等社会保险费率较低的城市为船员缴纳社保费，缴纳基准为每月 7000 元以上；另一集团的业务总部设在上海，船员管理公司设在青岛，船员管理公司为 1000 余名船员在青岛缴纳社会保险费，缴费基准为 5000 元，低于船员的实际收入。② 根据《职工基本养老保险个人账户管理暂行办法》，劳动者养老保险费的缴费基数为上一年度月平均工资。③ 也就是说，自有船员的养老保险费的缴费基数理应为上一年“在船工作期间工资+在陆地休假期间工资”的月平均工资。因此，目前航运企业为自有船员缴纳社会保险费用时采用的缴费基数是低于法定缴费基数的。此外，我国实行养老保险省级统筹，由于多数船员的居住地与养老保险费缴费地相分离，尽管航运企业已经在发达城市为船员缴纳了较高标准的养老保险费，多数船员依旧无法在居住地获得相应的养老保险待遇。当然，该问题并非船员职业的独有问题，而是职工基本养老保险制度的根本缺陷，因此，尽快实现职工基本养老保险制度从地区分割统

---

① 参见姜岚：《船员劳务合同若干法律问题研究——以中国船员就业模式的转变为视角》，载上海海事法院官网，http://shhsfy.gov.cn/hsfyytwx/hsfyytwx/spdy1358/dycg1505/2017/09/04/2c9380995e34b9fc015e4d77ee71151f.html。

② 国家社科基金项目“海洋强国背景下船员劳动权益保护问题实证研究”课题组于 2022 年 9 月 28 日上海海事大学举办“高素质船员建设务虚会”上调研得知。

③ 参见《职工基本养老保险个人账户管理暂行办法》（劳办发〔1997〕116 号）第 7 条规定，“职工本人一般以上一年度本人月平均工资为个人缴费工资基数（有条件的地区也可以本人上月工资收入为个人缴费工资基数）。”

筹向全国统筹的转变是深化我国养老保险制度改革的重点。[①]

(三)外派船员参加养老保险

国外船东无法直接在中国境内雇佣船员,只能通过境内的船员外派机构招聘中国船员。[②] 在我国,船员外派机构是向境外船东供应船员的船员服务机构,有些船员服务机构同时也承担外派船员的业务。为规范船员外派市场,保护外派船员的利益,交通运输部出台了《海员外派管理规定》(2023 年修正),并由其直属海事管理机构实施海员外派的监督管理工作。为增强外派船员的社会保障利益,《海员外派管理规定》(2023 年修正)要求海员外派机构和境外船东签署的海员派遣合同必须包含社会保险的缴纳等事项。[③] 但在实践操作中,外派船员通常未与船员服务机构或境外船东签署劳动合同,造成这种局面的原因既有现实因素,也有立法因素。首先,为了规避用人单位责任,船员服务机构往往不与船员签署劳动合同,此时船员外派机构便不需要为船员缴纳包含养老保险费在内的社会保险费,但应为船员购买境外人身意外伤害保险[④]。其次,由于境外船东无法直接在中国雇佣船员,也并非我国《劳动法》第 2 条所规定的"用人单位",因此不能与船员签订劳动合同,自然也就无须承担用人单位责任。由于多数国家对船员保险有强制要求,境外船东也会为外派船员购买境外人身意外险等商业保险,由于养老保险具有长期性,境外船东通常不会为船员购买商业养老保险,外派船员也不能参加当地的法定养老保险。例如,经船东申请,在悬挂德国船旗的船舶上工作的非德国、非欧盟成员国的船员不参加德国法定养老保险。[⑤] 最后,根据《2006 年海事劳工公约》要求,境外船东应当与船员签订上船协议,我国学界及实务界一直未对上船协议的性质有明确的界定。在实践操作中,我国法院会根据案件性质对上船协议的性质作出不同判断,若案件涉及人身伤亡损害赔偿,法院倾向于认定上船协议是劳动合同,要求境外船东承担用人单位责任;若案件并非涉及与船员生存密切相关的重大问题,如社会保险费缴纳等,法院往往不认为上船协议是劳动合同,此时境外船东当然不承担为外派船员缴纳社会保险费的责任。

---

① 参见郑功成:《从地区分割到全国统筹——中国职工基本养老保险制度深化改革的必由之路》,载《中国人民大学学报》2015 年第 3 期。

② 参见《海员外派管理规定》(2023 年修正)第 12 条规定:"境外企业、机构在中国境内招收外派海员,应当委托海员外派机构进行。外国驻华代表机构不得在境内开展海员外派业务。"

③ 参见陈刚、郝勇:《船员劳动权益与社会保障》,武汉理工大学出版社 2012 年版,第 91 页。

④ 参见《海员外派管理规定》(2023 年修正)第 23 条规定:"海员外派机构应当为外派海员购买境外人身意外伤害保险。"

⑤ See *Membership*, *Deutsche Flagge*, https://www.deutsche-flagge.de/en/social-security/pension-insurance/membership.

## 第二节　船员参与养老保险与现有养老保险制度冲突

目前,我国已经基本建立关于船员的法律框架,在宏观层面调整船员的基本劳动权利、社会保障、行政管理等涉及的法律关系。但是,我国国内法与国际公约的要求相比依然有一定的差距,且一些关于传统劳动者的法律规范无法完全适用于船员这一特殊劳动者。

### 一、船员参与职工基本养老保险制度的矛盾

中国是《2006年海事劳工公约》的成员国,《2006年海事劳工公约》要求成员国通过国内立法为船员建立保护机制,该机制包括社会保险及适当的有效措施。为履行公约要求,我国于2007年出台了《船员条例》,《船员条例》要求使用船员劳动力的公司和船员必须根据国家相关规范,参加各项保险,并依照法律规定足额缴付各种保险金。此项规定在法律层面对用人单位、劳动者提出缴纳社会保险的要求,参加社会保险成为用人单位的一项义务。然而,囿于《船员条例》的立法目标、效力层次等因素,关于船员参与社会保险的规定具有原则性、一般性的特点,未对保险费用的缴付作出具体规定,《海商法》也仅赋予船员对社会保险费的给付请求享有船舶优先权。[①] 对于船员参加社会保险的事项,社会保险经办机构只能参照劳动立法与《社会保险法》中劳动者参加基本养老保险的条款执行。但现行法律规定的主流社会保险缴纳方式是基于传统的就业模式发展起来的,缴费主体、缴费方式、缴费责任等规定并不适合非正规就业者。[②]

#### (一)船东与船员服务机构作为缴费主体的不适性

自由船员与传统劳动者不同,传统劳动者与用人单位订立劳动合同,劳动合同的合同期限较长,劳动者在相当长一段时间内固定为同一用人单位工作,用人单位负责为职工办理社会保险缴纳手续,承担养老保险费用。而自由船员没有固定的用人单位,他们仅仅在船东处工作8个月至12个月(有时甚至为3个月),下船后或休息,或在其他船东处工作,船员服务机构也通常只与他们签订和在船工作期间相同的合同。若船员被派遣至境外船东处,法律关系更为复杂,要求境外船东为船员在中国境内办理养老保险缴纳手续、承担相应费用更不可能。因此,若要求船员服务机构或船东在现有养老保险制度下为船员办理养老保险缴纳事项,不仅缺乏法律支撑,更与现实情况不符。

---

① 参见《海商法》第22条第1款。

② 参见李坤刚:《非典型就业的社会保险问题研究——以平衡保护理论为视角》,载《社会科学辑刊》2013年第1期。

(二)船员适用基本养老保险缴费标准的不适性

我国现有养老保险基金由三部分组成:用人单位和个人缴费、政府补贴。[①] 根据《社会保险法》第12条的规定,用人单位应当按照国家规定的本单位职工工资总额的比例缴纳基本养老保险费,记入基本养老保险统筹基金。职工应当按照国家规定的本人工资的比例缴纳基本养老保险费,记入个人账户。由于各地经济发展状况不同,《社会保险法》并没有规定具体的缴费比例,由各省级统筹单位自行规定,一般不得超过企业工资总额的20%,深圳、辽宁、浙江等地因人口组成、经济发展水平、养老保险基金账户计算方式的不同,单位缴费比例相差较大。对于个人缴费的部分,目前国家统一规定个人缴纳基本养老保险费的比例统一为本人缴费工资的8%。[②] 对于多数自由船员而言,他们的缴费意愿不高,若按照职工个人缴费比例8%缴费,缴费比例偏高且会进一步降低船员的缴费意愿。

(三)船员适用现有缴费时间的不适性

目前,多数用人单位选择与劳动者签署为期3年的劳动合同,合同约定的工作时间具有连续性,劳动者3年内在同一用人单位工作,若无意外情况导致劳动合同解除的,养老保险的缴纳不发生中断和转移,有时劳动者会在一家用人单位连续工作十几年甚至更久。囿于船舶航行的周期和自由船员的流动性,自由船员无法在同一船东处长期工作,在船工作的时间一般为8个月至12个月,一个航行周期结束后,船员下船休假,与船员服务机构或船员外派机构的合同结束,待下次出航前再与相应主体重新签署合同。船员的工作周期使他们无法像劳动者一般建立长期、稳定的劳动关系,即使自由船员能够参加职工基本养老保险,也会出现"参加—中断—参加"的循环情况,不能持续、稳定地按照现有缴费时间的规定缴纳养老保险费用,否则会使参保程序变得烦琐、复杂。

## 二、船员作为灵活就业人员参加基本养老保险的矛盾

根据我国《社会保险法》第10条第2款的规定,自由船员可以参照"其他灵活就业人员"参加基本养老保险,由个人缴纳基本养老保险费用。[③] 那么,船员按照灵活就业人员身份参加基本养老保险是否合理?船员用工与新业态劳动者用工具有相似特点,他们的用工关系都十分复杂,涉及的用工主体多,容易出现用工单位推卸、逃避责任的问题,劳动权益较难保障。但船员用工与新业态劳动者用工具有本质不同,这使得船员按照灵活就业人员身份参与基本养老保险既不合理也不公

---

① 参见《社会保险法》第11条。

② 参见《中华人民共和国社会保险法释义(十一)》第12条释义。

③ 参见《社会保险法》第10条第2款规定:"无雇工的个体工商户、未在用人单位参加基本养老保险的非全日制从业人员以及其他灵活就业人员可以参加基本养老保险,由个人缴纳基本养老保险费。"

平。第一，船员的劳动更强调管理性和服从性。虽然船员没有与船东直接签订劳动合同，但是船员服务机构要求船员遵守船东的规章制度，船员在船工作应当服从船长的安排，船长对船舶具有绝对的控制权与领导权，船员必须服从船长的安排，组织从属性强。第二，船员的休息、休假权利更具特色。船员长期在海上航行，工作期间无法和家人、朋友相聚，生病时很难得到及时诊治，长时间与世隔绝的生活也会给他们的心理健康带来负面影响。船员享有休假权利，应当获得最低年休假，这是《2006年海事劳工公约》对公约国所提的要求，也是保证船员生命、心理健康的重要举措，有利于船员职业的可持续发展。[①] 第三，船员的工作时间更加固定。目前，新业态劳动者是灵活就业人员的典型代表，这类群体依托互联网平台从事自由、灵活、流动性强的工作，如外卖员、网约车司机等，他们可以根据自身情况灵活选择工作时间、工作地点和工作任务，即使平台对其有任务要求、监管规则，但与船员相比，他们的工作更加自由。自由船员也可以选择是否工作，但是一旦上船就不能随意毁约，除非发生特殊事件，他们必须在船上工作直至服务期结束，为保证航行安全，他们工作期间应当严格遵守船舶的规章制度，服从命令。

此外，船员按照其他灵活就业人员身份参加养老保险时费用完全由个人承担，显然减轻了船员服务机构、船东此类通过派遣和雇佣船员获利的法律主体之责任，仅由船员这一弱势群体承担用工风险并不公平。

## 第三节　保障船员养老保险权益的价值内涵

保障船员养老保险权益有三重价值内涵，三者的关系层层递进。保护船员的养老权益是保护船员生存权的体现，有利于巩固船员生存权的权利基础地位，而这也有利于推动实质公平，让船员在年老时也有一定的基本保障。

### 一、巩固船员生存权的权利基础地位

《社会保险法》第2条规定，国家建立基本的养老保险制度，保障公民在年老时依法从国家和社会获得物质帮助的权利。在我国的政府文件或法规中，当“基本”或“根本”一词与人民的生活水平或生活保障相联系时，其意涵一般是指生存权。在这种语境下，《社会保险法》第2条中的基本养老保险指以保障符合条件的给付受领人的生存权为目的的社会保险。[②] 船员属于特殊的劳动者，应当和传统劳动者一样享受较为全面的养老保险权益保障，而生存权则是船员享有养老保险权益的权利基础，船员在退休后有权获得支撑其生存、发展的物质资源，保障船员的养

① 参见《2006年海事劳工公约》规则2.4：休假权利。

② 参见王军：《生存权保障与我国养老保险制度的重构》，载《人文杂志》2012年第2期。

老保险权益就是保证船员能够在退休或丧失劳动能力时获得上述资源，避免因贫困威胁生存状态。此时，基于生存的请求权便构成人权的重要内容。[①] 这项权利不是单个的权利，而是一组权利的集合，本质为保护人生存的权利，重点强调的是生命的维系，是“怎么活着”以及活着的状态（生命的质量）。[②]

目前，多数船员因法律、现实等因素无法参加基本养老保险，他们在年老无法依靠劳动生存时只能向家庭寻求养老支撑，若他们的子女怠于履行或因能力不足无法妥善履行对老年人的家庭供养义务，船员便极有可能在年老时面临生存难题，影响其生命的质量。养老保障法律机制中的养老保险权益是生存权的重要体现，国家应当积极履行相应的生存保障义务，依法主动保护弱者最基本的生命权与生活权。[③]《宪法》第 45 条第 1 款规定“中华人民共和国公民在年老、疾病或者丧失劳动能力的情况下，有从国家和社会获得物质帮助的权利”。《社会保险法》第 2 条规定的养老保险制度使《宪法》第 45 条所保障的生存权在养老保险领域具体化。[④] 保障船员的养老保险权益旨在避免船员因退休时面临“老无所养、老无所依”的危困状态，确保船员在退休后获得有尊严的生活，这也是《2006 年海事劳工公约》倡导的“维护船员体面劳动”之延伸。综上所述，保护船员的养老保险权益蕴含着维护船员生存权之必要性，理应在此权利基础之上保障船员这一社会保障权利的实现。

## 二、推动形式公平向实质公平转变

群体之间的社会保障差距会影响公众对社会公平的评价，当前公众对社会公平的认可度低，关键原因在于不同群体之间的权益失衡。[⑤] 在航运业，这种失衡体现在船员职业与传统劳动者的养老保险待遇差距上。目前，养老保险制度的碎片化、制度设计不合理和其他原因使船员参加养老保险还存在行业界限、用工界限，界限的存在导致船员与传统劳动者在养老保险参加方面差距较大，与我国《社会保险法》提出“建立广覆盖的社会保险制度”不相符合，也无法达到社会保险制度追求的价值目标——公平。有学者认为，根据公平的实现程度，可以分为形式公平与实质公平，形式公平体现的是外在、片面、单一维度的公平，是机械的公平；实质公平则是内在、综合、有机的公平，是公平的理想状态。为了实现养老保险制度的形

---

① 参见郑尚元等：《养老保障的法律机制研究》，清华大学出版社 2019 年版，第 26 页。

② 参见马岭：《生存权的广义与狭义》，载《金陵法律评论》2007 年第 2 期。

③ 参见龚向和、龚向田：《生存权的本真含义探析》，载《求索》2008 年第 3 期。

④ 参见《社会保险法》第 2 条规定：“国家建立基本养老保险、基本医疗保险、工伤保险、失业保险、生育保险等社会保险制度，保障公民在年老、疾病、工伤、失业、生育等情况下依法从国家和社会获得物质帮助的权利。”

⑤ 参见郑功成：《中国社会公平状况分析——价值判断、权益失衡与制度保障》，载《中国人民大学学报》2009 年第 2 期。

式公平，我国为不同人群定制了不同的养老保险制度，养老保险基本实现“制度全覆盖”，体现了较强的形式公平性。[①] 例如，若船员不能作为劳动者参加基本养老保险的，可以作为灵活就业人员参加基本养老保险或城乡居民社会养老保险以期获得养老保障。但是，这与劳动者参加的基本养老保险的养老待遇差距较大，无法真正保障船员的养老保险利益，船员的公平诉求没有得到满足，难以实现实质公平。船员与其他劳动者一样，是我国建设航运强国的中坚力量，理应在国民收入二次分配中共享经济发展成果，获得公平的养老待遇，不应因船员职业与现有基本养老保险制度的不适应性而忽略船员群体的养老保险权益。因此，应当加强养老保险制度的顶层设计，筑牢实质公平的基础。[②] 保障船员的养老保险权益，让我国的养老保险制度从形式公平走向实质公平，有利于提高船员的社会地位、认同感和公平感，调动船员对我国航海事业的热爱和积极性，进一步加强船员对航运事业的职业向心力。

### 三、保障退休船员的养老权益

根据我国《老年人权益保障法》，老年人有从国家和社会获得物质帮助的权利，有享受社会服务和社会优待的权利，有参与社会发展和共享发展成果的权利。[③] 老年人权益包括生命权益、健康权益、文化教育权益、工作权益、舒适的生活环境权益和尊严权等。[④] 其中，老年人的生命权益、健康权益和尊严权与享受养老保险待遇密切相关。到法定退休年龄后，老年人的劳动能力普遍下降，在强调“优胜劣汰”的劳动力市场中属于弱势群体，再就业难度大，如果没有养老保险保障老年生活，便只能完全依靠家庭养老、社会救助或政府支持作为来维持基本生活，这与我国现阶段的家庭结构不适应，并在一定程度上拉开了强\弱势群体之间的差距，致使“弱者更弱”。保护弱者不仅是一个文明、民主、进步的社会应当遵循的基本准则，而且是不断发展社会所必须开展的基本工作。尽管多数船员并非我国劳动法意义上的“劳动者”，但作为支持航运业发展的关键力量，不应因船员职业的特殊性否定他们工作中“劳动”的本质特征，也不应以制度设计缺陷为由把船员阻挡在基本养老保险制度的门外，并因此忽略退休船员的老年权益，这不仅会伤害年轻船员的工作积极性，还会让原本致力于从事航运工作的后备人员对行业发展失去信心。从推动社会发展的可持续的角度考量，保障退休船员的老年权益不但能保障退休船员年老时的生存权与人格尊严，更是保证船员队伍稳定、持续的重要举

---

① 参见龙玉其：《从形式公平走向实质公平——我国养老保险制度改革的反思与前瞻》，载《长白学刊》2019 年第 2 期。

② 参见林嘉：《公平可持续的社会保险制度研究》，载《武汉大学学报（哲学社会科学版）》2017 年第 4 期。

③ 参见《老年人权益保障法》第 3 条第 2 款。

④ 参见孔繁华：《我国〈老年人权益保障法〉基本原则解析》，载《暨南学报（哲学社会科学版）》2011 年第 3 期。

措，船员对我国航运业发展的贡献较大，理应共享多年来经济社会的发展成果，不应在其年老丧失劳动能力时忽略船员的老年权益，这不仅不符合实质公平推崇的分配原则，还不利于航运业的可持续发展。

## 第四节 船员养老保险制度的域外研究

国际社会对船员的养老保险权益有较为完善的规定，我们可以看到国际劳工组织在国际公约中专门规定了船员的养老津贴制度。多数船员供应国家如挪威、德国等也非常重视保障船员的养老保险利益，通过专门的船员养老保险制度和老年船员特殊津贴向船员支付较高的养老金，是“体面工作”在船员退休后的延续。

### 一、国际公约中船员养老保障的规定

《2006 年海事劳工公约》对船员权益尤其是船员社会保障权利作出了全面的原则性规定，在标准 A4.5 部分规定，船员的社会保障包括医疗、疾病津贴、失业津贴、老年津贴、工伤津贴、家庭津贴、生育津贴、病残津贴和遗属津贴，成员国可以根据本国情况向居住在本国的海员提供上述补充社会保障保护，所构成的保护不应当低于本国岸上工人所享受的保护，即成员国向船员提供养老保险保护时，相关的待遇应当不低于本国岸上工人享有的养老保险的待遇。同时，《2006 年海事劳工公约》限定和补充了船东责任，由于船员的工作地点范围较广，通常会在几个国家来回穿梭，为了确保船员得到更好的社会保障，《2006 年海事劳工公约》规定公约国应当就船员的保险问题进行积极协商，共同保障船员的社会生活。

国际劳工组织于 1946 年通过《1946 年海员养老金公约》，这是海员退休最低养老待遇的国际协议。该公约规定了船员获得养老金的条件，若船员的年龄达到 55 岁或 60 岁并满足海上的工作年限，就可以根据公约规定的养老金制度领取养老金。除养老金之外，符合条件的船员还可以领取其他社会保障津贴，社会保障津贴的多寡与船员的工作年限有关。如果船员在 55 岁退休，津贴按照不少于其年薪的 1.5%计算，如果船员在 60 岁退休，津贴按照不少于其年薪的 2%计算。[①]

### 二、其他国家与地区关于船员养老保障的规定

(一) 日本：强制船东缴纳养老保险费用

日本是世界上养老保险法律体系最为完备的国家之一，为国民提供来自国家、社会、家庭和个人的养老支持。目前，日本的年金(养老金)包括 3 种，分别是国民

---

① 参见《1946 年海员养老金公约》第 3 条。

年金、厚生年金与共济年金。国民年金是日本社会保障制度的基础，也是覆盖面最大的公共养老保险制度；[①]厚生年金与共计年金也被称为雇员年金，是日本养老金制度的补充，二者于 2015 年合并，统称为厚生年金，1940 年建立的船员年金就包含在厚生年金之中。日本船员的退休金主要由两部分组成，分别是厚生年金和国民年金。船员获得厚生年金的条件为在符合法定条件的船舶上工作且年龄不满 70 周岁；而国民年金的获取则没有太多限制，凡是在日本有住所、年龄在 20 岁以上 60 岁以下的人，都应当参与国民养老保险，当事人缴纳保险费用不得少于 10 年，在年满 60 周岁后便可以领取老年基金养老金。[②] 根据日本《厚生年金保险法》以及《国家养老金法》，为了保障船员的合法利益，船东或船员的雇主应当为船员缴纳相应比例的养老保险费，这可以视为日本《船员法》所规定的船员标准劳动条件之一。

日本《福利养老保险法》旨在为劳动者养老、死亡、残疾提供保险金，促进劳动者及其家属生活稳定及福利改善。[③] 日本《福利养老保险法》中的被保险人包括在船舶上工作并从事货物及旅客运输的船员，范围比其他劳动者更为广泛，其他行业的临时雇佣人员不得根据该法参加养老保险，但是船东临时雇佣的船员除外。[④] 也就是说，派遣船员与非派遣船员同样受船员养老保险保护，这是基于促进派遣船员福利待遇的考虑。[⑤] 同时，为了促进船员职业的稳定性，日本政府要求海员派遣单位把与养老保险有关的事项告知被派遣船员。日本《船员职业稳定法》第 74 条规定："海员派遣单位派遣海员的，应当按照土地、基础设施、运输和旅游部条例的规定，将下列事项通知派遣方，即派遣海员的姓名、确认根据《健康保险法》第 39 条第 1 款的规定取得与派遣海员有关的被保险人的资格、确认根据日本《福利养老保险法》第 18 条第 1 款的规定取得被保险人的资格……"

### （二）欧盟：船员养老保险待遇优越

在比利时，如果海员满足在海上连续作业 14 年的条件，不管年龄高低，都可以直接退休。为了让海员能够提前获得足额的养老金，一些国家的普遍做法是不断提高养老金的年增长率。在法国，员工的养老金年增长率与工作年限相关，工龄达到 40 年的员工可以领取全额养老金，但这也给政府财政造成巨大负担，法国的养老金制度改革一直是各届政府面临的头号难题。海员的养老金增长率通常会更高，葡萄牙的船员比普通员工的养老金增长率高 10%，芬兰的待遇更好，养老金的增长率比普通行业高 10%。在希腊，希腊商船海员养老基金（NAT）为希腊海员提

---

① 参见李青：《日本养老制度发展历程：从"国家福利"到"社会福利"》，载《行政管理改革》2019 年第 7 期。

② 参见日本《国家养老金法》第 26 条。

③ 参见日本《福利养老保险法》第 1 条。

④ 参见日本《福利养老保险法》第 6 条、第 12 条。

⑤ 参见《船员职业稳定法》第 69 条规定："海员派遣单位应当努力提高这些人的福利，采取必要措施，根据个人的意愿和能力，确保工作机会和教育培训机会，改善工作条件，并稳定就业。"

供包括退休计划在内的关键方面的社会保险；在德国，受雇于德国籍船舶且居住在德国、欧盟（EU）、欧洲经济区（European Economic Area, EEA）的成员国的海员自动成为德国法定养老保险的成员，来自欧洲以外的海员通常必须加入法定养老保险，但可以根据雇主的申请获得豁免。每月薪水不超过450欧元的低薪海员（Minijob[①]）不受法定养老保险的约束。由于在远洋船舶上工作具有特殊压力，德国通过海员社会保险[②]为海员提供了额外福利。海员社会保险向长期服务的专业海员每月支付"过渡津贴"，目的是弥补海员从提前退休年龄至领取正规养老金年龄期间的空白。此外，海员社会保险也向船员提供达到标准最低养老金年龄后的福利。[③] 克罗地亚《海商法》规定，用人单位、船舶经营人或者船舶公司为境内法人的，应当由用人单位、船舶经营人或者船舶公司办理该法第1条规定的船员强制养老保险和强制医疗保险的登记。对船员，不论国籍、船型和以何种身份上船，每在国际航行和国内航行中作为船员在船上停留12个月，计算为应计养老金服务15个月。根据该国《养老保险法》，被保险人船员取得退休权利的年龄限制为60岁，但其在国际、国内航行船舶中担任船员的应计养老金服务年限至少为15年。[④]

（三）挪威的船员养老金计划

挪威为船员建立了较为完善的养老金计划，该计划覆盖范围广，对申请条件、缴费期限、补充养老金都有规定。

1. 船员专属的海事养老基金

挪威的海上工作人员法定养老金基金（Maritime Pension Fund, MPK）由挪威劳动和社会事务部下属的公共机构MPK[⑤]运营，计划内容为从雇员和雇主那里获得保费缴款，向年满60岁的海上工人支付养老金。[⑥] 2020年，挪威实施新的养老

---

① 在德国，月收入低于450欧元的工作被视为Minijob，俗称迷你型工作，从事此类工作的员工不必自己缴纳个人所得税和社会保险费。2019年7月1日之前，德国月收入在450欧元到850欧元之间的工作被视为Midijob，俗称小型工作。这部分员工需要支付社会保险，但是社会保险的缴纳份额比较少，同时在自己的社保缴纳份额内享受养老保险权利。2019年7月1日之后，Midijob的收入范围被提高至1300欧元，即月收入在450欧元到1300欧元之间的工作都被视为Midijob，这部分员工依然只需要缴纳较少份额的社会保险，但却可以根据自己的实际税前收入获得全额的保险权利。无论是Minijob还是Midijob，企业都需要根据这类员工的实际税前收入依法全额缴纳企业所应承担的社会保险份额。法律给予这两类员工的税务和社会保险优惠，并不会对企业的义务产生任何影响。

② 海员社会保险由投保海员及其雇主缴款。

③ See *Social Insurance for Seafarers*, *Deutsche Flagge*, https://www.deutsche-flagge.de/en/social-security/seafarers-special-fund#introduction.

④ See Blanka Ivančić-Kačer, *Health and Pension Insurance of Seafarers in the Republic of Croatia*, Transactions on Maritime Science, Vol. 1:2, p. 96-102(2012).

⑤ MPK于1948年成立，由5名成员组成的董事会管理，其中4名董事由雇员和雇主组织任命，由劳动和社会事务部任命其主席。

⑥ See *About us*, MPK, https://www.mpk.no/en/om-pts/om-oss/.

保险计划[①],更新了船员养老保险费用的缴费基准,并规定船员可以在 62 岁至 70 之间灵活提取养老金。挪威政府开发了专属 App 和会员网站对船员养老金进行管理,当船员在加入挪威海事养老基金的船舶上工作时,其雇主就会将其登记为海事养老基金的会员,船员可以在会员网站上查看自己的累积服务月数、计算未来的养老金数额,还可以在退休前通过会员网站申请养老金。[②]

2. 申请条件

挪威的海事养老基金为申请制,船员应当在退休时主动申请养老金,若不主动申请,船员就有可能失去领取养老金的权利。海事养老基金的覆盖范围较广,申请人员可以是挪威国民,也可以是永久在挪威居住并在国籍登记处登记的外国公民、其他欧洲经济体国家的国民和居住在另一个北欧国家的第三国国民。[③] 如果船员在外籍船舶上为挪威雇主服务,也可以成为挪威船员养老保险计划的成员。需要注意的是,只有在总吨位超过 100 吨的渔船上工作的海员才受到海员养老保险计划的保护,而渔民是通过渔民保障基金养老。此外,挪威对申领养老金的工作期限也有要求,船员必须至少有 150 个月的航海服务才有资格获得养老金。[④]

3. 缴费费率

与用人单位缴纳社会保险费类似,挪威的雇主直接从船员的工资中扣除养老保险费用并转交给 MPK 组织。根据挪威最新的海事养老计划,船员不再根据职位的高低支付保费,而是统一支付工资金额的 17%,保费金额最高不得超过 12G(国家保险计划的基本费率)[⑤]。如此一来,船员可以获得相当于工资 63%的养老金储蓄,最高可达 12G,这也被添加至每年根据基准费率调整的养老金储备金总额中。

4. 退休年龄设置

根据挪威船员退休制度,船员可以在 60 岁时退休并领取养老金,船员继续工作的,最晚领取养老金的时间不得超过 70 岁,这意味着船员最晚的退休年龄为 70 岁。[⑥] 由于船员的工作压力大,挪威专门为船员设置了提前退休制度。如果船员的年龄和海上服务时间加起来超过 80 岁,就可以在 55 岁至 60 岁之间提前退休,

---

① 由于组织成员在海上的不同领域工作,为了适应多元化现状,挪威计划采用更加中性的名称代替海员养老保险,自 2023 年 1 月 1 日起,挪威的海员养老保险将命名为海事养老基金。这说明挪威已经注意到海事领域越来越多的多元现象,如性别、种族、肤色和宗教的多元化,并乐于在政策中做出积极回应。

② See *About us*, Maritim Pensjonskasse, https://www.mpk.no/en/om-pts/om-oss/.

③ See *Who is Covered by the Maritime Pension Fund*? Maritim Pensjonskasse (Feb. 28, 2017), https://www.mpk.no/en/faq/molestias-suscipit-qui-odit-adipisci-sed-id-tempora-iste-explicabo-dolore/.

④ See *How Long does My Seagoing Service Have to be Before I Qualify for a Pension*? Maritim Pensjonskasse, https://www.mpk.no/en/medlem/sporsmal-og-svar/.

⑤ 截至 2019 年 5 月 1 日,12G 相当于 1,198,296 挪威克朗,将近 800,000 元人民币。

⑥ See *Information in English*: *New Pension Scheme in Effect from January 1st*, 2020, Maritim Pensjonskasse, https://www.mpk.no/en/2020/01/14/information-in-english-new-pension-scheme-in-effect-from-january-1st-2020/.

退休后即可领取养老金。①

5. 特殊福利:给予延迟退休船员补充养老金

为了鼓励船员长期在海上工作,挪威还对延迟退休的船员进行补贴。根据挪威船员养老金计划,延迟退休的船员有权获得补充养老金,但他们必须在62岁的前5年累积了3年的远洋服务,且年度应计养老金收入不超过国民保险计划基本金额的2倍。②

## 第五节　完善船员养老保险的建议

要推动社会实质公平,不能因船员的工作特殊、雇佣方式多样、与现有养老保险的制度设计不符而将自由船员、外派船员隔绝在基本养老保险制度之外。我国未来的顶层制度设计应着眼于建立惠及多元劳动者的养老保险制度,为船员提供较为全面的社会保障,解决船员"走出去"的后顾之忧。基本养老保险是船员退休后的重要保障,船员不应成为行业发展之下的利益受损者,我国职工基本养老保险的覆盖范围应当囊括自由船员,同时出台与船员劳动的实际情况相匹配的缴费规则。

### 一、扩大职工基本养老保险强制参保主体的范围

保障船员的养老保险权益,首先应当扩大职工基本养老保险的覆盖范围,要求符合参保条件的船员参加养老保险。从德国、日本等典型国家养老保险制度的发展规律来看,养老保险是用长期的理性克服个人短期非理性行为,个人主动参保的意识和主动性不足,因此也大多采取强制参保模式。③

我国社会保险制度与劳动关系紧密捆绑,要落实养老保险制度的公平目标,就应当破除以劳动关系为标准区分参保人员的桎梏,扩大强制参保主体的范围,通过法定化的手段使参加养老保险成为船员的法定义务,把自由船员等临时雇佣的船员列为强制性参保人,既能满足对船员养老权益的全面保障,也能强化专属保险抵御共同风险的效应。将自由船员、部分外派船员等临时雇佣的船员纳入养老保险的法律调整范围,就必须在立法体系中明晰被保险人的范围,基于其他国家的立法经验和与我国现有法律规定协调一致的考量,为落实养老保险制度实质公平的目的,与用人单位未缔结劳动关系的船员理应成为船员养老保险的强制参保主体,具

① See *Pension*, Maritim Pensjonskasse, https://www.mpk.no/en/medlem/pensjon/.

② See *What is the Supplementary Pension Payment*? Maritim Pensjonskasse, https://www.mpk.no/en/medlem/sporsmal-og-svar/.

③ 参见郑功成等:《社会保险法及实践研究》,人民出版社2020年版,第111页。

体如下:《海商法》所规定的船员、从事货物运输的内河船员和在沿海、远洋捕捞的渔船上从事辅助船舶航行工作的船员、在邮轮上从事辅助船舶航行工作的船员。在内河渔船上从事季节性捕捞和在渔船上从事养殖、加工的船员与4人或4人以下的小型船舶的船员可以根据法律规定按照灵活就业人员身份参加养老保险或参加居民养老保险。对于我国船舶所有人或其他用工主体雇佣的外国籍船员,应当准许其选择是否参加船员养老保险,或由中国与船员劳务输出国签订社会保险互免协议决定①。

## 二、明确船员参加养老保险的缴费主体

自由船员的用工形式多样,法律关系复杂,采取多种方式避免签订劳动合同成为船员服务机构的通常做法。与新业态用工类似,此类用工方式表面上赋予了船员选择工作机会的自由,丰富了雇佣形态,实际上挑战了企业雇佣与劳动者全职工作的传统,对常规的用人单位义务如职工养老保险制度安排等进行规避。② 船员服务机构长期从事船员劳务派遣或配员服务,从中汲取利益,与船员相比,船员服务机构在信息获取、经济实力和议价能力方面处于优势地位,了解用工单位的资信和运营情况,与用工单位沟通更为便利。在用工单位不方便为船员办理养老保险登记的情况下,由船员服务机构承担船员养老保险的代办工作符合船员用工的实际情况,这也便于劳动监察部门行使职权,方便船员维护劳动权益。此外,境外船东并非我国劳动立法规定的"用人单位",无法作为基本养老保险的投保主体,而他们又是船员的实际用工单位,是船员劳动的直接受益者,由船东支付社会保险费具有合理性。

基于船员用工的特殊性,应当对船员服务机构与船东的缴费责任采取"缴纳义务与缴纳主体相分离"的责任分配模式,由船东承担支付保险费用的责任,船员服务机构承担投保单位的责任。船东应当在费用列表中列出船员社会保险费的项目,船员服务机构应当承担与外派船员签订劳动合同的责任,作为投保单位为船员办理社会保险的缴纳业务,不得以任何理由克扣船东交付的社会保险费,船东拖延或不支付社会保险费的,船员服务机构不得以此为由拒绝承担缴纳社会保险费的责任。对于先行垫付的部分费用,船员服务机构可以向船东追偿,追偿结果不影响其责任承担。

## 三、渐进式延长船员的退休年龄

养老保险制度诞生于20世纪90年代,彼时我国劳动力资源丰富,就业压力

① 例如在《中华人民共和国与德意志联邦共和国社会保险协定》中,中国船员受雇于德国雇主的,免于参加德国法定养老保险。

② 参见郭瑜:《数字经济下的养老保险:挑战与改革》,载《华中科技大学学报(社会科学版)》2021年第2期。

大,养老保险费用的缴费年限符合当时的经济社会发展情况。“十四五”期间,我国将从轻度老龄化社会步入中度老龄化社会,就业人口数量持续下降,退休人口增多,养老保险基金的缺口大,多个省份养老保险账户吃紧,政府补贴的比例将增加。但是,依靠财政补贴养老金将给财政造成沉重负担,不具有可持续性。以法国为例,据法国养老金政策委员会(COR)统计,法国养老金体系赤字在 2018 年为 29 亿欧元,如不改革,这一赤字在 2025 年将达到 79 亿欧元至 172 亿欧元。① 基本养老金的多寡与缴费基数、缴费年限和个人账户累积有关,缴费时间延长,职工退休期间领取的基本养老金增加,反之减少。目前,我国《社会保险法》第 16 条第 1 款规定,参加基本养老保险的个人,达到法定退休年龄时累计缴费满 15 年的,按月领取基本养老金。党的二十大报告中提出要“实施渐进式延迟法定退休年龄”。船员参加职工基本养老保险的缴费期设置应当具有前瞻性,顺应退休年龄延迟的趋势。在未来退休人员增加的背景下,按照法定最低缴费年限缴纳养老保险费用可能会使养老保险金额吃紧的情况进一步加剧,要增加船员年满法定退休年龄后的退休金,应当考虑延长船员养老保险的缴费时间,这也与延长退休年龄的发展趋势相适应。

## 四、降低船员养老保险的个人缴费费率

我国航运业正处于发展阶段,与发达国家相比还存在一定差距,且船员劳动力供应不足一直掣肘行业发展。目前,全球公共卫生政策的调整使世界航运业对船员劳动力的需求上升,船东不惜高价雇佣船员,船员工资成倍增加,吸引着相当数量船员上船工作。但这种局面并非可持续,待船员需求量下降,船员工资回落,船员劳动力供求矛盾更加凸显,为船员提供更为优惠的养老保险制度是增加船员职业吸引力的方式之一。2005 年,国务院《关于完善企业职工基本养老保险制度的决定》中规定基本养老金的账户分为统筹基金账户与个人账户,统筹基金账户由用人单位缴费形成。为与做实个人账户相衔接,从 2006 年 1 月 1 日起,个人账户的规模统一由本人缴费工资的 11%调整为 8%,全部由个人缴费形成。为降低船员的缴费负担,可以考虑降低养老保险费用中船员个人缴费的比例,适当提高船东与船员服务机构的缴费责任。

## 五、为船员养老提供特别抚恤支持

要促进社会实质公平,应当使人们享有的权利与承担的义务之间的关系保持统一和平衡,即人们之间的付出和所得应当保持平衡。此时,国家应当通过政策工

---

① 参见唐霁:《法国退休制度改革:取消“特殊福利”遭遇重重阻力》,载新浪科技网,https://finance.sina.com.cn/tech/2021-04-15/doc-ikmxzfmk6965848.shtml。

具调节、补偿由市场自发性引起的权利与义务失衡,以实现社会实质公平。① 船员对我国航运业的发展具有巨大贡献,且船员的行业本来就具有奉献性和一定的风险,在远洋船舶上工作的船员承受着较大的压力。世界上多个国家如英国、菲律宾等为保障船员权益,承认船员为“关键工人”,在医疗、养老、防疫政策等方面给予船员多种福利。我国政府可以通过财政转移支付的手段,为工作满一定年限的船员提供养老津贴。为避免财政负担过重,我国可以借鉴德国做法,由政府出资设立船员特别养老基金,根据船员的工作年限设立不同的津贴等级,不同级别、在船工作年限不同的船员有权获得相应的养老津贴,船员满足退休条件后可申请领取。

## 本章小结

对船员而言,船员工作的流动性、涉外性以及危险性决定了其参与现有社会保险制度的矛盾,不应因船员职业的特殊性否定其“劳动者”身份与享受基本养老保险待遇。我国船员就业模式的多元趋向明显,自有船员、自由船员以及外派船员在参加养老保险的过程中涉及多种法律关系,参与主体包括船员、船东、船员服务机构等,而不同主体在其中扮演的角色、作用也不同,其中部分主体存在逃避、推卸养老保险缴费责任的行为,显然不符合《2006 年海事劳工公约》对“体面工作”的要求,也不利于船员权益的保障和航运业的可持续发展。我国职工基本养老保险制度应当囊括自由船员,同时在缴费主体、缴费时间和缴费费率三方面进行特殊规定,利用政府转移支付对船员这一特殊劳动者进行补贴,对符合条件的船员发放养老津贴,通过保障老年船员的生存权,推动我国社会从形式公平向实质公平转变。

① 参见林剑:《论政府调节与补偿在社会公平实现中的作用》,载《江汉论坛》2015 年第 7 期。

# 第十八章　船员特殊福利待遇问题研究

船员作为航海事业的劳动者，为航运的发展做出了重大贡献，但却并未受到足够的重视，在促进航运事业发展的同时，保护船员权益成为一个重要命题。国际劳工组织通过的《2006 年海事劳工公约》对改善船员的工作和生活条件作出了相关规定，对保障船员的社会福利，提高船员的社会地位具有重要意义。当前，我国还尚未建立完备的法律体系保障船员的社会福利待遇，可以借鉴其他国家和地区船员社会福利保障的先进经验，同时考虑自身的国情与条件，逐步构建船员社会福利的特别保障制度，从而使船员权益保障体制不断完善、成熟。

社会福利通常指国家依法为所有公民提供的旨在保证和提高公民生活水平和质量的社会保障制度，广义的社会福利往往涵盖了社会保障的各项内容，狭义的社会福利则是隶属于社会保障体系之下，与社会保险、社会救助和社会优抚并列的一种公共服务，我国通常采用狭义的概念。[①]“特殊福利”通常是指国家和社会向老幼妇残等特殊群体提供的特殊照顾和待遇。[②] 除此之

---

① 参见陈刚、郝勇：《船员劳动权益与社会保障》，武汉理工大学出版社 2012 年版，第 276 页。

② “特殊福利”一词的内涵，国内学者们所持的观点在总体上较为一致，但仍有些微差别。倪振峰认为，特殊福利是指国家和社会给予因生理原因或者社会原因而处于弱势地位的特定社会群体异于常人的特别福利，是一种以改善生活状况、提高生活质量为目的的社会福利制度，包括老年人福利、妇女福利、未成年人福利、残疾人福利等。（参见倪振峰主编：《经济法概论》，复旦大学出版社 2003 年版，第 606-607 页。）曹胜亮、黄娟、邓微、宋方敏等学者也持有相同观点。（参见曹胜亮、陶斌智主编：《经济法》，北京理工大学出版社 2014 年版，第 350 页；黄娟主编：《简明经济法教程》，中国经济出版社 2010 年版，第 286-287 页；邓微：《中国当代社会保障研究》，海潮出版社 1999 年版，第 270-271 页；宋方敏等编：《社会主义市场经济理论》，解放军出版社 1995 年版，第 160 页。）陈志波认为，特殊福利，即专门性福利，是指国家和社会根据宪法或有关法律规定为社会上一部分特殊人员所举办的福利设施。（参见赵学斌、吴学臻主编：《社会主义市场经济学》，中国矿业大学出版社 1998 年版，第 205 页。）张友琴认为，特殊福利是指国家和社会对于特殊群体实施的福利，军人亦是一个特殊的群体。（参见张友琴编著：《社会保险和社会福利》，厦门大学出版社 1995 年版，第 298 页。）

外,国际社会及一些国家将医务人员、航空机组人员等重要职业人员认定为“关键工作者”,给予特别福利待遇及享有特别职业的优待。在全球面临危机的时刻,保持供应链的开放和海上贸易与运输的畅通比以往任何时候都更为重要。而海员身处航运第一线,在这种特殊的时期,海员的重要作用更是毋庸置疑的。除此之外,船员长时间远离家庭和社会,在风险高、封闭而有限空间的船舶上工作,具有涉外性与国际性,也应被界定为特殊职业群体。在此,我们认为船员的特殊福利是指为激励船员,提升船员职业吸引力、船员职业认同感和尊荣感,奖励船员为国家对外贸易和经济建设做出的贡献,由政府、航运企业和工会、其他国内外社会组织为船员提供的特别优待和保障,或者提供船员因其职业的特殊性而应给予的特别福利,如船员岸上福利待遇、下船换班无国界绿色通道、船上全程互联网覆盖、亲友探船及配偶随船等。

## 第一节　我国船员特殊福利待遇现状及问题

虽然当前我国部分地区给予了船员一定的优待政策,部分港口为海员提供了便捷的岸上福利设施,但经过调研我们发现,实践中提供给船员的福利待遇还远未达到船员职业发展的需求。

### 一、我国船员特殊福利待遇现状

(一)将船员纳入人才范围给予优待政策

我国在船员的特殊福利方面还没有统一具体的规定,但有些地方政府正在做出积极的尝试。自 2017 年 1 月 1 日起试行的《广州南沙新区(自贸片区)促进航运物流业发展扶持办法实施细则》首次将船员纳入自贸区人才奖励的范围。如第 45 条规定,无限航区船长、大副、轮机长、大管轮在满足年龄、学历、缴纳社保以及近期的海上服务资历等条件的情况下,可申请办理广州市户籍;第 46、47 条规定,无限航区船长、大副、二副、三副、轮机长、大管轮、二管轮、三管轮或沿海航区一等船长、大副、二副、轮机长、大管轮、二管轮以及海船电子电气员或担任海船船舶政委的船员,在与南沙区的航运公司机构签订劳务合同的前提下,满足海上服务资历、缴纳个税等条件,可参照其申请年度对南沙新区(自贸区)发展的贡献给予奖励,奖励金为个人经济贡献的 40%~60%。该细则同时也规定了对从事国际海员培训的机构和国际海员外派的机构实施奖励,鼓励各大公司机构重视对船员的教育以增进船员接受教育的福利。[①]《广州南沙新区(自贸片区)促进航运物流业发展扶持办

---

①　参见南沙区发改局:《广州南沙新区(自贸片区)促进航运物流业发展扶持办法实施细则》,载南沙网 2018 年 3 月 29 日,http://www.gznsnews.com/index.php? m=content&c=index&a=show&catid=63&id=31482。

法》的出台标志着广州首次以法律规范文件的形式给予船员特殊福利，对进一步推进全国范围内的船员特殊福利待遇起到了引领和示范作用。

### （二）海员俱乐部为船员在港口上岸提供福利

历史上中国部分港口城市的工会在各大港口城市都设有国际海员俱乐部，例如，上海国际海员俱乐部地处市中心的外滩，登陆的船员可以享受住宿、拨打国际电话以及购买当地特产的福利。但是后来有些海员俱乐部消失，例如上海外滩的海员俱乐部变成了现在的高级酒店。随着港口装卸速度的提升，船舶在港时间不断缩短，船员上岸自由活动的时间也随之缩短，使现存的各个海员俱乐部接待船员的人次逐渐减少。[①]

2016 年青岛国际海员俱乐部设计了一种名为“移动海员之家”的基础设施，将 3 个特别定制的大型集装箱直接安放在拖车平板之上，并配备专门的车头，集装箱内部设有海员酒吧、海员书屋、家属接待室和纪念品商店，海员书屋为海员提供免费网络，家属接待室还可以提供住宿服务，方便来访的船员家属居住。[②] “移动海员之家”改变了传统的接待船员模式，将一站式优质服务直接送到船边，方便了船员享受岸上福利，充分保障了船员获得使用岸上福利设施的权利。

尽管如此，实践中为船员提供的岸上福利设施仍远达不到船员的需求。为了详细了解船员使用岸上福利设施的现状，本书课题组于 2022 年 12 月至 2023 年 1 月开展问卷调研，共收回有效问卷 600 份。此次调研对象中，74. 5%的海员年龄为 31—50 岁，70. 5%的海员在船工作年限超过 10 年，可以反映调研对象整体为一支较为成熟、稳定的海员队伍。其中包括了 86. 83%的高级海员和 13%的普通海员，53. 83%的外派海员，72. 67%的适任无限航区的海员和 27. 17%的适任沿海航区的海员。然而，仅有 20. 83%的海员表示知道中国境内港口有海员俱乐部或海员服务中心，2. 2%的海员在中国境内港口享受过海员俱乐部或海员服务中心提供的服务。由此可见，虽然《2019 年中国船员发展报告》的表 4-1 列明了全国范围内 17 家海员岸上福利设施及其地址和联系人，但船员所能享受到的岸上福利服务非常有限。关于制约海员使用海员俱乐部或海员服务中心提供的福利服务的因素，港口附近没有岸上福利设施、交通不便、靠港期间船上工作量大、下船审核程序烦琐、靠港时间较短、提供的服务有限等因素均占据较大比重，具体如图 18-1 所示。通过调研可以发现，不仅由于国内海员岸上福利设施的建设仍然处于初级阶段、数量相对较少、未能实现国内港口全覆盖，导致海员可获得的岸上福利服务非常有限，而且可能由于宣传不到位，海员群体对岸上福利设施的信息知之甚少，并且交通、时间因素以及岸上福利设施提供的服务种类和价格都会对海员的使用造成阻碍。

---

① 参见潘美宏：《海员俱乐部：衰落的娱乐场》，载《北方经济时报》2006 年 6 月 2 日。

② 参见《青岛国际海员俱乐部神秘福利大揭秘！》，载中国海事服务网 2016 年 7 月 22 日，https://www.cnss.com.cn/old/227765.jhtml。

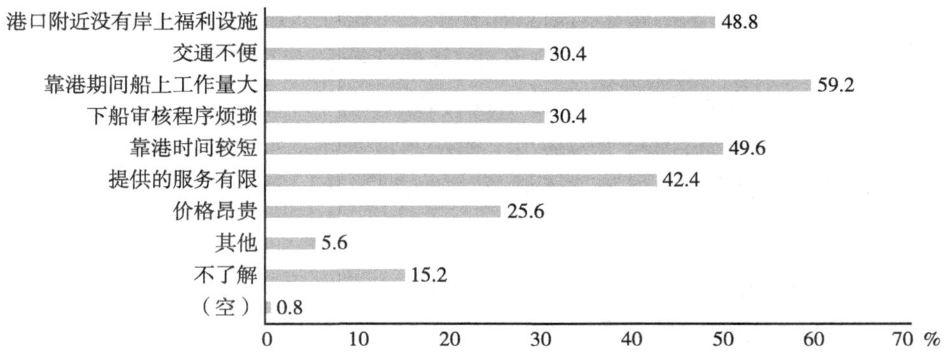


**图 18-1　制约海员使用海员俱乐部/海员服务中心提供的福利服务的因素**

(三)远洋船员免税携带物品入境的优待

根据《海关对中国籍旅客进出境行李物品的管理规定》附件中的中国籍旅客带进物品限量表,中国籍旅客可免税带进的物品共分三类,分别为衣料、衣着、鞋、帽、工艺美术品和价值人民币1000元以下(含1000元)的其他生活用品;一定数量的烟草制品、酒精饮料;价值人民币1000元以上,5000元以下(含5000元)的生活用品。对于前两类物品所有中国籍旅客均可免税带进,第三类物品仅面向连续在外满180天的驻境外的外交机构人员、出国留学人员和访问学者、赴外劳务人员和援外人员,以及在外满120天的远洋船员,这些人员在外每满180天或120天,可任选其中1件免税。可见,在我国有关携带免税物品入境的规定方面,远洋船员被给予了一定的优待。

然而,在2022年12月至2023年1月本书课题组开展的线上问卷调研中,仅13.3%的远洋船员表示曾实践过此项福利,而未能实践此项福利的原因有绝大多数远洋船员表示不知道有此项规定,还有船员称此项福利没有价值或者并不实用、免税额太低,甚至因为畏惧海关执行问题不敢携带,以及国内有满足需求的产品因而不需要购买进口商品,机场有免税店等。

## 二、当前我国船员特殊福利待遇存在的问题

(一)船员特殊福利保障的立法不足

我国目前有关船员福利的立法涉及船员船上和岸上医疗、起居舱室和娱乐设施、膳食供应、遣返费用、带薪休假、船员亲友探船及配偶随船等内容,主要体现在《船员条例》《海员船上工作和生活条件管理办法》《海事劳工条件检查办法》等法规及规章中。这部分船员福利与船员签订的劳动合同中的劳动条件联系密切,有时会交叉重合,[①]这些都属于船员职业福利待遇,即基于职业关系,与航运相关单

① 参见张丽:《中国船员社会保障法之研究》,载《中国海商法年刊》2002年第00期。

位为保证船员及亲属的一定生活质量而提供的工资收入以外的必要职业条件保障相关的范畴。① 其中带薪休假、医疗保障、最低标准的起居舱室和娱乐设施、膳食供应、遣返费用等内容是船员职业劳动权利必须保障的,并不属于船员特殊社会福利的范围之内。我国目前对于为船员下船期间提供休息娱乐的岸上福利设施及其他针对船员的特别优待与保障方面缺乏法律依据,导致船员特殊社会福利的保障不足。

(二)检查程序烦琐导致船员上岸休息娱乐时间减少

上岸作短暂休憩并享受岸上福利设施是船员福利的一个关键方面,对于缓解船员工作压力至关重要。② 并且,由于人为因素是高达80%海上事故的肇因,对船员而言,疲劳会使其工作能力下降,进而影响到航行安全。③ 但现今由于港口的装卸效率提升,船舶在港口停留的时间较过去已明显缩短,并且船员还要承担定期维护工作,导致靠港后船员的上岸时间非常短暂甚至不能在港口外出。并且许多超大型油轮和大型船舶没有到达港口就进行装卸,船员更没有机会上岸进行娱乐和放松。除此之外,阻碍船员上岸休息娱乐的另一主要障碍便是烦琐的检查程序,其占用了船员大量的休息时间。2022 年 12 月至 2023 年 1 月开展的线上调研中,关于"在新冠疫情来临之前,船舶靠泊(不区分境内境外港口)后,您拥有的平均上岸休息时间"④的问卷结果显示,除 4. 67%的海员在新冠疫情前夕还未上船工作,10%的海员表示"不清楚"或"不一定",高达 42. 16%的海员回答没有或几乎没有上岸休息时间,8. 83%的海员回答上岸休息时间在 0—2 小时,22. 7%的海员回答在 3—5 小时,8. 17%的海员回答上岸休息时间在 6—12 小时,13 小时及以上的仅占 2. 83%。问卷对表示"没有或几乎没有上岸休息时间"的海员进一步追问其原因,"要准备各种检查""靠港后工作量大""船舶在港口停留时间太短"三者分别占比 75. 49%、71. 54%、60. 87%。海事福利慈善组织——海员使团(The Mission to Seafarers)于 2015 年推出"海员幸福指数",以此衡量海员对海上生活的想法和感

---

① 参见陈刚、郝勇:《船员劳动权益与社会保障》,武汉理工大学出版社 2012 年版,第 276 页。

② See Carolyn A. E. Graham, *Maritime Security and Seafarers' Welfare: Towards Harmonization*, WMU Journal of Maritime Affairs, Vol. 8:1, p. 71-87(2009).

③ See Tae-Goun Kim, Hiroaki Kobayashi & Chae-Uk Song, *Mariner's Performances and the Behavior Fluctuation Affecting Navigational Safety*, Journal of Navigation and Port Research International Edition, Vol. 36:4, p. 279-284(2012).

④ 考虑到新冠疫情后港口防疫政策对船员上岸休息的影响较大,该题仅调研新冠疫情来临之前的情况。与之对照,本次问卷还对 2022 年度,船舶靠泊(不区分境内境外港口)后,海员拥有的平均上岸休息时间进行调研,高达 86. 66%的海员回答没有或几乎没有上岸休息时间,进一步追问其原因,"因为疫情,码头不让上岸""要准备各种检查""靠港后工作量大""船舶在港口停留时间太短"分别占比 94. 04%、56. 54%、50. 58%、37. 69%。

受。[①] 据海员使团 2019 年发布的第 4 季度海员幸福指数报告可知，许多海员反映除了过多的检查表和文书工作外，来自检查和审核方面的持续压力使得海员的工作变得愈发艰难，为了满足审查标准的要求耗费了海员的大量时间，导致海员对工作量的满意度下降；海员对上岸休息的满意度也大幅下降，由于码头限制、额外的调查和检查以及对酒精政策的担忧，海员难以获得良好的休假，同时有限的上岸假期也严重影响了海员对岸上福利设施的满意度，尽管这并非出于对海员中心或福利设施所提供服务的不满。[②]

船舶靠港后要进行的检查主要是以《2006 年海事劳工公约》、SOLAS 公约、《国际防止船舶造成污染公约》（1978 Protocol Relating to the 1973 International Convention for the Prevention of Pollution from Ships）、STCW 公约等国际公约为法律依据的港口国监督（Port State Control, PSC）检查，该检查为港口国政府或其授权机构通过对外籍船舶的技术状况及船员能力的查验，以保证海上人命及财产安全，减少海洋环境污染。此外，船员需应对的检查还有船级社检验、卫生检疫、港口其他监察、船舶管理公司检查、船东检查等。各种检查程序本意是出于对安全的保障，但过于烦琐的检查与审核反而加重了船员靠港后的工作负担，加上船员还须在靠港后的短时间内完成包括船舶进出港操纵和装卸等在内的大量工作，[③]有时靠港后的船员的工作强度远高于船上，结果便是严重挤压甚至剥夺船员的上岸休息娱乐时间，而如果港口又距离海员俱乐部或者市区遥远、港口内交通不便，船员更会丧失下船的兴趣。这也就意味着，即使为船员提供的岸上福利设施较为齐全完备，如果不能解决导致船员上岸休息时间减少的检查程序烦琐这一根本问题，船员也难以享受岸上福利设施为其提供的服务，无法获得充分的休息与娱乐，进而影响船员接下来的工作状态和对职业的认同程度。

（三）船舶管理公司、工会责任缺位

尽管部分船员特殊福利待遇在《2006 年海事劳工公约》及国内立法中已有明确的要求，但仍然存在船舶管理公司履行义务不到位的情况，如尽管《海员船上工作和生活条件管理办法》第 9 条、第 10 条规定在满足一定条件的前提下，船东应保证船员亲友探船、允许船员配偶随船，但在实际操作中船员这一福利待遇的实现却经常会遇到阻碍和困难。[④] 在 2022 年 12 月至 2023 年 1 月开展的线上调研中，关

---

① See *Seafarers Happiness Index*, The Mission to Seafarers（Jul. 21, 2020）, https://www.missiontoseafarers.org/seafarers-happiness-index.

② See *Seafarers Happiness Index Quarter* 4 / 2019, The Mission to Seafarers（Jan. 21, 2020）, https://www.happyatsea.org/wp-content/uploads/SHI_Q4_2019.pdf.

③ See Marcus Oldenburg & Hans-Joachim Jensen, *Maritime Welfare Facilities-utilization and Relevance for the Compensation of Shipboard Stress*, Journal of Occupational Medicine and Toxicology, Vol. 14:1,（2019）.

④ 参见庞宏敏：《海员权益是海洋强国绕不过的话题——访上海友鸿船务有限公司薛迎春船长》，载《世界海运》2015 年第 4 期。

于“您关于亲友探船、配偶随船的要求能够实现吗”的调研结果显示，回收的499份有效回答中，有87.4%的船员回答“不能”。此外，目前各船公司给予船员的现有立法强制性规定之外的福利待遇水平相差较大。由于《2006年海事劳工公约》在导则B3.1.11中仅规定了娱乐设施配备的最低标准，即应至少有一个书柜及阅读和书写设施以及在实际可行时的游戏设施，而对于电影电视、运动器械、图书室、电子设备等娱乐设施则只进行了建议性规定，《海员船上工作和生活条件管理办法》则只在第8条规定船东应为船员提供阅读和学习的场所和设施，因此船东在满足娱乐设施配备最低要求之余有较大的自由决定空间，而选择为船员提供何种标准的娱乐设施便与各船公司的运营状况及经营理念关系密切。与一些提供图书馆、台球桌、电影院、电脑游戏、互联网访问甚至游泳池的船舶相比，许多中国船员只能收看收听断断续续的电视和无线电广播，而当船离海岸较远时甚至无法使用，这些不利情况使船员的孤独感加剧，[①]并且严重影响着船员职业对年轻人的吸引力及航运业的可持续发展。在2022年8月本书课题组开展的线上调研中，如图18-2所示，超半数船员称船上能够获得电影电视、运动器械这类休闲娱乐设施，但仅有17.85%的船员称船上提供图书馆，33.47%的船员称提供移动热点(Wi-Fi)。另外，有4.7%的船员称没有或基本没有休闲娱乐设施，还有船员称船公司将娱乐室和健身房用作库房。并且，尽管有的船东为船员提供Wi-Fi，但其中有74%的船员称Wi-Fi限速限量，这也会极大地影响船员的互联网访问自由。

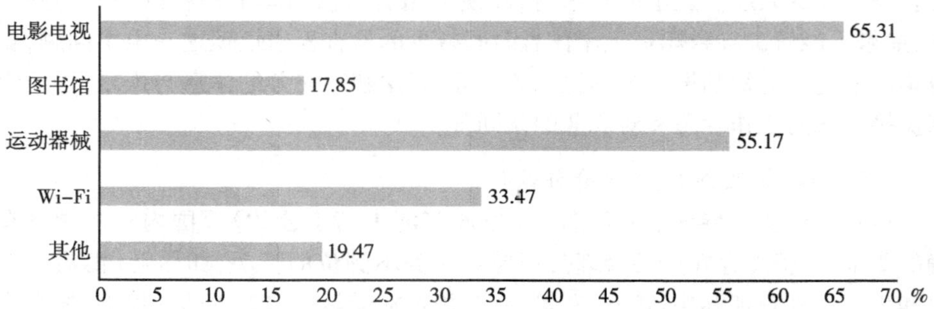


**图18-2　船员在船期间能够获得的休闲娱乐设施**

工会作为维护海员权益的重要组织，在海员特殊福利待遇维护方面应承担起应有的责任。然而目前由于我国缺少专门规制海员工会的立法、海员工会行政化色彩过重、自身独立性不强、服务意识薄弱、与ITF尚未建立合作关系等原因，海员工会在维护海员福利方面发挥的作用非常微弱，甚至“据调查我国外派船员称到国

① See Pengfei Zhang & Minghua Z hao, *Maritime health of Chinese seafarers*, Marine Policy, Vol. 83, p. 259-267(2017).

外能体验到海员工会的服务在国内完全没有”①。

（四）未依约设立福利委员会

为进一步加强对船员的福利保障，《2006年海事劳工公约》在标准A4.4及导则B4.4.3中规定各成员国应视情况成立福利委员会，以审查现有福利设施与服务是否完备，确保其顺应因航运业技术、运营和其他方面发展所带来的船员需求的变化，帮助福利设施的主管人员并提出建议。②

然而国内尚未建立福利委员会，这既与《2006年海事劳工公约》的要求相违背，又不利于对船员福利与需求的支持与改善，更落后于其他航运强国对船员福利事业的建设水平。这既是由于我国政府部门对船员群体及其福利的重视程度不够，也有航运企业、工会及其他社会组织未能为保障船员福利及时提议与响应的原因。

## 第二节　船员特殊福利待遇保障的必要性

船员群体缺少福利待遇保障导致船员职业尊荣感较低，进而导致船员队伍人才流失严重，船员队伍的稳定性得不到保障。这凸显了保障并提升船员特殊福利待遇的必要性和紧迫性。并且，重视对船员的特殊福利保障也是彰显公平正义价值理念的必然选择。

### 一、提升船员职业尊荣感的必然要求

职业尊荣感通常是指个人认为自己所从事的职业有价值和尊严，社会公众对该职业给予尊崇，因而感到光荣和自豪的心理情感。20世纪80年代左右，由于收入高、可以在工作中开阔眼界，船员是一份很受羡慕和尊重的职业，然而随着船岸工资差距的日益缩小，加之新闻媒体对航运事故等负面新闻的频繁报道，这一从业群体受关注及尊重的程度不断降低。③ 船员自身也因越发重视个人生活的品质和家庭幸福、船公司剥夺船员的福利待遇、船员社会地位不高等原因对其职业的认同感下降，④导致船员越来越缺乏职业尊荣感。

个人的尊严能否得到维护是评价职业尊荣感的关键因素之一。人的尊严在人所可能享有的权利与价值之中具有最高地位，所有其他的权利、价值均为其派生

---

① 参见张敏、王昊：《国际人权法视野下的中国海员劳动权保护研究》，载《中国海洋大学学报（社会科学版）》2018年第6期。

② 参见《2006年海事劳工公约中英对照》，张铎校译，大连海事大学出版社2013年版，第254-260页。

③ 参见蔡文佳：《基于需求层次理论的我国船员流失问题探究》，载《珠江水运》2019年第1期。

④ 参见欧阳江萍：《船员流失现状分析及稳定船员队伍的措施》，载《世界海运》2012年第5期。

物,并且人的尊严是个人成就人生的最高标志。① 18 世纪哲学家康德主张每一个个体都享有必须被他人所尊重的价值或尊严,并用"人必须永远被视为一种目的,而不只是一个工具"的道德原则阐述这一观念。② 船员作为社会成员的组成部分,无论是在船工作还是上岸休息期间,都有权享有与生俱来的不容被侵犯的尊严,获得确保其体面劳动的工作条件。然而当前船员群体的尊严屡屡遭到侵犯,如曾经发生的"双重体检"事件、③港口保安拦截船员随身携带物品的事件,④无不反映出船员职业群体受到歧视和不公正对待、人身尊严受到轻视的无奈现实,以及船员职业尊荣感的丧失。

由于社会福利权是维护社会公平、保障公民过上有尊严生活的重要道德权利和法律权利,⑤因此,提升船员福利水平是保障船员职业尊严的必然要求。并且,给予船员特殊福利待遇能够彰显船员的特殊地位,提升社会大众对船员群体的尊崇感以及船员对其职业的认同感,而这也是提升船员职业尊荣感的必经之路。

## 二、保障船员队伍稳定性的需要

党的十八大提出了海洋强国战略,习近平总书记也曾强调"建设海洋强国是中国特色社会主义事业的重要组成部分"。而纵观世界历史的演变可知,海洋强国的发展、壮大均离不开航运,因此可以说海洋强国的核心便是海运强国。⑥ 由于海运是由港口、航线、运输船队组成的有机系统,强大的海运船队为海运业提供了重要的内部支撑,⑦因此船员作为海运船队中关键的人力要素,其重要性尤为凸显。并且,保障船员队伍的稳定及发展也符合交通强国战略的要求。《交通强国建设纲要》中指出"建设世界一流的国际航运中心""打造素质优良的交通劳动者大军",而加强船员队伍建设正是其中应有之义。

而且,船员队伍是"海洋强国"战略的重要国防力量,船员和海军的工作生活有很多相似之处,资深船员经过一定的培训,一般也具备在军舰上工作的能力和水平。早在 1911 年 7 月吴淞商船学堂招生时,时任校长唐文治先生就曾指出:"国家

---

① 参见胡玉鸿:《人的尊严在现代法律上的意义》,载《学习与探索》2011 年第 4 期。

② 参见胡敏洁:《一种双重面向的权利——论福利权的法律性质》,载《河北法学》2007 年第 10 期。

③ 参见郝成:《海员健康证"神仙斗"》,载品牌网 2013 年 11 月 11 日,https://www.globrand.com/2013/569373.shtml。

④ 参见衣羊船长:《港口拦截海员合法携带水果和食品上船 何时能改善?》,载微信公众号"航运在线"2019 年 8 月 23 日,https://mp.weixin.qq.com/s?__biz=Mzg3OTU0Nzg2NA==&mid=2247517391&idx=1&sn=b03bfc3f42230e6663bf89485891d998&source=41#wechat_redirect。

⑤ 参见李振宇:《社会福利的权利属性与法治规制》,载《武陵学刊》2018 年第 5 期。

⑥ 参见刘嘉:《长江日报:海洋强国核心是航海强国》,载大众网,http://news.dzwww.com/guoneixinwen/201405/t20140523_10319644.htm。

⑦ 参见贾大山:《海运强国战略》,上海交通大学出版社 2013 年版,第 29、45 页。

一旦有事,诸生即是海军……"[①]而且事实上,在战争时期,军舰缺失,商船被征用,船员被征兵也是各国的常规做法。当前,世界各国日益重视海洋权利,领土诉求也日趋强烈,海洋权益斗争进一步加剧,[②]此时更应该重视船员队伍的稳定性,储备好数量充足的船员。

然而,根据交通运输部 2015 年至 2020 年中国船员发展报告中的数据可知,我国近 6 年持有适任证书的高级船员数量总体上呈下降态势,除船长外,持有国际航行海船适任证书的其他高级船员数量由 2015 年的 115,888 人降至 2020 年的 91,835 人,持有沿海航行海船适任证书的其他高级船员数量由 2015 年的 78,626 人降至 2020 年的 65,789 人。并且根据《2019 年中国船员发展报告》,2017 年至 2019 年航海类招生人数最多的 10 所院校中,毕业生上船比例最低低至 6.4%,最高不过 56.6%,且有 7 所院校的毕业生上船比例近年来呈下降趋势。[③] 可知航海院校培养的大量航海类专业人才流失。这导致我国能操纵大型、高科技型船舶的高级船员严重不足,曾经在广东地区甚至出现过有船无人开的局面。船员队伍人才流失严重的原因,多为上述提及的海陆工资差距缩小、工作条件艰苦、常年远离家人等劣势,加上船员职业难以受到认可和尊重、针对船员的特殊福利过少等因素使得船员职业的吸引力逐渐降低,船员及航海类专业学生更倾向于选择工作环境更为舒适的其他陆上职业。因此,如若不及时改善船员的特殊福利待遇、及时出台切实可行的法律和政策提升船员职业的社会地位和职业尊荣感,可以预见将来我国从事船员职业的人数只会越来越少,船员人才队伍将会出现断层的局面。

## 三、公平正义价值理念的要求

公平和正义属于法的目的价值,在法律价值体系中起着核心和支配的作用。学界通常认为,公平正义总是由在社会成员之间分配财富、权利与机会而引起,是一种涉及以社会角色及其权利义务为主的社会资源,也是一种要求分配公平、合理、正义的价值追求等。总而言之,公平正义不仅是一种人际关系和权利义务关系的反映,还会作为评价标准影响和决定社会成员的评价和价值活动。[④]

当前,船员职业的高风险性、艰苦性与其所享有的福利待遇并不完全对等。尤其是对于远洋航行的船员,一个航行周期大抵为 6—10 个月,在疫情严重期间因换班困难,远洋船员的航行周期还要延长,如此长的海上作业时间给船员施加了很大的身体和心理负担,故给予船员相应的福利待遇非常重要。然而,通过调研可以发

---

① 《海洋强国梦的道路上,中国海员到底有多重要》,载中国水运网 2016 年 5 月 26 日,http://www.zgsyb.com/news.html? aid=397348。

② 参见贾大山:《海运强国战略》,上海交通大学出版社 2013 年版,第 14-20 页。

③ 交通运输部 2015 年至 2020 年中国船员发展报告,载交通运输部官网,https://zs.mot.gov.cn/motxxgk/s。

④ 参见徐显明主编:《法治与社会公平》,山东人民出版社 2007 年版,第 5 页。

现，大量船员在船舶靠港期间无上岸休闲娱乐的时间和机会，且船员岸上福利设施的数量及其提供的服务、船上提供的休闲娱乐设施都远未能使船员满意。并且，在调研过程中还有船员表示，自己向海员建设工会缴纳过会费，但却从未享受到任何福利待遇，以及疫情期间港口不合理地阻拦船员上岸，没有受到应有的尊重和公平的对待等。船员牺牲与家人的陪伴、对子女的教导和关怀、陆上更为安稳的工作和生活，为国际贸易和航运业的发展作出突出贡献，在疫情期间其保障供应链正常运转的作用更为凸显。与之相应，国家和社会应更加重视对船员的特殊福利保障，给予其较为特殊的优待，这是彰显公平正义的价值理念、公平分配社会资源的必然选择。

## 第三节　船员特殊福利待遇的比较研究

海员使团、商船福利委员会、国际海员福利和援助网络等国外船员福利组织为海员福利建设的事业发挥了重要作用，安特卫普港、新加坡港、釜山港等重要港口也为船员提供了较为完善的岸上福利设施服务。并且，美国、毛里求斯共和国的船员特殊福利立法也可为我国提供一定借鉴。

### 一、《2006 年海事劳工公约》关于船员福利的内容

促进、改善和发展全球劳工的福利，长期以来一直是国际劳工组织的目标，国际劳工组织在经过长期对船员福利设施和服务的调查，认为有必要建立以海岸为基础的福利设施，为改善船员的身心健康增进福祉，出台了一系列的国际公约条例，如 1970 年《海员福利建议书》（第 183 号）、1987 年《海员福利公约》（第 163 号）等，但都只有少数成员国批准。[①]《2006 年海事劳工公约》对 1920 年至 1996 年国际劳工组织通过的几乎所有的海事劳工文书进行了整合和修订，并且对船旗国、港口国以及劳工供应国的责任都制订了较为明确的规范。大多数成员国都批准了《2006 年海事劳工公约》，而《2006 年海事劳工公约》中对船上和岸上福利设施和服务都有相关规定，从而引起全球航运组织对船员权益和福利的关注。

《2006 年海事劳工公约》第三章和第四章都全面体现了增进海员福祉的理念，其中规则 4.4 确保海员使用岸上福利设施和服务，以保障其健康和福利，而这些福利设施的建立则有赖于各国政府、海员工会和其他非政府组织的协调合作，《2006

---

① See R173 - *Seafarers' Welfare Recommendation*, 1987 (*No.* 173), International Labour Organization (Oct. 08, 1987), https://www.ilo.org/dyn/normlex/en/f? p=NORMLEXPUB:12100:0::NO:12100:P12100_ILO_CODE:R173.

年海事劳工公约》还提倡成员国建立福利委员会,以此监督和评估福利设施的适用性。[①]

## 二、域外船员福利组织保障船员特殊福利现状

### (一)海员使团

"海员使团"是目前世界最大的向海员提供港口福利设施的慈善组织,它通过全球牧师、工作人员和志愿者组成的网络[②]在50个国家的200多个港口工作,照顾各级别、国籍和信仰的海员。通过船舶访问、免费海员中心以及一系列福利和紧急救助服务,为海员提供物质、情感和精神支持,还开展了全球海员职业幸福指数调查工作,并以季度为频次连续发布。

由于受新冠疫情的影响,大多数海员被拒绝上岸休假或者其合同被延期,为向海员提供他们需要的帮助,海员使团发起了"飞行天使运动"(Flying Angel Campaign),包括数字牧师服务(与牧师线上交谈)并由牧师"借给"船舶移动路由器以便海员在港口时能够访问互联网,改装小型客车以保证海员能够被安全健康地接送,代表海员为包括司法和福利案件、遣返、遗弃、拖欠工资、食物和金钱短缺、海盗行为、欺凌和歧视在内的各种海员问题进行辩护等。为使海员使团能够在未来的数月和数年中为海员提供这些服务,其通过向社会各界寻求捐助的方式来筹集足够的资金。[③]

### (二)商船福利委员会(Merchant Navy Welfare Board, MNWB)

商船福利委员会是一个经注册的慈善机构,总部设在南安普敦,有一个7人的专门团队,其中大多数人都有航海经验,其向英国的商船海员及其家属提供最高质量的福利服务,包括培训、福利服务和补助金。[④] 为鼓励"在全球范围内成立海员福利委员会"这一目标的实现,商船福利委员会开展"支持为海员及其家属提供优质福利服务"这一方案,因为就目前的情况来看,希望建立任何形式的福利委员会的国家或港口几乎得不到任何指导或支持,并且《2006年海事劳工公约》还推荐将商船福利委员会及其港口福利委员会的这种结构作为提供岸上福利的指南或

---

① See *Maritime Labour Convention*, 2006, *as Amended* (*MLC*, 2006), International Labour Organization (Feb. 23, 2006), https://www.ilo.org/dyn/normlex/en/f?p=NORMLEXPUB:91:0::NO::P91_SECTION:MLCA_AMEND_A4.

② See *The Mission to Seafarers* (Apr. 04, 2019), https://www.missiontoseafarers.org/.

③ See *Flying Angel Campaign—The Mission's response to COVID-19*, the Mission to Seafarers (Aug. 14, 2020), https://www.missiontoseafarers.org/wp-content/uploads/Flying-Angel-Campaign-HRH-LOW-AW-1.pdf.

④ See Merchant Navy Welfare Board, https://www.mnwb.org/.

模板。[①]

由于海员福利设施的运营主要依靠慈善捐款，而航运业不为公众熟知的特点使得依靠捐助维持运营越发困难。为加强和维持港口福利有充足可靠的资金来源，商船福利委员会鼓励港口实行收费制度；为提升海员福利，商船福利委员会曾为海员制作一套港口信息折页模板，并且还在国内外海员组织的支持下翻新港口附近接送海员的车辆，帮助海员家属与海员进行联系等。[②]

（三）国际海员福利和援助网络

国际海员福利和援助网络（International Seafarer's Welfare & Assistance Network，ISWAN）旨在改善海员在世界各地不同港口停靠时获得的福利服务和支持，并鼓励在全世界建立港口福利委员会，其本质上是一个不分国籍和信仰的支持海员的全球港口福利委员会网络。由于商船福利委员会管理着16个地区性港口福利委员会，覆盖整个英国海岸线和直布罗陀，并定期与国际福利组织联络，因此ISWAN将其试点的国际港口福利合作（the International Port Welfare Partnership，IPWP）计划交由商船福利委员会来管理。[③] 国际港口福利合作计划的目标是与适当的国际海事组织、政府、船东、海事联盟、港口所有人/当局、自愿组织的代表合作，根据《2006年海事劳工公约》帮助对该计划感兴趣的国家设立港口福利委员会。[④] 除此之外，ISWAN还为海员提供免费、24小时、多语种的帮助热线，以及为有需要的海员及其家属提供救济基金和一系列健康信息资源。[⑤] 在资金来源方面，ISWAN的资金来自成员捐献，基金会的赠与、赞助和收入，主要资助者为ITF海员信托基金、英国海员协会和托克基金会。[⑥]

长期以来，国际海事界特别是国际劳工组织已承认福利委员会作为有效福利组织的价值，后者还在《2006年海事劳工公约》规则4.4部分中规定了促进港口福利设施和服务发展的内容。[⑦] 无论技术进步了多少，海运业都依赖海员来保证船舶及其货物的安全通过，海员的福利因此越来越重要，[⑧]鼓励在全球设立港口福利

---

① See Merchant Navy Welfare Board, the Seafarer International Port Welfare Partnership, https://www.portwelfare.org/mnwb.html.

② 参见 Michael Grey：《完善福利体系有效服务海员》，载《中国远洋航务》2015年第6期。

③ See *International Seafarers' Welfare and Assistance Network (ISWAN)*, the Seafarer International Port Welfare Partnership, https://www.portwelfare.org/iswan.html.

④ See *Information for you*, Australia Seafarers' Welfare Council, https://www.operations.amsa.gov.au/seafarers_welfare/authorities-info-for-you.asp.

⑤ See *About*, ISWAN(Jan. 02, 2018), https://www.seafarerswelfare.org/about.

⑥ See *About*, ISWAN(Jan. 02, 2018), https://www.seafarerswelfare.org/about.

⑦ See *Why Have a Welfare Board*? the Seafarer International Port Welfare Partnership, https://www.portwelfare.org/general-information.html.

⑧ See *Why Have a Welfare Board*? the Seafarer International Port Welfare Partnership, https://www.portwelfare.org/general-information.html.

委员会是发展与促进海员福利建设事业的关键一环。

## 三、域外著名港口海员岸上福利建设现状

### (一)安特卫普港

安特卫普港有 4 个不同的国际海员之家和一艘教堂船,主要作为社交和宗教活动的场所,这里欢迎所有海员,不论其信仰或国籍。① 安特卫普港务局和港口社区关心海员的福利并为他们提供各种服务,如到市中心的免费公共汽车交通。② 安特卫普港为海员提供物质和精神支持有着较为悠久的历史,自 1870 年以来,安特卫普港就有海员传教士,还有自己的医疗站和有专业医师,2013 年还开放了安特卫普海湾旅馆,为海员和其他客人提供经济的食宿,此外安特卫普国际船员中心为海员提供娱乐、运动、休闲设施、社会服务和倾听服务,并向所有海员开放。③

### (二)新加坡港

新加坡海事港务局与当地海员代表团和海事工会一起,在新加坡港开办了 4 个海员服务中心,为海员提供休息室、免费移动热点、可上网的电脑、电话、交通、咨询服务、图书馆等设施,这些海员服务中心位于新加坡港各码头内,方便那些没有时间办理入境手续和离开码头上岸休假的海员。④

位于海事之家的新加坡海员俱乐部为在新加坡港逗留的所有国籍的海员提供包括酒店客房和海员休息室、餐厅和酒吧、可提供 24 小时紧急医疗和牙科服务的海事医疗中心等服务和设施,并且还为海员举办各种体育及娱乐活动,这包括到新加坡最好的景点休息旅行、开展五人制足球和保龄球比赛以及海员日庆祝活动。⑤

### (三)釜山港

在釜山港,由于海员人数少、值班制度严密,海员通常只有非常有限的时间上岸享受港口福利设施,但到访港口的国内外海员能够利用政府、釜山港务局、积极主动的工会、非政府组织甚至是私营公司提供的福利设施和服务,包括韩国海员福利和就业中心、飞行天使海员中心、浦马海员中心、甘春海员中心和釜山新港海员

---

① See *Seafarers' houses and Church Ship*, Port of Antwerp Bruges(May. 27,2020), https://www.portofantwerp.com/en/my-poa/services/seafarers%E2%80%99-houses-and-church-ship.

② See *Welfare for seafarers*, Port of AntwerpBruges(May. 27,2020), https://www.portofantwerp.com/en/publications/brochures-maps/welfare-seafarers.

③ 参见国际海员会员中心:《比利时安特卫普港为船员提供一系列服务》,载国际海员服务中心网 2013 年 12 月 23 日,http://www.issconline.com/lanmu/dujiabaodao/haiyuanquanyi/2014-08-10/18442.php。

④ See *Seafarers' Centres*, Maritime and Port Authority of Singapore, https://www.mpa.gov.sg/port-marine-ops/visiting-seafarers/seafarers'-centres.

⑤ See *Singapore Mariners' Club at Maritime House*, Maritime and Port Authority of Singapore(Feb. 11, 2014), https://www.mpa.gov.sg/port-marine-ops/visiting-seafarers/singapore-mariners'-club-at-maritime-house.

中心提供的。[①] 为了进一步发展海员福利，釜山海事界决定加入国际港口福利合作试点项目，并根据《2006 年海事劳工公约》成立了韩国第一个“福利委员会”。[②]

## 四、域外有关船员特殊福利待遇的法律规定

### （一）美国保障船员特殊福利之立法

《美国法典》第 10 卷第 2604 节规定，每当总统为了美国在国外承诺的利益，有必要为在外国的美国商船船员提供设施和服务时，他可根据国防部长规定的条例，授权国防部长与联合船员服务社（一个根据纽约州法律成立的非营利慈善组织）合作并协助其建立和提供这些设施和服务。并且该法典还规定对于正在履行相关职责的联合船员服务社的人员，可以向他们免费提供往返交通费、伙食费、住宿费、办公场地（包括船员娱乐活动场地）、通讯工具和签发护照服务等。[③]

此外，《美国法典》第 28 卷第 1916 节规定，船员可以自己的名义，因工资或者要求实施维护其健康或安全的法规提起诉讼和上诉，而不必为此预付费用或提供担保。[④] 但是，规定船员不必支付预付费用的法规并没有免除支付费用的义务，也没有免除与案件有关的一般费用，而仅仅涉及预付问题。[⑤]

### （二）毛里求斯保障船员特殊福利之立法

2008 年 12 月底，为了满足毛里求斯船员的社会和经济利益，为船员及其家庭的福利制定计划和项目，并为接收和管理根据《2002 年商船（船员福利基金）条例》设立的船员福利基金的资产及清偿其负债，毛里求斯开始实施《2008 年船员福利基金法案》，其中包括船员生日礼物计划、船员牙科和眼科治疗计划、船员医疗计划（也适用于船员的合法配偶）、船员子女中学教育计划、船员子女职业教育或高等教育计划、预付死亡津贴及死亡津贴计划等内容，并且还规定了运营一个配备急救包、无线网络、健身房、免费饮用水、阅读区、祈祷区的娱乐中心，在特殊节日提供旅游以及为贫困船员提供财政援助的、针对外国船员的福利待遇。[⑥]

### （三）德国保障船员特殊福利之立法

德国《海事劳工法》对海员港口福利设施及福利委员会的设立作了明确规定。《海事劳工法》第 119 条第 1 款规定“港口的海员福利设施应确保所有海员无论船

---

① See *Case Study* 2: *Busan*, *South Korea*, the Seafarer International Port Welfare Partnership, https://www.portwelfare.org/case-study-2-busan-south-korea.html.

② See *Case Study* 2: *Busan*, *South Korea*, the Seafarer International Port Welfare Partnership, https://www.portwelfare.org/case-study-2-busan-south-korea.html.

③ See 10 U.S.C.A. § 2604 (West).

④ See 28 U.S.C.A. § 1916 (West).

⑤ See Stalker v. Se. Oil Del., 103 F. Supp. 436 (D. Del. 1951).

⑥ See *Seafarers' Welfare Fund*, Ministry of Blue Economy, Marine Resources, Fisheries and Shipping of the Republic of Mauritius, https://govmu.org/EN/Pages/default.aspx.

旗如何，都能不受歧视地方便地使用”，并且在第2款明确福利设施应包括会议室和娱乐室、体育设施和其他户外设施、教育设施，以及宗教活动和个人咨询设施。关于福利委员会，第119条的第3款规定“船东和海员组织、主管机构、志愿组织和福利机构的代表应属于福利委员会。在适当情况下，应邀请海洋国家的领事和外国福利组织的当地代表与在港口工作的福利委员会合作”，这与《2006年海事劳工公约》的规定保持一致。为了保证港口福利设施的良好运转，《海事劳工法》在第119条的第4款对其资金获取作了明确规定，即港口的福利设施每年将从联邦基金中获得总额为150万欧元的资金。第119条的第5款还规定联邦政府应促进国内机构通过在外国港口运营福利设施来支持海员。

由上可知，无论是船员特殊福利保护的实践现状，还是法律规定，域外发展水平均走在我国内地前列。在实践方面，域外港口为船员提供免费的交通服务、完善的娱乐和医疗设施值得我国借鉴，海员福利组织鼓励和支持全球港口成立海员福利委员会的工作宗旨可以启发我国积极与其开展合作，以为船员提供更好的福利服务。在法律保障方面，美国规定船员为自己的健康和安全而提起诉讼可以免除预付费用或提供担保的规定，为船员维权提供了特别优待；为使身处国外的船员能够顺利享受福利设施与服务，立法还给予了履行相关责任的工作人员提供福利待遇。毛里求斯为船员各类福利计划制定了专项法案。德国对海员港口福利设施的使用、提供、资金来源作了明确规定，并规定了福利委员会的设立，对海员港口福利的保障提供了法律支持。

## 第四节　船员特殊福利待遇的完善建议

在以上各节发现问题、分析问题的基础上，为解决我国船员特殊福利保障中存在的问题，我们提出完善及出台针对船员群体有力的，旨在提升船员社会地位和特别优待的政策及立法、加强与相关国际组织的合作、简化靠港检查程序以便利船员上岸休息等相应的建议。

### 一、政策上予以重视和支持

船员特殊福利保护不健全的一个重要原因就是国家和社会对船员从业群体的重视程度不够，表现为船员的社会地位、职业尊荣感及社会认可度较低，并且与其对国家经济社会作出的贡献不符。为改变这一现状，出台针对船员群体强有力的旨在提升船员社会地位和特别优待的政策，对于加强船员特殊福利的保障十分必要。我国政府部门应从政策上为这一从业人群提供强有力的优待举措。例如，为提升船员的职业荣誉感和社会地位,同时为体现国家对航运人才发展和海运强国建设的支持,建议放宽高级船员或有特殊贡献船员的申请落户条件,为其落户开辟绿色通道。

## 二、完善船员特殊福利保障立法

### (一)完善船员特殊福利立法

一是建议交通运输部制定或与人社部联合制定针对船员特殊福利事项的专门规章,在区分不同船舶类型的基础上,分别对船员岸上福利设施中休息、娱乐、网络及医疗等各类必需设施、船上休闲娱乐设施的配备标准作出能够保障船员日常休闲娱乐需要的明确规范,具体配备标准的确定应在相关部门对船员群体开展大规模实证调研的基础上,根据船员所反映的普遍实际需求而定。此外,还需明确船舶管理公司及船员工会促进船员福利之职责,并对设立船员福利委员会等立法空缺之处进行专门规范。

二是虽然部门规章的制定和修改程序较为便捷,但存在法律位阶较低的缺陷。2020年12月8日,交通运输部发布文件明确将在2035年之前完成“船员法”起草并报送国务院,[①]对此建议在其中专设一章对船员特殊福利的相关事项进行较为全面的规制。

### (二)出台针对高级船员或有特殊贡献船员的特殊福利专项立法

船员与军人均从事着非常艰苦的工作,与家人聚少离多,又分别是国家的航运业发展和国防建设中不可或缺的重要力量,并且船员在战争时期还可以作为“第二海军”和海军并肩作战,共同维护国家海上安全。为凸显国家对船员的重视、突出船员的特殊贡献、增强船员的工作积极性,可以通过对我国目前给予军人的特殊待遇的借鉴,出台针对船员特殊福利的专项立法。

我国对军人实施的特殊福利是通过对其提供社会优待、社会抚恤和安置等优抚保障的方式实现的。[②] 我国军人享有的社会优待主要有生活优待、医疗优待、教育优待、转业优待、随军优待。通过比对军人优待的现行立法,同时结合船员职业群体对国家社会经济建设的贡献程度及船员职业的特殊性,我们建议通过出台专项立法保障船员特殊福利。同时,考虑该特殊福利实施的可行性及社会反响,建议首先针对高级船员或有特殊贡献的船员展开,并随实际需要对适用对象进行动态调整。

1. 社会生活福利

一是建议给予船员出行便利,例如规定符合条件的船员可凭船员证优先购票

---

① 参见《交通运输部关于完善综合交通法规体系的意见》,载交通运输部官网,http://xxgk.mot.gov.cn/2020/jigou/fgs/202012/t20201208_3500464.html。

② 参见张友琴编著:《社会保险和社会福利》,厦门大学出版社1995年版,第298页。

乘坐各类长途及短途交通运输工具,并给予国际航行船舶船员乘坐境内民航班机适当的免费行李超重额度等;二是规定符合条件的船员凭船员证参观游览旅游景区可获得优待;三是规定县级以上人民政府给予符合条件的船员住房补贴和房租补贴,具体发放数额由地方政府结合当地经济发展水平进行确定;四是规定为船员提供在船工作期间的通信及上网补贴;五是由于不同城市的户籍承载着不同的福利待遇,因此建议模仿大学生落户的积分制,在船员中也实行积分制,把船员尤其是高层次船员作为一种特殊人才,实行有利于船员的落户制度。

2. 教育福利

建议规定符合条件的船员在离职后的一定年限内报考高等学校和中等职业学校的,在同等条件下优先录取;其子女入学入托,在同等条件下优先接收。

3. 转业福利

建议规定已离职的残疾船员另就业的,能够获得与就职单位工伤人员相同水平的福利待遇,单位不得因其残疾而解除与其的劳动合同。

4. 医疗福利

建议规定由国家或地方兴办船员医院,为生病受伤或者残疾、患有慢性病的船员提供公费治疗或疗养;在其他公立医院为船员提供优先挂号、优先就诊等优待。

5. 提供家属探船便利

为给船员家属探船提供便利通道,建议在立法中明确规定简化船员家属登船或船员下船的审批程序,港区应提供便利船员家属登船和船员登陆的交通工具,并做好登船家属安全知识宣传讲解工作、提供救生衣等救护物品,以及做好救生应急预案。

## 三、加强国际合作

第一,作为一个由来自世界各地的运输工人工会组成的民间组织,ITF 工作的目标之一就是帮助船员改善其工作条件、提高船员福利水平。ITF 能够帮助附属工会维护其成员的利益、为附属工会提供调研与信息服务、向处于困境中的运输工人提供一般援助,以及对向 ITF 及附属工会输送的专业人才开展教育培训。① 因此,加入 ITF 对于提高我国海员工会工作人员的服务水平、我国船员福利的维护具有重要的作用。

目前,我国与 ITF 最主要的分歧点即船员的薪资水平,由于我国经济的发展和海运实力的增强在逐步缓和,加之我国与 ITF 在保护船员利益上的宗旨、对待方便旗船的态度一致,我国与 ITF 建立合作关系已具备一定的可行性,接下来我国可与

---

① See *About Us*, ITF Seafarers(Jun. 14,2019), https://www.itfseafarers.org/en/about-us.

ITF在求同存异的基础上相互理解、相互合作,尽可能减少或避免与ITF的正面冲突,对发生的ITF抵制的行为进行及时积极的协商谈判,并在条件成熟时以中国海员建设工会的名义与ITF建立稳固联系,循序渐进地发展与ITF的关系。[①]

第二,为依照《2006年海事劳工公约》的要求在我国港口设立海员福利委员会,我国相关政府部门、海员工会、船东、船舶管理公司及其他社会组织可以相互联合,加入由商船福利委员会管理的国际港口福利合作计划,并在商船福利委员会的支持和帮助下在我国的主要港口城市设立福利委员会,以改善向船员提供的福利设施与服务。福利委员会应根据船员需求及港区的具体状况对岸上福利设施建设水平的提高制定切实可行的方案,借鉴国际港口福利设施建设的可取之处,并对福利设施的维护和运营进行指导协调和监督管理。[②] 据2022年12月至2023年1月开展的调研,购物、免费Wi-Fi、休闲娱乐、交通(多数海员认为,前往购物中心、海员俱乐部或海员服务中心、医疗机构、公交车站/地铁站、市中心的交通服务非常重要,具体如图18-3所示)、医疗等岸上福利服务和设施在大多数海员看来均非常重要,部分海员认为货币兑换和汇款、住宿服务也很重要。由于我国海员群体中有宗教信仰的人数较少(本次有效调研对象中,仅12.6%的海员有宗教信仰),仅5.33%的海员有宗教场所福利设施的需求,具体如图18-4所示。因此海员福利委员会可以优先考虑为海员提供购物、免费Wi-Fi、休闲娱乐、交通、医疗等更加急需的福利服务,在条件逐渐成熟后进一步扩展福利服务范围。在资金来源方面,可以参照《2006年海事劳工公约》导则B4.4.4中关于福利设施资金筹集的建议,通过公共基金拨款、对航运资源的征税、航运企业及其他社会组织的自愿捐款等途径获得设立福利委员会的经费来源。

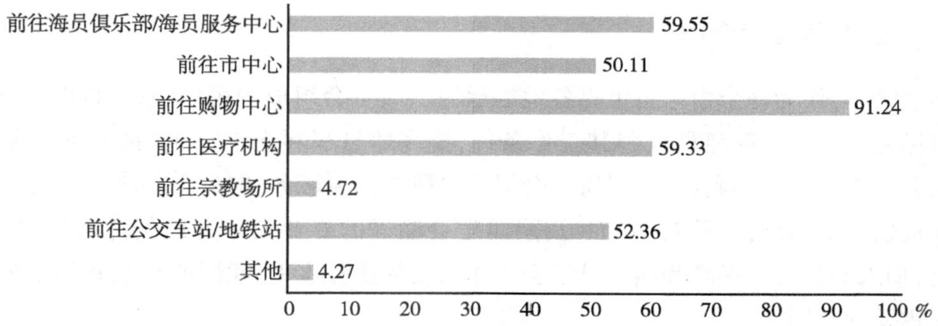


**图18-3 海员认为非常重要的交通服务**

① 参见印绍周、王玉洋:《谈我国与国际运输工人联合会(ITF)的合作》,载《中国海事》2011年第2期。

② 参见张晓东:《以〈2006年海事劳工公约〉为视角,谈完善洋山港区船员岸上福利设施》,载《水运管理》2013年第11期。

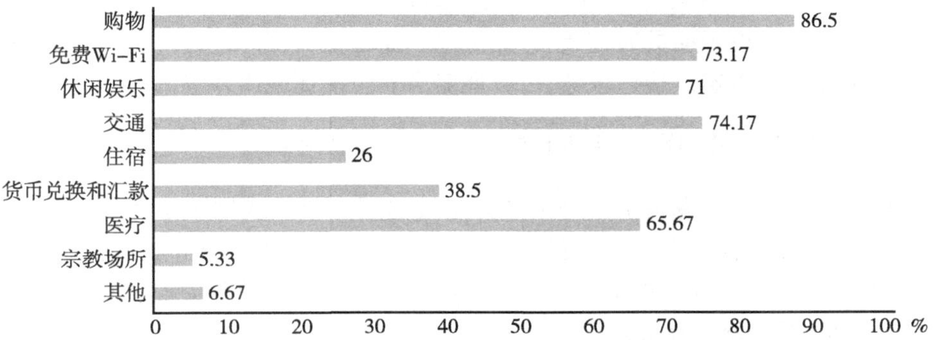


**图 18-4　海员认为非常重要的岸上福利/设施**

## 四、简化靠港检查程序,完善港区内交通服务

为方便船员在靠港后能够及时上岸休息和放松,首先,当前阻碍船员上岸的烦琐检查程序这一关键障碍急需破除。一是建议规制港口国监督检查的相关国际公约在保证快速检查靠港船舶的技术状况和船员能力的前提下,削减不必要的程序性规定。且公约应规定船舶法定证书和文件、垃圾记录簿、航海日志、靠港报关文件等材料的准备和填报采取电子化作业的方式,并将船舶签证改为船舶报告制,登轮检查应由相关部门联合统一开展,防止检查事项重复。[①] 二是岸基管理人员应定期梳理船岸之间文件的传递程序和船舶填写记录,减少靠港检查的程序和船员负担文书工作的数量,并借助互联网等新兴技术将纸质文件资料电子化,通过船岸之间的数据传输将船员的部分文书工作交由岸基管理人员完成。[②]

其次,为便利船员上岸休息,还需为靠港船员提供出入港口和往返市区的廉价甚至免费的交通工具。为靠港船员提供便利廉价交通工具的服务是国际组织所倡导和要求的做法,这在 1987 年《海员福利建议书》第 15 条以及《2006 年海事劳工公约》导则 B4. 4. 5 中均有明确清晰的体现。船员在靠港后能够自由支配的休息时间本就短暂,国内大部分港口的港区又较大,且通常距离市区遥远,若没有方便随时搭乘的车辆则会耗费船员大量的时间。据调研中船员反映的信息,有的港口不许出租车进港,有的港口交通被私人垄断,价格高昂。对此,国际海员俱乐部作为船员岸上福利设施的主要提供者,可以发展为靠港船员提供便利、廉价甚至免费交通工具的优质服务。[③] 此外,当地政府部门也应重视并积极发展完善港区内及

① 参见张会国:《莫让船员文书工作压垮安全意识》,载《中国航务周刊》2018 年总第 1262 期。
② 参见张会国:《莫让船员文书工作压垮安全意识》,载《中国航务周刊》2018 年总第 1262 期。
③ 参见段尊雷、印绍周:《海员获得使用岸上福利设施的思考》,载《中国海事》2011 年第 10 期。

连接市区的交通网络系统，[①]节省船员进出港区的时间。比如汕头广澳海事处积极推动港口集团设置船员通道，制订船员接送操作指引，并安排专门车辆为符合上岸条件的船员提供定点接送服务，以方便船员安全便捷地出入港区。[②]

## 五、船舶管理公司和工会应负起改善船员福利之责任

船舶管理公司和海员工会分别作为船员的用人单位或用工主体、船员权益的维护者，负有尽可能为劳动者提供或争取更为舒适的工作环境和更优福利待遇的责任，这既是出于对船员的尊重与关怀，从长远看也更有利于航运业的持续繁荣。Dorian LPG 管理公司首席运营官迪米特里斯·奥尔法诺斯（Dimitris Orfanos）就曾表示，“我们一直严肃地将保证我们自己的船员福利摆在最首要的位置，并且我们最终发现，对船员的所有‘投资’最终都会得到回报的……做好船员的福利及待遇工作，不但能使我们的船员更加的安全与快乐，而且能有效地降低事故发生、船员生病的概率，还能避免很多其他的问题，这给船舶及整个物流运营带来更高的流畅度”[③]。

下面以船员在船期间移动网络的获取为例，来说明船舶管理公司及海员工会应致力于改善船员福利的工作职责。对于在船船员而言，是否有可随时访问的网络，在很大程度上影响着其在船工作期间的休息娱乐质量、对船上封闭环境的忍耐度和对船员职业的认可度。据 2019 年第 4 季度海员幸福指数报告可知，那些拥有质量好并且费用低的网络、与家人能良好通信的船员远比那些无法享受到这些的船员快乐。[④] 高速互联网接入是船员的首要需求，虽然许多海员中心在出售具有数据功能的 SIM 卡，然而这些 SIM 卡提供的数据相对较少且价格较高，至于一些海员中心提供的移动热点设备的租赁，由于成本、互联网供应商限制的增加以及设备往返运送等原因面临着持续的挑战，[⑤]且 SIM 卡和移动路由器只能在近海区域使用。当船舶于公海上航行时，只能依靠卫星通信访问互联网，此种方式的弊端也很明显，一是连接困难或者信号差、网速较慢，二是价格昂贵，通过卫星接收或发送每兆字节的价格从 0.1 美元到 20 美元不等，或者由船东提供给船员相当有限的流量。此外，公司的管理政策也对船员访问互联网造成阻碍，有的公司为了方便管理，便禁止船员使用船上通信设备进行通讯或上网，再者经济实力欠缺的国内诸多

---

① 参见张晓东：《以〈2006 年海事劳工公约〉为视角，谈完善洋山港区船员岸上福利设施》，载《水运管理》2013 年第 11 期。

② 参见《赞！这个中国港口，为船员定制四大专属福利！》，载海事服务网，https://www.cnss.com.cn/html/cydt/20210722/342005.html。

③ 参见《当务之急：提高海员福利改善其待遇！》，载航运在线，http://news.sol.com.cn/html/2016-11-17/AF595197DCEF320DA.shtml。

④ See *Seafarers Happiness Index Quarter* 4 / 2019, the Mission to Seafarers (May. 01, 2019), https://www.missiontoseafarers.org/wp-content/uploads/Seafarers-Happiness-Index-Report-Q1-2019.pdf.

⑤ See Jason Zuidema, *Mobile Hotspot Program Sponsored by ITF Seafarers' Trust in Partnership with Namma*, The More Report, http://marereport.namma.org/index.php/2018/07/20/mobile-hotspot-program/.

船东也不会为船舶配备卫星通信装置；在船舶停泊期间，也并非每个港口都有为船员提供互联网访问服务的船员中心。[①] 如 2022 年 8 月线上调研中关于“海员中心是否提供免费 Wi-Fi”问卷结果显示，回收到的 489 份有效回答中，高达 67.28%的船员称不提供。因此，为保障船员在船及靠泊时可随时享有性价比高、速度快的网络接入服务，船舶管理公司及海员工会需要积极组织人力财力商讨对策、出台可操作性强的解决方案。如船舶管理公司为船员寻找性价比更优的卫星通信服务套餐、制订高效和灵活的管理策略并放开船员上网限制，海员工会积极推进海员中心为船员提供便捷的、廉价的甚至免费的互联网访问服务，向政府部门争取为船舶配备卫星通信装置提供财政支持等。

## 本章小结

船员特殊福利制度保障是提升船员职业尊荣感、保障船员队伍稳定性的必然要求，同时也是公平正义价值理念的要求。为提升我国船员的特殊福利和社会优待水平，建议在政策上给予船员从业群体特殊优待举措，在立法上制定针对船员船上及岸上福利设施标准、设立港口福利委员会等事项的专门规章，在未来制定“船员法”时专设一章规定船员特殊福利，并且比照军人的福利待遇出台针对高级船员或有特殊贡献船员的特殊福利专项立法。此外，还需要发展与 ITF 的合作关系、与商船福利委员会开展合作并在其支持和帮助下设立福利委员会，简化船舶靠港检查程序、为靠港船员提供免费或廉价的交通工具以便利船员及时上岸休息，船舶管理公司和工会也应担负起改善船员福利待遇的责任。

---

① 参见徐航、杨家轩：《海上无线网络连接对海员招聘及其职业发展的影响》，载《中国远洋海运》2017 年第 12 期。

## 本章小结

# 第六篇　船员劳动权益法律救济篇

# 第十九章　船员投诉机制问题研究

目前我国在船员投诉处理机制方面，与《2006 年海事劳工公约》的要求还有一定差距。虽然海事局 2018 年印发的《海事局在船船员投诉处理工作程序》（海船员〔2018〕1 号，以下简称《在船船员投诉处理工作程序》）弥补了我国过去仅规定船上投诉程序，却没有明确规定岸上投诉程序的缺憾，但还有进一步完善的空间。

船员与其他一般劳动者相比，因其严酷的工作环境、船东与船员之间权利的不平衡，应给予其特殊的法律保护。[①] 作为特殊劳动者的船员，是支撑航运业的骨干，全面保障船员的权益并建立健全投诉处理机制，对于推动航运业顺利发展具有重要意义。我国是航运大国和船员大国，以加入《2006 年海事劳工公约》为契机，对比借鉴国外船员投诉处理相关经验，完善相关立法和制度，能够使我国船员的权益得到更好的保障，真正实现船员在船上的体面工作和生活，提高船员的经济和社会地位，对更好地促进我国航运业的发展具有重要意义。

## 第一节　我国船员投诉制度的现状

### 一、我国船员投诉制度的实践现状

2022 年 8 月，本书课题组通过线上问卷的形式向各级船员（其中，船长/轮机长、高级船员及普通船员分别占 27.08%、

① See Luci Carey, *The Maritime Labour Convention*, 2006: *The Seafarer and the Fisher*, Australian and New Zealand Maritime Law Journal, Vol. 31, p. 15(2017).

45.45%、25.10%①)开展调研,收回有效问卷506份。本次调研对船员已投诉和想要投诉问题的选项设置进行了优化,结果如图19-1所示。通过此图可以看出,当前船员对工资、休息休假、社会保障和福利、船上工作和生活条件等基本权益较为关注,由此引发或可能引发的投诉问题较多。并且,海事主管机关、派遣机构和港口主管机构的行政行为和服务保障等问题也占据不小的比重。

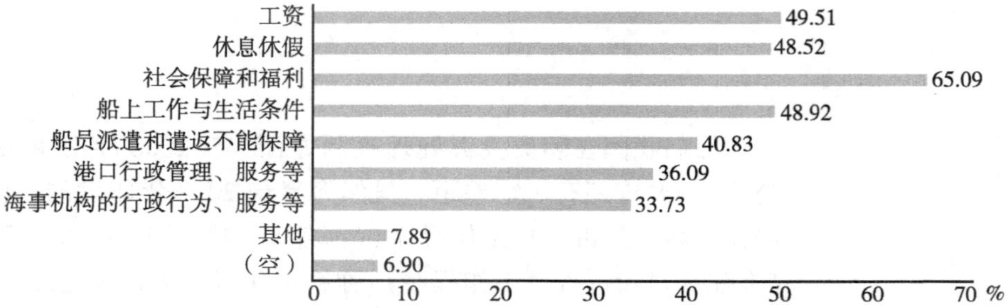


**图19-1 船员已投诉和想要投诉的问题**

问卷调研数据还表明,59.09%的船员称在遇到问题时有投诉的意愿,但有52.96%的船员反映没有规范且有效的投诉渠道(另有16.01%的船员对此不了解),48.42%的船员没有被明确告知投诉程序及其他重要信息,46.84%的船员反映投诉处理机关或负责人不明确(另有17.98%的船员对此不了解)。对于投诉处理结果,曾经投诉过的船员中仅有4.94%的人认为投诉得到了及时有效的解决,另有7.51%的船员认为投诉问题被拖延处理,41.7%的船员认为投诉处理敷衍了事,13.44%的船员称未解决。并且,有54.74%的船员反映没有主管机关检查监督投诉的落实情况,另有32.02%的船员对此不了解。此外,有高达85.97%的船员担心投诉后因信息泄露,会面临打击报复或被孤立。

## 二、我国船员投诉相关法律制度

### (一)国内立法关于船员投诉的规定

在国内立法方面,《船员条例》虽然对船员职业保障有一些规定,但未提及船员的投诉权利。《海事劳工条件检查办法》仅在第3条提及船上投诉程序由各地海事管理机构负责监督检查,在第9条提及船员投诉是开展附加检查的前提条件之一。《海员外派管理规定》(2023年修正)第28条第1款规定了海员外派机构应当建立与境外船东、外派海员的沟通机制,及时核查并妥善处理各种投诉,然而规定得较为笼统且未设置相应的法律责任,难以发挥实效。为了履约需要而制定的《海员船上工作和生活条件管理办法》在第57条中规定了船东应建立并运行船上投诉

① 关于"您目前是什么级别的船员"一题,航海类高校学生管理人员、实习三管轮未统计进以上数据中;另有一人未作答。

处理程序，并向每个船员提供该程序的副本，其中内容至少应包括受理投诉的船上部门或者负责人员以及船东指定人员或其代理人的联系方式，相关主管部门的联系方式，逐级处理的投诉解决机制，投诉解决的时限和记录。该条还规定这一程序不得妨碍船员向船长、船东及相关主管部门直接投诉的权利。

《在船船员投诉处理工作程序》的施行提供给我国船员投诉权益较强的保护，使我国的船员投诉制度距离《2006 年海事劳工公约》的要求更进了一步。其内容包括船员岸上投诉方式、处理流程、处理期限及工作依据，并附有海事局在船船员岸上投诉表。该规定明晰了我国船员投诉为实名投诉，对匿名投诉不予处理，一定程度上可以规避虚假投诉。

（二）《2006 年海事劳工公约》关于船员投诉制度的规定

1. 船上投诉程序和岸上投诉程序

（1）船上投诉程序

《2006 年海事劳工公约》规则 5.1.5 规定了船上投诉程序，对各成员国处理船员船上投诉问题作出了一般性、原则性规定，并对船员投诉权利加以严格保护，[①] 如图 19-2 所示。

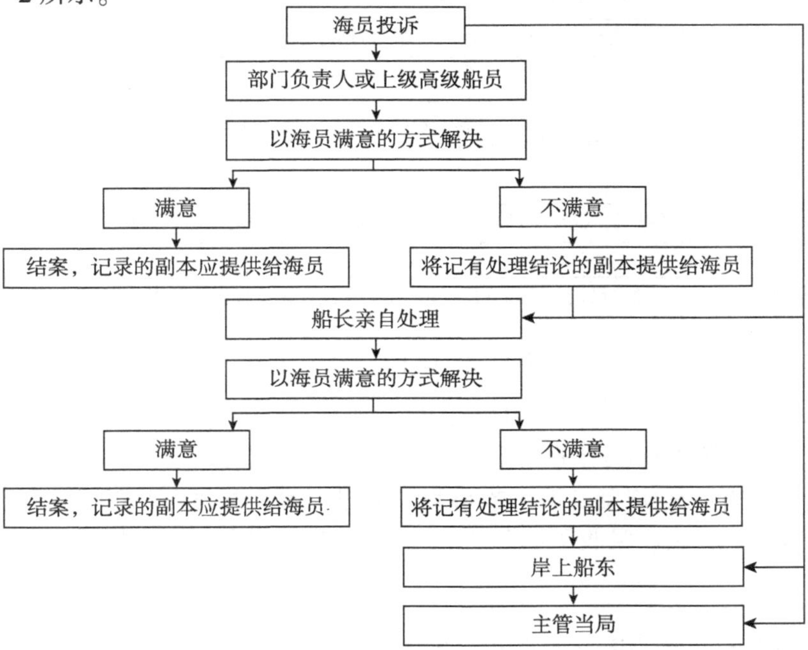


**图 19-2　船上投诉处理程序**

① 各成员国应要求悬挂其旗帜的船舶具备公平、有效和迅速处理海员指控违反本公约要求（包括海员权利）的投诉的船上程序。各成员国应禁止和惩处以任何形式对提出投诉的海员进行迫害的行为。本规则和守则的相关部分的规定不得妨碍海员通过其认为适当的任何法律手段寻求纠正的权利。

(2)岸上投诉程序

《2006 年海事劳工公约》规则 5. 2. 2 对船员投诉的岸上处理程序进行了详细规定,首先船员应当向其所在船舶挂靠的港口国的授权官员报告,授权官员经过初步调查之后,根据案件是否具有普遍性进行不同的检查,进而采取不同的解决措施,在这个过程中,授权官员应尽量促成案件在船上得到解决处理,[①]如图 19-3 所示。

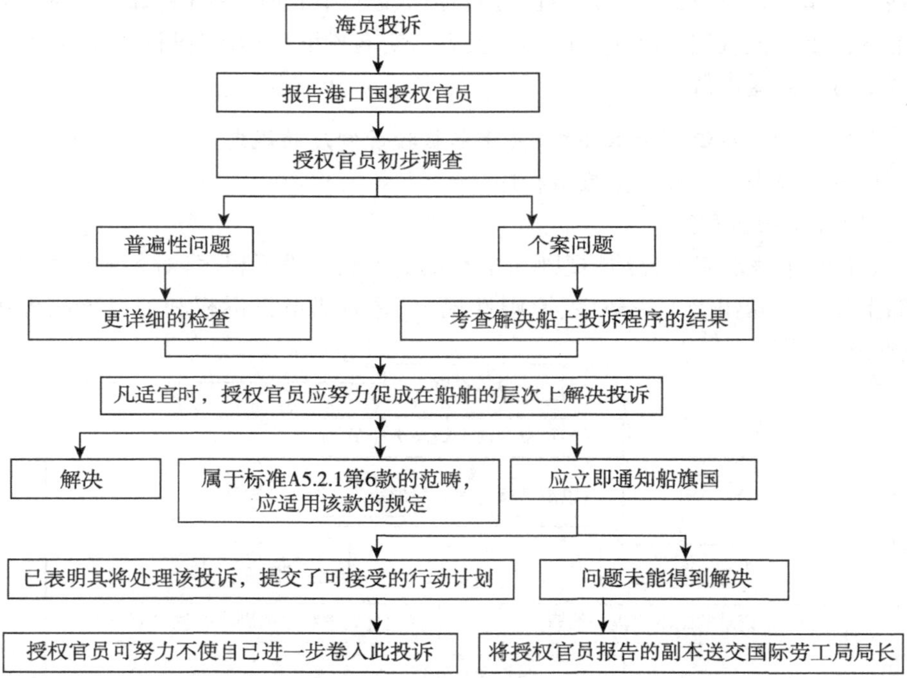


**图 19-3 岸上投诉处理程序**

2. 对《2006 年海事劳工公约》有关投诉规定的分析

《2006 年海事劳工公约》对于船员投诉的规定,也是以前国际劳工组织从没有规定涉及过的,分别规定了船上投诉程序和岸上投诉程序。《2006 年海事劳工公约》在内容方面,全面吸收了国际劳工组织和其他国际组织在立法方面的优秀成

---

① 各成员国应确保,在该成员国领土内的港口挂靠的船舶上的指控违反本公约要求(包括海员权利)情况的船员,有权提出申诉以促进采取迅速而实际的解决方式。船员指控违反本公约要求(包括船员权利)的投诉,可向船员所在船舶挂靠的港口国的授权官员报告。在这种情况下,授权官员应开展初步调查。凡适宜时,授权官员应努力促成在船舶的层次上解决投诉。否则,授权官员应立即通知船旗国,在规定的期限内征询建议及关于纠正的行动计划。如果通知船旗国后投诉问题未能得到解决,港口国应将一份授权官员报告的副本送交国际劳工局局长。此外,港口国应定期将关于已解决投诉的统计资料和信息提交给国际劳工局局长,使船东和海员组织注意到这些信息,并采取适当措施为提出投诉的船员保密。

果，体现了尊重并保护人权的人文精神。[①]

（1）船上投诉程序的创新

《2006年海事劳工公约》规定的船上投诉程序和岸上投诉程序，解决的是船员投诉渠道问题，建立健全船员投诉渠道能够充分保障船员的合法权益。完整的投诉机制需要考虑到船员的实际生活及工作情况，形成能够及时有效解决问题、多渠道、全覆盖的投诉机制。船上投诉程序的设立促使船员投诉能够尽可能在第一时间快速便捷地解决，这也是《2006年海事劳工公约》的一大创新。《2006年海事劳工公约》始终强调船员投诉的处理应尽可能寻求最低的层次解决，船上投诉机制永远是首选的争议处理渠道，无论是在解决的便利上还是及时性等问题上都能予以保障，它能及时就争议进行调解，对缓和劳资关系，将问题解决在萌芽阶段大有裨益。[②]

船上投诉处理程序建立了很多层次，这些都是为了确保船员的投诉能够及时较好地解决。从上文对船上投诉程序的介绍可以看出，普通船员可以先向部门负责人或上级高级船员申诉，但是《2006年海事劳工公约》强调，在任何情况下，船员均有权直接向船长或在其认为必要时，向适当的外部当局投诉。可以看出在船上投诉方面，船员的选择很多，有利于船员的投诉事项能够更有效地解决，从制度上予以保障。

（2）完整的投诉处理循环机制

船上投诉处理程序虽是船员投诉的非常重要的第一道程序，但如果仅有船上投诉这道程序，没有岸上的投诉渠道相配合，对船员的保护也极为不利。《2006年海事劳工公约》规定的岸上投诉处理程序就是很好的配套机制。岸上投诉处理机制作为公约的一大亮点，能够与船上投诉处理机制形成全方位保障体系，更好地维护船员权益。

《2006年海事劳工公约》规定成员国要确保在其领土内的港口挂靠的船舶上的船员有权提出申诉并要予以实际解决。在港口国的船员投诉的岸上处理程序中，若船员的投诉未能在船上解决，可以直接向船舶挂靠港口国的授权官员报告。

## 三、我国船员投诉处理程序

依据我国现行法律规定，在中国籍国际航行船舶和国内沿海航行船舶上工作的船员，可以通过船上投诉程序维护自己的权益。具体来说，船员可以向船上部门负责人或高级船员反映，或者直接向船长投诉，船长解决不了的，船员可以向船舶

---

① 参见王秀芬、高云嵩：《〈2006年海事劳工公约〉及其对海事社会的影响》，载《中国海商法年刊》2006年第00期。

② 参见李刚、姚妮娜：《关于船员劳务法律问题的调研》，载《海大法律评论》2015年第00期。

所有人或船公司部门主管领导反映。[①] 我国境内港口停泊的中国籍海船、外国籍船舶的在船船员，对于违反《2006 年海事劳工公约》(包括船员权利) 损害船员利益的行为，可通过现场、网络或其他方式向海事管理机构进行岸上投诉。

关于岸上投诉处理程序，《在船船员投诉处理工作程序》按照海船国籍的不同，区分规定了中国籍海船在船船员投诉处理流程与外国籍船舶在船船员投诉处理流程。投诉事项经过调查核实后，如发现投诉属于个案，受理投诉的海事管理机构应建议船长或船东按照船上的投诉程序予以解决，并进行必要的协调，尽可能推动在船舶层面解决问题；如投诉问题属普遍性问题，将实施详细调查。表 19-1 整理了当前我国船员岸上投诉处理程序。

**表 19-1 当前我国船员岸上投诉处理程序**

| 投诉类型 | 投诉内容 | 处理部门 | 若投诉未能在船解决 |
|---|---|---|---|
| 中国籍海船在船船员投诉 | 投诉事项属于海事管理机构管理职责范围内的 | 负责受理的海事管理机构(船舶停泊在辖区港口的)/受理投诉的海事管理机构于 3 个工作日内转交(被投诉船舶停泊在其他海事管理机构辖区港口的) | 负责处理投诉的海事管理机构通知船东所在地的海事管理机构实施海事劳工条件附加检查 |
| | 涉及欠薪、劳动合同、劳务纠纷等不属于海事管理机构职责范围内的投诉 | 由受理投诉的海事管理机构告知投诉人向船东所在地的地方人力资源社会保障行政部门投诉 | — |
| 外国籍船舶在船船员投诉 | 不限 | 负责受理的海事管理机构(船舶停泊在辖区港口的)/受理投诉的海事管理机构于 3 个工作日内进行转交(被投诉船舶停泊在其他海事管理机构辖区港口的) | 负责处置投诉的海事管理机构通知船旗国政府，要求在规定时间内给出建议并制订纠正计划 |

---

① 参见彭宇等:《船员投诉维权途径现状及其效果分析》,载《上海海事大学学报》2014 年第 2 期。

## 第二节　我国船员投诉制度存在的主要问题

### 一、船员投诉立法不完善

相较《2006 年海事劳工公约》中对于船上和岸上投诉机制的有关规定，我国的相关法律规定不太完善。《船员条例》《海事劳工条件检查办法》《海员外派管理规定》中缺乏对船员投诉方式及处理程序的规定。《船员条例》作为最为重要的船员相关立法之一，在保障船员投诉权益上却缺位。为了推进国内沿海航行船舶尽快履行《2006 年海事劳工公约》，《海员船上工作和生活条件管理办法》在 2018 年的修订在很大程度上缓解了这一问题。然而，《海员船上工作和生活条件管理办法》第 57 条关于船上投诉处理程序的规定仍较为简略，与《2006 年海事劳工公约》相比仍有差距，且未规定岸上投诉处理程序，当然这也与《海员船上工作和生活条件管理办法》制定的背景有关。

此外，与船员投诉相关的法律规定位阶低。立法层级相对较高的《海商法》《船员条例》对船员投诉没有规定。《海员船上工作和生活条件管理办法》对船上投诉程序作了简要概括的规定，2018 年 1 月 2 日发布的《在船船员投诉处理工作程序》是我国目前对船员向海事管理机构投诉作出的较详细的规定，对船员投诉权益保护是一个进步，但这两个规定只是部门规范性文件，法律效力及位阶较低。

### 二、船员投诉处理程序不完善

我国涉及船员投诉的相关规定主要存在于《海员船上工作和生活条件管理办法》《在船船员投诉处理工作程序》中，根据两文件的规定，船东应当建立符合条件的船上投诉程序，如果船员在船无法解决，则可以向海事管理机构投诉。

但根据前述问卷调研结果可知，在实践过程中，船上投诉程序不符合公约要求、投诉处理机制尚未完全明朗、船员投诉无门无果的情形时常发生。同时，在 2018 年 10 月青岛海事部门对“中国考古 01”科考船的劳工条件检查过程中，发现存在缺少船上投诉程序的情况。① 投诉程序未包含船员居住国主管机关的信息，投诉程序仅在公共场所张贴，没有为每名船员提供投诉程序，②这也是海事劳工检查中船上投诉程序的常见缺陷。

由此可见，船员投诉面临的主要问题表现为：第一，在船上投诉程序缺位以及

---

① 参见吴沙沙：《关于海事局 MLC 劳工条件试点检查的情况报告和建议》，载搜狐网 2018 年 11 月 16 日，https://www.sohu.com/a/275849946_99908560。

② 参见韩宗兴：《海事劳工检查常见缺陷分析》，载《世界海运》2018 年第 9 期。

普及不到位的情形下,船员不知道投诉机制是如何运转的,应该如何投诉、向谁投诉;第二,投诉之后的解决处理机制不够完善,部分问题没有得到解决;第三,没有有效的保护机制,多数船员担心即便问题得到解决,船员也可能面临被排挤、打击报复的情况;第四,由于相关部门职责划分不清,根据问卷调研结果,主管机关定期监督检查船员权益保障落实情况的仅占到 9.49%。这些问题的关键在于中国船员还没有一条畅通并且行之有效的船员投诉处理通道,还不能够使得船员与船公司、船舶经营人产生矛盾后,及时疏解矛盾。因此,建立积极有效的船员投诉处理程序仍是一项重要任务。

### (一)实名投诉不利于保护船员

为了减少恶意投诉,2018 年发布的《在船船员投诉处理工作程序》中规定了投诉必须是实名投诉,否则不处理。虽然其中也规定了受理投诉机关对投诉人负有保密义务,但实名投诉会导致船员缺乏安全感,无法信任受理投诉机关是否能够真的做好保密工作。船员会担心自己在投诉后会遭到报复、排挤而失去自己的工作,而且即使船员投诉了也未必能得到满意的答案,因此船员不愿意通过投诉维护自己的利益。从投诉与不投诉的损失对比来看,船员很可能会选择不投诉。

### (二)岸上投诉受理主体设置不完善

我国的船员投诉涉及多个部门。根据《在船船员投诉处理工作程序》可知,岸上投诉程序的受理主体根据投诉的具体事项有所区分,区分依据为《海事劳工条件检查办法》第 3 条第 2 款及第 3 款。由此可知,我国岸上投诉程序作为海上劳动执法的一部分,其受理主体的职责划分方式与海上劳动监察主体一致。然而,由于海事主管机构和人力资源社会保障行政部门的海上劳工监督检查职责的划分并不清楚明确,存在交叉重叠之处,因而在船员岸上投诉程序受理主体的划分上,自然也会存在相关部门对船员岸上投诉受理事项的划分不清晰,职能有交叉的问题。目前《在船船员投诉处理工作程序》仅规定涉及欠薪、劳动合同、劳务纠纷等不属于海事管理机构职责范围内的投诉由人力资源社会保障行政部门受理,该规定过于笼统概括,其意在由人力资源社会保障行政部门管理海事管理机构职责之外的事项,以作为周全保护船员权益的弥补措施,但并未详细规定人力资源社会保障行政部门的具体职责,这反而不利于两者各司其职,易造成职能交叉,产生推诿或争权的现象。

并且,根据《在船船员投诉处理工作程序》的规定,对不属于海事管理机构职责范围内的投诉,船员只能再自行向人力资源社会保障行政部门进行投诉,这其中缺少一个部门间的投诉转递程序,并且由哪一级的海事部门进行转递投诉,由谁负责交接与跟踪,是否需要组成联合调查等问题现阶段没有答案。

由于这一问题与"海上劳动监察问题研究"一章中"监察主体及其职责存在的问题"一致,故本章不对其相应的解决措施具体讨论。

## 第三节　英国船员投诉制度及经验借鉴

### 一、英国船员投诉相关法律及程序

英国是判例法国家,其海商法主要根源于海事法院的判例和惯例,当然也有一系列的成文法。其中,1995 年《商船法》是英国议会通过立法程序制定的有关航运方面一系列成文法规的统称,有关商船船员劳动权利的内容主要体现在该法的第三部分"船长和船员"中,第 44 条规定了船员对于船上供应品和供水投诉问题的处理程序,即船员可以先向船长投诉,船长应当立即开展调查,如果船员不满意船长的处理或者船长并未采取任何行动,他们可以向相应的主管或者官员投诉,对此船长应当采取充足的安排来确保船员尽快向上级主管官员投诉。如果船长对于他上述的作为或者不作为没有恰当的理由,将被适用简易程序处以不超过 3 级标准的罚金,如果没有在合理的时间内更换,将被处以 4 级标准的罚金等。

英国船员投诉的主管部门是 MCA。MCA 类似于我国海事局,是英国运输、地方政府与区域发展部下属的对海上安全进行管理的专业机构。英国在 2013 年 8 月 7 日加入了《2006 年海事劳工公约》,但在此之前便将《2006 年海事劳工公约》的规定引入英国法并予以强制执行。MCA 通过起草指引,来引导雇主和船员遵守《2006 年海事劳工公约》的规定。英国的船员投诉制度基本是按照《2006 年海事劳工公约》的要求制订的,船员可以选择船上投诉或岸上投诉。在船上,船员可以向船上负责人投诉;在岸上,船员可以向 MCA 调查员投诉。①

具体在船上投诉程序上,MCA 于 2013 年 7 月发布的《商船公告》(Merchant Shipping Notice)[MSN 1849(M)]要求每一艘英国籍的船舶都要有船员船上投诉处理程序,主要包含以下要点:(1)寻求在尽可能低的程序上解决问题;(2)在任何情况下,船员必须有权直接向船长和 MCA 提起投诉;(3)船员投诉时有权有人陪同或者被代表;(4)保证船员不因提出投诉而遭受任何损害。②

具体在岸上投诉程序上,MCA 于 2013 年 7 月发布的《海事指导说明》(Marine Guidance Note)[MGN 487(M)]为船东、经营者和船员提供了关于 MCA 处理向其提出的与《2006 年海事劳工公约》中有关投诉的英国规定的指导,主要包含以下几

---

① See GOV. UK, *Seafarer Working and Living Rights*, https://www.gov.uk/seafarer-working-and-living-rights/maritime-labour-convention.

② See MCA, *MSN* 1849 (*M*) *Maritime Labour Convention*, 2006 - *On - board Complaints Procedure*, GOV. UK (July. 1, 2013), https://www.gov.uk/government/publications/msn-1849-on-board-complaints-procedure.

点:(1)船员或者其他利益相关方可以就违反《2006年海事劳工公约》要求的行为(包括船员权利)向主管当局授权官员提出投诉;(2)投诉可以是经MCA认证的英国籍船上的船员或者停靠在英国港口的非英国籍船上的船员提出的;(3)投诉会被MCA调查,并可能导致检查,检查仅限于投诉的范围;(4)如果有证据表明船舶可能不符合《2006年海事劳工公约》的相关规定,MCA可能会扩大检查范围。①

### 二、中英船员投诉制度的对比

为了建立健全船员投诉处理机制,英国为其制定了较为全面完善的法律体系,并以较快的速度将《2006年海事劳工公约》的规定转化为国内法,足见其对船员权益保障的重视,甚至在《商船法》中专条规定了船员对于船上供应品和供水投诉问题的处理程序。相比之下,我国虽然已于2015年11月12日向国际劳工组织递交了加入《2006年海事劳工公约》的批准书,且《2006年海事劳工公约》于2016年11月12日正式对我国生效,但是迄今为止,我国仅在法律位阶较低的部门规范性文件中对船员岸上投诉处理程序进行了规定,且对船上投诉处理程序的规定较为简陋,内容上存在诸多不完善之处,难以为船员投诉处理程序提供较好的指引。

## 第四节　完善我国船员投诉制度的建议

### 一、规范统一我国船员投诉立法

为更好地保障船员的劳动权益,我国相关立法部门应当加紧立法,在法律制度层面进一步完善船员投诉处理机制。应根据我国国情在充分调研和征求社会各方面意见的基础上,对我国船员投诉处理问题进行全面系统的整合,为修改我国《海商法》"船员章"及在将来出台更系统的船员立法做好准备。针对《2006年海事劳工公约》中有规定的而我国尚没有规定的,需要我们增加完善现有法律法规,位阶低的规范性文件则需要通过高位阶的法律来予以明确,但需要注意的是,需要我们根据我国航运现状增加完善,不可盲目照搬国外立法体系。在转化《2006年海事劳工公约》条款的立法过程中,应始终置身于中国当下法律法规体系,注意协调我国劳动法律及民法典的相关规定。

首先,应当按照《2006年海事劳工公约》的要求,完善船上和岸上投诉处理程序的规定,整合《海员船上工作和生活条件管理办法》《在船船员投诉处理工作程

① See MCA, *MGN* 487 (*M*) *Maritime Labour Convention*, 2006: *On-shore Complaints*, GOV. UK(July. 28,2013), https://www.gov.uk/government/publications/mgn-487-maritime-labour-convention-2006-on-shore-complaints.

序》等部门规范性文件中有关船员投诉处理程序的规定,并呈现于位阶更高的船员法律法规或将来出台的“船员法”中,切实保障船员的投诉能够尽快地解决。同时,也要强调政府、雇主和雇员三方协调机制和集体协议的作用。

其次,设定完备的法律责任。《在船船员投诉处理工作程序》已将船员投诉规定为实名投诉,并规定了海事管理机构具有保密义务,但我们认为对保密义务需要进行具体规定,对不履行保密义务的行为设定相应的法律责任,从而避免船员因投诉行为遭遇报复及不公正对待。并且,针对相关责任主体未依照法律规定,将船上及岸上投诉流程、投诉处理机关及负责人联系方式等重要信息明确告知船员的行为,应设定相应的处罚标准,保障船员在遇到问题时知晓该如何投诉、向谁投诉。

## 二、完善我国船员投诉处理程序

### (一)完善船上投诉程序

由于船上投诉处理机制的重要性,目前包括我国在内的很多国家都有建立船上投诉处理机制,但跟《2006 年海事劳工公约》的要求还是有差距的。《2006 年海事劳工公约》在导则 B5.1.5 中强调了政府、雇主和雇员三方协调机制和集体协议的作用。我国为了参加该公约,此前已做了大量前期准备工作,其中《中国船员集体协议(A 类)》是重要工作成果之一,该协议第 58 条包含如下内容:“船员在船期间发生劳动争议,可以通过船舶工会协调解决或者向上级工会投诉。”因此,各级船员工会应当明确职责,重视集体协议的签订,努力调解并解决争议,关心船员投诉需求。应该充分发挥船员工会的作用,指导船员用人单位印制船员投诉流程,张贴于船舶上,或者组织船员学习投诉的流程,让每个船员知道有船上及岸上的投诉权利。

船上投诉机制对缓解劳资关系、将劳动纠纷解决在萌芽阶段有很大帮助。同时,为了提高船上投诉处理机制的运作效率,我们建议在船上设立船舶投诉处理委员会,作为专门承担在船船员投诉处理工作的联席部门,可以由船长、政委、船舶工会负责人、各部门负责人组成。另外,船舶投诉处理委员会还应当加强与岸上的联系,如船员的投诉问题在船上不能够解决,那该委员会应该汇报给岸上的船东、主管当局海事争议处理部门等,满足《2006 年海事劳工公约》中有关船上处理船员争议的基本要求,并且结合我国实际开展争议处理工作。船舶投诉处理委员会的建立,能够在一定程度上公平公正、便捷高效地处理船员投诉问题。

### (二)完善岸上配套投诉机制

对于船员来说,海事主管机构是他们较为熟悉、与船员陪伴时间最长久的部门,寻求海事主管机构的帮助是他们最能直接接触的途径,船员愿意也倾向于将希望寄托在熟悉的部门身上。维权的手段和程序复杂烦琐、部门之间对责任的相互推脱,这些都会让船员产生失望的心理,丧失维权的信心。故应将海事管理机构作为船员投诉权益保护的统一管理机关，负责船员岸上投诉，具体机构及职权设置详见“海上劳动监察问题研究”一章。

目前，我国已经建立中国船员发展与保障中心，该中心将会全面保障船员劳动权益、促进船员健康发展。建议将中国船员发展与保障中心作为与岸上投诉处理机制相配套的船员权益保障机构，进一步完善岸上投诉处理程序。中国船员发展与保障中心可以请劳动监察部门作为业务指导，并且政府、船东协会、船员工会等部门也可以加入其中。该保障中心还可以作为专门处理船员劳动纠纷的社会性机构，海事管理机构作为其主管机关。该中心应当建立健全的投诉处理解决程序，还可面向社会提供咨询、调解、联络、仲裁等服务，切实保障投诉船员的隐私，为船员的权益保障提供全方位支持。

## 本章小结

以加入《2006 年海事劳工公约》为契机，对标公约的要求，借鉴航运历史悠久的英国船员投诉经验，在我国现有相关立法及制度的基础上，完善船员的投诉机制，不断改善船员工作环境，对于提升国家海运业形象、保障国家航运安全都有着重要意义。

依照《2006 年海事劳工公约》完善船上和岸上投诉处理程序的规定，同时要强调三方协调机制和集体协议的作用。对于不履行保密义务、未将投诉流程及投诉处理机关和负责人联系方式等重要信息明确告知船员的行为，应设定相应的法律责任。充分发挥工会的作用，并建立船舶投诉处理委员会，作为专门承担船上海员投诉处理工作的联席部门。完善岸上配套投诉机制，将中国船员发展与保障中心作为专门处理船员劳动纠纷的社会性机构，海事管理机构作为其主管机关，两者相配合处理岸上投诉问题，完善岸上投诉处理程序。

# 第二十章　海上劳动监察问题研究

劳动监察是对船员劳动权益保护的一个重要方面,通常是指劳动监察机构对用人单位遵守劳动相关法律规范情况进行检查,并对违法行为做出相应处罚的行政行为。基于船员工作的特殊性,我国海上劳动监察法律机制是以一般劳动监察机制为基础,与海上劳动的特点相结合的劳动监察制度,主要是通过我国法律设置的劳动监察机制以及定期的海事劳工条件检查来实现的。

根据《2006 年海事劳工公约》,与船员有关的劳动监察主要分为三部分:船旗国对悬挂其旗帜的船舶是否履行公约义务开展监察;各成员国对外国船舶是否实施和执行公约标准开展监察;劳工提供国对在其领土上设立的海员招募和安置服务机构的运作和实践是否符合公约要求开展监察。本章主要对第一个维度的劳动监察,即船旗国劳动监察进行探讨。

## 第一节　我国海上劳动监察机制存在的问题

由于海上劳动不仅涉及人力资源社会保障主管部门,也涉及交通运输主管部门,如何在两个主管部门之间分配与协调好海上劳动的监察工作是保护船员劳动权益的关键,然而现实中海上劳动监察还存在一系列的问题。

### 一、海上劳动监察主体及其职责存在的问题

#### (一)监管职责存在交叉

目前我国海事主管机构和劳动人事保障部门都有权实行监督检查海上劳动的相关情况。根据《劳动保障监察条例》第 3 条的规定,全国范围内的劳动保障监察工作主要由国务院劳动

保障行政部门负责,各行政区内的劳动保障监察工作由县级以上地方各劳动保障行政部门负责。该条例第 11 条对用人单位是否遵守劳动法律规范的 7 种情况作出了规定。船员也属于劳动者的范畴,因此船员相关的劳动保障自然也受到劳动保障行政部门的监管。在《海事劳工条件检查办法》产生后,地方人力资源社会保障行政部门被授权在每 3 年一次的海事劳工条件监督检查工作中,与海事机构相互配合并负责具体的检查实施。《海事劳工条件检查办法》第 3 条对海事劳动共同监管的两个主体的各自职责作出了规定,各地海事管理机构主要负责涉及船舶与船员管理情况的监督检查,内容主要包括船员健康证明、船员资格、船舶配员、起居舱室、船上娱乐设施以及膳食服务、安全健康、船上投诉程序等。地方人力资源与社会保障部门负责对用人单位履行海事劳工公约中涉及我国劳动法律法规规章执行情况的监督检查,包括船员工作和休息时间、最低年龄、劳动合同、工资社保等。《船员条例》第 40 条、第 41 条中也有相似的规定。

尽管从《海事劳工条件检查办法》的规定看,海事管理机构和地方人力资源与社会保障部门的监察事项和立足点各有侧重,分工较为清楚明确,但若结合其他法律规定则不然。《海员船上工作和生活条件管理办法》第 53 条规定海事管理机构应加强对包括起居舱室和娱乐设施、膳食服务、工作和休息时间、医疗和健康保障、遣返、工资支付、上船协议、未成年海员的特殊保护在内的船上工作和生活条件的监督检查,督促船东以及相关机构建立健全海员在船舶上的人身安全、卫生、健康和劳动安全管理制度。《海事劳工条件检查业务流程》规定,海事管理机构开展的海事劳动条件检查可分为两部分,第一部分是关于船上物质环境的检查,第二部分是关于构成体面劳动的管理和操作方面的检查,包括船员就业协议、作息或工作时间、职业安全、医疗保障等内容。因此,海事管理机构对涉及上船协议(包括工资、带薪年休假、社会保险、集体合同等涉及适用我国劳动法律法规的内容)、工作和休息时间①等方面的事项亦负有检查职责,而这便与人力资源与社会保障部门监督检查的内容存在重叠之处,导致部分海事主管机构已有职责与劳动保障行政部门有所交叉。将针对船员劳动的监察工作的相同事项交由两个部门负责,会导致两部门要么争夺监管权力、重复监管,要么互相推诿、不作为情况发生的频率增加,影响监察的效率和水平,也使得海事部门和劳保部门职能的发挥受到局限,船员劳动权益的保障工作就不能落实到位。

### (二)监察主体设置不科学

海事主管机构的工作人员贴近船员的生活,了解船员工作的特殊性,但是相关工作人员缺乏劳动法及社会保障法相关的法律知识与工作经验,实践中又面临部分工作与劳动保障行政部门重复的情况,产出检查监督的深度不够或者监察缺位

① 《海事劳工条件检查业务流程》中明确,船员工资是属于人力资源与社会保障部门负责的项目。

等问题,导致监察效率比较低下。

普通劳动监察部门因为缺乏对海事专业以及船员职业的了解,因而对船员的特殊劳动权益理解不深或者不了解,对问题的解决缺少根源性方法。虽然根据2023年修订的《船员条例》的规定,劳动保障行政部门是船员劳动权益的保障机构,但是船员相较于普通劳动者,其职业具有涉外性、国际性、流动性,其生命健康权也遭受着比普通劳动者更多的特殊风险,船员的合法权益易遭受侵害。因此对船员的劳动权益进行监督,需要熟练掌握海商法以及《2006年海事劳工公约》等知识。而劳动保障行政部门以监督和保障普通劳动者权益为主,缺乏与船员劳动权益保障相关的专业知识,要求其对船员的生活条件和船员劳动进行监督具有一定的难度,因而造成"心有余而力不足"的局面,导致船员的劳动权益监管存有漏洞。

(三)双监察主体间缺乏有效沟通机制

在《2006年海事劳工公约》正式对我国生效后,我国《船员条例》在不断修改中完善,但是历次修改并没有将海事劳动的监察权特别赋予某一特定部门,反而加强了两个部门的协调合作。《船员条例》第47条规定在日常监管过程中发现属于劳动保障行政部门范围的问题时,海事管理机构有义务及时通报。《海事劳工条件检查办法》第15条规定,交通运输主管部门和人力资源保障主管部门应建立联合执法机制,根据职责协调合作,定期通报各自的检查情况,必要时可以组织开展联合检查工作。两个部门看似共同监管相互协作,但在实践中也有较多的困难,两个部门之间处理船员问题时缺少有效的沟通机制。在海事管理部门查处工资、社保等涉及劳动法律法规的事项时,需要与人力资源保障主管部门开展协调合作,但实践中两个部门针对相关问题无法直接反馈,导致相关问题通常不能在检查时得到及时解决,相关的检查人员无法根据实际情况判断合适的整改期限。[①]

## 二、海上劳动监察立法不完善

健全完备的海上劳动监察法律体系是科学有效地开展监察工作的前提。当前,关于海上劳动监察的法律依据主要体现在《船员条例》《劳动保障监察条例》《海事劳工条件检查办法》《海员船上工作和生活条件管理办法》《海事劳工条件检查业务流程》中,除前两项为国务院颁布的行政法规外,其余均为部门规章及规范性文件,法律效力位阶较低,对海上劳动监察工作开展的法律威慑力有限。

此外,现有规范的内容也存在疏漏之处。在规定船员用人单位与船员权利义务内容的实体法层面,《船员条例》《船上工作和生活条件管理办法》等立法对《2006年海事劳工公约》的转化还不够完全,具体条款缺失,可操作性有待提高;在

---

① 参见上海浦东海事局:《海事劳工公约中国履约现状与建议》,载锦程物流网2019年8月14日,http://info.jctrans.com/newspd/hyxw/20198142480369.shtml。

海上劳动监察的程序性内容上,《海事劳工条件检查业务流程》存在检查内容不够清晰的问题,[①]且对于海事主管机构和劳动保障行政部门间沟通协作方式和流程,缺乏以法律文本或是通知的形式进行的细化固定。

### 三、劳动监察地域管辖不具有适用性

根据《劳动保障监察条例》第13条的规定,我国劳动监察具有一定的地域属性,适用地域管辖,由用人单位用工所在地的县级或者设区的市级劳动保障行政部门实施监察。该地域属性导致对一些工作流动性较大的职业实施监察难度较高。要想完全了解船员的劳动状况,船舶所有人的公司以及船员的实际劳动场所(船舶),都是劳动监察机构应该进行实际监察的对象。但是因为船员劳动的特殊性,船员实际工作场所(船舶)一直处于不断变化之中,甚至处于中国境外,普通的劳动监察机构不具备对船舶进行监察的能力,导致劳动保障行政部门难以实施监察职权。[②] 船员劳动监察要想打破地域管辖,需要采用国内港口甚至国际港口的联合协作才能完成。

## 第二节　完善海上劳动监察法律机制的正当性

劳动监察是劳动者权益保护的有力后盾,而海上劳动监察对保障船员这一海上劳动者的合法权益意义重大。此外,从现实需求、经济基础、立法资源基础等角度考量,完善海上劳动监察法律机制具备充分的可行性。

### 一、劳动监察的意义

在社会生活中,劳动监察对切实保障劳动者尤其是弱势劳动者的合法权益至关重要。加强劳动监察对于确保我国劳动法律规范的落实、劳动者权益的保护、劳资关系的和谐、劳动力市场的稳步发展都起到了十分重要的作用。

首先,劳动监察能够切实保障劳动者的合法权益。劳动者和用人单位通过劳动合同建立联系,两者形式上是平等的,但实质上是不平等的,“资强劳弱”一直存在。用人单位利用自身优势地位,违反劳动法律法规、侵犯劳动者合法权益的行为屡见不鲜,而劳动者出于各种顾虑不敢与其直接对抗。两者的不平等关系极易发生用人单位对劳动者合法权益的侵犯,而劳动监察部门通过对用人单位开展主动检查,可以及时阻止并纠正其违法行为,必要时给予制裁,从而为劳动者的合法权益

---

① 参见上海浦东海事局:《海事劳工公约中国履约现状与建议》,载锦绣物流网2019年8月14日,http://info.jctrans.com/newspd/hyxw/20198142480369.shtml。

② 参见李大泽、韩立新:《论我国船员劳动监察机制的改革与完善》,载《中国航海》2012年第3期。

提供有力保护。①

其次,劳动监察有助于促进劳动力市场的有序发展。市场经济体制中,劳动力市场发挥着劳动力资源配置的基础性作用。劳动监察作为政府宏观调控的手段之一,监督劳动力市场的活动,在不违背劳动者和用人单位按照市场规则自主选择的情况下,减少和排除扰乱市场有序运行的因素,使得劳动力和生产资料能够有效配置,促使市场良性发展、有序运转。②

最后,虽然我国已经颁布了大量的劳动法律法规,但实践中劳动执法现状尚不理想,用人单位侵害劳动者合法权益的现象仍然存在。而劳动监察以国家强制力为后盾,国家机关对用人单位守法状况开展主动检查,能够及时有效制止用人单位的违法行为,保障劳动法律法规得以正确实施。③

## 二、海上劳动监察的意义

随着航运业的蓬勃发展、航运市场的主体多元化、用工方式的不断演变,船员相关的劳动关系也日益复杂,船员作为海上劳动者,权益的保护问题也日渐突出。虽然船员职业对船员各方面能力的要求较高,但是船员职业的高要求并没有为他们带来尊荣的地位,他们在劳资关系中的地位是不稳定的、处于弱势的。一些船员用人单位、服务机构、培训机构为追求经济利益,有可能侵害船员的根本权益。船员作为普通劳动者的一员,也有可能因为缺少必要的法律知识和维权意识,导致用人单位违法状态持续。同时,对于船员这样一个长时间在海上以封闭的船舶作为工作环境的职业,他们区别于一般劳动者,具有时间、空间等多方面的限制因素,该种职业的特殊性、隔离性导致船员权益的维权难度更大。因此,需要高度重视海上劳动监察的实施,以避免“天高皇帝远”——船舶航行在外,船员权益的保障不容乐观的情况。在处理好维系航运业稳定发展的船员劳动保障监察的问题后,我国的航运业才能够无后顾之忧地前进。

## 三、完善海上劳动监察法律机制的可行性

### (一)完善海上劳动监察法律机制符合现实需要

近年来,我国提出了建设海洋强国的战略目标,这就意味着在原先航运业发展的基础上,将对海洋经济投入更多的关注。随着航运经济的发展,船员劳动所面临的问题也就愈发突出,例如船员合同的签订情况混乱、缺少必要的劳动合同、合同内容的不规范、船员工作与生活条件比较差、船员工资被拖欠、缺少社会保险等船员劳动权益得不到保障的情况时有发生。这些与其他行业劳动者面临的问题存在

---

① 参见许明月主编:《劳动法学》,重庆大学出版社2003年版,第233页。

② 参见孙霞主编:《劳动法与社会保障法》,武汉大学出版社2010年版,第210页。

③ 参见关怀、林嘉主编:《劳动与社会保障法学》,法律出版社2011年版,第225页。

一定程度上的共性，但也因为船员职业的特殊与边缘化使得这些问题的解决难度高、效率较低，体现出船员劳动适用普通劳动监察机制的局限性。在《2006年海事劳工公约》生效后，虽然我国为履约做出了诸多努力，但是与其他航运发达国家以及公约的要求还存在一定的差距，需要在今后予以完善。此外，我国目前对于航运业的重视和在国际上航运大国的形象也要求我们对船员给予足够的关注，对船员劳动权益的保障给予充分的重视。

（二）完善海上劳动监察法律机制具有经济基础

我国当前国民经济稳步增长，人民的生活水平普遍提高，社会文明程度也显著提升。同时，在国民经济增长的背景下，航运业的发展态势也积极良好。《2021年交通运输行业发展统计公报》显示，2021年中国水路全年完成营业性货运量82.40亿吨，比上年增长8.2%，完成货物周转量为115,577.5亿吨公里，同比增长9.2%；全年全国港口完成货物吞吐量155.45亿吨，比上年增长6.8%。[①] 经济基础的量变与质变会促进上层建筑的变革，航运业的稳步发展为完善海上劳动监察机制提供了良好的经济基础。

（三）完善海上劳动监察法律机制具有立法资源基础

国际上，航运业较为发达的国家基本都配套有较为完善的船员劳动监察法律法规，这能够为我国海上劳动监察机制的完善提供域外经验借鉴。同时《2006年海事劳工公约》在我国早已正式生效，公约对于保障船员劳动权益的详细规定也为我国提供了法律标准，在实现国际法向国内化转化的过程中，可在此基础上进行符合我国国情的修改与适应。并且，目前国内《劳动法》《劳动合同法》《社会保险法》《就业促进法》等实体性劳动法律法规，和以《劳动保障监察条例》等为主的程序性规定组成的劳动保障监察执法依据尽管并不健全，但能够为海上劳动监察法律机制的完善提供框架与思路，还可通过总结其中存在的问题，在海上劳动监察机制中予以避免。海商法的修改近几年也提上日程，将来的“船员法”会使船员的相关规定与办法更加具有海事特色。

## 第三节　海上劳动监察法律机制比较研究

相比我国，英国、韩国、日本具有较为完善的海上劳动监察法律机制，将其与我国海上劳动监察机制进行对比研究，能够对我国海上劳动监察机制的完善具有一定的借鉴作用。

---

① 参见交通运输部：《2021年交通运输行业发展统计公报》，载交通运输部官网2022年5月25日，https://xxgk.mot.gov.cn/2020/jigou/zhghs/202205/t20220524_3656659.html。

## 一、域外的海上劳动监察法律机制

### （一）英国海上劳动监察法律机制

MCA是英国交通部(Department for Transport)的执行机构。自2004年7月2日以来，MCA一直根据国际劳工组织《1996年劳工检查（海员）公约》[Labour Inspection (Seafarers) Convention, 1996]的规定，对英国500GT及以上船舶的生活和工作条件进行正式检查。这一检查现已被根据《2006年海事劳工公约》开展的调查和检查所取代。[①] 为保障船舶安全、船上人员的健康和安全，以及执行《2006年海事劳工公约》规则5.1的需要，英国制定了《2013年商船(海事劳工公约)(检验和认证)条例》[The Merchant Shipping (Maritime Labour Convention) (Survey and Certification) Regulations 2013](SI No. 2013/1785)，并出台相应的修正案对其中的规定予以细化。

MCA遵循国际劳工组织发布的《2006年海事劳工公约船旗国检查指南》开展调查或检查工作。每艘船舶，无论是否需要海事劳工证书，都将每5年进行两次调查或检验，中间检验将在第二年和第三年之间按照国际公约证书的常规模式进行。检查或调查的范围必须涵盖《2006年海事劳工公约》规定的最低年龄、体检证书、海员资格、海员就业协议、使用任何有许可证的或经发证或管理的私营招募和安置服务机构、休息时间、船舶配员水平、起居舱室、船上娱乐设施、食品和膳食服务、健康和安全及防止事故、船上医疗、船上投诉程序、工资支付、对遣返的财政担保、与船东责任相关的财政担保在内的生活和工作条件内容。但这并不意味着其中未具体提到的《2006年海事劳工公约》的其他领域被排除在调查或检查之外。MCA会根据上述事项进行调查和检查，以确保涵盖《2006年海事劳工公约》的所有方面。[②]

此外，虽然《2006年海事劳工公约》下的大部分义务由MCA负责执行，但有些义务可能由其他政府部门执行，MCA会在需要时寻求其他部门的意见和协助。[③]

### （二）韩国海上劳动监察法律机制

根据韩国《船员法》第4条及第123条，韩国船员劳动监察机制的主体是海洋水产部长及其下属的船员劳动委员会。海洋水产部长每3年对船舶和其他经营场所开展检查，以确保船员的劳动标准和生活标准符合韩国《船员法》《劳动基准法》(仅适用于船员劳动关系的部分)和依韩国《船员法》发布的命令的规定。根据韩

① See MSN 1848 (M) Amendment 4 maritime labour convention 2006 survey and certification of UK ships.

② See MSN 1848 (M) Amendment 4 maritime labour convention 2006 survey and certification of UK ships.

③ See MSN 1848 (M) Amendment 4 maritime labour convention 2006 survey and certification of UK ships.

国《船员法》第132条,海洋水产部长的职责范围也包括对外国船舶是否持有《2006年海事劳工公约》规定的海事劳工证书和海事劳工符合声明、是否遵守《2006年海事劳工公约》规定的海员工作和生活条件进行监察。根据韩国《船员法》第28条,船员劳动委员会负责对船员劳动合同进行监察,当存在船员劳动合同内容与实际劳动条件不一致,船员向船舶所有人要求赔偿违反工作条件造成的损失时,就船舶所有人是否违反船员劳动合同进行确认。

根据韩国《船员法》第125条至第127条,海洋水产部配置船员劳动监察员,其可以要求相关人员出庭,或责令提交相关材料,也可以出入船舶或其他单位进行检查或询问。船员劳动监察员在其职权范围内享有司法警察的职权,韩国《船员法》《劳动基准法》及其他船员劳动关系法令规定的文件的提交、审讯等调查,只由检察官和船员劳动监察员执行。

### (三)日本海上劳动监察法律机制

根据日本《船员法》第101条,国土交通大臣可依据日本《船员法》《劳动标准法》中适用于船员劳动关系的部分,依日本《船员法》发布的命令,命令其认为存在违法行为的船舶所有人采取必要的措施,若船舶所有人不服从命令,国土交通大臣可在认为对确保航海安全有特殊必要时,命令船舶停航或指定其进入适当的港口。根据日本《船员法》第104条,国土交通大臣可指定市镇村长按其依政令的授权及政令规定的标准,办理日本《船员法》规定的属于国土交通大臣权限范围内的事务。此外,根据日本《船员法》第105条至108条,主管大臣从所属职员中任命船员劳务官,负责监督实施日本《船员法》《劳动标准法》,在其认为必要时可对船舶所有人进行提醒或劝告,令其出面并提供相关材料,或亲临船舶检查相关材料,或对相关人员进行询问,对违反日本《船员法》、《劳动标准法》和依日本《船员法》发布命令的犯罪行为,有权行使司法警察的职务。日本《船员法》第111条还赋予船舶所有人对雇佣的船员数、工资及其他报酬的支付情况等事项向国土交通大臣报告的义务。①

## 二、中外海上劳动监察法律机制对比分析

首先,从监察主体设置的角度,英、韩、日三国的海上劳动监察权相对集中或完全集中。英国海上劳动监察主要由MCA负责执行,存在由其他部门协助执行的情况;韩国的海上劳动监察主体为海洋水产部长及其下属的船员劳动委员会;日本的海上劳动监察则由国土交通大臣或其指定的市镇村长负责执行。其中,韩国的监察机构表面上看是采用双主体负责的形式,为两者分工的状态,但是船员劳动监

① 参见韩立新、王秀芬编译:《各国(地区)海商法汇编(中英文对照)》,大连海事大学出版社2003年版,第706-707页。

察员和船员劳动委员会都隶属于海洋水产部，工作分配清晰，相较于与其他部门之间的沟通合作，内部的沟通传递机制更加连贯和谐，避免了沟通不利的情况，能够有效地保障船员法及相关法律的实施以及船员的劳动权益。并且海洋水产部是在1996年综合了原有的海运港湾厅、水产厅、科学技术处、农林水产部、产业资源部、环境部等各个涉海行业管理部门分担的海洋管理职能，形成了对韩国海洋事务进行综合统一管理的体制，[①]对航运业以及船员职业的特殊性有集中深入的了解。而英国MCA请求其他部门协助，日本国土交通大臣指定市镇村长负责执行也均有明确的法律依据，通过相关的授权文件和程序性事项，也可厘清不同执行主体的权责划分。我国目前的船员劳动监察的主体是海事部门和劳动保障部门，这两个主体并不具有直接的上下属关系，职责范围不完全相同，在监察权执行上也无主次之分，是两个较为独立、并行的部门，因此从知识背景、实践经验、沟通机制的角度出发，两个部门需要相互配合和支持，这就对两个部门监察员和部门的联合协作机制有较高的要求。从目前的法律规定和实践经验来说，这两个部门缺乏高效的沟通协作机制，工作范围还有一定的重合，对监察效率产生一定负面影响。两个部门监察员的素质要求也不相同，导致缺少同时具备劳动相关法律和船员相关法律知识的监察员，这也给监察工作造成了一定的困难和疏漏。

其次，日本的船员劳务官、韩国的船员劳动监察员经《船员法》被明确赋予司法警察的权力。负有劳动监察职责的检查人员在被授予一定的强制执法权后，其在执法检查过程中更具有威慑力，劳动监察人员也更具有底气和依法行政的魄力，能够及时发现船员的疑难问题并及时解决。这种做法值得我国借鉴，可以提高海上劳动监察的质量及处理相关问题的效率，但是为了预防权力的滥用，需要采用配套的监督机制进行约束。

## 第四节 完善我国海上劳动监察法律机制的建议

为解决我国船员劳动监察中存在的问题，我们提出优化海上劳动监察主体及其职责范围、提升海上劳动监察执法水平这两个方面的建议。

### 一、优化海上劳动监察主体及其职责范围

#### (一)赋予海事主管机构全面劳动监察权

目前我国海事主管机构并不是法律明确规定的船员劳动监察的主体。同时海事主管机构在实践中与劳动保障行政部门的部分职责重叠，在需要相互配合的工

① 参见朱贤姬等：《韩国海洋水产部的建立对中国海洋管理体制改革的启示》，载《海洋湖沼通报》2008年第1期。

作范围内，也缺少良好的沟通与联动机制。由于集中统一型执法体制能够提高执法效率、明确责任承担、优化执法资源，[①]故取消当前由海事主管机构和劳动保障行政部门分别行使监察权的状况，将海上劳动监察权统归于一个部门更为有利。立足于船员职业的特殊性，我们认为应当由海事主管机构主导负责船员劳动的全面监察，由其负责对船员海上劳工条件实施全方位的监察工作。

由海事主管机构主导对船员劳动进行的全面监察的合理性在于：第一，海事主管机构便于与国外的联络合作。当海事主管机构登船检查发现存在与《2006年海事劳工公约》的要求不符的情况时，能够避免繁琐的信息传递，便于更及时地解决与反馈相对方提出的违反公约的情况。此外，国际上存在不同区域的港口国检查备忘录，便于在港口国之间进行及时的信息通报，从而确保各国有效实施对本国船舶的监督管理。[②] 第二，在监察能力上，劳动保障行政部门对船员劳动缺乏监管能力。[③] 普通劳动监察部门可能对船员职业及劳动基准的特殊性理解不深，对船员劳动相关法律规范缺乏足够的了解，且缺乏登船监察的能力。而海上执法力量兼具综合性与专业性，执法人员通常需要具备多领域、多行业的相关基础知识，全面把握相关法律法规，能够应对在商船、商渔船和邮轮等各类海上船舶上发生的较为复杂多样的海上活动。[④] 因此海事部门具备相较于普通劳动监察部门更明显的执法优势。

（二）海事主管机构下设船员劳动和社会保障监察部门

《2006年海事劳工公约》要求各成员国主管当局要以积极的态度落实好船员劳动的监察工作，同时保证船员的劳动权益不被侵害。我国海事主管机构作为主管部门，与劳动保障行政部门构成现行的船员劳动监察的两大主体。但是基于船员劳动的特殊性，以及劳动所在地船舶的技术性特征，从维护船员劳动权益的角度出发，我们有需要也有必要区别于普通的劳动监察，建立一个独立的船员劳动监察法律机制，监察人员应该同时具备劳动与社会保障法和海商法的知识，了解一般劳动权利及船员职业的特殊劳动权利。在这个背景下，建议在海事主管机构下设置专门的船员劳动和社会保障监察部门，并可借鉴韩国海洋水产部的做法，赋予监察人员较多的强制执法权，并对监察人员进行监察和执法能力方面的培训，努力形成一支兼具业务水平和效率的监察队伍。这就要求从立法上将海事主管机构设置为船员劳动的全面监察实施者，授权其下设的专门的船员劳动和社会保障监察部门具有（1）对船员合同、船员劳动基准、船员各种社会保险缴纳落实情况、船员应享

---

① 参见王世涛编：《海事行政法》，大连海事大学出版社2015年版，第56页。

② 参见李大泽、韩立新：《论我国船员劳动监察机制的改革与完善》，载《中国航海》2012年第3期。

③ 参见陈刚、郝勇：《船员劳动权益与社会保障》，武汉理工大学出版社2012年版，第317页。

④ 参见王杰：《涉海管理体制及海上执法力量建设的相关理论研究》，大连海事大学出版社2017年版，第159、172页。

受的福利待遇情况等船员劳动关系的监督检查职能;(2)负责接收船员在船的工作劳动和生活条件等多方面的投诉以及举报,并依据法律和程序进行调查处理,做出相应行政裁决的权力;(3)作为牵头部门在处理涉及多部门权限时的组织协调职能。

这种机制建立的优势在于,区别于原本的海事主管机构与劳动保障行政部门职责交叉、沟通联络不畅及相互移送不便的合作机制,同时兼具专业性与高效性。独立的船员劳动与社会保障监察部门能够满足对于船员职业相关的专业知识的较高要求,以打造符合船员以及海事特殊性的监察队伍。

## 二、提升海上劳动监察执法水平

### (一)促进船员劳动监察信息化管理

当前数据已是重要的生产要素之一,对其的获取、分析和运用能够帮助海上劳动监察部门及时、精准地发现有问题的监察对象,从而由被动监督转变为主动监督,有效实现事前预防,提高劳动监察的效率,[①]形成船员劳动监察全过程的信息化管理。设置计算机管理系统,充分利用现有的信息及网络资源,是符合现今信息化时代发展趋势的。按照统一的标准与编码,构建高效科学的船员劳动监察管理体系,有利于规范和优化各部门之间的信息共享与业务流程,提升监察水平,建设"数字海事"。[②]

根据国内相关法律以及《2006 年海事劳工公约》中海上劳动监察的主要内容,可以进行一定的划分,在管理系统中依照划分的不同板块进行精细化监察管理。[③]

1. 用人单位与用工单位管理

事项包括:船员劳动合同签订、合同备案、船员工资支付、船员休息休假、船员社会保险办理情况以及缴费情况、船员遣返情况、船员以及船舶档案管理等。

2. 船舶管理

事项包括:船舶吨位类型基本情况、船舶相关证书、海事劳工证书和海事劳工符合证明(包括配员、起居舱室、娱乐设施、膳食、医疗卫生、船上投诉机制)等。

3. 船员管理

事项包括:船员基本信息、船员适任证书、船员现状显示等。

4. 船员服务机构管理

事项包括:业务管理、合同备案、合同查询、社保福利、带薪休假、遣返要求等。

---

① 参见萧硕:《找准信息化与监督工作的结合点》,载天津纪检监察网,https://www.tjjw.gov.cn/html/lyqf/2021/01/08/79072.html。

② 参见陈聪:《内河船员合法权益法理依据与实施途径》,中国航海学会内河海事专业委员会 2009 年年会暨第三届内河海事论坛会议论文。

③ 参见蒋海荣:《关于建立我国海员劳动监察体系的探讨》,深圳国际海事论坛 2008 年会议论文;李大泽、韩立新:《论我国船员劳动监察机制的改革与完善》,载《中国航海》2012 年第 3 期。

5. 船员投诉管理

事项包括：船上投诉及岸上投诉程序、投诉受理、投诉进程、投诉状态、投诉处理结果、船员反馈等。

6. 诚信系数管理

通过对有效投诉的统计、劳动监察记录等情况进行综合分析，计算出各海员用人单位的诚信系数，对诚信系数低的单位，海事主管机构应加大检查力度，督促船员用人单位、船舶所有人等相关机构，建立健全船员在船舶上的人身安全、卫生、健康和劳动安全保障制度，落实相应的保障措施。

（二）加强劳工条件检查人员的综合素质建设

人员的综合素质关系到船员的权益能否及时得到保障以及保障的程度，而海上劳工条件检查人员作为保障船员劳动权益的一线人员，优化检查人员的配置、加强检查人员廉政教育、法律法规研究学习就显得尤为重要，这将是我国海事发展中保障船员劳动权益的一大助力。

1. 优化检查员配置

检查人员的选拔要充分考虑海上劳动监察的特性，特别是对船员劳动权益的保护。由于海事管理机构中的检查人员在检查实践中积累了较为丰富的经验，也具备开展船员劳动保障检查的便利条件，[①]故海上劳动检查人员应当在中央及地方海事管理机构中选拔和培养，如此能够节省一定的时间和培养成本，以较高的效率达到海上劳动检查人员的资质要求。由于海上劳动检查员不仅要有船员管理知识背景，还需熟知劳动保障法律法规，因此可考虑从劳动保障监察部门吸纳优秀人才，并对其进行船员管理有关知识的培训。整合船员管理人才与熟知劳动保障法律法规的人才，人才之间可取长补短，有利于及时发现和解决船员劳动权益保障中存在的问题。

2. 加强检查队伍全面系统的培训

海事劳工条件检查需要一支素质高、懂得海商法与劳动保障法律的检查队伍。加强队伍的全面系统的培训，是提高劳动监察水平的重要途径。

首先，加强检查人员的职业道德与廉政文化教育。检查人员的职业道德和作风直接关系到检查工作的落实、船员的权益与政府人员的形象。加强海事廉政文化教育，使海上劳动检查人员养成清廉的生活和工作方式，是从根源上防止腐败和检查权力滥用、保障船员劳动权益并构建和谐海事劳动环境的必要手段。[②] 对此，需要丰富海事廉政文化教育的形式，除了以培训班的形式对检查人员进行廉政教育，还可以运用图文声像、实物展示、场景模拟等手段，开展“组织一次参观讲解、重

---

① 参见李大泽、韩立新：《论我国船员劳动监察机制的改革与完善》，载《中国航海》2012 年第 3 期。

② 参见王莉：《浅谈海事系统基层廉政文化建设》，载参考网，https://www.fx361.com/page/2020/0615/6783227.shtml。

温一次入党誓词、唱响一首廉洁歌曲、阅览一批廉政书籍、举办一次廉政讲堂、开展一次业务交流”系列学习教育活动，创新丰富教育形式，让检查人员在参与活动过程中，加强自我净化和道德修养。①

其次，加强对检查人员的业务知识培训。对于原本就在海事管理机构中从事海事检查工作的人员，除其已较为熟悉的《2006 年海事劳工公约》《船员条例》《海事劳工条件检查办法》《海事劳工条件检查业务流程》等相关内容外，还应增加对劳动保障法律法规的学习；对于原本从事劳动保障监察工作或其他精通劳动法律法规的人员，应对其开展船员管理及海事检查相关的系统培训。在培训过程中，可邀请精通海商法、劳动法律法规的学者及实务界人员向检查人员开展专题讲座。

## 本章小结

海上劳动监察具有普通劳动监察的重要特性与作用的同时，也兼具海上劳动的独特性，是保障船员海上劳动权益的重要一环。加强海上劳动监察，对于确保我国船员劳动法律规范的落实、船员权益的保护、劳资关系的和谐、航运业的稳步发展，具有十分重要的作用。

目前我国海上劳动监察体制中存在海事主管机构和劳动保障行政部门监管职责交叉、监察主体设置不科学、双监察主体间缺乏有效沟通机制的问题，在借鉴域外海事劳动监察法律机制的基础上，建议赋予海事主管机构全面劳动监察权，并在其下设置船员劳动和社会保障监察部门，使其兼具专业性与高效性，并可同时解决劳动监察地域管辖不具有适用性的问题。同时，建议促进船员劳动监察信息化管理、加强劳工条件检查人员的综合素质建设，从而提升海上劳动监察的执法水平。此外，当前海上劳动监察立法法律位阶较低，且现有规范的内容也存在疏漏之处，应在《海商法》修改“船员章”以及未来的“船员法”中完善。

---

①　参见王昌沙、郑满欢：《西畴清廉馆正式投入使用，可供 50 余人同时参观学习》，载搜狐网 2017 年 6 月 4 日，https://www.sohu.com/a/145924246_680727。

# 第二十一章　多元化船员纠纷解决机制问题研究

随着我国航运事业的发展,船员纠纷案件逐年增多,船员劳动的特性使船员在陆地生活的时间比较短,诉讼程序的复杂性给船员维权造成种种不便,单纯依靠传统纠纷的解决路径无法有效化解矛盾,减少诉累。此外,与船东、外派机构相比,船员处于弱势地位,对法律知识和相关信息了解得比较少,这更为船员维权平添困难。为妥善化解船员纠纷,协调劳资关系,探索应用多元化纠纷解决机制处理船员纠纷具有必要性。多元化纠纷解决机制是指一个社会中各种纠纷解决方式、程序或制度(包括诉讼与非诉讼两大类型)共同存在、相互协调所构成的纠纷解决系统。[①] 它囊括了社会中多样的纠纷解决方式(包括 ADR 制度[②]),注重构建司法与非诉讼程序的协调互动。[③] 多元化纠纷解决机制在我国有着深厚的法律基础与社会底蕴,减少纷争,争取让问题得到及时、谨慎的处理是传统法律思想"息讼"的表现,在船员纠纷中应用多元化纠纷解决机制更是对维护船员权益、稳定船员队伍具有重要意义。

## 第一节　我国多元化船员纠纷解决机制的现状和问题

劳动纠纷又称为"劳动争议",有广义与狭义之分。广义的

---

① 参见范愉:《当代世界多元化纠纷解决机制的发展与启示》,载《中国应用法学》2017 年第 3 期。

② 全称为 Alternative Dispute Resolution,起源于美国,为替代性纠纷解决机制,主要包括调解制度、和解制度、谈判制度、中立评估制度和仲裁制度等非诉讼纠纷解决制度。

③ 参见范愉:《纠纷解决的理论与实践》,清华大学出版社 2007 年版,第 221 页。

劳动争议指以劳动关系为中心所发生的一切争议。狭义的劳动争议指雇佣人与受雇人之间所生之争议及雇佣人或雇佣人团体与受雇人团体之间所生之争议。[①] 鉴于船员的雇佣方式与普通劳动者的雇佣方式存在差异性，我们所讲的船员纠纷比人们通常认为的劳动争议的范围要广，是指与船员劳动关系或劳务关系有关的船员劳务纠纷，包括劳动法域和非劳动法域中船员与各种主体之间关于劳动权利与劳动义务的争议。在船员劳动争议领域，人们大多通过提起诉讼的方式进行权利救济，这是因为诉讼是我国人民处理纠纷的首要选择，以其公信力和法律强制力成为人民普遍信赖的维权方式。但是，当诉讼案件增加，人们也逐渐意识到，单纯依靠诉讼无法解决社会上所有的冲突与争议，有时反而会激化矛盾，不利于构建和谐、稳定的社会关系，在一些人身属性较强的争议中更是如此。为了应对这种不利局面，各地建立了多种形式的调解组织，试图以第三方参与的劳资双方协商谈判的方式化解纠纷，降低矛盾的冲突性与对抗性。目前，我国多元化纠纷解决机制已经积聚了深厚的制度成果和法律积累，为多元化船员纠纷解决机制的制度安排和法律调整奠定基础。

## 一、我国多元化船员纠纷解决机制的现状

### （一）多元化船员纠纷解决机制的法律现状

相较于普通的劳动纠纷案件，船员劳动的特性导致船员劳务纠纷案件的处理难度较大，涉及的法律关系更为复杂，牵扯的法律领域也更多，主要有劳动法、海商法、国际公约和涉外民事关系法律适用法等。多元化船员纠纷解决机制的规范性法律文件可以分为以下四类：一是宪法；二是专门法律与司法解释；三是行政法规、部门规章和全国性规范性文件；四是地方法规与文件。

1. 多元化纠纷解决在宪法中的相关规定

《宪法》第 111 条第 2 款规定："居民委员会、村民委员会设人民调解、治安保卫、公共卫生等委员会，办理本居住地区的公共事务和公益事业，调解民间纠纷，协助维护社会治安，并且向人民政府反映群众的意见、要求和提出建议。"宪法延续了我国自土地革命战争时期确立的人民调解制度，为调解制度在我国的确立奠定了宪法价值。在村民委员会和居民委员会中设立人民调解委员会，既有助于把一般性民事纠纷化解于基层、维护社会和谐，还能够提高基层群众自治组织的自治水平，起到宣传法律知识、教化群众的作用。

2. 多元化纠纷解决在专门法律与司法解释中的规定

首先，《民事诉讼法》明确规定民事诉讼当事人有平等的诉讼权利，法院作为司法机关也应当保障当事人行使诉讼权利。法院应当在自愿、合法的原则下调解

---

① 参见史尚宽：《劳动法原论》，正大印书馆 1978 年版，第 241 页。

民事案件,《民事诉讼法》第八章以“调解”为标题,详细规定了法院调解的程序、原则、过程,体现了立法者对运用非诉手段解决民事纠纷的肯定。与此相对应,最高人民法院《关于适用〈中华人民共和国民事诉讼法〉的解释》进一步规定了法院诉讼调解的具体规则、调解书的效力等。此外,最高人民法院于2016年公布《关于人民法院进一步深化多元化纠纷解决机制改革的意见》和《关于人民法院特邀调解的规定》。《关于人民法院进一步深化多元化纠纷解决机制改革的意见》是指导全国法院开展多元化纠纷解决机制改革的纲领性文件,目的在于进一步深化多元化纠纷解决机制改革、完善诉讼与非诉讼相衔接的纠纷解决机制,有利于合理配置纠纷解决的社会资源,完善和解、调解、仲裁、公证、行政裁决、行政复议与诉讼有机衔接、相互协调的多元化纠纷解决机制,同时充分发挥司法在多元化纠纷解决机制建设中的引领、推动和保障作用,最终实现建立和完善具有中国特色的多元化纠纷解决体系。

其次,《仲裁法》明确规定双方当事人可就合同纠纷和其他财产权益纠纷申请仲裁,并对仲裁委员会的设立、仲裁员的资格、仲裁协议的内容及效力、仲裁申请、裁决撤销与执行作出详细规定。此外,根据《仲裁法》第65条,海事中发生纠纷的仲裁适用《仲裁法》规定,故涉外船员纠纷也包含其中。

再次,《劳动争议调解仲裁法》规定了包括三方协调、调解、仲裁在内的劳动争议处理方式,明确规定涉及劳动关系的调解、仲裁应由专门的劳动争议调解机构、仲裁机构负责。

最后,《人民调解法》进一步完善了人民调解制度。《人民调解法》第四章规定,人民调解委员会在进行调解时不必拘泥于调解形式,可以邀请当事人的亲朋好友、同事参与调解,一些群众认可的社会人士也能够参与调解工作,双方当事人可以在平等协商、互谅互解的基础上达成调解协议。此外,一些法律文件也规定了调解的具体内容,不断发展完善了调解制度体系,如《村民委员会组织法》,《城市居民委员会组织法》,《民法典》婚姻家庭编、继承编,《人民调解委员会组织条例》等。

3. 多元化纠纷解决在行政法规、部门规章和全国性规范性文件中的规定

首先,《海员船上工作和生活条件管理办法》规定船东应当建立船上投诉程序,海事管理机构应及时受理投诉,这是我国对《2006年海事劳工公约》标准A5.1.5项下“船上投诉程序”的回应。其次,《在船船员投诉处理工作程序》分别规定了中国籍船舶在船船员与外籍船舶在船船员的投诉处理流程,根据《在船船员投诉处理工作程序》,船员可以通过现场、网络和其他方式进行投诉,还可递交在船船员岸上投诉表进行岸上投诉。最后,2020年9月开始施行的最高人民法院《关于审理涉船员纠纷案件若干问题的规定》对船员工资报酬的构成及法律保护、劳务情形下侵权责任的承担、法律关系的认定等司法难题都作出明确规定,体现了保护船员权益的司法倾向。此外,最高人民法院《关于人民法院民事调解工作若干问题

的规定》,《企业劳动争议协商调解规定》,人力资源社会保障部、司法部、财政部《关于进一步加强劳动人事争议调解仲裁法律援助工作的意见》等法律文件也直接规定了调解、仲裁的详细内容。

4. 多元化纠纷解决在地方性法规与文件中的规定

除国家层面的法律文件外,一些地方通过地方性法规与规范性文件对多元化纠纷解决作出更为细致的规定。如《江苏省劳动人事争议调解仲裁办法》、《山东省劳动人事争议调解仲裁条例》、山东省人力资源和社会保障厅等4部门《关于加强劳动争议预防协商机制建设的指导意见》、《浙江省劳动人事争议调解仲裁条例》等。

(二)多元化船员纠纷解决机制的实践现状

1. 诉讼手段解决船员纠纷具有局限性

2008年以前,航运市场比较好,船员供不应求,为了得到更快的升职机会或是较高的薪酬,船员们纷纷脱离航运企业,成为自由船员。在此之后,航运市场进入低谷期,中小型航运企业为了压缩企业成本纷纷将船员推向航运市场,待需要时再重新聘任。正因如此,我国自由船员数量逐渐增多,船员服务机构也开始进入船员劳动力市场,船员用工过程中的矛盾、冲突增加。碍于船员工作的地点不固定,船员遇到困难时不便及时寻求帮助,多数船员选择下船后向法院起诉。

但是,使用诉讼手段解决船员纠纷具有局限性,不仅降低船员纠纷解决效率,还会增加劳动争议仲裁委及海事法院的办案压力,与我国"把非诉挺在前面"的多元化纠纷解决机制理念不符。上海海事法院的审判报告显示,船员劳务案件的审理天数平均为40天,故以诉讼手段解决船员纠纷存在一些不可避免的弊端,例如诉讼耗时长、效率低等问题。更何况由于船员工作的国际性,船员纠纷案件多数伴随涉外因素,审理船员纠纷案件耗时长,难以快速定分止争,这样一来劳资双方的矛盾难免会进一步加深,船员的合法权益也难以得到及时有效的保障。①

2. 处理船员纠纷的非诉机制初步建立

(1)关于海上劳动关系三方协调机制

2009年12月23日,我国以服务中国航运发展、服务中国船员权益、服务中国航运企业发展为宗旨,建立了全国海上劳动关系三方协调机制。广东、山东、海南等地也在地方海事局的推动下陆续建立了地方海上劳动关系三方协调机制。在设想中,海上劳动关系三方协调机制应当在促进船员纠纷解决、建立和谐劳资关系、推进和完善平等协商制度等方面有所助益。② 然而,并非所有地区都有较好发挥

---

① 参见汪洋:《"从契约到身份"——以船员劳务合同的特殊性及司法应对为视角》,载《中国海商法研究》2014年第3期。

② 参见《全国海上劳动关系三方协调机制如何运作》,载微信公众号"中国海事"2015年7月15日,https://mp.weixin.qq.com/s/6XD-COsV832xl38mCNdGdg。

海上劳动关系三方协调机制作用的基础，目前各地的海上劳动关系三方协调机制的发展水平参差不齐，难以实现设立之初的理想目标。

（2）关于船员纠纷调解机制

调解是指各方当事人在人民调解委员会、各级人民法院及其他相关组织的主持下，针对争议涉及的实体权利、义务等内容，自愿进行协商，并且在有关方的教育疏导下，达成协议、解决纠纷的过程。① 在我国现阶段的纠纷解决程序中，调解贯穿于争议解决的始终，具有成本低、效率高的优点，目的是把矛盾化解于基层，避免矛盾激化和劳资冲突。我国的调解制度有人民调解、行政调解、诉讼调解和仲裁调解，劳动争议的解决主要采用人民调解和仲裁调解，人民调解包括企业内部调解和基层群众自治组织调解，一些经济发达的地区还在街道设有专门的劳动调解仲裁组织；仲裁调解是在仲裁程序中进行的调解，仲裁庭可以采取灵活方式促进当事人达成和解协议，根据和解协议的内容制作仲裁书。此外，为快速解决船员纠纷，我国部分地区设有专门的船员纠纷调解组织，负责处理案件事实清楚、法律关系简单的船员劳务纠纷案件。从总体上看，各地船员纠纷调解大多依托海事法院、海事行政管理机构的调解，并根据船员工作的特征，尝试运用线上、线下相结合的方式，引入多方社会力量，聘请专业、具有说服力的人员作为调解人。

（3）关于船员投诉机制

投诉可能会导致特定的救济程序开启，在事实上发挥着重要的纠纷解决功能，故投诉可以纳入广义的替代性纠纷解决机制体系。② 我国已经建立了船上投诉机制，2018 年海事局印发的《在船船员投诉处理工作程序》确立了船员在船投诉程序，这与《2006 年海事劳工公约》的要求衔接。根据《在船船员投诉处理工作程序》，海事管理机构是船员投诉机制的责任主体，承担着听取、转达或答复当事人提出的单向性投诉、申诉或请求的职能。根据《在船船员投诉处理工作程序》，船员可以通过现场、网络或其他方式向海事管理机构投诉，海事管理机构应当对投诉人的信息保密。海事管理机构可以根据投诉内容决定是否登轮调查，若有必要，海事管理机构应当派员登轮，通过查验证书、约谈访谈人员，推动以内部解决问题的方式进行初步调查。若外籍船舶上的投诉未得到解决，海事管理机构应当联络外籍船舶船旗国政府并将其回复及调查报告报送国际劳工组织总干事，同时通知中国船东协会和中国海员建设工会。

## 二、我国多元化船员纠纷解决机制存在的问题

近年来，船员纠纷数量明显增加。一方面，新冠疫情导致纠纷类型变得复杂且多样，船员下船难，休息权得不到保障。但也有船员违背契约精神，利用疫情坐地

---

① 参见黎建飞：《劳动法与社会保障法》，中国人民大学出版社 2003 年版，第 295 页。

② 参见范愉：《纠纷解决的理论与实践》，清华大学出版社 2007 年版，第 141 页。

起价要求提高工资待遇，否则就停航或者罢工，给航运企业造成了损失。另一方面，船员的法律维权意识也逐渐增强，船员纠纷案件数量逐步上升。但也有船员滥用诉权，干扰船东正常经营，损害船东利益。这使双方对各自所代表的群体评价较低，矛盾冲突加剧。船东与船员之间的纠纷问题需要妥善解决，然而，中国目前船员纠纷解决现状却有待改善。

（一）缺乏统一权威的船员纠纷调解机制

我国大中港口城市多设立船员纠纷调解机构为劳资双方提供协商谈判的平台，这些船员纠纷调解机构的名称与组织性质各不相同，有海船船员维权服务中心、海上纠纷联合调解室、商事纠纷人民调解委员会、“法院+工会”船员劳动纠纷调解工作室、海船船员劳资纠纷调解中心等。其中，有的隶属于海事法院，如广西北海的“法院+工会”船员劳动纠纷调解工作室；有的附属于海事管理机构，如浙江宁波的海船船员劳资纠纷调解中心；有的隶属于基层调解组织，如大连市商事纠纷人民调解委员会（见表 21-1）。此外，中国海事仲裁委员会也曾受理船员劳务合同纠纷，承担着部分调解职能。① 上述机构在处理船员纠纷方面取得了良好成效，但也暴露出一些问题。

**表 21-1　各地调解组织名称及具体情况**

| 地区 | 浙江台州 | 上海 | 江苏 | 大连 | 广西北海 | 浙江宁波 |
|---|---|---|---|---|---|---|
| 组织名称 | 海船船员维权服务中心 | 海上纠纷联合调解室 | 水上交通事故一站式解纷中心 | 大连市商事纠纷人民调解委员会 | “法院+工会”船员劳动纠纷调解工作室 | 海船船员劳资纠纷调解中心 |
| 应用机制 | 海船船员维权服务协作机制 | — | — | “诉前联动纠纷解决”机制、人民调解员驻院解纷工作模式 | 可远程在线调解 | 海船船员劳资纠纷调解和维权协作机制 |
| 参与主体 | 台州海事局<br>台州市委政法委<br>宁波海事法院<br>台州市人力资源和社会保障局 | 崇明区司法局<br>崇明海警局<br>人民调解委员会调解员 | 南京海事法院<br>江苏船东协会<br>江苏海事局 | 大连海事法院<br>大连市人民调解中心 | 北海海事法院<br>北海市总工会 | 宁波海事局<br>宁波海事法院 |

① 《中国海事仲裁委员会与上海海事法院海事案件委托调解白皮书 2011—2021》第 6 页显示，海事仲裁委员会处理的船员纠纷案件并不多，2011 年至 2021 年，由中国海事仲裁委员会上海分部调解的船员劳务合同纠纷仅有 3 件。

续表

| 地区 | 浙江台州 | 上海 | 江苏 | 大连 | 广西北海 | 浙江宁波 |
| --- | --- | --- | --- | --- | --- | --- |
| 组织性质 | 行政附设 | 行政附设 | 行政附设 | 民间群众性组织 | 法院附设 | 行政附设 |

注:资料系本书课题组在各地船员纠纷调解机构官网收集、整理而成。

1. 由于船员纠纷调解规则的不明确,关于调解组织的建立、调解员的资质审核等没有统一标准。船员纠纷专业性比较强,不仅涉及《海商法》《船员条例》等,还涉及劳动与社会保障法,而裁判员或者审判员各自都有相关专业知识的缺陷,劳动仲裁和普通法院的相关人员缺乏海商法、航运法相关知识,海事法院审判人员缺乏劳动与社会保障法的专业知识。他们要么对船员的职业特点不够了解、对海商法船员法律了解得不够深入,要么对劳动与社会保障法的了解与理解不是很深刻,这导致接触船员纠纷的司法人员、劳动争议处理机关和海事法院都不能够准确地理解相关法律,难以很好地解决船员与船东的劳动纠纷。

2. 调解协议本质为合同,本身效力低,有的当事人不履行调解协议,这导致调解机制的公信力不强,降低了人们通过调解解决纠纷的积极性。

(二)中国海事仲裁委员会受理船员劳务纠纷的问题

仲裁与司法诉讼机制联系密切,在我国劳动争议解决机制中,劳动争议仲裁作为诉讼的前置程序是指劳动争议仲裁机构对当事人请求解决的劳动争议,依法居中公断的执法行为,包括对劳动争议依法审理并进行调解、裁决的一系列活动。[①]船员劳动争议案件属于劳动争议仲裁委员会管辖范畴,如果是船员劳务纠纷,劳动争议仲裁委员会通常不会受理仲裁申请,但船员可以约定由中国海事仲裁委员会解决纠纷。目前,中国海事仲裁委员会是受理海事、海商案件的专业仲裁机构,根据《中国海事仲裁委员会仲裁规则》第 3 条,仲裁委员会受理案件范围包括海事、海商争议案件……当事人协议由仲裁委员会仲裁的其他争议案件。[②] 船员劳务纠纷属于海商争议案件,因此也在中国海事仲裁委员会的受案范围之列。但是,海事仲裁委员会的部分仲裁规则并不适用于船员纠纷,这也是海事仲裁委员会受理的船员劳务合同纠纷数量极少的原因之一。

1. 中国海事仲裁委员会的仲裁费用较高且无补贴

中国海事仲裁委员会的《仲裁费用表》规定的仲裁费用比较高,即使是船员劳务纠纷,也不可减少费用或予以免除,这对船员而言是一笔不小的支出,采用仲裁手段维权的方式成本较高。故船员不会选择由海事仲裁委员会仲裁案件。

---

① 参见王全兴:《劳动法》(第 4 版),法律出版社 2016 年版,第 482 页。

② 参见《中国海事仲裁委员会仲裁规则》第 3 条。

2. 船员申请先予执行不可免除担保责任

在我国,为保障劳动者的基本生活,劳动仲裁庭可以根据当事人的申请对涉及追索劳动报酬、工伤医疗费、经济补偿或者赔偿金的案件裁决先予执行。目前,多数船员劳务纠纷不由劳动争议仲裁委员会处理,故船员劳务纠纷案件无法适用《劳动争议调解仲裁法》关于先予执行的规定。与中国海事仲裁委员会受理的其他案件相同,船员劳务纠纷案件当事人申请先予执行的,应当根据《民事诉讼法》第 110 条的规定,向法院提出申请,法院可以责令申请人提供担保。① 也就是说,船员劳务纠纷案件申请先予执行或财产保全的,不能基于追索劳动报酬、工伤医疗费、经济补偿或赔偿金的诉讼请求当然免除担保责任,还需要提供相应担保,维权成本上升。

(三)缺乏船员岸上投诉机制

虽然《在船船员投诉处理工作程序》填补了我国船员岸上投诉制度的空白,但这仅是对《2006 年海事劳工公约》的初步回应,过于原则性、可操作性不强的问题一直存在,对于投诉范围、具体程序、防治报复和结果反馈并没有详细规定。且与雇主相比,船员处于弱势地位,在信息收集、法律理解方面有些许不足,对投诉渠道、程序知之甚少,即使成功投诉,他们也要面临延迟处理、解决不及时的不良后果。由于缺乏有效的投诉保护机制,一部分船员担心投诉后遭遇打击报复和排挤,阻碍职业生涯发展。因此,如何消除船员投诉的后顾之忧,使船员能够真正通过投诉解决问题是我国进一步细化船员投诉程序时亟待考虑的事项。此外,我国尚未建立起完善的船员岸上投诉制度,岸上投诉机制是船上投诉机制的补充与衔接,单纯依靠船上投诉无法解决除工作条件、工作环境以外的其他船员权利受损问题,这给船员维权带来不便。全国海员建设工会原主席丁小岗指出:"受投诉事项的调查时限或船员在船合同期限等限制,在船员涉及劳资关系的投诉事项中,被船东拖欠工资、不支付船员遣返交通费、无故解雇、伤亡赔偿争议等,均是发生在船员下船之后,船上投诉工作程序已不能有效协调解决以上问题。"②目前我国无论是船上还是岸上船员投诉机制都有待进一步完善。

---

① 参见《民事诉讼法》第 109 条规定:"人民法院对下列案件,根据当事人的申请,可以裁定先予执行:(一)追索赡养费、扶养费、抚养费、抚恤金、医疗费用的;(二)追索劳动报酬的;(三)因情况紧急需要先予执行的。"第 110 条规定:"人民法院裁定先予执行的,应当符合下列条件:(一)当事人之间权利义务关系明确,不先予执行将严重影响申请人的生活或者生产经营的;(二)被申请人有履行能力。人民法院可以责令申请人提供担保,申请人不提供担保的,驳回申请。申请人败诉的,应当赔偿被申请人因先予执行遭受的财产损失。"

② 参见《全国政协委员丁小岗:完善船员投诉处理工作机制　让船员工作无后顾之忧》,载中国水运网 2022 年 3 月 14 日,http://www.zgsyb.com/news.html? aid=621204。

## 第二节　多元化船员纠纷解决机制的价值基础

我国古代传统文化提倡“以和为贵”“息讼”的法律思想植根于道德、情理和民间习俗等社会规范，对当代社会构建多元化纠纷解决机制影响深远。仅依靠诉讼无法实现化解矛盾的目的，诉讼自身的局限性也决定其并非“定分止争”的最佳手段，建立并善于利用多元化纠纷解决机制对于节约司法资源、维护社会和谐仍具有重要意义。在船员纠纷处理中引入多元化船员纠纷解决机制，不仅有利于帮助船员快速、有效维权，将船员纠纷化解于法庭之外，还能够促进船员队伍的稳定，增加船员对航海业的归属感和信任感。

### 一、多元化船员纠纷解决机制的优越性

#### （一）提高船员权利救济效率

船员不同于传统劳动者，是劳动者中的特殊群体，反映在纠纷化解上，表现为现有劳动争议纠纷解决机制无法完全适用于船员劳动（劳务）纠纷。近年，我国船员纠纷案件具有数量增加、案情复杂的特点，反映出船员用工中劳资矛盾的尖锐性，但惯常使用的诉讼手段并非化解纠纷的最佳选择。因此，有必要建立多元化船员纠纷解决机制，拓宽船员维权渠道，平衡劳资利益，化解矛盾与冲突。在多元化纠纷解决机制中，调解、仲裁等非诉手段既能避免诉讼程序的繁琐，又能保证由专业人员厘清事实、维护船员利益，是现代社会纠纷解决机制中的重要组成部分，相较于诉讼制度有着明显的优越性，更能做到公平与效率的相对平衡。① 非诉手段应用于船员纠纷领域时存在以下优势：第一，以高度的灵活性、自主性节省船员解决纠纷的成本并提升效率。非诉手段充分尊重当事人的意愿，当事人可以自主协商选择合适的纠纷解决方式，且与诉讼相比，调解、仲裁的程序更为简易，能够降低时间损耗，成本低廉，不仅帮助船员短时间内定分止争，而且更为经济，②适应船员在岸时间短的工作特性。第二，与对抗性较强的诉讼相比，调解、仲裁机制没有法官参与，不需要按照法官审理案件的严格要求进行调解、仲裁，这使当事人之间的形式性对抗偏弱，且非诉手段不完全依照法律处理案件，侧重于协调、修复劳资关系，争取在缓和矛盾的前提下顺利解决纠纷。雇主在调解中可能会做出让步，提供有利于船员的解决方案，这对于构建稳定的劳资关系、促进行业发展大有裨益。

---

① 参见龙飞：《“把非诉讼纠纷解决机制挺在前面”的实证研究——以重庆法院实践为样本》，载《法律适用》2019年第23期。

② 参见龙飞：《多元化纠纷解决机制立法的定位与路径思考——以四个地方条例的比较为视角》，载《华东政法大学学报》2018年第3期。

（二）促进船员队伍平稳发展

国际贸易的自由通畅依靠发达的水路运输，船员往往奔波于各个港口之间，短期内不会靠岸，很难与外界产生持续、稳定的联系与沟通。在这期间，如果船员与船东、船员外派机构发生劳动（劳务）纠纷，很难及时向法院提起诉讼或向陆地的监管机构投诉，如果不能尽快化解矛盾，解决纠纷，船员极易对工作产生负面情绪，影响整个船员队伍的稳定性，易引发船员集体罢工事件。航运业健康发展的前提是拥有一支稳定、和谐的船员队伍。目前，我国注册船员 190 万余人，船员数量居世界第一，是名副其实的船员大国。船员队伍作为我国航运业得以平稳发展的基石，其合法权益需要得到及时的保护。由于船员工作性质的特殊性，研究专门针对船员的纠纷解决机制有其必要性，通过多元化途径解决船员纠纷，不仅能够增强船员维权的效率，提升船员队伍的稳定性，还能促进我国航运业平稳发展。运用船员投诉机制等非诉手段来解决船员纠纷，对船员队伍的稳定和航行安全具有重要意义。

## 二、多元化船员纠纷解决机制基础深厚

（一）多元化纠纷解决机制的传统基础深厚

“无讼”是孔子对诉讼的理解，含义为预防狱讼，消除百姓的讼争。随着儒家文化成为古代王朝的统治工具，经过历代统治者的阐释，“无讼”已经成为中国传统法律文化的价值取向，体现着“以和为贵”的法律思想。各朝统治者均在法律中提倡并鼓励人们通过社会自治模式预防、化解纠纷，采用较为平和的私力救济措施实现“无讼”与“息讼”的理想状态。例如，古代社会以宗法、血缘为纽带维系家族，民间纠纷解决机制也呈现出地缘性，蒙着浓厚的礼法色彩，私力救济方式也以此为根基，某些地区设置里甲组织实施教化与司法，制定“乡约”，开展德育、普法活动，并在乡约的定期集会上直接调处纠纷。此外，在其他地缘群体内发挥类似作用的还有“同乡会馆”“乡间结社等”。①抛开宗族与地缘社会的自治模式，多元化船员纠纷解决机制还可以溯源至明清时期的船运纠纷解决机制。十八九世纪的古代中国船运业发展，出现不少以商业贸易著称的城镇，其中以重庆最具代表性。重庆的船运业者为提高应对经营风险的能力，结成了类似于现代行业协会的民间团体，如“船帮”“八省会馆”等，会首由大家公推产生，需具备与官员斡旋交际的能力和雄厚的财力，他们可经地方官员要求介入调解商业经营与劳资纠纷，在船运纠纷解决机制中发挥着重要作用。上述民间团体的规模较大且影响力强，不仅制定“帮规”“程规”作为行业规则约束成员的行为，还会奉官府的命令制定政府公务用船费用

① 参见陈会林：《传统社会的纠纷预防机制——以明清地缘社会为中心》，中国社会科学出版社 2014 年版，第 118 页。

细则——“差费条规”。对于一些民事纠纷如长程货运纠纷、短程货运客运纠纷和劳资纠纷，“船帮”和“八省会馆”的会首会介入船户间的私下协商中，这种协商过程通常被称为“讲理”。一些跨行业民间团体如“八省客民”甚至广泛介入包括船运业在内的各行业商业诉讼中，并拥有固定的“讲理”与协商场所（重庆城隍庙）。[①]当然，并非所有纠纷都能通过“讲理”摆平，若当事人不满意“讲理”的结果，还会向官府提出控告。

（二）多元化纠纷解决机制的法律基础深厚

自我国的多元化纠纷解决机制确立至今，多部法律文件均对多元化纠纷解决机制进行了详细规定，成为适用非诉手段解决纠纷的法律依据。例如，《民事诉讼法》规定了调解制度，即在审理某些法定民事案件时，人民法院应当先对纠纷予以调解；《关于人民法院民事调解工作若干问题的规定》也对法院调解的效力和范围等进一步确认。《人民法院第二个五年改革纲要（2004—2008）》指出，人民法院应当对于人民调解予以高度关注，除此之外，必须着力开展对人民调解的指导工作，同时需要对诉讼调解制度予以强化并依法监督仲裁工作，全面推进多元化纠纷解决机制的构建。2015 年发布的《关于人民法院推行立案登记制改革的意见》也强调，人民法院应努力提供更多的纠纷解决方式，完善多元化纠纷解决机制，促进纠纷高效解决。因此，深化多元化纠纷解决机制改革，不仅是推进人民法院司法改革、推动全社会多层次依法治理的重要内容，更是推进全面依法治国的必由之路，在协调并化解矛盾维持社会和谐稳定方面发挥着不可或缺的作用。最高人民法院于 2016 年 6 月 28 日发布了《关于人民法院进一步深化多元化纠纷解决机制改革的意见》《关于人民法院特邀调解的规定》。《关于人民法院进一步深化多元化纠纷解决机制改革的意见》是指导全国法院开展多元化纠纷解决机制改革的纲领性文件，《关于人民法院特邀调解的规定》以司法解释的形式对特邀调解制度进行系统规范，是多元化纠纷解决机制改革的最新法律成果。2021 年 9 月，最高人民法院印发了《关于深化人民法院一站式多元解纷机制建设推动矛盾纠纷源头化解的实施意见》，并要求各级人民法院结合实际认真贯彻落实。《关于深化人民法院一站式多元解纷机制建设推动矛盾纠纷源头化解的实施意见》在总结提炼近年来人民法院参与诉源治理实践成果基础上，对推动一站式多元解纷向基层延伸、向社会延伸、向网上延伸、向重点行业领域延伸，健全预防在先、分层递进、专群结合、衔接配套、全面覆盖、线上线下的一站式多元解纷机制，做到矛盾纠纷村村可解、多元化解、一网通调。《关于深化人民法院一站式多元解纷机制建设推动矛盾纠纷源头化解的实施意见》还对金融、劳动争议、婚恋家庭、知识产权、互联网纠纷等重点领域

① 参见梁治平主编：《明清法律运作中的权力与文化》，广西师范大学出版社 2017 年版，第 427-442 页。

源头化解工作提出具体要求，强调加强劳动争议中调解、仲裁与诉讼相衔接，建立调裁诉一体化在线解纷机制。可见，我国越来越意识到多元化纠纷解决的价值与作用，并不断完善机制、积累实践经验，为完善立法作准备。

（三）多元化纠纷解决机制的社会基础深厚

由于人类的生活方式具有多样性，人类的社会行为具有复杂性，任何时期任何社会的调整机制都是多元化的，调整系统中的各个调整机制在社会运行中发挥着各自的功效。① 传统社会经验与现代社会实践已经表明，诉讼不可能深入社会治理的底层，也无法扩展至社会生活的方方面面，人类社会的多变性与复杂性有时也决定了审判机关介入民间矛盾并非维护人与人之间和谐关系的最佳选择，诉讼作为公力救济手段的广度与深度并不能完全适配于社会治理，社会治理还需要靠一些灵活的、多变的，甚至并非完全合乎法律的私力救济手段覆盖那些不易为人们发现的边边角角。多元化纠纷解决机制存在合理性，这种合理性由本土社会的特性赋予，人们倾向于选择一种更为平和、对抗性不强的方式解决邻里或商业伙伴之间的争议，实现化干戈为玉帛的理想结果。多元化纠纷解决机制以法律形式为当事人私权自治留下合理空间，尊重并保障公民在法定区间内处分权利的意愿，为广大公民参与社会治理提供了更多机会，能够最大限度地满足当事人的理性选择。在社会治理方面，有利于高效解决纠纷，最终实现法治社会的和谐共治。② 在船员纠纷领域，多元化纠纷解决机制主要表现为诉讼、调解、仲裁或投诉等途径，相较于"要么全胜，要么全败"的对抗式诉讼，其他途径更能照顾劳资双方的情绪，有时雇主还能基于维系关系或营造"最佳雇主"形象等理由开出更加令人满意的和解条件，避免因一场纠纷使二者关系彻底恶化，并对对方所在的群体产生偏见与不满，进而对整个行业产生负面影响。因此，"以事实为依据，以法律为准绳"的诉讼模式也有着不宜进入的领地，在这个领地中，人们利用多种方式妥善解决纠纷的选择理应得到尊重。

## 第三节　域外多元化船员纠纷解决机制研究

目前，世界各国已经建立了较为完善的多元化纠纷解决机制，在船员纠纷解决方面，主要有两类处理机制。有的国家立足自身现状，以本国拥有大量海外劳工为出发点，制定了针对海外劳工尤其是船员的纠纷解决机制，如菲律宾、澳大利亚等；有的国家船员数量相对较少，没有建立专门处理船员纠纷的机制，而是通过劳动争

① 参见范愉：《非诉讼纠纷解决机制研究》，中国人民大学出版社2000年版，第109页。

② 参见齐卫平、姜裕富：《国家治理现代化的法治思维》，载《河南师范大学学报（哲学社会科学版）》2015年第4期。

议处理机制处理船员纠纷,如日本。

## 一、适用于船员的纠纷解决机制——以菲律宾、澳大利亚、挪威为代表

### (一)菲律宾:强制仲裁与自愿仲裁

根据菲律宾《宪法》,所有的纠纷都必须采用“友好方式”加以解决,凸显“友好方式”的准司法方式与司法解决程序同样重要。菲律宾《宪法》第13条第3款规定:“国家应该促进工人与雇主分担责任的原则,并且优先采用自愿方式解决包括调解在内的争端,并在此基础上加强相互遵守以促进工业和平。”与此相对应,菲律宾《劳动法典》第217条第1款规定:“劳动仲裁员应当享有原始的专属管辖权以裁决和审理。”

目前,菲律宾国内共有两个机构承担调解与仲裁职能,一个是隶属于菲律宾劳动就业部的准司法组织——全国劳资关系委员会,另一个是全国调解与和解委员会。全国劳资关系委员会的仲裁模式为强制仲裁,全国调解与和解委员会的仲裁模式为自愿仲裁,自愿仲裁的方式有两种,分别为“自愿仲裁员”与“自愿仲裁小组”。当一名菲律宾船员遭遇非法遣返、解雇和(因工作)受伤、生病、死亡时,他可以选择同时向两个仲裁机构申请仲裁,如果其中之一支持了船员的索赔请求,船员便不得再以相同的诉讼请求向法院起诉。

进入仲裁程序后,劳资双方先参加旨在解决船员金钱索赔的会议(类似于我国劳动仲裁中的调解会议),如果调解没有成功,则双方开始第一次辩论。值得注意的是,仲裁结果公布后,全国劳资关系委员会与全国调解与和解委员会的后续处理程序不同。在全国劳资关系委员会的后续处理程序中,失败方可以向委员会申诉,如果申诉方为资方,则必须提供金钱担保,若申诉成功,则必须在10天之内再次提起复议请求;而全国调解与和解委员会的后续处理程序中没有申诉环节,失败方须直接申请复议,若复议申请通过,失败方可以向上诉法院申请金钱索赔,若复议申请遭拒,除非上诉法院发布临时禁令,否则海员可以据此裁决向法院申请执行令。此外,复议申请被拒绝后,失败方也可以向最高法院提起最后申诉,最高法院所作的决定为最终决定,如果最高法院的决定有利于船东,船东已被执行的财产就能得以恢复。①

菲律宾的船员纠纷解决机制有以下两方面值得借鉴:第一,突出仲裁机构解决纠纷的作用。相较于诉讼模式,仲裁机制优势明显,当事人可以在全国劳资关系委员会和全国调解与和解委员会两大调解机构中任意选择,能够促进调解机构改善服务质量。第二,通过“友好方式”调解纠纷。无论是仲裁还是诉讼,本质上都是劳资双方的对抗,有对抗就会有输赢,一方或双方就会有损失,经济能力较差的船

---

① See *Pinoy Seafarers'rights*, http://pinoymarinorights. blogspot. com/2017/02/flow - of - seafarers - claims. html.

员往往无法承受败诉结果，通过友好方式解决争端，为船员争取最大利益留下空间。

（二）澳大利亚：完善的船员纠纷解决机制

澳大利亚处理劳资争议的历史悠久，目前已经建立包括行政、司法、官方、民间在内的纠纷解决机制，多方主体的职能既有交叉又有区别，当事人可以根据案件难易程度选择协商谈判、调解和仲裁等纠纷解决措施。其中，在船员纠纷解决机制中，仲裁裁决的审查程序比其他案件更为严格。

1. 以劳资双方共同参与解决纠纷为重点

为推动劳动力市场化，澳大利亚强调尽量由劳资双方协商解决纠纷，经修改的1996年《工作场所关系法》规定，纠纷应尽量在企业内解决，产业关系委员会仅能对法定权限内的事项实施强制性仲裁。产业关系委员会是准政府机构，虽然独立于政府，但其工作人员为国家或地方公务员，产业委员会的职能包括协调劳动关系、处理劳动纠纷、以裁定方式制定最低工资标准、核准集体协议及审批工会。另外，澳大利亚劳资关系委员会是由雇主代表、劳动者代表、政府组成的三方性机构，每年召开3次例会，对劳动关系、就业服务、职业培训、企业裁员、劳动安全卫生和其他劳动法律与国际劳动公约的实施问题进行交流、沟通，以期达成共识。①

2. 注重通过调解解决劳资纠纷

调解贯穿于澳大利亚第三者参与的劳动纠纷解决机制。无论是全国公平工作委员会还是民间调解机构，均把调解作为处理纠纷的首要选择，例如全国公平工作委员会的仲裁员应当对案件先行调解，调解不成的再移交仲裁员处理。此外，澳大利亚的民间调解组织众多，但经民间调解达成的协议不具有法律强制力，当事人不履行的，另一方当事人可以向法院起诉，法院按照民事合同纠纷审理，而不是作为劳动争议案件处理。此外，公平工作巡察专员署、建筑施工行业公平工作监管处、澳大利亚人权委员会、联邦法院等机构也起到监督、调解的作用。②

3. 船员纠纷仲裁裁决程序审查严格

目前，全国公平工作委员会是澳大利亚全国性的劳资关系委员会，其前身为历史悠久的联邦调解与仲裁委员会，主要工作是对劳资争议案件进行仲裁，能够有效解决劳资争议难题。在澳大利亚，仲裁并非劳资纠纷解决的前置程序，且法院的诉讼费用较高，多数涉及人身伤亡的案件由法院处理。仲裁员的社会地位较高且经验丰富，裁决具有法律强制力，当事人不服独任仲裁员的裁决的，可以向全国公平工作委员会申诉，上诉裁决为最终裁决，不得向法院起诉。联邦裁判法院和联邦法

---

① 参见袁铁铮：《澳大利亚劳动关系调整机制研究》，载《工会理论与实践》2002年第3期。

② 参见李连刚：《澳大利亚劳动争议仲裁制度之借鉴》，载汤庭芬主编：《深圳蓝皮书：劳动关系发展报告（2014）》，社会科学文献出版社2014年版。

院内部设立了公平工作法庭,审理涉及新劳资关系法律的案件。① 为了提高船员在劳资纠纷中的议价权,在1992年颁布的澳大利亚《船员康复和补偿法》(又称澳大利亚《船员法》)中规定了双层审查程序,当船员对关于金钱赔偿的裁决不满意时,可以要求仲裁庭"重新考虑"该裁决决定,即申请复议。如果船员对复议结果还不服,可以向澳大利亚行政上诉法庭提出上诉。② 此时,雇主为避免后续的烦琐程序,通常选择调解方式解决纠纷,例如邀请相关主体参与同船员的谈判对话。

(三)挪威:建立独具特色的船员纠纷解决制度

作为波罗的海沿岸重要的航运国家,挪威的船员立法十分完善,有《船舶劳工法》《船员法》《船舶安全法》等。此外,挪威海事局还发布了关于监督与管理的法令,为船员纠纷的解决提供了较为坚实的法律基础。在挪威的船员纠纷解决机制中,最有特色的便是船舶劳工的船员代表协商制度和船上投诉制度。

1. 船员代表协商制度

为了使纠纷在发酵前得到解决,挪威政府致力于通过劳资协商化解劳资冲突,避免发生船员集体罢工事件给国家经济支柱产业带来消极影响。《船舶劳工法》的宗旨之一便是为雇主、船员提供与雇主船员组织合作的基础,使他们能在当局的指导与监督下保护和发展工作环境。③ 为保证船员了解与自身工作有关的法律和维权方式,根据《船舶劳工法》的规定,公司应提供相关法律文本、雇佣协议副本和构成雇佣协议一部分的集体谈判协议副本。④ 船员也应选举船员代表与雇主磋商、谈判,协商范围包括工作条件、工作环境、临时雇佣和裁员的相关事宜。在定期雇佣超过50名船员的企业中,雇主应当提供关于工作条件的信息,并与船员代表会面协商,雇主应当对船员代表提出的问题做出合理回应。⑤ 在裁员方面,《船舶劳工法》规定,雇主决定与船员终止雇佣关系的(预期裁员数量低于10人),应当尽可能与船员代表协商,当雇主决定集体裁员⑥的(预期裁员数量超过10人),应当与船员代表协商,并在咨询会议召开前或召开时向船员代表提供与裁员有关的信息,包括裁员理由、预期裁员数量、所裁工人的类别、正常雇佣的群体及人数、选择可能被裁减人员的拟议标准、特别遣散费的拟议计算标准(如适用)。此外,雇主还应向劳工福利局发出相应通知,船员代表可以直接就通知向劳工福利局发表意见。雇主决定裁员后,应当向船员发出裁员终止雇佣关系的通知,通知内容包括

---

① 参见李连刚:《澳大利亚劳动争议仲裁制度之借鉴》,载汤庭芬主编:《深圳蓝皮书:劳动关系发展报告(2014)》,社会科学文献出版社2014年版。

② 参见澳大利亚《船员康复和赔偿法》第六部分"行政上诉法庭对决定的重新审议和审查"。

③ See Ship Labour Act, Chapter 1 Introductory Provisions Section 1-1 The Purpose of the Act(a).

④ See Ship Labour Act, Section 9-6 Rules to be Available to the Crew.

⑤ See Ship Labour Act, Chapter 11 Information and Consultation.

⑥ 需要注意的是,即使挪威有着历史悠久的调解制度,但若在船工作人员因集体裁员向雇主索赔,该案件也不得由调解委员会调解。

船员可根据要求谈判和提起法律诉讼的权利。双方的通知期限与船员的级别和工作年限有关,如果被裁人员为船长,应分别给予双方3个月的通知期。① 船员认为自己被非法解雇的,应以书面形式向雇主提出协商要求,雇主应确保尽早召开谈判会议,最迟为收到要求后的两周内。如果船员提起法律诉讼或通知雇主将在未进行谈判的情况下提起法律诉讼,雇主可要求与船员进行谈判。此时,如果船员已经提起法律诉讼,雇主应书面通知法院进行谈判,船员有义务参加谈判。船员和雇主有权在谈判期间聘请顾问协助,除非双方同意继续谈判,否则谈判应在第一次谈判会议日期后两周内完成。②

2. 船上投诉制度

《船舶安全法》规定,船舶劳工有权投诉并受保护。③ 2013年8月19日,挪威出台第998号法规《船上劳工投诉规则》对船上投诉机制的主体、内容、程序、反馈等作出规定,建立了较为完善的船上投诉制度。该制度的主要特点如下:(1)船上投诉机制主体范围较广。根据《船上劳工投诉规则》,任何在船工作人员都有权投诉,这意味着在船上工作的人员都处于他人的监督之下,任何违反规定的行为都可能被投诉并受到处罚,这有利于实现"将纠纷遏止于摇篮"的目的,避免纠纷持续恶化进而产生不良后果。④ (2)船上投诉机制内容范围较广。船员投诉的范围包括船上服务和整体工作,根据《船舶安全法》关于监督的规定,船员还可以就船舶的工作条件、工作环境直接向挪威海事局投诉。⑤ 挪威海事局可以制定有关投诉的法规和规则,包括船上投诉的处理和解决、处理投诉的程序、受理投诉的主体、监管机构受理和解决的投诉、是否可以对处理决定上诉以及外国船员的投诉等。⑥ (3)投诉流程较为完善。原则上,船员可以逐级向船长、公司、雇主投诉,以保证投诉能够在较低层级解决,公司应当将投诉及投诉决定记录在报告中,并向投诉人提供报告副本。若投诉人不满意处理结果,可以向挪威海事局申诉或海事局授权的人员申诉,申诉事项应当与该人员的工作事项有关。⑦ (4)确保投诉者不会受到报复。公司应当为船舶制定规范的投诉程序以确保投诉人不受报复,投诉人在投诉时应有人陪同,船上也要有一名或多名联系人参与投诉处理过程并提供中立意见。若船员提交的信息使当局有理由相信雇主实施了报复行为,则假定报复行为已经

---

① See Ship Labour Act, Chapter 5 Termination of employment relationship.

② See Ship Labour Act, Chapter 5 Termination of employment relationship.

③ See Ship Safety and Security Act, Section71a: Right to lodge complaints and protection against retaliation.

④ See Regulations of 19 August 2013 No. 998 on the Right to Lodge Complaints for Persons Working on Board Ship, Section 2 The Right to Lodge Complaints.

⑤ See Ship Safety and Security Act, Chapter 7 Supervision.

⑥ See Ship Labour Act, Chapter 9 The Service on the Ship Section 9-7 Right to Lodge Complaints.

⑦ See Regulations of 19 August 2013 No. 998 on the Right to Lodge Complaints for Persons Working on Board Ship, Section 3 Complaint Process.

发生，由雇主和公司承担举证责任，证明报复行为不存在。[①] (5)降低任意投诉率。公司有权根据《挪威赔偿法》要求无端投诉的人赔偿损失。[②]

## 二、劳动纠纷处理机制下的船员纠纷处理——以日本为代表

20世纪90年代日本泡沫经济崩溃，劳资关系严重对抗，集体劳动争议的数量上升，有的甚至发展至大规模冲突的地步。为调整集体劳动关系，日本政府出台日本《劳动组合法》、日本《劳动关系调整法》，强调政府参与解决集体劳动纠纷。自90年代起，日本传统的长期雇佣逐渐被非正规就业取代，劳动者参与工会的数量减少，个别劳动争议随着劳动关系个人化的扩大而增加。日本政府于2001年制定日本《个别劳动关系调整法》，目的在于通过调解快速解决个别劳动争议。[③] 为处理船员劳动争议，日本设置了中央及地方船员劳动委员会，但自2001年起，日本开始进行大部门改革，目的在于精简政府部门，克服部门之间协调不力的缺陷。为优化部门职能，2008年10月1日，日本国土交通省根据《国土交通省设置法等的部分修改法(平成20年法律第26号)》裁撤了船员劳动委员会，并把原属于船员劳动委员会的"中央劳动委员会"及"交通政策审议会"等移至其他部门管辖，于是，船员纠纷需要在劳动纠纷处理机制的框架下解决。[④] 故要了解日本是如何处理船员纠纷的，就要先理顺劳动纠纷处理的机制与模式。

### (一)劳动争议主管机关权责分明

#### 1. 全国性劳动委员会的管辖

总体而言，日本劳资争议的解决主要以劳资双方自主解决为基本，只有在劳资双方的沟通解决出现障碍而引起更大纠纷时，第三者才介入，作为中间人参与协调。充当中间人角色的是中央及地方各级劳动委员会，劳动委员会是处理劳动争议的准司法机构，由代表雇主、劳动者、公益的三方主体组成。[⑤] 船员劳动委员会的职能已经并入中央劳动委员及地方劳动委员会，船员集团的纷争调整事务由中央劳动委员会主管，部分船员集团的纷争由地方劳动委员会主管。此外，劳动大臣及各地方知事还可分别在中央委员会和地方劳动委员会设置特别协调委员，特别协调委员指雇主代表、劳动者代表和公益代表。[⑥]

---

① See Ship Labour Act, Chapter 2 Obligations of Employer and Company, Section 2-7 Protection Against Retaliation in Connection with Notification.

② See Regulations of 19 August 2013 No. 998 o on the Right to Lodge Complaints for Persons Working on Board Ship.

③ 参见日本《个别劳动关系争议解决促进法》第1条。

④ 参见《关于海员劳动委员会事务的移交》，载厚生劳动省官网2018年6月2日，https://www.mhlw.go.jp/churoi/oshirase/01.html。

⑤ 参见日本《劳动组合法》第19条。

⑥ 参见日本《劳动关系调整法》第8条第2款。

2. 救济命令等法律文书的效力

劳动委员会可以根据申请人的请求颁发救济命令，雇主在法定期限内未提起救济命令取消诉讼时，救济命令确定。雇主向中央劳动委员会申请审查救济命令的，审查期间不停止救济命令的履行；雇主不予履行的，劳动委员会应当通知雇主所在地的地方裁判所，也可通知工会及劳动者，其中，地方裁判所有权取消或变更救济命令。此外，劳动委员会在任何阶段促成和解的，应当在含有支付合意的前提下经当事人申请，制作该合意的和解调解书，和解调解书的效力与《民事执行法》规定的债务相同。[①]

综上所述，日本劳动委员会在劳动争议解决机制中处于准司法机构的地位，裁判所对其发布的法律文书享有监督权。此外，日本的集体劳动关系与个人劳动关系分属不同的法律调整，二者分别适用相应法律规定的调整机制，涉及船员此类特殊劳动者时，具体规定又有所不同，由于专门处理船员纠纷的船员劳动委员会被撤销，故船员纠纷分别由劳动委员会和地方运输局管辖，下文将通过介绍日本集体劳动争议处理机制与个别劳动争议处理机制阐述这种区分。

(二)集体劳动争议处理机制：多种措施并举

日本的集体劳动争议规模大，为避免争议恶化引发不良后果，日本试图通过调解、调停、仲裁手段缓解劳资冲突，改善劳资关系。若劳动争议严重危及国民日常生活时，中央劳动委员会还可以利用紧急调整制度快速解决争议。[②]

1. 调解(日文中称“斡旋”)

发生劳动争议后，当事人应当立即报告劳动委员会和各地方知事，船员则报告地方运输局长或各地方知事。劳动委员会会长根据当事人一方申请或依职权指定调解员(调解员可来自现有名单之外)，调解员必须有学识、经验，能够胜任调解工作。[③] 在处理劳动争议时，调解员应当了解当事人主张的要点，力求解决事件，当其认为自己无法解决事件时，必须从事件中退出并将案件要点报告劳动委员会。[④]

2. 调停

调停程序中的第三方以更加积极的姿态参与纠纷的解决，这是与上述调解程序的区别。经当事人申请、基于约定、依据职权或中央及地方行政官员请求，劳动委员会可对劳动争议或关于公益事业的事件进行调停。调停由代表三方利益的调停委员组成调停委员会进行，调停委员在劳动委员会委员或特别协调员中指定产生，调停委员会应当有代表雇主和劳动者的委员出席，否则不得召开会议。调停委员会可制定调停方案，双方当事人接受的，调停方案公布；当事人对调停方案的解

---

① 参见日本《劳动组合法》第27条第12款—第27条第20款。

② 参见日本《劳动关系调整法》第35条第2款。

③ 参见日本《劳动关系调整法》第11—12条。

④ 参见日本《劳动关系调整法》第13—14条。

释或执行有争议的，由调停委员会做出明确答复。答复未公布前，双方不可就争议事由发生争议行为。若调停涉及公益事业，必须采取必要的优先措施保证快速处理事件。①

3. 仲裁

经当事人申请或劳动协约约定，劳动委员会可对争议案件进行仲裁，仲裁委员经当事人达成合意，从劳动委员会代表公益的委员或特别协调委员中推选，最后由劳动委员会会长制定。仲裁裁决必须为书面文件且注明生效日期，仲裁裁定与劳动协约具有同等效力。②

（三）个别劳动争议处理机制：劳动部门提供法律咨询

为减少个人劳动争议的发生，日本地方劳动局局长向劳动者或雇主提供招聘、雇佣、咨询和其他帮助。若当事人因劳动争议向地方劳动局寻求帮助，地方劳动局局长在听取专家意见和行业发展情况后可以对当事人进行必要的指导和建议。若劳动局局长认为当事人关于申请调解的请求是必要的，可以委托地方劳动局内部设立的争议调解委员会进行调解。调解员认为调解没有希望时可以中止调解，当事人可以向法院起诉（申请调解时视为已提起诉讼），法院内的劳动审判委员会也会先对案件进行调解，只有当当事人拒绝调解建议时，法院才会开始审理。③ 需要注意的是，处理船员个别劳动争议的主体有所不同，船员个别劳动争议的当事人应当向地方运输局局长寻求帮助。④ 地方运输局局长可以指定调解员调解船员个别劳动争议案件，对政策咨询的调查审议事务由中央及地方交通政策审议议会（船员部会）主管。⑤

各国的多元化船员纠纷解决机制各有优势，总体而言，它们都建立了比较完善的船员纠纷处理模式，保证案件能够最大限度地在诉前得到妥善解决，其中包括建立全国性调解仲裁机构、实行仲裁裁决双重审查制度和强化劳动行政管理部门与交通运输管理部门解决船员纠纷的责任等。对于我国而言，探索设立全国性船员纠纷调解仲裁机构，树立专门船员纠纷调解与仲裁中心的权威，打造中国船员多元化纠纷解决的服务品牌，在现有基础之上探索船员纠纷调解制度的规范化与制度化是长久之计。

---

① 参见日本《劳动关系调整法》第三章“调停”。

② 参见日本《劳动关系调整法》第四章“仲裁”。

③ 参见陈玉萍：《日本个别劳动争议处理制度研究》，载《中国劳动关系学院学报》2008 年第 4 期。

④ 参见日本《个别劳动关系争议解决促进法》第 4—21 条。

⑤ 参见《关于海员劳动委员会事务的移交》，载厚生劳动省官网 2018 年 6 月 2 日，https://www.mhlw.go.jp/churoi/oshirase/01.html。

## 第四节　我国多元化船员纠纷解决机制的优化路径

多元化纠纷解决机制兼顾调解、仲裁等非诉讼纠纷解决机制与诉讼的有机衔接,与建设法治社会的目标进程相一致。[①] 在处理船员纠纷方面,我国尚未建立科学的多元化船员纠纷解决机制,理应探索构建协调统一的船员纠纷处理体系,使纠纷解决机制在一定条件下既各司其职又相互依存,从而构成一个有机体系。

### 一、建立专门船员纠纷调解仲裁中心

从长远来看,建立专门船员劳动争议仲裁委员会是兼顾专业与效率的合理选择。有学者指出,可以建立全国性船员劳动争议调解仲裁委员会,在港口城市设立派出机构,对船员劳动争议进行调解与仲裁。[②] 目前,可以依托现有基层的船员纠纷调解,总结经验,先在合适的地区建立试点,为建立专门的船员劳动争议调解仲裁中心打基础。

(一)设立专门船员纠纷调解仲裁中心的必要性

1. 船员权益保护问题不完全适用于国内劳动法

海上的劳动群体不能完全套用国内的劳动法和劳动合同法,船员劳动、劳务纠纷牵涉的法律关系十分复杂,涉及众多的法律领域,如海商法、劳动法、侵权法、仲裁法、国际私法、国际公约等。近些年的船员纠纷案件呈现出复杂化、群体化的特征,有些船员纠纷案件还具有涉外性,因此处理船员纠纷的人员需要具备复合部门法知识,具有较强的跨专业能力。

2. 船员因其工作特殊性更加注重权利救济效率

船员职业本身是一项特殊的行业,船员常年工作在船上,比起陆地工作,其工作的风险性更大,权益也更容易受到侵害。船员与外界的接触不紧密,导致其维权的途径也都比较闭塞,随船船员的工作流动性大且缺乏工会组织,且常年大部分时间在船上,船员纠纷的解决需要快速高效,所以适用普通劳动者的救济形式存在一定的困难。而调解和仲裁相对于诉讼解决纠纷好处很多,具有成本低、高效率和弱对抗性,成为各国主要选择的劳动纠纷解决机制,在船员纠纷解决方面尤甚。

3. 设立专门船员多元化纠纷解决途径的现实需求

目前我国并没有专门解决船员纠纷的审判庭和仲裁庭。在调研中,我们了解到,船员这一职业群体比较特殊,具备一般劳动者所不具备的工作特殊性。劳动争

---

① 参见赵旭东:《纠纷解决机制及其“多元化”与“替代性”之辨析》,载《法学杂志》2009 年第 11 期。

② 参见李大泽、韩立新:《我国船员劳动争议处理机制的现实困境与对策》,载《大连理工大学学报(社会科学版)》2013 年第 2 期。

议仲裁委员会的工作人员向我们表示,其多数对于船员以及海事、海商相关的专业问题及法律法规不是很熟悉,机构内部也没有熟悉这一领域的专家。当船员纠纷提交至劳动争议仲裁委员会时,其往往是依据处理一般劳动者纠纷的原则、程序来处理这些纠纷。船员的劳动法律关系是非常复杂的,尤其是船员外派的情况下,船员的劳动法律关系变得更加错综复杂,未考虑船员劳动的特殊性而审理船员案件会使得纠纷的解决有失偏颇。我们在调研海事法院时,海事法院的法官则表示,海事法院主要处理的还是海商事案件,船员纠纷虽然属于海事法院的法定受案范围,但其涉及劳动与社会保障法等相关法律,学科交叉性比较强。虽然各法官对海商事法律较为熟悉,但对劳动与社会保障法的理念及一些制度设计的理解不深入,再加上以往船员纠纷案件在海事法院的总体案件中相对体量比较小,所以此类案件也没有得到特别的重视,而且因法官专业知识的受限,处理起来也有一定难度。随着近年来船员案件的增多,且船员集体诉讼案件占比明显增加,现有的人员、机制都并不能很好地处理船员纠纷。如果没有专业的队伍、机构来处理船员纠纷,只是将船员纠纷以普通劳动争议或是海商事诉讼的方式解决,不利于船员纠纷精准、高效地解决。

4. 提升上海国际航运中心软实力的重要举措

伦敦之所以成为国际航运中心,与伦敦是航运服务中心、一直保持海事仲裁或争议解决的重要中心也有关。根据专注于海事行业的律师事务所 HFW 对全球主要仲裁机构数据的分析,2019 年,伦敦处理了 1,737 起海事仲裁案件,较上年增长 14%,约占当年国际海事仲裁案件总数的 83%。伦敦海事仲裁机构在全球具有权威性,深得航运界的信赖。① 目前,上海国际航运中心的国际地位正逐步显现,从国际航运历史发展的角度出发,提供解决海事纠纷的国际化法律服务是提升国际航运业软实力的重中之重,而建成国际航运中心的重要标志就是有专业化、权威的国际海事纠纷的解决机构。虽然上海已经建立上海国际海事仲裁中心,致力于提高我国航运业国际化、标准化、专业化的程度,并提升上海国际航运中心软环境建设,但是上海国际航运中心应当细化法律服务纠纷解决的方式,更加有效地服务国际航运中心,形成上海航运纠纷解决的独特品牌。航运业是维护国家经济安全与主权安全的基础性产业,船员队伍是建设海洋强国的重要人才储备。在调研航运企业时,船员用人单位也表达了强烈要求成立专门的船员纠纷调解仲裁中心的愿望,希望能减少诉累,缓和与船员的关系。在这个充满挑战的时代,调解与仲裁所提供的灵活性,更快的解决方案和更低的成本使其成为解决海事纠纷越来越受欢迎的选择。因此,上海国际航运中心应当在航运服务上逐步树立中国的权威与信赖,建立专门船员纠纷调解仲裁中心,助力上海国际航运中心的发展。

① 参见《HFW 研究:伦敦占全球海事仲裁市场 80%以上的份额》,载信德海事网 2020 年 8 月 11 日,https://xindemarinenews.com/world/22617.html。

（二）利用对上海浦东事项的特别立法授权成立专门船员纠纷调解仲裁中心

1. 打造国际性人才队伍

在建设上海浦东社会主义现代化建设引领区的背景下，利用全国人大常委会授权上海市人大及其常委会立法，在临港自贸新片区先行先试成立专门船员纠纷调解仲裁中心，是助力上海国际航运中心司法软环境建设的重要组成部分，打造具有国际性的专业化处理船员纠纷解决的一支人才队伍，吸引世界其他地区的船员纠纷来上海解决，奠定上海国际船员纠纷解决中心的地位。

2. 提升责任人员的专业能力

设立专业性单独的船员争议调解与仲裁中心专门处理船员劳动争议案件，船员纠纷调解与仲裁中心的调解员、裁判员应该具有航运海商海事法律、民商法律及劳动与社会保障法的多重背景专业知识，有利于提高我国涉船员纠纷解决的精准性与效率，为上海国际航运中心提供航运软服务。

3. 多方人员参与调解与仲裁

船员纠纷调解仲裁中心应该有海员工会代表、船东协会代表、海商海事劳动法的专家等多方人员及专家组成，保障调解与仲裁的权威性、公平性及国际性，打造上海国际船员纠纷解决中心。

总之，通过支持建设上海国际船员纠纷调解仲裁中心，提供高质量的纠纷解决服务，全力打造国内引领和国际知名的一流船员纠纷解决机构，有利于上海在国际航运中心建设硬件提升的过程中进一步提高“软实力”，也为将来在全国范围内建立专门船员纠纷调解仲裁中心提供先行先试的经验积累。

## 二、建立统一的船员纠纷调解仲裁制度

调解是化解船员纠纷的重要防线，规范的船员纠纷调解制度能够提升调解机制的公信力，有利于最大限度地引导、鼓励当事人通过友好协商方式解决问题。

首先，在现有船员纠纷调解组织的基础上做好整合工作，待上海市船员纠纷调解仲裁中心试点经验成熟，探索建立全国船员劳动争议调解仲裁中心。应当总结各地已建立的船员纠纷调解组织的先进经验，引入多方社会力量参与调解，因地制宜地结合当地特色纠纷协商制度，在整合现有船员纠纷调解组织经验、制度的基础上建立全国船员劳动争议调解仲裁中心。同时在拥有港口的中小城市设立地方船员劳动争议调解仲裁中心，由全国船员劳动争议调解仲裁中心统一领导与指导。船员劳动争议调解仲裁中心应当由船东协会、海员工会、海事管理机构的代表和专业的法律人员组成，由律师、退休法官、大学教授等其他具有社会影响力的专业人士担任调解员与仲裁员，这种引入跨界人士的做法能够有效弥补参与人员专业背景的不足。此外，我国可以借鉴日本原船员劳动委员会的建设经验，由船员劳动争议调解仲裁中心承担调解、仲裁船员纠纷的职能，加强调解与仲裁的联系，并面向

社会为船员提供法律、政策咨询,尽力降低矛盾升级的风险。

其次,强化政府的作用。有学者认为,政府主导是调解机制发挥作用的关键,符合我国民众信赖官方调解的传统文化,[①]故应当坚持政府在调解中的主导作用。这种由专业人士和公权力机构主持的调解也具有较强的“强制性”。[②] 但是也有学者提出了相反的观点,认为调解程序的行政色彩不宜过于浓厚,因为当代的调解机制应当由劳资双方遵循市场规则,通过调解维护劳动关系的和谐稳定,由政府强制力改造雇佣习惯使我国劳动争议处理中劳资双方自身力量的运用空间有限。[③] 然而,我国的船员工会发展水平参差不齐,独立性不强,由其代表船员参与调解无法保证调解过程中三方力量的平衡,导致调解目标难以实现。此时,代表政府角色的海事管理机构能够弥补这一缺陷,不仅能以其专业性和公信力推动纠纷的解决,还能增加当事人对调解机制的信任。为了平衡政府强制与市场运行自由,我们可以借鉴日本经验,使政府在调解船员纠纷过程中发挥引导作用,既不过度干涉也不过度弱化自身角色,可以考虑在劳动行政管理部门下设劳动法律咨询办公室,当发生群体性船员纠纷时,由劳动法律咨询办公室向船员或用人单位提供法律咨询,若有必要,劳动行政管理部门可以把案件委托给船员劳动争议调解仲裁中心并参与调解过程。

最后,调解员的专业性和公正性是顺利化解纠纷的关键。调解制度之自愿、平等、合法合理等原则的遵循主要依托调解过程中调解员的行为,[④]在船员劳务纠纷处理方面尤甚,负责、专业的调解员能够增加调解机制的公信力,提高纠纷解决效率和当事人的执行率。因此,应当建立调解员资质审查制度,颁布调解工作规范,调解员应当是拥有劳动争议调解经验或航海经验的人员,他们应当熟悉劳动、海事法律和政策,具备劳动法、海商法与船员法律政策的知识背景,定期接受关于调解技巧、知识和程序的培训。当事人在调解结束后可以对调解员评级,评级较高的调解员能够获得奖励,促使其提供高质量的调解服务。

此外,为发挥船员纠纷调解制度效能,使调解不流于形式,避免因调解协议效力不强导致当事人申请仲裁或起诉令程序更加烦琐,应当考虑加固调解协议的效力,目前有3种加固途径:(1)政府强制。此种方法在我国较为罕见,具体操作可见于菲律宾的相关规定。菲律宾通过政府强制执行加固和解协议的效力,海外劳工委员会颁布的《POEA关于海员招募和雇用的规则和条例》规定,行政部门应当强制调解关于招聘违规的行政投诉,达成的和解协议为最终协议,对双方均有约束

---

① 参见董保华:《论我国劳动争议处理立法的基本定位》,载《法律科学(西北政法学院学报)》2008年第2期。

② 参见范愉:《客观、全面地认识和对待调解》,载《河北学刊》2006年第6期。

③ 参见曹燕:《我国劳动争议处理制度的困境与突破》,载《河北法学》2012年第5期。

④ 参见李梦云:《多元解纷机制下劳动争议调解员专业化之探讨》,载《中国人力资源开发》2021年第7期。

力，执政当局可以发出执行令强制执行和解协议。[①] (2)司法确认。司法确认模式指民间调解协议的效力经法院依法审查、确认，而取得强制执行的约束力。[②]《人民调解法》第33条规定，经人民调解委员会调解达成调解协议后，双方当事人认为有必要的，可以共同向人民法院申请司法确认，人民法院应当及时对调解协议进行审查，依法确认调解协议的效力。此时，只有在人民法院依法确认调解协议有效的情况下，当事人才可以向人民法院申请强制执行。[③] (3)仲裁置换。关于仲裁置换的规定可见于地方劳动行政管理部门的规范性文件，如黑龙江《关于规范劳动人事争议调解协议仲裁置换程序的指导意见》规定，当事人可凭基层劳动人事争议调解组织调解形成的劳动人事争议调解协议申请置换劳动人事争议仲裁调解书。仲裁委员会应当认真审查调解协议，在确保当事人双方主体适格、调解过程合法且不属于违反法律、行政法规强制性规定，不损害国家利益、社会公共利益等情形的前提下进行仲裁调解书置换。[④] 我们认为，由政府强制执行调解协议在我国缺乏法律依据，调解协议通过司法确认和仲裁置换加固效力在我国已经有法律制度铺垫，船员纠纷的调解协议适用这两种方式仅是在现有制度的基础上扩大适用范围，避免创设新法带来的内部冲突与矛盾，因此，船员纠纷调解协议的效力通过司法确认或仲裁置换的方式进行加固较为合理，当事人可以根据自身情况灵活选择加固方式。

## 三、突出仲裁救济的作用

仲裁能够克服诉讼的局限性，不仅充分尊重当事人的意思自治，还具有经济性、私密性、专业性等优势，应当充分发挥仲裁制度的优越性，让仲裁能够切实救济权利人的利益。劳动争议解决设置了劳动争议仲裁委员会专门受理劳动争议案件，实施仲裁前置程序。我国的船员纠纷案件是否应当以此为参照，实施仲裁前置？此外，海事仲裁机构应当如何做出进一步改进以适应船员纠纷的解决？

### (一)关于船员劳务纠纷是否应当实施仲裁前置的问题

2020年之前，以是否签订劳动合同为依据来区分管辖法院的做法[⑤]引起颇多争议。有学者指出，严格区分船员劳务合同与船员劳动合同的弊端在于把一批船

---

① See 2016 Revised Poea Rules and Regulations Governing the Recruitment and Employment of Seafarers, Section 119, Conciliation of Complaints, RULE Ⅱ.

② 参见王全兴、林欧：《劳动争议民间调解协议的效力及其加固》，载《上海师范大学学报(哲学社会科学版)》2012年第5期。

③ 参见《人民调解法》第33条第1款。

④ 参见《关于规范劳动人事争议调解协议仲裁置换程序的指导意见》(黑人社函〔2012〕257号)。

⑤ 涉及劳动合同的船员纠纷案件属于劳动争议案件，适用“一裁二审”的劳动争议处理机制；不涉及劳动合同的船员纠纷案件不属于劳动争议案件，由海事法院管辖。

员劳动争议置于“一调一裁二审”的漫长程序中，不利于对船员利益的保护。[①] “先仲裁后诉讼”的模式也使劳动争议仲裁委员会的裁决具有不确定性。此外，适用劳动争议处理机制解决船员纠纷案件会使办案人员面临案件专业性过强、对海事工作不熟悉、案件处理难度大的问题。为提高案件处理的专业化水平，最高人民法院《关于审理涉船员纠纷案件若干问题的规定》第1条规定，只有与船员登船、在船工作、离船遣返无关的劳动争议才按照《劳动争议调解仲裁法》的规定处理。[②] 至此，部分船员纠纷案件脱离了劳动争议处理体制下的仲裁前置。

在实践操作中，大连海事法院突破了关于海事法院受案范围的规定，把原则上属于海事法院管辖范围的案件留给当事人决定是否适用仲裁。大连海事法院认为，若船员与用人单位约定发生争议后向用人单位所在地的劳动争议仲裁机构或者其他仲裁机构申请仲裁，海事法院不应受理当事人的直接起诉。[③] 有学者认为，多元化纠纷解决机制以当事人的自主合意与选择为基础，是当事人对自己权利的处分。[④] 因此，仲裁程序的适用应以当事人自愿选择为基础，由双方当事人约定是否选择适用仲裁程序解决纠纷。但是，船员纠纷具有涉外性、复杂性的特征，一些重大疑难案件还需由具有跨专业背景的专业人士参与处理。适用仲裁程序能够解决多数船员纠纷案件，减少海事法院的压力，且船员纠纷与劳动纠纷的本质都属于劳动争议，仲裁前置也与劳动争议处理机制相吻合。域外国家多采用仲裁制度处理案件，例如菲律宾仲裁机构对于劳动争议纠纷享有排他的管辖权，[⑤]我国可以考虑借鉴劳动争议仲裁前置的具体规定和域外经验，由专门解决船员纠纷的调解仲裁机构仲裁船员纠纷案件。

（二）海事仲裁机构受理船员纠纷案件的改进建议

对于目前我国海事仲裁机构受理船员劳务纠纷中产生的问题，建议做出以下改进。

1. 减免仲裁费用

劳动争议仲裁委员会的经费由财政予以保障，《劳动争议调解仲裁法》第53条规定，劳动争议仲裁不收取费用。无论是否签署劳动合同，船员与用人单位之间都构成事实上的劳动关系，故船员劳务纠纷的本质依旧为发生在船员雇佣过程中的劳务争议，具备劳动争议的大部分特征，法律应当降低船员维权门槛和船员维权难

---

① 参见韩立新、李大泽：《我国船员劳动争议处理机制的现实困境与对策》，载《大连理工大学学报（社会科学版）》2013年第2期。

② 参见最高人民法院《关于审理涉船员纠纷案件若干问题的规定》第1条。

③ 参见张蕾：《大连海事法院船员劳务纠纷审判报告（2016年1月—2020年12月）》，载大连海事法院官网2021年6月24日，https://www.dlhsfy.gov.cn/court/html/2021/spbps_0624/2444.html。

④ 参见范愉：《纠纷解决的理论与实践》，清华大学出版社2007年版，第139页。

⑤ See Labor Code of the Philippines, Article 217: “The labor arbiters shall have original and exclusive jurisdiction to hear and decide...”

度。中国海事仲裁委员会的仲裁案件以海事海商案件为主，标的额较大且案件复杂，执行难度高，所以仲裁费用高昂。相较之下，船员劳务纠纷处理涉及弱势劳动者群体，且不牵涉共同海损理算问题。考虑到船员劳务纠纷的特殊性，理应由财政对船员劳务纠纷仲裁予以保障，减免仲裁费用。当事人就船员纠纷向海事仲裁委员会申请仲裁的，可以不缴纳或缴纳较低的费用。

2. 制定灵活的船员纠纷仲裁规则

目前，我国对于船员纠纷的海事仲裁规则规定不全面，应当通过立法引导海事仲裁积极解决船员权益纠纷。[①] 船员劳务纠纷属于特殊的劳务纠纷，在程序设置方面应节省时间、提高效率，在权利设置方面应倾向弱势一方。在劳动仲裁案件中，当事人请求支付工资报酬而申请先予执行或财产保全的，可以不提供担保，这对于保障劳动者的生活具有重要意义。故我们建议结合当前的仲裁规则制定“船员纠纷仲裁规则”，补充关于受案范围、先予执行、复议制度的内容。第一，应当明确船员纠纷属于海事仲裁机构的受案范围，海事仲裁机构需有更多具备船员工作、劳动法、涉外仲裁背景的仲裁员，并在内部设置专门处理船员纠纷的委员会。第二，船员申请先予执行或财产保全的，海事仲裁机构应当同意船员可以不提供担保，尽力降低纠纷解决的成本。第三，借鉴菲律宾的仲裁复议制度，赋予仲裁委员会申诉审查权。若当事人对仲裁委员会的仲裁裁决不服的，可以向仲裁委员会申诉，仲裁委员会应当另行组成合议庭审查仲裁裁决。合议庭认为仲裁裁决无误的，该裁决为最终裁决，当事人有权据此向法院申请支付令；合议庭认为仲裁裁决有误的，可以裁定修改或撤销原有裁决，作出新的裁决。合议庭复核后的仲裁裁决为最终裁决，当事人可以据此向人民法院申请支付令，除出现菲律宾《仲裁法》第 58 条规定的事项，当事人不得以同样理由向法院起诉。当事人根据菲律宾《仲裁法》第 58 条向人民法院起诉的，不影响仲裁裁决的执行。

## 四、健全船员投诉机制

在已经出台的《在船船员投诉处理工作程序》的基础上，我国海事管理机构理应对其中的规则进一步细化，制定“船员岸上投诉处理细则”。中国船员发展与保障中心是全面保障船员权益的社会性机构，可以依托该中心，同时邀请多主体如劳动监察部门、船东协会、海员建设工会参与，共同组成专门处理船员劳动纠纷的社会性机构。海事管理机构是投诉受理机构的主管机关，应当发布“船员岸上投诉处理规则”作为中国船员发展与保障中心的工作依据，其内容应当包括岸上投诉的投诉范围、投诉途径、投诉流程、保密条款、处理期限与结果反馈等，中国船员发展与保障中心也应当建立健全投诉处理解决程序，面向船员提供职责范围内的服务，为

---

① 参见邵帅、郭萍：《保障外派船员权益的现实选择——以海事仲裁为中心的解决方案》，载《人民论坛》2016 年第 25 期。

船员权益的维护保驾护航。

## 本章小结

面对日益增长且复杂化趋势加强的船员纠纷案件,化解船员纠纷并维护船员合法权益是学界与实务界应共同深思的问题。诉讼是权利救济途径中最直接、有效的方式,其所具有的严谨性使裁判结果具有较强公信力,这得益于诉讼程序的严格执行性。但船员工作的特性需要更为灵活、简单的纠纷解决方式,以投诉、调解、仲裁、诉讼为核心的多元化船员纠纷解决机制为解决日益增加的船员劳务纠纷提供了便利,应当对我国多元化船员纠纷解决机制进行完善,构建统一协调的船员纠纷处理体系。首先,应当建立专门船员纠纷调解仲裁中心,对调解员、仲裁员的资质做出专业要求,可以利用上海市浦东新区的立法优势及政策优势,在临港新片区先行先试,探索建立船员纠纷调解仲裁中心试点,待时机成熟,再在全国范围内推广。其次,在调解方面,规范现有的船员纠纷调解组织,强化政府的引导作用,通过提升调解人员的专业素养促进船员纠纷有效解决;在仲裁方面,在中国海事仲裁委员会内设专门解决船员纠纷的机构,在船员申请先予执行、财产保全及仲裁费减免方面予以倾斜支持;在投诉方面,船员船上投诉机制与岸上投诉机制并举发展,拓展船员维权渠道。通过构建多元化船员纠纷解决机制,不仅有助于缓和劳资矛盾,维护船员自身合法权益,还能够促进我国航运业的平稳发展,实现我国建设海洋强国和交通强国的战略目标。

# 第七篇　船员劳动权益保障立法篇

# 第二十二章　我国船员劳动权益保障法制路径选择

船员职业具有国际化的特点,统一各国船员劳动权益保障标准,有利于航运业的健康发展。当前我国船员权益保障立法分散,不利于船员权益保障。我国并没有一部专门的船员法来详细规定对船员的特殊劳动权益保障问题,虽然我国按照《2006 年海事劳工公约》的要求不断加强船员方面的立法,先后制定了《船员条例》《船员服务管理规定》《海员外派管理规定》等相关法规与办法,但在船员劳动社会保障方面的规定不多,《海上交通安全法》《海商法》对于船员的劳动保障更是鲜有提及。我国对于普通劳动者的劳动保障立法也没有关于船员群体的特殊规定,因此目前我国船员的劳动保障与普通劳动者区分不大,没有照顾到船员职业的特殊性。

## 第一节　我国船员劳动权益法律保障的现状及问题

《2006 年海事劳工公约》被称为海上劳动者的"权利法案",2015 年 8 月我国批准加入《2006 年海事劳工公约》之后,国内船员劳动法律应当参照《2006 年海事劳工公约》进行完善。我国目前主要通过交通运输部颁布的《海员船上工作和生活条件管理办法》对《2006 年海事劳工公约》进行国内法转化,但由于法规层级过低,《海员船上工作和生活条件管理办法》在实践中对船员劳动权益保障发挥作用较弱。《船员条例》是目前层级较高的船员专门立法,但是其内容主要侧重于船员管理,关注船员注册、任职、培训、职业保障以及船员服务提供等活动,仅在船员职业保障中涉及船员劳动权益保障规定,权益保障范围单一,规定内容较为简单。同时,船员劳动权益保障还体现在《海商法》和《海上交通安全法》等法律中。《海商法》第三章为船员章,其内容多为船长、船员的职责等行政管理的条款,有关船员劳动权利保障的条款是指引性的,没有具体规定。虽然《海上交通安全法》在总则中首次将船员权益保障写入,但是在内容上主要围绕保护海上人身安全作了具体规定,针对船员劳动权益保障的其他内容仍然采用准用性条款规定适用其他劳动法律规定。除此之外,《劳动法》《劳动合同法》《社会保险法》等法律中没有规定船员特殊职业中的特别劳动权益。因此,尽管目前我国已经初步形成了船员劳动权益保障法律体系,但是由于特殊劳动权益保障的立法层级低、法律体系分散,我国船员特殊劳动权益法律保障仍然不足,主要表现为以下几点。

## 一、船员职业特殊性带来的特别劳动权益保障不足

由于船员相比其他职业存在明显的特殊性,一般劳动立法没有充分照顾到船员劳动权益保障的特殊需求。因此,船员劳动权益保护在法律适用过程中存在诸多问题,具体体现在劳动基准、职业安全卫生保护、集体权利实现、劳动监察等方面。

## 二、劳动法无法涵盖船员雇佣实践中的多元化

我国劳动法律调整的范畴是“劳动关系”,确定为劳动关系则受劳动法保护,反之不受劳动法保护。而船员用工形式多样,航运公司根据自身需求雇佣不同种类的船员。根据船员来源,可以将市场上船员区分为自有船员、自由船员、派遣船员、外派船员 4 种类别,不同种类船员与船舶所有人之间的从属关系不同。自由船员工作自由度高,实践中其与船舶所有人之间的法律关系的认定存在争议。有的法院认为,自由船员与船舶所有人之间不具有组织隶属关系,双方之间的法律关系应为劳务合同关系;①而有的法院认为,自由船员与船舶所有人之间虽然没有从属关系,但是合同内容具有劳动合同的典型特征,应当认定双方为劳动合同关系。②在上海海事法院的一份调研成果中显示,实务操作中,劳务派遣往往存在接受派遣单位再次派遣、3 次派遣等情况,船员出于自身利益考虑,总是尽可能多地将相关单位均列为被告,而法律规定的不明确和劳务派遣市场的不规范导致法院对船员

① 参见沧州市航顺海运有限公司诉张某船员劳务合同纠纷二审案件,天津市高级人民法院(2015)津高民四终字第 1 号民事判决书。

② 参见龙某智诉烟台通利船务有限公司船员劳务合同纠纷二审案件,山东省高级人民法院(2017)鲁民终 1867 号民事判决书。

与多被告之间的法律关系存在不同认识,[①]在运用“船员劳动合同纠纷”与“船员劳务合同纠纷”案由时存在混淆。法律关系的认定是寻求法律保护的基础,而法律关系认定的不同直接导致我国船员劳动权益法律保护程度的不同,将船员与船舶所有人之间的法律关系认定为劳动合同关系,船员将受到劳动法的保护和救济,而认定为劳务合同关系意味着船员劳动受《民法典》的平等保护而欠缺倾向性劳动权利的保护。以休息休假权利主张为例,从中国裁判文书网中检索的案例发现,2021年1月1日至2021年12月31日期间,涉及98起涉船员权益纠纷[②],其中仅有7个案例的诉讼请求中船员单独主张休假工资,占全部样本案例的0.07%,其中胜诉案件为1个,驳回诉讼请求为6个,驳回诉讼请求的主要缘由是船员与雇主不构成劳动关系,因此不得主张劳动权利救济[③]。司法实践中法院常因船员与船舶所有人不构成劳动关系,而驳回船员主张休息休假权利的诉讼请求。此外,由于我国存在劳动关系与社会保险严格捆绑的问题,自由船员社会保险缺失,其他基本劳动权益得不到基本保障,航运公司常因与自由船员不是劳动合同关系而不承担任何劳动法上的义务。

## 三、船员特别法的不完善阻碍船员特殊劳动权益有效落实

新冠疫情期间,由于我国各地换班政策不协调,各港口无法高效地应对突发公共卫生事件为船员带来的风险,导致船员出现换班难的问题。船员换班与船员的休息休假权相关,影响船员的生命健康权,船员不能换班直接致使船员休息权和遣返权等权益受到侵害。船员换班难反映出我国船员劳动权益保障的执行过程存在多头管理的行政执法短板。船员的主管机关是海事局,船员的检疫、出入境由海关以及移民局管理,这些都是中央直属机构;但是根据中国传染病防治的相关法律,疫情防控是属地化管理,船员隔离不得不涉及地方卫健委、居委会、公安等部门,协调过程不畅使得换班问题困难重重。[④] 船员在特殊时期的劳动权益无法充分保障,归根结底是由于船员特殊劳动权益保障的立法分散与缺失,船员地位没有获得社会的充分重视。

---

① 参见朱杰:《船员劳务合同纠纷管辖问题研究——海事法院与基层法院管辖冲突与衔接》,载上海海事法院官网,http://shhsfy.gov.cn/hsfyytwx/hsfyytwx/spdy1358/dycg1505/2017/08/29/2c9380995e34b9fc015e4d656f0114e9.html。

② 参见中国裁判文书网,https://wenshu.court.gov.cn;同船船员相同诉讼请求按照同一案例处理。

③ 参见陈某林诉广州市荣景船务有限公司船员劳务合同纠纷案,广州海事法院(2021)粤72民初55号民事判决书。

④ 参见潘辉:《新冠肺炎疫情之下船员换班问题的思考》,载《武汉船舶职业技术学院学报》2020年第3期。

## 第二节 船员劳动权益保障的“单独立法”抑或“嵌入式立法”

对于完善船员劳动法律的问题,目前学界存在两种主张:一种是“为船员单独立法”,另一种是“嵌入式地将船员权益保障的问题放入其他法律中”。有的学者综合船员立法的实际情况以及船员的重要性主张应当单独制定“船员法”;①而有的学者认为,船员在劳动者中的占比较少,由于立法资源有限,对于该群体,我国的制度构建应当通过《海商法》第三章“船员”的修改实现。② 纵观我国现有船员劳动权益保障法律,主要存在以下两方面不足:第一,一般劳动法律无法涵盖船员职业的特殊性问题;第二,我国目前船员劳动权益法律较为分散,层级低、权威性不足。船员职业特殊性对法律保障的影响是全面系统的,船员的特殊性不仅体现在劳动基准、用工关系等实体权利义务规范中,还体现在劳动监察、法律救济等程序性规范中。因此,我们认为,对于船员劳动权益法律保障应该单独立法,而不是将其分散在其他法律中。

### 一、船员劳动权益法律保障模式的比较法研究

不同国家和地区对船员劳动权益法律保障采用不同的模式。日本、韩国等国家采取的模式是单独制定船员法,将船员法按照单独的体例进行编排。还有一些国家将船员权益保障的具体规定放在其他法律中,我们称之为嵌入式立法保障,比如荷兰《海商法》、意大利《航海法典》和英国 1995 年《商船航运法》中都包含船员权益保障内容。将不同立法模式下的船员劳动权益保障内容进行对比,可以发现不同的立法保障模式对船员劳动权益法律保障程度存在差异。

单独制定船员法的国家和地区,对船员劳动权益的法律保障较为全面。如表22-1 所示,通过对比发现,日本《船员法》和韩国《船员法》的编排大体一致。单独立法体系化强、内容涵盖面广,在船员雇佣关系、劳动基准、职业卫生安全、劳动监察等方面对船员劳动权益都有规定,此外,还针对船员职业的特殊性,对其他法律中不适用的条款进行特别修正与补充。

---

① 参见王秀芬:《船员法的部门属性及其主要制度研究》,载《中国海商法年刊》1999 年第 00 期;《许立荣:加快船员劳动关系专属立法》,载信德海事网 2019 年 3 月 12 日,https://xindemarinenews. com/china/10837. html。

② 参见胡正良等:《〈海商法〉修改基本理论与主要制度研究》,法律出版社 2021 年版,第 140 页。

**表 22-1　日本《船员法》、韩国《船员法》章节框架汇总**

| 序号 | 名称 | 《船员法》章节编排 |
|---|---|---|
| 1 | 日本《船员法》 | 总则；船长的职务及权限；纪律；雇佣契约等；工资及其他报酬；劳动时间、假日及定员；带薪休假；食品、安全及卫生；未成年船员；女子船员；灾害赔偿；就业规则；监督；杂则；法则 |
| 2 | 韩国《船员法》 | 总则；船长的职责和权限；船上秩序的维持；船员劳动合同；工资；劳动时间和船舶定员；公休；船上供给、安全和卫生；未成年船员和女性船员；伤害补偿；船员就业和教育培训；工作规章；监督；补则；附则 |

资料来源：韩立新、王秀芬编译：《各国（地区）海商法汇编（中英文对照）下卷》，大连海事大学出版社2003年版，第690-712、731-747页。

嵌入式立法模式国家的立法例均只在有限的方面对船员权益保障内容进行规定。如表22-2所示，荷兰《海商法》中侧重于规定围绕服务合同法律关系的规定；意大利《航海法典》侧重于规定船员管理和劳动合同相关的内容；英国1995年《商船航运法》中船员劳动权益的规定类目较为全面，但是具体内容不完整，比如劳动基准方面仅规定了船员工资的问题。

因此，从法律体系健全和具体权益内容完善的角度来看，单独立法才能从根本上解决我国船员劳动权益保障法律缺位的问题。

**表 22-2　荷兰、意大利、英国立法中船员章的内容名目**

| 序号 | 法律名称 | 章节名称 | 规定内容名目 |
|---|---|---|---|
| 1 | 荷兰《海商法》 | 第四章　船员 | 一般规定；服务合同（包括合同类型、船员工资、船员船东之间的权利义务关系等）；船员雇佣条例和海员证书；渔船上的服务人员 |
| 2 | 意大利《航海法典》 | 第三部分<br>第五章　船员 | 船员的构成；船员配额和最低船员配额；船员的国籍；雇佣外国籍船员上船；机舱服务年龄限制；海船船员的等级结构；内河航行船舶船员的等级结构 |
|  |  | 第四部分<br>劳动合同 | 合同的成立；合同效力；合同终止与解除；合同终止或解除后产生的权利；船员遣返；其他规定 |
| 3 | 英国1995年<br>《商船航运法》 | 第三部分<br>船长与船员 | 船员的雇佣与解雇；工资；安全、健康与福利；配备船员、资格、培训与统一制服；海员违法行为等；违反纪律；海员不适任与调查；海员违法行为的民事责任；换班、遣返与换班费用；文件；商船海军预备役 |

资料来源：韩立新、王秀芬编译：《各国（地区）海商法汇编（中英文对照）下卷》，大连海事大学出版社2003年版，第65-86、1100-1115、1604-1613页。

## 二、我国船员劳动权益保障内容嵌入《海商法》的局限性

在我国，主张通过嵌入式立法将船员劳动权益保护内容放入《海商法》中会面临一个重要问题，即船员劳动权益法律保障的内容同《海商法》本身是否自洽或者说《海商法》是否能够实现全面完善船员权益保障的现实需求。首先，从法律体系的角度考量，船员劳动权益保障内容的性质与《海商法》的体系性质不相符。《海商法》是调整海上运输关系和船舶关系的民商事特别法，而船员权益保障内容属于劳动法的范畴，劳动法属于社会法领域。其次，就立法目的而言，船员劳动权益保障内容不是《海商法》关注的重点。《海商法》的立法目的是"促进海上运输和经济贸易的发展"，其主要关注的制度重点在于海上运输关系和船舶关系。其中，海上运输关系包括有关海上运输的合同关系、海上侵权关系、海上特殊风险产生的社会关系；与船舶有关的特定社会关系包括船舶物权、船舶租用、船舶的法律地位、船舶安全、船舶管理。[①] 由此可见，《海商法》可以融入船员劳动权益保障的条文数量必然有限。最后，就法律规定的内容范围来说，船员劳动权益法律保障需求的内容更全面，超出《海商法》的调整范围。全面完善的船员劳动权益法律不仅有实体法的规定，还包括程序法的规定，而《海商法》本身是一部实体法律，这意味着船员劳动权益法律的部分内容不宜纳入其中。出于《海商法》自身的逻辑性和系统性要求，将船员劳动权益保护的内容嵌入式地放入《海商法》中并不是最佳的选择，即使《海商法》中增加船员劳动权益保障的内容，也必然和《海上交通安全法》中的规范情况一样，仅将部分内容引入，不能切实全面解决船员特殊劳动权益法律保障的缺失问题。

## 三、我国船员劳动权益保障单独立法的正当性和可行性

本章认为，因船员人数体量小而认为不值得为其单独制定"船员法"的观点是片面的，法律受众不是衡量立法必要性的唯一标准。建设海洋强国关乎我国海洋的安全与发展，是维护与拓展海外利益的关键，在此过程中船员不仅对国家经济发展做出了重要贡献，而且对国防意义重大。[②] 单独立法模式能够系统地解决我国船员劳动权益法律保护不足的问题。因此，不论从船员权益自身出发还是从海洋强国战略有效落实的角度来说，单独制定"船员法"都是当下的适时之选。当然制定单行的"船员法"需要耗费相当的立法资源，也需要与其他相关法律规范进行相应的衔接和协调，会产生一定的立法成本。但是相比之下，特别立法可以解决特有的问题或公众关注的问题、减少法律的不统一性以及为代表性不足的少数群体提

---

① 参见司玉琢：《海商法专论》，中国人民大学出版社2007年版，第16－17页。

② 参见曹艳春、王玉宝：《海洋强国背景下船员劳动权益的保护——兼论〈海商法〉"船员章"之修改》，载《求是学刊》2020年第6期。

供救济，仍然具有价值。[①]

从国际上看，《2006年海事劳工公约》的制定说明船员劳动权益保障具有国际统一立法的趋势，选择为船员劳动权益单独立法的国家也在逐渐增多，使得单独立法模式得以实践，虽然不同国家和地区在具体制度的设计上会存在差异，但在选择单独立法模式的考虑上还是共通的，这充分证明了单独立法模式的可行性。而且，我国目前单独制定"船员法"也不是搭建"空中楼阁"，我国船员劳动权益法律保障体系已经基本成型，《船员条例》《海员船上工作和生活条件管理办法》都会成为未来"船员法"的立法基础，《劳动法》《劳动合同法》的一些基本理论也为"船员法"的出台提供理论支撑。另外，2020年9月29日施行的《关于审理涉船员纠纷案件若干问题的规定》为"船员法"的出台提供了实践基础。我国有关船员特殊劳动权益保障的理论研究也初具规模，研究成果涉及船员利益的方方面面，不乏国家级和省部级项目成果，这些都为制定船员法提供了坚实的理论基础。

因此，基于船员劳动权益保障的特殊需求，无论是司法解释层面的小修小补，还是对《海上交通安全法》《海商法》进行章节条款的填充，均不能全面有效地保障船员特殊劳动权益，建立一部既包含实体又包含程序的综合性专门船员法律规范是最有利于船员职业保障的方式。

## 第三节　我国船员特殊劳动权益保障专门立法的基本思路

将全面落实船员体面劳动作为我国制定"船员法"的主要指导方针，实现船员体面劳动，对航运企业可持续发展战略的实现具有十分重要的意义。[②]《2006年海事劳工公约》为船员的体面劳动提供了国际标准，我国全面履行公约是实现船员体面劳动的重要方式。"船员法"也应在制度安排上确保全面保障船员实现体面劳动，以增强我国船员职业行业的优势。

### 一、顶层设计突出船员为"关键工人"的立法理念

新冠疫情期间，在维持全球供应链正常运行方面，船员职业重要性凸显。联合国为此呼吁世界各国将船员认定为"关键工人"，鼓励各国政府立即采取措施，允许更换船员，并确保所有海运人员都能获得医疗服务。[③] 认定船员为"关键工人"，

---

① See Evan C. Zoldan, *Legislative Design and the Controllable Costs of Special Legislation*, Maryland Law Review, Vol. 78:3, p. 415-469(2018).

② 参见郭会玲：《航运企业实现船员体面劳动的社会责任研究》，载《天津航海》2013年第3期。

③ 参见《联合国决议：呼吁世界各国将海员认定为"关键工人"》，载信德海事网，https://xindemarine-news.com/data/haishifagui/2020/1204/25440.html。

不仅是为了在突发公共安全事件时,为船员换班提供便利,而且重要的是提高船员的社会地位,肯定船员为我国经济发展、国防安全、社会稳定做出的重要贡献。通过立法强调船员在海洋强国战略中的重要地位,有利于在国家层面上综合考虑船员权益保障问题,明确国内各港口船员权益保障责任;有利于统筹涉船员行政管理,加大船员权益保障的行政支持力度;有利于营造推崇船员职业的良好法制环境,进而提升我国船员职业形象,提升船员的职业尊荣感。

## 二、平衡自由船员的灵活性与安全性

航运业由于流动性强,雇佣需求受市场因素影响较大。对航运业和船员自身需求来说,自由船员都有存在的必要性。因此,立法应当尊重这类雇佣形式存在的客观情况,有必要保持自由船员的雇佣形态。但是,目前我国劳动法律调整方式单一,"劳动者"原型单一,劳动关系的调整机制存在覆盖面过窄、权利体系大而全的问题。① 船员特别立法应当打破我国目前劳动法制"以确定劳动法律关系为前提享有劳动权利"的法制逻辑,从船员雇佣市场的实际情况出发,科学分配法律保护程度。根据船员同船舶所有人的从属性对船员权益保障规则进行分类,对船舶所有人依赖性强的自有船员侧重于就业保护,对船舶所有人依附弱的自由船员提供符合其职业特征的保障方式,构建灵活的船员权益保障体系。总体思路是自由船员在船期间的休息休假等权利应当同自有船员一样受到保护,但基于自由船员职业自由度高,同船舶所有人的人格从属性较弱的特点,结合海上特殊风险,在劳动合同规则上需要一些变通或特殊的规则。例如,由于自由船员的灵活性和特殊性,传统劳动法的解雇保护规则难以直接适用于自由船员。又如,传统社会保险缴纳方式不完全适用于自由船员,自由船员具有流动性大、工资高的特点,社会保障中由用人单位承担的待遇部分可适当调整和简化,或者通过完善灵活就业人员社会保险制度加以保障。

## 三、从船员职业特殊性角度出发完善船员权益法律体系

目前我国船员劳动权益法律保障不足,根本原因在于我国一般劳动法律没有照顾到船员劳动的特殊性,因此,单独制定"船员法"应当全面系统地弥补这一缺失。

船员劳动权益保障应当遵从一般法与特别法的保障思路,船员劳动权益保护优先适用"船员法","船员法"没有规定的适用一般劳动法律规定。"船员法"应从船员职业存在的特殊性视角出发,在《2006 年海事劳工公约》的基础上,按照我国劳动法律通行的内容体系逻辑进行构建,制定健全的船员劳动权益保障单行法。

---

① 参见周长征:《劳动法中的人——兼论"劳动者"原型的选择对劳动立法实施的影响》,载《现代法学》2012 年第 1 期。

"船员法"可以由七部分组成:由"船员法"的调整对象、适用范围等内容组成的总则部分;由海员的招募与安置等内容组成的船员就业促进法律制度;以船员合同类型、合同订立、合同解除等内容为核心的船员劳动关系法律制度;以海员工会职能、三方协调机制等为核心的船员集体劳动关系法律制度;以船员工资、休息休假、职业安全、特殊船员权益保障等内容为核心的船员劳动基准法律制度;以工伤、医疗、养老保险及社会福利为核心的船员社会福利制度;以船上投诉机制、港口检查等内容为核心的海上劳动行政监察以及船员劳动争议处理法律制度。我国目前船员立法较为笼统,导致国内法与国际法的衔接存在一定的问题,因此,在对国际法进行转化的过程中,需要细化落实内容,加强针对性,明确责任主体,增强船员单独立法的操作性,从而提升船员具体劳动权益的法律保障效果。

## 本章小结

在海洋强国背景下,我国应当采取单独立法的路径系统完善船员劳动权益保障法律。在船员单独立法中,应当在立法理念中突出船员"关键工人"的地位。具体内容上,应当从船员职业特殊性的角度出发,在国际公约规定的基础上,按照我国劳动法律通行的内容体系逻辑,构建健全的船员劳动权益保障法制。

# 第二十三章　海商法修改“船员章”之思考

船员单独立法固然是船员权益法制保障的最佳方式，但是在立法资源紧张的背景下，立法、行政及学界等方面虽然就船员法单独立法已达成一致的共识，但立法目标是在 2035 年之前完成。在船员单独立法近期很难实现的背景下，正值《海商法》修订之际，在《海商法》现有立法框架内，完善船员权益保护的内容也是当前船员权益法律保障的适时选择。

## 第一节　修改《海商法》“船员章”的基本原则

航海强则国家强，没有古代船员的发现及生活，中国南海就缺少历史基础与法理依据，同样，没有一支数量充足、结构合理、素质优良的现代船员队伍，“海洋强国”战略就缺少必要保障。近年来，海盗、海上武装劫持、海上恐怖袭击等海上暴恐事件频繁发生，[①]国际航运秩序不断恶化、航运企业竞争日益激烈，海上劳动中的辛劳性和高度危险性更加鲜明，船员职业吸引力进一步减弱，船员劳动权益保护问题显得更加突出。因此，理应以“不断改善船员发展环境，提高船员职业吸引力和综合竞争力，服务航运经济、服务海洋强国及航运强国战略”为宗旨，确立我国《海商法》“船员章”修改的基本原则。

### 一、坚持保护船员“体面劳动”的原则

“体面劳动”是国际劳工组织一向倡导的重要原则，适用各

---

① 参见李卫海：《中国海上航运的安保模式及其法律保障——以应对 21 世纪海上丝路的海盗为例》，载《中国社会科学》2015 年第 6 期。

个领域的劳动者。“体面劳动”这一基本理念的提出，使得船员这一职业发展更趋于人性化。在船员“体面劳动”思想的指引下，第94届国际劳工大会通过了《2006年海事劳工公约》。公约明确指出：每一海员均有权获得体面的船上工作和生活条件，并在船员最低年龄、雇佣条件、就业协议、起居舱室、娱乐设施、食品和膳食服务、招募和安置、疾病和工伤、防止职业事故发生、工资和福利、社会保障、工作和休息时间、相关主体的遵守与执行等方面确立了保障船员劳动权益的最低要求。依法签订劳动合同，让劳动者享有相关法律规定的社会保险、福利，保证劳动者实现“体面劳动”已经成为社会经济、文明和立法发展的核心。因此，《海商法》“船员章”修订过程中一定要坚持保护船员“体面劳动”这一原则，保障船员最基本的劳动权利。这既是国际航运立法的潮流所趋，也是各国航运事业发展繁荣的基石。

### 二、坚持与其他法律法规相协调的原则

作为职业环境比较特殊的劳动者，船员需要特殊的职业保护，但也不能完全脱离《劳动法》等相关法律进行保护。对《海商法》“船员章”进行修改必须处理好船员章与其他相关法律及法规的关系。第一，要保持法律中所使用的相关概念与术语的逻辑自洽与协调。毕竟《海商法》出台比较早，而随后出台的一系列民事法律及劳动法律，在相关概念和法律术语上难免会存在不一致的地方，这就要求我们在进行《海商法》“船员章”修改时，务必要保持相关概念和术语的协调一致。第二，要注意与《劳动法》《劳动合同法》《民法典》等劳动与民事法律的衔接，一方面不能与这些法律、法规规定相左；另一方面也不要与这些法律、法规有过多重复，以免造成立法资源浪费和法律适用混乱。第三，要在《海商法》整体框架下与在促进航运业发展和保护船员权利相协调的原则下，从宏观层面构建一个完整的法律体系，设计船员权利保障条款。

### 三、坚持本土化与国际化相结合的原则

修改《海商法》“船员章”除应当遵循立法的基本原则外，还应该从我国船员的实际情况和发展需要出发，以通行的船员国际条约为基础，吸收各国先进立法经验，坚持本土化与国际化相结合。坚持本土化就是结合我国船员劳动权益保护的现状，将《船员条例》等法规、规章以及司法实践中总结出的经验上升至法律层面，通过修订《海商法》来提升《船员条例》等船员保护内容的法律层级。《船员条例》是国务院2007年制定并颁布的一部旨在加强船员管理，维护船员合法权益，保障水上交通安全，保护水域环境的行政法规。需要注意的是，将《船员条例》中有关船员权利的保护性条款上升至《海商法》层面，并不是一味移植《船员条例》的全部条文，将其生硬地写入《海商法》，而是应当选择性上升，将《船员条例》中有关船员保护的基本性、原则性的条款上升到《海商法》层面，还有其他相关的行政法规、规

章以及一些司法解释等好的经验选择性地吸收进来。坚持国际化,就是与通行的SOLAS公约、《国际防止船舶造成污染公约》、STCW公约、《2006年海事劳工公约》相接轨,这四个公约共同构成了全球海事法律法规体系的支柱。《海商法》"船员章"的修改可以借鉴公约规定,但并非照搬、照抄,建立起与国际接轨的船员管理与权利保护的模式和体制。

### 四、坚持制度指引和框架性条款原则

"原则"一词在法律体系中具有其自身的特殊含义。美国《布莱克法律词典》认为"原则"是一种构成其他法律基础或根源的总的规则或原理。① 英国《科林法律词典》将其解释为基本点或一般规则,②法学家弗里德曼则指出"原则是超级规则,是制造其他规则的规则"③。《海商法》涉及的内容较为广泛,不是专门的船员权利保障法,对于船员权利保障不能规定得过于详细,只能坚持制度指引和框架性条款原则,作最基本、最原则性的规定,以此来指引今后的"船员法"立法或者其他有关船员保障的法律法规制定。具体来说,就是在保留传统条款的基础上,适当增加《劳动法》《劳动合同法》《社会保险法》等相关法律不能直接覆盖或不能直接应用的船员特殊权利条款。这样既可保证《海商法》的部门属性不被减弱,也可为将来条件成熟时制定"船员法"提供空间。

## 第二节　制度设计:关于船员劳动权利保护的重点内容

随着社会经济的不断发展,船员就业的市场化程度越来越高,已经完全突破了原有的定位和分类。特别是自由船员、外派船员的兴起,更是对《海商法》"船员章"的修改提出了更高要求,即彰显船员在海上运输关系中的劳动者主体地位及其重要性,维护船员劳动的尊严与体面。因此,《海商法》"船员章"的修改,既要考虑到法律的稳定性,也要考虑到时代的变化及社会经济发展的需要。在保留旧法绝大部分条款的基础上,重点应该增加船员劳动权益保护的必要条款、规范法律条文的基本表达、协调其他法律法规等方面。

### 一、应增加船员劳动权利保障条款

《海商法》第1条开宗明义地说明了其调整的对象与目的,是海上运输关系与

---

① See Henry Campbell Black, *Black's Law Dictionary*, 5th Edition, West Publishing Co, 1979, p. 462.

② See Peter Collin, *Dictionary of Law*, 2nd edition, Publishing Ltd, 1992, p. 428.

③ [美]劳伦斯·M. 弗里德曼:《法律制度——从社会科学角度观察》,李琼英等译,中国政法大学出版社1994年版,第46页。

船舶关系，维护当事人各方的合法权益，促进海上运输和经济贸易的发展。以往我们经常认为海上运输关系及船舶关系涉及的主体就是商事法律关系中的直接主体，而没有充分认识到完成这些商事关系的重要参与主体——船员劳动者。没有船员驾驶与维护船舶就没有航运承运的完成，因此船员作为航运的主要完成者，是航运法律关系中的重要相关主体，而不是客体，船员的劳动权利与义务关系属于航运法律关系中的相关法律关系，虽然目前我国没有专门的“船员法”对其进行调整，但其在《海商法》中是不容忽视的。在调整海上运输关系中不规定船员的权利与义务，不保护船员的劳动者主体权利，就违背了《海商法》第1条中“……维护当事人各方的合法权益……”的宗旨，个别学者提议在《海商法》修订中删掉“船员章”，是只见树木不见森林，未能把握航运中的多重主体法律关系。在我国目前没有“船员法”的情况下，船员特殊劳动规范全部依靠低位阶的行政法规或者规章来调整。这在多年的司法实践中被证明是不科学的，也不符合国际海事劳工公约的要求。在其他航运发达的国家或地区，如果没有专门的船员法，一般情况下在《海商法》或其他航运相关法中都会存在专门规定船员劳动权利与义务的规范，在《海商法》中规定船员的劳动权利是有先例可循的。

## 二、提前“船员章”的顺位，彰显船员劳动者主体地位

建议将“船员章”与“船舶章”互换，“船员章”成为继《海商法》第一章“总则”之后的第二章，[①]突出《海商法》中人的重要性，以人为本，体现船员作为航运实现者的主要主体地位，在航运运输关系中的重要性，这也是当今立法的趋势。“船员章”不但不能删除，而且还应该在整部《海商法》中置于船舶物权之前，以体现人的重要性，对人的权利的重视。我国属于民商合一的立法体例，《海商法》应该遵循我国《民法典》编撰的精神，第一编“总则”第五章开宗明义，先规定人格权，然后才规定了物权。这也正体现了我国《民法典》的以人民为中心、以人为本这一思想。《民法总则》在第2条确立民法的调整对象的时候，就作出了与1987年实行的《民法通则》不尽相同的法律表达，《民法通则》第2条规定《民法典》调整平等主体的自然人、法人和非法人组织之间的人身关系和财产关系，一改以前《民法通则》的规定，将人身关系放在财产关系之前，彰显人的重要性，2020年出台的《民法典》亦如是。《海商法》修改也应顺应《民法典》的规定，顺应时代的需求，将船员章提前至船舶章之前。

---

① 观点来源于上海海事大学“社会治理的和谐法律机制研究”学术创新团队、上海市法学会劳动法研究会、上海市浦东新区航运发展促进中心及交通运输部《海商法》修改“船员章”课题组于2018年7月19日在上海举办的“关于中国船员发展与《海商法》‘船员章’修改三十人高端论坛”会议。会上曹艳春等教授一致认为，船员一章应当放在第二章，船员作为船舶上的工作人员理应受到重视，因此建议将第三章与第二章调换位置。第一章总则不动，将原本放到第三章的船员章和第二章的船舶章顺序进行调换，改为第二章为船员，以彰显人的重要性和人的主体地位。

## 三、增加船员合同关系的类型及劳动权益保护的基本条款

### （一）明确船员合同关系的类型及基本性质，规范船员合同关系，明确不同合同类型各方之间的权利与义务

船员合同纠纷在实践中比较混乱，劳动合同与劳务合同经常模糊不清，对合同各方的劳动权利与义务界定错误的现象时有发生，这对船员基本劳动权利的保护非常不利。船员合同关系应该界定为几种类型？何以规范？才能与《2006年海事劳工公约》中有关确保海员取得公平雇佣协议的规定相符合？我们认为在当今劳动用工多元化的背景下，应该改变过去劳动雇佣合同的二元化结构，即要么是完全由劳动法规范，要么是完全由民法来规范，要么是劳动权利的完全保护，要么是劳动权利的完全不保护这种不合理的现象。不论是受劳动法还是由民法调整的劳动者，都应纳入不同层次劳动立法的基本保护范围。应该类型化船员合同，尝试多元化的船员立法保护模型，让更大范围的船员受到劳动法不同层次的保护。

首先，船员雇佣符合《劳动合同法》中劳动关系的特征，就应该适用相关劳动法律来调整，而不能以民事劳务合同取代劳动合同，否则船员的基本劳动权利无法得到保护。其次，在船员劳动合同与劳务合同之间应该存在船员雇佣合同，这种合同是介于劳动法与民法规范的中间地带，部分适用劳动法的基本标准规定，部分适用民法的合同规定，船员劳动与社会保障保护处于中间状态，属于部分劳动权利获得劳动法上的保障。最后，可以存在一定形式的船员劳务合同，由民法来调整。除此之外，同时存在劳务派遣及船员外派合同，由此构建船员雇佣的多元化类型，不同类型的船员合同有不同的法律规范，有不同的劳动与社会保障保护的水平，构建多元化船员雇佣模式，为航运企业提供各种类型的船员，也为其灵活用工提供法律依据。

### （二）规范船员中介或者服务机构

针对现实中一些中介或者服务机构层层盘剥、侵蚀船员工资的情况，应该具体规定船员中介或服务机构的权利与义务，规定船员中介或服务机构不得收取船员工资或者其他劳动报酬的任何部分。为了维护船员的权益，政府部门应该建立或者购买社会组织服务的模式建立非营利的船员职业介绍平台，为船员求职提供免费或低价的信息与渠道。

### （三）保障船员的工资报酬权

船员的工资报酬是船员的基本生活来源，对船员及其家属至关重要，保障船员的工资报酬权也是保护船员的基本劳动权利。首先，基于船员工作的重要性及特殊性，应该确立高于陆地上的最低工资标准来保障船员的最低工资水平。其次，在船员外派的情形下，有时会存在船员待派期间，应该规定船员待派期间的最低工资标准，以保障船员在此期间的工资报酬。

（四）规定船员特殊保险及福利保障

保险是社会的稳定器，能够稳固地保障船员在年老、疾病、工伤、失业及生育时的基本需要。船员用人单位有法律义务为船员缴纳社会保险，以给予船员劳动者最基本的保障。但船员与陆地劳动者不同，工作局限于海洋中的船舶封闭环境，人身健康安全保障远不及陆地来得及时，更由于国际远洋船舶航行有时会驶经疫区、海盗区和战区，船员人身风险系数高。因此有必要规定船员的特殊医疗与健康保险待遇，以防范船员的特殊职业风险。此外，建议各级政府应该创建船员特殊福利计划，根据国内不同的政策和国情而给予船员一定的福利待遇，包括工会、国际组织针对船员所拟定的一些计划，以及船舶公司对船员提供的福利，使船员可以享受特别的优待，从而增加船员职业的吸引力，在保障船员社会待遇的同时提升船员的幸福感。

（五）统一船员遣返相关的规定

将“遣返权”纳入《海商法》，明确遣返权是一项法定权利，规定遣返权的适用前提及内容，以保障船员的人身权益。

## 本章小结

作为实现“海洋强国”战略的基础，船员不仅对国家经济发展做出了重要贡献，而且对国防意义重大。然而目前我国船员职业缺乏吸引力，船员流失严重。我国船员劳动权益并没有得到保护，在修改《海商法》之际，“船员章”的修改应当同时考虑到我国海洋强国战略发展的需要，提高船员职业保障，在保持法律稳定性的基础上，重点增加船员劳动合同等必要条款，保护船员体面劳动，并在此基础上，进一步明确船员的各项特殊劳动权利，增加船员合法权利的法律保护。

# 第二十四章　智能船舶背景下新型法律主体问题研究

智能船舶是航运业的大变革,智能船舶的发展十分迅速,各航运强国为抢占智能船舶发展先机,都在积极布局智能船舶。例如 2016 年韩国现代公司通过与 SK 航运、微软、英特尔等知名企业合作,联合开发智能船舶。2016 年 10 月,丹麦政府启动无人运输船舶研发项目,挪威同时开辟了无人运输船舶试验区,这是世界上首个被指定用于测试无人运输船舶的区域。2017 年 12 月,通过伦敦船级社认证的全球首艘万吨级智能船舶正式交付使用。2018 年,挪威康士伯公司(Kongsberg)和威尔森集团(Wilhelmsen)合作建立了全球首家无人船公司,该公司运营全球首艘无人集装箱船"雅苒 · 贝克伦"(Yara Birkeland)号。2018 年 10 月,总部位于英国的罗尔斯 · 罗伊斯公司(Rolls-Royce)宣布,将使用英特尔公司芯片,为在公海上运输货物的无人驾驶船舶开发全球系统。2018 年 11 月,瓦锡兰公司在挪威海事局的现场监督下顺利完成一艘 84 米渡轮"福尔格"(Folgefonn)号在无人干涉情况下的自动航行,以及自动靠泊测试。2018 年 12 月,芬兰国有渡轮运营商芬费里斯(Finferries)和罗尔斯 · 罗伊斯公司在芬兰图尔库市的群岛区域成功展示了全球第一艘全自动渡船。2019 年 9 月,日本邮船(NYK)旗下大型汽车运输船"艾里斯 · 里德"(Iris Leader)号完成了全球首次有人自动航行的自主航行系统海上试验。我国同样在智能船舶的研发上进展迅速,例如我国联合各单位、航运企业成立了"中国智能船舶创新联盟",同时,由中船集团研制的"大智"号载重 3.88 万吨的智能散货船于 2017 年 12 月 5 日正式交付,该船成为我国首艘自主研发的智能船舶。2018 年 11 月,由上海外高桥打造的全球首艘 40 万吨超大型智能矿砂船"明远"轮顺利交付,该船也是我国智能船舶 1.0 研发专项的首艘示范船。2019

年12月,我国“筋斗云0号”自主航行货船成功完成首次载货航行试验。由上海船舶运输研究所研发的智能“1+3”平台也已经成功在多型散货船上应用并取得良好成效。①

智能船舶的发展对船员行业的发展将产生影响,为船员职业带来新的特征。智能船舶对船员的数量、素质和配置等方面有了更高的要求。在数量方面,智能船舶对船员的需求会大大减少,而且会率先实现机舱无人化,普通船员也会随之减少,仅保留少部分船员。在船员素质方面,智能船舶要求船员能够熟悉人工智能,计算机网络,自动化控制等相关的知识,并且能够熟练操纵智能化的船舶设备。同时,船员能够满足驾机一体化的要求,不仅能熟练使用驾驶设备,而且能够在机舱无人化的前提下,了解和熟悉机舱设备的人工介入与应急管理。在人员配置方面,虽然智能化的设备代替了一部分的船员,但是由于智能设备的高度精密性和复杂性,如果出现问题,船上船员可能无法有效解决,所以这些设备的运行也需要专业人员的监控和维护,在必要时可以直接控制船舶,这就需要岸基操控员的远程支持。因此,智能船舶的正常运行不仅需要船上的船员,还需要岸基操控员,双方人员分工合作来操作和运营船舶。

迄今为止,我国包含船员职业规范的法律有《海商法》《海事诉讼特别程序法》,行政法规有《船员条例》,部门规章有《海船船员值班规则》《船员培训管理规则》《海船船员适任考试和发证规则》《船舶最低安全配员规则》,司法解释有最高人民法院《关于审理涉船员纠纷案件若干问题的规定》等。由于操控智能船舶的操控人员包括在船船员与岸基操控员,而且智能船舶操控人员与普通船舶船员存在差异,现有的船员法律是针对普通船舶船员制定的,智能船舶的出现也对现有的船员法律规范构成了挑战,所以在面临智能船舶的冲击之时,有必要采取针对性的应对措施,完善现有的船员法律制度,使船员法律制度能够适应时代的发展趋势,有效规范智能船舶操控人员,促进智能船舶操控人员职业的长期发展。

## 第一节　智能船舶操控人员权益保障现状及存在的问题

### 一、智能船舶操控人员权益保障法律规制现状

由于现阶段智能船舶的法律规制还处于初级阶段,国际海事组织刚刚完成涉及智能船舶相关公约的范围界定工作,离正式修改相关公约或者制定新的国际公约还为时尚早。而且国际海事组织现阶段主要聚焦于涉及影响海上自主水面船舶

---

① 参见《我国加速抢占智能船舶“高地”》,载中国水运网2021年2月26日,http://www.zgsyb.com/news.html?aid=582992。

(Maritime Autonomous Surface Ships, MASS)运营的技术性国际公约以及相关规则的梳理,①所以,目前国际海事组织对智能船舶操控人员的公约规范上关注不足。虽然国际海事组织也有提出船长的识别问题以及岸基操控员的职责以及法律地位等问题,②但是这些问题的研究分析工作还处于初级阶段,相关公约的制定和修改则需要更长的时间。我国政府对智能船舶发展出台的政策,例如《智能船舶发展行动计划(2019—2021 年)》,也主要专注于技术扶持方面。可以看出,现阶段无论是国际还是国内方面都并未出台智能船舶操控人员方面的法律规范。因此,智能船舶操控人员权益保障法律规制问题是智能化船舶背景下国内外研究的前沿问题。我国现有的船员法律规范大部分是借鉴国际公约,在顺应船舶智能化发展方向时,不仅需要关注相关国际规则的变革,而且需要考虑智能船舶领域的相关法律需求,从法律机制层面适应船舶智能化的发展趋势。③ 由于规范智能船舶操控人员的相关国际公约完善工作尚在起步阶段,所以在面对智能船舶这一新事物时,我国应当根据智能船舶的特征,在制定关于智能船舶操控人员的法律规范方面进行积极的探索,在完善适应智能船舶的国内法规的同时,积极参与国际公约的修订进程,以国内立法经验影响国际公约的制定,这也有利于我国争取智能船舶船员法律规范制定的国际话语权。

## 二、智能船舶操控人员法律规制存在的问题

### (一)智能船舶岸基操控员的身份认定问题

2021 年 5 月,国际海事组织完成规范 MASS 船舶法规范围梳理后,在通过的一项文件中认为,岸基操控员能否成为船员是多项公约完善的共同主题,岸基操作员作为船员的资格、责任和角色是最需要解决的复杂问题之一。④ 岸基操控员身份的认定是规范岸基操控员职业的基础,只有明确了岸基操控员的身份认定才能对岸基操控员的相关权利义务进行进一步的规定。我国立法中对船员的定义,通常认为,要想取得船员的法律地位,至少应具备下列四个条件:第一,以特定的形式从事特定的劳动;第二,受雇于船舶所有人;第三,取得船员资格;第四,在船舶上从事工作。因此现有的法律制度认为,船员必须是船上的工作人员。所以,船舶所有人的其他雇员,即使有的也具有船员相应证书,但是如果他们不在船上工作,也不能视作船员。因此,岸基操控员的船员认定存在的法律障碍在于智能船舶岸基操控员在当前船员法律制度下并不满足船员身份“在船”的认定标准。由于不在船

① 参见李桢:《智能船法律监管的国际进程》,载《世界海运》2020 年第 3 期。

② 参见 CMI:《CMI IWGUS 工作组关于无人船的调查问卷》,https://comitemaritime.org/wp-content/uploads/2018/05/CMI-IWGUS-Questionnaire-24-03-2017.docx。

③ 参见马金星:《人工智能船舶引领国际海事规则体系变革》,载《中国海洋报》2019 年 10 月 8 日,第 002 版。

④ 参见 IMO:《MASS 监管范围界定工作的结果》,载 https://www.cdn.imo.org/。

的特征，虽然岸基操控员的工作内容、承担的责任与船员类似，但是岸基操控员本身脱离船舶和海上环境，面临的特殊风险大大降低，因为船员权益的特殊性与其承受的特殊风险是密切相关的，例如船员的船舶优先权、船员驾驶和管理船舶过失免责权、船员遣返权、在船食宿、卫生以及安全保障权利、船员减免税权利等。确定岸基操作人员的法律地位是其后续权利义务构建的基础。

（二）智能船舶船长的认定问题

船长不同于普通船员，其具有普通船员所没有的责任和权限，是船上的最终决策者，我国《海商法》第三章第二节专门规定了船长的职责，例如船长的船舶驾驶和管理权，对船上违法犯罪行为人采取禁闭或其他必要措施的权利，签发出生和死亡证明书的权利，弃船的权利等；船长的义务包括保护在船人员和船舶安全的义务，最后离船义务等。船长地位的重要作用也同样适用于智能船舶，在智能船舶发展初期，智能船舶主要还是由在船船员操控运行，岸基操控员提供远程辅助支持，因此船长由在船船员担任，这样的运行模式对于船长的认定不会产生任何问题。但是随着智能船舶的发展，在船船员逐步减少，岸基操控员开始增加，岸基操控人员掌握的船舶信息不断增加，船舶的操纵权限也逐渐向岸基操控员倾斜，在这种发展趋势下，船长的认定问题就会逐渐显现。由于船长的认定是涉及船舶人员及货物安全的重大问题，一旦无法明确船长，就必将产生权利争夺或者责任推脱的情况，极有可能导致船舶处于危险境地，这对于船舶的安全运行是极为不利的，因此有必要对智能船舶船长的认定作出明确的规定。智能船舶船长确定的意义，一方面可以明晰在船船员与岸基操控员的职责划分，避免冲突的发生；另一方面，由于船长承担不同于普通船员的重要职责与义务，船长地位的明确也必然会使承担船长职责的一方享有船长相应的权益。若认定岸基操控员能够成为船长，那么岸基操控员的法律保障也应该与之适应。根据现有的船员法律对船长的定义，我国《海商法》第 35 条规定船长负责船舶的管理和驾驶；《船员条例》第 4 条规定船长是指取得船长任职资格，负责管理和指挥船舶的人员；STCW 公约规定船长是指挥一条船的人。①

可以看出，虽然我国法律将船长和船员分别进行规定，而且在对船长的界定时并未特别说明船长必须在船，但是从《海商法》以及《船员条例》等法律的法律条文整体以及普通船舶的职位特点来看，船长的在船标准也是一条默示条款，即船长和船员一样都需要满足在船任职的要求。由于岸基操控员并不具备在船条件，在现有法律环境下，岸基操控员并不能成为智能船舶的船长，这对于智能船舶运营安全以及岸基操控员的法律保障方面都是不利的。

---

①　参见 STCW 公约附则规则 I/1“定义”第 3 项。

（三）智能船舶的配员问题

国际法上，例如《联合国海洋法公约》、SOLAS公约都规定了船舶需要配备与船舶类型或者船舶航行安全相适应的船员数量，[①]国际海事组织也在2011年11月通过了船舶的《最低安全配员原则》，[②]《海牙规则》《维斯比规则》也将船舶妥善配备船员作为船舶的适航标准之一。国内方面，例如我国的《海上交通安全法》也有规定船舶配员的要求，[③]但是以上这些法律规范都只是原则性的规定，而且对船舶的配员仅限于船员。在船员的具体配备方式上，我国的《船舶最低安全配员规则》及其附件虽然明确了船舶的最低安全配员的船员数量要求，但是该规则也只适用于普通船舶。[④] 而且从法律条文来看，以上船舶配员法律规则对船舶配员的要求，虽然并未明确规定船员必须在船，但是这些规则显然是为普通船舶而制定的，由于智能船舶岸基操控员的特殊性，这些法律规则也不能直接适用于智能船舶。[⑤] 所以，对于智能船舶该如何配员，我国的船员法规仍处于空白状态，[⑥]有必要明确智能船舶的船员配置规则，为智能船舶在船船员以及岸基操控员的合理配置提供法律依据。

（四）智能船舶操控人员的适任问题

智能船舶时代对船员要求也在改变，智能船舶在船船员相比于传统船员有更高的能力要求，船员不仅需要具备普通船员的知识和技能，还需要具备智能船舶所要求的知识技能水平，包括对人工智能技术、自动化技术、远程通信与控制、物联网、云计算、智能操作系统、网络安全技术等的熟悉与运用，这对船员的素质提出相当高的要求。船员在面对智能船舶时，不仅需要额外学习智能船舶所要求的相关理论知识，还需要具备管理智能船舶系统以及相关智能设备的能力。所以，智能船舶船员的适任标准也会不同于传统船员，由于船员的适任标准受到船员培训、考试、发证规则的制约，而且现有的船员适任法律体系，无论是STCW公约还是国内的《船员培训管理规则》《海船船员适任考试和发证规则》都尚未制定智能船舶船

① 参见《联合国海洋法公约》第94条第4(b)款规定："每艘船舶都由具备适当资格、特别是具备航海术、航行、通信和海洋工程方面资格的船长和高级船员负责，而且船员的资格和人数与船舶种类、大小、机械和装备都是相称的。"SOLAS公约第五章第13条规定："各缔约国政府承诺，各自对本国船舶保持或在必要时采取措施，以确保从海上人命安全的观点出发，所有船舶配备足够数量和适任的船员。"

② 参见IMO A.1047(27)号决议。

③ 参见《海上交通安全法》第四章第33条规定："船舶应当满足最低安全配员要求，配备持有合格有效证书的船员。"

④ 《船舶最低安全配员规则》附件一中，按照甲板部、轮机部和客运部分别规定了不同类型的船舶配员标准，但是在船舶种类中，只规定了一般船舶、客船以及拖轮的最低配员，还未将智能船舶纳入其中。

⑤ 参见王欣、初北平：《研发试验阶段的无人船舶所面临的法律障碍及应对》，载《中国海商法研究》2017第3期。

⑥ 参见李锐、李雅惠：《智能船舶配员有关问题的研究》，载《中国海事》2021年第8期。

员培养的法律规则、[①]相关的船员发展政策，例如交通运输部发布的《中国船员发展规划(2016—2020年)》，对船员的培养以及船员考试发证制度的改革规划中，也并未涉及智能船舶船员培养的相关内容。[②] 所以，船员培训、考试、发证制度的不完善也导致传统船员在面临智能船舶的冲击时，无法适应智能船舶的发展趋势。

另外，智能船舶岸基操控员与在船船员共同操控船舶的运行，也需要承担类似船员的职责，船舶的安全运营也离不开岸基操控员的正规操控，因此岸基操控员也需要在考核合格之后才能从事该职业。而且相关技术规范，如中国船级社《自主货物运输船舶指南2018》也对岸基操控员的适任提出了要求。[③] 然而现阶段并无相关法律规范明确岸基操控员的适任标准，岸基操控员适任标准的缺失也不利于岸基操控员职业的长期发展，所以现有的船员培训、考试、发证体系也将面临改革。[④]

## 第二节　智能船舶操控人员法律规制问题分析

### 一、智能船舶岸基操控员的身份认定问题分析

#### (一)岸基操控员的工作性质分析

丹麦海事局在2017年发布的一项报告中认为，岸基操控员是具备相关资质并且能够照料或者监控自主船舶航行的岸上人员。[⑤] 通常认为，岸基操控员的职责与船员关联性大，甚至有的认为岸基操控员的法律地位等同于船员，因为岸基操控员虽然未实际在船，但是其工作内容和在船船员的差别并不大，其也需要具备传统船员一样的职业素质和技能，例如对船舶驾驶相关设备的熟悉、避碰规则的熟悉、水文气象信息的熟悉，以及对船舶结构、船舶原理等船舶知识的了解。另外，岸基操控员还需要具有远程控制、操作系统、人工智能等相关的知识才能胜任这一职位。所以，岸基操控员不同于普通的岸上工作人员，其工作性质与普通船员具有很大的重合，如果未经过船员相关知识和技能的学习和培训是不能从事这一工作的。

---

① IMO在2021年5月确定了规制MASS船舶的公约范围，并将包括STCW公约、SOLAS公约在内的12项公约或者规则列入最优先完善的序列，但是相关工作还处于初始状态。

② 参见交通运输部：《中国船员发展规划(2016—2020年)》，载中国政府网2016年9月2日，http://www.gov.cn/gongbao/content/2017/content_5197028.htm。

③ 参见《自主货物运输船舶指南2018》第12.9.3条规定："船舶遥控操作人员应具有驾驶员(船长)证书，对所控制的船舶性能和操作熟悉，并通过实际操作验证。"第12.9.4条规定："船舶设备和系统管理人员应对船舶各系统的功能、管理和维护熟悉，经过理论培训，并具有足够的操作经验。"

④ 参见鲍薪宇、付耀方：《自主船舶等级划分及配员监管初探》，载《中国海事》2018年第8期。

⑤ See Danish Maritime Authority, Analysis of Regulatory Barriers to the Use of Autonomous Ships Final Report, https://safety4sea.com/wp-content/uploads/2018/01/DMA-Analysis-of-the-regulatory-barriers-to-the-use-of-autonomous-ships-2017_12-1.pdf.

但是,从船员的传统定义以及岸基操控员的工作地点来看,其更接近于岸上的普通职业人员,不能因为其工作性质与船员相似而被看作是船员。第一,岸基操控员不具有在船船员所面临的海上特殊风险。海上特殊风险是船员之所以成为船员的最主要特征,船员职业具有的国际性、艰苦性和专业性都与船员所处的海上特殊风险密切相关,例如船员需要直接面对恶劣的海上自然条件以及海盗等海上人为风险的挑战,而且船员船上工作和生活条件艰苦,长期缺乏家庭和社会生活,也无法及时处理家庭突发状况,相较于陆上工作岗位,其产生各种心理问题的概率更高,因此给予船员特殊的法律保障是十分有必要的。而岸基操控员由于缺乏海上特殊风险,按此标准是不能够成为船员的。第二,岸基操控员的工作性质的与船员的相似性不能成为岸基操控员成为船员的充分理由。因为从工作专业性来看,岸上其他大量的工作也都有专业性要求,将岸基操控员认定为船员而获得船员相关权益,对其他岸上职业是不公平的。而且某些工作也与岸基操控员类似,以无人机的地面操控人员为例,无人机地面操控人员的工作性质与普通飞行员相似,但是无人机操控人员所需的技能要求会比普通飞行员低许多,一方面是无人机不需要考虑机上生命安全问题,另一方面是操控人员自身也并无风险,操控无人机更像是在进行一场飞行游戏,所以,无人机操控员不能与真正的飞行员相提并论。

综上所述,从岸基操控员的工作性质方面来看,岸基操控员既与船员具有部分重合性,又与普通岸上工作人员具有重合性,所以岸基操控员兼具船员和岸上工作人员的特征。

### (二)岸基操控员的法律地位争议

#### 1. 岸基操控员的船员身份认定

2017年3月国际海事委员会(Comite Maritime International, CMI)无人船国际工作组向国际海事委员会会员国发布了“CMI IWGUS 工作组关于无人船的调查问卷”,①多个国家也对该调查问卷中关于岸基操控员能否成为船员进行了回复。虽然无人船舶与智能船舶存在差别,但是智能船舶与无人船舶同样存在岸基操控员,智能船舶岸基操控员的船员认定问题也可以借鉴该项调查问卷。从该调查问卷的回复来看,10个给出船员定义的国家中,除巴西外,其他国家在本国法律中对船员的定义时,都要求船员必须是在船的。② 有8个国家得出结论认为当前船员的定义是不能囊括岸基操控员的。③ 例如英国海商法协会认为,英国《商船航运法》规定船员是在任何船舶上以任何身份受雇或从事任何工作的人员(船长和领航员

---

① 参见CMI:《CMI IWGUS 工作组关于无人船的调查问卷》,https://comitemaritime.org/wp-content/uploads/2018/05/CMI-IWGUS-Questionnaire-24-03-2017.docx。

② 这9个国家包括英国、中国、丹麦、芬兰、荷兰、新加坡、美国、法国、克罗地亚。

③ 这8个国家包括英国、中国、巴西、荷兰、新加坡、美国、法国、克罗地亚。

除外)，根据该定义来看，船员的概念显然是不能扩张到岸基操控员的。[①] 而有两个国家(丹麦和芬兰)虽然认为船员应该在船，但是也并没有排除岸基操控员成为船员的可能性。因为丹麦海商法协会认为，如果将无人船舶定义为一艘船，那么受雇于该船的人员就可以被视为船员，尽管事实上该人员不在船上。芬兰海商法协会同样指出，船员的定义应该进行更广泛的解释，只要重点放在所履行的职能上，即使是在其他地方执行任务，该人员也应该成为船员。荷兰海商法协会则认为，岸基操控员是否构成船员可以根据社会安全、培训、生活环境等具体规则目的的不同而发生改变。从未给出船员定义的国家来看，加拿大、日本、德国、意大利、西班牙、马耳他等6个国家，在参照其国内法律和国际公约对船员履行职能的要求后，都认为岸基操控员不能认定为船员。而巴拿马和阿根廷则认为，在不排除特定规则目的的情况下，岸基操控员是可以认定为船员的。[②] 所以，从各国的反馈来看，岸基操控员能否成为船员仍然是一个具有争议性的问题，有的国家以工作职责作为定义船员的标准，认为岸基操控员可以成为船员，而有的国家由于船员在船标准的限制，岸基操控员并不符合其法律中对船员的定义。

虽然一些域外国家的法律承认岸基操控员可以成为船员，但是我国现有的船员法律明确了船员的在船要求，而且从岸基操控员工作性质的分析可以看出，岸基操控员的工作职能虽与船员类似，但是由于岸基操控员缺乏海上特殊风险，岸基操控员与在船船员仍然存在区别，这些都不利于岸基操控员成为船员，所以将岸基操控员认定为船员的难度较大。有观点认为岸基操控员可以纳入船员范围，虽然岸基操控员与在船船员具有某些不同，但是通过扩大船员概念的范围，将"船员"扩大解释为在船船员和岸基操控员，就可以将岸基操控员纳入其中，从而能够使岸基操控员受到船员法律规范的制约。[③] 但是这样的方式也存在一些问题，首先是将岸基操控员纳入船员的概念后，"船员"的性质会变得模糊，船员本身的特殊性也会降低。其次，由于岸基操控员与船员存在差异，这种将两者统称为船员的方式也不利于船员与岸基操控员权利义务的区别性保障。

2. 岸基操控员的普通岸上工作人员认定

岸基操控员虽然具有普通岸上工作人员的特征，但是也不能将岸基操控员简单认定为普通岸上劳动者。因为相比于岸上普通劳动者，岸基操控员操纵船舶运行时，除需要具备一部分船员的知识和技能外，也需要承担维护船舶安全的责任，由于船舶操纵的专业性与技术复杂性，船舶、货物的高价值性以及发生船舶事故的

---

① 参见 CMI:《英国对 CMI 无人船调查问卷的回复》，https://comitemaritime.org/wp-content/uploads/2018/05/CMI-IWG-Questionnaire-Unmanned-Ships-UK.pdf。

② 参见 CMI:《CMI 关于各国对无人船调查问卷反馈的总结》，https://comitemaritime.org/wp-content/uploads/2018/05/Summary-of-Responses-to-the-CMI-Questionnaire.docx。

③ 参见严谨:《智能船舶的法律规制研究》，哈尔滨工程大学 2020 年硕士学位论文，第 43 页。

损失重大性，岸基操控员由于疏忽或者重大过失，容易导致船舶产生巨大的损失，所以岸基操控员相比普通岸上工作人员，还需要承担特殊的风险，有必要制定比普通岸上工作人员更加严格的制度来规范岸基操控员的行为，因此不能将岸基操控员认定为普通岸上工作人员。

3. 岸基操控员的承运人受雇人身份认定

由于岸基操控员既不能等同于在船船员，也不能等同于普通岸上工作人员，所以有必要从其他角度来对岸基操控员的法律地位进行明确。有观点认为岸基操控员可以纳入承运人的受雇人范围，虽然《海商法》中承运人的受雇人范围并未明确规定，但是现阶段岸基操控员基本受雇于船东或承运人，并为智能船舶航行过程中的核心操控环节服务，岸基操控员的地位更类似于承运人的受雇人，因此也可以将岸基操控员视为承运人受雇人的法律地位。① 另外，岸基操控员成为承运人的受雇人也可以享有承运人受雇人的相应权益，例如航海过失免责②、赔偿责任限制③等。

从现有的船员法律规范来看，若将岸基操控员看作承运人的受雇人，现有的船员法律规范就能够将岸基操控员囊括在内，从而不必进行大范围的修改，而且岸基操控员也可以享有承运人的受雇人的相应权益。但是其弊端在于：第一，“承运人的受雇人”的概念本身比较模糊而且涵盖的范围较广，船长和船员同样属于承运人的受雇人，这也导致岸基操控员容易与其他承运人的受雇人混同，无法体现岸基操控员本身的特征；第二，《海商法》引入“承运人的受雇人”概念是借鉴《维斯比规则》，其目的是将“喜马拉雅条款”法律化，从而防止索赔方规避承运人的免责条款或者责任限制条款而向承运人的受雇人索赔，其概念本身的应用范围较窄，岸基操控员的其他特征无法涵盖其中，仅仅将岸基操控员认定为承运人的受雇人，无法全面认识岸基操控员的身份；第三，随着智能船舶的发展和市场分工的精细化，岸基操控员也可能会隶属于拥有雄厚财力和专业能力的第三方，由第三方来运营航运公司的智能船舶，通过这种类似业务外包的方式，一方面有助于航运企业进一步降低成本，另一方面也可以使一些规模较小的企业也能经营智能船舶业务。但是这样的模式也会进一步模糊岸基操控员的身份认定，因为此时的岸基操控员既不属于船东也不属于承运人，“承运人的受雇人”概念完全无法将其纳入其中。综上所

---

① 参见何易璇：《无人船岸基操控人员法律地位初探》，载《中国海事》2019 年第 12 期。

② 《海商法》第 51 条规定，由于船长、船员、引航员或者承运人的其他受雇人在驾驶船舶或者管理船舶中的过失，导致货物在责任期间发生灭失或者损坏的，承运人不承担赔偿责任。《海商法》第 54 条规定：“货物的灭失、损坏或者迟延交付是由于承运人或者承运人的受雇人、代理人的不能免除赔偿责任的原因和其他原因共同造成的，承运人仅在其不能免除赔偿责任的范围内负赔偿责任……”

③ 《海商法》第 58 条规定，对承运人的受雇人或者代理人提起的损失赔偿诉讼，经承运人的受雇人或者代理人证明，其行为是在受雇或者受委托的范围之内的，适用前款关于承运人的抗辩理由和限制赔偿责任的规定。

述，将岸基操控员认定为承运人的受雇人并不利于岸基操控员的全面法律保障。

4. 岸基操控员的新型海事主体认定

从上文的分析可以看出，岸基操控员不适合作为船员，也不适合作为普通岸上工作人员或者《海商法》中的承运人的受雇人，因此现有的船员法律规范中，暂无适合岸基操控员的身份认定。有观点指出，岸基操控员可以从现有的海事主体中独立出来，成为新的海事主体。[①] 由于岸基操控员可以参与船舶的操控环节，同时也具备负责船舶货物安全，避免船舶碰撞或者海洋环境污染等职责，其成为与船员类似，但是独立于船员的新型海事主体是很有必要的。

首先，将岸基操控员认定为新的海事主体后，现有的船员法律规范虽然无法适应这一海事主体，需要修改现有法规或者制定新的法规来规范这一新型海事主体，但是可以更加完整的明确岸基操控员的权利与义务，进而单独制定相应的法律规范，为该主体未来的发展，甚至无人船的到来铺平法律道路。其次，将岸基操控员认定为新的海事主体后，也就不需要对“船员”的概念进行重新界定，船员在船的标准也会得到保留。

## 二、智能船舶船长身份确认的分析

### （一）国际上对智能船舶船长身份认定的讨论

由于现有船员法律只是将在船的负责管理、驾驶或指挥船舶的人员定义为船长，而随着智能船舶的发展，在船船员发挥的作用将会越来越小，常态下岸基操控员将直接控制指挥船舶，而在船船员只是协助岸基操控员执行其不便执行的其他任务，按照这样的模式，除去在船的要求，岸基操控员显然更符合船长的定义。而且相关技术规范已经作出了规定，例如2018年11月英国发布的《自主船舶实践规则》规定，“船长”一词意指国际海事组织相关文书描述的由船东指定的能够履行船长职责，并且有能力按照本规则履行这些职责的公司员工，只要能够保持必要的控制和通信能力来履行船长职责，该员工可以是在任何地方。[②] 中国船级社《自主货物运输船舶指南2018》也规定船舶岸基操作员应该具有驾驶员（船长）证书，[③]说明该指南也认为岸基操控员的能力要求上可以与船长等同。

虽然在船船员的数量较少，其工作压力也大大减轻，但其重要性仍然不可忽视。因为智能船舶不仅会面临普通船舶的应急情况，例如海面复杂航行局面、碰撞危险、机械故障、海难救助等，还会面临智能船舶的特殊风险，例如智能船舶系统的

---

① 参见何易璇：《无人船岸基操控人员法律地位初探》，载《中国海事》2019年第12期。

② 参见英国海事协会：《英国自主船舶实践规则》2018年第2版，第15页，https://www.maritimeuk.org/documents/305/MUK_COP_2018_V2_B8rlgDb.pdf。

③ 中国船级社《自主货物运输船舶指南2018》第12.9.3条规定：“船舶遥控操作人员应具有驾驶员（船长）证书，对所控制的船舶性能和操作熟悉，并通过实际操作验证。”https://www.ccs.org.cn/ccswz/file/download?fileid=201900004000006120。

脆弱性问题和网络攻击问题，系统的脆弱性问题容易导致船舶系统故障的产生，甚至可能导致全船系统崩溃的灾难局面；网络攻击问题也可能会导致船舶被不法人员远程劫持的问题。以上这些问题都需要在船船员现场的应急处置能力，在这种情况下，在船船员可能会接管船舶的控制权，采用本地控制的模式来操控船舶，[①]这种控制模式下，在船的船员显然更符合船长的定义。

关于智能船舶岸基操控员能否构成船长的问题，国际海事委员会在无人船问题上对各国发布了调查问卷。[②] 在该问卷中提到岸基操控员的总负责人、自主船舶程序员的总负责人和指定的但不能立即参与船舶操作的责任人是否构成船长的问题。从问卷的回复来看，会员国一致认为后两种身份的人员不应成为船长，而对于船舶岸基操控的总负责人，会员的态度是不同的。支持岸基操控总负责人能够成为船长的国家主要是因为本国国内法在定义船长时没有明确提出在船的条件。例如法国认为，由于法国《运输法》将船长定义为实际行使船舶指挥权的人，其没有明确规定船长必须在船上，因此只要岸基操控总负责人实际在指挥船舶就可以视为船长。[③] 英国海商法协会认为，英国《商船航运法》中规定船长是指挥和控制船舶的人（除引航员外），而岸基操控总负责人可以实时控制船舶的运动和信号传输，该行为在理论上可以视为是定义中对船舶的“控制”，因此岸基操控总负责人可以成为船长。[④] 一些国家国内法中对船长的定义中没有提出在船的要求，但也认为岸基操控总负责人不能成为船长，主要原因是这些国家认为法律规定船长的义务需要在船上才能履行。例如加拿大海商法协会认为，虽然加拿大《航运法》将船长定义为指挥和控制船舶的人，但加拿大《航运法》规定船长的某些职责只能通过人在船上来执行，例如确保船舶上的所有人员安全、确保加拿大船舶悬挂加拿大国旗以及确保加拿大船舶配备所需证书。[⑤] 另外一部分国家在回复中没有给出其国内法中船长的概念，但也认为船长的一些职能需要在船上履行，因此岸基操控总负责人在目前的法律规定下不能成为船长。例如日本海商法协会提出日本许多法律都假定船长须在船上，日本《海员法》提出船长在船舶处于危险时应指挥船上的

---

① 参见英国海事协会：《英国自主船舶实践规则》2018 年第 2 版，https://www.maritimeuk.org/documents/305/MUK_COP_2018_V2_B8rlgDb.pdf。

② 参见 CMI：《CMI IWGUS 工作组关于无人船的调查问卷》，https://comitemaritime.org/wp-content/uploads/2018/05/CMI-IWGUS-Questionnaire-24-03-2017.docx。

③ 参见 CMI：《法国对 CMI 无人船调查问卷的回复》，https://comitemaritime.org/wp-content/uploads/2018/05/CMI-IWG-Questionnaire-Unmanned-Ships-FRANCE.pdf。

④ 参见 CMI：《英国对 CMI 无人船调查问卷的回复》，https://comitemaritime.org/wp-content/uploads/2018/05/CMI-IWG-Questionnaire-Unmanned-Ships-UK.pdf。

⑤ 参见 CMI：《加拿大对 CMI 无人船调查问卷的回复》，https://comitemaritime.org/wp-content/uploads/2018/05/CMI-IWG-Questionnaire-Unmanned-Ships-CANADA.pdf。

船员以及船长有责任留船等要求，这些都需要船长在船才能实施；[①]丹麦海商法协会表示其十分不确定总负责人能否视为丹麦法律下的船长。可以看出，从各国对该问卷的回复可以看出，从岸基操控负责人能否有能力履行船长职责来看，大多数观点认为岸基操控负责人不能成为船长，而从给出国内法船长概念的国家来看，除非法律明确要求船长必须在船，岸基操控员远程操控船舶的行为可以认定为对船舶的“控制”，从而更倾向于认定岸基操控负责人可以成为船长。[②]

### （二）智能船舶船长认定的不同角度分析

各方对智能船舶船长的认定主要从两个角度分析：一是从船长的法律定义角度，二是从岸基操控员承担的船长职责角度。

#### 1. 从船长的法律定义角度

我国将指挥和控制船舶的人定义为船长，[③]仅从法律条文的文义解释来看，只要岸基操控员具备指挥和控制船舶的能力，其就可以成为智能船舶的船长。智能船舶可以分为两种类型，在船端人船协同型智能船舶中，此时的岸基操控员对智能船舶的运营仅仅起到辅助的作用，船舶最终的指挥与控制权仍然由在船船员承担，因此船长由在船船员中产生是比较合理的；在岸端人船协同型智能船舶中，一般由岸基操控员控制智能船舶的运营，在船船员则辅助岸基操控员的工作，例如协助岸基操控员正规瞭望、维护船舶设备以及船舶应急反应等，此时岸基操控员的权限大大提高，岸基操控员对船舶的控制更强，此时的船长应该从岸基操控员中产生。由智能船舶岸基操纵总负责人担任智能船舶的船长。

对于岸端人船协同型智能船舶的不同操控状态，可以采用灵活的方式确定船长的认定标准，即应该从船长的本质进行认定，而不是以其是否在船进行确定，由于船长的本质是负责指挥和控制船舶的人，因此，智能船舶由哪一方指挥和控制就应该由哪一方承担船长的责任。在智能船舶的运行过程中，智能船舶由岸基操控员控制时，岸基操控总负责人应该认定为智能船舶的船长，而在智能船舶面临紧急状况需要由在船船员进行操控时，船长就应该由在船船员中的总负责人担任，在紧急状况解除后，岸基操控总负责人恢复船长职责。这样的认定方式可以最大限度地明晰岸基操控员与在船船员的职责划分，从而避免双方权责不一，进而避免船舶操纵时的权利争夺或者船舶事故发生时的责任推诿现象。但是这样的认定方式与现有的船员法律规范存在冲突，因此，有必要修改船员法律规范中的船长认定标准，取消船长在船的规定。

---

① 参见 CMI：《日本对 CMI 无人船调查问卷的回复》，https://comitemaritime.org/wp-content/uploads/2018/05/CMI-IWG-Questionnaire-Unmanned-Ships-JAPAN.pdf。

② 参见 CMI：《CMI 关于各国对无人船调查问卷反馈的总结》，https://comitemaritime.org/wp-content/uploads/2018/05/Summary-of-Responses-to-the-CMI-Questionnaire.docx。

③ 驾驶船舶可以理解为对船舶的控制。

2. 从岸基操控员承担的船长职责角度

岸基操控员承担的具体船长职责,应该按照岸基操控员的实际条件以及能力来进行分析。船长职责中对违法犯罪行为人采取强制措施的司法权、船长的公证权以及最后离船义务等权利义务都需要在船实施,由于岸基操控员无法实施,因此这些职责应该由在船船员中的负责人承担。其中,船长采取强制措施的司法权是由于特殊条件,其被视为船旗国及其领土权力的代表而赋予该项权利,岸基操控员缺乏该特殊性,也没有实施该项权利的必要。对于船长职责中签发提单的权利,虽然由于智能船舶技术的进步,船长可以不需要亲临装载现场而采用电子提单的形式进行签发,这项职责由岸基操控员承担是不存在技术难度的,但是智能船舶在船船员在货物装载现场监督和查验货物显然比岸基操控员更具优势,所以即使是在智能船舶发展后期,该项船长权利也应该由在船船员承担。对于船长实施救助或者同意救助他船的权利,由在船船员承担较为合理,因为救助行为本身具有高风险性,而且需要对船舶本身的状态以及对海况、他船情况比较熟悉,在船船员在救助时可以实时了解现场情况,并且方便与救助船舶沟通,在本船需要救助时,在船船员也可以根据现场实际情况来决定是否需要救助,而且救助行为本身也可以作为船舶的应急反应行为,此时智能船舶由在船船员实际操控,将船舶救助的权利赋予在船船员是比较合理的,而岸基操控员可以辅助在船船员,提供船舶状态监测支持或者及时报告主管当局进行救援。[①] 综上所述,即使岸基操控员在承担船长的职责时,也不能承担船长的全部职责,船长的某些职责仍然需要由在船船员承担。

## 三、智能船舶配员问题分析

船舶的配员是一项重要问题,其不仅涉及船舶是否适航,[②]更重要的是,船舶的合理配员涉及船舶的运营安全,智能船舶作为普通船舶的升级,也需要满足合理配员的要求。但是,智能船舶的配员与普通船舶也存在差异,其差异为以下两个方面:第一,智能船舶在船船员的职责和岗位设置与传统船员不同,由于智能船舶设备的高度智能化和自动化,先进的船舶智能感知技术、智能决策技术、智能执行技术和船岸协同支持技术将降低船舶的配员要求,[③]其中船舶的轮机部门最容易被

---

① 参见《海上交通安全法》第 72 条第 1 款规定:“船舶、海上设施、航空器及人员在海上遇险的,应当立即报告海上搜救中心,不得瞒报、谎报海上险情。”

② 参见《海商法》第 47 条规定了船舶适航的条件,即承运人在船舶开航前和开航当时,应当谨慎处理,使船舶处于适航状态,妥善配备船员、装备船舶和配备供应品,并使货舱、冷藏舱、冷气舱和其他载货处所适于并能安全收受、载运和保管货物。

③ 参见蔡莉妍:《智能船舶法律规制的困境与突破》,载《华南理工大学学报(社会科学版)》2020 年第 6 期。

自动化替代,无人机舱将会真正地实现,[1]普通船舶采用的甲板部与轮机部的划分标准也将不再适用于智能船舶,取而代之的是具有驾机一体化能力的新型智能船舶船员,这不仅对船员的能力提出了更高的要求,而且也影响了智能船舶的配员方式,普通船舶的轮机部门不再需要船员的维护和值守,将轮机部门相关岗位的职责与驾驶岗位的职责合二为一,由在船船员统一负责;[2]第二,智能船舶操控人员包括岸基操控员,岸基操控员的地位是不可忽视的,其可以协助在船船员监控船舶设备(包括轮机设备),辅助在船船员操控船舶,甚至在智能船舶发展的后期,岸基操控员也可以直接控制船舶的运行,有权对包括船舶驾驶以及轮机设备在内的设备进行控制,此时在船船员则协助岸基操控员控制船舶。所以,智能船舶的发展程度以及操纵方式的不同也会导致智能船舶的配员方式与普通船舶产生巨大差异,需要根据智能船舶操纵的特征进行细致的分析,才能明确其配员方式。

在普通船舶时代,船员的配备就根据不同船舶的类型、大小、主机功率等进行了不同的规定,所以船员的配备也是一个动态和相对的概念,其需要根据不同的船舶做出不同的要求,这一理念同样适用于智能船舶。对于智能船舶操纵人员配备是否充足的判断也应该根据智能船舶的类型、大小、主机功率等因素而分别确定。另外,与普通船舶不同的是,智能船舶的配员还受到智能船舶的智能等级的影响,不同的智能船舶等级,其配员方式也会有很大不同,例如 MASS L1 型智能船舶,由于该型智能船舶不存在岸基操控员,其船员的配置更接近于普通船舶,只是相比普通船舶,该型智能船舶的船员需求会适当的减少,可以适当减少甲板部和轮机部的船员配备。而本文所研究的 MASS L2 型智能船舶的船员配置方式与 MASS L1 型智能船舶有很大的不同,因为该型智能船舶涉及岸基操控员与在船船员的分别配置,而且 MASS L2 型智能船舶具体还可以分为船基船岸协同船舶和岸基船岸协同船舶,两种不同智能水平的智能船舶,其在船船员和岸基操控员的配置方式也会有差异,智能水平越高的智能船舶,其在船船员配置越少,相应的岸基操控员的配置会逐渐增加。所以,智能船舶的配员方式受到船舶智能等级的很大影响。

## 四、智能船舶操控人员与传统船员适任的区别

### (一)智能船舶船员与传统船员的适任区别

由于智能船舶的智能化水平的显著提升,需要大量船员操作的工作被智能化以及自动化的设备代替,船员的需求也会大量减少。[3] 所以智能船舶的船员设置方面也会不同于传统船舶,由于普通船舶船员适任考试标准是按照普通船舶的不

---

① 普通船舶已经可以实现部分时段的无人机舱功能,但是还是需要相应人员从事机舱值班监控以及相应设备的维护保养等工作。

② 参见鲍薪宇、付耀方:《自主船舶等级划分及配员监管初探》,载《中国海事》2018 年第 8 期。

③ 参见鲍薪宇、付耀方:《自主船舶等级划分及配员监管初探》,载《中国海事》2018 年第 8 期。

同岗位设置的，而普通船舶的某些岗位将会随着智能船舶的发展而消失，现有的船员适任法律规则将难以适应智能船舶的发展。智能船舶的船员数量减少的同时，也会导致对船员质量要求的提高，即普通船舶对船员的数量的需求转化为智能船舶对船员质量的需求。上海国际航运研究中心分析师龚建伟也指出："船员就业减少是渐进的过程，对船员数量的需求将转变为对船员素质的需求，船员在技术水平以及管理能力上也必须具备更高的水准。"①在理论方面，因为智能船舶的高技术性，涉及的技术的涵盖范围更广，包括人工智能技术、大数据技术、自动化技术、远程通信与控制技术、物联网技术等，而且随着智能船舶发展程度的不同，其对船员的要求也不相同。MASS L1 型的智能船舶，船员需掌握自动化系统、电子电气、轮机、航海技术等知识；MASS L2 型的智能船舶，船员需加强对船舶驾驶和自主航行系统理论的学习。② 在实操方面，智能船舶操控人员还需要熟悉船舶智能控制系统运行的特点，智能船舶设备的特征以及局限性，智能船舶操纵的风险评估，船舶智能设备故障的应急处理程序，③以及维护船上网络安全，防止不法人员远程入侵甚至劫持船舶等能力。④ 所以，相比传统船舶，智能船舶要求船员必须具备更深厚的基础、更广的知识面、更强的综合素质，尤其要求高级船员具有跨专业的知识和技能。⑤ 这就对智能船舶在船船员提出了更高的要求，其需要具备更多的知识储备和相关的智能设备操控能力才能有效操纵智能船舶，这就需要在智能船舶在船船员的培训、考试以及发证标准的法律规范上进行相应的明确。⑥

### （二）智能船舶岸基操控员与在船船员适任的区别

岸基操控员是具有部分船员属性的岸上工作人员，除去岸基操控员的在岸工作特点外，岸基操控员对船舶操控的知识与技能要求在很大程度上也与在船船员类似，其也需要了解船舶的结构原理、遵守船舶避碰规则、掌握船舶相关设备操控的技能等，这些都是岸基操控员和在船船员必须掌握的，因此船员的某些职责和技能要求可以类推适用于岸基操控员。⑦ 但是，岸基操控员与在船船员在适任能力上也会有所区别：第一，由于岸基操控员不直接在船控制船舶，而是采用远程遥控的方式，因此岸基操控员需要特别具备远程控制的相关知识和技能，这就涉及人工

---

① 张亚蓓：《智能航运生态重塑船员定位》，载《中国水运报》2021 年 7 月 2 日第 006 版。

② 参见李琳：《对未来海员职业的一点思考》，载《中国远洋海运报》2020 年 7 月 17 日 B01 版。

③ 英国海事协会：《英国自主船舶实践规则》（第 2 版）2018 年版，https://www.maritimeuk.org/documents/305/MUK_COP_2018_V2_B8rlgDb.pdf。

④ 参见蔡莉妍：《智能船舶法律规制的困境与突破》，载《华南理工大学学报（社会科学版）》2020 年第 6 期。

⑤ 参见胥苗苗：《智能航运带来的变革》，载《中国船检》2019 年第 10 期。

⑥ 参见王芸慧、陈玉傲、梁民仓：《无人船的发展对船员职业影响及对策研究》，载《水运管理》2021 年第 8 期。

⑦ 参见孙军磊：《无人船舶适航的配员标准研究》，载《舰船科学技术》2019 年第 18 期。

智能、物联网、虚拟现实、控制理论等知识的学习。[①] 第二,由于岸基操控员的操控环境以及操控设施不同于在船船员,[②]这也导致岸基操控员的操控方式不同于在船船员,所以岸基操控员的设备使用评估考试的方式也会不同于在船船员。第三,岸基操控员控制的设备有限,岸基操控员只能控制能够远程遥控的设备,而有些设备是特别为本地控制所设计的,例如为应对船舶紧急事件或者岸基控制失效而设计的本地控制设备等,以便在船船员采取本地控制的模式操控船舶,这对在船船员的能力要求上也会不同于岸基操控员。第四,智能船舶设备的维护以及故障排除等任务更多地需要在船船员承担,岸基操控员在这方面的能力要求不同于在船船员。第五,对于船舶网络安全问题,虽然船舶公司需要满足智能船舶网络安全的技术要求,[③]但是网络安全问题仍然不可避免,当发生网络安全事故时,例如在船舶被不法攻击甚至劫持等情况发生时,岸基操控员所发挥的作用往往比较有限,更多的是需要在船船员采取应对措施,这就需要在船船员应用相关的知识和技能维护船舶的安全,所以岸基操控员在应对网络安全的能力要求上不同于在船船员。第六,由于岸基操控员远离海上特殊风险,在船舶消防救生等设备的使用,防海盗袭击以及海上求生等相关知识和技能要求上与在船船员也会不同。第七,基于岸基操控员在岸工作的特性,也会导致其适任的身体素质条件、年龄条件等可能不同于在船船员。

## 第三节　智能船舶操控人员法律规制建议

### 一、明确智能船舶岸基操控员的法律地位

岸基操控员是操控智能船舶的重要一方,而且在智能船舶向遥控无人船发展的过程中,在船船员逐渐会被岸基操控员代替,岸基操控员也将发挥越来越重要的作用,岸基操控员这一新兴职业将会获得更大的发展,及早明确岸基操控员的法律地位是很有必要的。

#### (一)将岸基操控员认定为新的海事主体

对于岸基操控员的身份认定,需要综合考虑岸基操控员的职业特征以及未来的长期发展,由于现有的海事主体无法完全囊括岸基操控员,此时为了填补岸基操控员身份认定的法律空缺,有必要将岸基操控员认定为新的海事主体。将岸基操

---

① 参见梁民仓等:《船舶智能化背景下的高素质船员发展对策》,载《水运管理》2018 年第 12 期。

② 参见中国船级社:《智能船舶规范 2020》第 8.2 节关于远程控制站的配置要求,第 47-51 页。

③ 参见中国船级社:《自主货物运输船舶指南》第 13.3 节关于智能船舶网络安全的技术要求,第 63 页。

控员认定为新的独立海事主体后，也能最大限度地保留传统“船员”的定义，不再需要对船员的范围进行重新界定，船员的在船条件也会保留，从而避免对现有船员法律规范进行大范围修改。

（二）制定智能船舶岸基操控员的专门法律规范

将岸基操控员认定为独立的海事主体后，现有的船员法律保障制度也将不适用于岸基操控员，所以有必要分析岸基操控员的法律规范方式。

根据对岸基操控员的工作特性分析，岸基操控员具有一部分船员的属性，岸基操控员除了需要具备船员的相关知识和技能外，也需要承担类似船员的责任，但是就本质而言，岸基操控员仍然属于陆上工作人员，其在特殊性与风险承担方面是不及在船船员的，所以在岸基操控员的法律保障上，既不能直接采用船员的法律规范，也不能直接将其认定为普通岸上工作人员进行规范，而是需要同时结合船员与普通岸上工作人员的法律规定，制定相应的法律规范。

在岸基操控员法律规制的法律层级上，由于岸基操控员与在船船员的工作性质类似，因此可以借鉴船员法律制度制定岸基操控员的专门法律规范。在智能船舶操控人员的法律规制方面，主要应该修订现有船员法律规范；对于某些无法通过修改现有船员法律制度的方面，制定新的法律规范。两者的区别主要体现在，岸基操控员需要承担一部分船员职责，例如正规瞭望的责任、避碰的责任、防止海洋污染的责任、妥善照料货物的责任、操控船舶设备的责任等，承担这些职责的同时也需要相应的法律来保障他们的权益，在这些方面，普通劳动法可能无法规范。而岸基操控员如果作为新的海事主体，不能直接适用船员法律规范，所以有必要在岸基操控员劳动权益保护等方面采用普通劳动法的相关规定，在岸基操控员承担的部分船员职责方面借鉴船员相关法律规定，针对岸基操控员制定专门的法律规范，这样才能够最大限度地保障岸基操控员的权益。

## 二、明确智能船舶船长的认定标准

在智能船舶船长认定问题上，应该根据智能船舶的等级以及智能船舶由哪一方指挥和操控来进行认定，在智能船舶发展初期（船端人船协同型船舶），船长仍然应该由在船船员承担较为合理，在智能船舶发展后期（岸端人船协同型船舶），随着岸基操控员掌握的信息和控制权限的增加，智能船舶船长的认定就应该根据智能船舶的实际控制方承担。所以，当智能船舶常规航行，并且由岸基操控员实际指挥控制时，智能船舶的船长应该由岸基操控员中的负责人承担，而在智能船舶遭遇紧急状况，例如船舶碰撞危险、海难救助、船舶远程控制失效、船舶设备故障、船舶网络袭击等情况下，在需要在船船员本地指挥控制船舶时，此时在船船员中的负责人应该承担船长责任。所以现有的船员法律规范对船舶船长的认定应该进行修改，对智能船舶船长的认定不应局限于在船船员。另外，需要明确的是，岸基操控员能够承担船长职责，但其承担的船长职责也是不全面的，某些船长职责基于需要在船的条件，仍然需要在船船员承担，例如船长在船的执法权力、签发证明文书的权利、救助他船或者同意他船救助的权利，签发提单的权利、船长最后离船义务等，所以岸基操控员承担的船长职责是不完全的。

在制定智能船舶船长的认定规则时，应该突破船长必须在船的法律限制，明确智能船舶控制权交接程序，明确在船船员以及岸基操控员所能承担的船长职责，并且根据智能船舶的不同等级确定智能船舶的船长认定标准，从而避免智能船舶运行中产生权利争夺或者责任推脱的情况，这不仅有利于智能船舶岸基操控员与在船船员双方权利与义务的明确，也有利于智能船舶的运营安全。

### 三、制定专门的智能船舶配员规则

在智能船舶配员问题上，应该根据智能船舶的船型、大小、主机功率以及智能船舶的智能等级等因素来确定智能船舶操控人员的配备标准。此外，智能船舶操控人员的配备涉及船员和岸基操控员，所以在完善涉及船舶配员的相关法律时，例如《海上交通安全法》《海商法》《船员条例》《船舶最低安全配员规则》等，在确定智能船舶的安全配员时，不仅需要考虑到船员，也需要考虑到岸基操控员的配备。

在具体的配员方式上，我国《船舶最低安全配员规则》附则的修订也可以参考中国船级社的技术规范，以中国船级社《智能船舶规范 2020》中关于智能船舶附加标志 i-Ship（Ai，Ri，Nx，Hx，Mx，Ex，Cx，I）的方式为例，该规范以自主操作（Ai）、远程控制（Ri）与智能航行（No/Nn）等不同智能船舶特征进行分级和分类，并且分别根据智能船舶所达到的技术等级进行认证。由于智能船舶自主操作、远程控制以及智能航行水平能够全部或部分通过远程控制的方式履行驾驶台值班、轮机值班、系离泊等要求，是确定智能船舶最低安全配员的关键要素，所以将这三个指标作为衡量标准。以本文研究的 MASS L2 型船舶为例，根据该规范标准，MASS L2 型船舶还可以划分为 No/Nn、$R_1$ 和 $R_1$+No/Nn 三个等级，其中 No/Nn 项又可以细分为不同的功能，所以即使是同一个等级的智能船舶，其配员标准也会有所差别。① 以上划分方式具有其科学性和合理性，所以《船舶最低安全配员规则》附则的制定，也可以借鉴该划分方式对智能船舶的配员方式进行划分。除此之外，对于岸基操控人员的配备上，也可以借鉴中国船级社《自主货物运输船舶指南 2018》的相关规定，该指南认为远程控制中心的操作人员应与控制的船舶数量相适应，同时指出岸基操控中心除了配备船舶遥控操作人员（本文所指的岸基操控员）外，还包括船舶设备和系统管理人员以及远程中心各系统维护人员。② 最后，《船舶最低安

① 参见李锐、李雅惠：《智能船舶配员有关问题的研究》，载《中国海事》2021 年第 8 期。

② 参见《自主货物运输船舶指南 2018》第 12.9.2 条规定："远程控制中心至少应配备下列人员：（1）船舶遥控操作人员；（2）船舶设备和系统管理人员；（3）远程控制中心各系统维护人员。"

全配员规则》还需要综合考虑智能船舶的类型、大小、主机功率等其他因素，才能制定更加合理的配员方式，从法律层面规范智能船舶岸基操控员与在船船员的人员配备。

## 四、建立智能船舶操控人员培训、考试和发证规则

### （一）改革现有船员培养模式，培育适于智能船舶的新型人才

智能船舶船员的特点决定了培养该型船员的要求不同于传统船员，虽然智能船舶并不会颠覆传统的船员概念和培养方式，但是也需要在船员培养方式上与时俱进，对船员培养的目标、师资力量的配置以及培养课程设置等方面进行针对性调整。我国工业和信息化部发布的《智能船舶发展行动计划（2019—2021）》也指出，要加强智能船舶后备人才培养的力度，鼓励企业和高校深化合作，优化学科以及课程设置，为智能船舶的发展提供智力保障。[①] 相关技术规范，如中国船级社《智能船舶规范 2020》也对智能船舶系统的操纵和使用人员提出了培训和适任要求。[②] 所以在对智能船舶船员的培养上，也需要改革现有的船员培养模式。

在制度方面，我国交通运输部、海事局等船员主管部门应该联合相关海事院校、航运企业等单位制定智能船舶船员培训、考试、发证规范，在部门规章层面完善智能船舶船员的适任法律体系，并且依据该体系制定智能船舶船员培训大纲、考试大纲以及实操评估标准等适任考试细则，为海事院校培养船员或船员发证、监督机构有效履行职权提供制度保障。[③] 相关海事院校在培养智能船舶船员时应该根据智能船舶的特征，添加满足智能船舶船员考试要求的设施设备，同时打造一批掌握智能航运发展动态，具备人工智能、自动化、计算机网络等方面的相关知识的智能航运人才师资力量，并且调整培养目标，为学员设置满足智能船舶知识和技能要求的相应课程。[④] 例如在集美大学 2020 级培养方案中，在航海技术专业培养目标上，就包括智能船舶等领域的基础知识的学习培养目标，涵盖的具体课程有计算机操作系统、机器学习、人工智能、大数据技术及其应用、物联网、智能通信网（智能航海方向）等，可见国内已经有相关高校开始重视智能船舶对船员培养方面的挑战，并

---

① 参见工业和信息化部：《关于三部门联合印发〈智能船舶发展行动计划（2019—2021 年）〉的通知》，https://www.miit.gov.cn/zwgk/zcwj/wjfb/zbgy/art/2020/art_acda17196a0846539786203a6b448847.html。

② 参见《智能船舶规范 2020》第 1.6.1 条规定："船东或船舶管理公司应制定与智能系统相关的管理办法、培训计划、操作程序等，以明确智能系统相关操作和使用人员的职责、资质、培训等要求。"第 1.6.2 条规定："相关人员在上岗前应经培训合格，并熟悉智能系统的操作。"

③ 参见王捷、赵思重阳、周超杰：《智能航运时代航海人才培养新策略》，载《航海教育研究》2021 年第 3 期。

④ 参见吴兆麟：《无人驾驶船舶发展与航海教育对策》，载《中国航海》2017 年第 4 期；梁民仓等：《船舶智能化背景下的高素质船员发展对策》，载《水运管理》2018 年第 12 期。

且已经在船员培养上设置相应的课程。① 另外，为建立岸基操控员与在船船员的区别性培养机制，相关海事教育机构应该根据岸基操控员的职业特征，建立岸基操控相关专业，并且针对性地设置相应的理论课程以及实操技能课程，将岸基操控员与在船船员的培养方式真正区别开来。② 岸基操控员除掌握部分船员的相关知识和技能外，还需要根据岸基操控中心以及岸基操控设施的特点，加强对岸基操控员远程控制的理论以及技能实操的相关课程培训，对于一部分仅需要在船船员掌握的知识和技能，对岸基操控员可以适当缩减或者直接取消。

（二）建立适合传统船员转型智能船舶船员的培训、考试、发证规则

智能船舶的发展既是挑战也是机遇，航运新业态下淘汰了一些岗位，同时也会催生出新的就业机会，比如岸基控制中心的不同部门、智能船舶维修保养基地、智能控制系统开发、随船的应急保障以及与海事系统对接的后勤等工作岗位。所以传统船员在面临智能船舶的冲击时，也可以根据自身条件选择以上工作岗位。这需要船员积极适应变革，发挥主观能动性，深入学习智能船舶相关技术，更重要的是，国家应该在政策方面，根据智能航运各发展阶段对智能技术和技能的需求，制定智能航运人才的技能强化、知识更新和素质提升的补助政策，及时保障船员的能力提升以适应智能船舶的迅速发展。

所以，传统船员转化为智能船舶船员的培训、考试、发证方式，应该与培养船员保持一定的区别。虽然智能船舶是航运业的大变革，但是其也是基于普通船舶的更新升级，大量普通船舶相关的知识和技能仍然适用于智能船舶，所以智能船舶船员不仅需要学习智能船舶操控的相关知识，也需要学习大量普通船舶的相关知识和技能，而传统船员已经掌握了普通船舶的相关知识与技能，在对传统船员的培训上，只需要对智能船舶区别于普通船舶的相关知识和技能进行学习，这就决定了在对传统船员转型智能船舶船员的培训上应该区别于智能船舶船员，所以在培训课程的设置、理论考试以及实操评估的设置以及发证规则方面也应该与智能船舶船员有所区别。例如，可以规定传统船员可以免考普通船舶相关的某些知识和操作评估；在发证方面可以规定，传统船员在经过智能船舶相关知识和技能更新培训后，经过考试合格，可以凭借普通船舶船员适任证书直接换取智能船舶船员适任证书。

---

① 参见集美大学：《集美大学 2020 级培养方案（上册）》，http://jwc.jmu.edu.cn/system/_content/download.jsp?urltype=news.DownloadAttachUrl&owner=1313740528&wbfileid=6462213。

② 参见王捷、赵思重阳、周超杰：《智能航运时代航海人才培养新策略》，载《航海教育研究》2021 年第 3 期。

## 本章小结

在海洋强国背景下,我国需要一支高素质的船员队伍,在目前我国海陆工资差距较小的情形下,急需要加大保护船员的基本劳动权益,提高船员的待遇和职业的尊荣感,使得船员队伍实现可持续发展,为海洋强国战略提供软实力的人才支持。

我国应当采取单独立法的路径系统完善船员劳动权益保障法律。在船员单独立法中,应当在立法理念中突出船员"关键工人"的地位,着重考量船员的职业特性,健全船员劳动权益保障法制。正值《海商法》修改之际,在目前我国制定"船员法"条件还不成熟的前提下,在《海商法》中加入船员权益保障的内容是当下的适时之选。

同时,无论是立法还是修改都应当重视智能船舶对船员职业发展的影响。首先,智能船舶的发展,将会对船员职业的主体产生影响,智能船舶运行过程中出现岸基操控员,由此引发新型海事主体的法律定位、船长识别等问题。其次,智能船舶的发展也必定出现替代船上部分劳动力的现象,对船员配员制度也会产生相应的影响。最后,智能船舶的发展将会对船员适任条件产生影响,船舶培训的内容以及船员培养的方式都应当做出相应的调整。在我国船员立法过程中,应当重视智能船舶发展过程中对船员资格、权利义务、责任等产生的一系列影响。

# 参考文献

## 一、著作类

1. 韩庆、逄文昱:《中国古代海员史图说》,大连海事大学出版社 2016 年版。

2. 吴明安:《马来西亚司法制度》,法律出版社 2011 年版。

3. 薛波主编:《元照英美法词典》,北京大学出版社 2014 年版。

4. 陈明、王献枢主编:《海事法律词典》,武汉大学出版社 1992 年版。

5. 曹艳春:《雇主替代责任研究》,法律出版社 2008 年版。

6. 司玉琢主编:《海商法》,法律出版社 2018 年版。

7. 中国社会科学院语言研究所词典编辑室编:《现代汉语词典》,商务印书出版社 1983 年版。

8. 邵帅:《保障船员权益的软法与硬法》,上海交通大学出版社 2021 年版。

9. 陈鹏、王涛、王玉宝编著:《船员权益保障法律与维权实务》,江苏人民出版社 2020 年版。

10. 章戎编著:《法理学原论》,云南大学出版社 2007 年版。

11. 梁慧星:《民法总论》,法律出版社 1996 年版。

12. 朱庆育:《民法总论》(第 2 版),北京大学出版社 2016 年版。

13. 王利明:《王利明民法学研究系列(典藏本)合同法研究第三卷》(第 2 版),中国人民大学出版社 2018 年版。

14. 宋渝玲主编:《涉外民事诉讼法律实务》,厦门大学出版社 2017 年版。

15. 司玉琢、胡正良主编:《〈中华人民共和国海商法〉修改建议稿条文、参考立法例、说明》,大连海事大学出版社 2003

年版。

16. 李龙主编:《法理学》,武汉大学出版社 2011 年版。

17. 姜颖:《劳动合同法论》,法律出版社 2006 年版。

18. 郑尚元:《劳动合同法的制度与理念》,中国政法大学出版社 2008 年版。

19. 韩立新、王秀芬编译:《各国(地区)海商法汇编:(中英文对照)》,大连海事大学出版社 2003 年版。

20. 杨景宇:《中华人民共和国劳动合同法解读》,中国法制出版社 2007 年版。

21. 张文显主编:《法理学》,高等教育出版社 2007 年版。

22. 王千维:《继续性债之关系之基本理论》,台北,新学林出版股份有限公司 2020 年版。

23. 王全兴:《劳动法》,法律出版社 2008 年版。

24. [德]赫尔曼·康特洛维茨:《为法学而斗争:法的定义》,雷磊译,中国法制出版社 2011 年版。

25. 周长征:《劳动法原理》,科学出版社 2004 年版。

26. 常凯、张德荣:《工会法通论》,中共中央党校出版社 1993 年版。

27. 司玉琢主编:《海商法专题研究》,大连海事大学出版社 2002 年版。

28. 史尚宽:《劳动法原论》,台北,正大印书馆 1978 年版。

29. 司玉琢:《海商法专论》,中国人民大学出版社 2007 年版。

30. 曹艳春、刘秀芬:《职场性骚扰雇主责任问题研究》,北京大学出版社 2016 年版。

31. 李薇薇:《反歧视法原理》,法律出版社 2012 年版。

32. 韩桂君、彭博编著:《劳动者权利及其保护》,北京大学出版社 2017 年版。

33. 司玉琢:《海商法专论》(第 2 版),中国人民大学出版社 2010 年版。

34. 张辉:《船舶优先权法律制度研究》,武汉大学出版社 2005 年版。

35. 王骐骥:《财政学》(修订本),武汉大学出版社 1999 年版。

36. [英]阿尔弗雷德·马歇尔:《经济学原理》,文思编译,北京联合出版公司 2015 年版。

37. 陈刚、郝勇:《船员劳动权益与社会保障》,武汉理工大学出版社 2012 年版。

38. 中华人民共和国海事局编:《水上交通事故调查概论》,大连海事大学出版社 2004 年版。

39. 王秀芬、朱丽颖等:《日本海事法规辑要》,吉林大学出版社 2000 年版。

40. 刘功臣、赵晓光、何建中主编:《中华人民共和国船员条例释义》,人民交通出版社 2007 年版。

41. [美]E. 博登海默:《法理学:法律哲学与法律方法》,邓正来译,中国政法大学出版社 2017 年版。

42. [日]水上千之:《船舶国籍与方便旗船籍》,全贤淑译,大连海事大学出版社2000年版。

43. 崔建远:《合同法总论》(上卷),中国人民大学出版社2008年版。

44. [美]彼得·萨伯:《洞穴奇案》,陈福勇等译,生活·读书·新知三联书店2012年版。

45. 朱凤才、沈孝兵:《公共卫生应急——理论与实践》,东南大学出版社2017年版。

46. 杨立新:《人身权法论》,人民法院出版社2002年版。

47. 王亚男:《外派船员人身伤亡损害赔偿法律问题研究》,东南大学出版社2017年版。

48. 雷海主编:《〈2006年海事劳工公约〉履约操作指南——解读、问答与案例》,人民交通出版社2013年版。

49. 最高人民法院侵权责任法研究小组:《〈中华人民共和国侵权责任法〉条文理解与适用》,人民法院出版社2010年版。

50. 王泽鉴:《民法学说与判例研究》(第3册),中国政法大学出版社1998年版。

51. 曹艳春等:《工伤损害赔偿责任研究》,法律出版社2011年版。

52. 郑尚元等:《养老保障的法律机制研究》,清华大学出版社2019年版。

53. 贾大山:《海运强国战略》,上海交通大学出版社2013年版。

54. 徐显明:《法治与社会公平》,山东人民出版社2007年版。

55. 孙霞主编:《劳动法与社会保障法》,武汉大学出版社2010年版。

56. 关怀、林嘉主编:《劳动与社会保障法学》,法律出版社2011年版。

57. 王世涛编著:《海事行政法》,大连海事大学出版社2015年版。

58. 王杰:《涉海管理体制及海上执法力量建设的相关理论研究》,大连海事大学出版社2017年版。

59. 范愉:《纠纷解决的理论与实践》,清华大学出版社2007年版。

60. 黎建飞:《劳动法与社会保障》,中国人民大学出版社2003年版。

61. 王全兴:《劳动法》,法律出版社2016年版。

62. 陈会林:《传统社会的纠纷预防机制——以明清地缘社会为中心》,中国社会科学出版社2014年版。

63. 梁治平主编:《明清法律运作中的权力与文化》,广西师范大学出版社2017年版。

64. 范愉:《非诉讼纠纷解决机制研究》,中国人民大学出版社2000年版。

65. 胡正良、韩立新等:《〈海商法〉修改基本理论与主要制度研究》法律出版社2021年版。

66. [美]劳伦斯·M. 弗里德曼:《法律制度——从社会科学角度观察》,李琼英、林欣译,中国政法大学出版社 1994 年版。

67. Bauer & K. Jack, *A Maritime History of the United States: the Role of America's Seas and Waterways*, University of South Carolina Press, 1988.

68. Bin Wu, *Chinese Seafarers in Transition: Trends and Evidence*, Cardiff University Press, 2005.

69. Bin Wu, Guanbao Shen & Ling Li, *The Transformation of the Chinese Labour Market for Seafarers*, Cardiff University Press, 2007.

70. Maragtas S. V. Amante, *Philippine Global Seafarers: A Profile*, Cardiff University Press, 2003.

71. Yi-wen Xia, Tian-ming DING & Wan-zheng AI, *Analysis and Countermeasure of Management Status of Chinese Seafarer Intermediary Company*, Atlantis Press, 2019.

72. Maragtas S. V. Amante, *Philippine Global Seafarers: A Profile*, Cardiff University Press, 2003.

73. D. N. Dimitrova & R. Blanpain, *Seafarers' Rights in the Globalised Maritime Industry*, Kluwer Law International, 2010.

74. Eurofound, *Regulation of Labour Market Intermediaries and the Role of Social Partners in Preventing Trafficking of Labour*, Publications Office of European Union, 2016.

75. Robert Foree & Martin J Norris, *The Law of Seamen*, $5^{th}$ ed., Thomson West, 2003.

76. Pengfei Zhang, *Seafarers' Rights in China*, Switzerland: Springer International Publishing, 2016.

77. Olga Fotinopoulou Basurko, *European Social Law of Seafarers: Between Common Market and Substantive Law*, Hal. Science, 2016.

78. David Glen, *Seafarers: A Review of Recent Research*, in Aldo Chircop and Moira McConnell eds., Ocean Y. B, University of Chicago Press, 2005.

79. Maragtas S. V. Amante, *Industrial Democracy in the Rough Seas: The Case of Philippine Seafarers*, in Adrienne E. Eaton edIndustrial Relations Research Association Series(Proceedings of the 56th Annual Meeting), Industrial Relations Research Association Press, 2004.

80. Tayo Fashoyin, *Social Dialogue and Labour Market Performance in the Philippines*, International Labour Office, 2003.

81. A. K. Arora, *Voyage: Chronicle of the Seafarers' Movement in India*,

Granthali Press, 1996.

## 二、论文类

1. 王娟、许瑞雪、韩庆:《宋元时期船员的职业发展及管理制度》,载《大连海事大学学报(社会科学版)》2014 年第 2 期。

2. 王杰:《中国古代海员职务略考》,载《中国航海》1993 年第 2 期。

3. 李建江:《1929 年〈中华民国海商法〉船员制度研究》,载《长江大学学报(社会科学版)》2012 年第 1 期。

4. 单德赛:《英国航运与海员政策回顾》,载《世界海运》2017 年第 7 期。

5. 韩庆、王娟、逄文昱:《明治时期日本政府的航运扶持政策探究》,载《大连海事大学学报(社会科学版)》2014 年第 1 期。

6. 靳匡宇、李晓晴:《美国海事管辖权下的船员保护及其对我国的启示》,载《浙江海洋大学学报(人文科学版)》2020 年第 3 期。

7. 何平:《菲律宾劳务输出概述》,载《东南亚纵横》1994 年第 1 期。

8. 黄纯辉、李罗明:《国际船员立法趋势及对我国船员立法的思考》,载《世界海运》2005 年第 3 期。

9. 史莹:《杜勒斯与第二次中东战争时的英美关系》,载《大庆师范学院学报》2007 年第 3 期。

10. 王秀芬:《船员之法律概念辨析》,载《社会科学家》2010 年第 11 期。

11. 傅廷中:《论船舶优先权制度建构下的船员权益保护》,载《环球法律评论》2010 年第 3 期。

12. 朱雨兰、王贞、陆春其:《江苏内河船员现状及发展对策研究》,载《航海技术》2013 年第 5 期。

13. 黄梅、姜仕倩:《中国邮轮产业发展与人才培养研究——以青岛远洋船员职业学院为例》,载《青岛远洋船员职业学院学报》2017 年第 3 期。

14. 任玉清、陈立新:《〈渔业劳工公约〉最新进展以及中国应对策略探讨》,载《中国海商法研究》2017 年第 2 期。

15. 胡庆松、王曼、陈雷雷、李俊:《我国远洋渔船现状及发展策略》,载《渔业现代化》2016 年第 4 期。

16. 刘勤、陆亚男:《〈中华人民共和国渔业船员管理办法〉的出台背景、主要内容和效果预期》,载《渔业信息与战略》2015 年第 2 期。

17. 李卫海:《中国海上航运的安保模式及其法律保障——以应对 21 世纪海上丝路的海盗为例》,载《中国社会科学》2015 年第 6 期。

18. 王慧、王威等:《我国船员外派市场状况分析》,载《武汉船舶职业技术学院学报》2013 年第 2 期。

19. 张晓、高玉德等:《中国远洋船员总体心理健康状况的研究》,载《中国航海》2005 年第 3 期。

20. 贾宝柱、谢灯峰、林叶锦:《海员疲劳及其影响因素》,载《中国航海》2018 年第 4 期。

21. 张程:《我国船员就业合同及劳务派遣法律问题解析》,载《中国远洋海运》2021 年第 3 期。

22. 汪洋:《"从契约到身份"——以船员劳务合同的特殊性及司法应对为视角》,载《中国海商法研究》2014 年第 3 期。

23. 李亮宽:《谈船员心理疲劳对船舶的影响及解决措施》,载《船舶标准化工程师》2016 年第 5 期。

24. 傅勤勇:《对船员社会保险管理工作的思考》,载《中国远洋海运》2019 年第 6 期。

25. 黄莎:《海洋强国战略下船员社会保障研究:困境分析与路径突破》,载《现代管理科学》2022 年第 2 期。

26. 蒋跃川:《关于我国现行船员劳动中介制度的思考》,载《当代法学》2001 年第 6 期。

27. 曹艳春、唐树源:《中国船员投诉机制研究》,载《中国海商法研究》2017 年第 2 期。

28. 曹艳春:《劳动派遣关系中的雇主替代责任研究》,载《法律科学(西北政法学院学报)》2006 年第 3 期。

29. 王亚男、李澜:《船员外派法律关系构成之法理分析》,载《社会科学辑刊》2011 年第 4 期。

30. 徐妍:《事实劳动关系基本问题探讨》,载《当代法学》2003 年第 3 期。

31. 陈刚:《船员外派法律关系辨析》,载《大连海事大学学报(社会科学版)》2008 年第 6 期。

32. 张金蕾:《我国外派船员权利保护法律问题研究》,载《辽宁大学学报(哲学社会科学版)》2014 年第 3 期。

33. 刘中梅、张宏帆:《我国船员外派机构规制的法律问题研究》,载《齐齐哈尔大学学报(哲学社会科学版)》2022 年第 4 期。

34. 李凤琴:《涉外劳动争议中中国劳动法律规范的适用》,载《北京理工大学学报(社会科学版)》2014 年第 4 期。

35. 王亚男:《船员外派机构法律定位之再考量》,载《中国海商法研究》2017 年第 2 期。

36. 常凯:《论海外派遣劳动者保护立法》,载《中国劳动关系学院学报》2011 年第 1 期。

37. 孙国平:《我国海外劳工法律保护之检视》,载《时代法学》2013 年第 2 期。

38. 张珠围:《涉外劳动关系的法律适用》,载《人民司法》2020 年第 22 期。

39. 申婷婷:《试论劳动者保护的法律选择模式——欧美模式的比较及其对中国的启示》,载《河北法学》2015 年第 4 期。

40. 夏亮:《论冲突法强制规范在涉外海员劳动关系中的适用》,载《中国劳动关系学院学报》2014 年第 5 期。

41. 李先波、李娜:《“一带一路”倡议下境外务工人员权利之保护》,载《湖南师范大学社会科学学报》2017 年第 5 期。

42. 陈宜芳、付本超:《船员劳务合同纠纷案件相关问题研究》,载《法律适用》2009 年第 1 期。

43. 江锴:《论我国变更辞职预告期约定的效力判定》,载《政治与法律》2021 年第 9 期。

44. 林嘉:《论我国劳动法的法典化》,载《浙江社会科学》2021 第 12 期。

45. 王秀芬、朱玉柱:《论船员劳动的特点》,载《大连海事大学学报(社会科学版)》2005 年第 2 期。

46. 江锴、虞李辉:《劳动者辞职预告期的法律性质辨析》,载《政治与法律》2020 年第 6 期。

47. 周蔚文:《劳动者的预告辞职权研究》,载《华南理工大学学报(社会科学版)》2014 年第 4 期。

48. 张晓阳:《劳动者的预告辞职权》,载《当代法学》2006 年第 3 期。

49. 曹艳春、周若涵:《疫情背景下船员生命健康权法律保障问题研究》,载《海大法律评论》2022 年第 00 期。

50. 曹艳春、曹娅珂:《新冠疫情背景下船员休息权问题研究》,载《中国海商法研究》2022 年第 3 期。

51. 舒国滢:《法律规范的逻辑结构:概念辨析与逻辑刻画》,载《浙江社会科学》2022 年第 2 期。

52. 曹艳春、马钱丽:《船员遣返权的法律性质及立法问题研究》,载《中国海洋大学学报(社会科学版)》2020 年第 2 期。

53. 李璇:《中国正式加入 MLC2006 对航运业的影响》,载《中国水运》2016 年第 2 期。

54. 曹艳春:《职场性骚扰雇主责任的法经济学分析》,载《当代法学》2008 年第 5 期。

55. 石云:《我国行业性工资集体协商若干问题研究》,载《工会理论研究(上海工会管理职业学院学报)》2013 年第 2 期。

56. 李璐玲:《对船员工资优先权几个问题的再思考》,载《中国海商法年刊》

2010 年第 1 期。

57. 吴兆麟:《无人驾驶船舶发展与航海教育对策》,载《中国航海》2017 年第 4 期。

58. Douglas T. Tastad, *Hobson's Choice for the American Maritime Industry: The Navy or Nothing*, Joint Force Quarterly, Vol. 5, 2008.

59. Zhiwei Zhao, Jørgen Riis Jepsen & Lijun Tang, *The Reform of Chinese State-owned Ship Crewing Agencies and Implications for China's Seafaring Labour Export*, Maritime Policy & Management, Vol. 43:6, 2016.

60. Cristina Dragomir & Utureanu Simona, *Seafarers' Employment Procedures in Crewing Companies*, "Ovidius " University Annals, Economic Sciences Series, Vol. 12:2, 2012.

61. Ho-Hyun JIN, *A Study on The Legal Status and Improvement of The Shipowner and Seafarers Management Company on The Seafarers Act*, Journal of Fisheries and Marine Sciences Education, Vol. 31:5, 2019.

62. Enrico Argiroffo, *Recruitment of Seamen in Asia*, International labour Review, Vol. 95:3, 1967.

63. Bin Wu, Kee-hung Lai & T. C. Edwin Cheng, *Emergence of 'New Professionalism' among Chinese Seafarers: Empirical Evidence and Policy Implications*, Maritime Policy & Management, Vol. 33:1, 2006.

64. Shaun Ruggunan, *Manufacturing Insecurity: Post Fordism and the Global Labour Market for Seafarers in the Merchant Navy*, Man In India, Vol. 94:3, 2014.

65. Pengfei Zhang & Minghua Zhao, *Maritime Labour Convention*, 2006 *and the Chinese Seafarers: How Faris China to Ratification*? Marine Policy, Vol. 61, 2015.

66. Georgios Exarchopoulos et al. , *Seafarers' Welfare: A critical review of the related legal issues under the Maritime Labour Convention* 2006, Marine Policy, Vol. 93, 2018.

67. Minghua Zhao & Pengfei Zhang & Gaochao He, *Port-based Welfare Services for Seafarers in Chinese Ports: Their Roles, Changes and Challenges*, Marine Policy, Vol. 93, 2021.

68. Livingstone Caesar, *Sustaining the Supply of Ship Officers: Making a Case for Succession Planning in Seafarer Recruitment*, Universal Journal of Management, Vol. 93, 2013.

69. Desai Shan & Pengfei Zhang, *Regulatory Compliance and Human Resource Supply Chains: Chinese Seafarers' rights to Workers' Compensation*, 2020.

70. Sabbir Mahmood, *Implementation of Controlling the Private Recruitment and*

*Placement Services under MLC* 2006: *A Case Study of Bangladesh*, Iire Journal of Maritime Research Development, Vol. 4, 2020.

71. Victor Oyaro Gekara & Iris L. Acejo & Helen Sampson, *Reimagining Global Union Representation Under Globalisation: A Case of Seafaring Labour and the Nautilus International Cross-border Merger*, Global Labour Journal, Vol. 4:3, 2013.

72. Joseph P. Goldberg, *Collective Bargaining in Maritime Shipping Industry*, Monthly Labor Review, Vol. 71:3, 1950.

73. Ralph Buiser, *Trade Union Representation in the Philippines*, The World of the Seafarer, Vol. 9, 2021.

74. Hiromasa Yamamo, *Singularity in the Structure of the Seamen's Union of Japan: in Comparison with Enterprises Union*, Kobe Economic & Business Review, Vol. 7, 1960.

75. Sigrid Koch-Baumgarten, *Trade Union Regime Formation under the Conditions of Globalization in the Transport Sector: Attempts at Transnational Trade Union Regulation of Flag-of-Convenience Shipping*, International Review of Social History, Vol. 43:3, 1998.

76. Rohini Hensman, *World Trade and Workers' Rights: In Search of an Internationalist Position*, Antipode, Vol. 33:3, 2001.

77. Nathan Lillie, *Global Collective Bargaining on Flag of Convenience Shipping*, British Journal of Industrial Relations, Vol. 42:1, 2004.

78. Cristina Dragomir & Felicia Surugiu, *Seafarer Women-Perception of the Seafaring Career*, WSEAS/NAUN 2nd International Conference on Economics, 2013.

79. Corina Popescu & Anastasia-Elena Varsamim, *The Place of Women in a Men's World from a Maritime University Perspective*, EDUCATION'10: Proceedings of the 7th WSEAS international conference on Engineering education, 2010.

80. Minghua Zhao et al., *Chinese Women Seafarers: A Case Study of the Women Cadets in Shanghai*, Marine Policy, Vol. 83, 2017.

81. Helen Sampson & Michelle Thomas, *Risk and Responsibility*, Qualitative Research, Vol. 3:2, 2003.

82. Michelle Thomas, "*Get Yourself a Proper Job Girlie*": *Recruitment, Retention and Women Seafarers*, Maritime Policy & Management, Vol. 31:4, 2004.

83. Jiunn-Liang Guo & Gin-Shuh Liang, *Sailing into Rough Seas: Taiwan's Women Seafarers' Career Development Struggle*, Women's Studies International Forum, Vol. 35:4, 2012.

84. C. Dragomir et al., *Women Leaders in Shipping as Role Models for Women*

*Seafarers*, the International Journal on Marine Navigation and Safety of Sea Transportation, Vol. 12:2, 2018.

85. Lévy-Garboua et al., *A Behavioral Laffer Curve: Emergence of a Social Norm of Fairness in a Real Effort Experiment*, Journal of Economic Psychology, Vol. 30:147, 2009.

86. Douglas B. Stevenson, *Tanker Crew Fatigue: Some New Solutions to an Old Problem*, Journal of Maritime Law and Commerce, Vol. 27:3, 1996.

87. Nguyen T., Ghaderi H. & Caesar L. D. (eds.), *Current Challenges in the Recruitment and Retention of Seafarers: An Industry Perspective from Vietnam*, Asian Journal of Shipping and Logistics, Vol. 30:2, 2014.

88. Talal & Aladwani, *Effect of Shipping Standards on Seaworthiness*, European Journal of Commercial Contract Law, Vol. 3:2, 2011.

89. Iliana Christodoulou-Varotsi & Dmitri A. Pentsov, *Labor Standards on Cypriot Ships: Myth and Reality*, Vanderbilt Journal of Transnational Law, Vol. 37:647, 2004.

90. He Lan et al., *On the Causation of Seafarers' unsafe Acts Using Grounded Theory and Association Rule*, Reliability Engineering & System Safety, Vol. 223, 2022.

91. Wang Huanxin et al., *An Analysis of Factors Affecting the Severity of Marine Accidents*, Reliability Engineering & System Safety, Vol. 210, 2021.

92. Conghua Xue, Lijun Tang & David Walters, *Who is Dominant? Occupational Health and Safety Management in Chinese Shipping*, Journal of Industry Relations, Vol. 59:1, 2017.

93. Ki-Yin Chang et al., *Effectiveness of Web-based Training Compliance with Seafarers International Training Convention*, Journal of Marine Science and Technology, Vol. 27:1, 2019.

94. Alexander Lee et al., *Telepsychiatric Assessment of a Mariner Expressing Suicidal Ideation*, International Maritime Health, Vol. 66:1, 2015.

95. David C. Barnett, *Psychiatric Claims Under the Longshore and Harbor Workers' Compensation Act*, Loyola Maritime Law Journal, Vol. 11, 2012.

96. Nicolas R. Foster, *The Seaworthiness Trilogy: Carriage of Goods, Insurance, and Personal Injury*, Santa Clara Law Review, Vol. 40:2, 2000.

97. Giambelluca, Ashley, *A Sinking Feeling: Acknowledging Mental Illness and Its Treatment in the Maritime Industry*, Tulane Maritime Law Journal, Vol. 41:1, 2016.

98. Yasuharu Tokuda et al., *COVID-19 outbreak on the Diamond Princess Cruise Ship in February* 2020, Journal of General and Family Medicine, Vol. 21: 4, 2020.

99. Anish Arvind Hebbar & Nitin Mukesh, *COVID-19 and Seafarers' rights to Shore Leave, Repatriation and Medical Assistance: A Pilot Study*, International Maritime Health, Vol. 71:4, 2020.

100. Aleksandar Radic et al., *Fear and Trembling of Cruise Ship Employees: Psychological Effects of the COVID-19 Pandemic*, International journal of environmental research and public health, Vol. 17:18, 2020.

101. David P. Fidler, *The Globalization of Public Health: Emerging Infectious Diseases and International Relations*, Indiana Journal of Global Legal Studies, Vol. 5: 1, 1997.

102. Matiangai Sirleaf, *Responsibility for Epidemics*, Texas Law Review, Vol. 97, 2018.

103. Robverts S. E. & Marlow P. B., *Traumatic Work Re-lasted Mortality among Seafarers Employed inBritish Merchant Shipping*, Occuoational & Environmental Medicine, 2005.

104. Desiree Le Clercq, *Sea Change: New Rulemaking Procedures at the International Labour Organization*, ILSA Journal of International and Comparative Law, Vol. 22:1, 2015.

105. Eilif Dahl, *Coronavirus (Covid-19) Outbreak on the Cruise Ship Diamond Princess*, International maritime health, Vol. 71:1, 2020.

106. Kathleen M. Vyborny, *Legal and Political Issues Facing Telemedicine*, Annals Health Law, Vol. 5, 1996.

107. Susan E. Volkert, *Telemedicine: Rx for the Future of Health Care*, Michigan Telecommunications and Technology Law Review, Vol. 6:1, 2000.

108. Lucy M. Anderson, *Mandatory Arbitration within Cruise Ship Employment Agreements: Without Global Change, the Disparity of Power Continues to Expand*, Loyola Maritime Law Journal, Vol. 14:2, 2015.

109. Olukayode Olalekan Aguda, *Maritime Labour Convention* 2006: *Implications for Seafarers after a Decade*, Nnamdi Azikiwe University Journal of International Law and Jurisprudence, Vol. 8:2, 2017.

110. Nguyen Thanh Le, *Researching the System of Chinese and Vietnamese Law on Seafarers-From the Viewpoint of Maritime Labor Convention* 2006, Journal of Law, Policy and Globalization, Vol. 20, 2013.

111. Michelle S. Lee, *Save Our Ships: How U. S. National Security Interests Affect the Human Rights of Stranded Seafarers as a Result of Shipping Bankruptcies*, Brooklyn Journal of International Law, Vol. 42:2, 2017.

112. Kevin X. Li & JM Ng, *International Maritime Conventions: Seafarers' Safety and Human Rights*, Journal of Maritime Law and Commerce, Vol. 33:3, 2002.

113. Jason P. Minkin, *Maintenance and Shoreshide Seamen: A Proposed Solution to Double Recovery during Convalescence*, University of San Francisco Maritime Law Journal, Vol. 12:1, 1999.

114. Sev S. Fluss, *The Development of National Health Legislation in Europe: The Contribution of International Organizations*, European Journal of Health Law, Vol. 2:3, 1995.

115. Eugene A. Brodsky & Karen M. Houston, *From Subsistence to Starvation: A Call for Judicial Reexamination of Gardiner v. Sea Land Service*, University of San Francisco Maritime Law Journal, Vol. 9:1, 1996.

116. Luci Carey, *The Maritime Labour Convention*, 2006: *The Seafarer and the Fisher*, Australian and New Zealand Maritime Law Journal, Vol. 31:1, 2017.

117. Gautham Rao, *Administering Entitlement: Governance, Public Health Care, and the Early American State*, Law & Social Inquiry, Vol. 37:3, 2012.

118. Oldenburg M. et al., *Nautical Officers at Sea: Emergency Experience and Need for Medical Training*, Journal of Occupational Medicine and Toxicology, Vol. 9, 2014.

119. Dehours E., Saccavini A. & Roucolle P., *Added Value of Sending Photograph in Diagnosing a Medical Disease Declared at Sea: Experience of the French Tele-Medical Assistance Service*, International Maritime Health, Vol. 68:2, 2017.

120. Amenta F., Dauri A. & Rizzo N., *Telemedicine and Medical Care to Ships without a Doctor on Board*, Journal of Telemedicine and Telecare, Vol. 1:44, 1998.

121. Giovanna Ricci et al., *Medical Assistance at the Sea: Legal and Medico-legal Problems*, Int Marit Health, Vol. 65:4, 2014.

122. Syed Sarosh Mahdi & Francesco Amenta, *Eighty Years of CIRM: A Journey of Commitment and Dedication in Providing Maritime Medical Assistance*, International Maritime Health, Vol. 67:4, 2016.

123. Karl Evang, *Health and Welfare of Seafarers: An International Problem*, International Labour Review, Vol. 63:1, 1951.

124. Evan C. Zoldan, *Legislative Design and the Controllable Costs of Special Legislation*, Maryland Law Review, Vol. 78:3, 2018.

# 附　录

## 一、国际公约及域外机构缩写表

| 译名 | 英文全称 | 缩写 |
|---|---|---|
| 国际船舶安全营运和防止污染管理规则 | International Management Code for the Safety Operation of Ships and for Pollution Prevention | ISM 规则 |
| 1978 年海员培训、发证和值班标准国际公约 | International Convention on Standards of Training, Certification and Watchkeeping for Seafarers, 1978 | STCW 公约 |
| 1974 年国际海上人命安全公约 | International Convention for the Safety of Life at Sea, 1974 | SLOAS 公约 |
| 国际运输工人联盟 | International Transport workers' Federation | ITF |
| 北美海员国际联盟 | Seafarers International Union of North America | SIU |
| 美国太平洋海员工会 | The Sailors' Union of the Pacific | SUP |
| 菲律宾海外就业管理局 | Philippine Overseas Employment Administration | POEA |
| 菲律宾高级海员及海员联盟 | Associated Marine Officer's and Seamen's Union of the Philippines | AMOSUP |
| 国际海员福利和援助网络 | International Seafarer's Welfare & Assistance Network | ISWAN |
| 英国海事与海岸警卫署 | Maritime and Coastguard Agency | MCA |

注：本表以其在文中出现的先后顺序排列。

## 二、法律、法规、司法解释、规章及规范性文件

| 全称 | 书中使用的名称 | 出台时间/修改时间/废止时间 |
| --- | --- | --- |
| 中华人民共和国海上交通安全法 | 海上交通安全法 | 1983 年 9 月 2 日/2016 年 11 月 7 日/2021 年 4 月 29 日 |
| 中华人民共和国海商法 | 海商法 | 1992 年 11 月 7 日 |
| 中华人民共和国船员条例 | 船员条例 | 2007 年 4 月 14 日/2013 年 7 月 18 日/2013 年 12 月 7 日/2014 年 7 月 29 日/2017 年 3 月 1 日/2019 年 3 月 2 日/2020 年 3 月 27 日/2023 年 7 月 20 日 |
| 中华人民共和国海员外派管理规定 | 海员外派管理规定 | 2011 年 3 月 7 日/2016 年 4 月 11 日/2019 年 11 月 28 日/2021 年 8 月 11 日/2023 年 9 月 20 日 |
| 交通运输部关于完善综合交通法规体系的意见 | 交通运输部关于完善综合交通法规体系的意见 | 2020 年 11 月 25 日 |
| 中华人民共和国社会保险法 | 社会保险法 | 2010 年 10 月 28 日/2018 年 12 月 29 日 |
| 中华人民共和国民法典 | 民法典 | 2020 年 5 月 28 日 |
| 中华人民共和国劳动法 | 劳动法 | 1994 年 7 月 5 日/2009 年 8 月 27 日/2018 年 12 月 29 日 |
| 中华人民共和国劳动合同法 | 劳动合同法 | 2007 年 6 月 29 日/2012 年 12 月 28 日 |
| 中华人民共和国海事诉讼特别程序法 | 海事诉讼特别程序法 | 1999 年 12 月 25 日 |
| 中华人民共和国海员船上工作和生活条件管理办法 | 海员船上工作和生活条件管理办法 | 2013 年 7 月 26 日/2018 年 12 月 7 日 |
| 中华人民共和国海船船员适任考试和发证规则 | 海船船员适任考试和发证规则 | 2011 年 12 月 27 日/2013 年 12 月 24 日 |
| 中华人民共和国内河船舶船员适任考试和发证规则 | 内河船舶船员适任考试和发证规则 | 2010 年 6 月 29 日/2015 年 11 月 11 日/2020 年 7 月 6 日 |
| 中华人民共和国军人地位和权益保障法 | 军人地位和权益保障法 | 2021 年 6 月 10 日 |

续表

| 全称 | 书中使用的名称 | 出台时间/修改时间/废止时间 |
| --- | --- | --- |
| 中华人民共和国公务员法 | 公务员法 | 2005年4月27日/2017年9月1日/2018年12月29日 |
| 中华人民共和国内河交通安全管理条例 | 内河交通安全管理条例 | 1986年12月16日/2002年6月28日/2011年1月8日/2017年3月1日/2019年3月2日 |
| 关于贯彻执行《中华人民共和国劳动法》若干问题的意见 | 关于贯彻执行《中华人民共和国劳动法》若干问题的意见 | 1995年8月4日 |
| 中华人民共和国渔业船员管理办法 | 渔业船员管理办法 | 2014年5月23日/2022年1月7日 |
| 中华人民共和国海洋渔业船员发证规定 | 海洋渔业船员发证规定 | 2006年3月27日/2015年1月1日 |
| 中华人民共和国海船登记规则 | 海船登记规则 | 1988年1月1日/2003年12月2日 |
| 内河渔业船舶船员考试发证规则 | 内河渔业船舶船员考试发证规则 | 1994年8月18日/2015年1月1日 |
| 中华人民共和国渔业船舶普通船员专业基础训练考核发证办法 | 渔业船舶普通船员专业基础训练考核发证办法 | 2004年7月1日/2015年1月1日 |
| 交通运输部、人力资源社会保障部关于妥善做好新冠肺炎疫情期间中国籍国际航行船舶在船船员换班安排的公告 | 交通运输部等印发关于妥善做好新冠疫情期间中国籍国际航行船舶在船船员换班安排的公告 | 2020年3月12日 |
| 交通运输部、外交部、国家卫生健康委等关于精准做好国际航行船舶船员疫情防控工作的通知 | 交通运输部等印发关于精准做好国际航行船舶船员疫情防控工作的通知 | 2020年4月22日 |
| 中华人民共和国海事局关于发布《船舶船员新冠肺炎疫情防控操作指南》(第十二版)的通告 | 船舶船员新冠疫情防控操作指南 | 2022年12月12日 |

续表

| 全称 | 书中使用的名称 | 出台时间/修改时间/废止时间 |
| --- | --- | --- |
| 中华人民共和国工会法 | 工会法 | 1950年6月29日/1992年4月3日/2001年10月27日/2009年8月27日/2021年12月24日 |
| 中华人民共和国船舶最低安全配员规则 | 船舶最低安全配员规则 | 1997年11月1日/2004年6月30日/2014年9月5日/2018年11月28日 |
| 劳动保障监察条例 | 劳动保障监察条例 | 2004年11月1日 |
| 中华人民共和国劳动争议调解仲裁法 | 劳动争议调解仲裁法 | 2007年12月29日 |
| 中华人民共和国船员服务管理规定 | 船员服务管理规定 | 2008年7月22日/2013年8月31日/2019年6月21日 |
| 中华人民共和国就业促进法 | 就业促进法 | 2007年8月30日/2015年4月24日 |
| 劳务派遣行政许可实施办法 | 劳务派遣行政许可实施办法 | 2013年6月20日 |
| 对外劳务合作管理条例 | 对外劳务合作管理条例 | 2012年6月4日 |
| 中华人民共和国民事诉讼法 | 民事诉讼法 | 1982年3月8日/1991年4月9日/2007年10月28日/2012年8月31日/2017年6月27日/2021年12月24日/2023年9月1日 |
| 中华人民共和国涉外民事关系法律适用法 | 涉外民事关系法律适用法 | 2010年10月28日 |
| 最高人民法院关于适用《中华人民共和国涉外民事关系法律适用法》若干问题的解释(一) | 最高人民法院关于适用《中华人民共和国涉外民事关系法律适用法》若干问题的解释(一) | 2012年12月28日/2020年12月29日 |
| 最高人民法院发布的《民事案件案由规定》 | 最高人民法院发布的《民事案件案由规定》 | 2020年12月29日 |
| 最高人民法院关于国内船员劳务合同纠纷案件是否应劳动仲裁前置的请示的复函 | 最高人民法院关于国内船员劳务合同纠纷案件是否应劳动仲裁前置的请示的复函 | 2002年6月10日/2013年2月26日 |

续表

| 全称 | 书中使用的名称 | 出台时间/修改时间/废止时间 |
| --- | --- | --- |
| 最高人民法院关于海事法院受理案件范围的规定 | 关于海事法院受理案件范围的规定 | 2016 年 2 月 24 日 |
| 中华人民共和国宪法 | 宪法 | 1954 年 9 月 20 日/1975 年 1 月 17 日/1978 年 3 月 5 日/1979 年 7 月 1 日/1980 年 9 月 10 日/1982 年 12 月 4 日/1988 年 4 月 12 日/1993 年 3 月 29 日/1999 年 3 月 15 日/2004 年 3 月 14 日/2018 年 3 月 11 日 |
| 中华人民共和国妇女权益保障法 | 妇女权益保障法 | 1992 年 4 月 3 日/2005 年 8 月 28 日/2018 年 10 月 26 日/2022 年 10 月 30 日 |
| 江苏省劳动合同条例 | 江苏省劳动合同条例 | 2003 年 10 月 25 日/2013 年 1 月 15 日 |
| 女职工劳动保护特别规定 | 女职工劳动保护特别规定 | 2012 年 4 月 28 日 |
| 中华人民共和国个人所得税法 | 个人所得税法 | 1980 年 9 月 10 日/1993 年 10 月 31 日/1999 年 8 月 30 日/2005 年 10 月 27 日/2007 年 6 月 29 日/2007 年 12 月 29 日/2011 年 6 月 30 日/2018 年 8 月 31 日 |
| 工资支付暂行规定 | 工资支付暂行规定 | 1994 年 12 月 6 日 |
| 最高人民法院关于审理涉船员纠纷案件若干问题的规定 | 关于审理涉船员纠纷案件司法解释 | 2020 年 9 月 27 日 |
| 工资集体协商试行办法 | 工资集体协商试行办法 | 2000 年 11 月 8 日 |
| 最低工资规定 | 最低工资规定 | 2004 年 1 月 20 日 |
| 中华人民共和国企业破产法 | 企业破产法 | 2006 年 8 月 27 日 |
| 中华人民共和国海洋环境保护法 | 海洋环境保护法 | 1982 年 8 月 23 日/1999 年 12 月 25 日/2013 年 12 月 28 日/2016 年 11 月 7 日/2017 年 11 月 4 日/2023 年 10 月 24 日 |

续表

| 全称 | 书中使用的名称 | 出台时间/修改时间/废止时间 |
| --- | --- | --- |
| 中华人民共和国税收征收管理法 | 税收征收管理法 | 1992 年 9 月 4 日/1995 年 2 月 28 日/2001 年 4 月 28 日/2013 年 6 月 29 日/2015 年 4 月 24 日 |
| 财政部、人力资源社会保障部、国家税务总局关于企业年金、职业年金个人所得税有关问题的通知 | 财政部、人力资源社会保障部、国家税务总局关于企业年金、职业年金个人所得税有关问题的通知 | 2013 年 12 月 6 日/2019 年 1 月 1 日 |
| 财政部、税务总局关于远洋船员个人所得税政策的公告 | 财政部、税务总局关于远洋船员个人所得税政策的公告 | 2019 年 12 月 29 日 |
| 国务院关于印发《中国(上海)自由贸易试验区临港新片区总体方案》的通知 | 国务院印发《中国(上海)自由贸易试验区临港新片区总体方案》 | 2019 年 7 月 27 日 |
| 劳动部《关于企业实行不定时工作制和综合计算工时工作制的审批办法》 | 关于企业实行不定时工作制和综合计算工时工作制的审批办法 | 1994 年 12 月 14 日 |
| 全国年节及纪念日放假办法 | 全国年节及纪念日放假办法 | 1949 年 12 月 23 日/1999 年 9 月 18 日/2007 年 12 月 14 日/2013 年 12 月 11 日 |
| 中华人民共和国海船船员值班规则 | 海船船员值班规则 | 2012 年 12 月 17 日/2020 年 7 月 6 日 |
| 职工带薪年休假条例 | 职工带薪年休假条例 | 2007 年 12 月 14 日 |
| 最高人民法院关于民事诉讼证据的若干规定 | 最高人民法院关于民事诉讼证据的若干规定 | 2001 年 12 月 21 日/2008 年 12 月 16 日/2019 年 12 月 25 日 |
| 中华人民共和国立法法 | 立法法 | 2000 年 3 月 15 日/2015 年 3 月 15 日/2023 年 3 月 13 日 |
| 交通部关于发布《中华人民共和国船舶安全营运和防止污染管理规则》(试行)的通知 | 船舶安全营运和防止污染管理规则 | 2001 年 7 月 12 日 |
| 中华人民共和国安全生产法 | 安全生产法 | 2002 年 6 月 29 日/2009 年 8 月 27 日/2014 年 8 月 31 日/2021 年 6 月 10 日 |

续表

| 全称 | 书中使用的名称 | 出台时间/修改时间/废止时间 |
|---|---|---|
| 中华人民共和国刑法 | 刑法 | 1979年7月6日/1997年3月14日/1998年12月29日/1999年12月25日/2001年8月31日/2002年12月28日/2005年2月28日/2006年6月29日/2009年2月28日/2009年8月27日/2011年2月25日/2015年8月29日/2017年11月4日/2020年12月26日 |
| 中华人民共和国海上海事行政处罚规定 | 海上海事行政处罚规定 | 2015年5月29日/2017年5月23日/2019年4月12日/2021年9月1日 |
| 中华人民共和国内河海事行政处罚规定 | 内河海事行政处罚规定 | 2015年5月29日/2017年5月23日/2019年4月12日/2021年8月11日/2022年9月26日 |
| 工伤保险条例 | 工伤保险条例 | 2003年4月27日/2010年12月20日 |
| 社会保险费征缴暂行条例 | 社会保险费征缴暂行条例 | 1999年1月22日/2019年3月24日 |
| 农业部关于加强远洋渔业安全生产工作的通知 | 农业部关于加强远洋渔业安全生产工作的通知 | 2011年9月29日 |
| 中华人民共和国精神卫生法 | 精神卫生法 | 2012年10月26日/2018年4月27日 |
| 中华人民共和国海事局关于印发《中华人民共和国海船船员培训合格证书签发管理办法》的通知(2019修订) | 海船船员培训合格证书签发管理办法 | 2019年8月30日 |
| 最高人民法院《关于确定民事侵权精神损害赔偿责任若干问题的解释(2020修正)》 | 最高人民法院《关于确定民事侵权精神损害赔偿责任若干问题的解释》 | 2020年12月29日 |
| 中华人民共和国突发事件应对法 | 突发事件应对法 | 2007年8月30日 |

续表

| 全称 | 书中使用的名称 | 出台时间/修改时间/废止时间 |
| --- | --- | --- |
| 中华人民共和国港口法 | 港口法 | 2003年6月28日/2015年4月24日/2017年11月4日/2018年12月29日 |
| 中华人民共和国国际海运条例 | 国际海运条例 | 2001年12月11日/2013年7月18日/2016年2月6日/2019年3月2日/2023年7月20日 |
| 国内水路运输管理条例 | 国内水路运输管理条例 | 2012年10月13日/2016年2月6日/2017年3月1日/2023年7月20日 |
| 突发公共卫生事件应急条例 | 突发公共卫生事件应急条例 | 2003年5月9日/2011年1月8日 |
| 中华人民共和国国境卫生检疫法 | 国境卫生检疫法 | 1986年12月2日/2007年12月29日/2009年8月27日/2018年4月27日 |
| 国境口岸突发公共卫生事件出入境检验检疫应急处理规定 | 国境口岸突发公共卫生事件出入境检验检疫应急处理规定 | 2003年11月7日/2018年4月28日 |
| 出入境邮轮检疫管理办法 | 出入境邮轮检疫管理办法 | 2016年10月25日/2018年4月28日/2018年5月29日/2023年3月9日 |
| 国家质量监督检验检疫总局关于印发《国际航行邮轮群体性疾病突发事件应急处置技术方案》的通知 | 国际航行邮轮群体性疾病突发事件应急处置技术方案 | 2009年2月24日 |
| 交通运输部、外交部、国家卫生健康委等《关于精准做好国际航行船舶船员疫情防控工作的通知》 | 交通运输部等六部门联合发布《关于精准做好国际航行船舶船员疫情防控工作的通知》 | 2020年4月22日 |
| 国务院联防联控机制综合组关于进一步做好国际航行船舶船员疫情防控工作的通知 | 国务院联防联控机制综合组关于进一步做好国际航行船舶船员疫情防控工作的通知 | 2021年12月10日 |

续表

| 全称 | 书中使用的名称 | 出台时间/修改时间/废止时间 |
| --- | --- | --- |
| 中华人民共和国职业病防治法 | 职业病防治法 | 2001年10月27日/2011年12月31日/2016年7月2日/2017年11月4日/2018年12月29日 |
| 最高人民法院关于审理人身损害赔偿案件适用法律若干问题的解释 | 人身损害司法解释 | 2003年12月26日/2020年12月29日/2022年4月24日 |
| 最高人民法院关于审理工伤保险行政案件若干问题的规定 | 工伤保险解释 | 2014年6月18日 |
| 最高人民法院印发《关于审理涉外海上人身伤亡案件损害赔偿的具体规定(试行)》的通知 | 最高人民法院发布《关于审理涉外海上人身伤亡案件损害赔偿的具体规定(试行)》 | 1992年5月16日/2013年1月18日 |
| 船医管理办法 | 船医管理办法 | 1990年3月2日/2013年12月2日 |
| 实施《中华人民共和国社会保险法》若干规定 | 实施《中华人民共和国社会保险法》若干规定 | 2011年6月29日 |
| 劳动部办公厅关于印发《职工基本养老保险个人账户管理暂行办法》的通知 | 职工基本养老保险个人账户管理暂行办法 | 1997年12月22日 |
| 中华人民共和国老年人权益保障法 | 老年人权益保障法 | 1996年8月29日/2009年8月27日/2012年12月28日/2015年4月24日/2018年12月29日 |
| 国务院关于完善企业职工基本养老保险制度的决定 | 国务院关于完善企业职工基本养老保险制度的决定 | 2005年12月3日 |
| 中华人民共和国海关对中国籍旅客进出境行李物品的管理规定 | 海关对中国籍旅客进出境行李物品的管理规定 | 1996年8月10日/2010年11月26日/2017年12月20日 |
| 交通运输部、人力资源社会保障部关于印发《海事劳工条件检查办法》的通知 | 海事劳工条件检查办法 | 2016年11月22日 |

续表

| 全称 | 书中使用的名称 | 出台时间/修改时间/废止时间 |
| --- | --- | --- |
| 中华人民共和国海事局关于印发《中华人民共和国海事局在船船员投诉处理工作程序》的通知 | 在船船员投诉处理工作程序 | 2018 年 1 月 2 日 |
| 最高人民法院关于适用《中华人民共和国民事诉讼法》的解释 | 最高人民法院关于适用《中华人民共和国民事诉讼法》的解释 | 2015 年 1 月 30 日/2020 年 12 月 29 日/2022 年 4 月 1 日 |
| 最高人民法院关于人民法院进一步深化多元化纠纷解决机制改革的意见 | 关于人民法院进一步深化多元化纠纷解决机制改革的意见 | 2016 年 6 月 28 日 |
| 最高人民法院关于人民法院特邀调解的规定 | 关于人民法院特邀调解的规定 | 2016 年 6 月 28 日 |
| 中华人民共和国仲裁法 | 仲裁法 | 1994 年 8 月 31 日/2009 年 8 月 27 日/2017 年 9 月 1 日 |
| 中华人民共和国人民调解法 | 人民调解法 | 2010 年 8 月 28 日 |
| 中华人民共和国村民委员会组织法 | 村民委员会组织法 | 1987 年 11 月 24 日/1998 年 11 月 4 日/2010 年 10 月 28 日/2018 年 12 月 29 日 |
| 中华人民共和国城市居民委员会组织法 | 城市居民委员会组织法 | 1989 年 12 月 26 日/2018 年 12 月 29 日 |
| 人民调解委员会组织条例 | 人民调解委员会组织条例 | 1989 年 6 月 17 日 |
| 最高人民法院关于人民法院民事调解工作若干问题的规定 | 关于人民法院民事调解工作问题的规定 | 2004 年 9 月 16 日/2008 年 12 月 16 日/2020 年 12 月 29 日 |
| 企业劳动争议协商调解规定 | 企业劳动争议协商调解规定 | 2011 年 11 月 30 日 |
| 人力资源社会保障部、司法部、财政部关于进一步加强劳动人事争议调解仲裁法律援助工作的意见 | 人力资源社会保障部、司法部、财政部关于进一步加强劳动人事争议调解仲裁法律援助工作的意见 | 2020 年 6 月 22 日 |
| 最高人民法院关于印发《关于人民法院推行立案登记制改革的意见》的通知 | 关于人民法院推行立案登记制改革的意见 | 2015 年 4 月 15 日 |

续表

| 全称 | 书中使用的名称 | 出台时间/修改时间/废止时间 |
|---|---|---|
| 最高人民法院关于印发《人民法院第二个五年改革纲要(2004—2008)》的通知 | 人民法院二五改革纲要 | 2005 年 10 月 26 日 |
| 最高人民法院关于深化人民法院一站式多元解纷机制建设推动矛盾纠纷源头化解的实施意见 | 关于深化人民法院一站式多元解纷机制建设推动矛盾纠纷源头化解的实施意见 | 2021 年 9 月 28 日 |
| 中华人民共和国船员培训管理规则 | 船员培训管理规则 | 2009 年 6 月 26 日/2013 年 12 月 24 日/2017 年 3 月 31 日/2019 年 2 月 5 日 |

注:本表以其在文中出现的先后顺序排列。

## 三、图片、表格目录

续表



## 四、专有名词解释

| | |
|---|---|
| 船员 | 在船舶上任职,具备相应资质的人员,但是在军事的、政府公务的船舶和20 总吨以下的小型船艇上工作的人员除外 |
| 海员 | 海员是在海船上工作的船员,包含在船员之内。为了方便写作,本书多使用“船员”一词,但在讨论海船船员的概念及引用部分法律法规、国际公约时使用“海员”一词 |
| 船员服务机构 | 在中华人民共和国境内提供船员服务的组织,船员服务指代理船员办理申请培训、考试、申领证书(包括外国船员证书)等有关手续,代理船员用人单位管理船员事务,为船舶提供配员等相关活动 |
| 船员外派机构 | 为外国籍或者港澳台地区籍船舶提供配员的船员服务活动的组织,船员服务机构与海员外派机构应是包含与被包含的关系,前者包含后者 |
| 船员中介机构 | 当船员服务机构从事属于中介性质的服务时,可将其称为船员中介机构 |

续表

| | |
|---|---|
| 船舶所有人（Ship Owner） | 船舶所有人的范围较广，根据最高人民法院《关于审理涉船员纠纷案件若干问题的规定》，船舶所有人，包括光船承租人、船舶管理人、船舶经营人。[1]根据《1986年联合国船舶登记条件公约》，除另行指明者外船舶所有人是指任何在登记国船舶登记册上作为船舶所有人登记的自然人或法人[2] |
| 船舶经营人（Ship Operator） | 指所有人或光船租船人，或经正式指定承担所有人或光船租船人责任的其他任何自然人或法人[3] |
| 船舶管理人（Ship Manager） | 通过合同等具有法律约束力的文件接受船舶所有人的委托，负责船舶管理或船员管理的公司或组织 |

〔1〕参见最高人民法院《关于审理涉船员纠纷案件若干问题的规定》第18条。

〔2〕参见《1986年联合国船舶登记条件公约》第2条。

〔3〕参见《1986年联合国船舶登记条件公约》第2条。

# 后　记

本书是在国家社科基金项目《海洋强国背景下船员劳动权益保护问题实证研究》的终期成果基础上，进行修改完善的最后成果。

自从2010年通过人才引进进入上海海事大学后，我开始研究船员劳动权益保护的问题，一晃已经13年有余。真正引起我关注船员劳动权益问题是在一次会议上，记得那时我是刚来到上海海事大学不久，参加学校举办的"《海商法》修改的学术研讨会"。会议云集了国内海商法理论界、实务界及大型航运企业等各方代表，涵盖了《海商法》其他章节涉及的各利益相关方，包括船方、货方、托运人、承运人、保险人等，唯独没有为《海商法》第三章中的船员利益发声的代表。当时我就想：在海上运输关系中，船员是非常重要的参与主体，没有船员就不可能完成海上运输，船员的合法权益被忽视，得不到相应保障，又如何保障海上运输顺利进行？船员是特殊劳动者，其劳动权益应当适用劳动法律保障，但是与一般劳动者相比，船员职业又具有特殊性。因此，国际社会缔结了有关船员的国际公约，即《2006年海事劳工公约》，这也是国际劳工组织少有的特殊劳动者权益保障的专门公约。既然我国已经成为《2006年海事劳工公约》的缔约国，就应当做好相应的法律衔接工作。所以我暗自下决心，立志要为船员劳动权益保护做点什么，从此我就把自己的学术研究重点从一般劳动法和民法的专门领域转向了船员劳动权益保护问题，这也正好契合学校对航运特色科研的要求。至此，我开始研究《2006年海事劳工公约》和《海商法》中的船员章、《船员条例》等涉及船员的理论与实践问题。

与一般劳动者相比，船员虽然是很小众的群体，但却是极为重要和具有特殊性的劳动者。中国外贸进出口货运量的90%以上都是依托海运完成，"海洋强国"、"海上丝绸之路"、"航运强国”、上海国际航运中心建设等都离不开船员，船员是航运的基础人才，同时也是国家海上战争的军事战略储备人才，海上远洋运输船队历来在战时都被用作后勤运输工具，被称为“除陆、海、空之外的第四军种”或“影子舰队”，稍加训练便可以成为海军的辅助，成为“第二海军”保家卫国。记得我在英国格林威治大学的海事学院做高级访问学者时，遇到了很多优秀的中国留学生，其中有博士生也有硕士生，他们在毕业后却很难留在英国工作，但如果拥有船长资格证书，那么就很容易留在英国。因为英国将具有船长资格证书的外籍人作为海上战略人才资源进行储备，以备不时之需。高级船员对一个国家的重要性可见一斑。

2013 年，我作为课题组成员参加了我院胡正良教授主持的交通运输部重点软科学课题研究项目“我国《海商法》修改之研究”，负责第三章“船员”一章的修改研究工作，这也是我研究船员问题以来参与的第一个省部级课题。该课题历时三年，让我得以对船员问题进行全面系统的梳理与研究。

2013 年 7 月，我作为带队老师之一参加了学校的本科航海实习课程。我们乘坐学校的集装箱货船“育锋号”（当时船龄已有 20 多年，目前已经退役）从张家港出发，前往韩国釜山，进行了为期一周的实习。利用这次航海实习的机会，我上到驾驶舱、下到机舱，全方位了解船上的工作环境与船员的工作状况。虽然以前在欧洲乘坐过邮轮，但对于我而言，携带海员证跟随货船出海是一次全新的体验。彼时，我怀揣着对船员职业充满新奇的心情，带着考察船员工作生活的课题任务，开始调研船员对职业保障的实际需求。当船舶航行到一望无际的公海上时，大海带给人的浪漫感和新鲜感渐渐消失，单调和乏味随之而来：没有网络，没有电话信号，回到寝室恰似与世隔绝，尤其当遇到台风或者海底暗流时，船舶剧烈的颠簸使人呕吐不止，大海的迷人之处已荡然无存，只盼望船舶快快靠岸，不再颠簸。我把这种经历与船员分享，询问他们是否已经习惯了海上的生活，是否不会再晕船。令我吃惊的是，他们回答道“即使有的船员已经航行了几年，遇到风浪仍然会晕船，有时甚至一边呕吐，一边工作，盛着呕吐物的桶就放在旁边，既然选择了航海职业，就只能坚持”。当我下到机舱时，发现里面的温度接近 50 度，同时伴有震耳欲聋的马达声，尽管常人无法忍受，但当船舶靠岸、需要检修或者发生故障时，船员都必须在这样的环境下工作。亲临船员的工作环境后，我深刻体会到船员职业的辛苦和船员的不易。以前我听到有人说船员的工资很高，船长及轮机长的收入甚至达到了每月 5 万元（十年前的情况），但在如此艰苦的环境下工作，我想 5 万元还真的不算高。这次航海实习结束后，我对船员的职业有了更深的认知，我也更加坚定了为船员实施特殊法律保护发声的决心。

2014 年至 2015 年，我获得上海市教委出国留学基金的资助，作为高级访问学者在英国格林威治大学海事学院展开了为期 8 个月的船员劳动权益保障问题专门研究工作。当时，海事学院有英国研究船员权益保障的高水平教授与专家，我常常跟随他们一起研讨，在研究之余也参加各种学术研讨会，拜访国际海事组织的总部、航运管理部门及航运企业协会等，深入了解英国航运历史与发展，船员权益保障的历史与经验。格林威治大学海事学院坐落于泰晤士河南岸，在格林威治天文台的山脚下，有着浓厚的海运历史底蕴，泰晤士河两岸的航运历史遗迹处处可见，更让我理解了英国航海文化与航运历史中船员的作用与奉献，为我后续回国的研究打下了坚实的基础。

2016 年，我申请到了中国法学会部级课题项目"海洋强国战略背景下的船员劳动权利法律保障之实证研究"［CLS（2016）D140］，开始带领博士生及硕士研究生再一次深入研究船员劳动权益保护问题。该课题项目历时 3 年，最终形成 26 万字研究报告，项目成果被鉴定为"优秀"。至此，我对特殊劳动者职业保障的研究有了更进一步的思考。

2017 年，我担任时任大连海事大学法学院院长初北平教授（现任上海海事大学校长）主持的交通运输部《海商法》修改课题项目中"船员"章负责人，开展"船员"章的具体法条修改研究工作。项目组多次召开针对"船员"章修改的学术研讨会，与会者包括高校专家学者、船员用人单位、船员代表等相关人士，大家对船员劳动权益保障问题进行了多次深入研究讨论，对《海商法》"船员"章的修改问题提出了宝贵意见。

在前期研究的基础上，我又带领博士生团队申请国家社科基金项目，并于 2018 年获得国家社科基金资助的"海洋强国背景下船员劳动权益保护问题实证研究"项目（18BFX196），得以进行更深入更广泛的研究，这也是迄今为止唯一由国家社科基金资助的船员问题研究项目。我带领课题组成员深入航运企业、船员公司、行业协会、海事局、工会、劳动争议仲裁委员会、海事法院等单位调研，并召开学术研讨会，广泛征询意见建议，力求平衡船员与用人单位的利益，保护好船员的合法权益。

如今，课题一系列的成果正在为国家海洋强国战略、航运强国以及上海国际航运中心建设的人才培育提供系列的决策咨询和建议。在课题研究的过程中，形成决策咨询成果 25 篇，获得了政府相关部门及实践部门的采纳及认可。其中，一部分提交给上海市政协作为提案及社情民意，一部分提交给上海市民建及上海市法学会，如《关于上海建设高素质海员队伍的建议》《关于职业教育中的航海类本科应用型专业发展应倾向性支持的建议》《关于上海国际航运中心的建成要尽快设立上海海员工会的建议》《关于上海国际航运中心的特殊人才高级海员落户问题的建议》等被采纳并由相关职能部门承办，对为上海航运业提供高素质人才、促进航运业的可持续发展尽了绵薄之力。值得一提的是，《关于加强航运人才队伍建设的建议》等 9 篇学术成果被省部级部门采纳，其中 3 篇决策咨询建议被省部级及以上领导批示（其中两篇被上海市主要领导批示）。课题阶段性成果还包括发表学术论文16篇,如《海洋强国背景下船员劳动权益的保护——兼论〈海商法〉“船员章”之修改》发表在《求是学刊》2020第6期;《我国船员劳动权益保障立法路径选择》发表在《社会保障研究》2022年第1期;等等。其他研究成果也与航运特色教学相结合,2023年4月完成的航海(船员)特色劳动教育课程教学项目“新时期航运特色劳动教育实施路径研究”关注船员培养过程,强调通过劳动教育提升船员的综合素养。

回顾专门研究船员劳动权益保障的历程,一路上存在很多的困难、牺牲与舍弃。由于船员群体的小众化和地域性,研究者数量少,文献资料难以支撑深入研究的需求;由于涉海法律的专业性强和适用范围较窄,学术成果较难发表。然而,在这条道路上,也有很多令人感动并时刻激励我前行的事例。记得那是2019年春节过后上班的第一天,为了督办我提交的市政协提案《关于上海国际航运中心特殊人才高级海员落户的建议》,时任上海市政协提案委员会常务副主任黄鸣、上海市办公厅建议提案处锁晓东副处长、上海海事局常富治局长召集与此提案办理的相关部门领导(包括市社保局人力资源开发与市场资源管理处、市退役军人局、市交通委、市建设交通工作党委、中远海运船员管理有限公司、上海社科院经济研究所等部门负责人)聚集在上海海事局会议室,共同商讨提案的落实方案。看到自己船员课题的学术成果被相关部门采纳并重视落实,最终为推动船员职业队伍发展及上海形成国际航运中心做出了一定的贡献,我备受激励。因此,尽管道阻且长,我也会坚定信念,继续走下去。

在疫情持续的三年中,我几乎很少出差,直到2023年5月,国家社科基金课题结项报告完成,我与我的博士生携带课题结项的最终成果报告——一份50多万字的书稿,前往北京拜访我的导师杨立新教授,向老师汇报这些年来我的主要研究成果与努力,老师对本书稿给予了高度评价,并准备在后续形成书面文稿后进行评价。我也专程回到我的母校中国人民大学去拜访我的老师王利明教授,由于疫情的缘故,进校手续复杂,王老师经沟通协调,快速为我办理了入校手续,让我时隔20多年后再次感受到了师生之间的情谊与温暖。我将书稿呈现给王老师,并与王老师讲述课题完成过程中的点点滴滴,我的成果也获得了王老师的肯定与鼓励,欣然同意为我作序。

在船员问题研究中,我多次赴大连海事大学参加船员问题的研讨会,有幸拜会并结识了大连海事大学原校长司玉琢教授,聆听了司老师对船员问题的诸多见解。我也多次与司老师交流探讨与船员相关的法律问题,并获得了司老师的指导与帮助。司老师一直关注着我的研究进展,当得知我的研究成果将要出版时,司老师非常高兴地接受了我的邀请,同意为我的书作序。此外,本书也获得了中国社会法研究会张鸣起会长的肯定。张会长认为特殊劳动者的职业保障研究是为完善劳动法律体系而做的努力,并欣然接受为本书作序。

感谢我的博士生、硕士生们跟随我实地调研，查找、整理资料，进行比较研究，撰写调研报告等。其中参与船员课题研究的有马钱丽、周若涵、高天璐、刘威、吴依蒙、秦晟炜、谢颖琦、潘鑫毅、袁梦莹（本科生）、陈亮成、曹娅珂、王禹、郑泽爽、孟真、宋飘飘、杜再欣等，现在他们中的一些人已经在与航运相关的工作岗位上利用所学知识，为我国航运事业的发展发光发热。

在课题研究过程中，许多人为我提供了支持与帮助，限于篇幅，此处无法一一列出，我将常怀感恩之心继续从事船员劳动权益保障问题研究，是为谢。

船员劳动权益保障问题的解决最终还需要“船员法”的出台，希望社会各界更多地关注到船员职业，一起努力加快推进“船员法”的立法进程，以实现对船员权益全面、充分、切实的法制保障，为我国“海洋强国”、“航运强国”和上海国际航运中心的形成提供基础人才支持。

尽管本书是在历经多次调查研究的基础上，借鉴已有研究成果，运用多种研究方法进行全面研究，也历经多次打磨，尽量让所有的研究圆满，研究过程也非常的辛苦，但是由于作者水平有限，不免仍存在很多不足与缺憾之处，敬请读者们不吝指教，以期作者进一步完善船员问题研究。

2024 年 1 月 8 日于上海